江苏院士名录

上 册

在 苏 院 士

江苏省科学技术协会　编

孙春雷　主编

南京大学出版社

图书在版编目（CIP）数据

江苏院士名录．上册，在苏院士 / 江苏省科学技术
协会编 . -- 南京：南京大学出版社，2022.11
ISBN 978-7-305-26436-8

Ⅰ．①江… Ⅱ．①江… Ⅲ．①院士—人名录—江苏
Ⅳ．① K826.1-61

中国版本图书馆 CIP 数据核字 (2022) 第 238553 号

出版发行　南京大学出版社
社　　　址　南京市汉口路 22 号　　　　　邮编 210093
出 版 人　金鑫荣

书　　　名　江苏院士名录（上册）：在苏院士
编　　者　江苏省科学技术协会
主　　编　孙春雷
责任编辑　苗庆松　　　　　　　　编辑热线 025-83592655
装帧设计　赵　庆
照　　排　南京开卷文化传媒有限公司
印　　刷　徐州绪权印刷有限公司
开　　本　787 mm×1092 mm　1/16　印张 56.25　字数 1126 千
版　　次　2022 年 11 月第 1 版　2022 年 11 月第 1 次印刷
ISBN　978-7-305-26436-8
定　　价　698.00 元（全 3 册）
网　　址：http://www.njupco.com
官方微博：http://weibo.com/njupco
微信服务号：njuyuexue
销售咨询热线：（025）83594756

《江苏院士名录》编委会

前言
PREFACE

　　济济多士，乃成大业；创新之道，唯在得人。党的十八大以来，以习近平同志为核心的党中央统揽伟大斗争、伟大工程、伟大事业、伟大梦想，作出人才是实现民族振兴、赢得国际竞争主动的战略资源的重大判断，作出全方位培养、引进、使用人才的重大部署，广开进贤之路、广纳天下英才，推动新时代人才工作取得历史性成就、发生历史性变革。在 2021 年中央人才工作会议上，习近平总书记强调，要深入实施新时代人才强国战略，全方位培养、引进、用好人才，加快建设世界重要人才中心和创新高地。

　　两院院士是引领国家创新发展的战略人才资源，是国家的财富、人民的骄傲、民族的光荣。江苏自古崇文重教、英才辈出，在新中国科技发展史上，由江苏养育成长和在江苏工作的中国科学院院士、中国工程院院士群星璀璨，人数位居全国省份第一。他们怀着深厚的爱国主义情怀，始终将国家和民族的长远利益作为自己的最高追求，把对祖国的无限热爱转化为实现国家富强、民族振兴、人民幸福的实际行动，不仅为江苏和全国的经济、科技发展作出了卓越贡献，同时也为弘扬科学家精神和科研道德树立了典范。

　　为大力弘扬以两院院士为代表的科学家精神，助力国家战略人才力量建设，江苏省科学技术协会组织编纂了《江苏院士名录》，力求为大家提供一本客观、简明的"科技人物手册"。希望它既能成为广大科技工作者学术创新的指南、个人治学的典范，也能成为富有温度的大众读物、弘扬科学家精神的启示录。

千秋基业，人才为本。当前，我国进入了全面建设社会主义现代化国家、向第二个百年奋斗目标进军的新征程，当今世界正经历百年未有之大变局，新一轮科技革命和产业变革迅猛发展，科学技术从来没有像今天这样深刻影响着国家前途命运，从来没有像今天这样深刻影响着人民生活福祉。希望本书能够激励更多的人继承和发扬两院院士胸怀祖国、服务人民的崇高精神，传承和树立为国分忧、为国解难、为国尽责的优秀品质，在加快建设世界重要人才中心和创新高地的宏伟征程上书写绚丽篇章！

编　者

2022 年 9 月

凡　例

一、收录范围

当前所有健在的在苏院士、江苏籍院士，以及出生在江苏的非江苏籍院士。其中在苏院士 118 位，江苏籍院士 286 位，出生在江苏的非江苏籍院士 19 位（身份重叠者，分别收录）。

二、辑册设置

共四辑和一个附录，分为上、中、下三册，其中上册收录第一辑和第二辑，中册收录第三辑，下册收录第四辑和附录。

第一辑：中国科学院在苏院士，共 55 位。

第二辑：中国工程院在苏院士，共 63 位。

第三辑：中国科学院江苏籍院士，共 144 位。

第四辑：中国工程院江苏籍院士，共 142 位。

附　录：出生在江苏的非江苏籍院士，共 19 位。

三、排序原则

各辑院士均按当选年份和年龄排序，当选年份早者在前，当选年份相同者以年长者在前。

四、条目设置

上册每位院士设 5 个条目：院士名片（附照片及签名）、院士小传、主要成就、社会任职、人物综观。

中册和下册每位院士设 4 个条目：院士名片（附照片及部分签名）、院士小传、主要成就、社会任职。

五、条目内容

收录内容均为公开资料，不涉及国家秘密，并秉承资料的客观性与真实性，但限于篇幅，相关内容不得不点到为止。

目录
CONTENTS

01	中国科学院在苏院士

（55人，按院士当选年份、年龄排序）

曲钦岳——数学物理学部 / 002

赵其国——地学部 / 004

张淑仪——数学物理学部 / 006

苏定强——数学物理学部 / 008

熊大闰——数学物理学部 / 010

齐　康——技术科学部 / 012

陈　颙——地学部 / 014

周志炎——地学部 / 016

方　成——数学物理学部 / 018

许志琴——地学部 / 020

王德滋——地学部 / 022

孙义燧——数学物理学部 / 024

戎嘉余——地学部 / 026

伍荣生——地学部 / 028

王　颖——地学部 / 030

陈洪渊——化学部 / 032

李崇银——地学部 / 034

郑有炓——信息技术科学部 / 036

陈　旭——地学部 / 038

符淙斌——地学部 / 040

陈木法——数学物理学部 / 042

陈　懿——化学部 / 044

都有为——技术科学部　　　　　　　　　　　　　　　／046

赵淳生——技术科学部　　　　　　　　　　　　　　　／048

吴培亨——信息技术科学部　　　　　　　　　　　　　／050

李述汤——技术科学部　　　　　　　　　　　　　　　／052

邢定钰——数学物理学部　　　　　　　　　　　　　　／054

祝世宁——技术科学部　　　　　　　　　　　　　　　／056

崔向群——数学物理学部　　　　　　　　　　　　　　／058

王广厚——数学物理学部　　　　　　　　　　　　　　／060

朱　荻——技术科学部　　　　　　　　　　　　　　　／062

黄　维——信息技术科学部　　　　　　　　　　　　　／064

陈　骏——地学部　　　　　　　　　　　　　　　　　／066

吕　建——信息技术科学部　　　　　　　　　　　　　／068

王会军——地学部　　　　　　　　　　　　　　　　　／070

谭铁牛——信息技术科学部　　　　　　　　　　　　　／072

邹志刚——技术科学部　　　　　　　　　　　　　　　／074

宣益民——技术科学部　　　　　　　　　　　　　　　／076

沈树忠——地学部　　　　　　　　　　　　　　　　　／078

黄　如——信息技术科学部　　　　　　　　　　　　　／080

杨经绥——地学部　　　　　　　　　　　　　　　　　／082

芮筱亭——技术科学部　　　　　　　　　　　　　　　／084

郭万林——技术科学部　　　　　　　　　　　　　　　／086

郭子建——化学部　　　　　　　　　　　　　　　　　／088

段　进——技术科学部　　　　　　　　　　　　　　　／090

王金龙——信息技术科学部　　　　　　　　　　　　　／092

崔铁军——信息技术科学部　　　　　　　　　　　　　／094

常　进——数学物理学部　　　　　　　　　　　　　　／096

迟力峰——化学部　　　　　　　　　　　　　　　　　／098

陈　光——技术科学部　　　　　　　　　　　　　　　／100

滕皋军——生命科学和医学学部　　　　　　　　　　　／102

顾　宁——技术科学部　　　　　　　　　　　　　　　／104

马余强——数学物理学部　　　　　　　　　　　　　　／106

史生才——数学物理学部　　　　　　　　　　　　　　／108

谈哲敏——地学部　　　　　　　　　　　　　　　　　／110

02 中国工程院在苏院士
（63人，按院士当选年份、年龄排序）

王明庥——农业学部 / 114

李鸿志——机械与运载工程学部 / 116

钱七虎——土木、水利与建筑工程学部　工程管理学部 / 118

吴有生——机械与运载工程学部 / 120

周君亮——土木、水利与建筑工程学部 / 122

伦世仪——环境与轻纺工程学部 / 124

唐明述——化工、冶金与材料工程学部 / 126

许居衍——信息与电子工程学部 / 128

薛禹胜——能源与矿业工程学部 / 130

黎介寿——医药卫生学部 / 132

钟训正——土木、水利与建筑工程学部 / 134

张光义——信息与电子工程学部 / 136

阮长耿——医药卫生学部 / 138

吴中如——土木、水利与建筑工程学部 / 140

潘君骅——信息与电子工程学部 / 142

周世宁——能源与矿业工程学部 / 144

蒋士成——环境与轻纺工程学部　工程管理学部 / 146

王泽山——化工、冶金与材料工程学部 / 148

李　钊——机械与运载工程学部 / 150

宋湛谦——农业学部 / 152

沈国荣——能源与矿业工程学部 / 154

蔡道基——环境与轻纺工程学部 / 156

盖钧镒——农业学部 / 158

贲　德——信息与电子工程学部 / 160

张耀明——化工、冶金与材料工程学部 / 162

欧阳平凯——化工、冶金与材料工程学部 / 164

陈左宁——信息与电子工程学部 / 166

王景全——土木、水利与建筑工程学部 / 168

刘怡昕——机械与运载工程学部 / 170

刘志红——医药卫生学部 / 172

程泰宁——土木、水利与建筑工程学部 / 174

程顺和——农业学部 / 176

刘秀梵——农业学部 / 178

徐南平——化工、冶金与材料工程学部 / 180

张全兴——环境与轻纺工程学部 / 182

张建云——土木、水利与建筑工程学部 / 184

王学浩——医药卫生学部 / 186

缪昌文——土木、水利与建筑工程学部 / 188

王　超——土木、水利与建筑工程学部 / 190

徐芑南——机械与运载工程学部 / 192

陈学庚——农业学部 / 194

王广基——医药卫生学部 / 196

张洪程——农业学部 / 198

顾晓松——医药卫生学部 / 200

王建国——土木、水利与建筑工程学部 / 202

曹福亮——农业学部 / 204

蒋剑春——农业学部 / 206

陈　坚——环境与轻纺工程学部 / 208

姚富强——信息与电子工程学部 / 210

张佳宝——农业学部 / 212

任洪强——环境与轻纺工程学部 / 214

沈洪兵——医药卫生学部 / 216

陈　卫——环境与轻纺工程学部 / 218

单忠德——机械与运载工程学部 / 220

蓝羽石——信息与电子工程学部 / 222

沈其荣——农业学部 / 224

肖　伟——医药卫生学部 / 226

付梦印——机械与运载工程学部 / 228

胡亚安——土木、水利与建筑工程学部 / 230

王明洋——土木、水利与建筑工程学部 / 232

唐洪武——土木、水利与建筑工程学部 / 234

刘加平——土木、水利与建筑工程学部 / 236

应汉杰——化工、冶金与材料工程学部 / 238

姓名音序索引

B

贲　德 ·························· 160

C

蔡道基 ·························· 156

曹福亮 ·························· 204

常　进 ·························· 096

陈　光 ·························· 100

陈洪渊 ·························· 032

陈　坚 ·························· 208

陈　骏 ·························· 066

陈木法 ·························· 042

陈　卫 ·························· 218

陈　旭 ·························· 038

陈学庚 ·························· 194

陈　懿 ·························· 044

陈　颙 ·························· 014

陈左宁 ·························· 166

程顺和 ·························· 176

程泰宁 ·························· 174

迟力峰 ·························· 098

崔铁军 ·························· 094

崔向群 ·························· 058

D

都有为 ·························· 046

段　进 ·························· 090

F

方　成 ························· 018

符淙斌 ·························· 040

付梦印 ·························· 228

G

盖钧镒 ·························· 158

顾　宁 ·························· 104

顾晓松 ·························· 200

郭万林 ·························· 086

郭子建 ·························· 088

H

胡亚安 ·························· 230

黄　如 ·························· 080

黄　维 ·························· 064

J

蒋剑春 ·························· 206

蒋士成 ·························· 146

L

蓝羽石 ·························· 222

黎介寿 ·························· 132

李崇银 ·························· 034

李鸿志 ·························· 116

李述汤 ·························· 052

李　钊 ·························· 150

刘加平 ·························· 236

刘秀梵 ·························· 178

刘怡昕 ·························· 170

刘志红·······················172

伦世仪·······················124

吕　建·······················068

M

马余强·······················106

缪昌文·······················188

O

欧阳平凯····················164

P

潘君骅·······················142

Q

齐　康·······················012

钱七虎·······················118

曲钦岳·······················002

R

任洪强·······················214

戎嘉余·······················026

阮长耿·······················138

芮筱亭·······················084

S

单忠德·······················220

沈国荣·······················154

沈洪兵·······················216

沈其荣·······················224

沈树忠·······················078

史生才·······················108

宋湛谦·······················152

苏定强·······················008

孙义燧·······················024

T

谈哲敏·······················110

谭铁牛·······················072

唐洪武·······················234

唐明述·······················126

滕皋军·······················102

W

王　超·······················190

王德滋·······················022

王广厚·······················060

王广基·······················196

王会军·······················070

王建国·······················202

王金龙·······················092

王景全·······················168

王明庥·······················114

王明洋·······················232

王学浩·······················186

王　颖·······················030

王泽山·······················148

吴培亨·······················050

吴有生·······················120

吴中如·······················140

伍荣生·······················028

X

肖　伟·······················226

邢定钰·······················054

熊大闰·······················010

徐南平·······················180

徐苌南·······················192

许居衍·······················128

许志琴·······················020

宣益民·······················076

薛禹胜·······················130

Y

杨经绥·······················082

姚富强·······················210

应汉杰·······················238

Z

张光义·······················136

张洪程·······················198

张佳宝·······················212

张建云·······················184

张全兴·······················182

张淑仪·······················006

张耀明·······················162

赵淳生·······················048

赵其国·······················004

郑有炓·······················036

钟训正·······················134

周君亮·······················122

周世宁·······················144

周志炎·······················016

朱　荻·······················062

祝世宁·······················056

邹志刚·······················074

中国科学院

在苏院士

曲钦岳 天体物理学家

当选时间 1980 年当选中国科学院院士
学　　部 数学物理学部
性　　别 男
民　　族 汉族
籍　　贯 山东烟台
出生年月 1935 年 5 月 21 日

院士小传

　　曲钦岳 天体物理学家。发展中国家科学院院士，南京大学教授、博士生导师、前校长。曾任南京大学校务委员会主任，南京大学学位委员会主席。1957 年南京大学数学天文系毕业，留校任教；1964 年晋升为讲师；1978 年由讲师破格晋升为教授；1979 年至 1980 年，担任南京大学天文系系主任；1984 年至 1997 年，出任南京大学校长；1990 年当选第三世界科学院（现发展中国家科学院）院士；1992 年至 1995 年，担任中国天文学会第七届理事会理事长，现为名誉理事长。1980 年当选中国科学院学部委员（院士）。

主要成就

主要从事天体物理学研究，是中国最早在高能天体物理学这一新兴学科进行研究的天文学家之一。在中子星、X 射线源等前沿领域取得一系列研究成果。与合作者提出了关于脉冲星能损率－特征时标的统计曲线，并终结了国际上关于 JP1953 是否为中子星的争论；与合作者提出了反常中子星可能是致密星体的一种新类型，并得出了反常中子星的质量极限；提出了某些形态特异的超新星遗迹的理论模型等。曾任"攀登计划"项目"天体激烈活动多波段观测与研究"首席科学家。

先后获得国家自然科学奖三等奖、普通高等学校优秀教材一等奖、国家级教学成果奖二等奖、国家教委科技进步奖一等奖、中国天文学会 90 周年最高荣誉奖，以及国家级"有突出贡献的中青年专家"、全国高等学校"先进科技工作者"、全国教育系统"劳动模范"等称号，还获美国 Seaton Hill 学院与美国 Livingston 大学名誉博士等荣誉。

社会任职

担任过第七届、八届全国人民代表大会代表，全国政协第九届、十届委员会委员、常务委员，江苏省第八届、九届人民代表大会常务委员会副主任，中华全国青年联合会第五届委员会常委、副主席，国务院学位委员会学科评议组成员，教育部（国家教委）理科教材编审委员会委员，中国科学院数学物理学部第七届常务委员会委员、副主任，中国天文学会第七届理事会理事长、第九届至十三届理事会名誉理事长，《中国大百科全书》（天文学）、《中国大百科全书》（物理学）分编委，《辞海》（天文·地学分册）主编，《天文学报》《理论物理通讯》等期刊编委，中美大学校长讨论会中方大学校长代表团团长（连续 3 次），江苏省科学技术协会第六届委员会主席，江苏省高校教师高级职称评审委员会主任等。

人物综观

中国最早在高能天体物理学这一新兴学科进行研究的天文学家之一，为褒奖他对中国天文科学和高等教育发展做出的贡献，1999 年国际小行星命名委员会将国际编号 3513 号小行星命名为"曲钦岳星"。

曲钦岳是中国最早在高能天体物理领域从事研究的先驱者之一，主要研究伽马射线源、脉冲星和中子星、超新星遗迹等，为高能天体物理学在中国的发展做出了重要贡献。

（江苏省高等教育学会评）

赵其国 | 土壤地理学家

当选时间 1991 年当选中国科学院院士

学　　部 地学部

性　　别 男

民　　族 汉族

籍　　贯 湖北武汉

出生年月 1930 年 2 月 25 日

院士小传

　　赵其国 土壤地理学家。中国科学院南京土壤研究所研究员、博士生导师。1953 年华中农学院（现华中农业大学）农学系毕业；1953 年至 1963 年，参加云南、贵州华南橡胶及海南岛热带作物宜林地考察队并任队长；1964 年至 1968 年，在古巴科学院从事古巴土壤研究，任古巴专家组组长；1973 年至 1978 年，担任黑龙江荒地资源考察队队长；1983 年至 1995 年，担任中国科学院南京土壤研究所所长；1986 年被聘任为博士生导师；1987 年至 1995 年，担任中国土壤学会理事长。在最近 20 多年中，为我国环境污染问题的治理和农业发展做出了重要贡献。1991 年当选中国科学院学部委员（院士）。

Zhu *Yao Cheng Jiu*
主要成就

长期从事中国及世界土壤地理与土壤资源研究，特别是对热带土壤发生分类、资源评价进行了系统、深入的研究。

在热带土壤发生研究中，首次明确提出中国红壤具有古风化过程及现代红壤化过程两种对立统一的特征。指出运用红壤渗透水组成、游离铁等作为红壤化过程指标的重要性，对红壤的发生研究与定量分类提出了新的途径。总结了以橡胶为主的热带作物开发利用与红壤分布及土壤性质的相互关系，首次提出以热量条件、土壤性质为标准的热带作物利用等级的评价方案。提出土壤圈物质循环的基本原理、土壤分区整治、退化土壤改良以及土壤生态与环境评价的多种规划与开发方案。

1982年"橡胶树在北纬18～24度大面积种植技术"项目获国家科技重大发明一等奖；1991年"中国土壤和《中国土壤图集》"项目获国家自然科学奖二等奖；2004年"中国红壤退化机制与防治"项目获国家科学技术进步奖二等奖，以及中国科学院自然科学奖、省部级科技进步奖20多次；还获国家级"有突出贡献的中青年专家"称号、中国科学院首届竺可桢野外工作奖、国际道库恰也夫奖、第四届日经亚洲大奖、国际山地研究中心金质奖状（尼泊尔）等荣誉。

先后发表论文400余篇，出版专著25本，撰写国家重要咨询报告10多份，培养学生100多名（国内外）。

社会任职

担任过江苏省科学技术协会第五届委员会副主席，南京市科学技术协会第八届委员会副主席，中国土壤学会理事长，国际土壤学会盐渍土分委员会主席，国际土壤学会土壤环境委员会第一副主席，国务院学位委员会学科评议组成员，国际山地研究中心理事，江西省红壤研究所名誉所长，中国井冈山干部学院、中国科技大学、南京大学、浙江大学及南京师范大学等院校兼职教授。

人物综讯

赵其国院士的四本著作从一个侧面反映了他"立足实际、扎根农业"的工作作风和优秀品质，体现了赵其国院士踏踏实实的做事风格和实实在在的科学精神。

（西北农林科技大学副校长冷畅俭评）

赵其国深耕土壤66年，他爱这片土地爱得深沉，更希望这片土地高效高产；他将目光瞄向了清洁生产和功能农业生产等方向，即使步入耄耋之年，他仍不遗余力地在祖国大地上奔走。

（《新华日报》评）

当选时间 1991 年当选中国科学院院士

学　　部 数学物理学部

性　　别 女

民　　族 汉族

籍　　贯 浙江温州

出生年月 1935 年 12 月 2 日

张淑仪 　　声学家

院士小传

　　张淑仪　声学家。南京大学教授、博士生导师。1956 年南京大学物理系毕业留校，师从著名声学家魏荣爵教授攻读声学专业研究生，是魏荣爵教授的第一位硕士研究生；1960 年南京大学声学专业研究生毕业后留校任教；1980 年创建光声小组（1986 年发展为光声科学研究室）；1985 年受聘为美国韦恩大学访问副教授；1988 年和 1990 年，分别受聘为法国巴黎理化学院和日本东京大学访问教授；1992 年至 2001 年，担任南京大学声学研究所第三任所长。1991 年当选中国科学院学部委员（院士）。

主要成就

长期从事超声物理和光声科学研究工作。在声光互作用、声表面波、光声热波效应和激光超声，以及对凝聚态物质的结构分析、参量定征和无损评价的研究中，在机理、技术和方法等方面有所发现、创新和发展。澄清了乙酸乙酯中超声弛豫过程的事实，结束了相关争论，研究了铌酸锂基片上有关圆弧形叉指换能器激发声场的聚焦效应，提出了新概念。

利用相位选择方法对集成电路进行光声成像，得到了较好的分层成像；对半导体材料的线性和非线性光声效应进行了较系统的实验和理论研究；发展了光声技术应用于半导体超晶格等多层薄膜的研究。

主持研制成功中国第一台光声显微镜、光声光谱仪、扫描光电显微镜和激光扫描离子浓度测试等一系列设备，并利用这些设备研究多种材料的成分、特性和结构等。

截至 2011 年 1 月，先后获得国家、省部级科技进步奖共 12 项。

先后发表学术论文 500 余篇，参加撰写专著 4 本（在美国和欧洲出版），主办国际会议 4 届，主编国际会议论文集 4 册。

社会任职

担任过江苏省科学技术协会第五届、六届委员会副主席，温州市科学技术协会第十届委员会荣誉顾问，中国声学学会第四届副理事长，江苏省声学学会理事长，国际光声光热常务理事会理事，国际理论物理中心顾问，国际无损评价中心联合会理事，《声学学报》和《应用声学》副主编等。

人物综观

既授业，又传教，效法导师辈的风范。非常注意对研究生在国情、艰苦朴素精神等方面进行言传身教。经她指导的研究生中先后有多人获得南京大学光华新星奖等奖学金。

张淑仪谈吐举止充满儒雅之气，为人耿直自重、淡泊名利。 （《群众》杂志评）

张淑仪一辈子在科学领域进行艰苦探索，日复一日、年复一年地在实验室与仪器和数据打交道，最终从一名助教成长为享誉国际学术界的女科学家。（《好家长》杂志评）

苏定强　天文学家、光学工程专家 ▶▶▶

当选时间　1991 年当选中国科学院士
学　　部　数学物理学部
性　　别　男
民　　族　汉族
籍　　贯　江苏武进
出生年月　1936 年 6 月 15 日

Yuan Shi Xiao Zhuan
院士小传

　　苏定强　天文学家、光学工程专家。中国科学院资深院士，南京大学天文与空间科学学院教授、博士生导师。1936 年 6 月出生于上海；1959 年南京大学天文系毕业，留校任教；1962 年至 2003 年，调到中国科学院南京天文光学技术研究所工作；2003 年调回南京大学，但同时也是南京天文光学技术研究所研究员。1991 年当选中国科学院学部委员（院士）。

在望远镜光学系统中，提出了加入中继镜的折轴系统，使卡塞格林系统和折轴系统共用同一个副镜，并形成了一种重要的三镜系统，已在中国 2.16 米光学望远镜和国内外一些大望远镜中应用。和大天区面积多目标光纤光谱天文望远镜（LAMOST）科学目标的提出者王绶琯共同提出了望远镜的基本方案。提出了主动变形镜的思想，使一些传统上不能实现的系统得以实现，是 LAMOST 和 FAST（500 米口径球面射电望远镜）技术上最主要的创新思想。提出了含有透棱镜的像场改正器。1972 年和王亚男共同建立了有创新的光学系统优化软件。领导研制成中国第一个李奥（Lyot）双折射滤光器、第一个主动光学实验系统。参加了崔向群领导的 30 米级望远镜的预研究。建议中国空间站 2 米望远镜在站外飞行。

获 1998 年国家科学技术进步奖一等奖（2.16 米光学天文望远镜，排名第一），1993 年国家自然科学奖二等奖（天文望远镜光学的研究，排名第一），2006 年国家科学技术进步奖二等奖（大口径主动光学实验望远镜装置，排名第二）；获中国科学院一、二等奖各 2 次（均排名第一），中国科学院杰出科技成就奖（突出贡献者）1 次，江苏省科技一等奖 2 次（排名第一和第二）；1999 年获何梁何利基金科学与技术进步奖；获上海理工大学"杰出校友"荣誉称号；被聘任为南京理工大学、澳门科技大学等校名誉教授。国际永久编号第 19366 号小行星被命名为"苏定强星"。

担任过第八届、九届全国人民代表大会代表，中国天文学会理事长，国际天文学联合会（IAU）第 9 委员会（天文仪器与技术）主席，国家自然科学奖评审委员会委员，原国家科委天文学科组成员，《中国大百科全书》（天文学）第一版编委，北京天文台兼职研究员，中国科学技术大学、北京师范大学、南京大学兼职教授等。

苏定强从不为已取得的重大成就而自满，思想活跃，对真理的探索充满了激情。参与了中国多个天文望远镜和仪器的研制，在光学系统的设计、天文望远镜光学的研究等多个方面提出了一系列独创性概念和方法，为中国乃至国际天文事业发展做出了卓越贡献。

（中国科学院国家天文台南京天文光学技术研究所评）

苏定强参与了中国多个天文望远镜和仪器的研制，做了许多重要的创造性的工作。

（中国科学院学部评）

熊大闰　　　天体物理学家 »

当选时间　1991 年当选中国科学院院士
学　　部　数学物理学部
性　　别　男
民　　族　汉族
籍　　贯　江西南昌
出生年月　1938 年 9 月 16 日

Yuan Shi Xiao Zhuan
院士小传

　　熊大闰　　天体物理学家。中国科学院紫金山天文台研究员。1938 年 9 月出生于江西吉安；1956 年考入北京大学；1962 年北京大学地球物理系毕业，同年被分配到中国科学院紫金山天文台恒星研究室工作；1978 年后，历任中国科学院紫金山天文台研究实习员、助理研究员、副研究员、研究员、博士生导师、学术委员会主任。1991 年当选中国科学院学部委员（院士）。

主要成就

主要从事恒星对流理论以及与之相关的恒星结构、演化和脉动稳定性研究。发展了一种基于流体力学方程和湍流理论的非局部和非定常的恒星对流理论，并成功地应用于太阳对流区结构、大质量恒星演化和恒星脉动的理论计算。解决（或部分解决）了该领域诸多理论矛盾和困难，较之传统理论，新理论得到了与观测更为相等的结果。2002 年 7 月，参加在瑞典大学城乌普沙拉市举行的国际天文联合会第 210 号会议（IAU Symposium 210）"恒星大气模型"，并在会上作了题为"对流与恒星结构、演化和振荡"的特邀报告。

主持了非定常对流理论研究（1974—1977）、变星的脉动理论研究（1977—1981）、非局部对流理论研究（1977—1980）、恒星的结构演化和振动研究（1980 年至今）等项目。

先后获得江苏省重大科技成果奖二等奖（1979）、中国科学院自然科学奖一等奖（1989）、国家自然科学奖二等奖（1991）、王丹萍科学技术奖、何梁何利基金科学与技术进步奖、国家级"有突出贡献的中青年专家"称号等荣誉。

社会任职

担任《天文学报》主编等；曾任国家"攀登计划"项目"天体剧烈活动的多波段观测和研究"首席科学家等。

人物综观

除专注于科研工作外，还热心于社会公益事业，他和学生邓李才一起，与四川农村发展组织合作，在四川汉源县进行了 10 年的农村扶贫。个人捐资 30 万元，又从天文界同仁处募集到约 20 万元，通过资助修路、引水、创收项目，修建村小学，购置小型农用机械，特困户帮扶等项目，大大改善了石泉村村民的生产条件和生活环境，解决了该村及临近村寨幼儿就近上学和营养午餐的困难。

熊大闰在恒星对流理论以及与之有关的恒星结构、演化和脉动稳定性问题这一研究领域，提出独立的"熊氏对流理论"，解决了 20 世纪 70 年代到 80 年代该领域内的诸多国际性难题。
（中国科学院暗物质与空间天文重点实验室评）

熊大闰院士在恒星物理，特别是在恒星振动理论研究方面，享有很高的国际声誉。
（北京师范大学评）

齐 康　建筑学家、城乡规划学家、建筑教育家

当选时间　1993 年当选中国科学院院士

学　　部　技术科学部

性　　别　男

民　　族　汉族

籍　　贯　浙江杭州

出生年月　1931 年 10 月 28 日

院士小传

齐康　建筑学家、城乡规划学家、建筑教育家。法国建筑科学院外籍院士，东南大学建筑研究所所长、教授、博士生导师，国家建筑设计大师，东南大学建筑设计研究院总顾问。1931 年 10 月出生于江苏南京；1952 年南京大学建筑系毕业；历任南京工学院（现东南大学）讲师、副教授、教授、副院长；1976 年与老师杨廷宝在北京参与毛主席纪念堂方案设计；1989 年被列入《美国名人传记录》和《世界名人传记录》；1997 年当选法国建筑科学院外籍院士。1993 年当选中国科学院院士。

主要成就

长期从事建筑和城市规划领域的科研、设计和教学工作。最早参与中国发达地区城市化的研究及相关的城市化与城市体系的研究。在建筑设计中，十分重视中国国情，注重整体环境，吸取并运用中西建筑传统经验和手法，如五台山体育馆就以洗练凝重见长，既有所发展，又表现得更为灵活。再如济公院，从重建后的济公院的多功能性和六个不同高程的台地的实际情况出发，顺应地形而建，具有浓郁的乡土特色。建成后，深受国内外游客和专家赞誉。该设计在国际建筑艺术研讨会上受到了好评，1993年荣获全国"建筑师杯"优秀奖。论文《天台济公院的设计构思》获建筑设计优秀论文大奖。

获得首届中国建筑界的最高奖——梁思成建筑奖，以及首届建筑教育奖、2014年度江苏省科学技术突出贡献奖、2015年中国民族建筑事业终身成就奖；"较发达地区城市化途径和小城镇技术经济政策"项目获建设部科技进步奖二等奖，武夷山庄、南京梅园周恩来纪念馆和南京雨花台纪念馆分别获国家优秀工程设计金质奖2项、银质奖1项、铜质奖2项，"乡镇综合规划设计方法""城镇建筑环境规划设计理论与方法""城镇环境设计"项目分别获得教育部科技进步奖一、二、三等奖，2003年"现代城市设计理论及其方法"项目获得教育部自然科学奖一等奖等。

发表论文200余篇，著有专著近50本。截至2017年，已经培养不下56名博士、100余名硕士，其中2名学生当选中国科学院院士、2名学生当选中国工程院院士、1名学生获普利兹克奖。

社会任职

担任国务院学位委员会第二届、三届学科评议组成员，中国建筑学会常务理事，大连理工大学建筑系名誉系主任，华南理工大学、浙江大学、武汉大学、青岛大学、南京林业大学、南京工业大学、南京工程学院、江南大学等校名誉教授，若干大、中、小城市的规划建设顾问等。

人物综观

在中国近现代建筑发展史上，齐康处于承上启下的关键性位置。他的老师是中国现代建筑的开创者——刘敦桢、童寯、杨廷宝，与梁思成被喻为中国的"建筑四杰"，齐康直接受教于其中三位。从来不沉溺在对某个具体的人、某件具体的事的评价和感受上，会上升到人性、社会运行的体制、事物自身的发展规律的层面上。始终以一个学者的身份、一种研究的态度，探究着本质与规律。正是这种"求真"的信念，让他成为一个率真的人。

（《光明日报》摘评）

从齐康先生睿智、宽阔而不乏亲切的气质中，感受到了一股艺术家才具备的犀利。

（凤凰网评）

陈颙　　地球物理学家

当选时间　1993 年当选中国科学院院士
学　部　地学部
性　别　男
民　族　汉族
籍　贯　江苏宿迁
出生年月　1942 年 12 月 31 日

院士小传

　　陈颙　地球物理学家。第三世界科学院院士，南京大学地球科学与工程学院教授，中国地震局研究员。1942 年 12 月出生于重庆；1965 年中国科学技术大学地球物理系毕业；1966 年至 1973 年，在邢台地震现场进行地震观测和震源物理理论研究；1974 年以后，开展高温高压下岩石物性实验研究；1978 年受邀赴美国加州大学伯克利分校从事核废料处理方面的研究；1982 年至 1996 年，历任国家地震局地球物理研究所所长、国家地震局副局长；2000 年当选第三世界科学院院士。1993 年当选中国科学院院士。

主要成就

长期从事地震学和实验岩石物理学研究及其在环境、能源和减灾方面的潜在应用。20世纪70年代，从事高温高压下岩石物理学实验研究。发展了测量岩石变形的激光全息技术。发现的岩石热开裂现象已被应用于核电站的安全性监测。20世纪90年代，致力于地震预测和地震灾害研究。运用地震学、工程科学和经济学，首次编辑了"全球地震危险性图和全球地震灾害预测图"。

1986年被评为"有突出贡献的中青年专家"，1991年享受国务院政府特殊津贴，1997年获国家科学技术进步奖三等奖，1998年获得何梁何利基金科学与技术进步奖等。

共发表论文百余篇，出版专著、译著10余部。

社会任职

担任过中国地球物理学会理事长，中国地震学会副理事长，中国科学院地学部主任等；1992年起，曾任IASPEI的地震预报和地震灾害委员会主席，国际地震中心（ISC）执行理事；2004年5月，兼任中国科学技术大学地球和空间科学学院院长；2016年起受聘为西北大学双聘院士等。

人物综观

陈颙善于合作，有团队工作精神。热心于人才的培养和科研团队的建设，讲课经常受学生们的欢迎。　　　　　　　　　　　　　　　（中国地震局地震预测研究所评）

陈颙历经多年的艰苦努力和辛勤耕耘，在地震灾害领域里的研究取得了非常可喜的成绩，为地震灾害学的建设发展做出了自己的贡献。　　　　　（北京师范大学附属中学评）

周志炎　古植物学家、地层古生物学家 >>>

当选时间　1995 年当选中国科学院院士

学　　部　地学部

性　　别　男

民　　族　汉族

籍　　贯　浙江海宁

出生年月　1933 年 1 月 11 日

院士小传

　　周志炎　古植物学家、地层古生物学家。中国科学院资深院士，中国科学院南京地质古生物研究所研究员、博士生导师。1933 年 1 月出生于上海；1950 年考入浙江大学地理系学习；1952 年由于高等学校院系调整，转入南京大学地质系学习；1954 年南京大学地质系毕业，同年进入中国科学院南京地质古生物研究所工作，并师从中国古植物学奠基人之一的斯行健老师当他的研究生，后又长期在李星学老师的领导下工作；1961 年中国科学院南京地质古生物研究所研究生毕业；1980 年至 1982 年，在英国里丁大学等进修，得到古植物学一代宗师 T. M. 哈里斯教授的指导。获得 1995 年度 Birbal Sahni 百年纪念奖，2019 年获得中国古生物学会终身成就荣誉。1995 年当选中国科学院院士。

Zhu Yao Cheng Jiu 主要成就

长期从事古植物学和相关地层学研究，以中生代裸子植物和蕨类化石的研究见长。早年参加《中国各纪地层》与《中国各门类化石》综合性论著的编写。主持东北、中南等地中生代含煤地层及古生物群的综合研究。首次系统研究了中国南方早侏罗世早期植物群，阐明了满江红大孢子壁超微结构的方向性及其潜在分类意义；研究了最古老的银杏和罗汉松科植物，并系统总结了中国掌鳞杉科化石；参与了南极乔治王岛、菲尔德斯半岛晚白垩世及早第三纪真蕨类和松柏类研究。关于中生代银杏目化石的系统研究被誉为在该领域具有里程碑意义的工作。

先后获得中国科学院自然科学奖一等奖1项、二等奖2项，科技进步奖三等奖1项等奖项荣誉。

发表论文百余篇；出版专著多部，代表论著有《中国古生物志》《中国古生物志》《中国银杏植物》分册等。

She Hui Ren Zhi 社会任职

担任过中国古生物学会古植物学分会副主任、主任委员，国际古植物协会副主席、国际古植物协会中国地区代表，国际植物分类委员会植物化石组委员，美国植物学会古植物组名誉会员等。

Ren Wu Zong Guan 人物综观

进入古稀之年的周志炎总是自己坐公交车上下班，不论严冬腊月还是盛夏酷暑，从来不要单位安排小车接送。他说："不想麻烦别人，自己也习惯了走走路、散散步，坐公交车又方便又锻炼身体。现在媒体和社会把院士捧得很高，在一般人眼里，院士很神秘、很了不得，几乎无所不知，其实院士也是普通人，不过是在某个学科某个方面做了一点工作而已。每天有那么多的人乘公交车上班，院士坐公交车上班也很正常。"

周志炎有关银杏类的研究成果，被国际同行誉为该领域具有里程碑意义的工作，为国内外最新的古植物教科书及专著多次引用。　　（中国科学院南京地质古生物研究所评）

方　成　　　　天体物理学家

当选时间　1995 年当选中国科学院院士

学　　部　数学物理学部

性　　别　男

民　　族　汉族

籍　　贯　江苏江阴

出生年月　1938 年 8 月 10 日

院士小传

　　方成　天体物理学家。发展中国家科学院院士，南京大学天文与空间科学学院教授、博士生导师。1938 年 8 月出生于云南昆明；1959 年南京大学天文系毕业，留校任教；1980 年至 1982 年，在法国巴黎天文台做访问学者；1981 年晋升副教授后被评为博士生导师；1986 年晋升教授；1993 年至 1997 年，担任南京大学天文系主任；2005 年当选发展中国家科学院院士；2008 年被法国巴黎天文台授予荣誉博士学位。1995 年当选中国科学院院士。

主要成就

20 世纪 80 年代初，主持研制出中国第一座塔式太阳望远镜（简称太阳塔），开辟了中国 CCD 二维光谱研究的新领域。系统地掌握并运用非局部热动平衡理论，建立了一套实用方法，在太阳活动体的结构和大气模型、耀斑动力学模型、耀斑谱线不对称性、耀斑非热电子的光谱诊断以及磁流体力学数值模拟等方面取得了重要的成就。首次提出用色球压缩区解释第 Ⅰ 类白光耀斑，以及用太阳大气低层磁重联解释第 Ⅱ 类白光耀斑和"埃勒曼（Ellerman）炸弹"等的新机制。在其主持下，云南天文台昆明抚仙湖畔的太阳观测基地建成了光学近红外太阳爆发探测望远镜（ONSET），其质量达到国际单个太阳监测望远镜的最高水平。

作为第一完成人，先后获得国家科学技术进步奖二等奖，国家自然科学奖三等奖，教育部科技进步奖一、二等奖等多种奖项；还曾获得全国教育系统劳动模范、全国模范教师、何梁何利基金科学与技术进步奖、第五届中国科学院 / 国际空间研究委员会（CAS/COSPAR）赵九章奖等荣誉。2010 年，国际天文学联合会将编号为 185538 号小行星命名为"方成星"。

截至 2021 年 11 月，已发表学术论文 330 余篇。截至 2017 年 8 月，先后培养了 10 多名博士和硕士研究生。其中，3 名博士生获得国家自然科学基金委杰出青年科学基金项目资助，2 名被评为教育部"长江学者奖励计划"特聘教授，1 名被评为江苏省优秀青年科学家，1 名获得中国科学院优秀青年科学家一等奖。

社会任职

担任过江苏省科学技术协会第七届委员会副主席，中国天文学会理事长，国际天文学联合会副主席，中国高等科学技术中心特别成员、天文和天体物理分中心主任，国家自然科学基金委员会天文学科评审组组长，"攀登计划"项目"天体剧烈活动的多波段观测和研究"首席科学家，《中国天文与天体物理学》主编等。

人物综观

作为我国首颗太阳观测卫星"羲和号"的科学总顾问，为中国的太阳空间探测做出了重要贡献。

（中国科学院评）

许志琴　构造地质学家

当选时间	1995 年当选中国科学院院士
学　　部	地学部
性　　别	女
民　　族	汉族
籍　　贯	重庆
出生年月	1941 年 8 月 14 日

院士小传

许志琴　构造地质学家。发展中国家科学院（TWAS）院士，南京大学地球科学与工程学院教授。1941 年 8 月出生于上海；1964 年北京大学地质地理系毕业，同年被分配到中国地质科学院地质研究所工作；1987 年获法国蒙贝利耶大学构造地质博士学位；1993 年至 2001 年，任中国地质科学院副院长、地质研究所所长。是我国开展微观与宏观构造研究相结合的主要开拓者，也是中国大陆科学钻探事业的主要奠基者之一。1995 年当选中国科学院院士。

主要成就

从事青藏高原和中国造山带的野外实践和研究近60年，带领团队一直从事大陆动力学有关前沿领域的研究。确定了中国大陆造山带中的60余条大型韧性剪切带和5个片麻岩穹隆群；通过微观和宏观的多学科研究，重塑了秦岭—大别—苏鲁、祁连、喜马拉雅、冈底斯、滇西和松潘甘孜等造山带的构造变形构架，为中国大陆特提斯构造体系的建立提供了重要依据；提出了青藏高原为"造山的高原"，白垩纪初始高原的形成，以及冈底斯—喜马拉雅造山带从洋—陆俯冲到陆—陆碰撞的转换过程；提出以青藏高原岩石圈—超岩石圈剪切断层、低速地幔羽、岩石圈板片拆沉及陆内俯冲为特征的地幔结构的青藏高原动力学模型，重塑了喜马拉雅三维造山运动学和造山动力学的新模式；与法国地质学家 Tapponnier 教授合作，提出了新生代以来青藏高原由南向北东方向增生的斜向右旋隆升，以及印度—亚洲碰撞从挤压到走滑的转换机制，研究成果在 *Science*（《科学》，2001）上发表。

获李四光地质科学奖、何梁何利基金科学与技术进步奖、全国野外科技工作突出贡献奖等奖项；还先后获得原国家教委、人事部授予的"有突出贡献的留学回国人员"和"有突出贡献的中青年专家"，科技部授予的"全国野外科技工作突出贡献者"，以及"全国先进工作者""三八红旗手"和中央机关"妇女十杰"称号等荣誉。

发表论文360余篇，SCI 论文140余篇；出版专著9本；培养硕士、博士20余名。

社会任职

担任国家减灾委员会委员，国际大陆科学钻探中国委员会副主任，中国地质学会大陆地壳与地幔研究分会主任，中国地质科学院青藏高原大陆动力学研究中心主任，中国科学院地学部常委；曾任第九届至十一届全国人民代表大会代表，环境与资源保护委员会委员，国际岩石圈构造专业委员会委员，国家汶川地震专家组副组长。

人物综讯

数十年为中国科学钻探事业做出了一系列重要的创新性贡献。1987年在法国完成的博士论文中最早提出在大别山发现了超高压变质矿物——柯石英；2001年至2005年，领导团队实施了中国第一口5 000米大陆科学深钻，提出了巨量物质深俯冲和苏鲁超高压变质带俯冲－剥蚀新模式；2008年汶川地震后，提出和实施了世界上最早回应大地震的"汶川地震断裂带科学钻探工程"，作为首席科学家，为揭示汶川地震机理以及重建龙门山构造格架和崛起做出了贡献；为服务于国家需求和当前新能源锂矿战略，又带领南京大学团队进军川西锂矿带进行科学钻探，取得了理想的钻探成果。

王德滋　　　岩石学家　　　▶▶

当选时间　1997 年当选中国科学院院士

学　　部　地学部

性　　别　男

民　　族　汉族

籍　　贯　江苏泰兴

出生年月　1927 年 6 月 27 日

院士小传 *Yuan Shi Xiao Zhuan*

　　王德滋　岩石学家。南京大学地球科学与工程学院教授、博士生导师。1950 年南京大学地质系毕业，留校任教；1955 年晋升为讲师；1957 年任南京大学地质系党总支书记；1958 年至 1961 年，历任南京大学地质系主任助理、教研室主任、副系主任；1963 年调任校教务处副处长；1978 年由讲师越级晋升为教授；历任南京大学副教务长兼科研处长、南京大学副校长、南京大学发展与政策研究委员会主任；1989 年任内生金属矿床成矿机制研究国家重点实验室主任；1991 年至 1993 年，任南京大学地球科学与工程学院院长。1997 年当选中国科学院院士。

主要成就

长期从事火山岩与花岗岩研究，为中国地质学科所属的岩石学科的发展做出了重要贡献。确认了加里东期花岗岩在华南有广泛分布，并与燕山期花岗岩有明显区别；论证了中国东南沿海 A 型花岗岩为后造山型花岗岩与伸展背景有关；划分了中国东部中生代火山岩系为橄榄安粗岩系与高钾钙碱性岩系，研究其差别与成因，提出了"次火山花岗岩"新理念，并以时、空、源一致性作为火山－侵入杂岩的判别标志；与合作者在华南发现 S 型火山岩，并研究了它们与锡、铀的成矿关系。

曾获全国科学大会奖、国家自然科学奖二等奖、原国家教委科学技术进步奖一等奖、教育部自然科学奖一等奖、江苏省科普作品一等奖等荣誉。

在国内外刊物发表论文 200 余篇，出版专著、教材、译著 14 部。

社会任职

担任过国务院学位委员会地质学与地球物理学学科评议组成员、召集人，中国地质学会副理事长，中国矿物岩石地球化学学会岩浆岩专业委员会主任，《南京大学学报》（自然科学版）、《高校地质学报》主编，《地球化学》（英文版）编委，中国科学技术大学、浙江大学、中国地质大学（武汉）、西北大学等校兼职教授，江苏省科学学与科研管理研究会副会长和荣誉理事等。

人物纵观

在南京大学工作的 70 余个年头中，无论是在助教、讲师、教授、博导、院士等学术性岗位上，还是在支部书记、系主任助理、副系主任、总支书记、教务处长、副教务长和副校长乃至地学院院长等管理性岗位上，都以自己的热情、智慧和才干，为系、院和校的发展辛勤地付出。

孙义燧 天体力学家

院士小传 *Yuan Shi Xiao Zhuan*

当选时间	1997 年当选中国科学院院士
学　　部	数学物理学部
性　　别	男
民　　族	汉族
籍　　贯	浙江瑞安
出生年月	1936 年 12 月 20 日

　　孙义燧 天体力学家。南京大学天文与空间科学学院教授、博士生导师。1936 年 12 月出生于江苏南京；1958 年南京大学天文系毕业，留校任教；1979 年被公派到法国尼斯天文台做访问学者；1993 年担任南京大学研究生院院长；2015 年当选南京大学学术委员会副主任委员。1997 年当选中国科学院院士。

主要成就

长期从事天体力学和非线性动力学的教学与研究工作。与陈翔炎等合作，针对给定的三体位置解决了三体轨道的变化范围问题。

与 C. Marchal 等合作证明了三体椭圆 Euler 特解（即共线特解）对应惯量矩的最大下界便为所有有界运动惯量矩的最大下界，并首先提出了第三"孤立体"的概念和存在的条件，解决了对给定的三体位置三体轨道变化范围的问题。

发现了在椭圆形不变闭曲线领域内，存在充分多的二维不变环面和周期不变曲线，并用平均方法给以理论解释。此结果同时也被国际上其他一些学者所引用。

国家"973计划"项目"非线性科学中的若干前言问题"首席科学家。截至2011年1月，先后获得国家自然科学奖二等奖，原国家教委科技进步奖二等奖，中国高校科学技术（自然科学）奖一等奖，第二届中国出版政府图书奖，江苏省科技进步奖一、二等奖，何梁何利基金科学与技术进步奖等奖项荣誉。2010年7月26日，国际天文联合会将国际编号为185640号小行星命名为"孙义燧星"。

截至2011年1月，在国内外刊物上发表论文100余篇，出版学术专著2部。

社会任职

担任过国际天文联合会、天体力学专业委员会委员，中国科学院数学物理学部第十四届常务委员会副主任等。

人物综讯

孙义燧长期从事天体力学和非线性动力学研究并做出显著贡献，首先提出并与程崇庆一起证明了余维—不变环面的存在，这一重大成果被应用于流体力学和彗星运动的理论研究之中，产生了深远影响。

（新华网评）

孙义燧在天文学方面所做的突出贡献，受到中国国内外学术界的广泛关注。

（中共南京市党史工作办公室评）

戎嘉余 | 地层古生物学家 »

当选时间 1997 年当选中国科学院院士

学　部 地学部

性　别 男

民　族 汉族

籍　贯 浙江鄞县

出生年月 1941 年 12 月 7 日

院士小传

　　戎嘉余 地层古生物学家。中国科学院南京地质古生物研究所研究员、博士生导师，现代古生物学和地层学开放实验室主任，国家重点实验室学术委员会主任。1941 年 12 月出生于上海；1958 年考取北京地质学院地质测量与找矿系；1962 年北京地质学院古生物学专业毕业；1966 年中国科学院南京地质古生物研究所研究生毕业，留所工作。1997 年当选中国科学院院士。

Zhu Yao Cheng Jiu 主要成就

长期从事早—中古生代海洋无脊椎动物腕足动物的系统分类、群落生态和生物地理及相关地质时期地层学与古地理学研究。20 世纪 90 年代以来，注重对生物宏演化，尤其是生物大灭绝及其后残存与复苏的研究。

主要研究晚奥陶世（赫南特贝动物群和叶月贝动物群）、志留纪（华夏正形贝动物群、始石燕类动物群等和泥盆纪（东京石燕动物群）的地层、古生态和古地理意义，对它们在中国和世界的古生物地理区系位置提出新的认识；应邀参与了全球新版《腕足动物论丛》3 个目的编撰；合作提出了中国奥陶纪、志留纪地层对比的新方案，并不断提升对比的精度；再造了华南志留纪系列古地理图。

2000 年担任国家"973 计划"项目"重大地史时期生物的起源、辐射、灭绝和复苏"首席科学家；获得国家自然科学奖二等奖（2008）、三等奖（1990）各 1 项，中国科学院科技进步奖一等奖（1989）2 项、二等奖 1 项，何梁何利基金科学与技术进步奖（2005）等奖项；还获得国家"有突出贡献的留学回国人员"、国家级"有突出贡献的中青年专家"、江苏省"优秀科技工作者"、江苏省"劳动模范"、南京市"劳动模范"等荣誉称号。

先后共发表论文 320 余篇，主编专著多部。

She Hui Ren Zhi 社会任职

担任过国际地层委员会志留系分会副主席、主席，全国政协第十届、十一届委员会委员，江苏省科学技术协会第八届、九届委员会副主席，英国地质学会终身荣誉理事，英国古生物协会海外代表，《古生物学报》主编等。

Ren Wu Zong Guan 人物综观

戎嘉余担任过科技部"973"基础前沿项目首席科学家，为探索地质历史时期生物多样性与环境演变做出努力。　　　　　　（中国科学院南京地质古生物研究所评）

戎嘉余在腕足动物这个冷僻的专业领域，默默无闻地研究了一辈子，取得不少很有价值的成果，为推动中国古生物学科的发展做出了积极贡献。

（《科学大众（中学生）》评）

伍荣生　　　大气科学家

当选时间　1999 年当选中国科学院院士

学　　部　地学部

性　　别　男

民　　族　汉族

籍　　贯　浙江瑞安

出生年月　1934 年 1 月 17 日

院士小传

　　伍荣生　大气科学家。南京大学大气科学学院教授、博士生导师。1956 年南京大学大气科学系毕业；1984 年至 1993 年，任南京大学大气科学系主任、博士生导师，南京大学中尺度灾害性天气教育部重点实验室主任；2002 年至 2006 年，担任中国气象学会第二十五届理事会理事长；2006 年之后，担任中国气象学会理事会名誉理事。1999 年当选中国科学院院士。

研究领域为大气波动与大气动力学。在大气波动动力学中，解释了气象观测中的某些现象。在非线性波动共振研究中，最早提出了共振周期与大气中的中期天气过程相应关系。在边界层动力学研究中，建立了四力平衡条件下的边界层动力学模型，提出了 Ekman 动量近似概念，并在此基础上研究了地形、摩擦与锋生等之间的相互关系。进一步发展了地转适应与锋生理论，该研究结果已被实际工作和数值模拟试验证实。

截至 2012 年 7 月，在大气波动力学领域的研究成果获江苏省科技进步奖二等奖 1 项（1980）、原国家教委科技进步奖二等奖 1 项（1986），在边界层动力学领域的研究成果获国家教委科技进步奖二等奖 2 项（1989、1994）；2006 年获得教育部国家科学技术（自然科学）奖一等奖 1 项。

长期活跃在教学工作第一线，编著出版了多部本科生和研究生教材。截至 2014 年 10 月，先后培养出 40 余名气象学博士和硕士研究生。

担任过中国气象学会第二十五届理事会理事长，国务院学位委员会第二届至四届学科评议组成员，原国家教委大气科学指导委员会主任，国际动力气象委员会中尺度工作组主席，国际大地测量与地球物理联合会（IUGG）中国委员会委员，国际气象学和大气物理学协会（IAMAP）中国委员会委员，国际气象和大气物理委员会下属国际动力气象委员会委员等。

伍荣生对大气动力理论进行了系统研究，特别对边界层动力学与锋生理论的发展做出了贡献。

（中国科学院评）

伍荣生为中国气象事业和大气科学教育事业的发展做出了重要贡献。

（南京大学评）

王　颖　海岸海洋地貌与沉积学家

当选时间	2001 年当选中国科学院院士
学　部	地学部
性　别	女
民　族	汉族
籍　贯	辽宁康平
出生年月	1935 年 2 月 24 日

院士小传

　　王颖　海岸海洋地貌与沉积学家。南京大学地理与海洋科学学院教授、博士生导师。1935 年 2 月出生于河南潢川；1956 年南京大学地理系地貌学专业毕业；1961 年北京大学地质地理系海岸地貌与沉积学专业副博士研究生毕业；1979 年至 1982 年，任加拿大 Dalhousie 大学地质系海洋地质学研究员、Bedford 海洋研究所访问学者；2001 年被加拿大 Waterloo 大学授予环境科学荣誉博士学位；曾任南京大学海岸与海岛开发国家试点实验室主任，南京大学地学院院长、大地海洋科学系主任。2001 年当选中国科学院院士。

Zhu Yao Cheng Jiu
主要成就

主要研究方向为海岸海洋地貌与沉积学，专长于从海岸动力、地质地貌与沉积多学科结合的途径研究海陆交互作用带——海岸海洋的成因、变化趋势与开发利用。在具有地域特点的淤泥质潮滩海岸、鼓丘海岸以及河海体系与大陆架沉积等方面有重要贡献。总结潮滩动力环境的沉积与生态模式，分析中、新生代泥沙粉砂岩沉积环境，把我国潮滩研究推向了国际先进水平。推动发展了具有学科交叉特点的海岸海洋科学，将海陆相互作用研究与全球变化相结合并应用于海岸工程建设之中，成功地完成了30多项深水海港选建与海岸海洋发展规划。

是我国海岸动力地貌学方面最有贡献的科学家，被授予国家级"有突出贡献的中青年专家"称号，也是我国海岸海洋学家中在国外发表论文最多的科学家之一。

在国际著名杂志 *Sedimentology*、*Journal of Geology* 等，及国内重要学术刊物《科学通报》《地理学报》《沉积学报》等上面发表论文276篇，主编和参编专著与教材27册。

在伦敦地质杂志上发表的《中国主要河流对大陆架沉积作用》一文，被第十二届国际沉积学会主席英国牛津大学地球科学系 Harold Reading 教授评为"河流对中国海岸线影响方面的最佳总结"，并被他主编的沉积学名著《沉积环境与沉积相》（*Sedimentary Environment & Facies*）（第三版）列为主要参考文献之一。

社会任职

2012年始任中国南海研究协同创新中心主任。在外交部、海南省、国家海洋局3个政府部门的支持下，由南京大学联合中国人民大学、海军指挥学院等单位，按照"国家急需、世界一流"的要求，培育组建了"中国南海研究协同创新中心"。该中心是国家首批认定的14家"2011协同创新中心"之一，依托多学科优势，协同国内外相关研究力量，为国家有关部门提供基础信息与决策支持服务，打造综合研究南海问题的重镇。同时，该中心成为复合创新型海洋人才的培养基地、南海文献基地和常设性国际对话平台。

人物综观

在海岸海洋动力地貌领域取得了系统的、创造性的成就，并且在应用海岸海洋动力地貌学理论建设我国海港方面做出了重大贡献。近期，组织研究了南海资源环境与海疆权益，为"海洋强国"、海岸海洋学科发展与人才培养贡献了力量。

"这位大海的女儿，从小就有一个漂洋过海的梦想——在她的心中刻着一艘理想的航船。几十年来，她驾驭着它，乘风破浪——让生命在海洋科学研究中闪光！"

（2016年12月13日，王颖获得"终身奉献海洋"纪念奖章时，大会宣读的颁奖词）

陈洪渊

陈洪渊 分析化学家和教育家

当选时间 2001 年当选中国科学院院士
学　部 化学部
性　别 男
民　族 汉族
籍　贯 浙江三门
出生年月 1937 年 12 月 24 日

Yuan Shi Xiao Zhuan
院士小传

　　陈洪渊 分析化学家和教育家。南京大学教授、博士生导师。1961 年毕业于南京大学放射化学专业，留校任教至今；1981 年获得 VW-Stiftung 奖学金，作为教育部公派德国美因茨（Mainz）大学访问学者，师从国际著名电分析化学家 R.Neeb 教授；其后又获德国 DFG、DAAD 等基金资助，多次作为访问教授或客座教授进行中短期的合作研究；1985 年晋升为副教授、硕士生导师；1986 年任博士生副导师；1988 年晋升为教授、博士生导师；2017 年当选美国化学会会士。作为著名的分析化学家和教育家，先后创建了南京大学分析科学研究所、生命分析化学教育部重点实验室和生命分析化学国家重点实验室；为国家培养了一批分析化学人才，其中获国家杰出青年科学基金项目资助 8 人，获聘"长江学者奖励计划"特聘教授 3 人，获国家优秀青年科学基金项目资助 3 人。2001 年当选中国科学院院士。

主要成就

是国内提出"生命分析化学"新概念的第一人，并首先创立了南京大学生命分析化学教育部重点实验室，随后升为国家重点实验室。长期从事电化学分析基础、仿生催化、生物电化学、微流控阵列芯片等方面的研究。在构建多种仿生催化界面和教学方面贡献突出，在涉及生命材料科学的电化学分析基础和应用研究的多个前沿领域做出了重要贡献。

2018年主持完成的国家自然科学重大基金仪器项目"单细胞时空分辨动态分析系统"，是在国际上率先实现的突破，不但具有重大科学意义，而且将带来广泛的应用前景。

获国家自然科学奖二等奖和三等奖、教育部自然科学奖一等奖（2项）、全国科学大会奖、何梁何利基金科学与技术进步奖、中国侨联科技进步奖、中国化学会贡献奖、国际Nature集团杰出导师终身成就奖、首届雷磁终身成就奖、中国化学会电分析化学终身成就奖、全国五一劳动奖章、国务院政府特殊津贴，获评全国模范教师、全国先进工作者等荣誉。

截至2022年8月，发表论文千余篇，他引47 200余次，H因子105；出版合编著译书7册，百科全书或专著4专章；获授权专利40余项；指导博士后10余人，培养博士111人。

社会任职

担任南京大学学位委员会副主任（连任）；曾任国家最高科学技术奖励委员会委员和评委，教育部科技委委员、化学化工学部主任，国家教委高校教育指导委员会成员，中国化学会分析化学委员会委员，中国质谱学会理事长，中国转化医学联盟副主席，全国测试协会副会长，《中国科学》《高等学校化学学报》《分析化学》副主编，北京大学、清华大学、上海交通大学和南开大学等校兼职教授，中国科学院化学部常委，国际纯粹与应用化学联合会（IUPAC）电化学委员会中国国家代表等。

人物综讯

陈洪渊教授是中国著名的分析化学家和教育家，在电分析化学基础与应用的多个前沿领域做出了重要贡献。
（中国化学会评）

陈洪渊先生是我国著名的分析化学家和教育家。他在学术研究和人才培养上卓有建树。在电化学分析的基础与应用、纳米生物电化学、仿生催化与生物传感、光电化学、微纳流控芯片及生命分析新装置、新仪器等前沿领域的研究中成果卓著，开拓了富有前景的研究方向，获得了国家级和省部级的多种科技奖励。他治学严谨，提携后辈，培养了一批分析化学科技人才，他们已成为该领域的中坚力量。他还荣获全国模范教师、全国先进工作者的称号及五一劳动奖章和Nature集团杰出导师终身成就奖，为推动我国化学事业的发展做出了重要贡献；积极为我国科技事业发展建言献策，为科技工作者的楷模。
（中国科学院评）

李崇银 气象学家、地球物理学家 〉〉〉

当选时间	2001 年当选中国科学院院士
学　　部	地学部
性　　别	男
民　　族	汉族
籍　　贯	四川达川
出生年月	1940 年 4 月 15 日

Yuan Shi Xiao Zhuan 院士小传

　　李崇银 气象学家，地球物理学家。国际欧亚科学院院士，国防科技大学教授、博士生导师，中国科学院大气物理研究所副主任。1963 年中国科技大学应用地球物理系毕业，同年进入中国科学院大气物理研究所从事研究工作；1980 年至 1981 年，赴美国伊利诺斯州立大学大气科学系做访问学者；1984 年至 2003 年，历任中国科学院大气物理研究所副研究员、研究员、大气环流与地球流体力学研究室主任；1985 年至 1994 年，任 LASG 国家重点实验室副主任；2004 年 12 月，经总参和总政批准特招入伍，被任命为解放军理工大学气象学院军事气象系动力气象与数值预报教研室教授，确定为专业技术 2 级、文职 2 级，后升为专业技术 1 级、文职特级。2001 年当选中国科学院院士。

长期从事气象研究工作，在热带气象学、大气低频振荡动力学以及 ENSO 循环动力学等大气科学前沿领域取得了一系列成果。在大气季节内振荡动力学研究方面，最早提出对流加热反馈是激发产生热带季节内振荡的重要机制，完善了热带大气季节内振荡的 CISK 波理论。在 ENSO 循环动力学研究方面，揭示了东亚冬季风异常对 ENSO 发生的重要作用。在卫星红外遥感测湿、台风动力学及热带气象等领域也取得了一系列成果。

"八五"期间任国家"攀登计划"项目"气候动力学和气候预测理论"专家组成员和课题组长，"九五"期间任国家"攀登计划"项目"南海季风试验研究"首席科学家，国家"973 计划"项目"我国重大气候灾害形成机理和预测理论研究"专家组副组长和课题组长。

获国家自然科学奖三等奖 2 项，全国优秀科技情报成果二等奖 1 项，中国科学院重大科技成果一等奖 1 项、三等奖 3 项，中国科学院自然科学奖二等奖 1 项、三等奖 1 项，大气科学基础成果奖 1 项等奖项；还获国家八部委联合评定的先进工作者和金牛奖等荣誉。

发表论文 460 余篇，出版代表性著作 11 部。

担任过中国气象学会动力气象学委员会主任（1987—2006），中国气候研究委员会秘书长，中国气象学会副理事长（2006—2008），国际动力气象学委员会委员（1991—2002），国际气候变化及可预报性研究计划（CLIVAR）科学指导组（SSG）成员（1997—1999）、国际亚澳季风专家委员会委员（1995—2002），国际气候变化委员会（IUL/IAMAS）委员（2003—2013），世界气候研究计划（WCRP）中国委员会主席（2004—2012）等。

李崇银几十年来在热带气象学、大气低频振荡及其动力学和 ENSO 循环动力学等大气科学前沿领域内取得了系统的创造性成果，为推动热带气象学及气候动力学的发展做出了贡献。

（《江苏科技报》评）

郑有炓 半导体材料与器件物理专家 ▶▶▶

当选时间 2003 年当选中国科学院院士

学　　部 信息技术科学部

性　　别 男

民　　族 汉族

籍　　贯 福建大田

出生年月 1935 年 10 月 1 日

院士小传

郑有炓　半导体材料与器件物理专家。南京大学电子科学与工程学院教授、博士生导师，南京大学光电信息功能材料江苏省重点实验室技术委员会主任。1957 年毕业于南京大学物理系（北京大学等五校联合半导体专业）；1957 年至今，一直在南京大学任教；1984 年至 1986 年，参加中、美物理学会"原子、分子和凝聚态物理合作研究计划"，在美国纽约州立大学布法罗分校物理系开展半导体低维结构研究。2003 年当选中国科学院院士。

主要成就

长期致力于半导体异质结构材料、器件及物理研究，在Ⅲ族氮化物半导体异质结构、锗硅异质结构和硅基纳米结构材料及其器件应用的研究方面，取得了一系列创新成果，跻身于国际前列。

荣获国家自然科学奖二等奖1项、国家技术发明奖二等奖和三等奖各1项、江苏省科技进步奖一等奖2项，以及原国防科工委光华科技基金一等奖、国家"863计划"项目先进工作者一等奖、江苏省优秀科技工作者及科学技术突出贡献奖；还获得江苏省人才培养教学成果奖一等奖、江苏省优秀学科带头人、优秀研究生导师、江苏省教育系统先进工作者等荣誉。

发表论文700多篇，获授权专利80多件；培养造就了一支充满创新活力的学术团队，包括6位"长江学者奖励计划"特聘教授、8位国家杰出青年基金获得者、5位国家"973计划"（重点研发专项）首席专家，以及3个国家基金委创新群体和科技部创新团队。

社会任职

担任中国有色金属学会宽禁带半导体专业委员会主任，半导体节能器件及材料国家与地方共建工程中心（江苏）学术委员会主任，固态照明与节能电子学（省级）协同创新中心技术委员会主任，第三代半导体产业技术创新战略联盟名誉理事长、技术委员会主任、长三角协同创新委员会主任，国家半导体照明工程研发及产业联盟顾问、指导委员会委员等；在ISMM等多个国际学术会议委员会任职，兼任10多种期刊编委。曾任国家"863计划"光电子主题专家组成员，国家自然科学基金半导体学科专家评审组成员，国家"攀登计划"项目专家委员会委员，国家自然科学基金委信息科学部第一届专家咨询委员会委员，国家"973计划"信息科学领域专家咨询组成员、副组长等。

人物综观

郑有炓院士是我国半导体异质结构材料与器件研究的开拓者和领军人，积极倡导并推动了我国第三代半导体的研究和产业的发展，带领团队奋战在半导体科研攻关第一线。突破了高质量氮化物半导体异质结构生长技术，研制出我国首支氮化镓基微波功率器件；发展了非辐射共振能量转移新技术，研制出高显色指数纳米结构单芯片白光LED；提出了极化增强异质结紫外探测器新结构，研制出国际先进的宽禁带半导体紫外光电探测器并实现产业化；发展了锗硅超晶格异质结构材料制备新方法，实现了国内第一支锗硅异质结晶体管；开拓了硅基微纳器件研究领域，有力支撑了摩尔定律下信息器件的持续发展。

（摘自江苏省科技厅2022年全省科技奖励大会报道材料）

陈 旭　古生物与地层学家

当选时间　2003 年当选中国科学院院士

学　部　地学部

性　别　男

民　族　汉族

籍　贯　浙江湖州

出生年月　1936 年 9 月 17 日

院士小传

　　陈旭　古生物与地层学家。中国科学院南京地质古生物研究所研究员、博士生导师、学位委员会主任。1936 年 9 月出生于江苏南京；1959 年北京地质学院地质调查及找矿系毕业，任职于中国科学院南京地质古生物研究所；1981 年至 1983 年，在加拿大西安大略大学地质系做访问学者；1987 年起，历任国际笔石工作组副主席、主席，国际奥陶系分会选举委员、副主席、主席；1988 年至 2012 年，任中国科学院南京地质古生物研究所研究员。2003 年当选中国科学院院士。

主要成就

长期从事中国奥陶纪和志留纪地层学及笔石动物群的古生物学研究。主持了多个研究项目，系统地研究了中国西南地区志留纪早期的笔石，在国内外发表了较多的论著。研究了新疆奥陶纪的笔石，特别是系统地研究了中国奥陶纪末期（赫南特期）及志早纪留期的笔石，论述了该时期全球最完整的笔石动物群。同时借助扫描电镜进行笔石孤立标本的研究，在 20 世纪 80 年代填补了中国在此领域的长期空白。2016 年以来，以生物地层学的方法，指导了四川盆地层周缘的含页岩气地层对比，为页岩气的勘探与开发做出了贡献。

获得国家自然科学奖二等奖（排名第二）、中国科学院自然科学奖一等奖 1 项（排名第五）、中国科学院自然科学奖二等奖 2 项、*Journal of Paleontology* 杂志年度最佳论文奖一等奖、江苏省人民政府自然科学奖一等奖（排名第二）等奖项，还获得李四光地质科学奖地质科技研究者奖（1999）、捷克查尔斯大学地球科学金质奖章（1999）、中国古生物学会终身成就荣誉（2019）等。

在国内外发表论著 238 篇（册），被 SCI 收入 51 篇（第一著者 25 篇）。

社会任职

担任过国际笔石工作组副主席、主席，国际奥陶系分会选举委员、副主席、主席，中国古生物学会荣誉理事，国家页岩气中心高级咨询专家等。

人物综观

在中国浙江常山黄泥塘建立达瑞威尔阶的全球层型剖面和点位（GSSP）的研究被国际地球科学联合会批准，作为全世界该时段对比的唯一标准。这是第一个在中国确立的"金钉子剖面"，为中国的地层学争得了荣誉，此后又在宜昌王家湾建立了赫南特阶的"金钉子剖面"。

陈旭领导的"中国海相地层研究"项目为中国含油气地层开发做出了贡献。

（中国科学院南京地质古生物研究所评）

陈旭长期从事我国奥陶纪和志留纪地层学及笔石动物群的古生物学研究，对笔石的系统分类、演化和地理分布，及含页岩气地层形成时的古气候和古地理学都有深厚的造诣。

（中国科学院院士、国家能源页岩气研发中心主任邹才能评）

符淙斌　气候学家

当选时间　2003 年当选中国科学院院士

学　　部　地学部

性　　别　男

民　　族　汉族

籍　　贯　上海松江

出生年月　1939 年 10 月 14 日

院士小传

　　符淙斌　气候学家。芬兰科学与人文院外籍院士，南京大学大气科学学院教授，气候与全球变化研究院院长。1962 年南京大学气象系毕业；1967 年中国科学院研究生毕业后在中国科学院地理研究所工作，之后被调到中国科学院大气物理研究所；1981 年至1983 年，以访问科学家的身份赴美国科罗拉多大学合作研究两年；1985 年担任中国科学院大气物理研究所气候研究室主任；1995 年主持组建国际全球变化分析、研究和培训系统东亚区域研究中心，并担任主任；2001 年作为唯一被邀请的中国科学家在国际地圈生物圈计划（IGBP）大会上作特邀报告；2003年领导的"季风亚洲区域集成研究"国际项目得到地球科学系统联盟（ESSP）批准，使得中国科学家首次成为国际重大科学计划的发起人；2007 年获瑞典哥德堡大学荣誉博士；2009 年任南京大学大气科学学院教授。2003年当选中国科学院院士。

主要成就

长期从事气候和全球变化研究，负责和承担了"亚洲区域模式比较计划（RMIP Ⅰ／Ⅱ）和 CEOP 半干旱区研究计划"、科技部"九五""攀登计划"预选项目"我国未来生存环境变化趋势预测研究"，担任两项国家"973 计划"项目"我国生存环境演变和北方干旱化趋势预测研究""北方干旱化和人类适应"首席科学家。

在五大方面做出了突出贡献。一是在热带海洋—大气相互作用的研究中，发现赤道海温与西太平洋副热带高压之间 3 ~ 4 年的周期性时滞振荡关系，提出了海温—副高雨带位置的预报思路和方法，并在相当长一段时期内在汛期预报中应用。二是系统地研究了气候的年代际变化和突变现象，揭示了季风区在气候突变中的敏感性及其与全球增暖的关系。三是系统地研究了季风区气候与生态系统的相互关系，拓宽了传统的季风研究领域。四是领导和组织的研究小组和南京大学合作，发展了用于全球变化区域响应的区域环境系统模式（RIEMS），较好地模拟了东亚季风气候特征和人类有序活动的影响。五是领导建立了有国际影响的全球变化东亚研究中心。

获得国家自然科学奖二等奖（第一完成人），中国科学院重大科技成果奖二等奖、自然科学奖三等奖 4 项等奖项荣誉。

发表学术论文 300 余篇，其中 SCI 论文和发表在其他国际刊物上的论文 250 余篇，SCI 引用 11 300 余次，H 因子为 56；出版专著 11 本。

社会任职

担任过中国科学技术协会第七届全国委员会副主席，太平洋科学协会主席，国际地圈生物圈计划（IGBP）国际科学委员会成员，季风亚洲全球变化区域集成研究（MARIS）科学委员会主席，国际 START 全球变化东亚区域研究中心主任，国际科学联盟（ICSU）执行委员，国家气候变化专家委员会委员，"气候变化"江苏省协同创新中心科学指导委员会主任等。

人物综观

符淙斌在热带海洋与大气相互作用、季风气候与生态系统相互作用、气候突变以及区域气候模拟等前沿领域做出了重要贡献。　　　　　　　　（中国政府网评）

符淙斌在全球和亚洲季风研究领域做出了杰出贡献。　　　　　（中国科学院评）

陈木法 随机数学及相关领域专家 ▶▶

当选时间 2003 年当选中国科学院院士

学　　部 数学物理学部

性　　别 男

民　　族 汉族

籍　　贯 福建惠安

出生年月 1946 年 8 月 22 日

个人主页 http://math0.bnu.edu.cn/~chenmf/

Yuan *Shi Xiao Zhuan*
院士小传

　　陈木法 随机数学及相关领域专家。1969 年毕业于北京师范大学；1980 年在北京师范大学获硕士学位，并留校任教；1983 年在北京师范大学获得博士学位，是中国自己培养的第一批博士之一；1985 年起任教授；1990 年起为博士生导师；1986 年至 1987 年，担任英国爱丁堡大学研究员；2009 年获英国斯旺西大学荣誉教授，当选发展中国家科学院院士；2012 年当选美国数学学会会士；2019 年起，任江苏师范大学数学研究院院长。2003 年当选中国科学院院士。

主要成就 Zhu Yao Cheng Jiu

在特征值估计、谱理论、遍历理论、耦合理论等方面有重要贡献。长期主要从事随机数学与相关领域的研究，将概率方法引入第一特征值估计研究，获得了下界估计统一的变分公式；找到了包括 Hardy 型不等式在内的诸多不等式的显式判别准则和关系图，拓宽了随机稳定性理论，发展了谱理论；最早研究马氏耦合，更新了耦合理论并开拓了一系列新应用；最先从非平衡统计物理中引进无穷维反应扩散过程，解决了过程的构造、平衡态的存在性和唯一性等根本课题，此方向现已成为国际上粒子系统研究的重要分支；完成了一般或可逆跳过程的唯一性准则，并得到了广泛的应用；彻底解决了"转移概率函数的可微性"等难题，建立了马氏跳过程的系统理论；近 5 年，主要从事计算数学、华罗庚经济最优化理论等方面的研究。

主持国家自然科学基金重大项目和创新研究群体项目等重要基金项目 20 多项。获国家自然科学奖三等奖、何梁何利基金科学与技术进步奖、霍英东教育基金会青年教师奖、"求是"科技基金会杰出青年学者奖、首都劳动奖章等。

发表学术论文 130 多篇，科普文章 30 多篇；出版中英文专著 5 部，教材 1 部（中、英文）。

社会任职 She Hui Ren Zhi

担任《应用概率统计》杂志主编，*Frontiers of Mathematics in China* 副主编；曾任国务院学位委员会学科评议组成员，原国家教委数学与力学教学指导委员会副主任，中国数学会常务理事，中国概率统计学会理事长，美国 *Mathematical Reviews* 杂志评论员，德国 *Zentralblatt fur Mathematik* 杂志评论员，《数学学报》杂志编委，《应用概率统计》杂志副主编等。

人物综观 Ren Wu Zong Guan

陈木法是中国最杰出最有影响力的在世概率论学者之一。他和他的学生王凤雨一起，为 Ricci 曲率有正下界的流形上拉普拉斯算子的特征值的依赖于曲率下界、流形维数和直径的精确估计发展了有力的概率方法。2005 年在施普林格出版社出版的专著《特征值、不等式和遍历理论》，是他在这个深刻又有挑战性的数学领域所做卓越贡献的有力说明。

（摘自美国犹他大学 D. Khoshnevisan 教授和 E. Waymire 教授在 *Notices of the AMS* 的访谈录的摘要）

陈懿 物理化学家、教育家 ▶▶▶

当选时间 2005 年当选中国科学院院士

学　　部 化学部

性　　别 男

民　　族 汉族

籍　　贯 福建福州

出生年月 1933 年 4 月 11 日

Yuan Shi Xiao Zhuan 院士小传

　　陈懿 物理化学家、教育家。南京大学教授、博士生导师。1951 年考入南京大学化学系；1955 年南京大学化学系胶体化学专业毕业，留校任教；1957 年参加李方训教授主持的热力学经典名著的读书讨论和有关电解质溶液的研究工作；1979 年至 1981 年，被选派到美国威斯康星大学化工系做访问学者；1983 年任南京大学化学系主任；1987 年至 1997 年，先后任南京大学副校长、常务副校长、代校长；2014 年获中国催化成就奖；2020 年当选中国化学会首届会士。2005 年当选中国科学院院士。

主要成就

主要从事物理化学、多相催化作用的教学和研究。对不同价型氧化物在一些常用氧化物载体上的分散做出定量描述，提出考虑被分散物种本征性质和载体表面结构的嵌入模型，对多种非晶态合金催化剂和低维纳米材料化学制备的反应机理进行研究，阐明了制备条件和产物的结构与性能之间的关联，为了解相关催化剂和材料的结构与性能间的关系及其科学设计提供了参考依据。倡导介观化学研究以及高校与产业部门的合作，所组建的介观化学教育部重点实验室和南京大学–中石化上海石化院催化材料与技术联合实验室，多年来在"从下而上"的合成介观结构材料及其在催化和多种功能材料中的应用，以及理论和实验的结合、化学和工程的结合等方面进行探索，取得了良好进展。

截至 2014 年 10 月，获全国科学大会奖 2 项，原国家教委科技进步奖二等奖 2 项（排名第四、第五），江苏省科技进步奖二等奖 2 项（排名第一），教育部科技进步奖二等奖 1 项（排名第一），原国家教委优秀教材二等奖 1 项（排名第二）等奖项；被评为全国优秀科技工作者、江苏省优秀学科带头人，享受国务院政府特殊津贴。

截至 2014 年 10 月，先后发表研究论文约 400 篇，著有《物理化学》《物理化学简明教程》《穆斯堡尔谱学基础和应用》等，获得国内外发明专利授权 30 件。

社会任职

担任过国务院学位委员会化学学科评议组召集人，教育部高等学校化学教学指导委员会主任，中国化学会第二十四届理事长，国际催化协会中国理事，*Journal of Catalysis* 编委等。

人物综观

陈懿对教学，严谨，高标准严要求，始终视"立德树人"为大学教育的首要任务；对行政工作，投入，承前启后、求实出新，为学校发展尽力尽心；对科研，勤奋，不急功近利，注重开拓创新，一个个持灯钻研的深夜成就了今日的累累硕果。作为先驱，团结同辈，提携后学。他认为，社会发展不仅需要"江山代有才人出"，还需要"一代更比一代强"，对年轻人，要严格要求，挑重担、早登台，向更高更远处进发。

（《南京大学报》摘评）

陈懿为促进中国催化领域的国际交流和合作也做出了重要贡献。（南京大学评）

都有为   磁学与磁性材料学家 ▸▸▸

当选时间 2005 年当选中国科学院院士
学　　部 技术科学部
性　　别 男
民　　族 汉族
籍　　贯 浙江杭州
出生年月 1936 年 10 月 16 日

Yuán *Shi Xiao Zhuan*
院士小传

　　都有为　 磁学与磁性材料学家。南京大学物理系教授、博士生导师。1957 年南京大学物理系毕业，留校任教，历任讲师、副教授、教授；1985 年 11 月至 1988 年 12 月，在美国约翰·霍普金斯大学天文物理系任客座教授；1988 年底，从美国回到南京大学，开展磁性超细微粒材料的研究；1990 年任博士生导师；1995 年任"九五""攀登计划"预选项目"纳米材料科学"首席科学家；1999 年负责并承担"973 计划"项目"纳米材料和纳米结构"。2005 年当选中国科学院院士。

　　长期从事磁学和磁性材料的教学和研究工作，开展了磁性、磁输运性质与材料组成、微结构关系的研究。在锰钙钛矿化合物的大磁熵变效应、锰钙钛矿化合物小颗粒体系中的隧道型磁电阻效应、磁性纳米微粒的小尺寸效应与表面效应，以及颗粒膜的巨磁电阻效应、磁光效应、反常霍尔效应与微结构的依赖性等方面取得了重要研究成果。进入 21 世纪后，先后开展了 C60、纳米螺旋碳管、纳米微晶等纳米材料磁性的研究，取得了一系列创新性成果。

　　获 2004 年度国家自然科学奖二等奖（排名第一）、2000 年度江苏省科学技术奖一等奖（排名第一）、省部级科技进步奖二等奖 4 项（排名第一）、何梁何利基金科学与技术进步奖（2007）等。

　　与科研组的师生一起发表 SCI 论文 900 余篇，被 SCI 论文引用万余次；编著图书（含合编）10 本；获国家授权发明专利 22 项；截至 2015 年，已经培养出博士研究生 50 余名、硕士研究生 30 名。

　　担任过中国物理学会磁学专业委员会副主任，中国电子学会高级会员、会士、应用磁学分会委员，中国颗粒学会超微专业委员会副主任，中国稀土学会常务理事，中国仪表材料学会副理事长等。

　　君子谦谦，温和有礼，不以娇艳花朵示人，仅凭碧玉琢成的叶片，已使其他望尘莫及。是个敬师之人，言语中处处显露着对传道授业之师的天然崇敬。　　　　（南京大学评）

赵淳生　　机械工程专家 >>>

当选时间　2005 年当选中国科学院院士
学　　部　技术科学部
性　　别　男
民　　族　汉族
籍　　贯　湖南衡山
出生年月　1938 年 11 月 7 日

Yuan Shi Xiao Zhuan 院士小传

　　赵淳生　机械工程专家。南京航空航天大学教授、博士生导师。1961 年南京航空学院（现南京航空航天大学）飞机系毕业；1984 年获法国巴黎高等机械学院工程力学博士学位；1992 年作为访问学者前往美国麻省理工学院学习；1993 年开始了超声电机的研究。2005 年当选中国科学院院士。

Zhu Yao Cheng Jiu 主要成就

长期从事振动工程理论和应用研究，包括振动模态参数识别、多点激振和测量技术、机械故障诊断技术、电动式激振器设计与应用等。提出了超声电机结构参数优化设计理论和方法；建立了超声电机定子／转子间"粘着－滑动"非线性摩擦界面模型，提出了行波超声电机定子反共振点恒流驱动模式、频率自动跟踪新方法和压电陶瓷元件分区极化新方式，解决了行波超声电机定子近频模态混迭及二相频率分离的难题；研发了杆式、环式和圆板式行波型等60种具有自主知识产权的超声电机及其驱动器；发展了电动式激振器设计理论、多点激振试验和机械故障诊断应用技术；开发出五个系列的激振器并得到广泛应用。

先后获得国家、省部级科技奖20项，其中国家技术发明奖二等奖2项、四等奖1项，国家科技进步奖三等奖1项，国防科技奖一等奖1项，教育部技术发明奖一等奖1项；2014年获得国际IWPMA委员会压电超声电机领域终身成就奖和美国Virginia Tech.能量收集材料和系统中心颁发的超声电机技术杰出贡献奖，同年获得何梁何利基金科学与技术进步奖；先后获得国防系统"先进工作者"、江苏省"十大杰出专利发明人"、2021年"中国最美科技工作者"和"全国先进工作者"等荣誉称号。

截至2013年，发表学术论文400多篇，出版著作6部；截至2016年，先后培养了博士后、博士研究生、硕士研究生共70多名；截至2017年，获得国家授权发明专利84项，研制出4个系列60多种超声电机。

She Hui Ren Zhi 社会任职

担任过国家科技奖、何梁何利基金奖、陈嘉庚奖等奖项评委，国家自然科学基金、国家科技部仪器重大专项、国家出版基金、"长江学者"等评审专家，国际IWPMA会议组委会成员，江苏省自然科学基金委员会副主任，南京航空航天大学"机械结构力学与控制"国家重点实验室顾问，南京航达超控科技有限公司董事长，《振动、测试与诊断》主编，《微电机》副主编，《压电与声光》《微特电机》《中国电机工程学报》等学报编委。

Ren Wu Zong Guan 人物综观

赵淳生在振动理论和应用研究，以及超声电机技术及其应用领域取得了重要的成就。

（求是网评）

赵淳生在振动模态参数识别、多点激振和测量技术、机械故障诊断技术、电动式激振器设计与应用等领域取得了丰硕的成果。　　　　（中华人民共和国工业和信息化部评）

吴培亨 　超导电子学家 ➤➤

当选时间 2005 年当选中国科学院院士

学　　部 信息技术科学部

性　　别 男

民　　族 汉族

籍　　贯 江苏苏州

出生年月 1939 年 11 月 12 日

Yuan Shi Xiao Zhuan
院士小传

　　吴培亨 　超导电子学家。南京大学教授。1939 年 11 月出生于上海；1961 年南京大学物理系毕业，留校任教；1979 年至 1982 年，在英国剑桥大学卡文迪许实验室、英国国家物理实验室任高级访问学者和客座研究员；此后，先后在美国、日本、德国、丹麦、瑞典等国进行合作研究、讲学或担任教授。2005 年当选中国科学院院士。

主要成就 Zhu Yao Cheng Jiu

长期从事超导电子学研究，尤长于超导电子器件的高频（微波到太赫兹波段）应用，是我国超导电子学界公认的带头人，也是无线电物理国家重点学科的学科带头人。在探索有关物理过程的基本规律、发展新型超导电子器件、推动超导电子器件实际应用等领域不断开拓创新、引领前沿科学研究。

先后获得全国科学大会奖（1978）、江苏省科技进步奖三等奖（1985，排名第一）、原国家教委科技进步奖二等奖（1987，排名第一）、国家教委科技进步奖一等奖（1989，排名第一）、国家自然科学奖三等奖（1989，排名第一）、国家教委科技进步奖二等奖（1993，排名第三）、江苏省科学技术奖一等奖（2010，排名第一）等奖项；获评全国优秀教师（1989），以及"有突出贡献的中青年专家"称号（1990）等荣誉。

社会任职 She Hui Ren Zhi

担任过国务院学位委员会学科评议组（物理、天文）成员，中国电子学会超导电子学分会主任、名誉主任，国际超导电子学会议国际顾问委员会委员，中国超导科技专家委员会委员，江苏省电子学会副理事长，南京大学研究生院院长等。

人物综观 Ren Wu Zong Guan

长期从事超导电子学的研究，在探索有关物理过程的基本规律，据以发展新型的电子器件，推动超导电子器件的实际应用等方面卓有成效。

领导的南京大学超导电子学研究所是我国培养有关专业高级人才的最重要的基地之一，并享有国际盛誉。

李述汤　材料学家

当选时间 2005 年当选中国科学院院士

学　　部 技术科学部

性　　别 男

民　　族 汉族

籍　　贯 湖南邵东

出生年月 1947 年 1 月 28 日

李述汤　材料学家。发展中国家科学院院士。1969 年香港中文大学毕业；1971 年获美国罗彻斯特大学硕士学位；1974 年获加拿大英属哥伦比亚大学博士学位；1974 年至 1976 年，在美国加州大学伯克利分校从事博士后研究；1976 年至 1994 年，任美国柯达公司高级研究员、项目主任；历任香港城市大学物理与材料科学系讲座教授、超金刚石及先进薄膜研究中心主任，苏州大学教授、功能纳米与软物质研究院院长、纳米科学技术学院院长、苏州纳米科技协同创新中心主任等。2005 年当选中国科学院院士。

长期致力于纳米功能材料及器件、有机光电子材料及显示器件，以及金刚石和相关超硬薄膜领域的研究。在有机发光二极管（OLED）显示与照明研究方面，率先攻克了真空镀膜的"卡脖子"技术；致力于发展 OLED 照明和装备技术，自主开发了我国首条 G2.5 代 OLED 真空蒸镀生产线；在硅基与碳基纳米功能材料及器件的研究方面，构建了全球直径最细的纳米硅线，引领了硅基纳米材料和碳基纳米材料在新能源及生物医学等领域的应用；承担了多项国家"863 计划"和"973 计划"项目，率领团队承担了40 余项国家级重大重点项目。

研究成果在国际材料科学界占有重要地位，先后荣获德国洪堡基金会研究成就奖和香港裘槎基金会高级研究成就奖，3 次获得国家自然科学奖二等奖；还获得何梁何利基金科学与技术进步奖等。

发表学术论文 1 100 余篇，论文他引超过 78 000 余次，H 因子为 142；2014—2021 年，入选科睿唯安（原汤森路透公司）发布的"高被引科学家"名单。撰写专著 9 部；获美国专利 20 余项；培养硕士、博士研究生 60 余名，指导博士后研究人员数十名。

担任 *ACS Nano* 和 *Diamond & Related Materials* 副总编辑，复旦大学顾问教授，山东大学、中南理工大学名誉教授，中国科学院物理所、中国科学院长春光学精密机械与物理研究所和中国科学院理化技术研究所客座研究员，北京大学、上海交通大学、吉林大学、浙江大学和大连理工大学客座教授；曾任 *Applied Physics Letters* 副主编（2006—2014），*Physica Status Solidi* 亚太区主编（2004—2007），*Nano Research*、*National Science Review*、*New Carbon Materials* 和 *Journal of Materials Science & Technology* 期刊编辑委员会委员，*Advanced Functional Materials* 和 *Applied Nanoscience* 顾问委员会委员。

李述汤多有"帅才""将门虎子"之称。 （凤凰网评）

李述汤就是这样，什么都懂，什么都不争，眼光很高，姿态却很低，还喜欢帮人，特别是年轻人，帮得也很到位，"我不一定要全部做到最好，但我要让跟着我的人做到最好"，这让人很难不喜欢他，也很难不与之同奋斗。我们的科学需要李述汤，更需要他的风度与"帅"才。 （中国教育新闻网评）

邢定钰　　　物理学家

当选时间 2007 年当选中国科学院院士

学　　部 数学物理学部

性　　别 男

民　　族 汉族

籍　　贯 江苏南京

出生年月 1945 年 2 月 3 日

院士小传

　　邢定钰　物理学家。中国科学院数理学部常委,南京大学物理学院学术委员会主任、博士生导师、教授,"量子调控"国家重大科学研究计划项目首席科学家。1967 年从南京大学物理学系毕业,获学士学位;1981 年从南京大学硕士毕业后留校任教;1990 年起,成为南京大学教授;1993 年起,任博士生导师,同年任南京大学物理系副主任;1999 年被任命为南京大学固体微结构物理国家重点实验室主任。2007 年当选中国科学院院士。

主要成就

长期从事凝聚态理论研究，在电子输运理论、低维受限的量子系统和超导理论等方面做出了一系列有创新意义的工作。发展了非平衡统计算子理论，正确处理了半导体热电子的输运问题，修正了国际上长期沿用的理论方案的缺陷。发展了具有多谷能带结构半导体的热电子输运理论；在掺杂锰钙钛矿氧化物的庞磁电阻机理研究中，与合作者提出双交换机制和非磁无序相结合的理论模型，运用单参数标度理论计算扩散态和局域态迁移率边，解释了实验结果。发展了磁多层结构和磁颗粒系统的解析输运理论，正确计算了巨磁电阻的角度依赖性和随颗粒尺度的变化。

主持和参加了多项国家级科研项目，担任"攀登计划"项目"纳米结构和纳米材料"和"973 计划"项目"人工带隙材料的物理机制、制备及其应用"专家组成员，国家自然科学基金委员会"理论物理专款学术领导小组"成员，国家重大科学研究项目"固体微结构的量子效应、调控及其应用"首席科学家。

1997 年获江苏省部级科技进步奖一等奖，1999 年获教育部科技进步奖二等奖，2001 年获教育部中国高校自然科学奖一等奖，2002 年获国家自然科学奖二等奖等。

社会任职

担任过第十二届全国人民代表大会代表，全国政协第十一届委员会委员，第六届科学技术委员会数理学部委员，国务院学位委员会第六届学科评议组物理学、天文学组成员，中国科学院理论物理研究所理论物理国家重点实验室学术委员会委员，中国磁学国家重点实验室第七届学术委员会委员，江苏省新能源技术工程实验室学术委员会主任，南京大学人工微结构科学与技术协同创新中心联合主任，《物理学进展》主编，《物理学报》、*Communications in Theoretical Physics*、*Chinese Physics B.* 副主编等。

人物纵观

作为科研工作者，邢定钰十分看重在逆境中的拼搏精神，以及与周围同事的团队合作。邢定钰在工作上恪尽职守，任劳任怨，从不计较个人得失。他是国外求学的"海归"，南京大学的忠实奉献者，中国微结构领域的领航者，躬身七尺讲台三十载。

（九三学社官网）

祝世宁　　功能材料学家 >>

当选时间	2007 年当选中国科学院院士
学　部	技术科学部
性　别	男
民　族	汉族
籍　贯	江苏镇江
出生年月	1949 年 12 月 17 日

院士小传

祝世宁　功能材料学家。南京大学教授、博士生导师、校学术委员会副主任。1949 年 12 月出生于江苏南京；1981 年从淮阴师范学院毕业后留校任教；1988 年获得南京大学硕士学位；1996 年获得南京大学博士学位；2005 年起，任南京大学物理学系主任；2009 年起，任南京大学物理学院院长；2013 年当选美国光学学会会士；2017 年当选美国物理学会会士。2007 年当选中国科学院院士。

主要成就

长期从事微结构功能材料研究，发现了铌酸锂型铁电体电畴反转动力学规律，发展了图案极化技术，研制出不同功能的介电体超晶格材料；发展了非共线准相位匹配技术，并应用于光的非线性弹性散射、增强拉曼散射、非线性切仑科夫辐射和纠缠光等研究；将超晶格材料与全固态激光技术结合，研制了光学超晶格多波长激光器和可调谐激光器等；研制出全球首片铌酸锂集成光量子芯片，实现了全球首个基于无人机光量子的信息传输，为构建基于无人机量子通信网络奠定了基础。

曾获国家"863计划"项目15周年先进个人（重要贡献）、香港"求是"杰出青年学者、南京市十大科技之星等荣誉；与合作者一起完成的研究成果3次入选中国基础研究年度十大新闻，2次被评为中国高校年度科技十大进展；作为主要完成人（排名第三）所完成的"介电体超晶格的设计、制备、性能与应用"项目获2006年国家自然科学奖一等奖；还获首届中国光学科技一等奖（2018），首届江苏省基础研究重大贡献奖（2019），高等学校科学研究优秀成果奖（自然科学）一等奖（2020）等奖项。

在国际高水平学术刊物上发表论文600余篇，拥有国际、国家发明专利20余项。

社会任职

担任过中国科学院技术学部常委、副主任，教育部科技委材料学部主任，"973计划"项目顾问专家，国家纳米科学技术指导协调委员会委员、专家组成员，江苏省科学技术协会第八届、九届委员会副主席，江苏省物理学会理事长等。

人物链讯

在科研这条崎岖的山路上，祝世宁院士不仅是一位辛勤的耕耘者，亦是一位敬业的引路人，默默而努力。
（《中国研究生》评）

祝世宁在"基于铁电畴工程的准位相匹配非线性光学、多波长激光技术以及量子光学应用"方面做出了杰出贡献。
（2012年入选美国光学学会会士评语）

崔向群

天文学家、
天文光学望远镜专家 **»**

当选时间	2009 年当选中国科学院院士
学　　部	数学物理学部
性　　别	女
民　　族	汉族
籍　　贯	山东博兴
出生年月	1951 年 12 月

Yuàn *Shi Xiao Zhuan*
院士小传

　　崔向群　天文学家、天文光学望远镜专家。中国科学院南京天文光学技术研究所研究员，国家重大科技基础设施"大天区面积多目标光纤光谱望远"（LAMOST，郭守敬望远镜）项目总工程师。1951 年 12 月出生于重庆；1975 年毕业于华东工程学院（现南京理工大学）；1981 年和 1995 年，分别获中国科学院紫金山天文台硕士、博士学位；2010 年当选发展中国家科学院院士。2009 年当选中国科学院院士。

主要从事大型天文光学望远镜和天文光学新技术研究。参与欧洲南方天文台（ESO）世界上最大光学望远镜 "甚大望远镜（VLT）" 项目多年，为 8.2 米主动变形主镜的成功研制做出了重要贡献；负责研制成功中国创新、有多项国际前沿新技术的、世界最大的大视场望远镜 LAMOST，该项目已获得多项重大天文成果；成功发展出薄变形镜和拼接镜面相结合的新型主动光学，并在望远镜上同时采用两块大拼接镜面，将主动光学发展到新前沿，使我国具有 30 米级极大望远镜的研制能力；担任南极冰穹 A 天文观测发起人，领导了我国 30 米级极大望远镜及其关键技术预研究。

获国家科学技术进步奖二等奖 2 项和江苏省科技进步奖一等奖 2 项（均排名第一），中国科学院杰出科技成就奖（突出贡献者）1 项，江苏省科学技术奖一等奖 1 项和二等奖 1 项（均排名第二），何梁何利基金科学与技术进步奖等奖项；还获国家"杰出专业技术人才"、全国"三八红旗手"等荣誉。国际永久编号第 511238 号小行星被命名为"崔向群星"。

担任过第十二届全国人民代表大会代表，全国政协第十三届委员会委员，中国天文学会第十二届理事会理事长，中国科学院数理学部常委、副主任，国际天文学联合会（IAU）天文仪器与技术委员会组委会委员、光学红外分会组委会委员，中国南极天文中心副主任，《中国大百科全书》（天文学）第三版执行主编等。

崔向群不放弃、有主见、敢争先。

（新华网评）

崔向群将中国望远镜研制水平推进到国际前沿，为中国研制未来极大望远镜奠定了基础。

（中国科学院评）

王广厚　　物理学家

当选时间 2011 年当选中国科学院院士

学　　部 数学物理学部

性　　别 男

民　　族 汉族

籍　　贯 安徽肥西

出生年月 1939 年 11 月 1 日

　　王广厚　　物理学家。南京大学物理学院和固体微结构物理国家实验室教授、博士研究生导师。1963 年从北京师范大学物理系毕业后到南京大学外语系修习英文；1968 年留在南京大学物理系任教；1980 年至 1982 年，在美国纽约州立大学物理系做访问学者；1990 年至 1991 年，在德国萨尔兰大学新材料研究所做客座教授。2011 年当选中国科学院院士。

主要成就 *Zhu Yao Cheng Jiu*

　　长期从事物理学交叉学科领域的科学研究和教学工作。在国际上首先提出区分异同位素团簇和相同同位素团簇，发现了溅射离子团簇的同位素效应。首先观察到硅团簇表面振动模及其量子特性、氟化锂团簇一阶和多阶拉曼散射和声学声子增强效应；发现了包裹团簇的纳米喷射以及金团簇在硅晶表面形成的纳米结构具有多道共振隧穿特性；建立了过渡金属团簇经历金属—非金属、磁性—非磁性转变的尺寸方程；揭示了金属原子线的生长序列及其由原子链状经螺旋多壳结构向晶态的演变规律。带领研究组自行设计和研制成功多台团簇实验装置，并以团簇为基元制备了多种具有奇异性质的纳米结构和材料及量子器件。

　　主持了包括"第十二届小颗粒与无机团簇国际会议"（ISSPIC-12）在内的 4 次国际学术会议；主持了国家自然科学基金重大项目（原子团簇的化学和物理）10 多个。获得国家自然科学奖二等奖和教育部科技进步奖一等奖等 9 项科技奖。

　　在国际刊物上发表学术论文 300 多篇，他引 5 000 多次；著有《粒子同固体相互作用物理学》和《团簇物理学》等学术著作；获授权发明专利 10 多项；先后培养了博士研究生 45 名、硕士研究生 13 名。

社会任职 *She Hui Ren Zhi*

　　担任过国际小颗粒与无机团簇会议国际顾问委员会委员，*Materials Science Forum* 国际顾问编委，*Advances in Physics - X* 编委等。

人物综观 *Ren Wu Zong Guan*

　　王广厚在中国国内率先开展原子团簇物理的实验和理论研究并取得了一系列创造性成果。是中国国内最早开展原子团簇物理的实验和理论研究的科学家之一，在中国国内率先翻译了"团簇"范畴，被学术界认可。从 1992 年起，带领课题组自行设计和研制成功三代团簇实验装置，发展了可与平面工艺相兼容的低能团簇束流淀积技术，是国际上最早研究支撑团簇和团簇组装纳米结构的单位之一。

（《神州学人》评）

朱 荻　　　制造工程专家

当选时间　2011 年当选中国科学院院士

学　　部　技术科学部

性　　别　男

民　　族　汉族

籍　　贯　辽宁沈阳

出生年月　1954 年 5 月 11 日

院士小传

　　朱荻　制造工程专家。南京航空航天大学教授、博士生导师。1978 年从南京航空学院（现南京航空航天大学）毕业；1985 年南京航空航天大学博士毕业后留校任教；1991 年至 1992 年，在英国利物浦大学从事博士后研究工作；1995 年至 1999 年，受聘为内布拉斯加大学林肯分校研究员；1999 年起，任南京航空航天大学机电学院院长；2007 年起，任南京航空航天大学副校长；2009 年至 2013 年，担任南京航空航天大学校长。2011 年当选中国科学院院士。

主要成就 *Zhu Yao Cheng Jiu*

长期致力于特种能场制造的教学和研究工作。揭示了游离粒子微量摩擦对电化学沉积过程的作用，掌握了抑制气泡吸附、微磨整平的规律，发明了摩擦辅助精密电铸技术。提出多场耦合下电解加工间隙分布数值解法，建立了脉动态电解加工方法体系，提高了加工精度和质量。提出了基于线电极原位制造的微尺度电化学切割法，发明了旋印电解加工技术，提高了大型薄壁回转结构件的制造精度。主持研制出多种原创性的电化学制造装备，成果得到重要应用，解决了多项制造难题。

截至 2019 年 11 月，先后作为第一成果人获国家技术发明奖二等奖 2 项、国防创新团队奖 1 项、省部级科学技术奖 4 项等奖项；还获得国家教学成果奖二等奖、全国优秀教师、全国优秀博士学位论文指导教师等奖励和表彰。

截至 2021 年 7 月，发表学术论文 300 余篇，获授权发明专利 70 余项。

社会任职 *She Hui Ren Zhi*

担任教育部科技委委员，中国机械工程学会常务理事，中国机械工程学会特种加工分会主任，中国航空学会理事，国际生产工程科学院 Fellow 等。

人物综观 *Ren Wu Zong Guan*

朱荻在电化学制造领域中，从基础理论研究、关键技术创新到重大装备研制以及国防工程应用做出了系统、创造性的贡献。　　　　　　　　（南京航空航天大学评）

朱荻崇尚科学、勇于创新、学风正派、治学严谨。

（南京航空航天大学资产经营有限公司评）

黄维
有机光电子专家
柔性电子学专家

当选时间 2011 年当选中国科学院院士
学　部 信息技术科学部
性　别 男
民　族 汉族
籍　贯 河北唐山
出生年月 1963 年 5 月 1 日

院士小传

　　黄维　有机电子、塑料电子、生物电子、印刷电子、能源电子、健康电子、智能电子和柔性电子学专家。俄罗斯科学院外籍院士，亚太材料科学院院士，东盟工程与技术科学院外籍院士，巴基斯坦科学院外籍院士，欧亚科学院院士，英国皇家化学会会士，美国光学学会会士，国际光学工程学会会士，新加坡化学会会士，西北工业大学教授、博士生导师，有机电子与信息显示国家重点实验室主任、柔性电子国家重点实验室培育建设点主任、柔性电子前沿科学中心首席科学家。1992 年从北京大学毕业并留校任教；1993 年赴新加坡国立大学从事博士后研究；2006 年 6 月起，任南京邮电大学副校长；2012 年 7 月起，任南京工业大学校长；2017 年 4 月起，任西北工业大学常务副校长。2019 年 6 月起，兼任亚太工程组织联合会（FEIAP）主席。2011 年当选中国科学院院士。

主要成就

长期从事纳米材料与技术和有机电子与器件的研究。是国际上最早从事聚合物发光二极管显示研究并长期活跃在有机光电子学领域的知名学者之一。从 20 世纪 90 年代初开始，致力于跨物理、化学、材料、电子、信息和生命等多个学科，以及交叉融合发展起来的有机光电子学这一国际前沿学科的研究，在构建有机光电子学科的理论体系框架、实现有机半导体的高性能化与多功能化、推进科技成果转化与产业化等方面做了大量富有开拓性、创新性和系统性的研究工作，是中国有机光电子学科的奠基人与开拓者；在有机光电子学、柔性电子学等领域也取得了大量系统性、创新性的研究成果。

多次获国家、省部级奖项，其中包括国家自然科学奖二等奖 2 项、何梁何利基金科学与技术进步奖 1 项、教育部高等学校科学研究优秀成果奖自然科学奖一等奖 4 项、中国电子学会科学技术奖自然科学一等奖等；成果入围中国高等学校十大科技进展 2 次，入选中国半导体十大研究进展 1 次（2021）；还获全国优秀科技工作者等多项荣誉。

在柔性电子学领域内，以主要作者身份在世界顶尖期刊 *Nature*、*Nature Electronics* 等上面发表论文 900 余篇，H 因子为 160，国际同行引用逾 10 万次，是科瑞唯安（全球顶尖科技论文数据库）物理、化学与材料学科全球高被引学者，获授权与公开美国、新加坡和中国等国发明专利 1 100 余项；出版《有机电子学》等学术专著多部。

社会任职

担任亚太地区工程组织联合会（FEIAP）主席，中国科学院信息技术科学部常委，国家科技奖励评审委员会委员，国家杰出青年科学基金评审委员会委员，国家自然科学基金委员会信息科学部专家评审组成员，国家自然科学基金委员会化学科学部专家咨询委员会委员，国务院学位委员会学科评议组成员，中国科学技术协会常委，教育部科学技术委员会委员，教育部教学指导委员会（材料科学类、电子信息类）副主任委员，工业和信息化部通信科学技术委员会常委，工业和信息化部电子科学技术委员会常委，多个国家级、省级学会领导职务，*Research* 等多个国际权威学术期刊主编/顾问/编委等。

人物综观

是国际上最早一批从事柔性电子研究，并长期活跃在柔性电子学领域的世界顶尖学者，是中国有机电子、塑料电子和柔性电子等学科的奠基人与开拓者，被业界誉为"柔性电子学之父"。

黄维院士是国际上最早从事聚合物发光二极管显示研究并长期活跃在有机光电子学领域的学者之一，开创了我国有机电子学和柔性电子学学科，目前所带领的团队是中国乃至世界有机（光）电子/柔性（光）电子的重要创新极。

（《中国青年报》评）

陈　骏　　　地球化学家

当选时间	2013 年当选中国科学院院士
学　部	地学部
性　别	男
民　族	汉族
籍　贯	江苏扬州
出生年月	1954 年 11 月 7 日

院士小传

　　陈骏　地球化学家。南京大学教授、原校长。1954 年 11 月出生于上海；1985 年南京大学博士毕业后留校任教，先后担任讲师、副教授、教授、博士生导师；1988 年至 1989 年，在英国帝国理工学院从事博士后研究工作；1990 年至 1992 年，担任南京大学地球科学系副系主任；1993 年至 1997 年，担任南京大学地球科学系系主任；1997 年至 2006 年，担任南京大学副校长；2006 年至 2018 年，担任南京大学校长（副部长级）。2015 年当选江苏省科学技术协会第九届委员会主席，2021 年当选江苏省科学技术协会第十届委员会主席。2013 年当选中国科学院院士。

Zhu Yao Cheng Jiu
主要成就

长期从事表生地球化学和矿床地球化学研究。用矿物学和同位素地球化学方法揭示了亚洲风尘潜在源区，发现中国黄土和北太平洋深海风尘沉积物质具二源性特征。通过对中国北方沙漠和黄土风化成壤过程中元素活动性的研究，创建了指示古季风气候变化的风尘地球化学指标，明确指出亚洲季风对大陆风化过程和全球变冷的重要影响。从20世纪80年代开始，围绕华南含锡花岗岩的物源性质、演化程度、成矿能力和找矿标志开展研究，系统揭示了华南锡矿成矿地球化学过程，提出了华南最重要原生锡矿三阶段成矿模式和锡石－硫化物矿床找矿模型。

主持了国家基金委杰出青年科学基金、国家基金委创新研究群体科学基金、国家基金委重大项目与重大研究计划项目，以及国家科技部"863计划"项目等多项科研任务。

获得国家自然科学奖二等奖1项，国家级教学成果奖特等奖1项、一等奖1项，教育部科技成果奖多项。

先后发表论文200多篇，出版专著4部。

She Hui Ren Zhi
社会任职

担任第六届国务院学位委员会委员，国务院学位委员会学科评议组（地质与地球物理）召集人，江苏省科学技术协会第九届、十届委员会主席，中国高等教育学会第七届理事会副会长，中国矿物岩石地球化学学会第六届、七届、九届理事会副理事长，中国第四纪科学研究会第七届理事会副理事长，《中国科学》《科学通报》理事会理事，《中国科学》《地质学报》《地质论评》《地球化学》等编委。

Ren Wu Zong Guan
人物综观

潜心于地球科学研究，跋涉于千山万水之间，从华东到华南，从西北到英国的康沃尔，到处都留下了他的足迹，为我国锡钨矿床研究、金矿寻找、风尘物源示踪、大陆风化与古气候变化研究等做出了突出的贡献。

吕 建　计算机软件专家

当选时间	2013 年当选中国科学院院士
学　部	信息技术科学部
性　别	男
民　族	汉族
籍　贯	山东荣成
出生年月	1960 年 3 月 31 日

　　吕建　计算机软件专家。全国人民代表大会常务委员会委员，南京大学校长、教授、博士生导师。1960 年 3 月出生于江苏南京；1982 年毕业于南京大学计算机系本科；1984 年 11 月起，在南京大学任教；2010 年 4 月至 2016 年 4 月，任南京大学副校长；2016 年 4 月至 2018 年 1 月，任南京大学常务副校长；2018 年 1 月起，任南京大学校长。2013 年当选中国科学院院士。

主要成就

主要从事软件新技术和软件方法学研究，在软件基础理论与方法、网构软件范型方法学、可成长软件方法与技术体系、新型软件平台及其应用方面取得系统性和创新性成果，得到了国内外同行的广泛认可。

先后承担了国家科技攻关计划项目、"863计划"项目、"973计划"项目、国家杰出青年基金项目、国家自然科学基金重大研究计划集成项目、国家自然科学基金委创新群体项目、国家重点研发计划项目等，担任一系列国际和国内学术会议的大会共同主席、程序委员会共同主席和委员等。

先后获"做出突出贡献的中国博士学位获得者"、原国家教委"跨世纪优秀人才"、教育部"长江学者奖励计划"特聘教授等称号，以及国家杰出青年科学基金、中国青年科技奖、教育部自然科学奖一等奖、教育部技术发明奖一等奖、国家科学技术进步奖二等奖、何梁何利基金科学与技术进步奖、教育部优秀教材一等奖、国家级优秀教学成果奖二等奖等奖项荣誉。

在国内外重要学术刊物和会议上发表论文百余篇，合著中文学术专著2部和英文学术著作1部；获得多项授权发明专利；担任多个国内外学术刊物编委。

社会任职

担任国务院学位委员会委员，国务院学位会员会软件工程学科评议组召集人，科技部新一代人工智能战略咨询委员会成员，发改委"互联网＋"行动专家咨询委员会委员，工信部工业互联网战略咨询专家委员会成员等；曾任国家"863计划"信息领域主题专家组成员，国家"973计划"咨询专家组成员，国家"核高基"科技重大专项总体专家组专家，国家自然科学基金委信息学部专家咨询委员会委员，中国计算机学会副理事长、系统软件和软件工程专业委员会主任，联合国大学澳门国际软件研究所Board Member等。

人物综观

带领的"面向Internet的软件方法与技术"团队于2005年和2007年分别入选"教育部创新团队"和"国家自然科学基金委创新研究群体"，并获国家自然科学基金委连续3期滚动支持。担任计算机软件新技术国家重点实验室主任，并于2007年、2012年、2017年连续3次被评为信息领域优秀实验室，为中国软件事业发展做出了重要贡献。

王会军　大气科学家 ▶▶

当选时间 2013 年当选中国科学院院士
学　部 地学部
性　别 男
民　族 汉族
籍　贯 黑龙江桦川
出生年月 1964 年 1 月 4 日

院士小传

　　王会军　大气科学家。挪威技术科学院院士，南京信息工程大学学术委员会主任。1986 年毕业于北京大学地球物理系；1991 年在中国科学院大气物理研究所获得博士学位后留所工作，先后担任助理研究员、副研究员、研究员、博士生导师；2001 年获得国家杰出青年科学基金资助；2003 年牵头创立了竺可桢 – 南森国际研究中心；2005 年起，任中国科学院大气物理研究所所长；2008 年当选挪威极地科学研究院委员；2013 年当选挪威技术科学院院士，同年入选首批国家"万人计划"；2015 年起，任南京信息工程大学全职教授；2018 年受聘为挪威卑尔根大学荣誉教授。2013 年当选中国科学院院士。

主要成就

主要从事古气候模拟、气候变化和气候预测理论等方面的研究工作。揭示了东亚夏季风在 20 世纪 70 年代末的减弱，以及南极涛动、Hadley 环流、北大西洋涛动等对东亚气候的显著影响过程和机理；完成了中国首个基于自己气候模式的全球变暖定量模拟结果；提出了热带相似和年际增量气候预测思想和方法，提高了东亚气候和台风活动的气候预测水平。

主持了国家自然科学基金基础科学中心项目、重大项目、创新研究群体项目，以及"973 计划"项目和国家重点研发计划项目等重大科研项目。荣获国家自然科学奖二等奖（第一完成人）、何梁何利基金科学与技术进步奖、国家杰出青年科学基金资助、全国优秀科技工作者和首批国家"万人计划""百千万工程"领军人才等荣誉。

已发表 SCI 收录论文 300 多篇，被引用 8 000 多次。已培养博士研究生 40 余人，其中有 5 人获国家杰出青年科学基金项目、5 人获国家优秀青年科学基金项目、1 人荣获中国青年科技奖、5 人荣获中国科学院优秀博士学位论文奖、1 人荣获全国优秀博士学位论文奖。因为对人才培养的杰出贡献，曾获 2010 年度卢嘉锡优秀研究生导师奖（全国 10 人）。

社会任职

担任世界气候研究计划（WCRP）联合科学委员会委员，中国气象学会理事长，中国气候研究委员会主席，《大气科学学报》主编，*Atmospheric and Oceanic Science Letters* 杂志主编；曾任国际气候变率及可预测性研究计划（CLIVAR）亚澳季风工作组 AAMP 委员，世界气象组织热带气象委员会东亚季风工作组 EAMP 委员，*Advances in Atmospheric Sciences* 主编，《中国科学》特邀编辑，《气象学报》《大气科学》编委。

人物综观

王会军把古今气候研究结合起来，对东亚气候变化研究做出重要贡献。

（中国科学院评）

王会军对中国和挪威在大气科学领域的学术交流与合作研究、研究生联合培养等方面做出了杰出贡献，并在气候研究领域成就卓越，王会军作为创始人建立的竺可桢－南森国际研究中心已成为中国和挪威科技合作的杰出典范。

（卑尔根大学校长 Dag Rune Olsen 评）

谭铁牛　模式识别与计算机视觉专家 ▶▶▶

当选时间	2013 年当选中国科学院院士
学　　部	信息技术科学部
性　　别	男
民　　族	汉族
籍　　贯	湖南茶陵
出生年月	1964 年 1 月 20 日

Yuan Shi Xiao Zhuan
院士小传

　　谭铁牛　模式识别与计算机视觉专家。南京大学党委书记，工学博士，英国皇家工程院外籍院士，发展中国家科学院（TWAS）院士，巴西科学院外籍院士。1984 年获西安交通大学学士学位；1986 年、1989 年分别于英国帝国理工学院获硕士与博士学位；1989 年至 1997 年，在英国雷丁大学工作；1998 年回国工作，历任中国科学院自动化所模式识别国家重点实验室主任，自动化所所长助理、所长，中国科学院副秘书长、副院长，中央人民政府驻香港特别行政区联络办公室副主任等；2022 年 9 月起，担任南京大学党委书记。2013 年当选中国科学院院士。

主要成就

主要从事图像处理、计算机视觉和模式识别等人工智能领域的研究，成果已得到广泛的工程应用。提出了基于定序测量的虹膜识别理论，建立了算法设计的框架模型，解决了虹膜图像获取、虹膜区域分割和虹膜特征表达等难题；提出了基于环境约束的视觉计算方法，使计算机视觉更加符合人的视觉机理，解决了视觉计算中的一些病态问题，改善了计算效率与鲁棒性；提出了基于多通道滤波的纹理图像分析方法并将纹理分析用于语种、字体和笔迹识别，开辟了解决这类模式识别问题的新途径。

获国家自然科学奖二等奖、国家技术发明奖二等奖、国家科学技术进步奖二等奖、中国青年五四奖章、中国青年科技奖、留学回国人员成就奖和"全国优秀共产党员"称号等荣誉，2022 年还获国际模式识别领域最高奖——傅京孙奖。

截至 2022 年，在国内外主要学术期刊和国际学术会议上发表论文 600 余篇，出版专著和编著 10 多部，获得授权发明专利 100 多项。

社会任职

担任过中国共产党第十六次、十七次、十八次、十九次全国代表大会代表，全国政协第十三届委员会常务委员，中国图像图形学学会、中国计算机学会、中国自动化学会和中国人工智能学会等多个国家一级学会的理事长或副理事长，国际模式识别学会（IAPR）第一副主席，IEEE 生物识别理事会（IEEE Biometrics Council）主席，欧美同学会副会长及其留英分会会长，全国青联常委及其留学人员联谊会会长，中国青年科技工作者协会副会长，以及《自动化学报》（主编）、*IEEE Transactions on Pattern Analysis and Machine Intelligence*、*Pattern Recognition*、*Pattern Recognition Letters* 和 *Machine Intelligence Research*（主编）等多个国内外学术刊物的主编或编委等。

人物综观

谭铁牛是模式识别领域的国际顶尖学者，他的学术贡献为所在学科领域的可持续发展打下了基础，其科研成果在许多重要的领域得到了实际工程应用。

（英国皇家工程院评）

邹志刚　　材料学专家

当选时间 2015 年当选中国科学院院士

学　　部 技术科学部

性　　别 男

民　　族 汉族

籍　　贯 山东黄县

出生年月 1955 年 3 月 14 日

院士小传

邹志刚　材料学专家。南京大学物理学院博士生导师，发展中国家科学院院士，江苏省纳米技术重点实验室主任，教育部"长江学者奖励计划"特聘教授。1986 年获天津大学材料学专业硕士学位；1996 年获日本东京大学结晶学专业理学博士学位；2003 年成立南京大学环境材料与再生能源研究中心，并任该中心主任；2018 年当选发展中国家科学院院士。2015 年当选中国科学院院士。

主要成就

长期从事新能源材料方面的研究，在新一代光催化材料等能源与环境材料的设计理论、核心制备和应用等方面做出了系统性、原创性的成果。

截至 2022 年，先后承担两届国家重点基础研究发展计划"973 计划"项目、国家自然科学基金重点项目、国家自然科学基金中日合作项目、国家重大科研仪器研制项目以及江苏省前沿引领、成果转化等多项科研项目。

获得国家自然科学奖二等奖 1 项、江苏省科学技术奖一等奖 3 项、何梁何利基金科学与技术进步奖 1 项、第 46 届日内瓦国际发明展金奖及沙特阿拉伯阿卜杜拉国王大学特别奖等奖项，还获得"庆祝中华人民共和国成立 70 周年纪念章"、全国归侨侨眷先进个人、江苏省侨界杰出人物等荣誉。

截至 2022 年，发表 SCI 科学论文 800 余篇，他引 42 000 余次，H 因子为 97；连续 8 年入选爱思唯尔"中国高被引学者"榜单，连续 4 年获评科睿唯安"高被引科学家"称号；获授权发明专利 80 余项，美国专利 1 项，日本专利 2 项。

社会任职

担任中国功能材料学会理事长，中国光化学及光催化专业委员会主任委员，中国材料与试验团体标准委员会（CSTM 标准委员会）科学试验领域委员会（CSTM/FC98）副主任委员，科学试验综合技术委员会（CSTM/FC98/TC20）主任委员，原总装备部"国民核生化灾害防护国家重点实验室"学术负责人，中央军委高层次科技创新人才带教导师，中国氢能源及燃料电池产业创新战略联盟战略指导委员会委员，中国空间站科学技术实验科学委员会和太空探索实验科学委员会共同主席；兼任澳门科技大学特聘教授，日本电气通信大学特任教授和日本国家材料研究所（NIMS）客座研究员等。

人物综观

针对氢能绿色制造的国际难题，首创可见光响应光催化水分解产氢材料，将太阳能可利用范围从 4% 提升至 47%，率先实现高效光催化海水制氢，开启了太阳能氢能转换新时代；率先利用光催化将 CO_2 转化成碳氢燃料和氧气，开拓了获取非化石燃料的碳中和新途径，为治理和利用 CO_2 提供了新思路和新技术，已在密闭空间生命保障、载人深空探索和地外生存中得到应用，形成核心技术，为我国坚持科技兴军、建设航天强国提供了科技支撑；针对密闭空间大气污染严重，核生化特种污染难消除等难点，将光催化技术应用于化学毒剂消除、特种污水治理及特种化学土壤污染修复中，拓展了光催化材料的研究领域。

宣益民 工程热物理学家 >>

当选时间	2015 年当选中国科学院院士
学　部	技术科学部
性　别	男
民　族	汉族
籍　贯	安徽无为
出生年月	1956 年 9 月 25 日

院士小传

　　宣益民 工程热物理学家。南京航空航天大学教授、博士生导师。1982 年毕业于哈尔滨船舶工程学院核动力装置专业，获学士学位；1984 年获得南京工学院（现东南大学）工程热物理专业硕士学位，随后被分配到华东工学院（现南京理工大学）工作；1989 年经国家公派赴德国汉堡国防大学热力学研究所留学；1991 年获博士学位后继续在校从事博士后工作；1993 年回国继续从事热能工程领域的教学和科研工作；1995 年至 2000 年，先后 3 次作为客座教授赴德国汉堡国防大学讲学及合作研究；1997 年 5 月至 12 月，作为高级访问学者赴美国普渡大学机械工程系开展研究工作；2004 年 11 月至 2005 年 1 月，应邀在日本九州大学以客座教授身份开展合作研究；1998 年 9 月至 2010 年 9 月，担任南京理工大学党委常委、副校长；2010 年 10 月至 2017 年 2 月，担任南京航空航天大学党委常委、副校长。2015 年当选中国科学院院士。

主要成就

长期从事能量高效传递、转换利用与控制研究，在纳米流体、热辐射传输、太阳能利用、飞行器综合能量／热管理、碳中和技术、先进储能技术等研究领域，取得了系统的创新性研究成果。

先后主持了国家"973 计划"项目，国家自然科学基金重大项目、重点项目与面上项目，"863 计划"项目，国防基础科研项目等多项国家及省部级科研课题的研究工作，取得了一批较高层次的研究成果。

获国际学术会议奖及英国化学工程师协会奖 1 项、国家自然科学奖二等奖 1 项、国家科学技术进步奖二等奖 1 项、江苏省首届基础研究重大贡献奖 1 项、何梁何利科学与技术进步奖 1 项、江苏省"有突出贡献的中青年专家"称号、江苏省五一劳动奖章（2022）、国务院政府特殊津贴等荣誉。

社会任职

担任过中国工程热物理学会副理事长，教育部能源动力类专业教学指导委员会副主任，教育部科技委能源与交通学部副主任，"航空发动机及燃气轮机"国家重大科技专项传热燃烧专业组副组长，国防科学技术奖评审委员会委员，*International Journal of Heat and Mass Transfer*（期刊）Associate Editor 等。

人物综讯

宣益民围绕纳米流体、热辐射传输、系统热分析和热控制等前沿研究方向，潜心钻研，勇于创新，在基础研究和技术创新两方面，取得了系统的创新性研究成果。

（何梁何利基金会评）

沈树忠 地层古生物学家 ▶▶▶

当选时间 2015 年当选中国科学院院士
学　　部 地学部
性　　别 男
民　　族 汉族
籍　　贯 浙江湖州
出生年月 1961 年 10 月 18 日

院士小传 *Yuàn Shi Xiao Zhuan*

沈树忠　地层古生物学家。南京大学地球科学与工程学院教授、博士生导师，南京大学安邦书院院长，生物演化与环境科教融合中心主任。1981 年毕业于浙江煤炭工业学校（现浙江工商大学）；1986 年和 1989 年，分别获得中国矿业大学硕士和博士学位；1989 年博士毕业后留校任教，先后担任讲师、副教授；1996 年公派到日本新潟大学理学部做博士后；1997 年至 2000 年，在澳大利亚迪肯大学做博士后；1999 年入选中国科学院"百人计划"；2000 年年底从澳大利亚引进到中国科学院南京地质古生物研究所工作；2002 年获得国家杰出青年科学基金资助；2004 年入选"新世纪百千万人才工程"国家级人选；曾担任科技部"973 计划"项目、基金委重大项目、中国科学院专项（B 类）、基金委创新群体首席科学家；2006 年至 2015 年，担任国家重点实验室主任；2012 年入选江苏省"333 新世纪科学技术带头人（第一层次）"。2015 年当选中国科学院院士。

主要成就

主要从事二叠纪腕足动物化石系统分类学、生物大灭绝及其以后的复苏、定量生物古地理学、生物多样性和古环境学等方面的研究。在二叠纪地层学、二叠纪末生物大灭绝与环境变化、腕足动物古生物学等方面取得了系统性和创新性成果，贡献突出。

曾多次联合组织重大生物事件等重要国际专题会议。作为大会共同主席组织召开了国际石炭 – 二叠纪地质大会（2007 年）、国际腕足动物大会（2015 年）等重要国际会议，在 AAAS 年会（2013 年）等重要国际国内会议上作特邀或主题报告等。

2019 年被国际地层委员会授予最高金奖（ICS Medal）；还获得国家自然科学奖二等奖和江苏省科技进步奖一等奖各 1 项（均排名第二）、优秀回国人员成就奖、江苏省高层次人才突出贡献奖、李四光地质科学奖、江苏省先进工作者等奖项荣誉。

截至 2020 年 6 月，发表论文 350 余篇，其中 SCI 收录论文 220 余篇；出版专著或主编专辑 25 册。

社会任职

担任国际地层委员会副主席；曾任国际二叠纪地层分会主席（2012—2020），日本东北大学、澳大利亚 Deakin 大学、中国香港大学客座教授，国际乐平统工作组主席等。

人物综观

20 世纪末期，多次进入西藏进行野外工作，建立以藏南为代表的冈瓦纳北缘二叠 – 三叠纪之交连续的生物、地化和岩石地层序列，为认识古特提斯洋的古地理演化做出了贡献。20 多年来，分别对新疆、华南、东北、华北等各地含油气、煤炭资源地层开展了广泛研究；同时还在国外开展大量野外工作，范围涉及美国、加拿大、欧洲、南非以及中国周边的日本、缅甸、巴基斯坦、伊朗、泰国、蒙古等。是六枚二叠纪"金钉子"的主要完成人之一，领衔的课题组与国外实验室合作完成的多个重要界线的高精度年龄等被纳入最新的《国际年代地层表》。还带领学生开展华南、华北二叠纪高精度同位素年龄测定，改变了华北地区二叠纪地层对比的传统方案。

在二叠纪生物大灭绝研究中，与团队和国际同行共同开展高精度综合年代地层框架、生物多样性定量分析和多种地化指标等研究，论证了二叠纪末海陆生物大灭绝的同时性和瞬时性，指出特提斯洋中酸性岩浆弧火山喷发和西伯利亚大规模岩浆活动造成地表环境的巨变是导致该生物大灭绝的主因。相关成果在 *Science*、*Science Advances*、*PNAS*、*Geology*、*EPSL* 等刊物发表后，引起国内外同行较大关注。2011 年发表在 *Science* 上的成果入选 2012 年度"中国科学十大进展"，相关内容被编入美国大学教材。2020 年与大数据团队一起，利用大数据平台、开发新算法等共同创建了古生代 3 亿多年的高分辨率生物多样性演变曲线，成果发表在 *Science* 上，被评为 2020 年度"中国科学十大进展"和"中国科技十大进展新闻"等。

江苏院士名录（上） Jiangsu Yuanshi Minglusegment>

黄 如 微电子器件专家

当选时间 2015 年当选中国科学院院士
学　　部 信息技术科学部
性　　别 女
民　　族 回族
籍　　贯 福建南安
出生年月 1969 年 11 月 29 日

院士小传

黄如 微电子器件专家。东南大学党委副书记、校长（副部长级），北京大学教授，美国电气和电子工程师协会会士，发展中国家科学院院士。1969 年 11 月出生于江苏南京；1991 年和 1994 年毕业于东南大学，分获本科和硕士学位；1997 年毕业于北京大学，获博士学位；同年，留任北京大学，历任信息科学技术学院副院长、院长，信息与工程科学部主任，人工智能研究院院长，校长助理，副校长，校党委常委等；2022 年 1 月起，任东南大学校长（副部长级）、党委副书记。担任国家基金委创新研究群体学术带头人，入选教育部"长江学者奖励计划"特聘教授、国家杰出青年科学基金项目资助、国家"百千万人才工程"国家级人选等。2015 年当选中国科学院院士。

主要成就
Zhu Yao Cheng Jiu

长期从事集成电路科学与工程研究，在新型低功耗逻辑与存储器件、神经形态器件及类脑计算、边缘智能计算芯片、可靠性及 EDA 等共性技术方面取得了系统创新成果。

面向不同电路系统要求和不同集成电路技术代，提出并研制了准 SOI 新结构器件、BOI FinFET 新结构器件、肖特基－隧穿混合控制新机理器件以及逻辑－存储可融合兼容的新型器件；提出了可大规模集成的围栅（GAA）纳米线器件新工艺方法，系统揭示了器件关键特性的新变化及其物理根源；提出并研制了离子栅控型时敏突触、非线性调制脉冲神经元等新原理神经形态器件，构建了基于忆阻器的暂态混沌优化器、深度储备池与高效准确的不确定性量化系统；提出了异步事件驱动型芯片架构及电路、动态电荷域模拟信号链架构及电路、异步脉冲神经网络芯片架构及电路，显著提高了数据感知与计算能效；建立了纳米尺度器件特性表征体系，提出了新的涨落性／可靠性分析表征方法、模型与 EDA 仿真方法，实现了纳米尺度可靠性设计的关键解决方案。

获国家技术发明奖二等奖、国家科学技术进步奖二等奖、教育部自然科学奖一等奖、教育部科技进步奖一等奖、北京市科学技术一等奖（2 次）、中国青年科技奖、教育部杰出教育奖、中国青年女科学家奖等多项国家和省部级奖励。

截至 2022 年，合作出版著作 5 部；在微电子器件领域标志性国际会议 IEDM、VLSI 和标志性期刊 EDL、TED 上发表 100 余篇论文（2007 年起，已连续 15 年在 IEDM 上发表论文共 56 篇），2 篇 ISSCC 论文被遴选为大会 Highlight 亮点论文，1 项成果荣获 ISSCC 最佳展示奖。

社会任职
She Hui Ren Zhi

担任国务院学位委员会学科评议组召集人，第八届教育部科技委副主任委员，中国仪器仪表学会副理事长，中国电子学会常务理事，科技部基础研究战略咨询委员会委员，国家集成电路产业发展咨询委员会委员，科技部重点研发计划专家组成员，《中国科学：信息科学》副主编，《国家科学评论》评审组长（Section Editor）等。

人物综讯
Ren Wu Zong Xun

研究成果连续被列入多个版本的国际半导体技术发展路线图 ITRS，在国际上产生重要影响，相关成果转移到国内外知名 IC 制造、设计和 EDA 公司。应邀作国际会议大会和特邀报告 50 余次；被选为 IEEE EDS 副主席（VP）、IEEE EDS Elected BOG、IEEE EDS Fellows Evaluation Committee、TWAS、IEDM EDT Subcommittee、"集成电路设计国际奥林匹克会议" ISSCC TPC 委员等；任国际会议主席 20 余次、国际会议 TPC 委员数十次。

黄如长期从事集成电路新器件与新工艺研究，在低功耗器件的新机理新结构、纳米尺度器件和关键共性工艺等做出系统、创造性贡献，在国际上有重要影响。（北京大学评）

杨经绥　　岩石大地构造学家 ▶▶

当选时间　2017 年当选中国科学院院士

学　　部　地学部

性　　别　男

民　　族　汉族

籍　　贯　浙江余杭

出生年月　1950 年 6 月

Yuan Shi Xiao Zhuan　院士小传

　　杨经绥　岩石大地构造学家。南京大学地球科学与工程学院教授。1950 年 6 月出生于浙江杭州；1977 年毕业于长春地质学院（现吉林大学）地质勘探系；1992 年毕业于加拿大达霍西大学并获博士学位。2017 年当选中国科学院院士。

Zhu Yao Cheng Jiu
主要成就

长期从事岩石学结合大地构造学的研究，重点研究青藏高原地体边界以及中央碰撞造山带的超高压变质岩、蛇绿岩和地幔岩。

建立了中国西部一条长 350 公里的早古生代超高压变质带，该发现开辟了我国西部超高压变质岩研究的新热点。发现了秦岭超高压变质带，为中国西部的超高压变质带延至东秦岭提供了关键科学证据。提出了沿中央造山带存在 4 000 公里长的早古生代和印支两期超高压变质作用事件的巨型超高压变质带的大思路，为推进超高压变质带研究和中国重大关键构造问题的解决做出了重要贡献。在青藏高原南部拉萨地体中发现了松多二叠纪高压／超高压榴辉岩带，为青藏高原特提斯板块体系的重建做出了贡献。在青藏高原研究中，在东昆仑德尔尼 Cu-Co 矿床的海底热液成因等方面取得了创新性成果。

负责和参加了国家级、省部级和国际合作项目 10 余项，多次担任国际会议召集人并在会议上作特邀报告，多次组织了国内和国际会议。

获原国土资源部"先进科技工作者"称号，何梁何利基金科学与技术进步奖，归国留学人员杰出贡献奖，国家自然科学奖二等奖 1 项，国家科技进步奖二等奖 1 项，省部级科技进步奖一等奖 2 项、二等奖 1 项等荣誉。

发表论文 600 余篇，专著 4 部；自 2015 年爱思唯尔首发"中国高被引学者"以来至 2021 年，连续 7 年榜上有名。

She Hui Ren Zhi
社会任职

担任过中国大陆科学钻探工程项目（CCSD）总地质师，国际大陆科学钻探委员会（ICDP）专家组成员，国际大陆科学钻探中国委员会副主任，中国地质学会理事和岩石专业委员会主任，中国矿物岩石地球化学学会常务理事等。

Ren Wu Zong Guan
人物综观

在全球多个板块缝合带的蛇绿岩地幔橄榄岩和铬铁矿中发现大量金刚石等深部矿物组合，包括铬铁矿中的原位金刚石，铬铁矿中呈斯石英假象的柯石英，以及纳米级新矿物－青松矿等超高压矿物。认为产在大洋岩石圈蛇绿岩中的金刚石是一种新的产出类型，命名为"蛇绿岩型金刚石"，不同于产在大陆岩石圈中的金伯利岩型金刚石和产在俯冲带中的超高压变质型金刚石。提出了与地幔柱有关的俯冲物质深地幔循环和铬铁矿深部成因新模式。

（中国地质科学院地质研究所摘评）

芮筱亭　发射动力学家

当选时间　2017 年当选中国科学院院士
学　　部　技术科学部
性　　别　男
民　　族　汉族
籍　　贯　江苏镇江
出生年月　1956 年 8 月 16 日

院士小传

　　芮筱亭　发射动力学家。南京理工大学校学术委员会主任，发射动力学研究所所长，工信部复杂装备系统动力学重点实验室主任，教育部复杂装备系统动力学前沿科学中心主任与首席科学家。1982 年获苏州大学学士学位；1986 年和 1994 年，分别获南京理工大学硕士学位和博士学位。曾获国防科技工业杰出人才奖、首届全国创新争先奖及全国"优秀科技工作者"称号等。2017 年当选中国科学院院士。

Zhu Yao Cheng Jiu 主要成就

长期坚守系统动力学和发射动力学研究，建立了我国多体系统发射动力学理论与技术体系，提升了我国多项国家高新工程多型重大装备的密集度设计、试验水平以及安全性水平。创立了多体系统传递矩阵法，取得了大幅提高计算速度的国际性突破，成为国际上计算速度最快的多体系统动力学全新方法，被国际同行命名为"芮方法"。

获国家技术发明奖二等奖 2 项（排名第一），国家科学技术进步奖二等奖 2 项，国防科技创新团队奖 1 项，中国图书奖等图书类奖项 5 项；牵头制定并颁布国家军用标准和中国兵器行业标准 26 部。

以第一作者出版专著 7 部，发表论文 500 余篇；以第一发明人获授权发明专利 100 项，软件著作权 16 项。

She Hui Ren Zhi 社会任职

担任军委装备发展部某专业组组长，教育部兵器类专业教学指导委员会副主任，教育部科技委委员，中国兵工学会副理事长，International Conference on Mechanical System Dynamics 常设国际会议主席及其常设指导委员会主席，*International Journal of Mechanical System Dynamics* 主编；兼任中央军委科技委委员。

Ren Wu Zong Guan 人物综观

从事多体系统动力学和发射动力学研究 30 余年，创立了多体系统传递矩阵法，成为国际上计算速度最快的多体系统动力学全新方法，在国内外得到 150 多项重大工程应用，在国际上被称为"芮方法"。建立了多体系统发射动力学新理论与技术体系，大幅提升了我国武器动力学性能及其设计与试验评估水平，解决了 10 多项国家高新工程等陆战、海战、空战领域约 30 型武器提升系统性能的难题，降低了研制成本，保障了发射安全的国家重大急需，全部装备于部队，大幅提升了战斗力。

郭万林 | 力学家

当选时间 2017 年当选中国科学院院士

学　　部 技术科学部

性　　别 男

民　　族 汉族

籍　　贯 陕西眉县

出生年月 1960 年 10 月 2 日

院士小传

郭万林 力学家。南京航空航天大学教授、博士生导师，南京航空航天大学国际前沿科学研究院院长。1981 年考入西北工业大学，先后获得学士、硕士和博士学位；1992 年起，任西安交通大学副教授、教授，西安交通大学机械结构强度与振动国家重点实验室副主任；1995 年至 1998 年，在澳大利亚蒙纳士大学和国防科学技术组织专家中心工作；1996 年获得国家杰出青年科学基金项目资助；1999 年受聘为特聘教授；2000 年起，任南京航空航天大学特聘教授，创建了纳米科学研究所、纳智能材料器件教育部重点实验室。2017 年当选中国科学院院士。

主要成就

建立了空天结构三维疲劳断裂理论，成果被系统地应用于多种飞机型号和长征五号系列的研制、排故，解决了型号工程急需；建立起低维材料结构力－电－磁－光－热耦合的物理力学理论体系，预测了低维材料结构巨电致伸缩等一系列智能特性并被实验证实、应用；发现了流－固界面双电层边界运动发电、气流发电和蒸发发电效应，提出水伏效应概念，拓展了经典双电层动电理论和无源传感技术，创立了水伏学。

获国家自然科学奖二等奖、何梁何利基金科学与技术进步奖、徐芝纶力学奖、国际力学奖 Eric Reissner Award、全国优秀科技工作者、全国先进工作者、江苏省首届十佳研究生导师等荣誉。

截至 2021 年 12 月，已培养出 56 名博士和 33 名硕士。其中 6 名获全国（学科）优秀博士学位论文奖或提名奖，10 多名获得杰出青年科学基金、海外高层次人才计划、教育部青年长江学者、国家优秀青年科学基金等各类国家级青年人才基金和计划资助，更多的已经成为航空航天、高科技和教育企事业单位的业务负责人和中坚骨干。

社会任职

担任国务院学位委员会第八届学科评议组成员，第八届教育部科技委交叉科学与未来技术专门委员会副主任委员，中国力学学会常务理事，中国真空学会理事，中国航空学会理事，中国微米纳米技术学会理事，南京欧美同学会（南京留学人员联谊会）会长等。

人物综观

在理论突破的基础上，经过 20 多年的不懈努力，带领团队系统地攻克了飞机结构三维损伤容限关键技术，为我国研制成功损伤容限时代的先进飞机起到不可或缺的作用。

他所建立的三维弹塑性断裂理论也逐渐被国际学术界广泛承认、大量大篇幅引用评价，并冠以"郭因子""郭解"等。　　　　　　　　　　（2019 年 6 月 26 日《新华日报》评）

郭万林始终怀抱赤诚的家国情怀，坚持德育为先，把爱国奋斗精神传承给一届又一届学生，培养了一大批优秀人才。言传身教、勤勉治学，每天最早到实验室，晚上工作至深夜，以身示范带动影响身边每名学生；勇攀科研高峰，建立的三维弹塑性断裂理论被国际学术界广泛认可，并开创了纳米尺度物理力学新领域。对学术精益求精、近乎苛刻，经常指导修改学生论文多达数十遍。　　　（2019 年度全国教书育人楷模候选人评）

郭子建   化学生物学家

当选时间 2017 年当选中国科学院院士

学　　部 化学部

性　　别 男

民　　族 汉族

籍　　贯 河北沧州

出生年月 1961 年 10 月 20 日

院士小传

　　郭子建　化学生物学家。南京大学化学化工学院教授、博士生导师，南京大学新生学院院长。1961 年 10 月出生于河北河间；1982 年从河北农业大学毕业后留校任教；1994 年获得意大利帕多瓦大学博士学位；1994 年至 1996 年，在英国伦敦大学从事博士后研究；1996 至 1999 年，分别在加拿大不列颠哥伦比亚大学和英国爱丁堡大学做访问学者和研究员；1999 年回国后在南京大学配位化学研究所担任教授和博士生导师；2000 年至 2009 年，担任配位化学国家重点实验室主任；2006 年至 2014 年，担任南京大学化学化工学院院长；2016 年获得 Luigi Sacconi Medal；2020 年担任南京大学新生学院院长。2017 年当选中国科学院院士。

主要成就

主要研究领域为化学生物学，从事金属及其配合物的化学生物学研究。设计构筑了系列金属离子荧光探针，建立和发展了相关的体内外荧光成像方法，观察到离子的迁移和富集现象。探索了金属抗肿瘤药物的反应性能及活性差异，构建了新型铂类药物靶向传输体系。发展了系列基于铜配合物的人工核酸酶，研究了它们的构效关系及金属中心间的协同效应、DNA 断裂能力及抗肿瘤活性间的关联等。

获国家杰出青年科学基金、国家自然科学基金委创新研究群体、"973 计划"等项目资助，教育部自然科学奖一等奖，"全国模范教师"称号、江苏省"有突出贡献的中青年专家"，以及国务院政府特殊津贴等荣誉。

社会任职

担任中国化学会第二十八届和二十九届理事、三十届常务理事，中国化学会第二十八届、二十九届、三十届无机化学学科委员会和化学生物学专业委员会委员，《无机化学学报》主编，*Coordination Chemistry Reviews* 副主编等；曾任江苏省化学化工学会理事长等。

人物综观

郭子建在生物无机传感及金属药物领域做出重要贡献。　　　（澳门科技大学评）

郭子建积极参与中国生物无机化学和金属化学生物学学科建设，在推动相关领域的发展及国际交流等方面做出了重要、基础性的贡献。在不同岗位上积极奉献，勇于改变，在推动南京大学化学学科及其平台建设方面做出了积极的努力。　　　（中国化学会评）

段 进　　　城乡规划学家 ≫≫

当选时间 2019 年当选中国科学院院士
学　部 技术科学部
性　别 男
民　族 汉族
籍　贯 浙江建德
出生年月 1960 年 12 月 25 日

院士小传

　　段进　城乡规划学家。东南大学教授、博士生导师，城乡规划学科学术带头人，城市空间研究院院长，教育部首批国家级虚拟教研室主任。1960 年 12 月出生于江苏南京；本硕就读于天津大学建筑系；1992 年 10 月，获东南大学建筑研究所工学博士学位；1985 年 7 月至 1990 年 9 月，在南京工学院（现东南大学）建筑研究所工作，历任教师、讲师；1990 年 9 月至 1992 年 1 月，在比利时鲁汶大学任访问学者；1992 年 1 月至 1997 年 3 月，在东南大学建筑研究所工作，历任讲师、副教授；1997 年 4 月起，任东南大学建筑学院教授；2005 年 6 月起，兼任东南大学城市规划设计研究院常务副院长、总规划师；2010 年成为城乡规划学科首位全国优秀科技工作者；2016 年被住建部授予详细规划与城市设计领域第一位"全国工程勘察设计大师"。2019 年当选中国科学院院士。

从事城市规划设计与理论研究。创建了城市空间发展理论体系，提出"空间基因"并建构了解析与传承技术，解决了当代城市建设中自然环境破坏和历史文化断裂的技术难题。

截至 2022 年 6 月，以第一获奖人获国际和国家级规划设计奖 28 项，其中包括全国优秀规划设计一等奖 5 项、国际城市与区域规划师学会（ISOCARP）卓越设计奖 1 项（2018年）、欧洲杰出建筑师论坛（LEAF）最佳城市设计奖 1 项等；获省部级科技进步奖一等奖 2 项、二等奖 2 项；获国际设计竞赛优胜奖 17 项，3 项作品入选国际百年城市设计巡展；获中国城市规划学会科技奖首届"领军人才奖"（2019 年）。

主持了雄安新区起步区核心区——方城、苏州古城、长三角一体化发展示范区水乡客厅等重大工程及百余城市设计；主持编制了我国城市设计领域首部行业标准《国土空间规划城市设计指南》以及《雄安新区规划技术指南》等重要地方标准、团体标准 6 项。

截至 2022 年 6 月，先后培养出博士、硕士研究生共 110 多人。

担任国务院学位委员会城乡规划学科评议组首届成员，中国城市规划学会副理事长、标准化工作委员会主任委员，城市设计学术委员会副主任委员，住建部高等教育城乡规划专业评估委员会委员，住建部城市设计专家委员会副主任委员，全国自然资源与国土空间规划标准化技术委员会国土空间规划分技术委员会副主任委员，国际空间句法学术指导委员会（SSS）委员，《城市规划》《现代城市研究》《规划师》等核心期刊编委。

段进是中国城市空间发展理论研究的开拓者和代表性人物，为扭转中国城镇化进程中贪大媚洋、风貌破坏、无序建设等乱象做出了突出贡献。（东南大学城市空间研究所评）

段进为中国城乡规划学科和国际地位提升做出了突出贡献。（东南大学建筑学院评）

恩施城市设计项目创新性地实现了经济增长、自然保护和民族文化延续的共赢。

（第五十四届国际城市与区域规划师学会（ISOCARP）规划卓越奖获奖评语）

苏州环古城项目提供了可持续的社会和自然环境，改善了当地人的福祉。

（第十五届欧洲杰出建筑师论坛（LEAF）建筑奖获奖评语）

王金龙 无线通信领域专家 ▶▶

当选时间	2019 年当选中国科学院院士
学　　部	信息技术科学部
性　　别	男
民　　族	汉族
籍　　贯	河北海兴
出生年月	1963 年 1 月 17 日

院士小传

王金龙 无线通信领域专家。中国人民解放军陆军工程大学（原解放军理工大学）校长。1992 年在通信工程学院获博士学位；2012 年 1 月起，任解放军信息工程大学副校长；2015 年 9 月起，任解放军理工大学校长。2019 年当选中国科学院院士。

主要成就

长期致力于短波通信领域的数据传输、抗干扰和频谱认知理论与方法研究。带领团队取得一大批具有完全自主知识产权的原创性成果，实现了我国短波通信从跟踪学习、并行发展到自主创新的转变，取得了从模拟到数字、从窄带到宽带、从低速到高速的整体性技术突破，达到国际先进水平。

获 2006 年度江苏省科学技术进步奖二等奖，1996 年度、2001 年度、2004 年度、2008 年度、2018 年度军队科技进步奖一等奖，2002 年度、2011 年度国家科学技术进步奖二等奖，2019 年度国家科学技术进步奖一等奖，2018 年度国家级教学成果奖一等奖等奖项荣誉。

发表论文 285 篇，出版专著 1 本，取得专利 40 余项。

社会任职

担任中国共产党第十九次全国代表大会代表等。

人物综观

"一位无线通信领域的技术专家，在并非主流的传统通信中，不问耕耘苦，甘当孺子牛，潜心钻研数十载，为我国军事通信筑起一道钢铁防线！"这是业界对中科院院士、陆军工程大学校长王金龙的评价。这位军事科研领域标杆性的人物，在网络上鲜有"痕迹"，但他的科研成果，是守卫国家和人民安全的"国之重器"。

（《新华日报》评）

崔铁军　电磁场与微波技术专家 ▶▶▶

当选时间　2019 年当选中国科学院院士
学　　部　信息技术科学部
性　　别　男
民　　族　汉族
籍　　贯　河北滦平
出生年月　1965 年 9 月 8 日

院士小传

　　崔铁军　电磁场与微波技术专家。东南大学信息科学与工程学院教授、博士生导师，东南大学毫米波国家重点实验室副主任。1983 年考入西安电子科技大学，先后获得学士、硕士、博士学位；1993 年博士毕业后留校任教，被破格提升为副教授；1995 年至 1997 年，作为洪堡学者，在德国卡尔斯鲁厄大学进行合作研究；1997 年至 2001 年，在美国伊利诺伊大学厄巴纳－香槟分校做博士后和研究科学家；2001 年被聘为东南大学无线电工程系教授、博士生导师；2002 年获得国家杰出青年科学基金资助；2014 年当选国际电气与电子工程师学会会士。2019 年当选中国科学院院士。

主要成就

主要从事电磁超材料和计算电磁学研究。在计算电磁学及其快速算法、大型装备目标的精确电磁仿真、目标特性与目标识别、电磁成像等方面做出了系统而深入的研究，并取得了一批创新性成果。研制出具有自主知识产权的高频电磁散射国家代码软件和精确全波电磁仿真软件，可对超电大尺寸目标和复杂地海环境进行快速电磁建模。2014年，在国际上首次提出用数字编码表征超材料的新思想，并研制出第一个现场可编程超材料，开辟了信息超材料新方向。

研究成果入选2010年度中国科学十大进展、美国光学学会2016年度30项重要成果、2016年度中国光学重要成果、2016年国家自然科学基金基础研究十大进展、2021年度中国高等学校十大科技进展等。获2011年教育部自然科学奖一等奖、2014年国家自然科学奖二等奖、2018年国家自然科学奖二等奖，以及国际无线电联盟青年科学家奖、全国五一劳动奖章、江苏省五一劳动奖章、江苏省"先进工作者"称号、中国侨联双百侨界贡献奖、江苏省"333工程"突出贡献奖等荣誉，入选国家"百千万人才工程"国家级人选。

截至2022年6月，发表论文500余篇，被引用46 000余次，H因子为109；2014年至2021年，连续8次入选爱思唯尔电气与电子工程领域"中国高被引学者"名单；2019年至2021年，连续3次入选科睿唯安物理领域"高被引科学家"名单；出版英文专著3部。

社会任职

担任第十二届全国人民代表大会代表，江苏省第十三届人民代表大会常务委员会委员，九三学社中央委员，九三学社江苏省副主委，江苏省科学技术协会第十届委员会副主席，智能超表面技术联盟理事长等。

人物综观

崔铁军是国际电磁学领域新一代领军人物之一，也是同事心目中的"拼命三郎"，严谨刻苦，建树颇丰；更是学生心目中公认的"最儒雅"的教授，学识渊博，平易近人。所带领的团队入选首批"全国黄大年式教师团队"。（东南大学信息科学与工程学院评）

崔铁军在微波超材料和计算电磁学领域做出了突出贡献。

（国际电子电气工程师协会会士评）

常 进　　天文学家

院士小传

当选时间　2019 年当选中国科学院院士
学　　部　数学物理学部
性　　别　男
民　　族　汉族
籍　　贯　江苏泰兴
出生年月　1966 年 7 月 12 日

　　常进　天文学家。研究员、博士生导师，中国科学院国家天文台台长，中国科学院暗物质与空间天文重点实验室主任，中国科学技术大学天文与空间科学学院院长，紫金山天文台暗物质和空间天文实验室首席科学家。1992 年 7 月，毕业于中国科学技术大学并获硕士学位；2006 年 7 月，获博士学位；1992 年 8 月，到紫金山天文台进行科研工作，历任中国科学院紫金山天文台工程师、副研究员、研究员、研究部副主任、主任、副台长；2019 年 2 月起，任中国科学院紫金山天文台台长；2020 年 9 月起，任中国科学院国家天文台台长。2019 年当选中国科学院院士。

主要成就

主要从事空间伽马射线、高能带电粒子尤其是电子的探测技术方法及科学实验研究。在暗物质粒子空间探测、空间天文观测设备研制和数据分析等方面取得了重要进展。创新发展了一种高能宇宙线电子探测的新技术方法，并成功应用于美国南极长周期气球探测 ATIC 实验。作为首席科学家提出并领导实施了"悟空"号暗物质粒子探测卫星（中国科学院战略性先导科技专项——空间科学专项的首发星）项目，实现了中国天文卫星零的突破。一些关键性能指标世界领先，被《自然》杂志誉为开启了中国空间科学新时代。率领团队积极服务于国家重大战略需求，先后为神舟二号、嫦娥一号、嫦娥二号等成功研制了伽马射线谱仪。

是"暗物质探测时代"开创者，中国空间天文带头人之一，对空间伽马射线和高能带电粒子探测技术研究做出了开创性的贡献，取得了令人瞩目的成就。

曾获 2008 年度世界物理学领域重大研究进展、国家科学技术进步奖二等奖、国家自然科学奖二等奖、国家科学技术进步奖特等奖、江苏省科技进步奖二等奖、江苏省科技进步奖一等奖（2 次）、江苏省科技进步奖三等奖、北京市科技进步奖二等奖、全国五一劳动奖章、全国创新争先奖、何梁何利基金科学与技术进步奖等荣誉。

社会任职

担任江苏省科学技术协会第十届委员会副主席，南京欧美同学会（南京留学人员联谊会）第四届理事会常务副会长，中国天文学会副理事长（2018—2022），中国空间科学学会副理事长（2021—2026）等。

人物综观

常进是"暗物质探测时代"开创者。是中国空间天文带头人之一，对空间伽马射线和高能带电粒子探测技术研究做出了开创性的贡献，取得了令人瞩目的成就。常进总是不断地燃烧起自己的斗志与精力，长期坚守自己的梦想，求真务实地去实现它。作为研究员，是一流的；作为首席科学家，是杰出的。"一枝独秀不是春，百花齐放春满园"，不仅自己在科研中取得丰硕的成果，还带领整个团队的发展。　　　　　（中国科学院评）

常进是中国空间天文学领域的主要学术带头人之一。　（中国科学院紫金山天文台评）

迟力峰   物理化学家

当选时间 2021 年当选中国科学院院士

学　部 化学部

性　别 女

民　族 汉族

籍　贯 吉林长春

出生年月 1957 年 10 月 18 日

院士小传

　　迟力峰　物理化学家。苏州大学功能纳米与软物质研究院教授、博士生导师。1982年吉林大学物理系本科毕业获学士学位；1985年吉林大学化学系获硕士学位；1989年在德国哥廷根马普生物物理化学研究生／德国哥廷根大学获博士学位；1990年至1993年，先后在德国美因兹大学和德国巴斯夫公司从事博士后研究；1993年4月起，到德国明斯特大学工作；1999年获基金委"海外青年合作基金"（杰出青年 B 类）资助；2000年在德国明斯特大学取得教授资格；2004年被聘为德国明斯特大学教授；2003年至2011年，任吉林大学超分子材料与结构国家重点实验室双聘教授；2011年入选国家"海外高层次人才计划"；2012年入职苏州大学，兼任德国明斯特大学教授。2020年先后入选欧洲科学院（Academia Europaea）外籍院士、中国化学会首届会士。2021年当选中国科学院院士。

　　长期在物理化学领域从事表界面分子组装及反应的研究。提出表面晶格调控的分子组装反应方法，从单键层次获得了表面对分子选择性活化的新认知。利用表面结构效应和分子定向组装，实现了正构烷烃的选择性脱氢、聚合及烯烃化；揭示了单晶表面对分子选择性活化与偶联的作用机理；建立了介观尺度分子长程有序组装方法。其研究对表面物理化学的发展做出了重要贡献，取得了系统性创新成果。率先提出利用界面和动态过程调控分子聚集的方法，构建宏观尺度下亚微米周期性结构，为解决组装体系难以长程有序的基本科学问题提供了新途径；利用金属单晶表面的结构及催化效应，在温和条件下实现正构烷烃的聚合，提出了分子在表面上选择性活化和偶联的新策略。

　　2016 年获美国 ACS Nano Lectureship 奖，2017 年获 IUPAC 化学化工杰出女性奖。

　　累计发表 SCI 论文 450 余篇，其中第一或通讯作者论文包括 *Nature*、*Science*、*J. Am. Chem. Soc.*、*Angew. Chem. Int. Ed.*、*Acc. Chem. Res.*、*Adv. Mater.* 等，SCI 他引约 15 000 次；参与撰写专著 10 部；主编 Wiley 纳米丛书 1 部。

　　担任《高等学校化学学报》副主编，*Chemical Communication*、*Small* 等学术期刊的编委或顾问编委等。

　　迟力峰教授在表面分子科学领域中有突出的贡献。在单键水平上诠释了化学键成键、断键及分子相互作用的过程，对我国表面物理化学的发展起了积极的推进作用。在界面组装和表面在位化学领域形成了自己鲜明的学术特色并产生了重要的国际影响。

（中国化学会评）

　　对自然的敬畏、对研究的执着，让迟力峰在求真求实的道路上收获更多历练和成长。近年来，随着国家对基础科学研究投入力度的加强，越来越多的优秀学子投身各大高校科研院所。

（《中国妇女报》评）

　　凭借三十年如一日的坚持，才让迟力峰的科研之路越走越宽。对于科研，总是带着满腔热忱与睿智，她对科研事业的探索和坚守，正如她名字中蕴含的"高山"寓意一般，坚韧不拔，不断突破自我。

（苏州大学人事处评）

陈 光　　材料学家　❯❯

当选时间　2021 年当选中国科学院院士
学　　部　技术科学部
性　　别　男
民　　族　汉族
籍　　贯　河北昌黎
出生年月　1962 年 4 月

院士小传

　　陈光　材料学家。教授、博士生导师，南京理工大学学术委员会副主任、科学技术协会副主席。1982 年 3 月，本科毕业于河北机电学院（现河北科技大学）并留校任教；1989 年获华中理工大学（现华中科技大学）硕士学位；1999 年获西北工业大学博士学位；1997 年被评为河北省"双十双百双千人才工程"人选（第二层次）；1999 年作为学科带头人引进到南京理工大学工作；2007 年作为高级访问学者赴美国橡树岭国家实验室开展合作研究。2021 年当选中国科学院院士。

主要成就 *Zhu Yao Cheng Jiu*

长期从事金属材料与加工科学技术研究，提出全过程控制定向凝固学术思想，发现了定向凝固存在特殊现象；提出定向固态相变晶体取向调控原理，发明了液－固与固－固相变协同控制的晶体生长方法，突破了传统定向凝固技术只控制液－固相变的局限性，有效控制了凝固后具有复杂固态相变材料的最终晶体取向，实现了强度、塑性和高温持久性能的优异结合与跨越提升。

主持完成的成果获国家及省部级科技奖励 17 项，其中国家技术发明奖二等奖 1 项、省部级科技一等奖 5 项；荣获首届全国创新争先奖、江苏省专利发明人奖、五一劳动奖章等国家及省部级荣誉表彰 12 项。

发表学术论文 200 余篇，出版学术专著和教材 3 部，获授权发明专利 85 件（含国际发明专利 4 件），培养博士毕业生 35 名。

社会任职 *She Hui Ren Zhi*

担任过中国材料研究学会金属间化合物与非晶合金分会理事，中国金属学会非晶合金及应用分会理事，中国兵工学会金属材料专业委员会委员，中国机械工业教育协会材料加工工程学科教学委员会委员，江苏省金属学会副理事长，江苏省新材料产业技术创新示范工程专家组成员，《南京理工大学学报（自然科学版）》编审委员会委员等。

人物综观 *Ren Wu Zong Guan*

将研究工作与国家重大需求相结合，取得了重大原创成果，对保障国家急需做出了突出贡献。在轻质耐热金属间化合物、高温合金定向凝固、非晶复合、钢铁及加工的基础研究和工程应用方面，做出了重要创新性贡献。

为钛铝合金在更高温度下的广泛应用做出了重要贡献。

滕皋军 临床医学专家、
医学影像与介入治疗专家 >>>

当选时间	2021 年当选中国科学院院士
学　　部	生命科学和医学学部
性　　别	男
民　　族	汉族
籍　　贯	浙江金华
出生年月	1962 年 8 月 6 日

院士小传

　　滕皋军 临床医学专家、医学影像与介入治疗专家。东南大学首席教授、博士生导师，东南大学附属中大医院院长兼介入治疗中心主任、主任医师，江苏省分子影像与功能影像实验室主任。先后就读于绍兴文理学院、南京铁道医学院（现东南大学医学院）、复旦大学医学院；1995 年至 1998 年，在美国 Dartmouth-Hitchcock 医学中心担任助理研究员；2009 年至 2014 年，担任东南大学医学院院长；2014 年起，担任东南大学附属中大医院院长。2021 年当选中国科学院院士。

主要成就

长期从事医学影像与介入治疗的临床和教研工作，发明多项介入新器械、新技术及新理论，为我国介入放射学发展做出了开创性和持续性贡献。

曾主持科技部"973计划"项目（首席科学家）、国家变革性技术项目、"863计划"项目、国家自然科学基金重点项目、重大国际合作项目、重大仪器研制项目等国家级课题10余项。

获国家科学技术进步奖二等奖3项，获美国SIR、欧洲CIRSE及亚太APSCVIR三大介入学会的最高荣誉奖，获中国医师奖、原卫生部和原铁道部"有突出贡献的中青年专家"称号等荣誉，享受国务院政府特殊津贴。

发表SCI论文300余篇；获授权国内外发明专利10余项。

社会任职

担任中国医师协会介入医师分会会长，中国医院协会医学影像中心分会主任委员，美国介入放射学会（SIR）会士，欧洲心血管介入放射学会（CIRSE）会士，国际两大介入学会官方期刊 *CVIR* 和 *JVIR* 副主编，《柳叶刀·胃肠肝病》国际顾问等；曾任亚太心血管与介入放射学会（APSCVIR）主席等。

人物综观

从事医学影像与介入治疗临床、教学、科研工作40年，个人完成介入手术2万余例，发明了多项介入新器械、新技术及新理论，尤其对肝胆肿瘤、食管癌、椎体骨折、主动脉夹层等疾病的治疗有重要学术贡献，并被写入国内外临床指南。发明和创制了放射性粒子支架以及支架植入相关技术和理论，大幅度提升了恶性肿瘤导致的食管、胆管、门静脉及气道梗阻患者的生存时间和生活质量；建立的胆汁漏出导致经颈静脉肝内门静脉分流术（TIPS）支架再狭窄的新理论，为新型支架的研发与广泛应用于治疗门静脉高压症奠定了基础；作为分子影像学的开拓者，发展了多项分子和功能影像新技术与新应用，并与介入技术融合，引领了介入学科发展前沿；近年来，针对肝癌，发起成立了"中国肝癌介入多学科联盟"，牵头制定TACE临床指南和国际专家共识，推动建立了以介入微创为中心的中晚期肝癌综合治疗体系。此外，还首创了经血管腔内消融术治疗2型糖尿病等技术。

顾宁　纳米医学材料专家 ≫≫

当选时间　2021 年当选中国科学院院士

学　　部　技术科学部

性　　别　男

民　　族　汉族

籍　　贯　江苏南京

出生年月　1964 年 5 月

Yuan Shi Xiao Zhuan
院士小传

　　顾宁　纳米医学材料专家。南京大学医学院教授、博士生导师。1986 年南京工学院（现东南大学）无线电工程系微波技术专业本科毕业；1990 年东南大学生物医学工程系硕士毕业；1996 年东南大学生物电子学专业博士毕业；1998 年至 1999 年，先后在日本山梨大学无机材料研究所、日本通产省工业技术院物质工学工业技术研究所（筑波）任特别研究员；2002 年在日本冈崎国立研究机构分子科学研究所做访问教授。曾任东南大学生物科学与医学工程学院院长，江苏省生物材料与器件重点实验室主任。2021 年当选中国科学院院士。

Zhu Yao Cheng Jiu 主要成就

长期从事纳米医学材料研究，在医用高性能铁基纳米材料和磷脂材料制备、表征与生物效应等创新研究中做出系统性贡献。在国际上率先提出以铁基纳米材料和磷脂分子为两大基础材料，构建以磁性微泡为代表的诊疗一体化材料体系。研制并获批医用纳米氧化铁弛豫率国家标准物质和类酶活性测定的国家标准。研发出的高性能医用磁性微纳米材料，已广泛应用于核酸转染与蛋白分离、化学发光检测等新品研发与临床诊断；研发的多聚糖超顺磁氧化铁静脉注射液，临床研究除补铁治疗外可用于磁共振影像增强，为新一代磁共振对比剂奠定了基础；创新了合成磷脂制备与递药技术，支撑建成国内目前唯一可生产并提供合成磷脂的企业。

国家纳米研究重大科学研究计划项目首席科学家、国家重点研发计划项目负责人、国家自然科学基金创新研究群体项目主持人，全国"百篇优博"指导教师。

获国家自然科学奖二等奖、国家科学技术进步奖二等奖、教育部高等学校自然科学奖一等奖、江苏省科学技术奖一等奖、第46届"日内瓦国际发明展"特许金奖、全国优秀科技工作者、国务院政府特殊津贴等荣誉。

发表SCI期刊论文500余篇，正面他引万余次；编著3部；获授权发明专利百余件。

She Hui Ren Zhi 社会任职

担任过国家中长期科学和技术发展规划"战略高技术与高新技术产业化研究"专题骨干研究人员，中美纳米科技合作联合委员会中方组成员，中美纳米医学与纳米生物技术学会咨询组成员，第七届、八届教育部科技委学部委员，国家科技部纳米科技重大专项专家委员会成员，美国医学与生物工程院会士，国家自然科学基金委员会信息科学部第五届、六届咨询专家组成员，国家"863计划"新材料技术领域"纳米材料"专项总体专家组成员，中国生物医学工程学会常务理事、纳米医学与工程分会首任主任委员，中国真空学会副秘书长，中国微米纳米技术学会理事、会士，中国生物材料学会纳米生物材料分会副主任委员等。

Ren Wu Zong Guan 人物综观

顾宁是一位时刻保持忧患心和清醒头脑并有丰富管理智慧的管理者，一位为学院工作而呕心沥血的院长。更是一位在纳米科技方面有出色成绩的科学家，一位沉迷于纳米世界的追梦人。　　　　　　　　　　　　　　　（东南大学新闻网评）

顾宁长期从事纳米医学材料研究，在医用高性能铁基纳米材料和磷脂材料制备、表征与生物效应等创新研究中做出系统性贡献。（东南大学生物科学与医学工程学院评）

马余强　　凝聚态物理学家 >>

当选时间 2021 年当选中国科学院院士

学　　部 数学物理学部

性　　别 男

民　　族 汉族

籍　　贯 浙江宁海

出生年月 1964 年 11 月 23 日

院士小传

　　马余强　凝聚态物理学家。中国科学院院士，南京大学物理学院教授、博士生导师，南京大学物质科学前沿理论研究中心主任、校务委员会副主任，民进江苏省委主委。1964 年 11 月出生于浙江余姚；1984 年从宁波师范学院（现宁波大学）物理系毕业后留校任教；1990 年苏州大学物理系研究生毕业后，考取南京大学博士研究生；1993 年从南京大学博士毕业后留校任教；1995 年被聘为南京大学物理学院教授；1997 年入选教育部"跨世纪优秀人才培养计划"；1999 年获得国家杰出青年科学基金资助；2001 年入选教育部"长江学者奖励计划"特聘教授。2021 年当选中国科学院院士。

主要成就

主要从事软物质的统计物理研究。提出了活性物质集体运动的失稳概念和机制，发现有序相出现长波涨落；揭示了活性物质拓扑缺陷的微观起因，率先提出无须流体亦可激发其拓扑缺陷；阐明了活性物质宏观集体运动失稳起因于微观拓扑缺陷的反常超扩散动力学；建立了纳米材料与生物界面相互作用的若干机制，推动国际上纳米材料－细胞作用的计算方向和本领域实验发展；提出了通过自组装实现手性螺旋体、自对偶晶体等功能材料的物理机理。

长期致力于运用统计物理学研究活性物质的非平衡集体运动以及生命物质中细胞的界面调控等复杂体系的物理行为，做出了系统性、原创性工作。主持过国家杰出青年科学基金项目、国家自然科学基金重点项目和重大研究计划重点项目，教育部跨世纪优秀人才基金、霍英东基金、海外杰出青年学者合作基金、科技部重大研究计划子课题等国家级项目。

截至 2022 年，在国际知名学术刊物已发表论文 200 余篇，以通信联系人身份在国际权威综合性刊物如 *Nature Nanotechnology*、*Nature Communications*、*Science Advances*、*PNAS*、*PRL*、*JACS* 等上面发表论文，多次受邀撰写综述性评述并发表在 *Chemical Society Reviews*、*Small*、*Soft Matter* 等刊物上。已培养 50 多位博士，其中 20 余位成为国内高校的正教授。

社会任职

担任第十二届、十三届、十四届民进中央委员，第十一届民进江苏省委员会主委（2022 年 7 月起），政协第十一届、十二届江苏省委员会常委，《物理学进展》主编，*Science* 合作期刊 *Research* 编委，*Frontiers of Physics* 院士顾问，国际纳米领域著名期刊 *Nanoscale* 客座编辑等；曾任第九届、十届民进江苏省委副主委、省直工委主委等。

人物综观

马余强在自旋玻璃和无序系统的相变领域做出了国际水准的研究。既有超人的悟性和天资，也有矢志不渝的精神和持久不断地努力。　　　（南京大学党委统战部评）

马余强专注科研、励学敦行，在物理学与化学和生命科学交叉的软凝聚态物理领域求索创新，取得了令人瞩目的成果，为国家科技事业发展做出了重要贡献。

（中共宁海县委、宁海县人民政府贺信）

史生才　射电天文学家、太赫兹超导探测器研究专家

当选时间	2021 年当选中国科学院院士
学　　部	数学物理学部
性　　别	男
民　　族	汉族
籍　　贯	江苏南京
出生年月	1964 年 12 月

院士小传

　　史生才　射电天文学家、太赫兹超导探测器研究专家。中国科学院紫金山天文台研究员、博士生导师，中国科学院射电天文重点实验室主任，紫金山天文台学术委员会主任，毫米波和亚毫米波技术实验室首席科学家。1985 年毕业于南京工学院（现东南大学）无线电工程系；1988 年获中国科学院研究生院硕士学位；1996 年获日本综合研究大学院大学天文系博士学位；1998 年起，任紫金山天文台研究员，同年获得国家杰出青年科学基金资助；1999 年入选中国科学院"百人计划"引进国外杰出人才。2021 年当选中国科学院院士。

Zhu Yao Cheng Jiu 主要成就

主要从事基于低温超导器件的太赫兹高灵敏度微弱信号探测技术研究及应用系统研究，是太赫兹超导探测器研究领域的国际知名专家，我国太赫兹天文探测技术的主要开创者。在太赫兹超导探测器物理机理、芯片技术和系统应用等方面做出多项有国际影响力的原创性研究成果。

主持研制了我国第一台 100-GHz 频段超导 SIS 接收机；主持研制了我国第一台 500-GHz 频段的低耗电小型化超导 SIS 接收系统，在我国首次观测到亚毫米波段的星际分子谱线；率领其团队与日本 NiCT 研究所合作，成功研制了基于 NbN 超导隧道结的 500-GHz 频段高性能超导混频器；在国际上首次将 NbN 超导混频技术应用于天文观测研究等。

获得国家科学技术进步奖二等奖、中国科学院科技进步奖二等奖、江苏省科技进步奖一等奖、青海省科技进步奖一等奖、2019 年度何梁何利基金科学与技术进步奖等；入选 1998 年度国家基金委杰出青年科学基金项目资助、1999 年度财政部"国外杰出人才引进计划"、2007 年江苏省"333 高层次人才培养工程"中青年首席科学家。

发表高水平（SCI 收录）学术论文多篇。

社会任职

担任过中国电子学会微波分会学术委员会委员，东南大学毫米波国家重点实验室学术委员会委员，中国电子学会射电天文分会副主任，中国天文学会射电天文专业委员会主任等。

人物综观

史生才领导研制的太赫兹超导探测器成功应用于我国 13.7 米毫米波望远镜、国际天文大科学装置 ALMA 和 SMA 等，并将在我国空间站巡天望远镜上实现应用，支撑推动我国太赫兹天文学的发展。

（东南大学摘评）

谈哲敏　　大气动力学家

当选时间　2021 年当选中国科学院院士

学　　部　地学部

性　　别　男

民　　族　汉族

籍　　贯　江苏宜兴

出生年月　1965 年 1 月

院士小传

谈哲敏　大气动力学家。南京大学党委常委、常务副校长、大气科学学院教授、博士导师。1986 年、1989 年、2000 年在南京大学先后获天气动力学专业学士学位、硕士学位、气象学博士学位。1989 年起在南京大学大气科学系任教，历任助教、讲师、副教授、教授；1998 年任南京大学大气科学系主任；2000 年任南京大学中尺度灾害性天气教育部重点实验室主任；2003 年获国家杰出青年科学基金项目资助；2006 年入选教育部"长江学者奖励计划"特聘教授，同年任南京大学校长助理；2009 年任校党委常委、副校长；2019 年任校党委常委、常务副校长。2021 年当选中国科学院院士。

主要成就

长期致力于大气动力学、台风动力学与大气可预报性等领域的基础性理论研究。围绕台风、暴雨等灾害性天气的动力学及预测等重大国际科学前沿，在大气边界层动力学、台风动力学和灾害性预测理论等方面取得了系统性研究成果。此外，在高等教育研究领域也有着深厚造诣与突出成绩，主持推进实施南京大学"三三制"本科人才培养体系改革，相关成果获第七届高等教育国家级教学成果奖特等奖，并在国内产生重要影响。

先后主持承担科技部、教育部、国家自然科学基金委员会等国家级重大、重点研究项目40多项。先后获教育部、省科技进步奖（自然科学奖）一等奖2项、二等奖4项，高等教育国家级教学成果奖特等奖1项、二等奖1项，江苏省高等教育优秀教学成果奖特等奖2项、二等奖3项，全国普通高等学校优秀教材奖一等奖，第四届中国青年科技奖，第三届江苏省青年科技奖，江苏省青年科技标兵，赵九章优秀中青年科学工作奖，第四届高校青年教师奖，全国优秀博士学位论文等荣誉，并入选"新世纪百千万人才工程"国家级人选。

截至2022年，发表论文150多篇，出版专著教材5部。

社会任职

担任世界天气研究计划（WWRP）中国委员会主席，国际气象学和大气科学协会（IAMAS）中国委员会副主席，国家气候变化专家委员会委员，教育部大气科学教学指导委员会主任，教育部高等学校专业设置与教学指导委员会委员，灾害性天气国家重点实验室学术委员会主任等；曾任中国气象学会副理事长（第二十六、二十七届），国际动力气象委员会（ICDM）委员，国际THOPREX中国国家委员会副主席，国务院学位委员会学科评议组共同召集人，国家自然科学基金委员会地学部咨询委员会委员，教育部高等学校创业教育指导委员会副主任，江苏省气象学会副理事长等。

人物综观

谈哲敏无论在人才培养、科学研究、还是行政管理工作中，一直坚持用平凡的足迹探寻着人生的真谛。一直以严谨、求实的态度严格要求自己，在教学、科研及行政工作中突出的成绩，受到广泛赞誉。荣誉能舍去，舍不去的是对科学的探索、对人生真谛的追求。在其研究领域内产生了重要国际影响，为提高中国灾害性天气研究的国际地位、推动灾害性天气学科发展做出了突出贡献。

（南京大学评）

02

中国工程院

在苏院士

王明庥

王明庥　林木遗传育种学家

当选时间　1994 年当选中国工程院院士
学　　部　农业学部
性　　别　男
民　　族　汉族
籍　　贯　湖北枝江
出生年月　1932 年 3 月 12 日

　　王明庥　林木遗传育种学家。南京林业大学教授。1954 年获华中农学院（现华中农业大学）林学系学士学位；1961 年获莫斯科森林工程学院副博士学位；1961 年至 1982 年，任南京林学院（现南京林业大学）林学系副系主任、副教授；1982 年至 1984 年，任南京林学院副院长、副教授；1984 年至 1993 年，任南京林业大学教授，同年任南京林业大学校长。1994 年当选中国工程院院士。

主要成就

主编了我国第一部较为系统和实用的《林木遗传育种学》。自 20 世纪 70 年代以来，系统开展了南方型杨树遗传资源的收集、保存、评价和利用的研究。针对我国黄淮、江淮及长江中下游流域的自然条件，大规模选育和推广适生优良品种，并相应改变了杨树栽培的方法，创立了新的栽培模式，使工业原料林资源实现了规模化经营，成为当地新兴的支柱产业。目前的研究方向是利用现有遗传资源评价的结果开展双列杂交研究，创造新种质，选育新品种；同时通过研究杨树功能基因组及分子育种，对栽培的南方型杨树在速生性、木材品质、适应性和抗逆性等方面做进一步改良。

获原林业部科技进步奖二等奖（1992）、何梁何利基金科学与技术成就奖（1999）、江苏省科学技术进步奖三等奖（1999）、原林业部科技贡献奖（2004）、江苏省科学技术突出贡献奖（2010）等奖项荣誉。

在国内外专业刊物上发表学术论文 80 多篇，主编教材和出版专著共 4 本。

社会任职

担任过中国林学会常务理事、副理事长，国家技术发明奖评审委员会委员，国务院学位委员会林学学科评审组召集人，国家科技奖励委员会林业专业评委会副主任，国家林业局科技委员会常委，江苏省科学技术协会常务委员等。

人物综观

王明庥率领课题组潜心林木遗传育种基础理论研究，在杨树培育理论方面取得重大突破，先后选育出了"杨树新品种 NL-80105、NL-80106、NL-80121"，连续获得国家"七五""八五""九五"科技攻关奖，为开发黄淮海平原做出了重大贡献。

（南京林业大学评）

王明庥是中国著名的林木遗传育种学家，在中国杨树遗传改良和示范推广等方面做了大量开创性工作。几十年潜心教书育人，辛勤耕耘，甘为人梯，桃李满天下。心系国家发展，积极为林业科技的发展建言献策，关心中国工程院的工作，积极参与中国工程院的各项活动。热爱祖国、敬业奉献、勇于创新。谦虚谨慎的高尚品德，严谨求实的治学态度，是中国工程科技界的楷模和学习的榜样。

（中国工程院原院长周济评）

李鸿志　　力学专家、弹道学家

当选时间　1994 年当选为中国工程院院士
学　　部　机械与运载工程学部
性　　别　男
民　　族　汉族
籍　　贯　天津
出生年月　1937 年 5 月 31 日

Yuan Shi Xiao Zhuan
院士小传

　　李鸿志　力学专家、弹道学家。南京理工大学教授，曾任南京理工大学校长、弹道国防科技重点实验室主任。1961 年毕业于炮兵工程学院；1961 年至 1983 年，任华东工程学院（现南京理工大学）教授；1988 年至 2000 年，任南京理工大学校长。1994 年当选中国工程院院士。

主要成就

长期从事国防科研、教学工作。创建了我国"中间弹道学"和"水中弹道学"学科、理论体系和相关的瞬态流场测量与计算方法，开拓了"超高速电磁、电热发射技术"新领域，扩展了"爆炸灾害力学"及"瞬态流场测试技术"等学科方向。主要研究领域是气体动力学及相关学科——弹道学、高速发射技术及工业爆破灾害力学等。主持建设和领导了弹道国防科技重点实验室。

获得江苏省先进工作者（1979）、南京市劳动模范（1979、1981各1次）、国家级"有突出贡献的中青年专家"（1986）、全国优秀教育工作者（1989）、兵器工业功勋奖（1991）、何梁何利基金科学与技术进步奖（2005）、光华基金特等奖（1992）等荣誉，享受国务院政府特殊津贴。

社会任职

担任过国务院学位委员会兵器科学与技术评议组召集人，原国家教委国防科学技术委员会委员，全国弹道学专业教学指导委员会主任委员，中国兵工学会常务理事、副理事长，弹道学会理事长，全国博士后管委会第三届学科专家组成员，江苏省发明协会理事，江苏省第八届人大常务委员，《弹道学报》主编等。

人物综风

李鸿志从事高校管理工作，在教育和科技改革，推动教育、科技与经济相结合，促进学科建设，实现学校快速发展方面，做了有效的探索，取得了比较明显的成效。他首次提出"中间弹道学"的概念，在瞬态力学研究和瞬态物理现象实验领域做出了突出贡献，并开展了广泛的国际合作，得到国际学术界的公认。自担任校长以来，完成了"211工程"国家立项和建设工作，为学校建设发展和教育改革做出了显著的贡献。

（南京理工大学评）

李鸿志是中国著名的弹道学家，长期从事国防科研、教学工作。创建了中国"中间弹道学"学科，开拓了"超高速电热发射技术"新领域，拓展了"爆炸灾害力学"及"瞬态流场测试技术"等学科方向，为中国国防和军队现代化建设做出了重要贡献；担任校长期间，积极开展高等教育研究与改革实践，在提高教育科研水平和办学实力等方面取得明显成效，为中国培养了大批高素质人才；组织开展的军民融合发展战略咨询研究为中国相关决策发挥了重要作用。

（中国工程院院长周济评）

钱七虎 防护工程学家、军事工程专家、教育家

当选时间 1994 年当选中国工程院院士
学　　部 土木、水利与建筑工程学部
　　　　　　工程管理学部
性　　别 男
民　　族 汉族
籍　　贯 江苏昆山
出生年月 1937 年 10 月 26 日

院士小传

　　钱七虎 防护工程学家、军事工程专家、教育家。中国人民解放军陆军工程大学教授、博士生导师。原南京工程兵工程学院（现中国人民解放军陆军工程大学）院长，原总参科技委副主任，国际岩石力学学会原主席，中国岩石力学与工程学会原理事长，中国土木工程学会防护工程分会原理事长。1994 年当选中国工程院首届院士。

主要成就 *Zhu Yao Cheng Jiu*

长期从事防护工程及地下工程的教学与科研工作。是我国现代工程防护理论与防护工程学科的奠基人与开拓者。建成了国家重点学科、重点实验室和创新研究群体。建立了从浅埋工程到深埋工程防护，从单体工程到工程体系防护，从常规抗力到超高抗力防护等理论与技术体系；解决了空中核爆、触地核爆、钻地核爆以及高技术常规武器侵彻爆炸等一系列工程防护技术难题。提出的防护工程建设转型、建设超高抗力深地下防护工程、战略通道桥隧并举、能源地下储备等多项发展战略建议，被军委和国家部委采纳实施。

1978年获全国科学大会重大科技成果奖，1987年获国家人防科技进步奖一等奖，1990年获国家科技进步奖三等奖，1998年获国家科学技术进步奖二等奖，2011年获国家科学技术进步奖一等奖，1990年获评全国高校"先进科技工作者"、国家级"有突出贡献的中青年专家"，1999年获中国人民解放军专业技术重大贡献奖，2013年获何梁何利基金科学与技术进步奖，2013年荣立军委一等功，2018年获国家最高科学技术奖等荣誉。

社会任职 *She Hui Ren Zhi*

担任过原总参科技委常委，国际岩石力学学会副主席，国际城市地下空间联合研究中心亚洲区主任，中国岩石力学与工程学会理事长，中国土木工程学会常务理事、防护工程分会理事长，东华理工大学等院校名誉校长，东北大学深部金属矿山安全开采教育部重点实验室学术委员会主任，中国矿业大学（徐州）深部岩土力学与地下工程国家重点实验室学术委员会名誉主任，清华大学、同济大学等高校兼职教授等。

人物综观 *Ren Wu Zong Guan*

钱七虎院士着眼于国家发展全局，不仅主动作为实践强军梦，在防护工程领域功勋卓著，还勇于担当谱写中国梦，在民生工程方面发挥了不可替代的创新表率作用，在南水北调、西气东输，港珠澳大桥、长江隧道等关乎国计民生的重大工程中倾注大量心血，将论文写在祖国的大地上，把毕生所学毫无保留地应用在社会主义现代化建设的伟大事业中。

（中国工程院副院长钟志华评）

钱七虎是科技战线的一座高峰，是引领创新的一束火炬，是献身强军的一面旗帜。

（陆军工程大学政委张碧波评）

耄耋之年自有狂，固北疆，战南洋。磨剑数载，建万里国防。黄卷青灯伏书案，披繁星，戴骄阳。三尺讲台八千日，传师道，育儒将。十步芳草，立中外首榜。谋无不当举有功，铸利刃，断金刚。

（钱七虎学生吕亚茹）

吴有生　船舶力学与船舶工程专家 ▶▶▶

当选时间	1994 年当选中国工程院院士
学　　部	机械与运载工程学部
性　　别	男
民　　族	汉族
籍　　贯	浙江嵊县
出生年月	1942 年 4 月 2 日

Yuan **Shi Xiao Zhuan**
院士小传

　　吴有生　船舶力学与船舶工程专家。中国船舶科学研究中心研究员、名誉所长。1964 年毕业于中国科学技术大学；1967 年清华大学研究生毕业；1984 年获英国伦敦布鲁纳尔大学博士学位。1994 年当选中国工程院院士。

Zhu Yao Cheng Jiu
主要成就

长期致力于船舶与海洋工程流固耦合动力学领域的研究。建立的三维线性与非线性船舶水弹性力学理论，被公认为该领域的奠基性工作，在船舶与海洋结构的研制及安全性评估中发挥了重要作用。从事船舶振动与噪声控制技术的基础、应用与发展战略研究，提出了海洋环境中的三维船舶声弹性理论。主持与从事了新型高性能船舶及深海装备的研究与设计工作，任总设计师，研制成我国第一艘千吨级小水线面双体海洋试验船。提出、推动或主持了载人深潜器、深海空间站与极大型浮动结构的技术研究与工程开发。

获得国家科学技术进步奖二等奖，省部级科技成果奖特等奖、一等奖、二等奖共14项。

发表学术论文 280 余篇，出版专著 4 部。

She Hui Ren Zhi
社会任职

担任过第四届国务院学位委员会委员，全国人民代表大会代表，全国政协委员会委员，原总装备部科技委兼职委员，原国防科工委专家咨询委员会委员，国家科技成果奖国防项目评审委员会副主任，工信部高技术船舶研究计划专家委员会主席，国际水动力学学术会议执行委员会主席与名誉主席，国际船舶结构大会秘书长、常委，中国力学学会副理事长，中国振动工程学会副理事长，中国科技大学、武汉理工大学、哈尔滨工程大学等多所大学的兼职教授，国内外多个学术刊物的主编或编委等。

Ren Wu Zong Guan
人物综讯

科研之路，一走就是一辈子。吴有生见证了新中国砥砺发展 70 年，从一穷二白的年月，到国力日盛的今天，"自力更生""民族复兴"是中国人始终不变的坚持。

（人民政协网评）

周君亮　水工建筑物设计专家 ▶▶▶

当选时间　1995 年当选中国工程院院士
学　　部　土木、水利与建筑工程学部
性　　别　男
民　　族　汉族
籍　　贯　江苏无锡
出生年月　1925 年 2 月 14 日

Yuan Shi Xiao Zhuan
院士小传

　　周君亮　水工建筑物设计专家。江苏省水利厅高级工程师、专家委员会顾问，水利部淮河水利委员会科技委顾问，水利部科技委委员、顾问。1949 年毕业于复旦大学土木工程系，同年 9 月参加江苏水利和治淮工程建设；1951 年至 1955 年，任江苏治淮总指挥部金属结构组组长；1956 年至 1962 年，先后任江苏省水利勘测设计院水工结构室副主任、主任；1963 年至 1969 年，任江苏省水利勘测设计院设计室主任；1969 年至 1978 年，任江苏省治淮指挥部设计组组长；1978 年至 1980 年，任江苏省水利勘测设计院设计室主任；1984 年至 1988 年，任江苏省京杭运河续建工程指挥部总工程师；1989 年被评为中国工程设计大师。1995 年当选中国工程院院士。

Zhu Yao Cheng Jiu 主要成就

设计了武定门抽水站，原创双向流道设计，集抽灌、抽排、自引、自排功能于一体，双向流道已推广到多座大型泵站。负责设计江都抽水站三站、四站，在国内首次采用半堤后式结构，效率高、单位流量造价低，1980年江都抽水站获20世纪70年代国家优秀设计奖（集体奖）。皂河第一抽水站采用当今最大的斜流泵，原创在高比转数泵站采用快速门断流工作装置，1989年获国家优秀设计金质奖（排名第一）。新沭河蒋庄漫水闸改建，首创设计水力自动翻倒门，实现了自动泄洪、自动蓄水，成为一种新闸型向全国推广。"反拱底板、正拱桥"和底板、闸墩分开浇筑后再合成整体结构设计的沭新闸，充分利用土重置换圬工，该闸型和施工方法获得了推广。首次采用提高底板与地基土摩擦系数，在高良涧闸和三河闸的加固设计中获得成功，该方法被写入《水闸设计规范》。犊山水利枢纽为配合太湖景观，首次设计不碍航的下沉式圆弧升降拱板门和带变频机双馈机变速电轴同步拖动的启闭系统，1994年获国家优秀设计银质奖（排名第一）。京杭运河徐扬段续建的11座复线船闸中有8座获1989年和1992年江苏省优秀设计奖，1座获国家优秀设计银奖。1972年应原交通部特邀参加葛洲坝船闸设计会议，主持闸门方案研究，得出了可以采用单级船闸的结论，为合理选定葛洲坝船闸设计做出了贡献。

She Hui Ren Zhi 社会任职

担任河海大学教授，江苏大学、四川工业学院（现西华大学）兼职教授等。

Ren Wu Zong Guan 人物综观

长期工作在工程设计第一线。工作40多年来，为江苏淮河洪水治理、淮水北调、分淮入沂、江水北调、京杭运河江苏段船闸的设计和建设做出了不懈努力。主持或参加过80余座大、中型水利工程和航运建筑物的设计和审查；设计的工程项目中有3项获国家优秀设计奖、10余项技术创新，有的是原创或首次设计，大部分获得好评和推广。参加水利部、原交通部多项设计规范和工程设计审查、研究。在工程设计理论和施工方法上颇有建树。

像每一位献身科学的人一样，周君亮为中国水利工程建设贡献的不仅仅是智慧和青春，更是一颗真诚的心。

（《中国水利》评）

周君亮不辜负党和人民的重托，发扬严谨的科学精神和崇高的道德风尚，扎实工作、开拓创新，为我国科学技术事业发展，经济社会发展做出了重大贡献。

（中国工程院评）

伦世仪　发酵工程和环境生物技术专家 ▶▶▶

当选时间	1995 年当选中国工程院院士
学　　部	环境与轻纺工程学部
性　　别	男
民　　族	汉族
籍　　贯	山东诸城
出生年月	1928 年 11 月 9 日

Yuan Shi Xiao Zhuan
院士小传

　　伦世仪　发酵工程和环境生物技术专家。江南大学生物工程学院教授、博士生导师。1954 年毕业于南京工学院（现东南大学）发酵工程专业；1954 年至 1961 年，在南京工学院任教；1962 年起，任教于无锡轻工业学院（现江南大学）。1995 年当选中国工程院院士。

主要成就

长期从事发酵工程、环境生物技术和酶工程的科研与教学。率先进行了发酵过程优化研究，开发了 6 项发酵过程优化技术，在氨基酸、有机酸、酶制剂、功能糖等多种产品中得到工业应用。研发了厌氧颗粒污泥培育技术和适用于食品、发酵等工业废水处理的 UASB 反应器技术，完成了 25 项轻工行业工业生产废水处理工程，其中部分是当时国务院实施的环保三大战役——淮河流域、太湖流域和长江流域的污染治理达标重点项目。主持创建了国内首个国家级发酵工程重点学科点，在发酵工程、环境生物工程和有机废水生物处理等领域做出了一系列创新成果和重要贡献。

主持创建成功国内首个国家级发酵工程重点学科点。在发酵工程高效生物反应器的研究和比拟放大、氨基酸及有机酸的代谢调控技术和流加发酵过程的优化控制等领域取得了显著成效，并在工程应用中获得多项成果。率先在发酵工程与环境学科的交叉领域开展研究，影响较大的成果为内部多流型共存的上流式厌氧颗粒污泥床反应器的模型化和比拟放大法、反应器内厌氧菌自身颗粒化的机制、甲烷化混菌体系的相分离技术等。

先后获得国家科技发明奖二等奖 1 项、国家科学技术进步奖二等奖 1 项、省部级科技奖 4 项。

发表研究论文 120 余篇，获国家授权发明专利 11 项。

社会任职

担任过国务院学位委员会第二届至四届学科评议组成员，纺织轻工学科组第二届评委、第三届和四届召集人；《生物工程学报》《工业微生物学报》编委，中国食品科学技术学会常务理事等。

人物综观

伦世仪是中国发酵工程重点学科的奠基人，在发酵过程动力学、高效生物反应器的研制、模型化和比拟放大、工业有机废物资源化及废水处理工程、颗粒污泥培养的可控化以及微生物降解毒害性化合物等方面取得了多项国内外一流的成果。他研制开发的工业规模气升式内环流反应器性能达到国际领先水平，建成的 10 多个废水厌氧生物处理工业规模装置，为淮河流域、太湖和长江流域的工业废水污染治理达标做出了贡献。伦世仪从事发酵工程和环境生物技术的教学 40 多年，培养了包括两位中国工程院院士在内的一批发酵工程和环境工程领域领军人才，为中国的现代化建设做出重要贡献。

（江南大学评）

唐明述　　无机非金属材料专家 >>

当选时间　1995 年当选中国工程院院士
学　　部　化工、冶金与材料工程学部
性　　别　男
民　　族　汉族
籍　　贯　四川安岳
出生年月　1929 年 3 月 31 日

　　唐明述　无机非金属材料专家。南京工业大学教授。1953 年天津大学毕业；1956 年南京工学院（现东南大学）化工系研究生毕业，留校任教，历任南京化工学院讲师、副教授、教授。1995 年当选中国工程院院士。

主要成就

长期从事水泥工艺及水泥混凝土耐久性的教学与研究。对影响混凝土工程寿命的重要课题进行了系统的研究，创建的快速法已成为法国和我国鉴定集料碱活性的标准。先后为众多大型混凝土工程鉴定集料碱活性提出了可靠的施工方案，研制的快速测定仪已获应用。近年来，在京津等地发现大型混凝土工程碱集料反应而破坏的实例，已引起有关部门的关注，所提碱碳酸盐反应的膨胀机理、碱集料反应分类等理论得到了国际专家的重视。对用水泥处理核废渣、大坝用氧化镁膨胀水泥、钢渣微观结构等的研究在理论、生产、使用中均获成果。

承担了多项国家自然科学基金项目、国家电力公司重点项目、中国石油化工总公司重点科技攻关项目、空军重点项目。多次获得国家、省部级奖励；获国家级"有突出贡献的中青年专家"称号（1986），"碱集料反应"项目获国家自然科学奖二等奖（1987）。

截至 2015 年 11 月，发表学术论文 300 余篇。

社会任职

担任过国际材料和结构研究与测试实验所联合会技术委员会 TC-106 委员，*Cement and Concrete Research* 编委等。

人物综讯

唐明述在碱集料反应、钢渣微观结构、氧化镁延迟性膨胀混凝土及用水泥固化核废渣等方向上做出了突出贡献。　　　　　　　　　　　　（材料化学工程国家重点实验室评）

唐明述教授以一个登攀者坚韧不拔的毅力取得了骄人的成果，以一个科学家严谨不苟的精神培育了一批又一批的英才俊杰，以一位共产党员对党的忠诚与炽爱关心呵护着每一名学子。他是一位敦厚亲和的长者，是一本丰富充实的巨著，翻阅巨著令人鼓舞与震动，沉静而奋起。　　　　　　　　　　　　　　　　　　　　　（南京工业大学评）

许居衍 微电子技术专家 »»

当选时间	1995 年当选中国工程院院士
学 部	信息与电子工程学部
性 别	男
民 族	汉族
籍 贯	福建闽侯
出生年月	1934 年 7 月 9 日

院士小传

　　许居衍 微电子技术专家。1957 年厦门大学（北京大学等五校联办半导体物理专业）毕业后被分配到国防部第十研究院第十研究所工作；1961 年调入第十研究院第十三研究所工作；1970 年至 1985 年，先后任第四机械工业部第二十四研究所课题组长、研究室主任、研究所副总工程师、总工程师；1985 年至 1993 年，任电子工业部无锡微电子研究中心、无锡微电子联合公司、中国华晶电子集团公司总工程师；1993 年起，任中国电子科技集团公司第五十八研究所名誉所长。1995 年当选中国工程院院士。

主要成就

长期从事半导体技术与微电子工业的开发工作。相继提出并研制成功高速发射极分流限制饱和逻辑电路、集成注入肖特基逻辑电路等创新结构，应用于我国早期计算机。主持研制成功图形发生器、图形数字转换机、控制计算机等组成的自动化制版系统和用于图形编辑的集成电路计算机辅助设计（CAD）系统，以及离子注入等新工艺，为成功研制动态随机存储器等多种大规模集成电路开辟了新的技术基础。促成建立无锡微电子科研生产联合企业，为南方微电子基地发展做出了贡献。

参与世行资助中国微电子工业发展研究，归纳发现半导体技术周期性创新规律（"许氏循环"）。主持完成了微电子技术前景预测项目研究，成功预测了 2014—2017 年进入硅技术生命曲线上的拐点（"微电子技术发展前景预测"）。

获全国科学大会奖、四川省重大成果奖、国家科学技术进步奖等奖励，荣获三等功臣及全国国防系统"先进工作者"称号等荣誉。

发表论文 60 余篇，参与主编《集成电路工业全书》等参考书。

社会任职

担任过政协江苏省委员会委员，中国工程院电子与信息学部常委，中国电子学会常务理事，中国半导体行业协会荣誉顾问，CSICT 国际会议程序委员会委员，国际 ASIC 会议程序委员会委员，复旦大学专用集成电路与系统国家重点实验室学术委员会委员，江苏省专用集成电路设计重点实验室学术委员会主任，浙江大学硅材料国家重点实验室咨询委员会委员，东南大学、复旦大学、南京大学等高校兼职教授等。

人物综观

许居衍是中国微电子工业初创奠基的参与者和当今最重点企业的技术创建者与开拓者，为中国微电子工业发展做出了重大贡献。　　　　（中国工程院资深院士孙俊人评）

薛禹胜　稳定性理论及电力系统
自动化专家

院士小传

薛禹胜　稳定性理论及电力系统自动化专家。国网电力科学研究院名誉院长。1963年山东工学院（现山东大学）毕业；1981年获电力科学院硕士学位；1987年获比利时列日大学博士学位；曾任国网电力科学研究院总工程师等。1995年当选中国工程院院士。

当选时间	1995 年当选中国工程院院士
学　　部	能源与矿业工程学部
性　　别	男
民　　族	汉族
籍　　贯	江苏无锡
出生年月	1941 年 2 月 7 日

主要成就

发明了扩展等面积准则（EEAC）方法，突破了高维非自治非线性动态系统稳定性理论的世界性难题，迄今仍是国际上唯一得到理论证明并实现工程应用的暂态稳定量化分析方法。提出了时空协调的大停电防御理念，主持研发的 WARMAP 系统已覆盖我国90% 的省级以上电网，保障了中国电网从未发生系统范围的大停电。提出了能源的信息物理社会系统研究框架，开创了多学科交叉融合的能源安全研究新范式。提出了电网主动支撑能源转型的整体解决方案，正致力于为中国"双碳"目标的实现提供科技支撑。

获全国科学大会奖 1 项、国家科学技术进步奖一等奖 1 项、国家科学技术进步奖二等奖 3 项、国家技术发明奖二等奖 1 项，以及江苏省首届科学技术突出贡献奖、何梁何利基金科学与技术进步奖、国家级"有突出贡献的中青年专家"、全国先进工作者等荣誉。

截至 2021 年，发表国际论文 350 篇、国内论文 400 篇；出版著作 5 部，学术专著《运动稳定性量化理论》曾获全国优秀科技图书奖一等奖、2001 年国家图书奖提名奖；获发明专利授权 62 项，包括中国专利金奖 1 项、中国专利优秀奖 1 项。

社会任职

担任中国内地电力与能源领域第一份 SCI 学术期刊《现代电力系统与清洁能源》（*MPCE*）创刊及现任主编等；曾任第十届、十一届全国人民代表大会代表，国际大电网组织（CIGRE）中国国家委员会技术委员会主席，国际大电网组织中国委员，中国电机工程学会理事，中国电机工程学会学术委员会委员，电力系统计算理事会（PSCC）理事，著名中文学术期刊《电力系统自动化杂志》主编，英国工程技术学会会刊 *IET GTD* 编委，澳大利亚昆士兰大学、纽卡斯尔大学名誉教授，浙江大学、山东大学、东南大学、南京理工大学、南京航空航天大学等 14 所大学的兼职教授。

人物综观

薛禹胜院士在电气工程领域取得了卓越的学术成就，对中国的电力事业发展做出了杰出的贡献。热爱祖国、服务人民、献身科研、热衷教育与慈善事业，至今仍活跃在科研一线，言传身教，润物无声，桃李芳华，真正地爱护学生，培育学生，鼓励更多的青年学子投身于科学研究，堪称科技和教育工作者的楷模。

黎介寿 　普通外科专家、医学教育家 ▶▶▶

当选时间	1996 年当选中国工程院院士
学　　部	医药卫生学部
性　　别	男
民　　族	汉族
籍　　贯	湖南浏阳
出生年月	1924 年 10 月 11 日

院士小传

黎介寿　普通外科专家、医学教育家。1924 年 10 月出生于湖南长沙；1949 年南昌医学院毕业，获学士学位。曾任原南京军区南京总医院副院长，解放军普通外科研究所所长，解放军器官移植重点实验室主任，国家军队江苏省重点学科（实验室）负责人，主任医师，教授，博士生导师。在中国普通外科领域享有很高的声誉，是中国肠外瘘治疗的鼻祖、临床营养支持的奠基人、亚洲人同种异体小肠移植的开拓者。1996 年当选中国工程院院士。

长期致力于肠功能障碍的研究。尤其在肠外瘘、小肠移植、临床营养支持治疗、短肠综合征、重症急性胰腺炎、肠黏膜屏障功能的研究与损伤维护、损伤控制性外科概念的研究与推广等方面有丰富的治疗经验，效果卓越。

获国家科学技术进步奖一等奖 1 项，以及国家科学技术进步奖二等奖和三等奖、军队科技进步奖一等奖和二等奖、南京大学教学成果奖特等奖、高等教育省级教学成果奖一等奖、军队医疗成果奖一等奖等各类重大科技成果奖 38 项；还获何梁何利基金医学与药学奖、国家科学大会奖、中国医师奖、中国人民解放军专业技术重大贡献奖等奖项；是首批国务院政府津贴获得者，获"有突出贡献的医学专家"等称号 10 余次，两次荣立二等功；2009 年，胡锦涛主席签署命令为他记一等功；领导的团队 2011 年被原南京军区授予"科技创新模范医疗科室"荣誉称号，2012 年被中央军委四总部授予"全军科技创新群体"荣誉称号；2013 年获江苏省科学技术突出贡献奖；2015 年 9 月 3 日，作为英模代表应邀到北京参加抗日战争胜利 70 周年阅兵观礼；2019 年被授予胜利勋章。

2014 年 4 月 25 日，国际编号为 192178 的小行星被正式命名为"黎介寿星"，并刊入《国际小行星历表》，成为该天体的永久星名，为世界各国所公认。

发表论文 600 余篇，担任 13 卷巨著《手术学全集》总主编，主编《肠外瘘》《围手术期处理》《普通外科手术学》等专著 10 部，参与《黄家驷外科学》等 31 部著作的撰写。

担任过国际外科学会会员，解放军医学科学委员会副主任委员，原总后勤部卫生部第四届医学科学技术委员会委员，中华医学会江苏分会第五届理事会理事，中南大学湘雅医院首席科学家，南京大学医学院临床学院副院长、南京大学医学院外科学教授，中国医科大学名誉教授，中国人民解放军第二军医大学外科学、浙江大学医学院兼职教授，《人民军医》杂志特约编辑，《中华创伤杂志》首届编辑委员会委员，《肝胆外科杂志》编辑委员会编委，《实用外科杂志》第四届编委会副主编等。

黎介寿是我国肠外瘘治疗的鼻祖，他领衔完成的"肠功能障碍的治疗"荣获国家科技进步一等奖；是临床营养支持的奠基人，一举打破国际医疗界"残留小肠短于 70 厘米不能成活"的定论；是亚洲同种异体小肠移植的开拓者，成功开展的小肠移植手术占整个亚洲一半以上，使我国器官移植技术跻身世界先进行列；是国际医学界公认的"全世界研究肠道时间最长、最有成就的人"……

（新华网摘评）

钟训正　　建筑学家

当选时间　1997 年当选中国工程院院士

学　　部　土木、水利与建筑工程学部

性　　别　男

民　　族　汉族

籍　　贯　湖南武冈

出生年月　1929 年 7 月 9 日

院士小传

钟训正　建筑学家。东南大学教授、博士生导师。1952 年南京大学毕业，同年被分配到湖南大学任教；1953 年调整至武汉大学水利学院任教；1954 年任教于南京工学院（现东南大学）；1985 年起，任南京工学院教授。1997 年当选中国工程院院士。

Zhu Yao Cheng Jiu 主要成就

长期致力于建筑教学、创作和研究工作。早年所作的北京火车站综合方案及南京长江大桥桥头堡方案均经周总理选定而实施。主持设计的"无锡太湖饭店新楼""甘肃画院"及"海南三亚金陵度假村",在建筑传统与创新、建筑与自然环境以及建筑技术与艺术的辩证统一关系上创出特色。在任南京古城区中华雨花两路改建总建筑师期间,为古城区市容和环境的改善做出了重要贡献。

主持的方案设计以及与孙仲阳、王文卿合作完成的项目,多次获奖。无锡太湖饭店新楼获原国家教委一等奖、国家建设部优秀设计二等奖、国际建协第二十届世界建筑大会"当代中国建筑艺术创作成就奖",兰州"甘肃画院"和"海南三亚金陵度假村"获原国家教委二等奖,杭州"胡庆余堂保继旅游中心"设计获竞赛第一名。合著的《建筑制图》获1996年原国家建设部优秀教材一等奖,多次在国内外重印出版;《北京建筑刍议》在世界华人交流协会和世界文化艺术研究中心所举办的国际交流评选活动中,获国际优秀论文奖。2010年获得第四届中国建筑学会建筑教育特别奖。

截至2019年1月,共培养了100余名博士、硕士研究生。

She Hui Ren Zhi 社会任职

担任过中国建筑学会理事,江苏省建筑师学会会长,江苏土建学会副理事长,吉林建筑工程学院城建学院(现吉林建筑科技学院)名誉教授,哈尔滨工业大学荣誉教授等。

Ren Wu Zong Guan 人物综观

钟训正院士长期从事建筑设计研究与创作,20世纪80年代提出"顺其自然,不落窠臼"的建筑思想,在建筑学领域影响广泛。为祖国奉献了多项经典作品,其中北京火车站和南京长江大桥桥头堡于2016年9月入选由中国文物学会、中国建筑学会联合公布的"首批中国20世纪建筑遗产"名录。

(新华网评)

张光义　雷达工程专家 >>>

当选时间　1997 年当选中国工程院院士
学　　部　信息与电子工程学部
性　　别　男
民　　族　汉族
籍　　贯　四川泸州
出生年月　1935 年 9 月 3 日

院士小传

　　张光义　雷达工程专家。中国电子科技集团公司第十四研究所科技委员会主任、研究员、博士生导师。1962 年苏联莫斯科动力学院（现国立研究大学）毕业；1977 年至 1985 年，任中国电子科技集团公司第十四研究所副所长；1985 年至 1999 年，任中国电子科技集团公司第十四研究所总工程师；1995 年起，任载人航天工程中所需的三部大型精密跟踪雷达和一部相控阵雷达的总设计师。1997 年当选中国工程院院士。

主要成就

长期从事相控阵雷达的研制工作。20 世纪 60 年代，作为主要技术负责人之一，研制了我国第一部电扫描三坐标雷达。从 20 世纪 60 年代中期起，从事相控阵雷达的研制工作，积累了宝贵的相控阵雷达工程经验，有较深的理论造诣。负责了我国第一部大型相控阵预警雷达的总体设计，曾参加多项国家重点工程研制工作，解决了多项关键技术。1997 年担任机载雷达技术负责人，主持和参加了研制工作的全过程。

担任载人航天工程大型精密跟踪雷达和相控雷达的总设计师。负责我国第一部大型相控阵预警雷达的总体设计（担任总体负责人和技术领导小组组长），该雷达 1978 年获全国科学大会奖，1984 年获电子工业部科技成果奖特等奖。1985 年获国家级"有突出贡献的中青年专家"称号，参加和领导的雷达天线阵重大预研课题达到了世界先进水平，获原电子工业部特等奖和国家科学技术进步奖二等奖。1991 年至 1996 年，获国防科工委"先进个人"称号；1993 年获光华基金一等奖，1995 年被评为南京市第二届"十大科星"，1996 年获江苏省科学技术协会江苏省"优秀科技工作者"称号。

先后出版有关相控阵雷达的专著《相控阵雷达系统》《空间探测相控阵雷达》《相控阵雷达技术》《相控阵雷达原理》等。

社会任职

担任西安电子科技大学兼职教授，原总装备部科技委探测技术专业组组长、顾问，国家"863 计划"专家委员会信息领域专家、责任专家，中国电子学会学术工作委员会委员。

人物综观

张光义是伴随新中国国防事业成长的一代人；心系国防，敢于担当，积极引进国外先进技术，组织领导了多种先进体制雷达的研制工作，解决多项关键技术，为中国国防建设做出了重要贡献；开创了辉煌的过去，把握当下，又将策马扬鞭奔向新的未来。

（科普中国网评）

阮长耿　　血液学专家

当选时间　1997 年当选中国工程院院士

学　　部　医药卫生学部

性　　别　男

民　　族　汉族

籍　　贯　上海

出生年月　1939 年 8 月 14 日

院士小传

　　阮长耿　血液学专家。1964 年北京大学毕业，获学士学位，同年进入苏州医学院（现苏州大学）附属第一医院血液学研究室工作；1981 年获法国巴黎第七大学博士学位；1982 年起，任苏州医学院血栓与止血研究室主任；1987 年至 1993 年，任苏州医学院副院长；1993 年至 2000 年，任苏州医学院院长；1988 年起，任江苏省血液研究所所长；1994 年至 2004 年，任中核总（部级）核医学生物技术重点实验室主任；2007 年起，任原卫生部血栓与止血重点实验室主任；2019 年起，任国家血液系统疾病临床医学中心主任。1997 年当选中国工程院院士。

主要成就

长期从事血液学——血栓与止血的研究。1981 年建立了我国第一个血栓与止血研究室，研制成功我国第一组抗人血小板、vW 因子等苏州（SZ）系列单抗，其中 5 株单抗被确认为国际血小板研究的标准试剂。在血栓与止血领域对血小板膜糖蛋白的结构与功能、出血与血栓性疾病的基础和临床研究，以及单抗导向诊断与治疗等进行了系统的创新性研究。

组建了核医学生物技术重点实验室，承担了 IAEA 资助重点项目、中法先进研究计划课题、国家"863 计划"项目等省部级以上课题 40 多项。

1994 年被法国总统授予"法国功勋骑士勋章"，2014 年获得法国医学科学院颁发的"塞维雅奖"，2015 年获得首届世界华人血栓与止血大会终身成就奖，2016 年获得江苏省卫计委科教兴卫工程杰出贡献奖，2018 年被评为"为江苏改革开放作出突出贡献的先进个人"，2019 年获得国际血栓与止血学会终身成就奖，2020 年获得吴阶平医学奖和苏州科学家勋章，2021 年获得江苏省重大基础科学研究奖和"十大医学泰斗"荣誉称号。还获国家专利、国家发明三等奖、国家科学技术进步奖三等奖等省部级以上科技成果奖 43 项，以及国家级"有突出贡献的中青年专家"、全国五一劳动奖章、全国先进工作者、省部级劳动模范、优秀共产党员、优秀教师等荣誉。

社会任职

担任过中华医学会血液学分会第七届委员会主任委员，江苏省医学会副会长，《中华血液学杂志》总编，《中华内科杂志》副总编，*International Journal of Hematology*、*Thrombosis Research*、《中华医学杂志》等国内外 14 种杂志的编委等。

人物综观

阮长耿是中国血液学的重要领军人物，血栓与止血领域泰斗，为血栓与止血事业做出了卓越贡献。

（江苏血液研究所评）

吴中如　　水工结构专家 ▶▶▶

当选时间　1997 年当选中国工程院院士
学　　部　土木、水利与建筑工程学部
性　　别　男
民　　族　汉族
籍　　贯　江苏宜兴
出生年月　1939 年 9 月 9 日

Yuan Shi Xiao Zhuan　院士小传

　　吴中如　水工结构专家。河海大学教授。1963 年华东水利学院（现河海大学）毕业，进入水利水电科学研究院水文所豫北试验站工作；1969 年至 1975 年，在河南省济源市铁山河水库、新乡地区电业局工作；1975 年至 1979 年，在江苏省徐州电厂工程建设指挥部工作；1979 年起，在河海大学任教，曾任校学术委员会主任。1997 年当选中国工程院院士。

主要成就 *Zhu Yao Cheng Jiu*

长期从事水工结构及安全监测等研究与工程实践工作。先后主持了国家重点科技攻关项目子课题 6 项，国家三峡重大基金课题、重点基金和 "973 计划" 等项目 8 项，三峡临时船闸、升船机和二滩等工程项目 5 项，龙羊峡和佛子岭等科研项目 60 多项。首创了变形监控指标拟定的理论和方法、大坝安全综合评价专家系统，建立了完整的监控模型体系，发展和完善了反分析理论，并将成果应用于实际工程，获得了显著的社会和经济效益。

先后获得国家及省部级科技奖 16 项，其中国家级二等奖 3 项、三等奖 1 项，省部级特等奖 1 项、一等奖 3 项、二等奖 4 项、三等奖 4 项。

在国内外学术刊物上发表学术论文 220 多篇，撰写科研报告 60 多份，出版专著 8 部，先后指导培养出博士后 3 名、博士研究生 30 多名、硕士研究生 40 多名。

社会任职 *She Hui Ren Zhi*

担任过全国政协第十届委员会委员，中国大坝工程学会常务理事，中国水力发电工程学会理事，中国水利学会理事，江苏省水力发电工程学会理事长等。

人物综观 *Ren Wu Zong Guan*

吴中如院士在大坝与坝基安全监控理论和方法、重大水工混凝土结构隐患病害检测与健康诊断研究等方面做出了重大的创造性成果。 （中国工程院网评）

潘君骅

应用光学专家

当选时间 1999 年当选中国工程院院士

学　　部 信息与电子工程学部

性　　别 男

民　　族 汉族

籍　　贯 江苏常州

出生年月 1930 年 10 月 14 日

院士小传

　　潘君骅 应用光学专家。中国科学院南京天文光学技术研究所研究员，苏州大学现代光学研究所研究员，原南京天文仪器厂副厂长。1952 年清华大学机械工程系毕业；1952 年至 1980 年，在中国科学院长春光学精密机械与物理研究所工作；1960 年苏联科学院列宁格勒普尔科沃天文台研究生毕业，获副博士学位；1980 年至 2000 年，在中国科学院南京天文仪器研制中心工作；2000 年成为苏州大学现代光学研究所研究员。1999 年当选中国工程院院士。

主要成就

长期从事光学仪器研制、光学元件及系统的加工和测试。积极倡导和实施我国光学系统采用非球面技术，为我国研制大型光学设备发明了一套重要的光学加工和检测技术，解决了各种光学非球面加工的关键技术难题。建立了我国大型靶场光学测试仪器的光学技术基础，将非球面技术"绝活"向学生和同行们倾囊相授，推动了我国光学加工和测试迈向世界先进行列。

1960年至1966年，为长春光学精密机械与物理研究所建立了大口径光学仪器制造的技术基础，推进了非球面在光学系统中的应用；1972年至1974年，研制出激光球面干涉仪，获1978年全国科学大会奖；1989年完成了2.16米天文望远镜及其专用附属仪器——阶梯光栅分光仪，分别获1998年国家科学技术进步奖一等奖、1999年国家科学技术进步奖三等奖；还为航天508所、原总参二部、中国科学院成都光电技术研究所、上海技术物理研究所、西安光学精密机械研究所等单位研制了多种非球面光学元件和光学系统。

1994年出版了《光学非球面的设计、加工及检验》，2004年再版。

社会任职

担任过中国光学学会理事，中国天文学会常务理事，中国光学测试专业委员会主任、名誉主任等。

人物综观

潘君骅是最具有工程概念的光学专家。　　　　　　　　（应用光学家、两院院士王大珩评）

潘君骅为中国大型光学跟踪测量设备的光学技术基础所做的工作，在中国国内是开创性的，水平是一流的，是无法从其他国家引进的。

（光学工程专家、中国科学院院士唐九华评）

潘君骅院士是中国光学测试仪器和光学制造技术的奠基人，非球面光学应用的先驱者。　　　　　　　　（中国科学院紫金山天文台副台长吴雪峰评）

潘君骅院士追星追光，凭着严谨、细致、踏实的科研精神，在天文学史上留下了浓墨重彩的一笔。　　　　　　　　（苏州大学校长熊思东评）

周世宁　矿山瓦斯防治专家、安全工程专家

当选时间　1999 年当选中国工程院院士

学　　部　能源与矿业工程学部

性　　别　男

民　　族　汉族

籍　　贯　江苏扬州

出生年月　1934 年 1 月 12 日

院士小传

　　周世宁　矿山瓦斯防治专家、安全工程专家。中国矿业大学教授、博士生导师。1950 年考入复旦大学化学系学习，后转入天津的中国矿业大学学习；1953 年中国矿业大学（天津）采矿工程系毕业，留校任教，一直在中国矿业大学工作。1999 年当选中国工程院院士。

长期从事矿井瓦斯防治的科学研究工作，在瓦斯流动理论、煤层瓦斯压力和透气系数等参数测定技术、实验研究和生产应用等方面都有许多发明和创造。创建了以 Darcy 定律为基础的对煤层有强吸附作用的瓦斯流动微分方程，开创性地建立了中国煤层瓦斯地质、流动理论、瓦斯预测与抽放以及煤和瓦斯突出防治的学术体系，阐明了煤矿中的瓦斯来源及赋存条件，并将瓦斯流动理论推进到了固、气耦合的新阶段。首次提出了煤矿瓦斯地质的八项基本因素；提出了"煤层瓦斯应力场"的概念；首次提出了煤层是由煤粒和裂隙组成；创造性地提出了"煤和瓦斯突出的流变假说"；发明的"胶圈－压力黏液封孔测定煤层瓦斯压力的装置"结束了全世界因漏气测定瓦斯压力不准的历史。

创立的"煤层透气系数测定方法"和"预抽煤层瓦斯防治突出"两项技术，均获得 1983 年煤炭工业部科技进步奖一等奖。

"胶圈－压力黏液封孔测定煤层瓦斯压力技术及装置"项目获得 1986 年国家发明奖三等奖，"煤层瓦斯流动规律研究"项目获得 1993 年国家自然科学奖四等奖。

担任过中国煤炭工业技术委员会常务委员，全国高等学校地矿学科第一届教学指导委员会主任，第十八届国际采矿安全大会执行副主席，亚洲和太平洋煤炭开采技术国际讨论会（日本东京）执行主席，华北科技学院安全工程学院名誉院长，华北科技学院第七届学术委员会名誉主任，潍坊工程职业学院特聘教授，安徽理工大学兼职教授，澳大利亚新南威尔士大学、澳大利亚伍伦贡大学客座教授，《中国矿业大学学报》编委会名誉主任。

周世宁为减少瓦斯灾害做出了重大贡献。　　　　　　　　　　（中国矿业大学评）

周世宁是中国著名矿井瓦斯防治专家，中国煤矿瓦斯学科的开拓者和主要奠基人之一。　　　　　　　　　　　　　　　　　　　　　（江苏省科学传播中心评）

蒋士成　化纤工程设计与技术管理专家 ▶▶▶

当选时间	1999 年当选中国工程院院士
学　　部	环境与轻纺工程学部
	工程管理学部
性　　别	男
民　　族	汉族
籍　　贯	江苏常州
出生年月	1934 年 9 月 23 日

院士小传

　　蒋士成　化纤工程设计与技术管理专家。中国聚酯工业的主要开拓者之一，中国石化仪征化纤股份有限公司教授级高级工程师、顾问。1957 年华东化工学院（现华东理工大学）毕业，先后在化工部第四设计院、化工部第九设计院、化工部第九化建设计所、纺织工业部设计院、仪征化纤工业联合公司、仪征化纤股份有限公司工作；1998 年起，任中国石化仪征化纤股份有限公司顾问。1999 年当选中国工程院院士。

主要成就
Zhu Yao Cheng Jiu

　　长期从事化工、化纤工程设计及技术开发、技术管理工作。作为主要设计总负责人，规划了我国最大的化纤基地，全面负责设计、施工、安装、生产等方面的技术管理工作，为仪化一、二、三、四期工程的建成投产以及生产、技术管理与消化吸收引进技术和国产化工作做出了突出贡献。主持了聚酯八单元 30% 增容技术改造，开发出具有自主知识产权的国产化大容量聚酯技术，打破了国外技术垄断，开创了聚酯装置建设国产化的道路。主持仪化公司贯标工作，推动了仪化公司质量及技术管理水平不断提高。

　　获原建设部设计金奖和特等奖各 1 项、中国纺织总会科技进步奖一等奖 1 项、中国石化集团科技进步奖一等奖 1 项、国家科学技术进步奖二等奖 1 项，获 2006 年第六届光华工程科技奖工程奖、2014 年中国化学纤维工业协会特别贡献奖、2021 年中国化纤工业协会终身成就奖和中国石化集团第六届感动石化人物等奖项荣誉。

社会任职
She Hui Ren Zhi

　　担任中国石化集团科学技术委员会委员，中国化纤协会副理事长，中国纺织工程学会常务理事，中国国际工程咨询公司专家委员会顾问，中国纺织工业协会科技顾问，东华大学顾问教授，天津工业大学特聘专家等。

人物综观
Ren Wu Zong Guan

　　蒋士成是中国著名的化纤工程设计与技术管理专家，中国聚酯工业的主要开拓者之一，对推进石油化纤工业发展、实现聚酯装置国产化做出了突出贡献。

（中国工程院院长周济给蒋士成八十寿辰贺信）

王泽山 含能材料与火炸药专家 >>

当选时间 1999 年当选中国工程院院士
学　　部 化工、冶金与材料工程学部
性　　别 男
民　　族 汉族
籍　　贯 吉林
出生年月 1935 年 10 月 10 日

院士小传

　　王泽山 含能材料与火炸药专家。南京理工大学化工学院教授、博士生导师。1960 年哈尔滨军事工程学院（现中国人民解放军军事工程学院）本科毕业，进入炮兵工程学院（现南京理工大学）工作；1962 年起，先后在炮兵工程学院、华东工学院（现南京理工大学）工作；1980 年起，任华东工学院化工系主任；1985 年起，任南京理工大学化工学院教授。1999 年当选中国工程院院士。

Zhu Yao Cheng Jiu　主要成就

从事含能材料方面的教学与科学研究。研究了发射药及其装药理论，发明了低温感技术，提高了发射效率。研究和解决了废弃火炸药再利用的有关理论和综合性处理技术，实现了资源化再利用，改善了安全，降低了公害，有明显的社会效益和经济效益。发明了一种高密度火药装药技术，已推广应用。

截至 2018 年 7 月，先后获得国家科学技术最高奖、国家技术发明奖一等奖（2 项）、国家科学技术进步奖一等奖，被评为江苏省十大杰出科技人物，2019 年入选新中国成立 70 周年"最美奋斗者"名单。部分成果名称及获奖情况："库存过期火药和退役报废炸药的再利用技术"获 1993 年国家科学技术进步奖一等奖，"低温度系数发射药、装药技术及加工工艺"获 1996 年国家技术发明奖一等奖，"高装填密度装药技术"获 1998 年国家技术发明奖三等奖，"等模块装药和远程、低膛压发射装药技术"获 2016 年国家技术发明奖一等奖。

发表学术论文 100 多篇，出版专著 14 部，共培养了博士研究生 90 多名。

She Hui Ren Zhi　社会任职

担任过中国共产党第十九次全国代表大会代表，中国兵工学会常务理事，中北大学"双聘院士"等。

Ren Wu Zong Guan　人物综观

作为我国含能材料（火炸药）学科带头人，王泽山所面对的火炸药科研事业，是高温高能的"热"学问，但他一直保持着稳重冷静的性格和坚忍不拔的精神，甘坐"冷"板凳。在六十多年的科研中，他选定一个课题就要做出成果，力求"每一口井都挖出水"，为国防事业和相关产业发展做出了巨大贡献。

（《科技日报》评）

李钊　地雷爆破专家

当选时间　1999 年当选中国工程院院士

学　　部　机械与运载工程学部

性　　别　男

民　　族　汉族

籍　　贯　河北石家庄

出生年月　1940 年 2 月 3 日

院士小传

　　李钊　地雷爆破专家。专业技术少将，原总装备部工程兵科研一所高级工程师。1964 年西安工程兵工程学院（现中国人民解放军陆军工程大学）毕业，被分配到总装工程兵某部从事科研工作，历任解放军原总装备部驻无锡工程兵科研一所实习员、助理研究员、高级工程师、第四研究室主任；1983 年起，任科技处处长，科研二所副所长，副总工程师；1989 年起，任科研一所所长，总装科技委兼职委员；1994 年晋升为专业技术少将。1999 年当选中国工程院院士。

主要成就

长期从事地爆装备研究和工程装备科研领导工作。20 世纪 70 年代，主持了解放军第一代防坦克耐爆地雷研究，在国际上首次提出一种新的地雷耐爆原理，研制成功"多次耐爆引信"。20 世纪 80 年代，主持了解放军某型火箭布雷系统研制，其成果达到国际先进水平。20 世纪 90 年代，主持研制成"抛撒布雷系统"，填补了解放军近程机动、快速布设防坦克雷场、防步兵雷场和混合雷场装备的空白。

获全国科学大会奖 2 项，国家科学技术进步奖一等奖 1 项、二等奖 1 项，军队科技进步奖一等奖 1 项；荣立二等功 1 次。

社会任职

担任过中国共产党第十三次全国代表大会代表，原兰州军区"专家智囊团"成员，中国兵工学会工程装备分会理事等。

人物综观

我国地雷领域的领军人物，面临科研路上的荆棘险阻，从不退缩；应对现代军事的科技关隘，迎难而上。近 50 年来，在荒漠中开垦，在禁区中挑战，为提高我军工程兵作战能力和地爆装备水平做出了重大贡献。

（中国工程院院长李晓红祝李钊院士八十周岁寿辰贺信评）

宋湛谦 林业工程与林产化学加工专家

当选时间	1999 年当选中国工程院院士
学　　部	农业学部
性　　别	男
民　　族	汉族
籍　　贯	江苏苏州
出生年月	1942 年 7 月 22 日

　　宋湛谦 林业工程与林产化学加工专家。中国林业科学研究院首席科学家，国家林草局林产化学工程重点实验室学术委员会主任，中国林业科学研究院林产化学工业研究所研究员、博士生导师。1964 年从中国科学技术大学毕业，进入中国林业科学研究院林产化学工业研究所工作；1978 年至 2006 年，担任松脂化学研究室副主任、主任；1983 年至 1985 年，在美国加利福尼亚大学伯克利分校林产品研究室做访问学者；1988 年起，任中国林科院学术委员会委员、副主任；1993 年被国务院学位委员会聘为博士生导师；1996 年在美国农业部林产品研究所做高级访问学者。1999 年当选中国工程院院士。

主要成就

长期从事林产化学加工研究和工程化开发工作，是我国松脂化学利用及其工程化开发的主要开拓者。

主持完成了国家攻关、国家自然科学基金、"863 计划"项目及省部级科研项目 40 余项。获全国科学大会奖、国家科学技术进步奖 4 项，其中二等奖 3 项、三等奖 1 项；获省部级科技进步奖一、二等奖多项。

发表学术论文 400 多篇，出版专著 1 部、参编 2 部，获授权国内外发明专利 50 余件，培养出毕业出站博士后 11 名、博士研究生 39 名、硕士研究生 25 名。

社会任职

担任过全国政协第十一届委员会委员，中国共产党江苏省第十次、十一次代表大会代表，国务院学位委员会学科评议组成员，国家自然科学基金委员会林学组成员，国家林业局专家咨询委员会委员，原林业部林化专业指导委员会委员，全国表面活性剂协作组副理事长，生物基材料产业技术创新战略联盟顾问组成员，中国化工学会理事，中国林学会林产化学化工分会第八届理事长，林产化学化工学会常务理事，*Frontiers of Agricultural Science and Engineering* 编委等。

人物综观

是我国松脂化学利用及其工程化开发的主要开拓者。率先进行了松脂化学深加工及系列化的研制和工程化开发，先后制成聚合松香和氢化松香等 30 多种产品。提出了松脂深加工与精细化工相结合的新思路，创制了 10 种精细化学品以代替石油原料。应用性成果转化率为 90%，产生了显著的社会效益和经济效益，并实现了技术出口。首次系统研究了松属松脂化学特性，从中国松脂分离、鉴定 Lambertianicacid 等组分，研究松香化学反应机理，为松树化学分类和松脂资源利用提供了重要依据。

沈国荣 电力系统自动化专家 **>>**

当选时间	1999 年当选中国工程院院士
学　　部	能源与矿业工程学部
性　　别	男
民　　族	汉族
籍　　贯	江苏常州
出生年月	1949 年 7 月 17 日

Yuan *Shi Xiao Zhuan*
院士小传

　　沈国荣　电力系统自动化专家。南京南瑞继保电气有限公司董事长，国网电力科学研究院名誉院长、教授级高级工程师。1978年本科毕业于华北电力学院（现华北电力大学）；1982 年于电力工业部电力科学研究院获电力系统及其自动化专业工学硕士学位。1999 年当选中国工程院院士。

主要成就

长期从事电力系统自动化研究，在电力系统继电保护、大电网安全稳定控制、特高压交直流输电和柔性交直流输电等多个领域取得了杰出成就。自20世纪80年代起，先后原创性地提出了"工频变化量继电保护原理""振荡闭锁开放原理"和"循序阻抗判别原理"，解决了继电保护安全可靠和快速动作难以兼顾，以及电网失步和系统振荡难以区分的历史性难题；提出并组织构建了以"三道防线"为基础的电网安全稳定架构，为保证电网暂态稳定、防止大面积电网崩溃起到关键作用；带领团队开发的系列化电力控制保护，以及特高压直流输电、柔性直流输电、统一潮流控制系统（UPFC）等高端智能电力装备得到了广泛应用；建立了电力保护控制及智能电力装备领域世界知名的科研和产业化基地，以技术创新带动产业发展，以产业化促进科技发展，真正实现了科研和产业化的高度融合，奠定了我国电力保护控制的国际领先地位，为推动重大电力装备国产化、国家电力科技进步做出了实质性的卓越贡献。

获国家发明二等奖2项，国家科学技术进步奖一等奖1项、二等奖1项。还曾获王丹萍科学奖、首届中国青年科学奖、国家级"有突出贡献的中青年专家"、全国优秀科技工作者、江苏省劳动模范、江苏省科研院所创新创业优秀代表及中国能源装备终身成就人物等多项荣誉。

发表论文30余篇；获得授权专利30多项，2项专利获国家优秀专利奖。

社会任职

担任过全国政协第十届委员会委员，中国电机工程学会理事会理事，中国电机工程学会继电保护专委会副主任委员、主任委员、名誉主任委员，中国电工技术学会常务理事，电力行业继电保护标准化技术委员会主任委员、名誉主任委员，全国量度继电器和保护设备标准化技术委员会静态继电保护装置分技术委员会主任委员，国家电力监管委员会电力系统安全专家委员会二次组组长，国家电网科学技术委员会委员，江苏省电机工程学会常务理事，东南大学、武汉水利电力大学（现武汉大学）、华北电力大学等6所高校兼职教授。

人物综观

为推动中国电力科技进步和重大电力装备国产化做出了积极贡献。（中国工程院评）

沈国荣为超高压、特高压交直流输电的科学研究和产业发展，做出了重要贡献。

（华北电力大学档案馆评）

不仅成就了自己在电力系统控制保护领域日积月累、厚积薄发的人生，更推动了电力控制保护行业发展、国家电力科技进步的大跨越。（首届中国能源产业发展年会评）

蔡道基　环境毒理学专家

当选时间 2001 年当选中国工程院院士
学　　部 环境与轻纺工程学部
性　　别 男
民　　族 汉族
籍　　贯 浙江台州
出生年月 1935 年 6 月 1 日

蔡道基　环境毒理学（农药环境毒理学）专家。生态环境部南京环境科学研究所研究员。1953 年考入南京农学院（现南京农业大学）土壤农化系学习；1957 年本科毕业后进入中国科学院南京土壤研究所工作；1978 年调入生态环境部南京环境科学研究所工作，先后担任研究室主任、研究所学术委员会主任、研究员；2005 年受聘担任暨南大学水生态科学研究所名誉所长。2001 年当选中国工程院院士。

Zhu Yao Cheng Jiu 主要成就

长期从事农药环境毒理学的研究，包括新农药开发、农药安全使用、防治农药污染和保护生态环境。自20世纪70年代起，一直从事农用化学品对生态环境影响研究，重点研究农药的环境行为特征与生态效应。在我国创建了农药环境毒理学学科，建立了化学农药生态环境安全评价体系、安全评价试验准则和国家环境保护农药环境安全评价与污染控制重点实验室，为我国新农药开发、农药安全使用和生态环境保护提供了重要科学支撑。

在"八五"与"九五"期间负责国家科技攻关项目6项，在保护生态环境安全方面取得了显著成绩。长期负责全国农药登记生态环境安全性评审工作，为防止有害农药的生产和使用起到了把关作用。

获得国家科技奖3项，其中国家科技发明奖二等奖1项、国家科学技术进步奖三等奖2项；省部级科技奖一等奖1项、二等奖4项等。

发表学术论文100余篇，编写或参编专著和教材共13部。

She Hui Ren Zhi 社会任职

担任全国农药登记评审委员会委员，国家环境保护农药环境评价与污染控制重点实验室学术委员会主任，国家环境咨询委员会委员，国家农业科技华东创新中心农业废弃物资源化专业委员会技术委员会主任，土壤与农业可持续发展国家重点实验室学术委员会主任，江苏环保产业技术创新战略联盟技术委员会主任，江苏省有机毒物污染控制与资源化工程技术研究中心学术委员会主任，浙江省温岭市经济社会发展顾问，浙江工商大学双聘院士等。

Ren Wu Zong Guan 人物纵观

蔡道基长期从事环境毒理学特别是农药环境毒理学的研究，为中国新农药开发、农药安全使用、防治农药污染、保护生态环境做出了重大贡献。

（生态环境部南京环境科学研究所评）

蔡道基长期关注有机氯农药残留对生态与健康的潜在危害影响，领导团队多次开展"有毒有害物质在体脂中的蓄积与健康风险"等研究工作，取得了一系列积极成果，为中国消除持久性有机污染物事业做出了杰出贡献。

（消除持久性有机污染物杰出贡献奖评）

盖钧镒　作物遗传育种专家 ▶▶▶

当选时间　2001 年当选中国工程院院士

学　　部　农业学部

性　　别　男

民　　族　汉族

籍　　贯　江苏无锡

出生年月　1936 年 6 月 5 日

Yuan Shi Xiao Zhuan 院士小传

　　盖钧镒　作物遗传育种专家。南京农业大学作物遗传育种学教授、博士生导师，国家大豆改良中心荣誉主任。1957 年南京农学院（现南京农业大学）农学专业毕业后，留校任助教；1968 年南京农学院作物遗传育种硕士研究生毕业；1980 年至 1982 年，在美国艾奥瓦州立大学进修；1988 年至 1989 年，在美国北卡罗林纳州立大学进修；历任南京农业大学研究院副院长、副校长，南京农业大学校长。2001 年当选中国工程院院士。

　　长期从事作物遗传育种、生物统计与数量遗传学教学科研工作，主持开展了若干重要学术研究并取得突破与推广。搜集、研究以中国南方大豆地方品种为主的资源1.2万份，揭示了该群体主要经济性状的遗传潜势，创造出一批优异种质。将种质研究推广到基因组学领域，建立了中国大豆育成品种系谱图。提出了中国大豆品种熟期组划分方法和品种生态区划。针对大豆黄河中下游起源假设，提出了支持栽培大豆起源于南方野生群体的分子遗传学论据。主持国家大豆育种攻关，主持或参加育成南农73-935、南农88-31等50多个大豆新品种。建立了种质资源群体基因体系的关联分析和设计育种方法。

　　曾获国家教学成果奖一等奖、国家科学技术进步奖二等奖、中华农业英才奖；新中国成立60周年"三农"模范人物和世界大豆研究终身成就奖等奖项荣誉。

　　先后组织编写和修订了《试验统计方法》《作物育种学各论》等本科生教材和《植物数量性状遗传体系》研究生教材，入选"九五""十五""十一五"国家级重点教材、面向21世纪课程教材、教育部精品教材和全国高等农业院校优秀教材；2021年荣获"全国教材建设先进个人"称号。

　　截至2021年，发表论著600余篇（册）；培养、合作培养了150名以上博士后和博士、硕士研究生，为国家输送了一批优秀人才。

　　担任过第八届全国人民代表大会代表，世界大豆研究会（WSRC，第五届）延续委员会委员，国务院学位委员会学科评议组第三届、四届成员、召集人，中国作物学会第五届和六届副理事长、常务委员、大豆专业委员会第七届理事长，江苏省遗传学会第四届、五届理事长，江苏省科学技术协会第五届、六届常务委员等。

　　盖钧镒将一个甲子的岁月献给了我国的大豆遗传育种事业。

（中国江苏网评）

贲德　雷达专家

当选时间　2001 年当选中国工程院院士
学　　部　信息与电子工程学部
性　　别　男
民　　族　满族
籍　　贯　吉林长春
出生年月　1938 年 4 月 4 日

院士小传

　　贲德　雷达专家。南京航空航天大学电子信息工程学院院长，中国电子科技集团公司第十四研究所科技委副主任、科学技术协会主席。1963 年哈尔滨工业大学无线电工程系雷达专业毕业；1963 年被分配到信息产业部电子第十四研究所工作，历任专业组长、总体室主任、机载雷达部主任、副所长；1997 年起，任教授、科技委常委。2001 年当选中国工程院院士。

Zhu Yao Cheng Jiu
主要成就

长期从事雷达系统的研究、设计与开发工作。20 世纪 70 年代初，作为主要技术负责人之一，承担了我国第一部大型相控阵雷达的研制任务，参加了方案论证、工程设计、组织生产、安装调试的全过程，出色地完成了任务，为突破相控阵体制、掌握相控阵技术这一尖端项目做出了突出贡献。20 世纪 80 年代初，担任研制机载脉冲多普勒（PD）火控雷达的总设计师，在深入研究机载 PD 理论的基础上，提出了正确的研制途径。带领团队经过艰苦的探索，突破了 PD 关键技术，主持完成了雷达工程设计，解决了雷达在地面试验和飞行试验中出现的各种技术和工程上的难题，使 PD 雷达体制得以突破，是雷达领域中的重大成果。

先后获得原电子部科技成果奖特等奖 2 次、国家科学技术进步奖一等奖 1 次、国防科技重大贡献光华基金特等奖 1 次，荣获南京市第二届十大科技之星、2020 年度江苏省科学技术突出贡献奖等荣誉。

社会任职
She Hui Ren Zhi

担任原国防科工委雷达探测专业组成员，原电子工业部雷达与探测专业组副组长，原电子工业部军事电子专家委员会委员，江苏省暨南京市航空学会副理事长，南京信息工程大学、哈尔滨工业大学兼职教授，金陵科技学院双聘院士等。

人物综观
Ren Wu Zong Guan

贲德是中国 PD 火控雷达领域的奠基者和学科带头人，同时也是一位杰出的行政管理专家。

（中国院士馆评）

贲德院士是中国机载 PD 火控雷达领域的奠基者和学科带头人之一。

（金陵科技学院网络与通信工程学院评）

张耀明　　无机非金属材料专家

当选时间　2001 年当选中国工程院院士

学　　部　化工、冶金与材料工程学部

性　　别　男

民　　族　汉族

籍　　贯　江苏无锡

出生年月　1943 年 12 月 9 日

院士小传

张耀明　无机非金属材料专家。东南大学能源与环境学院教授、博士生导师，东南大学太阳能技术研究中心主任，南京中材天成新能源有限公司董事长。1965 年上海同济大学毕业，被分配到南京玻璃纤维研究设计院，担任副主任；1984 年起，任南京玻璃纤维研究设计院第三研究所代所长，之后担任所长；1993 年起，先后任南京玻璃纤维研究设计院副院长、院长（任期至 2001 年）；2002 年起，任南京市科学技术协会主席（任期至 2012 年）；2007 年被聘为东南大学能源与环境学院全职教授。2001 年当选中国工程院院士。

主要成就

早期从事非通信光纤和特种玻纤领域的研究，后拓展到太阳能采光、太阳热发电、太阳能跟踪聚光光伏发电技术、光伏光热综合利用技术领域。首创了 20 孔双坩埚拉丝工艺技术和特大双机头拉丝机、多排多孔共挤塑料光纤工艺等。研究的多组分玻璃光纤、塑料光纤、传像束等非通信光纤制造技术均达世界先进水平，部分技术处于国际领先地位，推动了我国非通信光纤领域的发展，形成了我国 10 多亿元的非通信光纤的产业规模。首创了代铂炉拉制高强度玻璃纤维及丝根针管风冷技术，主抓了国防四大重点工程"31 工程"防热材料用立体织物和"10 号工程"天线罩用玻璃纤维仿形织物的配套研制工作，为我国玻纤事业和国防军工做出了重要贡献。

先后主持和承担了国家、省部级重大科技攻关项目 20 多项。获得国家科技奖 6 项，其中，国家科技发明奖二等奖 1 项，国家科学技术进步奖二等奖 3 项、三等奖 1 项；获省部级科技进步奖二等奖 5 项、光华奖 1 项、杜邦奖 1 项；荣获原人事部、国家建材局授予的建材系统"劳动模范"等 10 多项荣誉称号；1995 年获王丹萍科学奖金。

发表著作和论文 30 余篇。申请专利 100 多项，其中发明专利 50 余项，获授权专利 50 多项；围绕太阳能的利用先后申请国家专利 60 余项，已获授权 30 余项。

社会任职

担任中国玻璃工业协会会长，中国硅酸盐学会副理事长、玻纤分会理事长，江苏省硅酸盐学会理事长，南京春辉科技实业有限公司董事长，南京市科学技术协会主席等。

人物综观

张耀明院士是我国太阳能发电的奠基人，2005 年在南京市江宁区建成全国首座"70kW 塔式太阳能热发电站"，开启了我国太阳能热发电的事业，并带领团队开发出全国首支"槽式太阳能热发电高温真空集热管"，在太阳能聚光光伏方面也起到了引领作用，为我国光伏事业的发展做出了重大贡献。

张耀明为中国玻纤事业和国防军工做出了重要贡献，在太阳能利用技术研究方面长期执着追求，享有"阳光院士"的美誉。　　　　　　　　　　　（东南大学能源与环境学院评）

欧阳平凯 生物化工专家

当选时间	2001 年当选中国工程院院士
学　　部	化工、冶金与材料工程学部
性　　别	男
民　　族	汉族
籍　　贯	湖南湘潭
出生年月	1945 年 8 月 16 日

　　欧阳平凯　生物化工专家。南京工业大学教授、前校长，国家生化工程技术研究中心主任。1945 年 8 月出生于广西平乐；1981 年毕业于清华大学并获工学硕士学位。2001 年当选中国工程院院士。

主要成就

长期从事生物化工领域的教学与科学研究。组建和领导了国家生化工程技术研究中心；创造性地提出了运用组合合成的方法构建与优化生物化工过程，在复杂的酶系中将反应与反应组合、反应与生物膜组合、反应与分离组合，使我国 FDP、L- 丙氨酸、L- 苯丙氨酸、L- 苹果酸的生产技术达到国际先进水平；首创了利用反应与分离耦合技术在高固含量拟低共熔体系所实现的单槽过程，大幅度提高了反应速度与产物浓度，缩短了流程，降低了成本；研发了包括气升式等系列高效生物反应器、生物分离等单元操作装置，率先形成批量生产与工程配套能力，促进了我国用生物技术生产专用化学品新领域的发展。

多次获得国家和省部级奖励，"反应分离耦合技术及其在酶法合成手征性化合物中的应用"项目获 2000 年国家科学技术进步奖一等奖，"反应分离耦合技术及其在生物转化中的应用"项目获 2000 年杜邦科技创新奖，2003 年获何梁何利基金科学与技术进步奖，"加强政产学研互动，着力培养一线创新人才"项目获 2009 年国家教学成果奖二等奖。

发表论文 300 余篇，出版专著 10 部，获得授权专利 70 余项。

社会任职

担任过江苏省科学技术协会第七、第八届委员会主席，世界化工联合会中方理事，国务院学科评议组成员，国家科技奖励委员会评审组委员，国家工程技术研究中心评审委员，国家"973 计划"项目首席科学家，国家"863 计划"专家委员会委员，国家中长期科学与技术发展规划专家，中国生物工程学会理事长，中国石油和化学工业联合会副会长，江苏省产业技术研究院院长，江苏省化学化工学会理事长，江苏省生物技术协会理事长等。

人物综观

欧阳平凯是世界生化工程方面最卓越的学者和教育家之一，在生物化工学术研究和交流领域做出了突出贡献。（2010 年滑铁卢大学授予欧阳平凯"荣誉博士"学位时评）

欧阳平凯院士作为立德树人的教育家，以"忠诚精实"的工大精神率先垂范；作为协同创新的科学家，以"顶天立地"的卓越精神圆梦"2011 计划"；作为"阳光经济"的思想家，以"生态文明"的远见卓识凸显校园示范效应，不愧是"明德、厚学、沉毅、笃行"的筑梦者。

（2013 年南京工业大学生物与制药工程学院党员大会上缪昌美代表学院党委讲话摘录）

陈左宁　计算机工程技术专家 »

当选时间 2001 年当选中国工程院院士

学　　部 信息与电子工程学部

性　　别 女

民　　族 汉族

籍　　贯 北京

出生年月 1957 年 10 月 23 日

院士小传 *Yuan Shi Xiao Zhuan*

　　陈左宁　计算机工程技术专家。国家并行计算机工程技术研究中心总工程师，中国工程院党组成员、副院长。1976 年参加工作；1997 年起，任国家并行计算工程技术研究中心总工程师；1999 年获得浙江大学工学硕士学位；2014 年起，任中国工程院副院长；2015 年担任国家制造强国建设领导小组成员；2016 年当选中国科学技术协会第九届副主席。2001 年当选中国工程院院士。

主要成就

长期致力于国产自主可控计算机系统软件和高性能计算机系统的研发工作。主持设计了第一个与国际工业标准兼容的国产并行操作系统；参与主持并设计了多台国产超级计算机，其性能技术指标数次位列世界第一；创新研发了基于国产 CPU 的具有自主知识产权、兼容主流标准的全套系统软件；创新性地提出了基于新一代网络和安全基础设施的某系统云体系架构，并在领域内完成了示范系统建设；在工程院工作期间，领衔承担并完成了多项国家信息领域重大战略咨询课题，引领我国云计算、大数据、人工智能等新兴行业迈入国际前列。

获国家科学技术进步奖特等奖（2 次）、国家科学技术进步奖一等奖（2 次）、"求是"奖、中国青年科技奖、中国青年科学家奖、国家级"有突出贡献的中青年专家"称号等荣誉。

在国内外重要学术刊物上发表论文数十篇，出版专著（译著）2 部，培养出博士、硕士研究生数十名。

社会任职

担任过中国共产党第十九次全国代表大会代表，中国共产党第十七届、十八届中央候补委员，第十届全国人民代表大会代表，全国妇联第十一届执行委员和常务委员，中国科学技术协会第九届副主席，中国计算机学会副理事长等；兼任多所院校教授及博士生导师等。

人物综观

先后主持或参与主持了多台国产高性能计算机系统研制工作。牵头承担了多项国家重大战略咨询课题，是我国信息领域学科带头人，为提升我国高性能计算、大数据和人工智能计算装备的自主创新能力、国产计算机系统核心软硬件国产化做出了重大贡献。

每每提起"科研"二字，陈左宁的精神头特别足。她认为科学最美的地方，就是对未知的探索和探求。作为科学家，全身心投入具体的研究课题中，能够解决一个科学问题或者一个技术问题，就是人生最大的乐趣。

（澎湃新闻评）

王景全   渡河（海）工程技术专家、
桥梁工程专家

当选时间 2003 年当选中国工程院院士

学　　部 土木、水利与建筑工程学部

性　　别 男

民　　族 汉族

籍　　贯 辽宁绥中

出生年月 1937 年 11 月 8 日

院士小传

王景全　解放军渡河（海）工程技术专家、桥梁工程专家。全军英模代表、一等功臣，解放军陆军工程大学教授、博士生导师，技术一级、文职特级。1937 年 11 月出生于江西南昌；1961 年哈尔滨军事工程学院（现中国人民解放军军事工程学院）毕业，进入工程兵工程学院（现中国人民解放军陆军工程大学）渡河教研室工作；1987 年至 1999 年，在工程兵工程学院道路桥梁与渡河教研室工作；1999 年起，任解放军理工大学（现中国人民解放军陆军工程大学）工程兵工程学院教授；2001 年被评为全国优秀科技工作者。2003 年当选中国工程院院士。

主要成就

主持与实施了应急机动保障工程、桥梁工程防灾减灾、海上风能基地建设以及岛礁开发建设等重大项目的战略咨询研究和关键技术创新研究，取得了丰硕成果。潜心研究克服长江、黄河天堑的浮桥渡河技术，创造性地解决了我军战时南北机动的难点问题；发展了舟桥应用理论和克服各类水障碍工程技术，有力推动了学科建设及新装备研制；参与发起并开展"多用途浮箱"研制，攻克了多箱随机复杂拼组及高适应性等关键技术，研制出具有国际先进水平的新一代交通战备器材。在国防安全、经济发展、主权维护等方面发挥了重要作用。

获国家科学技术进步奖二等奖（2次）、军队科技进步奖一等奖（3次）、军队科技进步奖二等奖（3次）、中国人民解放军专业技术重大贡献奖、军队院校育才奖金奖等奖项，还获评全军优秀教师，享受国务院政府特殊津贴，多次立功受奖、荣立一等功。

发表论文40余篇，出版专著2部，获国防发明专利8项。

社会任职

担任过中国工程院咨询委员会委员，上海交通大学船舶与海洋工程国家重点实验室学术委员会委员，国家长大桥建设工程研究中心学术委员会委员，在役长大桥梁安全与健康国家重点实验室学术委员会委员，中国土木工程学会防护工程分会常委理事，南京水利科学研究院学术委员会委员，东南大学混凝土及预应力混凝土结构教育部重点实验室学术委员会委员，中铁大桥局某有限公司高级技术顾问，东南大学桥梁研究中心学术委员会委员，广西大学川藏铁路特大桥梁工程研究院学术委员会委员等。

人物综观

入伍60多年一直在军事渡河（海）工程教学与科研一线工作。坚持教书育人，坚持教为战，培养了大批国内外高素质军事工程人才；紧密结合军事斗争准备及现代作战保障需求，主动开展现代战场保障科学问题探讨和相关重大关键技术攻关。进行的渡河（海）工程特种保障技术研究，为部队强渡江河及渡海登陆作战机动提供了新技术手段；军地交通一体化研究，提高了交通运输快速保障和综合保障能力；军用浮桥工程研究，为部队机动克服特大江河障碍提供了技术保障；多浮体结构工程理论研究，构建了现代战争条件下高效登陆基地。

王景全是中国著名桥梁工程专家，他的研究为构建现代战争条件下的高效登陆基地以及深远海多礁开发建设等战略咨询做出了杰出的贡献。　　　　　（东南大学评）

刘怡昕 武器系统与运用工程专家 ▶▶

当选时间　2003 年当选中国工程院院士

学　　部　机械与运载工程学部

性　　别　男

民　　族　汉族

籍　　贯　江苏南京

出生年月　1941 年 3 月 29 日

院士小传

刘怡昕 武器系统与运用工程专家。陆军炮兵防空兵学院南京校区教授、博士生导师，少将军衔，专业技术一级。南京理工大学特聘教授、博士生导师。1959 年进入原中国人民解放军军事工程学院（时称"哈军工"）主修火箭设计专业；1964 年毕业，先后在国防系统研究所与院校从事国防教育和科研工作，在武器系统研制与运用和人才培养方面取得突出成就，特别是在武器系统研制与运用结合中做出开创性贡献；1996 年被授予专业技术少将军衔，是全军初级指挥院校第一位将军教授。2003 年当选中国工程院院士，是全军指挥院校第一位工程院院士。

主要成就

长期从事国防教育和科研工作，是武器系统与运用工程学科的开拓者与奠基者，我国兵器学科与作战指挥学科的带头人。

24项成果获国家级和军队科技进步奖、技术发明奖及教学成果奖，被评为国家级"有突出贡献的中青年专家"、全国优秀科技工作者、全国优秀教师、全军教书育人优秀教员、全军优秀共产党员，享受国务院政府特殊津贴；获全军育才金奖、专业技术重大贡献奖、人梯奖、国防科技创新团队奖等；荣立二等功4次，三等功4次；获庆祝中华人民共和国成立70周年纪念章和光荣在党50年纪念章等。是全军"创业在军营"英模报告团成员和中国共产党第十四次全国代表大会代表。

出版专著24部，主编教材12部，发表学术论文360余篇，获授权专利10余项，指导并培养出硕士、博士、博士后、领军人才和首席科学家等100余人。

社会任职

担任过原总装科技委兼职委员，中国工程院第四届、五届机械与运载工程学部常委和教育委员会委员，中国军事科学学会理事，中国兵工学会理事，中国发射动力学学会监事长、顾问，《兵工学报》顾问，国家科技奖评委，复杂装备系统动力学前沿科学中心战略咨询委员会委员，复杂装备系统动力学工信部重点实验室学术委员会主任，智能弹药技术国防重点学科实验室学术委员会名誉主任，特种能源材料教育部重点实验室学术委员会主任等。

人物综观

刘怡昕学识超前、富于创新、成果丰硕、著作等身。原总参谋部为庆祝建党70周年专门为他拍摄了专题片《魂系战神》并作词曲《战神之魂》，在全军和中央与地方电视台播放。时任总参谋长迟浩田上将说："刘怡昕同志是活着的雷锋、活着的焦裕禄。是我们学习的榜样。"曾参加由6名成员组成的"全军创业在军营"英模报告团，在全军巡回报告，受到时任总书记江泽民同志的接见。2000年，教育部、原总参谋部、原总政治部联合举办"刘怡昕先进事迹报告会"，并作巡回报告；此后他参加全军院校政治工作会议并作报告，再次受到江泽民总书记接见。时任总参谋长傅全有上将说："刘怡昕同志是新时期军校教员的楷模、教书育人的典范、科技强军的尖兵。"原总参谋部同时出版了《新时期军校教员的楷模——将军教授刘怡昕》一书。

刘怡昕在武器系统研制与运用和人才培养方面做出了突出贡献，特别是在武器研制与运用结合中做出了开创性贡献。　　　　　　　　　　　　（中国工程院评）

刘怡昕身为将军教官，学识超前，学位显赫。　　　　　　　　（《解放军报》评）

刘志红   肾脏病学家

当选时间　2003 年当选中国工程院院士

学　　部　医药卫生学部

性　　别　女

民　　族　汉族

籍　　贯　新疆库尔勒

出生年月　1958 年 12 月 26 日

院士小传

刘志红　肾脏病学家。东部战区总医院国家肾脏疾病临床医学研究中心主任，江苏省肾脏疾病临床医学研究中心主任，全军重点实验室主任。1982 年毕业于新疆医科大学，获学士学位；1989 年毕业于第二军医大学，获硕士研究生学位，毕业后进入原南京军区总医院肾脏病研究所工作；1993 年至 1995 年，在美国国立卫生研究院（NIH）研修学习；1995 年至 1996 年，在美国华盛顿大学医学院做访问学者；1996 年年底，回到原南京军区总医院肾脏病研究所工作，任主任医师、教授、博士生导师；曾任南京大学医学院院长；2018 年起，任浙江大学医学院院长；2020 年当选中国医学科学院学部委员。2003 年当选中国工程院院士。

主要成就

作为国际著名的肾脏病学家和临床医学科学家，国家"973计划"项目的首席科学家，其成果卓著。所率领的学科在全国医学专科排行榜中始终名列前茅。在国际上首创了多靶点疗法和基于肾组织病理选择免疫抑制剂治疗等新方法和新策略，提高了疗效。研究成果被多部国际、国内指南推荐，并在国内外广泛推广应用，为提高肾脏疾病诊疗水平，改善患者远期预后做出了突出的贡献。

承担完成国家"863计划"项目课题、科技部"重大新药创制"科技重大专项、国家科技支撑计划项目、国家"精准医学"重点研发计划项目等多个重大项目。

获国家科学技术进步奖二等奖4项、中华医学科技奖一等奖1项、教育部自然科学一等奖1项、教育部科技进步奖一等奖2项、江苏省科技进步奖一等奖1项、江苏省医学科技奖一等奖1项、军队科技进步奖一等奖2项、军队医疗成果奖一等奖2项，获中国科协青年科技奖、中国科协"求是"杰出青年工程奖、中国工程院光华工程科技奖、中国医学科学家奖、军队专业技术重大贡献奖等多项荣誉，先后荣立个人一等功1次、二等功1次、三等功3次，享受国务院政府特殊津贴。

发表论文600余篇，SCI收录200余篇；出版中文专著4部，英文专著1部，肾脏病科普丛书1套；牵头制定了5部临床诊治指南和多项行业规范；培养出博士后22名，博士研究生110余名，硕士研究生100余名。

社会任职

担任中国共产党第十六次全国代表大会代表，全国政协第十届、十一届和十二届委员会委员，中国科学技术协会第十届委员会委员，江苏省科学技术协会第七届至十届委员会副主席，中国工程院医药卫生学部第八届、九届常委，中华医学会理事会常务理事，中华医学会肾脏病学分会第九届主任委员，全军第九届、十届医学科学技术委员会副主任委员、内科领域主任委员，国际肾脏病学会（ISN）常务理事，国际肾脏病全球改善预后委员会（KDIGO）常务理事，美国布朗（Brown）大学医学院客座教授，《肾脏病与透析肾移植杂志》总编辑，*Kidney Diseases* 主编等。

人物综观

作为杰出的临床医学科学家，最能体现其学术特质是对临床问题的敏锐、重大问题的把握、关键科学问题的凝练等。既能在一个疾病研究上坚持几十年，又能在一些新兴领域里成绩卓著。在 IgA 肾病、狼疮性肾炎、糖尿病及代谢性肾脏病、足细胞病、遗传性肾病、疑难罕见肾脏病和血液净化治疗方面取得了一系列创新实用的成果。作为首批国家临床医学研究中心，为健康中国战略提供了强有力的支撑。

程泰宁　建筑学专家 >>

当选时间	2005 年当选中国工程院院士
学　部	土木、水利与建筑工程学部
性　别	男
民　族	汉族
籍　贯	江苏南京
出生年月	1935 年 12 月 9 日

Yuan Shi Xiao Zhuan 院士小传

　　程泰宁　建筑学专家。全国工程勘察设计大师，筑境设计主持人。被新浪网评为中国第三代建筑大师的代表人物之一，被亚洲建筑师协会官网评为当代中国建筑学领域的领军人物之一。1956 年 7 月，毕业于南京工学院（现东南大学）；1956 年 7 月起，在中国科学院土建研究所工作；1956 年 1 月起，在中华人民共和国建设委员会建筑科学院筹备处工作；1958 年 2 月起，在中华人民共和国建筑工程部建筑科学研究院工作；1968 年 1 月起，在中华人民共和国建筑工程部标准设计研究院工作；1971 年 2 月起，在山西省临汾地区设计院工作；1981 年 2 月起，任杭州市建筑设计研究院室主任、院长兼总建筑师；2003 年起，任中联·程泰宁建筑设计研究院（现筑境设计）主持人；2008 年 9 月起，任东南大学教授、博士生导师，东南大学建筑设计与理论研究中心主任。2005 年当选中国工程院院士。

Zhu Yao Cheng Jiu
主要成就

一直致力于中国建筑设计理论的研究，提出在中国哲学、美学的基础上，建构中国建筑理论的框架体系。实现了中国建筑理论的创新性发展，承担了多项中国工程院咨询研究课题。成果得到中央领导的高度重视，也引发了专业领域内部相关研究的持续深入，对推动中国建设事业健康可持续发展起到重要作用。

参加过北京人民大会堂等重大工程的方案设计，主持设计了南京博物院、浙江美术馆、加纳国家大剧院等国内外重要工程150余项。

获国家、省部级奖励数十项。1991年获国家级"有突出贡献的中青年专家"称号，2000年被评为"中国工程设计大师"，2004年获中国建筑师最高奖——梁思成建筑奖；3项作品获国际建筑师协会第20届大会当代中国建筑艺术展艺术创作成就奖，2项入选"中华百年建筑经典"，2项入选国际建协（UIA）《廿世纪世界建筑精品选》（该选集选出了全球100年中的1 000件优秀作品）；2018年作品被收入国际知名出版机构——澳大利亚IMAGE出版集团的《世界建筑大师系列》丛书，成为入选该丛书的第一位，也是目前唯一的中国建筑师。

发表论文近百篇，出版学术专著13本、《程泰宁建筑作品选》等作品集5本。截至2022年，指导并培养出博士后研究生2人、博士研究生21人、硕士研究生55人。

社会任职

担任中国建筑文化研究会名誉副会长，浙江大学等校兼职教授等。

人物纵观

程泰宁将"天人合一"作为自己的一种建筑观，加上"理相合一""情景合一"，三个"合一"构成了他的创作理念。大师的理论见解和建筑精品的名声早已播于海内外，无疑，应是众多才华横溢的中国建筑师中的杰出代表之一。　（《华中建筑》摘评）

第一位被国外知名出版机构收入世界建筑大师系列的中国建筑师。他长期致力于中国现代建筑发展道路的探索，在梁思成、杨廷宝、沈理源、陈植等中国近代建筑设计先驱身后，以南京长江大桥、加纳国家大剧院、南京博物院、浙江美术馆等作品，在中国的建筑历史进程中留下了自己的印记，成为名副其实的"中国工匠"。（澎湃新闻网评）

一生致力于探索现代中国建筑发展之路的程泰宁，始终在践行一个中国建筑师应该承担的责任。
（《中国科学家》摘评）

程顺和　　作物遗传育种专家

当选时间	2005 年当选中国工程院院士
学　部	农业学部
性　别	男
民　族	汉族
籍　贯	江苏溧阳
出生年月	1939 年 9 月 2 日

院士小传

程顺和　　作物遗传育种专家。江苏里下河地区农业科学研究所研究员，扬州大学博士生导师。1962 年毕业于南京农学院（现南京农业大学）；1962 年至 1966 年，在泰兴稻麦良种场从事小麦育种和稻麦良种繁育工作；1966 至 1972 年，调入扬州农业学校（现扬州环境资源职业技术学院）任教；1972 年调入江苏里下河地区农科所从事小麦育种与栽培研究。2005 年当选中国工程院院士。

从事小麦育种工作40余年，参与育成扬麦3号、扬麦4号，主持育成扬麦5号、扬麦158号、扬麦9号至扬麦40号、扬糯麦1号和扬糯麦2号等。扬麦5号、扬麦158初步解决了温暖湿润生态区小麦育种中广适高产与抗赤霉病相结合的世界难题，分别是我国20世纪80年代和90年代种植面积最大的小麦品种，分别于1991年和1998年获国家科学技术进步奖一等奖。扬麦10号至扬麦12号、扬麦21号等抗白粉病系列品种的育成和应用，实现了"滚动回交与遗传标记相结合的聚合育种体系"的构建。扬麦13号适应了中国小麦品质结构性调整的需求，是中国累计推广面积最大的弱筋小麦品种，促使长江下游发展成为中国最大的弱筋小麦生产基地。扬麦16号填补了生产上耐迟播、灌浆快、脱水快、成熟早的大面积小麦品种的空白，实现了迟播早熟高产，保障了稻麦周年增产，连续8年被列为全国小麦主导品种。扬麦33赤霉病抗性突出同时兼抗白粉病等，综合性状优良，实现了抗赤霉病与高产协同遗传改良的重大突破，育成品种累计种植6亿亩以上，增产粮食200亿千克，是中华人民共和国成立以来长江下游小麦品种第四、第五、第六次大面积更换的主体品种。

1997年被江苏省政府记一等功，2009年获新中国成立60周年江苏省十大杰出科技人物，2012年获江苏省科学技术突出贡献奖，2014年被评为中国种业十大功勋人物等，还曾获中华农业科教基金奖、何梁何利基金科学与技术进步奖、王丹萍科学奖、大北农科技奖、刘永龄科技奖、国家级"有突出贡献的中青年专家"、国家"八五"科技攻关先进个人、国家"863计划"十五周年先进个人、江苏省劳动模范、江苏省农业科技功臣等荣誉。

发表学术论文40余篇，出版《中国南方小麦》等著作。

担任江苏省第五届自然科学基金委员会委员，南京农业大学作物遗传与种质创新国家重点实验室第二届学术委员会委员，中国作物学会第八届理事会常务理事，中国农业科学院第六届学术委员会委员等。

程顺和院士被誉为"南方麦王"，是中国著名的作物育种学家。（《扬州日报》评）

他是麦田里"土生土长"的农业专家，五十年耕耘小麦育种事业，孕育出一代又一代优质良种；他是地方科研院所走出的院士，半辈子踏实科研，服务社会，保障粮食安全和科技兴农富民是他始终不渝的初心和使命。　　　　（九三学社江苏省委会摘评）

刘秀梵　动物传染病学专家 »

当选时间　2005 年当选中国工程院院士
学　　部　农业学部
性　　别　男
民　　族　汉族
籍　　贯　江苏靖江
出生年月　1941 年 5 月 19 日

院士小传 *Yuan Shi Xiao Zhuan*

　　刘秀梵　动物传染病学专家。扬州大学兽医学院教授、博士生导师。1965 年毕业于苏北农学院（现扬州大学）兽医专业；1965 年至 1980 年，在江苏农学院（现扬州大学）工作；1980 年至 1982 年，作为访问学者到美国密西根州立大学学习兽医（生物技术）；1980 年至 1986 年，在江苏农学院工作；1990 年至 2007 年，任扬州大学农业部重点开放实验室主任；1993 年至 2001 年，任扬州大学江苏省生物工程重点实验室学术委员会主任；1995 年至 1998 年，任扬州大学动物医学系主任；1998 年至 2004 年，任扬州大学兽医学院副院长；2004 年起，在扬州大学兽医学院工作；2015 年入选世界兽医家禽协会荣誉堂。2005 年当选中国工程院院士。

Zhu Yao Cheng Jiu 主要成就

主要从事畜禽传染病流行病学与发病机理研究。在禽流感、新城疫等重要动物传染病的流行病学与致病机理方面开展了系统的研究工作，先后研制出用于禽流感（H9N2亚型）、鸡传染性法氏囊病、马立克氏病和新城疫等疫病预防的 8 种新型疫苗，取得了新兽药证书（其中 2 个为一类新兽药证书），并在全国范围内得到了推广应用，产生了显著的社会效益与经济效益。

先后获国家技术发明奖二等奖 1 项，国家科学技术进步奖二等奖 1 项，江苏省科技进步奖一等奖 2 项、二等奖 2 项，原农业部科技进步奖二等奖 1 项；还获中国农业英才奖和何梁何利基金科学与技术成就奖等奖项。

在国内外学术刊物上发表论文 400 余篇，其中 SCI 收录 100 余篇；主编了《新城疫》《兽医流行病学》和《单克隆抗体在农业上的应用》；获国家发明专利 8 项；培养出博士、硕士研究生 180 多名，指导的 1 篇博士论文被评为全国百篇优秀博士学位论文。

She Hui Ren Zhi 社会任职

担任过全国政协第十一届委员会委员，第八届、九届、十届全国人民代表大会代表，政协江苏省委员会常务委员，中国畜牧兽医学会传染病分会副理事长、生物技术分会副理事长，国务院学位委员会兽医学科评议组成员，第五届国际马立克病研讨会国际科学咨询委员会成员，农业部第五届科技委员会委员，农业部兽药审评委员会委员，农业部生物技术专家顾问组成员，农业部教学（教材）指导委员会兽医学科组委员、副组长，中国畜牧兽医学会理事（江苏分会副理事长），江苏省生物技术协会副理事长等。

Ren Wu Zong Guan 人物综观

刘秀梵以身作则，言传身教，带领团队始终站立在教育教学、科研创新和社会服务的一线，带领团队潜心禽病防控研究，对标世界先进水平，服务国家发展需要，先后研创出一批具有自主知识产权的重大科研创新成果，在国际上产生了重要影响。

（《中青在线》评）

刘秀梵是中国著名动物传染病学专家，国家重点学科预防兽医学学科带头人。

（中国畜牧兽医学会评）

徐南平 化学工程专家

当选时间 2005 年当选中国工程院院士
学　　部 化工、冶金与材料工程学部
性　　别 男
民　　族 汉族
籍　　贯 安徽桐城
出生年月 1961 年 4 月 5 日

院士小传

　　徐南平 化学工程专家。1982 年从合肥工业大学无机化工专业毕业；1985 年获得上海化工研究院无机化工专业硕士学位后留院工作；1989 年获得南京化工学院（现南京工业大学）化学工程专业博士学位，后留校工作，历任讲师、副教授、教授；1996 年至2001 年，历任南京化工大学研究生处处长、化工学院院长； 2001 年至 2008 年，任南京工业大学党委常委、副校长；2007 年任材料化学工程国家重点实验室主任；2008 年至2015 年，历任江苏省政府党组成员、省长助理、省科技厅厅长、省政协副主席、副省长；2015 年至 2021 年，任科技部副部长、党组成员。2005 年当选中国工程院院士。

　　是中国陶瓷膜产业和材料化学工程学科的开拓者之一。在技术上解决了陶瓷膜及膜材料的微结构控制和膜形成的关键问题，为陶瓷膜技术在能源、水资源、环境保护和传统产业改造领域的重大应用工程奠定了知识产权和技术基础，在我国形成了具有国际竞争力的陶瓷膜新产业。提出了"用化学工程学科的理论与方法解决材料制备工程化问题和依托新材料发展新的分离与反应技术"的学术思想，自主设立了材料化学工程博士点，建成了材料化学工程国家重点实验室和国家特种分离膜工程技术研究中心，促进了我国膜领域的发展和材料化学工程学科的形成。

　　研究成果转化培育了江苏久吾、江苏九天、南京九思等10多个高科技企业，服务了近千家企业，产生了显著的社会经济效益。

　　先后获得国家技术发明奖二等奖1项、国家科学技术进步奖二等奖2项、国家科学技术进步奖三等奖1项和省部级科技奖励17项，以及"全国杰出专业技术人才"称号和2001年国家杰出青年科学基金项目资助。

　　截至2021年，先后发表SCI论文300余篇；出版著作4部；获授权发明专利110余项，其中美国专利2项。

　　担任中国共产党第十八次全国代表大会代表，全国政协第十一届委员会委员，中国科学技术协会第七届全国委员会委员，国务院学位委员会第七届学科评议组专家，国际无机膜标准化委员会委员，国家"863计划"新材料领域专家委员会委员，国家"973计划"项目首席科学家，*Advanced Membranes* 名誉主编，《高校化学工程学报》编委会副主任委员，《化工学报》《膜科学与技术》编委会顾问等。

　　徐南平主持的南京工大膜科学技术研究所成为国际无机膜学术界高水平实验室之一，他主持研发的陶瓷膜制备技术及产品也占到了国内市场的三分之二，而且陶瓷膜技术将在节约资源与能源、净化环境方面发挥越来越重要的作用。　　　（《人民日报》评）

张全兴　环境工程和高分子材料专家 >>>

当选时间 2007 年当选中国工程院院士

学　　部 环境与轻纺工程学部

性　　别 男

民　　族 汉族

籍　　贯 江苏常州

出生年月 1938 年 12 月 10 日

院士小传

　　张全兴　环境工程和高分子材料专家。南京大学环境学院教授、博士生导师。1957年考入南开大学化学系；1960 年提前毕业后留在南开大学化学系和高分子化学研究所工作；1985 年进入江苏石油化工学院（现常州大学）设计研究所任所长；1993 年进入南京大学环境学院任教；2009 年荣获"全国模范教师"称号。2007 年当选中国工程院院士。

主要成就

中国离子交换与吸附技术的主要开拓者之一，树脂吸附法治理有毒有机工业废水及其资源化领域的开创者。在国内率先开展了大孔离子交换与吸附树脂的合成与应用研究，研制成功系列大孔离子交换树脂和超高交联吸附树脂，广泛应用于工业水处理、有机催化等领域。在水污染防治方向从事的复合功能等特种树脂的合成与性能研究，以及树脂吸附理论、吸附新技术和新工艺的研究及其工程应用，引领和推动了我国高浓度难降解有机工业废水治理与资源化，为工业水污染治理与节能减排和重点流域水环境安全做出了突出贡献。2010年以来，针对我国"白色污染"控制的难题，组织团队开展绿色聚乳酸系列环境友好材料的研发与产业化，取得了重要进展。

长期致力于水污染控制理论和应用研究，在有机污染物分子与树脂结构耦合关联分离理论、树脂法用于高浓度难降解有毒有机化工废水治理与资源化新领域取得了系列开拓性创新成果，为工业水污染治理与节能减排和长江、淮河、太湖等流域水环境安全做出了重要贡献。主持（或参与）了国家、省部级科技项目40余项。

先后获1987年国家自然科学奖二等奖，2001年国家科学技术进步奖二等奖，2006年何梁何利基金科学与技术创新奖，以及2007年、2015年国家技术发明奖二等奖等奖项。

截至2022年，发表研究论文381篇；获国家授权发明专利95项，美国、日本、英国等国专利14项。

社会任职

担任南京大学国家有机毒物污染控制与资源化工程技术研究中心名誉主任，江苏省太湖污染控制与蓝藻治理专家委员会副主任，《离子交换与吸附》期刊主编等；曾任南京大学环境工程教研室主任、环科所副所长，国家和省部级工程技术研究中心主任，教育部第三届、六届科技委地学与资源环境学部委员，国家环境咨询委员会委员等职。

人物综观

张全兴是中国离子交换与吸附技术发展的主要开拓者之一，在中国最早将树脂吸附技术融合到环境工程领域，自主开创了树脂法治理有毒有机工业废水及其资源化的新领域，为长江、太湖等重点流域的水质安全、重点化工行业污染控制和节能减排做出了重要贡献。此外，在功能高分子材料和环境友好材料合成、性能和应用研究方面也取得了很多成果，为中国高等教育和环境保护的发展做出了突出贡献。

（南京大学环境学院评）

张建云　水文水资源专家

当选时间　2009 年当选中国工程院院士
学　部　土木、水利与建筑工程学部
性　别　男
民　族　汉族
籍　贯　江苏沛县
出生年月　1957 年 8 月 1 日

院士小传

　　张建云　水文水资源专家。南京水利科学研究院名誉院长，水利部应对气候变化研究中心主任、教授级高级工程师、博士生导师。1982 年毕业于华东水利学院（现河海大学）水文系，同年进入原水电部水利调度中心担任工程师；1987 年获得河海大学水文水资源专业工学硕士学位；1987 年至 1996 年，担任水利部南京水文水资源研究所研究室主任；1992 年获得爱尔兰国立大学水文专业一等荣誉理学硕士学位；1996 年获得爱尔兰国立大学土木及环境工程专业博士学位；1996 年至 2006 年，担任水利部水文局总工程师、副局长，国家防汛指挥系统工程副总设计师、总设计师，国家防汛指挥系统工程建设办公室副主任；2006 年至 2019 年，担任南京水利科学研究院院长、党委书记；2014 年当选英国皇家工程院外籍院士；2019 年起，担任长江保护与绿色发展研究院院长。2009 年当选中国工程院院士。

主要成就

长期从事水文水资源、防汛抗旱减灾、气候变化影响、水生态治理与保护等方面的科研工作。作为总设计师，全过程主持了国家防汛抗旱指挥系统工程设计及一期工程建设，创新设计了全国防汛信息传输系统，研发了中国洪水预报系统，为国家防汛减灾做出了突出贡献；研发了大坝安全管理技术和信息系统，全面提升了国家水库大坝安全保障能力和管理水平；引领了水利应对气候变化领域的研究，构建了全国尺度分布式气候变化影响评价系统，为应对气候变化做出了重要贡献。

先后主持完成国家重点研发计划项目、国家科技攻关（科技支撑计划）、"863 计划"项目、"973 计划"项目、国家自然科学基金重点基金等重大科研项目 30 余项。

获国家科学技术进步奖一等奖 2 项、二等奖 5 项，省部级特等奖 4 项、一等奖 6 项，以及国家级"有突出贡献的中青年专家"、全国先进工作者、全国优秀留学回国人员、全国杰出专业技术人才、何梁何利基金科学与技术进步奖、江苏省首批中青年首席科学家、国务院政府特殊津贴等荣誉。

截至 2022 年，发表论文 300 余篇，出版专著 7 部、译著 1 部。

社会任职

担任国际水文科学协会中国国家委员会名誉主席，国家气候变化专家委员会委员，国务院南水北调工程专家组副主任委员，中国大坝工程学会副理事长，中国水资源战略研究会副理事长，江苏省科学技术协会第九届、十届委员会副主席，《水科学进展》杂志主编等。

人物综观

张建云在水文学和洪水预报领域是国际有重要影响的水利工程师之一。

（英国皇家工程院评）

张建云从 2006 年担任南京水科院院长以来，带领全院职工不断开拓创新，努力工作，刻苦钻研，深化改革，全院科研、科技开发工作稳步快速发展，取得显著成绩。

（南京水利科学研究院评）

张建云多年来在科研领域有着勤奋严谨的态度和求实创新的精神，兢兢业业、刻苦钻研、勇攀科技高峰。　　　　　　　　　　　　　　　　　（《中国水利报》评）

王学浩 　肝胆外科、肝脏移植学专家 ▶▶▶

当选时间 　2011 年当选中国工程院院士

学　　部 　医药卫生学部

性　　别 　男

民　　族 　汉族

籍　　贯 　江苏南京

出生年月 　1942 年 1 月 29 日

Yuan Shi Xiao Zhuan
院士小传

　　王学浩 　肝胆外科、肝脏移植学专家。江苏省人民医院（南京医科大学第一附属医院）肝脏移植中心主任。1965 年毕业于南京医科大学医疗系，获学士学位，同年进入南京医科大学第一附属医院工作；1982 年毕业于南京医科大学，获硕士学位；1983 年 9 月至 1985 年 10 月，在美国匹兹堡大学 Dr.Starzl 研究所研修肝脏外科和肝脏移植外科；1992 年起，任南京医科大学第一附属医院肝移植中心主任。2011 年当选中国工程院院士。

主要成就

是国际上开展肝癌介入治疗的先行者和开创者之一，也是江苏自主培养的第一位医卫界院士。在美国匹兹堡大学研修期间，主持肝癌现代外科手术治疗万余例，总体疗效国际领先。1986 年在国际上率先报道了碘化油肝动脉造影诊断肝癌，为当代肝癌现代介入治疗奠定了基础。1995 年 1 月，开展了国内首例活体肝移植，创造了国内多项第一，并向全国推广，对我国活体肝移植的深入发展起到引领和推动作用。近年来，在国际上首次采用调节性 T 细胞诱导移植免疫耐受并率先应用于活体肝移植临床，已取得初步疗效，在该领域的研究起到了引领作用。

2020 年 12 月 19 日，入选国家健康科普专家库第一批成员名单。获国家科学技术进步奖及省部级奖项多项，以及先后获全国卫生系统先进工作者、江苏省白求恩式卫生工作者、江苏省劳动模范、江苏省优秀共产党员标兵、南京市科技功臣、全国先进工作者、中国好医生、中国医学科学家等多项荣誉。

以通讯作者或第一作者身份在 *Science Translational Medicine*、*Hepatology*、*Journal of Hepatology*、*Signal Transduction and Targeted Therapy* 等 SCI 期刊上发表论文 400 余篇。

社会任职

担任中国医学科学院学部委员，南京医科大学第一附属医院肝胆中心主任，国家卫健委器官移植临床重点专科主任，国家卫健委肝脏移植重点实验室主任，中国医学科学院肝脏移植重点实验室主任，中国研究型医院学会消化外科专业委员会主任委员，中国人体器官捐献和移植委员会委员，中国肝癌精准治疗联盟主席，中华微免分会移植免疫学组组长，江苏省医师学会肝癌专业委员会主任委员，江苏省医学会副会长，南京市科学技术协会副主席，*Annals of Translational Medicine*（SCI）主编等。

人物综观

王学浩还率先在中国大陆建立活体肝移植技术规范化体系，完成活体肝移植领域多项开拓性工作，将活体肝移植技术向全国 20 余个省市推广，为活体肝脏移植在我国深入发展起到引领和推动作用。他还解决了诸多肝脏外科领域的疑难病症，并开创了我国肝癌早期定位和定性诊断，为肝癌的介入治疗奠定了基础。　　　　（《江苏工人报》评）

缪昌文　　建筑材料专家　▶▶▶

当选时间	2011 年当选中国工程院院士
学　部	土木、水利与建筑工程学部
性　别	男
民　族	汉族
籍　贯	江苏姜堰
出生年月	1957 年 8 月 19 日

院士小传 *Yuan Shi Xiao Zhuan*

　　缪昌文　建筑材料专家。东南大学材料科学与工程学院教授、博士生导师、校学术委员会主任，江苏省建筑科学研究院有限公司董事长。1982 年毕业于南京工学院（现东南大学），毕业后进入中国水利水电科学研究院工作；1984 年 7 月，到江苏省建筑科学研究院工作，先后任副所长、副院长、院长；1986 年至 1987 年，赴丹麦技术大学做访问学者；2002 年起，任江苏省建筑科学研究院有限公司董事长；2011 年调入东南大学工作。2011 年当选中国工程院院士。

主要成就

长期从事土木工程材料理论研究与工程技术应用研究，40多年来，一直活跃在我国重大工程建设项目的第一线。研究出生态型高与超高性能结构混凝土材料，研究成果被鉴定为达到国际领先水平；发明了混凝土早期自身变形测试方法及装置，首次建立了早龄期毛细管负压的自动测试系统，同时发展了毛细管张力理论。在高性能混凝土的理论研究、性能设计和制备技术方面，利用现代科学测试手段对混凝土的微结构形成及发展进行了较系统的研究；在混凝土耐久性提升技术方面，运用分子裁剪理论和接枝共聚技术，发明了中国第一代接枝共聚型混凝土外加剂。

先后承担了国家、省部级科研项目30余项。在混凝土基础理论的研究、多功能土木工程材料的研发等方面取得了多项成果，并成功通过了重大工程项目建设的检验，为我国工程建设事业做出了重大贡献。

先后获国家技术发明奖二等奖1项、国家科学技术进步奖二等奖3项、省部级科技进步奖一等奖6项、何梁何利基金科学与技术创新奖、全国杰出专业技术人才奖、江苏省首届创新创业人才奖、江苏省十大杰出专利发明人、江苏省劳动模范、江苏省留学回国先进个人、南京市科技功臣等荣誉。

发表论文200余篇，其中SCI、EI或ISTP共收录150多篇，在国际上享有较高的声誉；出版专著4部；获国家发明专利83项。

社会任职

担任第九届、十届、十一届全国人民代表大会代表，江苏省人民政府参事，中国硅酸盐学会第九届理事会副理事长，中国土木工程学会理事兼外加剂专业委员会主任委员，国际材料与结构实验研究联合会（RELEM）管理与决策委员会委员，江苏省科学技术协会第九届、十届委员会副主席，江苏省土木建筑学会第八届和九届理事会常务副理事长、第十届理事会理事长，江苏省硅酸盐学会第七届理事会副理事长、第八届理事会理事长等。

人物纵观

缪昌文是中国混凝土外加剂研究领域的权威专家，在低能耗、高性能混凝土的理论研究、产品开发和推广、工程技术应用等方面做出了重大的创新贡献。

（何梁何利基金会评）

当选时间	2011 年当选中国工程院院士
学 部	土木、水利与建筑工程学部
性 别	男
民 族	汉族
籍 贯	江苏滨海
出生年月	1958 年 7 月 19 日

王 超 水资源保护专家 ≫

院士小传

王超 水资源保护专家。河海大学教授。1984 年毕业于河海大学农业水利工程系；1995 年获河海大学水力学及河流动力学专业博士学位；历任河海大学环境学院院长，河海大学党委常委、副校长等。2011 年当选中国工程院院士。

主要成就

主要从事水资源保护与水质改善基础理论、创新技术与工程应用研究。参与全国水功能区划、太湖水污染治理、江苏等省部分城市水环境改善的相关科研与工程建设工作，成果与成效显著。

获国家自然科学奖二等奖 1 项、国家科学技术进步奖一等奖 1 项、国家技术发明奖二等奖 2 项、国家科学技术进步奖二等奖 2 项、大禹水利科学技术特等奖 1 项等科技奖励 18 项，以及何梁何利基金科学与技术进步奖、中国第六届发明创业特等奖、全国优秀科技工作者、国家教学成果奖二等奖和江苏省教学成果奖特等奖等荣誉，入选国家"万人计划"教学名师。

截至 2022 年，发表论文 500 余篇，其中被 SCI 收录论文 350 余篇，EI 收录论文 380 余篇；出版著作 6 部；主编国家水利行业标准 1 部；获授权国家发明专利 150 余项，国际发明专利 5 项。

社会任职

担任第十三届全国人民代表大会代表，全国政协第十二届委员会委员，国务院学位委员会第七届学科评议组委员，第八届教育部科学技术委员会环境学部委员、副主任，科技部战略咨询与综合评审委员会特邀专家，国家环境咨询委员会委员，水利部科技委员会委员等。

人物综讯

长期从事水环境保护与治理科技研究及工程实践工作。在全国水资源保护与水功能区划、城市水生态建设、河流综合治理、太湖流域河网及湖泊水质改善、水利工程的生态效应等方面做出了突出贡献。

徐芑南　深潜器技术专家

当选时间　2013 年当选中国工程院院士

学　　部　机械与运载工程学部

性　　别　男

民　　族　汉族

籍　　贯　浙江宁波

出生年月　1936 年 3 月 4 日

院士小传

　　徐芑南　深潜器技术专家。中国船舶重工集团公司第七〇二研究所研究员。1958 年毕业于上海交通大学造船系，毕业后在原第三机械工业部、原交通部船舶科学研究所工作；1963 年进入中船总公司（现中国船舶工业集团有限公司）七院七〇二所工作；1981 年至 1988 年，任中船总公司七院七〇二所上海分部副主任；1988 年至 1999 年，任中船总公司所副总工程师；2002 年起，任"蛟龙号"总设计师。2013 年当选中国工程院院士。

长期从事深潜器研制工作。担任5项水下潜器的总设计师，创造性地研制出多型载人深潜器和水下机器人，其工作深度由300米、600米、1 000米发展到6 000米、7 000米，其类型有载人、无人、有缆、无缆，其控制方式有载人手控、带缆遥控、无缆智能控制。20世纪80年代中期，作为总设计师带领技术骨干成功地完成了中国第一台单人常压潜水器（QSZ-1型）和双功能常压潜水器（QSZ-II型）的研制，达到了国际同类产品的先进水平，填补了国内空白；20世纪90年代初，担任中国第一台6 000米大深度无缆自治水下机器人研制的总设计师，使我国进入了世界上少数几个掌握该关键技术的国家行列；2012年6月24日，担任总设计师研制的"蛟龙号"7 000米海试成功，中国也再度刷新了在世界载人深潜榜上的纪录。

获国家科学技术进步奖一等奖2项、二等奖1项，中国科学院科技进步奖特等奖、一等奖，上海市科技进步奖一等奖，船舶总公司科技进步奖一等奖、二等奖，光华基金一等奖，何梁何利基金科学与技术进步奖等10多项科技奖励；还获得江苏省、无锡市劳动模范，"863计划"先进个人一等奖，上海市科技功臣，江苏省科学技术突出贡献奖，2012年全国十佳优秀科技工作者，全国五一劳动奖章等荣誉。

担任过中国大洋矿产资源研究开发协会采矿技术专家组成员，中船重工集团军工咨询专家委员会委员，全国潜水器标准化技术委员会顾问等。

徐芑南这种一丝不苟的工作作风和全身心投入的工作热情深深感染了所有人。在他的带领下，"蛟龙号"团队十年磨一剑，实现了中国大深度载人潜器的"从无到有"，从浅蓝走向深蓝，缔造了中国载人深潜的辉煌篇章。　　　　　（人民网评）

徐芑南创造性地为中国自行研制出多型载人潜水器和水下机器人，是业内公认的载人深潜器领路人。　　　　　（央视网评）

陈学庚　　农业机械设计制造专家 ▶▶▶

当选时间 2013 年当选中国工程院院士

学　　部 农业学部

性　　别 男

民　　族 汉族

籍　　贯 江苏泰兴

出生年月 1947 年 4 月 29 日

院士小传

陈学庚　农业机械设计制造专家。江苏大学教授。1968 年从新疆兵团奎屯农校（现石河子大学）毕业后被分配到新疆兵团农七师 130 团机械厂工作；1991 年享受国务院政府特殊津贴；1996 年担任新疆农垦科学院农机所所长；2017 年进入石河子大学机械电气工程学院工作；2021 年 5 月，任农业农村部农作物生产全程机械化专家指导组副组长。2013 年当选中国工程院院士。

主要成就

截至 2022 年，已扎根边疆基层一线连续从事农业机械研究与推广工作 55 年。突破了地膜植棉机械化技术关键，攻克了滴灌技术大规模应用农机装备难题，研发了多项棉花生产机械化关键技术与装备，为促成新疆棉花生产的两次飞跃提供了有力的农机装备支撑，为新疆棉花生产全程机械化技术研究和大面积推广应用做出了重大贡献。

获国家及省部级科技进步奖 24 项，其中 1995 年作为第二完成人获国家科学技术进步奖一等奖 1 项，2008 年、2016 年作为第一完成人获国家科学技术进步奖二等奖 2 项，1992 年作为第三完成人获国家星火奖二等奖 1 项，作为第一完成人获省部级科技进步奖一等奖 5 项。

撰写专著 4 部，在《农业机械学报》等国内学术刊物上发表论文 40 余篇；获国家专利 80 余项，专利实施后形成的新产品中有 9 项获"国家重点新产品"。

社会任职

担任中国农业机械学会第十一届理事会名誉理事长，华东交通大学客座教授、机电学院名誉院长，青岛农业大学特聘教授等。

人物综观

扎根边疆长期从事农业机械研究推广工作，突破了地膜植棉机械化技术关键，攻克了膜下滴灌精量播种技术装备难题，研发了棉花生产全程机械化关键技术与机具，确立了农田残膜污染治理的新目标。

"英雄不问出处，谁是英雄，要在战场上见分晓。"（2014 年习近平总书记评价）

陈学庚是兵团农业机械化发展的见证者、引领者，围绕解决现实问题、促进农业生产做了大量扎实有效的工作。陈学庚在农机研究和推广方面有着丰富的阅历，他在团场工作 24 年，在科研所工作 26 年，在大学工作 5 年，干过农机装备生产制造，负责过团场的农机管理，担任农机研究所副所长 5 年、所长 12 年，兼任过装备制造公司董事长多年，经历过兵团农机装备创新热潮多次。

（石河子大学评）

王广基 药物代谢动力学专家 >>

当选时间 2013 年当选中国工程院院士
学　部 医药卫生学部
性　别 男
民　族 汉族
籍　贯 江苏扬州
出生年月 1953 年 4 月 26 日

Yuan Shi Xiao Zhuan
院士小传

　　王广基　药物代谢动力学专家。中国药科大学教授、博士生导师，中国药科大学学术委员会主任委员。1977 年从中国药科大学毕业后留校工作；1995 年获新西兰奥塔哥大学博士学位；1997 年至 2013 年，任中国药科大学副校长；2019 年被聘为中国医学科学院学部委员。2013 年当选中国工程院院士。

主要成就

"863 计划"项目重大专项"临床前药代动力学关键技术及平台研究"的全国牵头人。在国内建立了具有国际先进水平的临床前药代动力学技术平台体系，成为我国创新药物研发的重要支撑，促进了我国创新药的研发及产业化；创建了"靶细胞药代动力学 – 药效学结合研究"新理论及新模型，为靶点在细胞内药物及高端靶向制剂的评价与研究提供了新方法；开拓了中药多成分药代动力学研究的新理论与方法，解决了多个关键技术难题，推动了我国中药新药研发现代化与中药国际化进程。

教育部药物代谢动力学博士学位授权点学科带头人（全国唯一）。获国家科学技术进步奖二等奖 4 项、省部级科技进步奖一等奖 5 项，以及 2012 年何梁何利基金科学与技术进步奖等荣誉。

以第一和通讯作者身份发表 SCI 论文 342 篇，SCI 他引 5 423 次；主编出版的《药物代谢动力学》被教育部推荐为全国研究生用教材。

社会任职

担任第十一届、十二届全国人民代表大会代表，国家中医药管理局中药复方药代动力学重点实验室主任，中国药学会应用药理专业委员会主任委员，中国药理学会制药工业专业委员会主任委员，江苏省科学技术协会第九届、十届委员会副主席，江苏省药物代谢动力学重点实验室主任，江苏省药理学会理事长等。

人物综观

王广基为学科发展、创新药物研发、先导化合物成药性评价做出了重要贡献。

（中国药科大学评）

王广基在药物代谢动力学研究领域做出了突出贡献，为推动药物代谢动力学研究从"单成分"向"多成分"、从"宏观"向"微观"的发展做出了重要贡献。王广基教授为人谦和，治学严谨。他将自己的全部献给了祖国药学事业，始终坚持在科研教学第一线工作，勤奋躬耕，锐意进取。他非常重视人才培养，提携后学。　（何梁何利基金会评）

张洪程　作物栽培学与耕作学家

当选时间　2015 年当选中国工程院院士

学　　部　农业学部

性　　别　男

民　　族　汉族

籍　　贯　江苏南通

出生年月　1951 年 2 月 24 日

院士小传

　　张洪程　作物栽培学与耕作学家。扬州大学教授，扬州大学水稻产业工程技术研究院首席科学家。1975 年从江苏农学院（现扬州大学）农学专业毕业后留校任教；1976 年至 1978 年，参加中国科学院青藏高原综合科学考察队工作；1979 年参加江苏省农业区划工作；2007 年被评为江苏省"333 人才工程"首席中青年科学家。2015 年当选中国工程院院士。

主要成就

国家重点学科作物栽培学与耕作学学科带头人，长期从事作物栽培学与耕作学教学、科研及推广工作。在新型耕作栽培技术及其应用研究方面，以少免深轮耕与防早衰栽培技术突破，创建了南方稻区以少免耕与抛秧为主体的轻简化耕作栽培技术体系，替代了传统精耕细作，实现了轻简化栽培与稳产增产的统一。在水稻丰产精确定量栽培理论与技术方面，以生育进程、群体动态、关键栽培措施精确定量理论与方法的突破，创建了水稻丰产定量化栽培技术，推动了我国水稻栽培由定性为主向定量化的跨越。在超级稻高产栽培关键技术及区域化集成应用方面，研究提出了超级稻增产瓶颈的破解理论，创建了以标准化育秧、精确化机插、模式化调控为新内涵的机械化高产栽培技术，对我国水稻机械化栽培起了重要引领作用。以上三方面成果相继被原农业部列为全国水稻主推技术，应用后取得了巨大社会效益和经济效益。

先后承担国家科技支撑计划、国家自然科学基金以及省部级重大或重点课题30多项，在作物栽培耕作轻简化、精确化、机械化等方面做出了一系列开拓性工作。先后获国家科学技术进步奖二等奖4项（其中第一完成人3项、第二完成人1项）、三等奖1项（第三完成人），以第一完成人获得省部级科技进步奖一等奖、二等奖8项。

截至2022年，发表论文379篇，出版著作18本，先后获授权发明专利9项，培养博士研究生46人、硕士研究生83人。

社会任职

担任农业农村部水稻专家指导组副组长，中国作物学会栽培专业委员会主任，农业农村部长江流域稻作技术创新中心主任，《中国农业科学》编委会编委等。

人物综观

张洪程将研究成果应用于生产实际，为大面积粮食生产科技进步与增产增效做出了突出贡献。　　　　　　　　　　　　　　（中华人民共和国农业农村部评）

张洪程在40多年的研究生涯里，将全部心血付诸轻简化耕作栽培技术体系，在水稻轻简化、精确化、机械化栽培理论与技术等方面取得重大成果，促进江苏水稻单产在全国主产区拔得头筹，为中国粮食持续增产增效做出了突出贡献。（《通州日报》评）

顾晓松 医学组织工程学与神经再生专家 »»»

当选时间	2015 年当选中国工程院院士
学　部	医药卫生学部
性　别	男
民　族	汉族
籍　贯	江苏南通
出生年月	1953 年 12 月 2 日

Yuan Shi Xiao Zhuan 院士小传

　　顾晓松 医学组织工程学与神经再生专家。南通大学教授、博士生导师，教育部·江苏省神经再生重点实验室主任，国家药品监督管理局组织工程技术产品研究与评价重点实验室主任。1980 年毕业于南通医学院（现南通大学医学院）；1998 年任南通大学江苏省神经再生重点实验室主任；1999 年至 2004 年，任南通大学医学院院长；2004 年任南通大学校长；2008 年起，任南通大学党委书记；2018 年 4 月 14 日，受聘为天津大学医学部首任主任；2019 年当选中国医学科学院首批学部委员，担任生物医学工程与信息学部委员。2015 年当选中国工程院院士。

30 多年来，带领学术团队在组织工程与神经再生研究方面取得了突出的创新性研究成果。提出了"构建生物可降解组织工程神经"的学术观点，被作为新的理念载入英国剑桥大学新版教科书；发明了生物可降解人工神经移植物，在国际上率先将壳聚糖人工神经移植物应用于临床，该产品于 2020 年 11 月获国家药品监督管理局批准注册上市（国械标准 20203130898），入选"中国 2020 年度重要医学进展"；创建了自体骨髓间充质干细胞组织工程神经修复长距离神经缺损的新技术方法，成功修复人正中神经干 8 厘米缺损，术后患者功能恢复良好，获中国发明专利及美国、欧亚、澳大利亚等国际发明专利，为我国组织工程神经的创新与转化应用进入国际领先地位发挥了重要作用。多次应邀在世界再生医学峰会、材料科学大会、香山会议、战略性新兴产业培育与发展、医疗器械创新与产业发展等论坛上作特邀报告。

主持了国家"863 计划"项目、"973 计划"项目课题和国家自然科学基金重点项目，以及面向 2035 我国再生医学创新与产业发展战略研究重点咨询项目。获国家技术发明奖二等奖（排名第一），省部级一、二等成果奖 5 项；获首届国家杰出青年科学基金项目资助，2014 年何梁何利科学与技术进步奖，2017 年全国创新争先奖，2020 年度华夏医学科技奖一等奖；入选 2020 年全球前 2% 顶尖科学家"年度影响力"榜单（神经科学领域）和爱思唯尔 2020 年"中国高被引学者"名单。

主编/副主编专著与教材 8 部；发表 SCI 学术论文 260 余篇，学术论文被 *Cell*、*Science*、*Nature*、*Nature Materials*、*Nature Medicine* 等权威期刊引用和评述，他引 6 000 多次；研究成果被载入 90 多部国际英文专著与教材；获中国发明专利 12 项，国际发明专利 5 项。担任人体解剖学国家精品课程主持人，人体解剖学国家教学团队学术带头人，培育了一支能参与国际竞争的组织工程与神经再生创新团队。

担任中国生物医学工程学会副理事长，中国解剖学会名誉理事长，中国医院协会临床新技术应用专业委员会主任委员，世界重建显微外科学会创会会员，国际英文杂志 *Curr Stem Cell Res Ther.* 副主编等。

顾教授在世界上第一个将壳聚糖神经移植物应用于临床，第一个将转化人工神经研究应用于临床，是组织工程神经转化医学开拓者（Translational Pioneer）。（*Science* 杂志评）

王建国　建筑学家、建筑教育家 ▶▶▶

院士小传

当选时间	2015 年当选中国工程院院士
学　　部	土木、水利与建筑工程学部
性　　别	男
民　　族	汉族
籍　　贯	江苏镇江
出生年月	1957 年 7 月 23 日

　　王建国　建筑学家、建筑教育家。东南大学建筑学院教授、博士生导师，东南大学城市设计研究中心主任，兼任东南大学教学委员会主任、东南大学铸牢中华民族共同体视觉研究基地主任。1978 年进入南京工学院（现东南大学）建筑系学习；1989 年获工学博士学位，先后在东南大学建筑研究所、建筑系和建筑学院任教，历任副所长、副系主任、系主任、学院院长；2001 年受聘为国家级"人才计划"教授并获国家杰出青年科学基金项目资助；2016 年入选"万人计划"领军人才。2015 年当选中国工程院院士。

主要成就

长期从事建筑学、城市设计、建筑遗产保护等领域的前沿研究和工程实践工作，并取得了突出成就。在中国首次较为系统、完整地构建了现代城市设计理论和方法体系，创立了基于人机互动的数字化城市设计范型；从技术层面揭示了城市空间形态"一果多因"的建构机理，初步破解了城市建设中有关高度、密度、风貌优化和管控等方面的城市设计难题，并在城镇建筑遗产多尺度保护领域取得国际领先的重要成就。

主持和作为项目负责人，完成广州总体城市设计、北京老城总体城市设计、南京总体城市设计、沈阳总体城市设计、郑州中心城区总体城市设计、中国国学中心、中国科学院量子信息与量子科技创新研究院、第十届江苏园博园主展馆、牛首山游客中心等100余项重要城市设计及建筑设计。

先后获中国建筑学会设计大奖1项、金银奖各1项，中勘协全国优秀建筑设计和中国城市规划协会全国优秀规划设计一等奖7项、二等奖7项，省部级优秀设计和规划一等奖20余项；多项作品入选国际建协（UIA）展览，获亚建协建筑奖等国际奖多项。科研成果获国家科学技术进步奖一等奖1项，教育部自然科学奖一等奖1项，教育部科技进步奖一等奖1项、二等奖4项，住建部华夏建设科学技术奖一等奖2项；教学成果获国家级教学成果奖一等奖1项、二等奖1项，中国学位与研究生教育学会研究生教育成果奖一等奖，全国百篇优秀博士学位论文奖（导师），国际建协（UIA）优秀教案提名奖，宝钢优秀教师奖特等奖，全国"模范教师"称号等。

截至2022年，发表论文250余篇，出版论著8部。

社会任职

担任世界人居环境学会（WSE）会员，英国皇家建筑学会（RIBA）会员，教育部科技委委员，教育部高等学校建筑类专业教学指导委员会主任，中国建筑学会副理事长，中国城市规划学会副理事长，住建部科学技术委员会城市设计专家委员会主任，中国勘察设计协会城市设计分会会长，雄安新区规划评议专家组专家，中国美术家协会建筑艺术委员会副主任，*Frontiers of Architectural Research* 主编，*Engineering* 编委等。

人物综观

潜心研究，为教学教材奠基、为科学发展把脉；锐意教改，立足传承东南特色，融汇创新开放视界；参加实践，学有所长发挥特色，贯穿教学培养后学。为全国建筑专业教育事业的发展和创新改革做出了重大贡献。

曹福亮   森林培育学家

当选时间 2015 年当选中国工程院院士

学　　部 农业学部

性　　别 男

民　　族 汉族

籍　　贯 江苏泰州

出生年月 1957 年 11 月 17 日

院士小传

曹福亮 森林培育学家。南京林业大学教授,南方现代林业省部共建协同创新中心主任。1982 年毕业于南京林业工业学院(现南京林业大学),获林学专业学士学位;1989 年获森林培育学硕士学位;2004 年获加拿大英属哥伦比亚大学(UBC)森林生态学博士学位;曾任南京林业大学副校长、校长。2015 年当选中国工程院院士。

主要成就

长期从事森林培育、森林生态和森林文化等方面的教学科研和教育教学管理工作。重点对银杏、毛竹、杨树、落羽杉等树种的良种选育、培育技术及加工利用等领域开展了系统和全面的研究，特别是银杏研究在国内外有较大的影响，研究成果得到广泛的推广和应用，为我国银杏产业发展和现代林业建设做出了积极的贡献。

先后获国家科学技术进步奖二等奖 4 项、三等奖 1 项，省部级科技进步奖 20 多项，何梁何利基金科学与技术进步奖 1 项，江苏省教学成果奖特等奖 1 项等；领衔的南京林业大学林木资源高效培育教师团队入选全国高校黄大年式教师团队。

截至 2022 年，发表学术论文 400 余篇，出版《听伯伯讲银杏的故事》《中国银杏》及 *Silvia of China* 等著作 15 部。

社会任职

担任中国林学会副理事长，中国经济林协会副会长，江苏欧美同学会副会长，南京市科学技术协会副主席，中国生态学会顾问，中南林业科技大学名誉校长，《南京林业大学学报》主编等；曾任中国科学技术协会第八届全国委员会委员，江苏省第十二届和十三届人民代表大会代表，江苏省人民代表大会常委会农业和农村工作委员会副主任等。

人物综观

曹福亮领导的团队为邳州的银杏产业做出了重大贡献。　　（江苏邳州人民政府评）

曹福亮为中国银杏产业发展和现代林业建设做出了重大贡献。　　（中国工程院评）

曹福亮为南京林业大学进入"双一流"做出了积极的贡献，为中国银杏产业发展和现代林业建设提供了重要科技支撑。　　（南京林业大学评）

蒋剑春　　林产化工专家　　»

当选时间　2017 年当选中国工程院院士

学　　部　农业学部

性　　别　男

民　　族　汉族

籍　　贯　江苏溧阳

出生年月　1955 年 2 月 9 日

院士小传

蒋剑春　林产化工专家。1980 年毕业于华东理工大学；2003 年获得中国林业科学研究院林产化学加工工程专业博士学位；曾任中国林业科学研究院林产化学工业研究所所长兼党委书记。2017 年当选中国工程院院士。

主要成就

长期从事农林生物质热化学转化研究工作。20 世纪 80 年代初，开始潜心研究生物质能源与材料技术，创新了农林生物质热化学定向转化的基础理论与方法，突破了热化学转化制备高品质液体燃料、生物燃气与活性炭材料关键技术，构建了生物质多途径全质利用工程化技术体系，有力地推动了我国农林生物质产业的快速发展。

研究成果被推广应用到全国 15 个省、自治区，主要产品市场占有率在 30% 以上。成套技术和装备出口日本、意大利等 10 多个国家。创建了生物质化学利用国家工程实验室、国家生物基材料产业技术创新战略联盟，在农林生物质热化学转化技术领域做出了突出贡献。

2006 年，作为第五完成人获国家科学技术进步奖一等奖；2009 年、2013 年、2016 年，作为第一完成人获得国家科学技术进步奖二等奖 3 项；2013 年作为第一完成人获得中国专利优秀奖；2005 年至 2019 年，作为第一完成人获得省部级科技奖励 8 项，联合国工业发展组织等机构联合颁发的全球可再生能源最具投资价值领先技术"蓝天奖"1 项。

社会任职

担任中国林学会林产化学分会理事长，生物基材料产业技术创新战略联盟理事长，生物质能源产业技术创新战略联盟副理事长，中国林产工业协会副会长，国家林产化学工程技术研究中心主任等。

人物综观

蒋剑春作为行业的探路先锋和领路人，为新能源和环保战略做出了贡献。

（《中国绿色时报》评）

蒋剑春在农林生物质热化学转化技术领域做出了突出贡献，提升了中国林产化工领域研究水平和国际地位。　　（中国林业科学研究院林产化学工业研究所评）

陈 坚 发酵与轻工生物技术专家 》》

当选时间 2017 年当选中国工程院院士
学 部 环境与轻纺工程学部
性 别 男
民 族 汉族
籍 贯 江苏无锡
出生年月 1962 年 5 月 1 日

院士小传

陈坚 发酵与轻工生物技术专家。江南大学生物工程学院教授、博士生导师。1984年毕业于清华大学环境工程系；后进入无锡轻工业学院（现江南大学）学习，先后获得发酵工程硕士学位（1986）、博士学位（1990）；1999年入选教育部"跨世纪优秀人才培养计划"；2001年获得教育部第二届青年教师奖和"全国优秀教师"称号；2004年入选首批"新世纪百千万人才工程"国家级人选；2005年至2020年，任江南大学校长；2021年获全国五一劳动奖章；2022年领衔的教师团队入选第二批全国高校黄大年式教师团队。2017年当选中国工程院院士。

主要成就

针对发酵工业中高产量、高转化率、高生产强度三大关键工程技术难题，创新开发出一系列工程技术，应用于典型发酵产品的工业生产。改进发酵微生物筛选技术，发展代谢调控方法，提升了发酵工程的理论水平。突破重组酶大规模发酵瓶颈，支撑酶技术改造传统行业，实现了节能减排。创新酮酸和柠檬酸发酵模式，保障了重要有机酸发酵技术的国际领先地位。

以第一完成人获国家技术发明奖二等奖 2 项、国家科学技术进步奖二等奖 1 项，获省部级自然科学奖、技术发明奖、科技进步奖 6 项，获何梁何利基金科学与技术创新奖、中国专利金奖、国家杰出青年科学基金项目资助等；担任国家"973 计划"项目首席科学家，负责完成国家科技攻关项目和国家自然科学基金项目等 20 项，科技转让项目 61 项，其中 19 项成果经鉴定达到国际先进或国内领先水平。

主编的《发酵工程原理与技术》获评"十二五"普通高等教育本科国家级规划教材和国家精品课程教材，并获首届全国教材建设奖二等奖；以第一完成人获国家教学成果奖二等奖 1 项；牵头的教学团队获评为全国第一个"发酵工程课程国家级教学团队"，并被评为江苏省高等学校优秀教学团队和江苏省首届十佳研究生导师团队。

指导和培养的研究生中，1 人当选中国工程院院士，8 人次获选"国家杰青"或"长江学者"，5 人次获选"国家优青"或"青年长江学者"，2 名博士生的毕业论文被评为全国百篇优秀博士学位论文。

社会任职

担任国务院学位委员会轻工技术与工程学科评议组召集人，教育部科技委农林学部副主任，中国食品科学技术学会副理事长，中国生物工程学会副理事长，*Food Bioscience* 主编，国际食品科学院（IAFoST）、国际生物过程学会（IBA）会士等。

人物综观

陈坚长期从事食品生物技术和发酵工程的科研工作，在食品合成生物技术、传统发酵食品先进制造、重组和特需食品设计制造、发酵过程的优化和控制方面，有较高的造诣。

（《生物产业技术》评）

姚富强　通信抗干扰领域专家 ▶▶▶

当选时间	2019 年当选中国工程院院士
学　　部	信息与电子工程学部
性　　别	男
民　　族	汉族
籍　　贯	安徽枞阳
出生年月	1957 年 5 月 25 日

Yuan Shi Xiao Zhuan　**院士小传**

　　姚富强　通信抗干扰领域专家。国防科技大学第六十三研究所研究员、博士生导师。1976 年 12 月入伍；1990 年、1993 年分别获西安电子科技大学通信与电子系统专业工学硕士、博士学位；曾任海军电子工程学院助教，海军广州舰艇学院助教、讲师，总参某研究所工程师、高级工程师，研究室副主任、主任、副总工程师、副所长、所长等。2019年当选中国工程院院士。

主要成就 Zhu Yao Cheng Jiu

主要从事通信抗干扰和电磁空间安全技术研究，解决了该领域一系列重大技术难题，成果与成效显著。

获国际电信联盟等联合国机构 WSIS 冠军奖 1 项、国家科学技术进步奖二等奖 3 项、省部级科技进步奖一等奖 7 项，以及中华人民共和国成立 70 周年纪念章、全国优秀科技工作者、全国创新争先奖、军队科技领军人才、军队杰出专业技术人才奖等荣誉；荣立二等功 4 次，享受国务院政府特殊津贴。

在 *IEEE* 等期刊上发表论文 100 余篇，出版专著 3 部，被采纳国际提案 1 项，获授权发明专利 35 项。

社会任职 She Hui Ren Zhi

担任国家频谱战略规划专家咨询委员会副主任委员，国防科技大学学术委员会副主任等，国际电信联盟 ITU-R WP5C 研究组国内对口组副组长等。

人物综观 Ren Wu Zong Guan

长期从事无线通信抗干扰技术的研究与工程实践，解决了本领域多项核心技术难题，主要成果得到广泛应用，为通信抗干扰的工程科技发展和我军通信装备建设做出了突出贡献。

张佳宝　土壤学家

当选时间	2019 年当选中国工程院院士
学　部	农业学部
性　别	男
民　族	汉族
籍　贯	江苏高邮
出生年月	1957 年 9 月 1 日

院士小传

张佳宝　土壤学家。中国科学院南京土壤研究所研究员、博士生导师、土壤养分管理国家工程实验室主任，中国科学院大学教授、南京学院资源环境与地球科学学院院长，浙江大学"求是"讲座教授。1982 年南京农业大学土壤农业化学本科毕业；1985 年中国科学院南京土壤研究所理学硕士；1990 年国际水稻研究所／菲律宾大学土壤学博士。两任国家"973 计划"项目首席科学家，"十三五"国家重点研发计划"粮丰"专项项目负责人，"十四五"国家重点研发计划"黑土地保护与利用"专项专家组组长，中国科学院先导科技专项（A 类）"黑土粮仓"科技攻关总科学顾问，第三次全国土壤普查建议人及专家技术指导组组长。2019 年当选中国工程院院士。

主要成就 Zhu Yao Cheng Jiu

长期从事土壤水循环、物质迁移转化过程系统模拟及其生态环境效应、土壤信息快速获取、土壤改良以及地力提升等方面理论和技术研究，成果与成效显著。

先后获得国家科技进步奖二等奖 3 项、国家科技进步奖一等奖 1 项等奖项。

截至 2022 年，发表学术论文 478 篇，其中 SCI 收录论文 186 篇；出版中文专著 6 部、英文编著 1 部；获国家授权专利 47 件、软件著作权 22 件。

社会任职 She Hui Ren Zhi

担任国际土壤学联合会副主席，国际土壤学联合会土壤工程与技术委员会主席，中国土壤学会理事长，中国生态研究网络科学委员会副主任，中国科学院合肥智能机械研究所学术所长，山西农业大学资源环境学院学术院长等。

人物综观 Ren Wu Zong Guan

矢志不渝地从事土壤物质循环规律、土壤信息快速获取、土壤改良及地力提升方面的研究工作 40 年。近年来，针对我国中低产田土壤障碍多、地力水平低两大难题进行突破，创建了土壤障碍分类消减、富养型激发式快速培肥地力、易涝渍农田水土联治等理论与技术体系，创新了土壤参数探测技术与设备，牵头建立了我国农田试验站联网研究平台和土壤养分管理国家工程实验室，形成了新一代国际先进水平的土壤改良、利用和保育的理论基础、关键核心技术、现代支撑设备和一流研发平台体系。以科技支撑国家中低产田治理、高标准农田建设和地力提升行动，推动全国第三次土壤普查以及国家黑土地保护利用研究和工程专项的实施，为我国耕地的保护和质量提升做出了突出贡献。

任洪强　　环境工程专家

院士小传　Yuan Shi Xiao Zhuan

当选时间	2019 年当选中国工程院院士
学　　部	环境与轻纺工程学部
性　　别	男
民　　族	汉族
籍　　贯	河北保定
出生年月	1964 年 5 月 3 日

　　任洪强　　环境工程专家。南京大学环境学院院长、教授、博士生导师，南京大学宜兴环保研究院院长。1990 年毕业于河北轻化工学院（现河北科技大学）；1997 年获得华北电力大学硕士学位；2000 年毕业于无锡轻工大学（现江南大学），获博士学位；2001 年至 2002 年，进入南京大学环境科学与工程博士后流动站工作；2004 年至 2008 年，任南京大学环境工程系主任；2006 年起，任水处理与水环境修复教育部工程研究中心主任；2008 年至 2016 年，任南京大学环境学院副院长；2014 年起，任江苏省产业技术研究院水环境工程技术研究所所长；2016 年起，任南京大学环境学院院长。2019 年当选中国工程院院士。

主要成就

主要从事工业废水生物处理强化理论、关键技术和核心装备的创新研究，取得了系统性创新成果，在国家实施限控达标、提标和再生水资源利用等重大行动中做出了重要贡献。

获国家技术发明奖二等奖 2 项、国家自然科学奖二等奖 1 项、省部级一等奖 6 项及何梁何利基金科学与技术创新奖等荣誉。

截至 2022 年，发表论文 200 余篇，SCI 收录 120 余篇；出版专著 4 部；获授权中国发明专利 80 余件，美国和欧盟等发明专利 20 余件；承担国际 / 国家 / 行业 / 团体标准 40 余项。

社会任职

担任国家技术标准创新基地（水环境技术与装备）主任，中国环境科学学会副理事长，中国能源学会副理事长，国家有机毒物污染控制与资源化工程技术研究中心常务副主任，国家节能降耗水处理装备技术创新战略联盟副理事长，中国石油和化学工业联合会生物化工专业委员会生物环保专家组组长，中国质量检验协会水环境工程技术与装备委员会主任，国家环境保护制药废水污染控制工程技术中心总工程师和技术委员会副主任，水处理与水环境修复教育部工程研究中心主任，国际标准化组织工业水回用分委员会（ISO/TC282/SC4）首任主席，江苏省科学技术协会第十届委员会副主席，江苏省环保产业技术创新战略联盟理事长，江苏省环保装备产业技术创新中心执行委员会主任，江苏省有机毒物污染控制与资源化工程技术研究中心副主任，河北省污染防治生物技术重点实验室学术委员会副主任等。

人物综观

任洪强在化工、制药、印染及园区废水处理达标排放、增效提标、再生回用工程实践中做出重要贡献。

（江南大学评）

沈洪兵　　　流行病学家 ▶▶

当选时间　2019 年当选中国工程院院士
学　　部　医药卫生学部
性　　别　男
民　　族　汉族
籍　　贯　江苏启东
出生年月　1964 年 5 月

院士小传

　　沈洪兵　流行病学家。国家疾病预防控制局副局长，中国疾病预防控制中心主任，南京医科大学流行病学教授。1981 年至 1986 年，在南京医学院（现南京医科大学）卫生系卫生专业学习，获学士学位；1986 年至 1989 年，在南京医学院卫生系流行病学专业学习，获硕士学位，同年进入南京医科大学流行病学系任教；1996 年至 1999 年，在上海医科大学（现复旦大学）公共卫生学院流行病学专业学习，获博士学位；2011 年 10 月起，任南京医科大学副校长、党委常委；2014 年 4 月起，任南京医科大学校长、党委副书记；2021 年 4 月起，任国家疾病预防控制局副局长；2022 年 7 月起，任中国疾病预防控制中心主任。2019 年当选中国工程院院士。

主要成就

长期从事流行病与卫生统计学（预防医学）方向的人才培养、科学研究和社会服务工作。从事肿瘤分子流行病学研究 30 余年，在肺癌易感基因和驱动基因发现以及高危人群防治策略等方面开展了系统性、创新性研究。在胚系遗传层面新发现 21 个中国人群肺癌易感基因，建立了中国人群肺癌分子遗传图谱，并创建了多遗传风险评分（PRS）；在体细胞基因组层面首次揭示了中国人群肺癌关键驱动基因及其分子机制，不仅为研究肺癌发生发展机制提供了新靶点，而且成功应用于肺癌发病风险预测，为肿瘤基因预测和精准预防做出了重要贡献，推动了我国肿瘤分子流行病学学科跻身国际前列。

作为第一完成人获国家自然科学奖二等奖、何梁何利基金科学与技术进步奖、国家教学成果奖二等奖等多项奖励。

截至 2022 年，在国内外刊物上发表论文 600 余篇，SCI 论文 559 篇，SCI 他引 32 664 次，单篇最高他引 780 次；2014 年至 2021 年，连续 8 年入选爱思唯尔"中国高被引学者"名单，H 因子为 57；获国家发明专利授权 14 件。

社会任职

担任中国抗癌协会肿瘤流行病学专业委员会主任委员，教育部科学技术委员会生物与医学学部委员，英国皇家内科医学院公共卫生学院院士等。

人物综讯

研究成果在国际上填补了中国人群肺癌易感基因研究的空白，不仅为研究肺癌发生发展机制提供了新靶点，更重要的是已被成功应用于肺癌发病风险的预测，具有极大的推广应用价值，为肿瘤基因预测和精准预防做出重要贡献，推动中国肿瘤分子遗传流行病学学科跻身国际前列。热爱祖国，治学严谨，学风正派。从事肿瘤分子流行病学研究 30 年，是该领域的中国国内外知名专家。　　　　　　　　（南京医科大学评）

作为学者，沈洪兵在专业领域不断拓宽思路，不断创新，围绕肿瘤的遗传易感性、早期诊断和预后的分子标志等方面开展系统研究，取得了丰硕成果。　　（江苏教育新闻网评）

陈 卫　食品微生物科学与工程专家 ▶▶

当选时间　2019 年当选中国工程院院士
学　　部　环境与轻纺工程学部
性　　别　男
民　　族　汉族
籍　　贯　江苏江都
出生年月　1966 年 5 月 27 日

Yuan *Shi Xiao Zhuan*
院士小传

　　陈 卫　食品微生物科学与工程专家。江南大学党委副书记、校长。1988 年获无锡轻工业学院（现江南大学）食品科学专业学士学位；1995 年获无锡轻工大学（现江南大学）食品工程专业硕士学位；2003 年毕业于江南大学食品学院，获博士学位；2010 年至 2017 年，任江南大学食品学院院长；2017 年至 2020 年，任江南大学副校长；2020 年起，任江南大学校长。2019 年当选中国工程院院士。

主要成就

长期从事功能性食品微生物的研究与开发。主要工作包括构建益生菌选育体系和菌种库，突破菌种高密度培养和高效制备关键技术，创新开发了益生菌营养功能食品。

以第一完成人获国家技术发明奖二等奖、国家科学技术进步奖二等奖、中国专利奖金奖各1项，省部级一等奖5项；作为首席专家主持"十二五"国家"863计划"重点项目、国家自然科学基金重点项目等科研项目；领导团队入选教育部创新团队和科技部重点领域创新团队；获批"长江学者奖励计划"特聘教授和国家"万人计划"科技创新领军人才；获国家杰出青年科学基金项目资助。

发表科研论文400余篇，其中SCI论文300余篇；获授权发明专利90件，其中国际发明专利13件。

社会任职

担任国务院学位委员会第七届、八届学科评议组（食品科学与工程）成员，中国食品科学技术学会第六届理事会常务理事，中国营养学会营养与保健食品分会第四届委员会副主任委员等。

人物综观

陈卫在自主知识产权益生菌菌种库的构建、优质新菌种的研发、益生菌产业化推进等方面做出重要贡献。 （《新华日报》评）

陈卫在益生菌领域几十年如一日地耕耘。正是其默默付出，让中国人在吃饱吃好，开始关注健康调料时，有了自己的益生菌可用。 （《中国科学报》评）

陈卫为行业、企业发展"把脉问诊、建言献策"，"开发中国人自己的益生菌"任重道远。沿着这条道路逐梦前行，带领研究团队深耕益生菌研究，以开发中国人自己的益生菌为目标，跋涉在寻"菌"育"菌"之路上，书写光辉篇章。 （《江南大学报》评）

陈卫通过协同创新，致力于系列产品开发，行业技术创新，着力提升中国益生菌的科研开发应用与产业化发展水平。让中国益生菌开发利用赶超发达国家，加速开发中国人自己的益生菌，更好满足人们对健康、营养、享受型消费的需求，这是他一直以来的梦想。 （《科技日报》评）

单忠德

单忠德　数字化机械装备与先进成形制造专家

当选时间　2019 年当选中国工程院院士

学　　部　机械与运载工程学部

性　　别　男

民　　族　汉族

籍　　贯　山东高密

出生年月　1970 年 1 月 6 日

院士小传 *Yuan Shi Xiao Zhuan*

单忠德　数字化机械装备与先进成形制造专家。中国共产党第十四届江苏省委委员，南京航空航天大学党委副书记、校长，机械结构力学及控制国家重点实验室主任，一级教授、博士生导师。2002 年获清华大学机械工程系博士学位；历任机械科学研究总院科技发展部部长、先进制造技术研究中心主任，郑州机械研究所所长，机械科学研究总院副院长、中国机械科学研究总院集团有限公司副总经理等；2020 年 6 月起，担任南京航空航天大学校长、党委副书记。2019 当选中国工程院院士。

Zhu Yao Cheng Jiu 主要成就

主要从事数字化机械装备与先进成形制造技术、绿色制造技术与装备、智能制造技术术与装备研究，推动了数字化智能化绿色化制造方法、工艺技术与系统装备创新发展及工程化推广应用，赋能制造业高质量发展与制造强国建设。

以第一完成人获国家科学技术进步奖一等奖、国家技术发明奖二等奖、中国专利金奖、中国机械工业科学技术奖特等奖、北京市科学技术奖一等奖各 1 项，是国家杰出青年科学基金项目获得者，入选中共中央组织部"万人计划"第一批科技创新领军人才，还荣获何梁何利基金科学与技术青年创新奖、全国创新争先奖等荣誉奖项。

截至 2022 年，发表 SCI、EI 等论文 100 余篇；出版学术著作 4 部（第一作者）；负责起草国家、行业等标准 13 项；获授权发明专利 100 余件，其中美国、日本、德国、俄罗斯等国际发明专利 36 件；指导培养博士后、博士研究生、硕士研究生 60 余人。

She Hui Ren Zhi 社会任职

担任国家产业基础专家委员会副主任、基础工艺与装备组组长，国家智能制造专家委员会副主任、战略与政策咨询组召集人，国家智能制造标准化专家咨询组副组长，中国机械制造工艺协会理事长，中国机械工程学会副会长等。

Ren Wu Zong Guan 人物综观

单忠德是中国先进成形技术与装备、绿色制造技术与装备研究领域著名专家。

（中华国际科学交流基金会评）

蓝羽石 — 计算机应用技术专家 **>>**

当选时间 2021 年当选中国工程院院士

学　　部 信息与电子工程学部

性　　别 男

民　　族 汉族

籍　　贯 山东青岛

出生年月 1954 年 9 月 10 日

Yuan Shi Xiao Zhuan
院士小传

　　蓝羽石　计算机应用技术专家。中国电子科技集团有限公司首席科学家，科技委副主任。1982 年山东大学电子系毕业，同年进入第二十八研究所工作，历任工程师、高级工程师、研究员、副所长、所长，电子科学研究院（总体院）院长。2021 年当选中国工程院院士。

Zhu Yao Cheng Jiu 主要成就

　　长期工作在国防科技一线，从事军事指挥信息系统的技术研究和工程建设。以"看准一条路，必须坚持到底"的执着和信念，致力于复杂系统体系架构技术研究，主持研制成功我军首套网络化指挥信息系统——空军"四网一体"系统等多项重大系统装备，从根本上解决了系统建设"烟囱林立"的重大现实难题，探索出一条系统研制建设的新路径。面向现代战争高动态、无人化、智能化发展趋势，创新提出系统构建"三自"理论方法，并在重大系统工程中得到应用和验证，为我军新一代指挥信息系统的研制建设做出了开拓性的贡献。

　　先后主持承担了多项国防重大预研课题、国防"973 计划"项目研究，提出网络化指挥信息系统体系架构自主适变的理论方法，主持研制成功多项军队重大指挥信息系统装备。

　　获国家科学技术进步奖一等奖 1 项、二等奖 1 项，国家技术发明奖二等奖 1 项，省部级科技进步奖多项以及全国五一劳动奖章、全国优秀科技工作者等荣誉。

　　截至 2022 年，出版著作 5 部，获授权发明专利 10 余项。

She Hui Ren Zhi 社会任职

　　担任军队网络安全与信息化专家委员会委员，国防科技工业标准化委员会副主任委员，军工电子行业标准化技术委员会主任委员，C4ISR 技术国防科技重点实验室学术委员会委员，军队高层次科技创新人才工程带教导师等。

Ren Wu Zong Guan 人物综观

　　蓝羽石是中国电子信息系统架构与集成技术的学术带头人，推动了信息系统体系建设的重大转型和创新发展。
（中国中央电视台评）

　　蓝羽石的科研经历生动诠释了以"爱国、创新、求实、奉献、协同、育人"为核心的科学家精神。
（中国电子科技集团公司第二十八研究所所长毛永庆评）

沈其荣　　　土壤肥料学家

当选时间　2021 年当选中国工程院院士

学　　部　农业学部

性　　别　男

民　　族　汉族

籍　　贯　江苏无锡

出生年月　1957 年 8 月 22 日

院士小传

沈其荣　土壤肥料学家。南京农业大学资源与环境科学学院教授，南京农业大学学术委员会主任，国家有机（类）肥料产业技术创新战略联盟理事长。1987 年 12 月，获南京农业大学博士学位；1994 年 6 月至 1995 年 6 月，任英国伦敦大学高级访问学者；1995 年 11 月起，任南京农业大学资源与环境系系主任；1995 年 12 月起，任南京农业大学教授、博士生导师；1996 年 5 月起，任南京农业大学资源与环境科学学院院长；1998 年 4 月至 1998 年 7 月，任英国雷丁大学高级访问学者；2001 年 7 月至 2001 年 10 月，任德国基尔大学高级访问学者；2006 年 1 月起，任南京农业大学副校长；2018 年 5 月起，任南京农业大学学术委员会主任。2021 年当选中国工程院院士。

主要成就

长期从事有机（类）肥料和土壤微生物研究与推广工作，为有机肥产业化高质量发展提供了强有力的技术支撑，为中国土壤生物肥力提升和有机（类）肥料产业的发展做出了重大贡献。

以第一完成人获国家技术发明奖二等奖（2011）、国家科学技术进步奖二等奖（2015）、国家专利金奖（2010）、国家教学成果奖二等奖（2009）各1项，省部级一等奖6项，以及获光华工程科技奖、全国创新争先奖、中华农业英才奖、国家教学名师、江苏省十大杰出专利发明人等荣誉。

以第一或通讯作者身份发表SCI论文130多篇，H因子为65；2014年以来，入选爱思唯尔"中国高被引学者"名单；2019年以来，入选科睿唯安"全球高被引科学家"名单。以第一和第二完成人共获中国发明专利90多件、国际PCT专利6件，其中50多件专利技术在企业转化应用。

社会任职

担任过国家"973计划"项目首席科学家，国家"863计划"项目现代农业领域主题专家，国家自然科学基金委生命学部专家咨询委员会委员，国务院学位委员会农业资源与环境学科评议组召集人，农业部耕地质量建设与管理专家组组长，江苏省自然科学基金委农业学科组组长等。

人物综观

沈其荣院士长期从事有机（类）肥料和土壤微生物研究与推广工作，提出和建立了（根际）土壤微生物区系调控的理论和技术体系，并研发出调控土壤微生物区系的有机（类）肥料系列产品（有机肥、有机无机复混肥、生物有机肥、全元生物有机肥），相关技术工艺已被全国600多家企业采用。施用全元生物有机肥为核心技术的防控土传病害综合技术体系效果显著，为中国土壤生物肥力提升和有机（类）肥料产业发展做出了重大贡献。

（新华报业交汇点评）

当选时间	2021 年当选中国工程院院士
学　部	医药卫生学部
性　别	男
民　族	汉族
籍　贯	山东潍坊
出生年月	1959 年 10 月 20 日

肖 伟　　制药工程学专家

院士小传

　　肖伟　制药工程学专家。中药学博士、研究员级高级工程师，江苏康缘药业股份有限公司董事长。1981 年南京中医药大学毕业；2004 年获博士学位；担任中药制药过程新技术国家重点实验室主任，中成药智能制造技术国家地方联合工程研究中心主任。2021 年当选中国工程院院士。

Zhu *Yao Cheng Jiu* 主要成就

长期致力于中药新药创制、生产过程质控、智能制造领域的研究。发明了银杏二萜内酯功效成分群及制备关键技术，研制上市首个以 PAF 受体为靶点的创新药，为基于靶点的中药新药创制提供了示范。首创以功效成分群为核心的制药全过程质控体系，显著提高了中药质量均一性，为中药标准化和国际化做出了贡献。创建了以功效成分群为关键质量目标的智能制造技术体系，设计建成了我国第一个中药智能生产工厂，实现了中药智能制造零的突破。

先后主持国家"973 计划"项目、"863 计划"项目及重大新药创制等项目 10 余项，以第一完成人获国家技术发明奖二等奖 1 项、国家科学技术进步奖二等奖 1 项、省部级科技进步奖一等奖 5 项，获何梁何利基金科学与技术创新奖、光华工程科技奖、全国创新争先奖、全国抗击新冠肺炎疫情先进个人等荣誉。

She *Hui Ren Zhi* 社会任职

担任第十一届、十二届、十三届全国人民代表大会代表，国家药典委员会执行委员，中华中医药学会副会长，中国中西医结合学会常务理事等。

Ren *Wu Zong Guan* 人物综观

作为我国制药工程学科有影响力的学术带头人，立足于创新发展，积极投身于学术研究和技术攻关，在中药新药创制、生产过程质控、智能制造领域潜心研究 30 余年，为提升中成药、天然药物研发和制造技术水平做出重大贡献，有力促进了我国中医药传承与创新发展。

付梦印　导航、制导与控制领域专家 〉〉〉

当选时间　2021 年当选中国工程院院士
学　　部　机械与运载工程学部
性　　别　男
民　　族　汉族
籍　　贯　陕西志丹
出生年月　1964 年 11 月 6 日

Yuan Shi Xiao Zhuan 院士小传

　　付梦印　导航、制导与控制领域专家。南京理工大学校长、教授、博士生导师。先后在辽宁大学、北京理工大学和中国科学院测量与地球物理研究所学习。1987 年 7 月，在内蒙古自治区气象局参加工作；1992 年 3 月至 2013 年 5 月，在北京理工大学从事教学科研及管理工作；2013 年 5 月起，任南京理工大学党委常委、副校长；2015 年 6 月起，任南京理工大学校长。2021 年当选中国工程院院士。

主要成就

围绕陆上运动平台导航、制导与控制理论研究和技术攻关及工程应用取得了丰硕的研究成果，研制了系列产品并投入应用，为提升我国陆上运动平台及系统的能力做出了突出贡献。

入选教育部"长江学者奖励计划"特聘教授，获得何梁何利基金科学与技术进步奖、全国创新争先奖、光华工程科技奖（青年奖）、全国优秀科技工作者，享受国务院政府特殊津贴。以第一完成人获国家技术发明奖二等奖1项，国家科学技术进步奖一等奖1项、二等奖2项；另获国家科学技术进步奖一等奖1项（排第七，导航系统唯一）。

截至2022年，发表SCI论文50余篇，出版著作10余部，获授权发明专利70余件。

社会任职

担任政协江苏省第十二届委员会委员，中国兵工学会副理事长，中国惯性技术学会常务理事，教育部科技委先进制造学部副主任等。

人物综观

长期从事导航、制导与控制领域的理论研究和技术攻关及应用工作。主持了国家重大基础研究以及国家自然科学基金重大仪器、重点项目等基础研究项目；任多个系统副总师，带领研究团队率先研制出高精度陆用激光惯导系统并产业化；研制成功抗高过载陀螺及炮弹姿态自主测量系统；研制成功适应战场环境的地面无人平台自主导航与控制系统，从陆用武器平台到制导弹药，系统地解决了武器精确打击、自主机动的核心技术难题，为我国陆用武器系统的发展做出了重要贡献。

胡亚安 ▶ 通航建筑物专家 ▶▶

当选时间 2021 年当选中国工程院院士
学　　部 土木、水利与建筑工程学部
性　　别 男
民　　族 汉族
籍　　贯 湖北云梦
出生年月 1965 年 2 月 25 日

院士小传

　　胡亚安　通航建筑物专家。水利部交通运输部国家能源局南京水利科学研究院总工程师，兼任通航建筑物建设技术交通行业重点实验室主任、国际航运协会（PIANC）升船机工作组主席。1983 年毕业于葛洲坝水电工程学院（现三峡大学），随后进入南京水利科学研究院攻读硕士、博士学位，并留院工作至今。2021 年当选中国工程院院士。

主要成就

长期从事通航水力学及水工水力学研究，先后主持和完成了国家科技攻关、"863计划"项目、国家自然科学基金、省部级重点科技专项及国家大型水利水电水运工程科技项目等 100 多项，取得了一批国际上有重大影响力的原创性成果，为三峡、葛洲坝、五强溪、大化、乐滩、草街、银盘、桥巩、长洲、大腾峡等高水头船闸，以及景洪、思林、沙陀、构皮滩、向家坝、三峡等大型升船机和锦屏一级、白鹤滩、向家坝等巨型水电站水力学相关技术难题的解决做出了重要贡献。

获国家科学技术进步奖二等奖 3 项，国家技术发明奖二等奖 1 项，省部级特等奖 7 项、一等奖 13 项，以及首届全国创新争先奖、第十三届光华工程科技奖、第三届杰出工程师奖、第六届全国优秀科技工作者、交通运输部科技特殊贡献奖、中国航海学会首届科技贡献突出人物、严恺工程技术奖、交通运输部首届青年科技英才等荣誉；入选"新世纪百千万人才工程"国家级人选、水利部首批"5151 人才工程"部级人选、江苏省"333高层次人才培养工程"第一层次培养对象等，享受国务院政府特殊津贴。

截至 2022 年，获授权发明专利 50 项；主编或在编行业标准 16 部。

社会任职

担任国际航运协会（PIANC）升船机工作组主席，国际水利与环境工程学会（IAHR）中国分会执委，中国水力发电工程学会高坝通航专业委员会副主任委员，中国水力发电工程学会水工金属结构专业委员会副主任委员，江苏省水力发电工程学会副理事长等。

人物纵观

工作 35 年来，致力于内河水运通航建筑物的前沿技术攻关、核心装备研发和重大工程实践，是交通运输部"高坝通航建筑物建设技术创新团队"总负责人。在船闸工程研究领域，建立了非恒定流减压试验理论和方法，研发了世界唯一的超大型非恒定流减压试验装备，创建了阀门分级防空化技术体系，攻克了高水头阀门空化难题；研发的阀门安全保障成套技术和高通过能力船闸输水系统，突破了超高水头船闸安全高效输水技术瓶颈。在升船机工程研究领域，发展了升船机水动力安全控制理论，研发了大尺度升船机整体动态试验平台，创新了升船机多元耦合稳定控制技术，建立了多因素通航安全综合评价体系；作为科研负责人，通过产学研相结合，与团队共同发明了一种利用水能作为提升动力的新型升船机——水力式升船机，引领了升船机创新技术发展。研究成果为我国通航建筑物科学研究领跑世界做出了贡献。

王明洋　高技术武器毁伤效应与工程防护专家

当选时间 2021 年当选中国工程院院士
学　　部 土木、水利与建筑工程学部
性　　别 男
民　　族 汉族
籍　　贯 湖北仙桃
出生年月 1966 年 1 月 5 日

院士小传

　　王明洋　高技术武器毁伤效应与工程防护专家。陆军工程大学教授，专业技术少将军衔，爆炸冲击防灾减灾国家重点实验室主任，南京理工大学特聘教授。1988 年工程兵工程学院（现中国人民解放军陆军工程大学）本科毕业；1991 年同济大学硕士毕业；1994 年工程兵工程学院博士毕业，同年留校工作，历任讲师、副教授、教授；1995 年 3 月至 1997 年 5 月，同济大学土木工程系博士后；1999 年前往加拿大不列颠哥伦比亚大学工程与技术学院，任高级访问学者；2000 年至 2012 年，任解放军理工大学（现中国人民解放军陆军工程大学）工程兵工程学院首席教授；2013 年至今，任解放军理工大学国防工程学院爆炸冲击防灾减灾国家重点实验主任、教授。2021 年当选中国工程院院士。

主要成就

长期从事防护工程领域的科研与教学工作。30 余年来，针对军事强国先后研发的常规钻地弹、超高速动能弹、小型钻地核弹等高技术武器的严峻现实威胁，紧贴我国战略防护工程转型升级亟待解决的高技术武器毁伤机理和防护技术难题，持续开展了相关基础理论与工程应用技术研究，自主研发了成套实验设备。

主持承担了国家"973 计划"项目、国防"973 计划"项目、国家自然科学基金重大仪器专项和军队重大课题 50 余项。

获国家科学技术进步奖一等奖 1 项、二等奖 3 项，军队科技进步奖一等奖 6 项；还获国家杰出青年科学基金项目资助，入选"长江学者奖励计划"特聘教授、军队首批科技领军人才、"万人计划"百千万工程领军人才，荣立个人二等功 2 次、集体二等功 1 次。

截至 2022 年，发表 SCI、EI 论文共 120 余篇，出版专著 3 部，获授权发明专利 11 件，主编和参编国、军标 4 部。培养出军队高层次人才 10 余名，带领团队建成"爆炸冲击效应与工程防护"国家重点领域创新团队。

社会任职

担任国务院学位委员会土木工程学科评议组成员，中国岩石力学与工程学会副理事长，中国岩石力学与工程学会工程安全与防护分会理事长，中国力学学会爆炸力学专业委员会委员、副主任委员，国际岩石力学学会中国国家小组副主席，《岩石力学与工程学报》《岩土工程学报》《爆炸与冲击》编委等。

人物综观

王明洋长期从事防护工程领域的科研与教学工作，针对防护工程所面临的武器威胁，分别搞清其毁伤破坏机理，找出相应的工程防护对策，逐步建立了抗钻地武器工程防护应用理论与技术架构，实现了从理论到工程应用和自主创新跨越，成果满足了重大国防工程建设急需。

（中国工程院评）

王明洋教授品行端正、学风严谨、热爱国防科研事业，注重团队建设和人才培养。培养军队高层次人才 10 余名，带领团队建成"爆炸冲击效应与工程防护"国家重点领域创新团队，荣立个人二等功 2 次、集体二等功 1 次。

（《新华日报》评）

唐洪武　平原水动力学与河湖治理工程专家 ▶▶▶

当选时间　2021 年当选中国工程院院士
学　　部　土木、水利与建筑工程学部
性　　别　男
民　　族　汉族
籍　　贯　江苏建湖
出生年月　1966 年 9 月 3 日

Yuan Shi Xiao Zhuan
院士小传

　　唐洪武　平原水动力学与河湖治理工程专家。河海大学教授、博士生导师、党委书记。1984 年考入河海大学，先后获得学士、硕士、博士学位；1991 年留校任教至今；2000 年至 2009 年，担任河海大学水利水电工程学院副院长、院长；2009 年至 2016 年，担任河海大学党委常委、副校长；2011 年获得国家杰出青年科学基金资助；2017 年起，担任河海大学党委书记；2018 年起，担任政协江苏省委员会常委，兼任农业和农村委员会副主任。2021 年当选中国工程院院士。

主要成就

长期致力于平原水动力学与河湖治理工程研究与实践。创建了平原弱动力区多尺度水动力重构的理论方法，建立了平原河网水动力重构的工程技术体系，构建了平原区以水动力重构为核心的河网多目标水力智能调控平台。研究成果广泛应用于长三角、淮河、珠三角、鄱阳湖等平原地区 150 多项重大河湖治理工程的规划、设计、运行中。

截至 2022 年 1 月，先后主持和承担过国家杰出青年科学基金、自然科学重点基金、国家科技攻关、省部级科技攻关课题及重点（大）工程项目 150 余项。

先后获得国家科学技术进步奖二等奖 4 项、省部级科技进步奖 5 项（一等奖以上）、首届全国创新争先奖、全国优秀科技工作者、钱宁泥沙科学技术奖、全国水利青年科技英才、第九届江苏省青年科技奖等荣誉；入选"新世纪优秀人才支持计划"、国家级"百千万人才工程"、江苏省"333 高层次人才培养工程"领军人才（第一层次）等。

截至 2022 年，发表学术论文 260 余篇（其中 SCI、EI 收录 130 余篇），出版学术论著 4 部，获授权发明专利 45 项，培养博士后 9 名、博士及硕士研究生共 90 余名。

社会任职

担任政协江苏省委员会常委，农业和农村委员会副主任，中国水利学会副理事长，中国水利学会水利量测技术专委会主任、泥沙专委会副主任，江苏省力学学会理事长，国际水利与环境工程学会中国分会副理事长，*Journal of Hydro-environment Research* 等7 个国际国内期刊副主编、编委等。

人物纵观

《中国水利报》以"水流智能模拟大步走来"为题整版报道了他在水流智能模拟方面的成果。

水流智能模拟将是水流模拟的一个重要发展方向，它是水利科学与智能科学交叉融合的产物。它的研究建立可望解决水流模拟中的一些瓶颈问题。

（《中国水利报》第 2125 期 2005-01-08）

唐洪武在平原河流水沙动力学及工程治理方面做出了突出贡献，是中国该领域的主要学科带头人之一。 　　　　　　　　　　　　　　　（中国共产党新闻网 2017-01-16）

新华社、新华网以《科技助力迎战"烟花"显神威——宁波防御"烟花"台风侧记》为题，报道唐洪武团队科研成果在助力宁波防御"烟花"台风中所发挥的防洪决策支持作用，为国家防洪救灾增添战力。 　　　　　　　　　　　　　（新华网 2021-08-01）

刘加平　　土木工程材料专家

当选时间	2021 年当选中国工程院院士
学　　部	土木、水利与建筑工程学部
性　　别	男
民　　族	汉族
籍　　贯	江苏海安
出生年月	1967 年 1 月 1 日

院士小传

　　刘加平　土木工程材料专家。东南大学首席教授、博士生导师，江苏苏博特新材料股份有限公司董事。1990 年重庆建筑工程学院（现重庆大学）建筑材料及制品专业毕业；1995 年获得东南大学硕士学位；2007 年入选"新世纪百千万人才工程"国家级人选；2008 年获得南京工业大学材料学专业博士学位；2012 年获得国家杰出青年科学基金项目资助；2014 年入选国家"万人计划"科技创新领军人才。2021 年当选中国工程院院士。

主要成就 *Zhu Yao Cheng Jiu*

混凝土收缩裂缝控制和超高性能化领域的学术带头人。长期致力于"收缩裂缝控制""超高性能化"两个核心领域的深入研究，成果应用于港珠澳大桥、太湖隧道等110余项重大工程，为科技进步和经济社会发展做出了重要贡献。

获国家技术发明奖二等奖1项、国家科学技术进步奖二等奖4项，以及中国青年科技奖、全国五一劳动奖章、全国第二届杰出工程师奖等奖项荣誉，入选江苏省"333高层次人才培养工程"培养对象（第一层次）等人才计划，享受国务院政府特殊津贴。

截至2022年，发表SCI、EI收录论文258篇，出版专著1部；主编、参编标准或规程共22项；获软件著作权11项；以第一发明人获授权发明专利91件，获国际专利14件，中国专利银奖1件、优秀奖5件。

社会任职 *She Hui Ren Zhi*

担任中国工程建设标准化协会副理事长，中国混凝土与水泥制品协会副会长，全国混凝土标准化技术委员会副主任委员，美国混凝土学会（ACI）中国分会副会长，江苏省土木建筑学会常务理事等。

人物综观 *Ren Wu Zong Guan*

发明了系列功能性土木工程材料，创建了减缩抗裂、力学性能提升和流变性能调控三个关键技术群，成功应用于港珠澳大桥、太湖隧道等110余项重大工程。率先提出了复杂胶凝体系的活化能计算方法，解决了室内与实际工程的性能无法对应、材料收缩与结构应力计算脱节等的难题，创建了混凝土水化—温度—湿度—约束耦合作用模型。突破了开裂风险量化评估的理论瓶颈，填补了收缩裂缝专项设计的空白。成果应用于无锡太湖隧道、兰新高铁和上海地铁14号线地下车站等50多项重大工程，实现了地下空间、隧道、长大结构等无可见裂缝，推动了收缩裂缝由被动修复转向为主动防治。从本源上提高混凝土宏观性能，解决了高强混凝土黏度大、韧性差，以及常温养护早期强度低、刚度不足等难题，实现了高流动性、超高强度和超高韧性的统一。成果应用于南海岛礁防护和南京长江五桥等60多项重大工程，提升了构筑物的抗侵彻爆炸和承载能力。

刘加平突破了收缩裂缝控制的国际难题，引领了超高性能混凝土的工程化应用，为土木工程建设做出了重要贡献。

（中国工程院评）

应汉杰　生物化工与制药工程专家 **»**

当选时间	2021 年当选中国工程院院士
学　　部	化工、冶金与材料工程学部
性　　别	男
民　　族	汉族
籍　　贯	浙江慈溪
出生年月	1969 年 7 月 17 日

Yuan Shi Xiao Zhuan
院士小传

　　应汉杰　生物化工与制药工程专家。南京工业大学生物与制药工程学院教授、博士生导师，国家生化工程技术研究中心主任。本硕均就读于南京化工学院（现南京工业大学）应用化学系；1998 年毕业于南京化工大学生物工程系，获博士学位。2021 年当选中国工程院院士。

主要成就

一直从事生物化工与制药工程交叉领域的研究与教学，致力于提高生物制造效率的创新技术的研究与工业工程的应用，在面向生命健康的医药、营养、食品等前沿绿色制造方面，取得了系列创新成果与突破。

主持和参加了 20 余项国家级和其他科研项目，包括国家自然科学基金重大项目课题、国家自然科学基金重点项目、国家科技部"863 计划"项目、国家"973 计划"项目课题、"十一五"国家科技支撑计划重点项目以及江苏省重点研发计划重点项目等。

以第一完成人获国家技术发明奖二等奖（2 项）、省部级科学技术奖（5 项），还获赵永镐科技创新奖、全国优秀教师、全国优秀科技工作者、教育部创新团队带头人等荣誉；入选首批国家"万人计划"科技创新领军人才、"新世纪百千万人才工程"国家级人选、江苏省"333 高层次人才培养工程"第一层次培养对象、国家"863 计划"项目主题专家、教育部"长江学者奖励计划"特聘教授；获得国家杰出青年科学基金项目资助，享受国务院政府特殊津贴。

社会任职

担任中国生物工程学会工业生物技术委员会主任，江苏省产业技术研究院工业生物技术研究所所长，江苏省生物技术协会副理事长，江苏省先进生物制造协同创新中心主任等。

人物综观

近 30 年来，应汉杰教授一直从事生物化工与制药工程交叉领域的研究与教学。致力于提高生物制造效率的创新技术研究与工业工程的应用，创新性地将细胞的代谢与遗传特性开发成为能量调控、细胞时空调控和细胞集群调控等系列调控细胞代谢反应的普适性技术，显著提升了细胞代谢反应过程的产品得率和生产效率。尤其是所发明的细胞集群调控技术，在全球工业规模首次实现了细胞的长期连续使用，为生物制药以及其他工业发酵技术产品的生产效率提升提供了新的工程科技解决方案，推动了医药、营养、食品等化学品和蛋白质微生物领域的生物发酵过程从间歇式向连续化生产的转变。10多项重大科研成果被产业化，取得了显著的经济效益、生态效益和社会效益。

（《扬子晚报》评）

江苏院士名录 中册

中国科学院江苏籍院士

江苏省科学技术协会 编

孙春雷 主编

南京大学出版社

图书在版编目（CIP）数据

江苏院士名录 . 中册，中国科学院江苏籍院士 / 江苏省科学技术协会编 . -- 南京：南京大学出版社，2022.11

ISBN 978-7-305-26436-8

Ⅰ . ①江… Ⅱ . ①江… Ⅲ . ①院士－人名录－江苏 Ⅳ . ① K826.1-61

中国版本图书馆 CIP 数据核字 (2022) 第 238552 号

出版发行　南京大学出版社
社　　　址　南京市汉口路 22 号　　　　　邮编 210093
出 版 人　金鑫荣

书　　　名　**江苏院士名录（中册）：中国科学院江苏籍院士**
编　　　者　江苏省科学技术协会
主　　　编　孙春雷
责任编辑　苗庆松　　　　　　　　编辑热线　025-83592655
装帧设计　赵　庆
照　　　排　南京开卷文化传媒有限公司
印　　　刷　徐州绪权印刷有限公司
开　　　本　787 mm×1092 mm　1/16　　印张 56.25　字数 1126 千
版　　　次　2022 年 11 月第 1 版　2022 年 11 月第 1 次印刷
ISBN　978-7-305-26436-8
定　　　价　698.00 元（全 3 册）
网　　　址：http://www.njupco.com
官方微博：http://weibo.com/njupco
微信服务号：njuyuexue
销售咨询热线：（025）83594756

《江苏院士名录》编委会

目录
C O N T E N T S

03　中国科学院江苏籍院士
（144人，按院士当选年份、年龄排序）

杨　槱——技术科学部 .... / 242

吴良镛——中科院技术科学部　工程院土木、水利与建筑工程学部 .... / 244

夏道行——数学物理学部 .... / 246

唐孝威——数学物理学部 .... / 248

杨　乐——数学物理学部 .... / 250

沈其韩——地学部 .... / 252

李德生——地学部 .... / 254

李德平——数学物理学部 .... / 256

胡和生——数学物理学部 .... / 258

陆熙炎——化学部 .... / 260

顾诵芬——中科院技术科学部　工程院机械与运载工程学部 .... / 262

翟中和——生命科学和医学学部 .... / 264

匡定波——信息技术科学部 .... / 266

王之江——信息技术科学部 .... / 268

姚开泰——生命科学和医学学部 .... / 270

吕　敏——数学物理学部 .... / 272

常印佛——中科院地学部　工程院能源与矿业工程学部 .... / 274

邹世昌——技术科学部 .... / 276

王　越——中科院信息技术科学部　工程院信息与电子工程学部 .... / 278

周秀骥——地学部 .... / 280

杨芙清——信息技术科学部 .... / 282

汪尔康——化学部 / 284

姚　熹——技术科学部 / 286

苏定强——数学物理学部 / 288

汪品先——地学部 / 290

苏肇冰——数学物理学部 / 292

徐至展——数学物理学部 / 294

李德仁——中科院地学部　工程院信息与电子工程学部 / 296

戴立信——化学部 / 298

李依依——技术科学部 / 300

周巢尘——信息技术科学部 / 302

王　水——地学部 / 304

陈　颙——地学部 / 306

朱森元——技术科学部 / 308

巢纪平——地学部 / 310

印象初——生命科学和医学学部 / 312

汪集暘——地学部 / 314

张礼和——化学部 / 316

李大潜——数学物理学部 / 318

沈学础——数学物理学部 / 320

方　成——数学物理学部 / 322

何鸣元——化学部 / 324

程耿东——技术科学部 / 326

郑厚植——数学物理学部 / 328

陈　竺——生命科学和医学学部 / 330

王德滋——地学部 / 332

过增元——技术科学部 / 334

伍小平——技术科学部 / 336

姚建铨——信息技术科学部 / 338

钱逸泰——化学部 / 340

许智宏——生命科学和医学学部 / 342

王志新——生命科学和医学学部 / 344

蒋有绪——生命科学和医学学部 / 346

王　迅——数学物理学部 / 348

陆汝钤——信息技术科学部 / 350

薛永祺——信息技术科学部 / 352

于　禄——数学物理学部 / 354

杨国桢——数学物理学部 / 356

严加安——数学物理学部 / 358

陈凯先——化学部 / 360

庄逢辰——技术科学部 / 362

钟大赉——地学部 / 364

秦国刚——信息技术科学部 / 366

柳百新——技术科学部 / 368

汪承灏——数学物理学部 / 370

夏建白——信息技术科学部 / 372

王志珍——生命科学和医学学部 / 374

程津培——化学部 / 376

郑兰荪——化学部 / 378

田　刚——数学物理学部 / 380

黄　琳——信息技术科学部 / 382

周　远——技术科学部 / 384

吴宏鑫——信息技术科学部 / 386

洪家兴——数学物理学部 / 388

叶培建——技术科学部 / 390

朱邦芬——数学物理学部 / 392

饶子和——生命科学和医学学部 / 394

龚昌德——数学物理学部 / 396

张裕恒——数学物理学部 / 398

江　明——化学部 / 400

吴培亨——信息技术科学部 / 402

吕达仁——地学部 / 404

王家骐——信息技术科学部 / 406

褚君浩——信息技术科学部 / 408

顾逸东——技术科学部 / 410

王诗宬——数学物理学部 / 412

陈晓亚——生命科学和医学学部 / 414

吴云东——化学部 / 416

任露泉——技术科学部 / 418

邢定钰——数学物理学部 / 420

祝世宁——技术科学部 / 422

杨元喜——地学部 / 424

赵进东——生命科学和医学学部 / 426

吴岳良——数学物理学部 / 428

陶　澍——地学部 / 430

包信和——化学部 / 432

江　雷——化学部 / 434

王　曦——技术科学部 / 436

郭华东——地学部 / 438

严纯华——化学部 / 440

李　林——生命科学和医学学部 / 442

田　禾——化学部 / 444

翟婉明——技术科学部 / 446

鄂维南——数学物理学部 / 448

周忠和——地学部 / 450

孙　鑫——数学物理学部 / 452

陈　骏——地学部 / 454

周成虎——地学部 / 456

朱诗尧——数学物理学部 / 458

刘云圻——化学部 / 460

宋微波——生命科学和医学学部 / 462

谢心澄——数学物理学部 / 464

张　旭——生命科学和医学学部 / 466

王贻芳——数学物理学部 / 468

陆建华——信息技术科学部 / 470

陈义汉——生命科学和医学学部 / 472

杜江峰——数学物理学部 / 474

邵　峰——生命科学和医学学部 / 476

芮筱亭——技术科学部 / 478

樊　嘉——生命科学和医学学部 / 480

顾东风——生命科学和医学学部 / 482

杨德仁——信息技术科学部 / 484

蒋华良——生命科学和医学学部 / 486

陈志明——数学物理学部 / 488

徐义刚——地学部 / 490

徐红星——数学物理学部 / 492

孙和平——地学部 / 494

王怀民——信息技术科学部 / 496

陆夕云——数学物理学部 / 498

施剑林——化学部 / 500

朱美芳——技术科学部 / 502

杨金龙——化学部 / 504

常　进——数学物理学部 / 506

樊春海——化学部 / 508

万宝年——数学物理学部 / 510

朱　彤——地学部 / 512

顾　宁——技术科学部 / 514

朱鲁华——信息技术科学部 / 516

史生才——数学物理学部 / 518

谈哲敏——地学部 / 520

朱　敏——地学部 / 522

贾金锋——技术科学部 / 524

张　平——数学物理学部 / 526

封东来——数学物理学部 / 528

姓名音序索引

B

包信和 · 432

C

常　进 · 506
常印佛 · 274
巢纪平 · 310
陈　骏 · 454
陈凯先 · 360
陈晓亚 · 414
陈义汉 · 472
陈　颙 · 306
陈志明 · 488
陈　竺 · 330
程耿东 · 326
程津培 · 376
褚君浩 · 408

D

戴立信 · 298
杜江峰 · 474

E

鄂维南 · 448

F

樊春海 · 508
樊　嘉 · 480
方　成 · 322

封东来 · 528

G

龚昌德 · 396
顾东风 · 482
顾　宁 · 514
顾诵芬 · 262
顾逸东 · 410
郭华东 · 438
过增元 · 334

H

何鸣元 · 324
洪家兴 · 388
胡和生 · 258
黄　琳 · 382

J

贾金锋 · 524
江　雷 · 434
江　明 · 400
蒋华良 · 486
蒋有绪 · 346

K

匡定波 · 266

L

李大潜 · 318
李德平 · 256

李德仁·····················296

李德生·····················254

李　林·····················442

李依依·····················300

刘云圻·····················460

柳百新·····················368

陆建华·····················470

陆汝钤·····················350

陆夕云·····················498

陆熙炎·····················260

吕达仁·····················404

吕　敏·····················272

Q

钱逸泰·····················340

秦国刚·····················366

R

饶子和·····················394

任露泉·····················418

芮筱亭·····················478

S

邵　峰·····················476

沈其韩·····················252

沈学础·····················320

施剑林·····················500

史生才·····················518

宋微波·····················462

苏定强·····················288

苏肇冰·····················292

孙和平·····················494

孙　鑫·····················452

T

谈哲敏·····················520

唐孝威·····················248

陶　澍·····················430

田　刚·····················380

田　禾·····················444

W

万宝年·····················510

汪承灏·····················370

汪尔康·····················284

汪集暘·····················314

汪品先·····················290

王德滋·····················332

王怀民·····················496

王家骐·····················406

王诗宬·····················412

王　水·····················304

王　曦·····················436

王　迅·····················348

王贻芳·····················468

王　越·····················278

王之江·····················268

王志新·····················344

王志珍·····················374

吴宏鑫·····················386

吴良镛·····················244

吴培亨·····················402

吴岳良·····················428

吴云东·····················416

伍小平·····················336

X

夏道行·····························246

夏建白·····························372

谢心澄·····························464

邢定钰·····························420

徐红星·····························492

徐义刚·····························490

徐至展·····························294

许智宏·····························342

薛永祺·····························352

Y

严纯华·····························440

严加安·····························358

杨德仁·····························484

杨芙清·····························282

杨国桢·····························356

杨金龙·····························504

杨　乐·····························250

杨　槱·····························242

杨元喜·····························424

姚建铨·····························338

姚开泰·····························270

姚　熹·····························286

叶培建·····························390

印象初·····························312

于　渌·····························354

Z

翟婉明·····························446

翟中和·····························264

张礼和·····························316

张　平·····························526

张　旭·····························466

张裕恒·····························398

赵进东·····························426

郑厚植·····························328

郑兰荪·····························378

钟大赉·····························364

周巢尘·····························302

周成虎·····························456

周秀骥·····························280

周　远·····························384

周忠和·····························450

朱邦芬·····························392

朱鲁华·····························516

朱美芳·····························502

朱　敏·····························522

朱森元·····························308

朱诗尧·····························458

朱　彤·····························512

祝世宁·····························422

庄逢辰·····························362

邹世昌·····························276

中国科学院

江苏籍院士

杨 槱 船舶设计专家

当选时间 1980 年当选中国科学院院士
学　　部 技术科学部
性　　别 男
民　　族 汉族
籍　　贯 江苏句容
出生年月 1917 年 10 月 17 日

　　杨槱 船舶设计专家。曾就读于广州中山大学附属小学、南京金陵中学、广州培正中学；1935 年赴英国留学，就读于格拉斯哥大学造船系；1940 年获英国格拉斯哥大学一等荣誉学士学位。历任原重庆民生机器厂设计室副工程师和工程师、原重庆商船专科学校造船科教员、交通大学教授、同济大学教授、上海交通大学船舶工程系教授兼上海交通大学船舶及海洋工程研究所所长。1980 年当选中国科学院学部委员（院士）。

是中国船舶设计学科的开拓者，也是中国造船科技发展史研究的奠基者。主持并领导制定了中国第一部《海船稳性规范》，推动了中国船舶稳定性的研究工作。主编了《船舶静力学》教科书，是中国造船专业率先招收硕士研究生的导师之一。自 1963 年起，指导研究生对被动式减摇水舱进行了大量系统的试验研究，其研究成果日后被船舶设计和研究单位广泛采用，促进了能改善船舶适航性的减摇水舱技术的发展。主持编制了《干货船的主要尺度分析》《按常用的三种系列船型资料设计船体型线》《按母型船设计型线》等多种程序。

1983 年主持建立了中国造船工程学会造船史学组。1984 年，造船史学组升格为船史研究会。

是中国应用电子计算机辅助船舶设计的积极倡导者、组织者和学科带头人。领导的科研小组及培养的研究生首先编制了实用性较强的货船主要尺度要素计算机程序，且程序得以广泛应用。之后又陆续编制了一系列有关船体型线设计和船舶性能计算的计算机程序。率先发起并与国内有关单位联合研制了"海洋货船设计集成系统"，这项科研成果分别获得 1980 年国防工办、交通部和上海市重大科技成果三等奖。

2009 年获"60 年来为上海的建设与发展做出突出贡献的典型人物"；2016 年获国家海洋局"终身奉献海洋"纪念奖章。

1985 年，与两位青年教师合编了《电子计算机辅助船舶设计》一书，被中国船舶工业总公司评为优秀教材。撰写了《近代和现代中国造船发展史》《秦汉时期的造船业》《早期的航海活动与帆船的发展》《对泉州湾宋代海船复原的几点看法》和《郑和下西洋所用宝船的进一步探索》等多篇论文。从事教育行业 70 余载，培养了 5 名博士研究生和 20 名硕士研究生。黄旭华院士（"中国核潜艇之父"）、徐芑南院士（"蛟龙"号总设计师）、朱英富院士（中国第一艘航母辽宁舰的总设计师）等都是他的学生。2013 年，荣获"上海市教育功臣"称号。

担任过中国造船工程学会副理事长，第五届、六届全国人民代表大会代表，全国政协第七届、八届委员会常务委员，上海市第八届人民代表大会常务委员会委员，政协上海市委员会副主席，中国海洋学会常务理事，中国海洋工程学会副理事长，中国太平洋历史学会副会长，九三学社中央委员会副主席（连续 2 届），九三学社上海市委员会主任委员（连续 3 届）等。

吴良镛　建筑学与城市规划专家 ▶▶▶

当选时间	1980 年当选中国科学院院士
	1995 年当选中国工程院院士
学　　部	中国科学院技术科学部
	中国工程院土木、水利与建筑
	工程学部
性　　别	男
民　　族	汉族
籍　　贯	江苏南京
出生年月	1922 年 5 月 7 日

　　吴良镛　建筑学与城市规划专家。1944 年毕业于中央大学（重庆）建筑系，获工学学士学位；1946 年协助梁思成创建清华大学建筑系；1948 年 9 月，入美国匡溪艺术学院建筑与城市设计系，师从沙里宁；1950 年毕业于美国匡溪艺术学院建筑与城市设计系，并获硕士学位，同年回国后在清华大学建筑系任教；1978 年任清华大学建筑系系主任；历任清华大学建筑与城市研究所所长、人居环境研究中心主任等。1980 年当选中国科学院学部委员（院士）；1995 年当选中国工程院院士。

主要成就 *Zhu Yao Cheng Jiu*

长期从事建筑与城乡规划基础理论、工程实践和学科发展研究。针对我国城镇化进程中建设规模大、速度快、涉及面广等特点，创立了人居环境科学及其理论框架，成功开展了从区域、城市到建筑、园林等多尺度和多类型的规划设计研究与实践。该理论以有序空间和宜居环境为目标，提出了以人为核心的人居环境建设原则、层次和系统，发展了区域协调论、有机更新论、地域建筑论等创新理论；以整体论的融贯综合思想，提出了面向复杂问题、建立科学共同体、形成共同纲领的技术路线，突破了原有的专业分割和局限，建立了一套以人居环境建设为核心的空间规划设计方法和实践模式。该理论发展了整合人居环境核心学科——建筑学、城乡规划学、风景园林学的科学方法，受到国际建筑界的普遍认可，在1999年国际建筑师协会通过的《北京宪章》中得到充分体现。作为对该宪章的诠释，同时发表了《世纪之交的凝思：建筑学的未来》。

先后承担了北京菊儿胡同危旧房改建工程和新四合院住宅体系的规划设计，研究成果获国家和原建设部的优秀设计奖，亚洲建筑师协会建筑设计金牌奖和在联合国总部颁发的世界人居奖。

2012年2月14日，获2011年度国家最高科学技术奖；2018年12月18日，获党中央、国务院授予的"改革先锋"称号，获授改革先锋奖章，并获评"人居环境科学的创建者"称号。还曾获国际建筑师协会屈米奖、何梁何利基金科学与技术奖、首届梁思成建筑奖、荷兰克劳斯亲王奖、陈嘉庚科学奖等重要奖项，以及全国先进工作者、当代中国百名建筑师、法国文化艺术骑士勋章等多个国家授予的多个荣誉。

发表学术文章200多篇，出版著作16部，还参与编纂图书多套，其专著《广义建筑学》和主持编撰的《北京奥林匹克建设规划研究》分获国家教委科技进步奖一等奖。20世纪50年代初指导建筑学专业的第一批研究生导师，1981年国务院批准的第一批博士生导师，1984年为中国城市规划与设计专业培养出第一位博士学位获得者。

社会任职 *She Hui Ren Zhi*

担任过国际建筑师协会副主席，世界人居学会主席，中国城市规划学会理事长，中国建筑学会副理事长，中国城市科学研究会副理事长等。

夏道行 数学家

院士小传

当选时间 1980 年当选中国科学院院士
学　　部 数学物理学部
性　　别 男
民　　族 汉族
籍　　贯 江苏泰州
出生年月 1930 年 10 月 20 日

夏道行 数学家。1950 年毕业于山东大学数学系；1952 年浙江大学数学系研究生毕业，毕业后分配至复旦大学数学系任教；1957 年 9 月，被派往苏联莫斯科大学数学系进修，为时一年；1972 年起，被国内外 9 种杂志和学术丛书的编委会聘为编委或副主编；1978 年获全国科学大会奖励；1979 年起，先后赴日本、法国、瑞士、德国等国参加国际学术会议和学术交流活动；担任中国科学院数学物理研究所和山东大学数学系的兼职教授，美国范德堡大学教授。1980 年当选中国科学院学部委员（院士）。

主要成就

长期从事数理研究，专于函数论、泛函分析与数学物理，在算子理论、线性拓扑代数理论及广义函数理论等研究领域都取得了突出成就，并独创了"夏道行函数"。

在函数论方面，证实了戈鲁辛的两个猜测，建立了"拟共形映照的参数表示法"，得到一些有用的不等式和被称为"夏道行函数"的一些性质。在单叶函数论的面积原理与偏差定理等方面取得了系统且有较深影响的成果。在泛函分析方面，建立了带对合的赋半范环论和局部有界拓扑代数理论。首先建立了非正常算子的奇异积分算子模型，在条件正定广义函数和对无限维系统的实现理论研究中取得了重要成果。在现代数学物理方面，对带不定尺度的散射问题等获得创见性成果。

利用泛函分析工具研究了规范场的场强和势，为规范场的量子化奠定了数学基础，获 1978 年全国科学大会奖。"泛函积分与算子谱分析"和"单叶函数与拟似映照"等理论分别获得了 1982 年国家自然科学三等奖和四等奖。

著有《无限维空间上测度和积分论》，并译成英文出版，在国外有较大的影响。在算子理论研究方面，所著《关于非正常算子》一文是国际上此研究方向的开创性论文之一，10 多年来经常被国外学者的论文所引用，该研究结果已被收入美国数学家普特拉姆的《希尔柏脱空间算子交换性质》一文；在线性拓扑代数理论研究方面，系统地建立了半赋范代数和局部有界拓扑代数的理论，研究结果被收入苏联数学家奈玛依克著的《赋荡理论》一书；在广义函数论研究方面，关于正定广义函数的研究成果已被收入苏联科学院院士盖尔芳特和别人合著的《广义函数论》第四卷中。此外，与严绍崇合著的《实变函数论》和《泛函分析》为高校推荐教材。发表论文约 80 篇。

社会任职

担任美国加州大学、纽约州立大学、加拿大多伦多大学、日本九州大学等近 20 所国际知名大学的访问教授和国际数学物理学会的顾问委员。

唐孝威　原子核物理及高能物理学家

院士小传

当选时间 1980 年当选中国科学院院士

学　　部 数学物理学部

性　　别 男

民　　族 汉族

籍　　贯 江苏无锡

出生年月 1931 年 10 月 1 日

　　唐孝威　原子核物理及高能物理学家。浙江大学物理学院教授、博士生导师。1952年毕业于清华大学物理系；先后在中国科学院近代物理研究所、国家第二机械工业部（现国家核工业部）原子能研究所、苏联杜布纳联合原子核研究所、青海国家核工业部第九研究院（现中国工程物理研究院）、北京中国科学院高能物理研究所、德国汉堡电子同步加速器中心、瑞士日内瓦欧洲核子研究中心、浙江大学等单位工作；历任第九研究院研究室主任，中国科学院高能物理研究所研究室主任等。1980 年当选中国科学院学部委员（院士）。

主要成就

主要从事原子核物理、高能实验物理、生物物理学、医学物理学、核医学、脑科学等方面研究。20世纪50年代，参加我国核探测器的创业。1954年下半年，携带实验组自制的探测器参加我国铀矿勘探，勘探队在广西发现富铀矿，矿石标本被称为我国核工业的"开业之石"。20世纪60年代初起，参加中国原子弹、氢弹的研究与核试验，领导实验组在原子弹中子点火实验和核试验物理诊断等方面做出贡献。70年代中，领导实验组进行中国卫星舱内空间辐射剂量的测量。70年代末，率领中国实验组到德国汉堡电子同步加速器中心进行高能实验，参加了丁肇中教授领导的马克杰国际合作组，在实验中发现胶子。80年代初起，领导中国科学院高能物理研究所实验组参加L3实验及AMS实验等国际科技合作，在实验证实自然界存在三代中微子以及实验测定中间玻色子特性等方面做出贡献。90年代起，进行核医学领域的研究，曾担任国家攀登计划"核医学和放射治疗中先进技术的基础研究"项目的首席科学家，还进行物理学与生物学交叉领域的研究；曾主持基金委"发展近场技术研究生物大分子体系特征"重大项目。此外，还和国内神经科学家一起，推动和组织脑功能成像实验及神经信息学研究，并在生物物理学、医学物理学、脑科学等交叉学科研究领域工作。进入21世纪，进行认知神经科学、心理学、教育学领域的研究，并创建了一般集成论。

曾获全国劳动模范（1979）、国家级"有突出贡献的中青年专家"（2013）等荣誉称号；主编的《粒子物理实验方法》获全国优秀科技图书一等奖。

截至2020年，本人及与合作者在国内外学术刊物上发表论文600多篇。他著书立说，出版了《细胞运动原理》（2001）、《脑功能原理》（2003）、《意识论》（2004）、《智能论》（2010）等大量学术著作；注重人才培养，先后在中国科学院高能物理研究所、中国科学技术大学、北京大学、南京大学、浙江大学等科研机构和高校培养了大批博士研究生和硕士研究生。

社会任职

担任过中国共产党第十二次、十三次全国代表大会代表，中国和平统一促进会理事，中国科学技术大学、北京大学等校兼职教授等。

杨 乐 | 数学家

当选时间 1980 年当选中国科学院院士
学　　部 数学物理学部
性　　别 男
民　　族 汉族
籍　　贯 江苏南通
出生年月 1939 年 11 月 10 日

院士小传

杨乐　数学家。中国科学院数学与系统科学研究院研究员、博士生导师。1956 年考入北京大学数学力学系，1962 年毕业（六年制）；同年考入中国科学院数学研究所研究生，师从熊庆来教授；1966 年毕业后留所工作，先后担任副研究员、研究员、副所长；1987 年出任中国科学院数学研究所所长；1996 年创建中国科学院晨兴数学中心，并出任学术委员会副主任；1998 年 12 月，中国科学院数学与系统科学研究院成立，出任首任院长。1980 年当选中国科学院学部委员（院士）。

主要成就

主要从事复分析研究，特别是在整函数与亚纯函数的值分布理论方面有系统、深入的研究，在复分析中的研究工作为国内外同行学者广泛引用。在函数值分布论、幅角分布论、正规族等方面取得了以下一系列的重要研究成果：

（1）在亚纯函数与其导数的总亏量方面获得若干精确结果，回答了专家 D.Drasin 提出的三个问题，首先证明了亏函数的可数性；

（2）在函数正规族理论中，研究了不动点、微分多项式的取值与正规性的关系；

（3）与张广厚首次揭示了函数值分布论中的两个主要概念"亏值"和"奇异方向"之间的具体联系，获得了最佳估计，为国际函数论学者所瞩目，后来他们的这一研究成果被命名为"杨－张定理"或"杨－张不等式"；

（4）获得了亚纯函数 Borel 向的分布规律，对奇异方向在涉及导数与重值时做了深入研究。

此外，还和海曼（W. K. Hayman）合作研究了立特沃德（Littlewood）的一个猜想，获得了亚纯函数在涉及重值时普遍与精确的亏量关系。

获国家自然科学奖（1982 年）、国家科技进步奖、全国科学大会奖、陈嘉庚科学奖（数理科学）、华罗庚数学奖、何梁何利基金科学与技术进步奖、国家图书奖等，以及世界华人数学家大会颁发的陈省身奖、数学发展贡献奖。

1978 年以来，陆续发表了《值分布理论及其新研究》、*Value Distribution Theory* 等不少有影响的学术专著和论文，多次应邀到海外多所高校和研究机构作学术报告和交流。

社会任职

担任过全国政协委员会委员（第六届至十届），中华全国青年联合会副主席（第五届、六届），中国科学技术协会全国委员会委员（第三届）、常委（第四届、五届）、荣誉委员，中国数学会常务理事（第三届、四届、六届）、秘书长（第四届）、理事长（第六届），国务院学位委员会数学评议组成员（第一届至四届），国务院学位委员会委员（第三届、四届），全国科学奖励委员会委员（第三届、四届），全国自然科学评审委员会委员（第三届、四届），中国科学院基金委员会委员、主席团委员、数理学部副主任、常务委员、陈嘉庚奖评审委员会委员，国家教育咨询委员会委员，国家教育考试指导委员会委员，《纯粹数学与应用数学专著》丛书、《中国科学 A 辑》、《数学学报》主编，*Results In Mathematics*、*Journal of Asia Mathematics*、《科学通报》、《数学年刊》编委等。

沈其韩　地质学家　>>>

当选时间 1991 年当选中国科学院院士
学　部 地学部
性　别 男
民　族 汉族
籍　贯 江苏海门
出生年月 1922 年 4 月 27 日

院士小传

沈其韩　地质学家。中国地质科学院地质研究所研究员、博士导师。1922 年 4 月 27 日出生于江苏淮阴；1946 年从重庆大学地质系毕业后进入南京中央地质调查所工作，担任实习员和技术员；1949 年至 1952 年，担任中国科学院南京地质古生物研究所技术员；1953 年至 1956 年，担任湖北大冶地质部 429 队工程师、地质组长、分队技术负责人；1956 年至 1978 年，担任北京地质部和地质矿产部、地质研究所和地质矿产研究所高工、副主任工程师，青海研究队队长，铁铜队副队长，第一铁矿队副队长等；1978 年至 1983 年，担任地矿部地质研究所行政领导小组成员、研究员；1983 年 3 月至 1986 年，担任地矿部地质研究所所长、研究员、博士生导师；1986 年担任地质矿产部、国土资源部及中国地质科学院地质研究所研究员、博士生导师。1991 年当选中国科学院学部委员（院士）。

主要成就

长期从事早前寒武纪地质、变质岩石学等研究。20世纪50年代，从事铁、铜详勘，参与中国前寒武系首次总结和1∶300万前寒武纪地质图编制；60年代，致力于早前寒武纪地质及同位素年代学和变质岩区方法研究；70年代，在青海、陕西进行铁、铜矿产调查；80年代，在华北地台对深变质岩和重大地质事件进行深入研究，参与主编1∶400万中国变质地质图及其总结；90年代，对早前寒武纪麻粒岩和地层（构造）年代格架进行系统研究。研究小组多次发现最古老陆块。

重要学术观点与贡献如下：

（1）认为变质作用的发生、发展和演化是各种地质作用综合控制的结果，但深部热流在动态条件下的活动起到了主导作用。

（2）认为变质反应不是简单的固相矿物之间的相互反应，含水矿物的脱水熔融以及熔体的参与反应过程起到了重要作用。

（3）认为前寒武纪至少在新太古代已存在板块，新太古地体是由不同微板块拼贴而成，但与显生宙以后的板块具有明显不同的特征。

（4）认为太古宙下地壳主要由20%～25%的基性麻粒岩和75%～80%的深成紫苏花岗质岩石组成，总化学成分相当于中性成分。

先后获得国家自然科学奖二等奖1项，部级科研成果奖一等奖1项、二等奖3项、三等奖1项。正式发表专著15种（包括图的一种）、论文120余篇。

社会任职

担任过中国地质学会第三十二届和三十三届理事、三十七届常务理事，中国地质科学院学位委员会委员，北京离子探针中心科技委员会主任，原国土资源部"大陆动力学重点实验室"专家委员会委员、"同位素地质学重点实验室"学术委员会委员，中国地质学会岩石专业委员会主任委员，矿物岩石地球化学学会变质岩专业委员会主任，原地矿部"变质动力学开放研究实验室"学术委员会主任，《岩石矿物学杂志》《地球学报》主编，《前寒武纪》副主编，《吉林大学学报（地球科学版）》《科学通报》《中国科学》《岩石学报》《中国区域地质》等编委，《中国科学》编辑委员会地质科学顾问等。

李德生　　石油地质学家 ⟫

院士小传

当选时间　1991 年当选中国科学院院士
学　　部　地学部
性　　别　男
民　　族　汉族
籍　　贯　江苏苏州
出生年月　1922 年 10 月 17 日

李德生　石油地质学家。发展中国家科学院院士，中国石油天然气集团有限公司石油勘探开发科学研究院总地质师、教授级高级工程师。1922 年 10 月出生于上海；1945 年毕业于国立中央大学地质系，之后一直从事石油勘探开发工作。20 世纪 50 年代，历任原西北石油管理局地质师、主任地质师，石油工业部玉门油田总地质师，四川石油管理局川中矿务总地质师；60 年代，先后参加大庆、胜利和四川盆地的油气勘探开发工作，历任地质所副指挥、指挥和会战指挥部总地质师；70 年代后，参加大港、华北油田的勘探开发工作，历任油田主任地质师和北京石油勘探开发科学研究院总地质师。1991 年当选中国科学院学部委员（院士）。

主要成就

长期从事石油勘探开发和地质研究工作，是大庆油田发现过程中的地球科学工作者之一。此外，还致力于渤海湾盆地的综合研究，创新地划分了中国含油气盆地类型。参与编制大庆油田第一部开发方案——《萨尔图油田 146 平方公里面积的开发方案报告》。20 世纪 60 年代中期和 70 年代，参与创立了渤海湾油区复式油气聚集（区）带的理论并指导实践。

荣获国家自然科学奖一等奖 1 项（1982）、国家科学技术进步奖特等奖 2 项（1985）、美国石油地质学家协会（AAPG）杰出成就奖章（1994）、陈嘉庚地球科学奖（2010）等奖项。

截至 2016 年 3 月，在国内外地球科学刊物上发表论文 140 余篇（含 7 部中文专著和 2 部英文专著）。截至 2010 年 6 月，为国家培养了 25 名硕士、博士和博士后研究生。

社会任职

担任过中国石油学会第八届理事会名誉理事，《石油学报》第八届编辑委员会顾问等。

李德平　辐射物理、辐射防护及安全学家

当选时间　1991 年当选中国科学院院士

学　　部　数学物理学部

性　　别　男

民　　族　汉族

籍　　贯　江苏兴化

出生年月　1926 年 11 月 4 日

院士小传

李德平　辐射物理、辐射防护及安全学家。中国辐射防护研究院研究员、名誉院长，中国核工业集团有限公司科技委高级顾问。1926 年 11 月出生于北京；1948 年从清华大学物理系毕业后留校任教；1950 年进入中国科学院近代物理所工作，历任助理研究员、副研究员、辐射物理研究室主任；1962 年参与创建华北工业卫生研究所（现为中国辐射防护研究所），先后担任原核工业部辐射防护研究所所长、研究员，中国辐射防护研究院研究员、院长。1991 年当选中国科学院学部委员（院士）。

主要成就

主要从事辐射探测器研究。建立了中国核工业辐射防护研究和监测体系，指导了中华人民共和国成立初期放射性计量实验室科研及实验室建立的工作。在从事辐射探测器研究中，参与了中国首次研制卤素计数管、强流管及稳压管的工作。在电离室方面，指出当时苏式堆控硼壁电离室设计参数的缺点，并推导出普适的电离电流体复合损失的新公式，发展了用细束照射研究探测器性能的方法，证明近滕等人的精细工作仍与实际不符。论文《球形电离室特性》证明球形室等效中心不因反平方律而前移。

获中国科学院科学奖金委员会"科学资金三等奖"、全国科学大会奖等。1985 年由中华人民共和国核工业部授予核工业建设荣誉证书。

社会任职

担任过全国政协第六届委员会委员，国际放射防护委员会（ICRP）主委员会委员（连任 3 届），国际原子能机构（IAEA）核安全咨询组（INSAG）成员，联合国原子辐射效应科学委员会（UNSCEAR）中国代表、主代表，中国核学会常务理事，中国核安全专家委员会副主席，原国家环保总局顾问与核环境专家委员会副主任委员等。

胡和生

胡和生　数学家

当选时间　1991 年当选中国科学院院士
学　　部　数学物理学部
性　　别　女
民　　族　汉族
籍　　贯　江苏南京
出生年月　1928 年 6 月 20 日

Yuan Shi Xiao Zhuan
院士小传

　　胡和生　数学家。发展中国家科学院院士，复旦大学教授。1928 年 6 月出生于上海；1945 年至 1948 年，在交通大学数学系学习；1950 年初毕业于大夏大学（现华东师范大学）数理系；1952 年于浙江大学数学系研究生毕业；2002 年当选发展中国家科学院院士，同年应邀在世界数学家大会上作诺特讲座报告。1991 年当选中国科学院学部委员（院士）。

长期从事微分几何研究，在射影微分几何、黎曼空间完全运动群、规范场等方面研究均有建树。早期研究超曲面的变形理论、常曲率空间的特征等问题，发展和改进了几位著名数学家的工作。在黎曼空间运动群方面，给出确定黎曼空间运动群空隙性的一般方法，解决了意大利数学家福比尼所提出的问题，并整理在与丈夫谷超豪合著的《齐性空间微分几何》一书中。在关于规范场强场能否决定规范势的研究中取得深入进展与成果，在对具质量规范场的解的研究中第一个得到经典场论中不连续的显式事例。在研究规范场团块现象和球对称规范势的决定等问题中，都取得难度大、水平高的重要成果。在线汇理论、户田方程与调和映照的研究中，发展了孤立子的几何理论。2000年，建立起射影空间的拉普拉斯序列和二维户田方程二者的联系，得出求解方法并证明了复射影空间中拉普拉斯序列为调和序列的充要条件。

获国家自然科学奖三等奖、原国家教委科学技术进步奖一等奖、全国科学大会奖、上海市科技论文奖一等奖、何梁何利基金科学与技术进步奖，以及中国科学院数学研究所"先进工作者"称号。

截至2022年，撰有《孤粒子理论与应用》《微分几何学》等著作，获1986年国家级优秀教材一等奖；单独或联合指导培养博士20名，其中有3名获全国优秀博士学位论文奖；培养硕士30多名。

担任过全国政协第七届、八届、九届委员会委员，中国数学会副理事长，国家自然科学基金重点项目"整体微分几何和物理应用"负责人，上海市数学会理事长，《数学季刊》主编，《数学学报》副主编等。

当选时间 1991 年当选中国科学院院士
学　　部 化学部
性　　别 男
民　　族 汉族
籍　　贯 江苏苏州
出生年月 1928 年 8 月 29 日

陆熙炎　　有机化学家

院士小传

　　陆熙炎　　有机化学家。中国科学院上海有机化学研究所研究员。1951 年毕业于浙江大学化学系；1951 年 8 月至 1985 年，先后担任中国科学院上海有机化学研究所研究实习员（至 1955 年）、助理研究员（至 1977 年）、副研究员（至 1985 年）；1985 年起，担任研究员。1991 年当选中国科学院学部委员(院士)。

Zhu Yao Cheng Jiu 主要成就

主要从事金属有机化学反应及合成方面的研究。早年从事碳水化合物研究。20 世纪 50 年代，从事链霉素的研究，在国内首先分离纯化制得盐酸链霉素氯化钙复盐结晶。60 年代初，参加了牛胰岛素 A 链全合成的早期工作，此后从事萃取剂 P-204 工业合成方法研究并获得成功，参与研制光学仪器防霉剂 SF-501 并获得成功。70 年代末，研究金属有机化学，从金属有机化合物的基元反应中发展新的有机合成反应，发现了一些有学术意义和应用前景的反应。90 年代以来，研究以炔烃衍生物为原料的合成反应。现从事二价钯催化下的反应及有关基元反应的研究。

曾获国家自然科学奖二等奖、国家技术发明奖二等奖、何梁何利基金科学与技术进步奖（1999 年）、中国化学会黄耀曾金属有机化学终身成就奖（2008 年），以及上海市"劳动模范"称号（1997 年）、全国五一劳动奖章（2001 年）、中国科学院研究生院"杰出贡献教师"称号（2008 年）等。

发表论文 190 余篇。培养博士 24 名（其中 1 人获全国百篇优秀博士论文奖、3 人获中国科学院院长奖学金特等奖、6 人获中国科学院院长奖学金优秀奖），硕士 23 名。有在学研究生 6 名，其中博士生 5 名。

She Hui Ren Zhi 社会任职

担任过《中国化学》主编、顾问编委，《化学学报》副主编，*Tetrahedron* 顾问编委，北京大学、浙江大学、苏州大学兼职教授等。

当选时间　1991 年当选中国科学院院士
　　　　　　1994 年当选中国工程院院士
学　部　中国科学院技术科学部
　　　　　　中国工程院机械与运载工程学部
性　别　男
民　族　汉族
籍　贯　江苏苏州
出生年月　1930 年 2 月 4 日

顾诵芬　　　飞机空气动力学家

院士小传

顾诵芬　飞机空气动力学家。美国宇航学会会员，中国航空工业集团公司科技委研究员，中国航空研究院名誉院长。1951 年毕业于上海交通大学航空工程系，毕业后进入航空工业管理局工作；1961 年进入沈阳飞机设计研究所工作；1984 年任沈阳飞机设计研究所所长；1986 年任航空航天部科技委员会副主任；1987 年被任命为首届"863 计划"航天高技术领域专家委员会委员；1988 年任航空航天研究院副院长、名誉院长；2010 年任中国航空工业集团有限公司科学技术委员会副主任。1991 年当选中国科学院学部委员（院士）；1994 年当选中国工程院院士。

Zhu Yao Cheng Jiu
主要成就

是中国自行设计、制造的高空高速歼击机的主要技术负责人之一，为歼 8 系列飞机做出了重大贡献，被誉为"歼 8 之父"。直接组织领导和参与了低、中、高三代飞机中的多种飞机气动布局和全机的设计，利用国内条件创立了超音速飞机气动设计程序和计算方法。1954 年起，先后承担歼教 1 型和歼教 6 型喷气式教练机的气动设计工作，在国内首创两侧进气方案，抓住初级教练机失速尾旋的特点，通过计算机翼环量分布，从优选择了机翼布局。1964 年开始领导歼 8 飞机的气动设计工作，并解决了方向安定性和排除抖振等重大技术关键，确保了飞机定型。1976 年开始参与歼 8 Ⅰ 型飞机的设计工作，1985 年正式定型。1981 年任歼 8 Ⅱ 飞机的总设计师，利用系统工程管理方法，把飞机各专业系统技术融合在一个总体优化的机型内。1984 年 6 月，歼 8 Ⅱ 飞机试飞成功，不久投入生产。1988 年起，领导飞机主动控制技术研究，在国内首次实现静不稳定飞机的飞行。1990 年起，领导高性能远景飞机的概念研究。

获国家科学技术进步奖一等奖、二等奖、特等奖，以及何梁何利基金科学与技术成就奖、航空航天部航空金奖等。

截至 2018 年 1 月，已出版 6 个系列、100 多种图书，其中数十种涉及通用航空、轰炸机、轻型多用途战斗机等多机种的研究报告、咨询报告和建议书。曾发表《设计超音速高性能飞机中的一些气动力问题》《关于航天飞机研制和发展的综述》《2000 年前后歼击机的发展趋向》等论文。

She Hui Ren Zhi
社会任职

担任过第六届至九届全国人民代表大会代表，中国航空学会第二届常务理事、第三届理事，中国空气动力学研究会理事，美国宇航学会会员等。

翟中和 细胞生物学家

当选时间　1991 年当选中国科学院院士
学　　部　生命科学和医学学部
性　　别　男
民　　族　汉族
籍　　贯　江苏溧阳
出生年月　1930 年 8 月 18 日

院士小传

　　翟中和　细胞生物学家。北京大学生命科学学院教授、博士生导师。1950 年考入清华大学生物学系；1951 年被派往苏联留学；1956 年从列宁格勒大学毕业，之后回国被分配到北京大学生物学系任教，历任北京大学生物系助教、讲师、副教授、教授、博士生导师、教研室主任，以及生命科学学院学术委员会主任；1959 年至 1961 年，被派往苏联科学院生物物理研究所进修；1973 年恢复了在北京大学生物学系的教学和科研工作；1985 年至 1986 年，作为访问教授前往美国麻省理工学院生物学系访学。1991 年当选中国科学院学部委员（院士）。

主要成就

主要从事细胞超微结构、放射生物学、病毒与细胞生物学等领域研究。在中国较早创立了细胞超微结构技术，首次研制成鸭瘟细胞疫苗，对中国 20 多种重要家畜（禽）的传染病进行了病毒分离、鉴定与分类；进行了病毒形态及其在细胞内发生规律的研究；在阐述染色体端粒、DNA 复制、基因转录活性、RNA 分子加工和病毒装配与核骨架关系的研究中，取得了系统性创新成果；在国际上首次证实在原始真核细胞中存在染色体骨架与核骨架，在植物细胞与原始真核细胞中存在角蛋白中间纤维；在国内首次建立了非细胞体系核重建的实验模式，证明核骨架与核纤层在重建核形成过程中起重要作用，体外核装配并非必须核小体的构建。

1995 年获得何梁何利基金科学与技术进步奖。截至 2008 年 5 月，先后获得国家自然科学奖 3 次（二等奖、三等奖、四等奖各 1 次），国家科学技术进步奖三等奖 1 次，教育部科技进步奖一等奖 5 次。

截至 2019 年 7 月，先后在国内外发表论文 280 余篇，专著 15 部。截至 2008 年 5 月，先后培养了硕士生、博士生与博士后共 80 余名，其中有 3 名博士生先后获得全国优秀博士论文奖，有 10 位学生在北京大学做教授、副教授，有 10 多位学生在国内其他院校或研究所做教授、副教授，还有 10 多位学生在国外做教授、副教授或助理教授及杂志总编辑。

社会任职

担任过北京市学位委员会副主任，全国博士后管委会专家组召集人，国家重点科研规划专家顾问委员会委员，国务院学位委员会学科组召集人，中国细胞生物学学会副理事长，中国电子显微镜学会副理事长，中国医科院分子肿瘤开放实验室、医学分子生物学开放实验室等 10 多个重点实验室学术委员，亚洲及太平洋地区细胞生物学组织联合会副主席，美国细胞生物学会第六届大会、第十四届世界电子显微镜学会大会、亚洲 – 太平洋细胞生物学大会组委与顾问，清华大学双聘教授，香港科技大学、南京大学、武汉大学、南开大学、中山大学等学校兼职教授或客座教授，*Cell Research* 及《美国电子显微学报》《实验生物学报》《动物学报》《植物学报》《电子显微学报》《分子细胞学报》《微生物学报》等杂志编委。

匡定波　　红外及遥感专家　>>

院士小传

匡定波　红外及遥感专家。中国科学院上海技术物理研究所研究员、博士生导师，原上海大学通信与信息工程学院院长。1952年从上海交通大学物理系毕业后，被分配到华东师范大学物理系执教；1958年参加创办中国科学院上海电子学研究所；1962年调入中国科学院上海技术物理研究所工作；1986年至1991年，担任中国科学院上海技术物理研究所所长。1991年当选中国科学院学部委员（院士）。

当选时间	1991 年当选中国科学院院士
学　　部	信息技术科学部
性　　别	男
民　　族	汉族
籍　　贯	江苏无锡
出生年月	1930 年 9 月 1 日

主要成就

长期从事红外应用及遥感技术领域研究。在红外应用及遥感技术领域进行了系统性的开拓，负责研制并制成航空红外扫描相机、卫星姿态测量红外地平仪、导弹弹道测量红外捕获跟踪系统等先进装备。20 世纪 70 年代以来，在国内开创并主持了航空对地观测红外和多光谱技术的研究，发展成具有国际先进水平的环境资源遥感扫描仪系列，成果为中国航空遥感体系的重要组成部分；带领科研团队创建了中国卫星红外遥感较完整的技术基础，负责设计了多种卫星红外遥感仪器。其中扫描辐射计是风云一号气象卫星的核心仪器，其在轨性能达到国际公认的先进水平，仪器设置的海洋水色观测波段是具有中国特色的创新。此外，还关注遥感技术在中国环境监测应用方面新的需求与发展。

获得国家科学技术进步奖一等奖、全国科学大会奖、全国五一劳动奖章、国家高技术计划先进工作者一等奖、何梁何利基金科学与技术进步奖，以及"全国先进工作者"称号等荣誉。

在红外应用与遥感技术领域的方向，招收物理电子学与光电子学的硕士和博士生，先后培养出硕士、博士毕业生 30 多名。

社会任职

担任过国家高技术计划（"863 计划"）信息领域第一届专家委员会委员，第二届、三届信息获取与处理技术主题专家组组长等。

王之江 物理学家

当选时间 1991 年当选中国科学院院士
学　　部 信息技术科学部
性　　别 男
民　　族 汉族
籍　　贯 江苏常州
出生年月 1930 年 11 月 21 日

院士小传

王之江　物理学家。中国科学院上海光学精密机械研究所研究员、博士生导师。1930 年 11 月出生于浙江杭州；1952 年从大连大学工学院（现大连理工大学）物理系提前毕业，来到长春参与创办中国科学院仪器馆；1964 年参加中国科学院上海光学精密机械研究所的创建工作；1978 年加入中国共产党；1978 年至 1984 年，担任中国科学院上海光学精密机械研究所副所长；1984 年至 1992 年，担任中国科学院上海光学精密机械研究所所长；1988 年当选美国光学学会特别会员。1991 年当选中国科学院学部委员（院士）。

主要成就

主要从事光学设计、激光科学技术研究。在光学设计方面，发展了像差理论和像质评价理论，形成了新的理论体系，完成了大批光学系统设计（如照相物镜系统、平面光栅单色仪、长工作距反射显微镜、非球面特大视场目镜、105# 大型电影经纬仪物镜等）；在激光科学技术方面，领导研制成中国第一台激光器，并在技术和原理上有所创新。20世纪 70 年代，领导完成了高能量、高亮度钕玻璃激光系统。在这项工作中解决了一系列理论、技术及工艺问题。成功地对关于某些激光重大应用对亮度的要求做出判断，使工作避免了盲目性，对中国激光科学技术起了积极作用。倡议和具体领导了中国"七五"攻关中激光浓缩铀项目。

获得国家科学技术进步奖特等奖 1 项、中国科学院重大科技成果奖 1 项、全国科学大会奖 1 项、中国科学院科学技术进步奖二等奖 2 项、上海市科学进步奖一等奖 1 项、上海市科技进步奖一等奖 2 项。1997 年获得何梁何利基金科学与技术进步奖。此外，被评为美国光学学会特别会员、大连理工大学首届杰出校友等。

1958 年率先在国内开办了"光学仪器设计"培训班，连续办了 2 年，共培训了 200多人。

社会任职

担任过第三届、五届全国人民代表大会代表，中国光学学会副理事长，国际量子电子学会议和国际激光与光电子会议（IQEC 和 CLEO）中国委员会主席，上海市第八届人民代表大会代表，国际光学工程学会（SPIE）会员，中国科学技术大学、浙江大学、大连理工大学兼职教授，《中国激光》《光学学报》主编，*Optical Letters* 海外编委等。

姚开泰　　病理生理学家

Yuan Shi Xiao Zhuan
院士小传

当选时间	1991 年当选中国科学院院士
学　　部	生命科学和医学学部
性　　别	男
民　　族	汉族
籍　　贯	江苏昆山
出生年月	1931 年 4 月

　　姚开泰　　病理生理学家。南方医科大学（原第一军医大学）肿瘤研究所原所长，教授、博士生导师、政府特殊津贴享受者。1931 年 4 月出生于四川南充；1954 年毕业于上海第一医学院（现上海医科大学）；1956 年从青岛医学院（现山东大学医学院）调至湖南医科院（现中南大学湘雅医学院），从事病理生理学的教学与科研；1978 年任湖南医学院副教授、肿瘤研究室副主任；1983 年晋升为教授；1989 年创建了肿瘤研究所；1998 年起，任南方医科大学（原中国人民解放军第一军医大学）肿瘤研究所所长、教授、博士生导师。1991 年当选中国科学院学部委员（院士）。

主要成就 *Zhu Yao Cheng Jiu*

　　长期从事肿瘤病理生理研究，在鼻咽癌发病学研究方面处于国际领先地位。20 世纪 70 年代，首次在国际上证实了亚硝胺类化学致癌物对鼻咽上皮有一定的器官亲和性；80 年代，发现二亚硝基哌嗪有亲大鼠鼻咽上皮性，引起大鼠鼻咽上皮之 DNA 损伤；建立了稳定的人胚鼻咽上皮细胞培养方法，成功地用二亚硝基哌嗪诱发了正常人胚鼻咽上皮细胞的恶性转化；首次建成了有 EB 病毒（Epstein Barr Virus）潜伏感染的人鼻咽癌上皮细胞株，并对细胞株的 EB 病毒的基因组进行研究，发现与 B-95-8 和 P3HR-1 两株标准的 EBV 株不同，为 NPC 与 EBV 病毒的关系提出了新的探索方向。

　　获国家科学技术进步奖二等奖 1 项、国家发明奖三等奖 1 项、原国家教委科学技术进步奖二等奖 1 项、湖南省科学技术进步奖一等奖 1 项、原国家卫生部科学技术进步奖二等奖和三等奖各 1 项。获"全国优秀教师"、国家级"有突出贡献的中青年专家"等荣誉称号。

　　先后承担国家重点攻关课题、军队重点攻关课题等 30 多项，发表论文 127 篇。

社会任职 *She Hui Ren Zhi*

　　担任过中国共产党十四次全国代表大会代表，湖南省科学技术协会副主席，原国家卫生部癌变原理重点实验室主任，中国抗癌协会常务理事，中国病理生理学会肿瘤、白血病专业委员会主任委员，湖南省抗癌协会理事长，国务院学位委员会第三届、四届学科评议组成员，国家自然科学基金委员会生命科学部咨询组成员，原国家教委科学技术委员会学科组成员，国家科学技术奖励生物科学学科评委会委员等。

吕 敏　核物理学家

当选时间　1991 年当选中国科学院院士
学　　部　数学物理学部
性　　别　男
民　　族　汉族
籍　　贯　江苏丹阳
出生年月　1931 年 4 月

院士小传

吕敏　核物理学家。原解放军总装备部武器装备论证研究中心研究员。1952 年从浙江大学物理系毕业后被分配到中国科学院近代物理研究所工作；1959 年赴苏联杜布纳联合核子研究所工作；1962 年回国后被调到国防科学技术委员会（国防委），在新疆国防科委核试验基地工作，先后担任研究室副主任、科技处副处长、研究所副所长、基地科技委主任等职务；1987 年因为身体原因被调回北京，在国防科学技术工业委员会（国防科工委）系统工程研究所任研究员；1988 年担任抗辐射加固技术专业组组长；1999 年获得何梁何利基金科学与技术进步奖。1991 年当选中国科学院学部委员（院士）。

主要成就

长期从事军备控制的科学技术等研究。20 世纪 50 年代，在王淦昌、张文裕、萧健先生的指导下，利用宇宙线研究奇异粒子和高能核作用，先后两次到云南东北山区海拔 3 200 米的"落雪"高山实验室工作，持续约 2 年，利用多板云雾室收集高能核作用和奇异粒子的事例。1959 年到苏联联合所后，先在高能实验室、中能实验室进行基本粒子的实验工作，后转到中子实验室从事脉冲反应堆的实验研究，测量脉冲反应堆脉冲功率统计起伏现象并研究了它们与功率的关系。1962 年回国后被调到国防科工委，参加核试验基地研究所的筹建工作，在几十次核试验中，提供了大量的链式反应动力学重要的实测数据。提出采用多测量项目钢架组合的核试验方案，使竖井核试验能够同时进行多项目物理测量，为每次核武器试验都获得丰富的数据创造了条件。1986 年在国防科工委系统工程研究所任研究员，主要负责武器和卫星的抗辐射加固技术研究，还参加了军备控制的科学与技术研究，对全面禁止核试验条约的核查、卫星核查技术等方面提出了有益的看法和建议。

先后获得全国科学大会先进科技工作者奖、何梁何利基金科学与技术进步奖、专项大数据科技传播奖特殊贡献奖，以及原国防科工委"先进科技工作者标兵"称号，立二等功 2 次。

社会任职

担任过中国核学会副理事长等。

常印佛   矿床地质学家

院士小传

当选时间 1991 年当选中国科学院院士
           1994 年当选中国工程院院士

学　　部 中国科学院地学部
           中国工程院能源与矿业工程学部

性　　别 男

民　　族 汉族

籍　　贯 江苏泰兴

出生年月 1931 年 7 月 6 日

常印佛 矿床地质学家。矿床地质学家和矿产地质勘查专家，合肥工业大学资源与环境工程学院教授、博士生导师。安徽省地质矿产勘查局总工程师、高级监察员。1952 年毕业于清华大学地质系；1964 年以前主要从事矿产勘查工作；1965 年被地质部先后派往越南和阿尔巴尼亚从事援外地质技术工作；1978 年以后供职于安徽省地质局（现地质矿产勘查局）；2000 年获得何梁何利科学与技术进步奖；2002 年担任中国科学技术大学地球和空间科学学院首任院长；2010 年被聘任为合肥工业大学资源与环境工程学院教授。1991 年当选中国科学院学部委员（院士）；1994 年当选中国工程院院士。

主要成就

长期从事矿产地质勘查和研究工作，对目前世界上不同成矿环境中的几个主要铜矿类型有深入了解和研究。在区域成矿学领域，发现了铜陵近东西向隐蔽基底断裂带，提出了一个有关陆内成矿带的构造背景、地质环境、成矿特征和富集规律的系统理论认识，丰富了陆内成矿理论，指导了找矿预测。在矿床学领域，提出了"层控（式）矽卡岩型"矿床的建议和分类，建立了相应成矿模式，发展了矽卡岩成矿理论，指导了找寻矽卡岩型铜矿的找矿实践。在找矿勘探学领域，将我国固体矿产普查划分为三个历史演变阶段，提出了第二轮普查、深部探测和立体填图的建议，并获得一批成果。在直接指导找矿方面，为铜陵有色冶炼基地的发展提供了丰富的后备资源。

在 40 多年的业务实践中，先后主持过多项大型地质勘查、科研和援外项目，具有深厚的学术造诣，取得了突出成就，做出过重大贡献，特别是保证了铜陵冶金基地发展的需要，产生了重要的经济效益和社会效益。

1979 年被国务院授予"全国劳动模范"称号，1980 年出席了地矿系统评功授奖大会，1988 年先后被安徽省政府授予省级"有突出贡献的中青年专家"和国家人事部授予国家级"有突出贡献的中青年专家"称号。获国家科学技术进步奖特等奖、原地质矿产部科技成果奖一等奖、何梁何利基金科学与技术成就奖、全国地质系统"劳动模范"称号、安徽省首届重大科技成就奖，以及中共中央授予的"全国优秀共产党员"称号、越南政府授予的二级劳动勋章、阿尔巴尼亚政府授予的一级劳动勋章等荣誉。

社会任职

担任过中国地质学会理事，安徽省地质学会理事长，安徽省科学技术协会副主席，安徽理工大学兼职教授等。

邹世昌　材料科学家

院士小传 Yuan Shi Xiao Zhuan

当选时间　1991 年当选中国科学院院士

学　　部　技术科学部

性　　别　男

民　　族　汉族

籍　　贯　江苏太仓

出生年月　1931 年 7 月 27 日

　　邹世昌　材料科学家。中国科学院上海微系统与信息技术研究所研究员、博士生导师。1931 年 7 月出生于上海；1949 年至 1950 年，就读于中国纺织工学院（现东华大学），后转入唐山交通大学；1952 年毕业于交通大学唐山工学院（即唐山交通大学，现西南交通大学）；1958 年获苏联莫斯科有色金属学院副博士学位，回国后进入中国科学院上海冶金研究所工作，历任研究员、所长等；1986 年当选中国共产党上海市第五届委员会候补委员；1992 年当选中国共产党第十四届中央委员会候补委员。1991 年当选中国科学院学部委员（院士）。

主要成就

在国内较早开展了离子束材料改性与离子束分析的研究工作。在国内最早将离子注入技术应用于半导体集成电路，首先建立了离子背散射沟道技术，并应用于半导体材料及器件。研究离子注入硅单晶的激光退火现象，以及离子注入多晶硅的激光再结晶现象，并研制成高 CMOS 器件。20 世纪 60 年代，负责国防重点任务甲种分离膜加工成形部分工作，对技术路线进行优选决策。70 年代以后，在离子束与固体相互作用以及离子束材料改性、合成、加工和分析等方面进行了系统的研究工作。独创用二氧化碳激光背面辐照获得了离子注入损伤的增强退火效应。用全离子注入技术研制成中国第一块 120 门砷化镓门阵列电路，用反应离子束加工成中国第一批闪光全息光栅。研究 SOI 材料并制成 CMOS/SOI 电路。发展了离子束增强沉积技术并合成了氮化硅、氮化钛薄膜。

获国家级、中国科学院和上海市自然科学奖、科技进步奖、发明奖等共 14 项，其中担任工艺负责人研制的真空阀门甲种分离膜成果，于 1984 年获得国家发明奖一等奖。2003 年被评为上海浦东开发建设杰出人才；2008 年被国际半导体设备材料协会（SEMI）授予中国半导体产业开拓奖；2021 年 6 月，被中共中央表彰为全国优秀共产党员；2021 年 7 月，被评为上海市优秀共产党员。

截至 2022 年，发表论文 200 余篇，培养博士生 30 多名。

社会任职

担任过上海市集成电路行业协会会长、理事长，离子注入和材料改性两个国际学术会议的国际委员会委员，德国慕尼黑弗朗霍夫学会固体技术研究所客座教授，上海华虹集团公司董事，上海华虹 NEC 电子有限公司、上海华虹集成电路有限公司、上海新康电子有限公司副董事长，上海众华电子有限公司董事长，上海浦东新区科学技术协会主席等。

当选时间 1991 年当选中国科学院院士
1994 年当选中国工程院院士

学　　部 中国科学院信息技术科学部
中国工程院信息与电子工程学部

性　　别 男

民　　族 汉族

籍　　贯 江苏镇江

出生年月 1932 年 4 月 1 日

王　越　雷达系统、通信与信息系统专家

Yuan Shi Xiao Zhuan 院士小传

　　王越　雷达系统、通信与信息系统专家。北京理工大学教授、博士生导师、名誉校长。1956 年毕业于中国人民解放军军事电信工程学院（现西安电子科技大学），后进入第二机械工业部（时称"二机部"）十局俄训班；1968 年进入兵器工业部，先后担任研究所所长、研究员级高工；1977 年加入中国共产党；1993 年担任北京理工大学校长；1999 年担任北京理工大学名誉校长；2008 年担任国防科技工业局科技委员会委员，西安电子科技大学北京校友会名誉会长。1991 年当选中国科学院学部委员（院士）；1994 年当选中国工程院院士。

主要成就

长期从事火控雷达系统、信息系统以及安全对抗领域、电子学与通信领域的研究工作，主要研究方向为复杂信息系统理论等。直接推动了我国相关国防科技领域的发展，提出并建立了我国电子工程对抗系统的理论体系。承担国家自然科学基金重点项目、国防基础科研项目、总装预研项目等10多项。曾任许多大型火控雷达系统的总设计师和行政指挥，主持完成了多部高性能火控雷达等电子系统的研制。

曾获全国科学大会奖、原机械电子工业部科技进步奖特等奖、国家科学技术进步奖一等奖、国防科技进步奖一等奖、高等教育国家级教学成果奖一等奖、光华基金一等奖、北京市教育教学成果奖一等奖、何梁何利基金科学与技术进步奖等，国家级"有突出贡献的中青年专家"、全国教育系统"劳动模范"、全国兵器工业"先进工作者"等称号，以及北京理工大学"懋恂终身成就奖"等荣誉。

发表学术论文百余篇，著有《网络对抗》《信息系统及安全对抗导论》等。

社会任职

担任过国务院学位委员会学科评议组召集人，中国兵工学会副理事长，"863计划"国家安全领域专家组顾问，原总装备部科技委顾问，信息类研究生教育委员会主任，原国防科技工业局专家咨询委员会委员，中国电子学会顾问、副理事长、会士，中国质量奖评选委员会主任委员（首届）、评选表彰委员会副主任委员（第二届）等。

周秀骥

周秀骥 大气物理学家

当选时间	1991 年当选中国科学院院士
学　　部	地学部
性　　别	男
民　　族	汉族
籍　　贯	江苏丹阳
出生年月	1932 年 9 月 24 日

　　周秀骥 大气物理学家。中国气象科学研究院研究员、博士生导师、名誉院长，原中国科学院大气物理研究所副所长、中国气象科学研究院院长。1951 年进入中国科学院地球物理研究所当练习生；1952 年被派往北京大学物理系学习；1956 年被破格派送到苏联科学院应用地球物理研究所攻读研究生；1962 年获得数理学副博士学位后回国；1963 年破格晋升为地球物理所副研究员；1979 年晋升为研究员；1984 年调入中国气象科学研究院任院长、党组书记。1991 年当选中国科学院学部委员（院士）。

20 世纪 60 年代，系统地建立了暖云降水起伏理论；率先开展了中国大气电学研究；系统地开展了大气光学与微波遥感理论及实验观测研究；领导研制成中国第一台气象激光雷达和 UHF 多普勒测风雷达；建成京津冀灾害性天气监测、超短期预报系统以及强风暴实验室。在区域气候与环境变化研究中取得重要成果。

先后承担国家攀登专项"华南暴雨试验"首席科学家工作、国家自然科学基金重大项目"长江三角洲低层大气物理化学过程及其与生态系统的相互作用"首席科学家工作，以及国家重大基础研究项目"中国重大天气灾害形成机理及其预测研究"专家组副组长和课题组组长工作。

截至 2009 年 9 月，先后获得国家和部委级重大科学成果奖共 11 项，其中全国科学大会重大成果奖 1 项，国家科学技术进步奖一等奖 1 项、二等奖 1 项，部级科学技术进步奖特等奖 1 项，国家自然科学奖三等奖、四等奖各 1 项。获中国科学院"先进工作者"光荣称号、国家级"有突出贡献的中青年专家"称号，以及何梁何利基金科学与技术进步奖、首届中国气象局科学技术贡献奖。享受国务院政府特殊津贴。

截至 2009 年 9 月，先后完成专著 4 部。截至 2020 年 4 月，先后发表学术论文 250 余篇。

社会任职

担任过世界气象组织大气科学委员会委员，国际气象与大气物理协会理事会理事，国际大气辐射委员会、国际臭氧委员会、全球大气观测系统联合科学技术委员会委员，中国共产主义青年团第九次全国代表大会中央委员，第八届、九届全国人民代表大会环境与资源保护委员会委员、代表，中国南极研究学术委员会副主任，中国气象学会副理事长，中国科学院地学部第六届、七届、八届、十届、十一届常委，国家自然科学基金地球科学部主任，中国气象局科技委员会副主任，《大气科学》《气象学报》《应用气象学报》主编等。

杨芙清 计算机科学与技术及
软件工程科学家、教育家 ▶▶

当选时间	1991 年当选中国科学院院士
学　部	信息技术科学部
性　别	女
民　族	汉族
籍　贯	江苏无锡
出生年月	1932 年 11 月 6 日

杨芙清 计算机科学与技术及软件工程科学家、教育家。中国软件工程学科铺路人，IEEE Fellow（2003），北京大学教授（1983），北京大学软件与微电子学院理事长、名誉院长，北京大学计算机学院名誉院长。1955年从北京大学数学力学系毕业；1957年至1959年，在苏联科学院计算中心和莫斯科大学数力系学习；1958年于北京大学数学力学系研究生毕业；1959年开始在北京大学工作；1983年至1999年，担任北京大学计算机科技系主任；2016年3月，被授予澳门科技大学荣誉理学博士学位。1991年当选中国科学院学部委员（院士）。

Zhu Yao Cheng Jiu
主要成就

是我国软件科学与工程发展的见证者、亲历者、推动者和引领者，在为我国软件工程学科建设、人才培养和产业发展奋斗的几十年里，一直把国家的需要当作自己的奋斗目标。主持研发了我国独立自主设计的首个大型多道运行计算机操作系统（150 机操作系统），被誉为"中国操作系统研究的奠基人"；研制了我国第一个使用高级语言编写的大型操作系统（240 机操作系统），开国内先河；提出了软件生产线概念，领导了历经四个五年计划的中国最大规模的软件工程研究与应用实践项目——"青鸟工程"；创建了我国首个软件工程国家工程研究中心，推动了我国软件产业的发展。

一直致力于人才培养和学科建设，并秉承"因材施教，因需设教，产教融合，人才培养与产业建设互动"的办学理念。1978 年倡导和推动成立了北京大学计算机科学技术系，于 1983 年任系主任 16 年，将该系建设成为国际知名的人才培养基地；1983 年试办我国首个软件工程专业，次年牵头开办了我国首个软件工程研究生班； 2001 年创建了北京大学（示范性）软件与微电子学院，任理事长和名誉院长，探索高等教育体制改革和教育公平问题；2011 年牵头提出的软件工程一级学科和工程博士培养方案，获国务院学位委员会批准，软件工程作为一级学科列入学科目录，工程博士列入专业学位目录，我国软件工程学科建设进入新的阶段；2021 年大力推进新工科建设，成立了北京大学计算机学院，任名誉院长。

获全国科学大会奖（1978）、原电子工业部科技进步奖特等奖（1996）、国家科学技术进步奖二等奖（1998、2006）、原国家教委科学技术进步奖一等奖（1989）、国家技术发明奖二等奖（2008）、教育部技术发明奖一等奖（2008）、高等教育国家级教学成果奖一等奖（2005）等奖项，全国"三八红旗手"（1983）、首都"巾帼十杰"（2005）等称号，以及光华科技基金一等奖（1996）、何梁何利基金科学与技术进步奖（1997）、潘文渊文教基金会研究杰出奖（2001）、中国计算机学会终身成就奖（2011）、推动中国软件产业发展的功勋人物（2009）、北京大学蔡元培奖（2013）等荣誉。

截至 2022 年，发表科研论文 150 余篇；合作撰写了中国最早的《程序设计》（统编教材），撰写了中国最早的操作系统著作《管理程序》，合著《操作系统结构分析》等著作 10 余部；培养硕士、博士、博士后 180 余人。

She Hui Ren Zhi
社会任职

担任过国务院学位委员会委员、计算机科学与技术学科评议组召集人，中国计算机学会、中国电子学会、中国软件行业协会、北京电子学会副理事长，北京计算机学会理事长，《中国科学》《科学通报》《电子学报》等杂志副主编等。

汪尔康　分析化学家

院士小传

当选时间	1991 年当选中国科学院院士
学　　部	化学部
性　　别	男
民　　族	汉族
籍　　贯	江苏镇江
出生年月	1933 年 5 月 4 日

汪尔康　分析化学家。发展中国家科学院院士，中国科学院长春应用化学研究所研究员、原所长。1952 年从沪江大学（现上海理工大学沪江学院）化学系毕业，被分配到中国科学院长春应用化学研究所工作；1955 年被选派到捷克斯洛伐克科学院极谱研究所学习；1959 年获得捷克斯洛伐克科学院极谱研究所副博士学位，回国后仍在长春应化所供职；1982 年晋升为研究员、博士生导师；1992 年至 1996 年，担任中国科学院长春应用化学研究所所长；1993 年当选发展中国家科学院院士。1991 年当选中国科学院学部委员（院士）。

主要成就

长期致力于分析化学和电分析化学的研究。在国内最先用极谱法研究络合物的电极过程和均相动力学。发现了铂元素的催化动力波和镓的吸附波，并研究了产生波的机理。领导研制了中国第一台脉冲极谱仪，并在其后带领研究生试制成功新极谱仪。在极谱理论、应用和痕量分析方面都取得了一些创造性的成果。20 世纪 80 年代初，率先在中国开展了油／水界面电化学、液相色谱电化学研究。首次提出循环电流扫描法研究油／水界面电化学。

先后获得国家自然科学奖 4 项和省部级奖 14 项，国际奖 2 项；发明专利 40 项。1997 年获得伊朗第 10 届霍拉子米科学优秀奖；2004 年获得吉林省首届科技进步特殊贡献奖；2017 年获得第三届中国电化学成就奖。

截至 2020 年 4 月，发表 SCI 收录论文 900 多篇，总被引 33 000 多次，H 因子为 94；连续 4 次跨 14 年（2002—2015）获选全球"高被引科学家"。主编《21 世纪的分析化学》（1999）、《生命分析化学》（2006）、《分析化学手册（第三版）》（2017）。多次在美国、加拿大及欧、亚国家的几十所大学进行了讲学访问。作国际大会报告和专题报告 100 多次，在 27 个国家和地区作学术报告 200 多次。

社会任职

担任过中国共产党第十四次全国代表大会代表，国务院学位委员会化学学科评议组成员和召集人，全国博士后管委会第六届专家组成员及化学组召集人，原人事部博士后化学学科评议组召集人，中国分析测试协会副理事长，原国家科委发明奖评审委员会特邀评审员，国家自然科学基金委（环境）分析化学学科基金评审组组长，化学科学部专家咨询委员会委员，中国化学会常务理事兼分析化学委员会主任，吉林省化学会、长春市化学会理事长，长春市科学技术协会副主席，长春市委决策咨询顾问，发展中国家科学院（化学）院士审查委员会委员、评奖委员会委员，国际及亚洲分析化学会议国际顾问委员会委员、会议主席，国际纯粹与应用化学联合会（IUPAC）电分析化学委员会委员，*Talanta*、*Microchem. J.*、*Electroanalysis*、*Anal. Chim. Acta*、*J. Environ. Science and Health*、*Anal. Letters* 编委，《分析化学》主编，法国勃艮第大学、日本京都大学客座教授等。

姚熹　　材料科学家

当选时间	1991 年当选中国科学院院士
学　部	技术科学部
性　别	男
民　族	汉族
籍　贯	江苏武进
出生年月	1935 年 9 月 28 日

姚熹　材料科学家。美国国家工程院外籍院士，西安交通大学、同济大学，教授、博士生导师。1935 年 9 月出生于江苏苏州；1957 年毕业于交通大学电机工程系后留校任教，并随校西迁，后一直在西安交通大学任教；1979 年秋赴美国宾夕法尼亚州立大学材料研究所进修并攻读博士学位，1982 年在该校获固态科学博士学位，是美国宾州州立大学 1959 年设立固态科学学位以来取得博士学位用时最短者，也是我国改革开放后第一位在美国取得博士学位的中国学者，随后又在该校进行了一年的博士后研究，次年学成回国；1984 年被原高教部特批为教授和我国电子材料与元器件专业第一位博士生导师；1986 年参加"863 计划"第一次百名专家论证会；1987 年当选中国共产党第十三次全国代表大会代表；1989 年当选国际陶瓷科学院首批院士；2007 年当选美国工程院外籍院士。1991 年当选中国科学院学部委员（院士）。

是我国无机功能材料和纳米材料科学的主要奠基人和开拓者之一。自 20 世纪 50 年代末开始，进行铁电陶瓷材料的研究工作，长期从事铁电体与功能陶瓷材料及器件方面的教学和研究工作，在双晶界面、晶粒压电共振、弛豫型铁电体、微畴－宏畴转变、超顺电态及超慢介质弛豫、铁电玻璃陶瓷和纳米复合功能材料等多方面的研究中有极其重要和独特的学术贡献。在双晶和多晶界面的研究中发现了陶瓷晶粒的压电共振现象，并采用计算机电路模拟方法，计算出了晶粒大小和取向都随机分布的多晶聚集体的介电频谱，结果与实验十分吻合；对铁电体中的极化弛豫现象进行了系统研究，发现了微畴－宏畴转变、电场诱导纳米结构调整以及超顺电状态等一系列新现象，对发展智能材料和纳米材料有重要意义。

我国电子陶瓷材料与器件方面的学术带头人，担任国家"863 计划"新材料领域第一届至三届专家委员会委员，参与计划的制定与实施；担任无机非金属功能材料方面专题与课题的责任专家，负责多层陶瓷电容器重大课题的论证与实施；兼任"七五""八五"期间精细（纳米）复合功能材料专题负责人；担任"七五"至"九五"期间国家自然科学基金陶瓷方面重大项目、重点项目等多项课题负责人。国际上杰出的电子陶瓷专家，1991 年代表我国担任国际铁电学顾问委员会委员；1993 年倡议成立亚洲铁电学协会并当选主席；1997 年当选亚太材料科学院院士；2002 年当选美国陶瓷学会会士；2005 年参与建立亚洲电子陶瓷协会，并担任顾问委员会主席。

1985 年获美国陶瓷学会授予的 Ross Coffin Purdy 奖（陶瓷科技方面的最高奖励），1993 年获光华科技进步一等奖，1997 年获何梁何利基金科技进步奖，2002 年获国际电子电气工程师协会（IEEE）铁电学成就奖（国际铁电学领域最高学术奖），2014 年获美国 Buessem 奖。还曾获首批国家级"有突出贡献的中青年专家"称号、全国"三育人"先进个人、国家自然科学奖二等奖，以及多项省部级奖项。

截至 2022 年，在国内外刊物上发表论文 500 余篇，其中 480 余篇被 SCI、EI 收录；出版著作《电介质物理学》《精细功能陶瓷》等，参编全国性教材和专著 7 部；起草了两项国家标准；获中国、新加坡、美国等授权专利 30 多项；培养博士 100 余名，硕士 150 余名。

担任过第一届至四届国务院学位委员会电子学与通讯学科评议组成员，原国家教委科技委员会材料学科组副组长，国家自然科学基金委员会材料工程学部评议组成员，国家发明奖评审委员会电子学评审组成员，中国材料研究协会常务理事，IEEE 的高级会员和 UFFC 委员会委员，国际学术刊物《铁电学报》《材料创新学报》等编委，《固态化学与无机化学学报》科学委员会委员，国内国际多所高校名誉教授、访问教授等。

苏定强

苏定强 天文学家、光学工程专家

当选时间 1991 年当选中国科学院士
学　　部 数学物理学部
性　　别 男
民　　族 汉族
籍　　贯 江苏武进
出生年月 1936 年 6 月 15 日

　　苏定强 天文学家、光学工程专家。中国科学院资深院士，南京大学天文与空间科学学院教授、博士生导师。1936 年 6 月出生于上海；1959 年南京大学天文系毕业，留校任教；1962 年至 2003 年，调到中国科学院南京天文光学技术研究所工作；2003 年调回南京大学，但同时也是南京天文光学技术研究所研究员。1991 年当选中国科学院学部委员（院士）。

主要成就

在望远镜光学系统中，提出了加入中继镜的折轴系统，使卡塞格林系统和折轴系统共用同一个副镜，并形成了一种重要的三镜系统，已在中国 2.16 米光学望远镜和国内外一些大望远镜中应用。和大天区面积多目标光纤光谱天文望远镜（LAMOST）科学目标的提出者王绶琯共同提出了望远镜的基本方案。提出了主动变形镜的思想，使一些传统上不能实现的系统得以实现，是 LAMOST 和 FAST（500 米口径球面射电望远镜）技术上最主要的创新思想。提出了含有透棱镜的像场改正器。1972 年和王亚男共同建立了有创新的光学系统优化软件。领导研制成中国第一个李奥（Lyot）双折射滤光器、第一个主动光学实验系统。参加了崔向群领导的 30 米级望远镜的预研究。建议中国空间站 2 米望远镜在站外飞行。

获 1998 年国家科学技术进步奖一等奖（2.16 米光学天文望远镜，排名第一），1993 年国家自然科学奖二等奖（天文望远镜光学的研究，排名第一），2006 年国家科学技术进步奖二等奖（大口径主动光学实验望远镜装置，排名第二）；获中国科学院一、二等奖各 2 次（均排名第一），中国科学院杰出科技成就奖（突出贡献者）1 次，江苏省科技一等奖 2 次（排名第一和第二）；1999 年获何梁何利基金科学与技术进步奖；获上海理工大学"杰出校友"荣誉称号；被聘任为南京理工大学、澳门科技大学等校名誉教授。国际永久编号第 19366 号小行星被命名为"苏定强星"。

社会任职

担任过第八届、九届全国人民代表大会代表，中国天文学会理事长，国际天文学联合会（IAU）第 9 委员会（天文仪器与技术）主席，国家自然科学奖评审委员会委员，原国家科委天文学科组成员，《中国大百科全书》（天文学）第一版编委，北京天文台兼职研究员，中国科学技术大学、北京师范大学、南京大学兼职教授等。

汪品先　海洋地质学家

当选时间	1991 年当选中国科学院院士
学　　部	地学部
性　　别	男
民　　族	汉族
籍　　贯	江苏苏州
出生年月	1936 年 11 月 14 日

　　汪品先　海洋地质学家。同济大学海洋与地球科学学院教授。1936 年 11 月出生于上海；1953 年毕业于上海格致中学；1953 年至 1955 年，在北京俄文专科学校学习两年俄文；1955 年至 1960 年，在莫斯科大学地质系学习；1960 年 12 月至 1972 年 2 月，任华东师范大学地质系助教；1972 年 2 月至 1981 年 3 月，先后任同济大学海洋地质系助教、副教授；1981 年 3 月至 1982 年 9 月，获洪堡奖学金在德国基尔大学做访问学者；1982 年 9 月起，先后任同济大学副教授、教授、副系主任、系主任、实验室主任。1991 年当选中国科学院学部委员（院士）。

Zhu Yao Cheng Jiu

主要成就

专长古海洋学和微体古生物学，主要研究气候演变和南海地质，致力于推进我国深海科技的发展，开拓了我国古海洋学的研究，提出了气候演变低纬驱动等新观点。1999年在南海主持中国海首次大洋钻探，开我国深海科学钻探之先河。2011年至2018年，主持国家自然科学基金重大研究计划"南海深海过程演变"，为我国海洋科学第一个大规模的基础研究计划，使南海进入国际深海研究前列。2018年深潜南海发现深水珊瑚林，并积极推动深海海底观测，促成了我国海底观测大科学工程的设立。同时，还成功地推进我国地球系统科学的发展，提倡强化科学的文化内蕴，并身体力行地促进海洋的科普活动。

为发展中国家科学院（TWAS）院士、伦敦地质学会名誉会员、美国科学促进会（AAAS）会士，曾获国家自然科学奖3项、原国家教委科学技术进步奖一等奖、中国科学院科技进步奖一等奖、何梁何利基金科技进步奖等奖项，获中国古生物学会终身成就荣誉、全国"五一劳动奖章"、欧洲地学联盟授予的"米兰科维奇"奖章、全国"道德模范"（2021）称号等荣誉。

截至2022年，发表论文200余篇，出版 *Geology of China Seas*、《地球系统与演变》《深海浅说》等大量著作。

社会任职

担任过第六届、七届全国人民代表大会代表，全国政协第八届、九届、十届委员会委员，国际海洋地质委员会委员，国际海洋研究科学委员会副主席，中国海洋研究委员会主席，中国科学院地学部副主任，教育部科技委地学部主任，联合国政府间海洋委员会专家指导组成员，国际过去全球变化计划（PAGES）学术委员会副主任（发起"亚洲海洋地质会议"系列，并主持全球季风等多个国际工作组）等。

苏肇冰　物理学家

院士小传

当选时间	1991 年当选中国科学院院士
学　　部	数学物理学部
性　　别	男
民　　族	汉族
籍　　贯	江苏苏州
出生年月	1937 年 6 月 21 日

　　苏肇冰　物理学家。中国科学院理论物理研究所研究员。1937 年 6 月出生于江苏苏州；1947 年至 1952 年，就读于东吴大学苏州附属中学；1952 年至 1953 年，就读于江苏省立苏州高级中学；1953 年至 1958 年，就读于北京大学物理系；1958 年至 1963 年，于北京大学物理系任教；1963 年至 1982 年，在第二机械工业部第九研究设计院第九研究所工作；1982 年至今，在中国科学院理论物理研究所先后任副研究员和研究员，并于 2018 年退休；1994 年至 1998 年，任中国科学院理论物理研究所所长；2000 年当选发展中国家科学院院士；2002 年至 2008 年，兼任国家自然科学基金委员会数学物理学部主任。1991 年当选中国科学院学部委员（院士）。

主要成就 Zhu Yao Cheng Jiu

曾在强关联多电子系统、介观系统、低维凝聚态系统和非平衡量子统计等研究方向及领域工作。与合作者论证了电磁波在粗糙金属表面传播的安德逊局域化，提出了在金属小颗粒悬浮液体中可通过测量吸收系数观察电磁波局域化的迁移率边界的建议。又与周光召、郝柏林、于渌合作，系统地将统计格林函数理论和现代量子场论结合，发展了适用于平衡和非平衡统计的闭路格林函数方法。与于渌合作，推广了黄昆的多声子晶格弛豫理论，建立了准一维有机导体系统中非线性元激发的量子跃迁理论等。

1987年获中国科学院科技进步奖一等奖；1999年获中国科学院自然科学奖一等奖；2000年获国家自然科学奖二等奖，同年获何梁何利基金科学与技术进步奖等。

社会任职 She Hui Ren Zhi

担任过中国科学院学部科学道德建设委员会委员（第三届、四届）、副主任（第四届）等。

徐至展 物理学家

当选时间	1991 年当选中国科学院院士
学　　部	数学物理学部
性　　别	男
民　　族	汉族
籍　　贯	江苏常州
出生年月	1938 年 12 月 16 日

院士小传 *Yuan Shi Xiao Zhuan*

徐至展 物理学家。发展中国家科学院院士，中国科学院上海光学精密机械研究所研究员、博士生导师。1962 年从复旦大学毕业后考取北京大学研究生；1965 年北京大学研究生毕业；1967 年 3 月，进入中国科学院上海光学精密机械研究所工作；1987 年被聘任为中国高等科学技术中心（世界实验室）首届特别成员；1992 年至 2001 年，担任中国科学院上海光学精密机械研究所所长；1995 年获得"全国先进工作者"称号；1998 年获得何梁何利基金科学与技术进步奖；2000 年被聘任为北京大学物理学院教授；2001 年受聘为中山大学教授；2003 年创办英文版光学期刊 *Chinese Optics Letters*；2004 年当选发展中国家科学院院士。2012 年被评为第五届全国优秀科技工作者。1991 年当选中国科学院学部委员（院士）。

主要成就

主要从事激光物理、现代光学与等离子体物理领域研究。是中国惯性约束激光核聚变领域早期研究的主要领导人之一，曾长期主持中国科学院上海光学精密机械研究所激光核聚变研究，是各阶段实验装置和物理方案的主要提出者；在实现激光打靶发射中子、微球靶压缩、建立总体计算机编码及建成六路激光打靶装置等项重大成果中均有贡献。在 X 射线激光物理方面，1981 年已实现粒子数反转并发现新反转区；首次在国际上用类锂离子和类钠离子方案获得 8 条新波长 X 射线激光，最短波长已达 46.8 埃；发现新的跃迁能级并在泵浦功率很低的水平下实现上述激光。是中国超强超短激光科学与强场物理新领域的开拓者与领头人，特别是在开拓与发展新一代超强超短激光方面取得了重大突破。

截至 2019 年 6 月，作为第一研究者完成的 10 项重大成果先后获得国家或中国科学院奖励，包括国家自然科学奖二等奖 1 项、三等奖 1 项，国家技术发明奖二等奖 1 项，国家科学技术进步奖三等奖 1 项，中国科学院自然科学奖一等奖 2 项、二等奖 2 项，中国科学院科学技术进步奖一等奖 2 项，中国科学院技术发明奖一等奖 1 项，全国科学大会重大成果奖 1 项等。

截至 2013 年 1 月，在国内外重要学术刊物上发表论文 300 余篇。30 余次受邀在美、英、德、日、俄、瑞典、加拿大等国举行的重要国际学术会议上作大会主题或特邀报告，先后担任 20 余次重要国际学术会议主席或名誉主席。先后 10 次被评为中国科学院优秀博士生导师。

社会任职

担任过原国家科委受控核聚变专业组成员，中国高等科学技术中心（世界实验室）首届特别成员，全国政协第八届委员会委员以及九届、十届委员会常务委员，中国科学院技术科学学科专家委员会主任，中国光学学会副理事长，国务院学位委员会学科评议组成员，美国光学学会成员（Fellow），中国科学院数理学部常务委员，国际量子电子学理事会理事，中国科学院上海光学精密机械研究所学术委员会主任，中山大学光电材料与技术国家重点实验室学术委员会主任，精密光谱科学与技术国家重点实验室（华东师范大学）学术委员会主任，国务院学位委员会与全国博士后流动站的学科评议组专家，国家自然科学奖评审委员会委员，上海应用物理研究中心学术委员会主任，山东师范大学、江苏师范大学双聘院士，《光学学报》、*Chinese Journal of Lasers B*、*Chinese Optics Letters* 主编，《中国科学》《科学通报》以及 *Chinese Physics* 等编委。

李德仁　　摄影测量与遥感学家

院士小传　*Yuan Shi Xiao Zhuan*

当选时间　1991 年当选中国科学院院士
　　　　　　1994 年当选中国工程院院士

学　　部　中国科学院地学部
　　　　　　中国工程院信息与电子工程学部

性　　别　男

民　　族　汉族

籍　　贯　江苏镇江

出生年月　1939 年 12 月 31 日

　　李德仁　摄影测量与遥感学家。国际欧亚科学院院士，武汉大学学术委员会主任、测绘遥感信息工程国家重点实验室学术委员会主任，武汉市科学技术协会主席，武汉·中国光谷首席科学家。1939 年 12 月出生于江苏泰县（现江苏姜堰）；1963 年毕业于原武汉测绘学院航测系，获得学士学位；1981 年获得武汉测绘学院摄影测量与遥感专业硕士学位；1985 年获德国斯图加特大学博士学位，同年返回武汉测绘学院任教；1986 年被破格晋升为教授；1997 年担任武汉测绘科技大学（原武汉测绘学院，后合并组建为新"武汉大学"）校长；1999 年当选国际欧亚科学院院士；2000 年担任测绘遥感信息工程国家重点实验室主任；2012 年获得国际摄影测量与遥感学会"荣誉会员"称号；2013 年被聘为北京大学工学院教授。2017 年获得第八届"中国地理科学成就奖"。1991 年当选中国科学院学部委员（院士）；1994 年当选中国工程院院士。

主要成就

长期从事以遥感、全球卫星定位和地理信息系统为代表的地球空间信息学的教学与研究，提出了处理测量误差的可靠性和可区分理论以及空间数据挖掘理论。

20世纪80年代，首创从验后方差估计导出粗差定位的选权迭代法，被命名为"李德仁方法"。1985年提出包括误差可发现性和可区分性在内的基于两个多维备选假设的扩展的可靠性理论，解决了测量学的一个百年难题。

20世纪90年代以来，提出地球空间信息科学的概念和理论体系，推进了遥感、卫星导航定位系统和地理信息系统（3S）的集成与应用。

进入21世纪后，倡导和推进了中国高分辨率对地观测技术的发展和商业化运营，提出广义和狭义空间信息网格的概念与理论，推进了数字地球和智慧地球的建设。

1999年获何梁何利基金科学与技术进步奖；2008年获瑞士苏黎世联邦理工学院名誉博士学位；2012年获得国际摄影测量与遥感学会"荣誉会员"称号，这是国际上该领域的最高荣誉，全世界仅有10人享此殊荣。还曾获国家科学技术进步奖（创新团队）1项，国家科学技术进步奖二等奖5项，国家教学成果奖二等奖2项，国家测绘局测绘科技进步奖一等奖3项、二等奖5项，原国家信息产业部信息产业重大技术发明奖1项，原总装备部科技进步奖二等奖1项等荣誉。

截至2018年，共发表论文800余篇，出版专著11部，译著1部，主编著作8部。1989年至2018年，培养了10多位博士后、164位博士研究生、80多位硕士研究生，其中包括1名中国科学院院士、3名"长江学者"，其中5名博士生论文获评全国百篇优秀博士学位论文。

社会任职

担任过湖北省科学技术协会副主席，武汉市科学技术协会主席，中国科学院地学部常委，原中国人民解放军总参谋部科技顾问，国家重大科技攻关项目"高分辨对地观测系统"专家组副组长，教育部第六届科技委员会委员兼战略研究委员会委员，国家"973计划"专家顾问组成员，中国博士后管委会专家委员会成员，国家航天专家组成员，国家遥感中心专家组成员，欧美同学会常务理事，武汉欧美同学会会长，中国图象图形学学会副理事长，中国GIS协会专家顾问，中国测绘学会副理事长，中国资源卫星应用中心首席科学家，中国全球定位系统技术应用协会高级顾问，亚洲GIS协会创会会长，国际摄影测量与遥感学会第Ⅲ、第Ⅵ委员会主席，清华大学、北京大学、浙江大学、瑞士苏黎世联邦理工学院、澳大利亚昆士兰理工大学、加拿大卡尔加里大学等50多所大学顾问或名誉教授等。

戴立信 有机化学家

当选时间	1993 年当选中国科学院院士
学　　部	化学部
性　　别	男
民　　族	汉族
籍　　贯	江苏句容
出生年月	1924 年 11 月 13 日

　　戴立信　有机化学家。中国科学院上海有机化学研究所研究员。1924 年 11 月出生于北京；1942 年考取了沪江大学（现上海理工大学）化学系；1943 年借读于浙江大学化学系；1947 年从浙江大学毕业后留在上海，并在中华职业学校担任教学工作；1948 年进入上海第三钢铁厂化验室工作；1949 年起，先后在上海钢铁公司、华东矿冶局工作；1953 年调至中国科学院上海有机化学研究所工作，历任科技处处长、助理研究员、副研究员、研究员、博士生导师；1997 年参与领导国家重大项目"手性药的化学和生物学研究"的研究工作。1993 年当选中国科学院院士。

主要成就

　　早年从事金霉素的提炼和合成研究，20 世纪 60 年代，进行有机硼化学和一些国防科研项目研究。80 年代以后，研究有机合成、金属有机化学，特别侧重于通过金属有机化学的不对称合成等。这方面的研究成果有：环氧醇开环反应的研究及用于氯霉素和三脱氧氨基己糖全部家族成员的不对称合成，铑催化的芳基乙烯的不对称硼氢化反应具有 C2 对称性的氮供体，手性双齿配体的合成钯催化的手性吗啉衍生物的合成钯催化下杂原子导向的温和羟氯化反应以及利用高碘化合物的多项新合成方法学研究。目前主要从事立体选择性地合成官能团化的小环化合物和含平面手性配体的合成及应用研究。此后的研究为立体选择性地合成官能化的环氧化合物和氮杂环丙烷化合物，以及二茂铁类配体用于不对称合成。

　　获国家自然科学奖二等奖 2 次（分别排名第一、第二）、上海市自然科学奖一等奖（排名第二）、何梁何利基金科学与技术进步奖（2002）、中国化学会手性化学成就奖、中国化学会终身成就奖（2018），以及中共中央组织部"全国离退休干部先进个人"（2019）、上海理工大学"杰出校友"称号等荣誉。

　　截至 2022 年 8 月，在国内外重要刊物上发表论文 200 多篇；出版著作及译著 15 部；培养博士 38 名、硕士 3 名，还曾于 2001 年获中国科学院彭荫刚优秀研究生导师奖。

社会任职

　　担任过中国化学会理事会副秘书长（第二十届至二十二届）、理事和常务理事（第二十一届、二十二届），中国科学院上海有机化学研究所学术委员会和学位委员会副主任，金属有机国家重点实验室（中国科学院上海有机化学研究所）学术委员会主任，生命有机化学国家重点实验室（中国科学院上海有机化学研究所）学术委员会委员，元素有机化学国家重点实验室（南开大学）学术委员会主任，上海市化学化工学会常务理事、副理事长、顾问委员会主任，世界华人有机化学家会议国际组委会委员等。

李依依　冶金与金属材料科学家　》》

Yuan *Shi Xiao Zhuan*
院士小传

当选时间	1993 年当选中国科学院院士
学　　部	技术科学部
性　　别	女
民　　族	汉族
籍　　贯	江苏苏州
出生年月	1933 年 10 月 20 日

　　李依依　冶金与金属材料科学家。中国低温及核结构材料领域的主要学术带头人，发展中国家科学院院士，中国科学院金属研究所研究员、博士生导师。1957 年从北京钢铁学院（现北京科技大学）冶金系毕业后进入辽宁本溪钢铁厂工作；1983 年受聘为国际深冷材料学会理事；1990 年至 1998 年，担任中国科学院金属研究所所长；1999 年当选发展中国家科学院院士；2016 年获得中国金属学会冶金科技终身成就奖。1993 年当选中国科学院院士。

主要成就

主要从事材料的研究和制备，特种合金制备工艺与计算机模拟，以及精密管材基地工作。1982年以来，连续主持了四个五年计划国家科技攻关课题，完成五种强度级别的抗氢钢系列，负责合金成分设计、热处理与相鉴定，并提出科学思想、技术路线和组织实施。早期，在高锰奥氏体低温钢研究中，做出Fe–Mn–Al系相图与相鉴定方法，发现在低温下存在反铁磁转变，及Fe–Mn合金中ε–马氏体形核长大遵循层错重叠及极轴机制，解决了几十年来只有理论推测而未得到实验证实的难题，为发展超低温高强无磁钢提供了依据。该项成果1982年获国家自然科学奖三等奖。主持"抗氢压力容器用钢"攻关项目，开发出抗氢1、2、3号钢种，通过了国家试验。主持"沉淀强化抗氢脆合金"攻关项目，1995年通过国家鉴定。

截至2017年，在"六五""七五""八五"期间组织进行了3次国家重点项目的攻关，与合作者为国家共研制成功9个新钢种，获得国家和部委科技成果奖一、二等奖10余项。获光华科技基金一等奖、首届中国工程科技奖、中国金属学会冶金科技终身成就奖，以及辽宁省"劳动模范"、国家级"有突出贡献的中青年专家"、中国科学院首届"十大女杰"、辽宁省"优秀科技工作者"、沈阳市"优秀科技工作者"、辽宁省"十大杰出女杰"等称号。

截至2017年，发表学术论文160余篇，获得2项国家授权专利；作为导师，共培养硕士、博士研究生80余名，构建了一个高水平、能攻坚、结构合理的学术梯队。

社会任职

担任过中国金属学会副理事长，中国材料研究会副理事长，中国科学技术协会第四次和第五次全国代表大会代表、第四届全国委员会委员和第五届常委，辽宁省及沈阳市科学技术协会主席等。

周巢尘 计算机软件专家

院士小传

当选时间	1993 年当选中国科学院院士
学　　部	信息技术科学部
性　　别	男
民　　族	汉族
籍　　贯	原江苏南汇
出生年月	1937 年 11 月 1 日

周巢尘　计算机软件专家。发展中国家科学院院士，中国科学院软件研究所研究员、博士生导师。1958 年毕业于北京大学数学力学系；1967 年从中国科学院计算技术研究所研究生毕业；1985 年被聘为博士生导师；1986 年任中国科学院软件研究所研究员；1992 年至 1997 年，兼任联合国大学国际软件技术研究所首席研究员；1997 年至 2002 年，兼任联合国大学国际软件技术研究所所长；2000 年当选发展中国家科学院院士。1993 年当选中国科学院院士。

主要成就

国际著名计算机理论专家，中国分布式程序设计理论研究的先驱者和开拓者之一，长期从事计算机科学理论的研究，在软件形式化理论方面做出了系统和创造性的工作，取得了具有国际先进水平的研究成果。研究生期间研读数理逻辑，20世纪60年代末，转入信息处理系统、计算机操作系统及网络系统的研制。70年代中期起，致力于程序设计方法学的研究，特别是形式化方法的研究。形式化方法建立了软件工程的数学基础，倡导软件设计和开发的严格方法及工具，以期软件工程最终跻身于现代工程科学行列。形式化方法已逐渐被软件工业界所采用，特别是用于严格安全系统的研制。80年代，主要从事分布式系统的研究。1981年，与英国同事合作提出了分布式计算系统正确性的组合式验证方法。90年代，从事实时系统研究。1991年，与英国及丹麦科学家合作建立了实时计算系统设计的一种新颖的逻辑方法。

获国家级"有突出贡献的中青年专家"称号及中国计算机学会终身成就奖等荣誉。

社会任职

担任过联合国大学国际软件技术研究所所长等。

王 水　空间物理学家

Yuan Shi Xiao Zhuan
院士小传

当选时间　1993 年当选中国科学院院士
学　　部　地学部
性　　别　男
民　　族　汉族
籍　　贯　江苏南京
出生年月　1942 年 4 月 12 日

王水　空间物理学家。中国科学技术大学教授、博士生导师。1961 年毕业于南京大学气象系后被分配到中国科学技术大学任教，先后担任助教、副教授、教授、博士生导师，中国科学技术大学理学院第二任院长；1980年参加了中国空间科学学会的发起和筹建工作，并被选为常务理事。1993 年当选中国科学院院士。

Zhu Yao Cheng Jiu 主要成就

主要从事空间物理研究。开展了中国哨声和甚低频发射观测研究，与他人合作得到了低纬导管哨声的观测证据。与合作者一起发展了球坐标中 Euler 全隐式计算格式和多维时变流动的近特征边界条件，系统地进行了太阳大气动力学的数值研究，对中国MHD 数值研究队伍的发展起了重要作用。研究超 Alfven 速流动电流片的稳定性，解释了飞船在地球远磁尾和等离子体彗尾中的观测结果。开展了空间等离子体物理和磁场重联的数值研究，出版了专著《磁场重联》和《无碰撞磁场重联》。

1993 年获国家自然科学奖二等奖，2000 年获何梁何利基金科学与技术进步奖等。

截至 2022 年，已发表论文 300 余篇，在中国科学技术大学培养了 20 多名博士生和硕士生。

She Hui Ren Zhi 社会任职

担任美国地球物理学会（AGU）会员，国际天文学联合会（IAU）会员；曾任意大利国际理论物理中心（ICTP）联协成员（1984—1990），中国地球物理学会第六届常务理事，中国地球物理学会理事长，中国空间科学学会常务理事，美国 Alabama 大学、美国 Alaska 大学、上海交通大学、武汉大学客座教授，《空间科学学报》《地球物理学报》《天文学报》等刊物编委。

陈颙 地球物理学家

当选时间 1993 年当选中国科学院院士
学　　部 地学部
性　　别 男
民　　族 汉族
籍　　贯 江苏宿迁
出生年月 1942 年 12 月 31 日

Yuan Shi Xiao Zhuan
院士小传

　　陈颙 地球物理学家。第三世界科学院院士，南京大学地球科学与工程学院教授，中国地震局研究员。1942 年 12 月出生于重庆；1965 年中国科学技术大学地球物理系毕业；1966 年至 1973 年，在邢台地震现场进行地震观测和震源物理理论研究；1974 年以后，开展高温高压下岩石物性实验研究；1978 年受邀赴美国加州大学伯克利分校从事核废料处理方面的研究；1982 年至 1996 年，历任国家地震局地球物理研究所所长、国家地震局副局长；2000 年当选第三世界科学院院士。1993 年当选中国科学院院士。

　　长期从事地震学和实验岩石物理学研究及其在环境、能源和减灾方面的潜在应用。20 世纪 70 年代，从事高温高压下岩石物理学实验研究。发展了测量岩石变形的激光全息技术。发现的岩石热开裂现象已被应用于核电站的安全性监测。20 世纪 90 年代，致力于地震预测和地震灾害研究。运用地震学、工程科学和经济学，首次编辑了"全球地震危险性图和全球地震灾害预测图"。

　　1986 年被评为"有突出贡献的中青年专家"，1991 年享受国务院政府特殊津贴，1997 年获国家科学技术进步奖三等奖，1998 年获得何梁何利基金科学与技术进步奖等。

　　共发表论文百余篇，出版专著、译著 10 余部。

　　担任过中国地球物理学会理事长，中国地震学会副理事长，中国科学院地学部主任等；1992 年起，曾任 IASPEI 的地震预报和地震灾害委员会主席，国际地震中心（ISC）执行理事；2004 年 5 月，兼任中国科学技术大学地球和空间科学学院院长；2016 年起受聘为西北大学双聘院士等。

朱森元　液体火箭发动机专家 »»

当选时间	1995 年当选中国科学院院士
学　　部	技术科学部
性　　别	男
民　　族	汉族
籍　　贯	江苏溧阳
出生年月	1930 年 10 月 26 日

Yuan Shi Xiao Zhuan 院士小传

　　朱森元　液体火箭发动机专家。中国运载火箭技术研究院研究员、科技委顾问，国家"863 计划"航天领域中的专家组组长，中国运载火箭技术研究院研究员。1949 年进入原国立南京大学工学院航空系学习；1952 年被选派去苏联留学并前往北京专门进行了俄语学习。1953 年进入苏联莫斯科汽车机械工程学院学习；1957 年从莫斯科汽车机械工程学院毕业后转为莫斯科包曼高等工业学校研究生院研究生；1960 年获得莫斯科包曼高等工业学校研究生院副博士学位；1961 年回国被分配到国防部第五研究院十一所工作，历任研究室副主任、主任、主任设计师。1995 年当选中国科学院院士。

长期致力于液体火箭发动机的理论研究和研制工作。主持完成了液体火箭发动机冷却剂超临界传热计算方法和沸腾换热的临界热流计算方法的研究。早期参加地地导弹用液体火箭发动机的研制；负责研制液氢液氧火箭发动机，其成果成功用于长征三号运载火箭发射工程等。在国家"863 计划"航天领域的发展战略研究中，提出只需研制两种大推力火箭发动机进行积数式发展，就能使新一代运载火箭的运载能力实现大幅度提高，此建议国家已立项研制。先后参加了液体火箭发动机相关的多项研究工作。其中"超临界传热计算方法"和"管内流动沸腾换热的临界热流计算方法"两项研究结果被广泛应用于液体火箭发动机的冷却选择和推力室冷却方案设计中。1970 年后，负责液氢液氧火箭发动机的研制工作，为中国首次发射地球同步定点轨道的通信卫星提供了高性能先进的动力装置。1984 年 4 月 8 日，中国首次用长征三号氢氧发动机的液体火箭成功发射了一颗通信卫星。发射的关键是如何将卫星准确地送到 36 000 千米的地球同步轨道。中国的地理位置处于北半球，纬度倾角大，这就意味着发射的运载火箭至少有三级，并且第三级需要具有第二次启动的功能，为此必须采用新型大推力的氢氧火箭发动机。这种火箭发动机的成功研制，使中国在国际航天领域占有一席之地。

担任过国家高技术研究发展计划（"863 计划"）航天领域 863-204 专家组成员、火箭发动机和大型运载火箭专家组组长，国家高技术航天领域专家委员会技术咨询专家，国防科技图书出版基金评审委员会委员，中国宇航学会理事、运载火箭分会常务理事，中国工程热物理学会常务理事，国家计算流体力学实验室学术委员会副主任，北京航空航天大学和国防科技大学的兼职博士生导师等。

巢纪平　　气象学家

院士小传

当选时间　1995 年当选中国科学院院士
学　　部　地学部
性　　别　男
民　　族　汉族
籍　　贯　江苏无锡
出生年月　1932 年 10 月 19 日

巢纪平　气象学家。国家海洋局科学技术委员会副主任、研究员、博士生导师，国家海洋环境预报中心名誉主任。1954 年从南京大学气象系毕业后进入中国科学院地球物理研究所工作，先后担任副研究员、研究员；1984 年应邀到国家海洋局，担任国家海洋环境预报中心主任；1991 年获得国家科技攻关荣誉证书。1995 年当选中国科学院院士。

Zhu *Yao Cheng Jiu* 主要成就

长期从事我国数值天气预报、长期数值天气预报、中小尺度大气动力学、积云动力学和热带大气动力学、热带海气相互作用以及海洋环境数值预报等领域研究并取得重要成果。1957 年发表中国第一张 48 小时数值天气预报图。20 世纪 60 年代，建立中小尺度大气动力学方程组。70 年代，建立中国海气耦合的滤波矩平长期天气数字预报模式，成功地进行了月季天气预报试验。近十多年来，提出了 Rossby 波相互作用后可激发出一类向东、西两个方向传播的不稳定波，在非线性作用下可激发出 2 ~ 3 年 ENSO 型振荡，以及热带大气和海洋运动的半地转适应和发展理论等创新性概念；领导创建了中国第一个海洋环境数字预报业务系统。

曾获国家计划委员会、国家科学技术委员会、财政部颁发的"国家科技攻关荣誉证书"等。

截至 2009 年，主编和翻译著作共 10 部，代表作有《积云动力学》和《厄尔尼诺和南方涛动动力学》等。

She *Hui Ren Zhi* 社会任职

担任过国际气象学和大气物理学协会国际气候委员会（ICCL/IAMAP）委员，气候变化和海洋委员会（CCCO/ICO，SCOR）委员，热带海洋和全球大气科学指导组（SSG，TOGR）成员，国家"七五"科技攻关项目"海洋环境数值预报研究"科学组组长，"中、美热带西太平洋海气相互作用研究"中方首席科学家，"中、美西太平洋海洋和大气耦合响应试验（TOGA COARE）"中方首席科学家，《海洋学报》主编，《黄渤海海洋》学报编辑委员会顾问，国家海洋局第一海洋研究所外聘客座院士等。

印象初　　　　　　昆虫学家

院士小传

当选时间	1995 年当选中国科学院院士
学　部	生命科学和医学学部
性　别	男
民　族	汉族
籍　贯	江苏海门
出生年月	1934 年 7 月 20 日

　　印象初　昆虫学家。河北大学教授，中国科学院西北高原生物研究所研究员。1958年毕业于山东农业大学植物保护系，毕业后被分配至青海大学农学院任教，后调入中国科学院西北高原生物研究所工作，历任中国科学院西北高原生物研究所动物研究室主任、副所长、研究员；1996 年被河北大学聘为终身教授；2001 年被山东农业大学聘为特聘教授。1995 年当选中国科学院院士。

长期从事蝗虫分类工作，30 多年来，发现蝗虫新属 37 个，新种 103 个（截至 2019 年 3 月）。揭示了物种由于海拔升高，其形态特征出现梯度变异为种内变异，阐明了高原上风大不适于蝗虫飞行导致翅的退化，翅的退化导致发音器的退化，发音器的退化和消失又导致听觉器官的退化和消失。在高原上生存的缺翅、缺发音器、缺听器的种类是最近进化的种类，也是青藏高原的特有种类。提出了蝗虫类在高原上的适应性、演化途径和高原缺翅型等新见解，建立了中国蝗总科的新分类系统，并提出北美洲的 Tanaoceridae 是螽向蝗进化的中间类型。

于 1982 年建立了"中国蝗虫科新分类系统"。1984 年出版的《青藏高原的蝗虫》为该地区蝗虫的研究和防治提供了重要参考资料。1996 年出版了《世界蝗虫及其近缘种类分布目录》（英文版），全书 200 多万字，记录了从 1758 年至 1990 年所有已知的蝗虫类 2 261 属、10 136 种。

曾获国家自然科学奖四等奖、中国科学院科学技术进步奖二等奖、青海省科技进步奖一等奖，被联合国教科文组织和中国科学院评选为中国当代科技精英之一，荣获青海省劳动模范、青海省优秀专家等荣誉，享受国务院政府特殊津贴。

担任过中国昆虫学会第二届至七届理事会理事，中国科学技术协会第四届全国委员会委员，青海省科学技术协会常委、副主席，美国亚利桑那大学、美国亚利桑那州立大学客座教授，《昆虫学报》《昆虫分类学报》《动物分类学报》《中国农业科技导报》编委等。

汪集暘　地热、水文地质学家 ▶▶▶

院士小传

当选时间	1995 年当选中国科学院院士
学　　部	地学部
性　　别	男
民　　族	汉族
籍　　贯	江苏吴江
出生年月	1935 年 10 月

　　汪集暘　地热、水文地质学家。中国科学院地质与地球物理研究所研究员、博士生导师，国际欧亚科学院院士，国际欧亚科学院中国科学中心资源与能源学部副主任，国际矿产资源科学院院士。1956 年毕业于北京地质学院（现中国地质大学）水文与工程地质系；1962 年在莫斯科地质勘探学院获苏联地质矿物学副博士学位；回国后在中国科学院担任科研与教学工作，先后承担国家重点基础科学前沿研究的"973 计划"项目、国家科技攻关项目等，1991 年、1993 年两度被评为中国科学院优秀博士生导师。1995 年当选中国科学院院士。

主要成就

长期从事理论和应用地热研究，在大地热流、深部地热、矿山和油田地热、地热资源等方面做出了突出贡献，在国内外享有很高声誉。在大地热流研究中，对我国近千个数据进行分析，提出了"东高西低""南高北低"的热流分布图式，并成图；对全球24 000多个大地热流数据进行分析，指出了我国所在地北半球为"冷"半球，南半球为"热"半球，与之相对应的大西洋半球（"海"半球）为"热"半球，太平洋半球（"陆"半球）为"冷"半球，地球热场分布极不均匀。在岩石圈热结构研究中，对华北地区提出了岩石圈热结构模式，并恢复了中新生代热演化史；通过对攀西裂谷的研究，确定为我国第一个"热流省"；对东南沿海的研究，用大量事实证明，被誉为理论地热学三大定律之一的"热流（q）－生热率（A）线性相关律"不成立的新观点，并将我国大陆岩石圈热结构划分为五种类型，指出了华北为"冷"壳"热"幔型热结构，西藏南为"热"壳"冷"幔型热结构。在应用地热研究方面，对我国地热资源分布规律及资源潜力评价进行了深入研究；在福建、广东工作的基础上提出了"中低温对流型地热系统"概念，并撰写了世界上首部此方面的专著；对矿山地热进行深入研究，提出了我国矿山地温类型划分方案，以及矿区深部地温预测和灾害防治措施；对油田地热进行研究，阐释了我国不同类型含油气盆地的构造－热背景及其相应的油气资源潜力，并依其温压条件对南海天然气水合物进行了预测，指出了稳定带的分布及其厚度；近年提出了"地热＋"和地球储能（地球充电宝）系统的新思想。

多项成果获国家及省部级奖项，先后获得国家科学技术进步奖二等奖1项，中国科学院及其他部委自然科学与科学技术进步奖一等奖4项，李四光地质科学奖荣誉奖，何梁何利基金科学与技术进步奖，中国水利学会刘光文科技成就奖等。

截至2022年，发表学术论文百余篇；出版学术专著7部；培养博士、博士后40余人，学生中有不少已是国内外地热和水文地质学界的中坚骨干和学术带头人。

社会任职

担任过国际热流委员会（IHFC）委员，国际地热协会（IGA）主席团成员，国际原子能机构（IAEA）"水文同位素技术应用中国国家委员会"主席，国家地热能中心技术委员会名誉主任、指导委员会委员，中国地源热泵产业联盟名誉理事长，联合国教科文组织（UNESCO）国际岩溶研究中心（IRCK）理事会理事，香港中文大学名誉教授，河海大学及南京水利水电科学研究院"水文水资源与水利工程科学国家重点实验室"学术委员会顾问，中国科学院广州能源研究所首席科学家、水资源研究中心专家委员会副主任、能源研究委员会专家委员会委员，中国石油大学（华东）"地热与可再生能源研究中心"主任等。

张礼和　药物化学家

当选时间	1995 年当选中国科学院院士
学　　部	化学部
性　　别	男
民　　族	汉族
籍　　贯	江苏扬州
出生年月	1937 年 9 月 8 日

　　张礼和　药物化学家。北京大学药学院教授、博士生导师，天然药物及仿生药物国家重点实验室学术委员会名誉主任。1954 年毕业于扬州新华中学；1958 年于北京医学院（现北京大学医学部）药学系毕业后留校工作；1964 年考取了北京医学院药学系研究生，师从王序教授（中国科学院学部委员，1980 年），1967 年研究生毕业；1981 年至 1983 年，被教育部选派到美国弗吉尼亚大学化学系做访问学者，回国后进入北京医学院药学系工作；1985 年任北京医学院药学系副系主任；1987 年至 1999 年，担任北京医科大学药学院院长；1990 年担任天然药物及仿生药物国家重点实验室主任；1998 年至 2006 年，兼任国家自然科学基金委员会化学科学部主任；2000 年担任北京大学药学院教授。1995 年当选中国科学院院士。

　　主要从事核酸化学及抗肿瘤、抗病毒药物方面的研究。20 世纪 60 年代，在 1，2，4 三嗪类的杂环合成中发现了一个不正常的对甲苯磺酰化反应，提出了引入取代基的新方法。1981 年至 1983 年，在美国工作期间参与并完成了博莱霉素 A2 的全合成及其断裂 DNA 的机理研究。1984 年以来，在核酸化学及以核酸为靶的药物研究方面取得成就。1990 年以来，合成了多种非同位素标记的 DNA 探针试剂，系统研究了细胞内的信使分子 cAMP 和 cADPR 的结构和生物活性的关系，在此基础上发展了作用于信号传导系统，能诱导分化肿瘤细胞的新抗癌剂；发展了结构稳定、模拟 cADPR 活性，并能穿透细胞膜的小分子，成为研究细胞内钙释放机制的有用工具。系统研究了人工修饰的寡核苷酸的合成、性质和对核酸的识别，提出了酶性核酸断裂 RNA 的新机理；发现异核苷掺入的寡核苷酸能与正常 DNA 或 RNA 序列识别，同时对各种酶有很好的稳定性；寡聚异鸟嘌呤核苷酸有与正常核酸类似形成平行的四链结构的性质；发现信号肽与反义寡核苷酸缀合后，可以引导反义寡核苷酸进入细胞并保持反义寡核苷酸的切断靶 mRNA 的活性；研究了异核苷掺入 siRNA 双链中对基因沉默的影响，为发展基因药物提供了一个新途径。

　　截至 2018 年 11 月，获得何梁何利基金科学与技术进步奖（1999）、原国家教委科学技术进步奖一等奖、国家自然科学奖二等奖（2004）、美国密苏里 – 堪萨斯大学 Edgar–Snow Professorship（1992）、国际药联（FIP）Millennium Pharmaceutical Scientists Award (San Francisco，USA)（2000）等国内外多项奖励。

　　截至 2019 年 7 月，发表论文 200 余篇，获得国家授权专利 3 项。

　　担任过中国药学会副理事长，国家自然科学基金委员会化学部主任，英国皇家化学会高级会员（FRSC），亚洲药物化学会主席，国务院学位委员会学科评议组药学学科召集人，国际纯粹与应用化学联合会（IUPAC）、Organic & Biomolecular Chemistry 委员会委员（Titular Member），中国科学院上海有机化学研究所生命有机化学国家重点实验室学术委员会副主任，南开大学国家重点实验室学术委员会副主任，兰州大学功能有机分子化学国家重点实验室学术委员会委员、主任，《中国药物化学》主编，《欧洲药物化学》（*European Journal of Medicinal Chemistry*）、《高等学校化学学报（国外医学药学分册）》副主编，*Organic & Biomolecular Chemistry*、*ChemMedChem*、*Medicinal Research Review* 和 *Current Topics of Medicinal Chemistry* 编委等。

李大潜　　　　　数学家

Yuan Shi Xiao Zhuan
院士小传

当选时间	1995 年当选中国科学院院士
学　　部	数学物理学部
性　　别	男
民　　族	汉族
籍　　贯	江苏南通
出生年月	1937 年 11 月 10 日

　　李大潜　数学家。发展中国家科学院院士，欧洲科学院院士，法国科学院外籍院士，葡萄牙科学院外籍院士，复旦大学教授、博士生导师，中法应用数学研究所所长。1957 年复旦大学数学系本科毕业，1966 年该校在职研究生毕业；1980 年任教授，历任复旦大学研究生院院长等职；1997 年当选发展中国家科学院院士；2005 年当选法国科学院外籍院士。1995 年当选中国科学院院士。

专于偏微分方程、控制理论及工业应用数学。对一般形式的二自变量拟线性双曲型方程组的自由边界问题和间断解，非线性波动方程经典解的整体存在性及生命跨度，一维拟线性双曲系统的精确能控性及能观性，以及双曲系统的精确边界同步性及逼近边界同步性等方面有深入系统的研究，处于国际领先地位，得到国际学术界的高度评价。在理论研究的基础上，对各种电阻率测井建立了统一的数学模型和高效的计算方法，据此设计制造的微球形聚焦测井仪器成功地在国内多个油田推广使用，为我国应用数学的发展提供了经典的成功范例。

2015 年获国际应用数学大奖——ICIAM 苏步青奖，2020 年获中国教师发展基金会第二届杰出教学奖，还曾获国家自然科学奖、华罗庚数学奖、上海市科技功臣奖、苏步青应用数学奖、全国高等学校优秀教材奖、高等教育国家级教学成果奖一等奖、高等教育上海市教学成果奖特等奖（2 项）、法国政府授予的荣誉军团骑士勋章，以及巴黎十二大授予的名誉博士等荣誉。

截至 2022 年 8 月，已在国内外重要数学刊物上发表论文 290 余篇；出版 25 本专著与教材，其中 12 本英文专著分别在美国、英国及法国出版；培养硕士、博士研究生120 余名，博士后 20 余名，从中走出了中国科学院院士以及多个国内外知名大学教授。

担任过第八届、九届、十届全国人民代表大会代表，中国工业与应用数学学会理事长，中国数学会副理事长，教育部高等学校数学与统计学教学指导委员会主任委员，国务院学位评定委员会数学学科评议组召集人，高等学校数学研究与高等人才培养中心主任，国际工业与应用数学联合会（ICIAM）执行委员，中法应用数学研究所（ISFMA）所长，上海市科学技术协会副主席，《数学年刊》主编等。

沈学础 　　物理学家

当选时间　1995 年当选中国科学院院士
学　　部　数学物理学部
性　　别　男
民　　族　汉族
籍　　贯　江苏溧阳
出生年月　1938 年 2 月 28 日

院士小传

　　沈学础　物理学家。中国科学院上海技术物理研究所研究员、博士生导师、学位评定委员会主任。1958 年从复旦大学物理系毕业后到中国科学院上海技术物理研究所工作；1978 年至 1980 年，在德国马普固体研究所做访问学者；1981 年担任中国科学院红外物理研究室主任；1983 年任博士研究生导师；1985 年至 1993 年，建立中科院红外物理实验室，并担任实验室主任职务，实验室成为中科院首批开放实验室（1985），后被纳入国家重点实验室（1989）；1996 年至 2001 年，担任中国科学院上海技术物理研究所科技委主任；2001 年担任中国科学院上海技术物理研究所学位委员会主任；2006 年获得国际红外毫米波和太赫兹会议颁发的巴顿奖。1995 年当选中国科学院院士。

主要成就

主要从事凝聚态光谱及其实验方法的研究。发展了光学补偿双光束傅里叶变换红外光谱方法，发现了一定条件下某些固体存在声学局域模。发展了傅里叶变换光热电离谱方法，使硅中浅杂质检测灵敏度得到数量级的提高。对超晶格、量子阱及其他低维结构、半磁半导体和非晶半导体、固体中杂质，以及氨基酸、多肽、蛋白质分子等做了大量光谱研究，尤其注重其中量子态跃迁、量子态杂化耦合等微观量子过程和量子互作用。还在固态电子混沌、微腔激子激元、微腔单量子点等方面有一定的成果。

截至 2021 年 4 月，先后撰有多本学术著作，其中《半导体光学性质》《半导体光谱和光学性质》两书均获得国家科学著作图书奖及上海市科技进步成果奖；先后 3 次获得国家自然科学奖，多次获中国科学院自然科学奖一等奖，以及金牛奖、国家级"有突出贡献的中青年专家"称号等荣誉。

截至 2021 年 4 月，已培养博士研究生 30 余名；2008 年被评为中国科学院研究生院突出贡献导师。

社会任职

担任过红外物理国家重点实验室学术委员会主任，中国科学院上海技术物理研究所学位委员会主任，上海市高温超导重点实验室学术委员会副主任，上海市学位委员会委员，上海市对外文化交流协会理事，复旦大学物理系教授，台湾大学讲座教授，香港大学荣誉教授，《固态通讯》（*Solid State Communication*）、《半导体科学与技术》（*Semiconductor Science & Technology*）编委，国际巴顿奖委员会成员，国际红外毫米波、太赫兹协会创始理事。

方 成　　天体物理学家

当选时间	1995 年当选中国科学院院士
学　　部	数学物理学部
性　　别	男
民　　族	汉族
籍　　贯	江苏江阴
出生年月	1938 年 8 月 10 日

院士小传

　　方成　天体物理学家。发展中国家科学院院士，南京大学天文与空间科学学院教授、博士生导师。1938 年 8 月出生于云南昆明；1959 年南京大学天文系毕业，留校任教；1980 年至 1982 年，在法国巴黎天文台做访问学者；1981 年晋升副教授后被评为博士生导师；1986 年晋升教授；1993 年至 1997 年，担任南京大学天文系主任；2005 年当选发展中国家科学院院士；2008 年被法国巴黎天文台授予荣誉博士学位。1995 年当选中国科学院院士。

主要成就

20世纪80年代初，主持研制出中国第一座塔式太阳望远镜（简称太阳塔），开辟了中国CCD二维光谱研究的新领域。系统地掌握并运用非局部热动平衡理论，建立了一套实用方法，在太阳活动体的结构和大气模型、耀斑动力学模型、耀斑谱线不对称性、耀斑非热电子的光谱诊断以及磁流体力学数值模拟等方面取得了重要的成就。首次提出用色球压缩区解释第Ⅰ类白光耀斑，以及用太阳大气低层磁重联解释第Ⅱ类白光耀斑和"埃勒曼（Ellerman）炸弹"等的新机制。在其主持下，云南天文台昆明抚仙湖畔的太阳观测基地建成了光学近红外太阳爆发探测望远镜（ONSET），其质量达到国际单个太阳监测望远镜的最高水平。

作为第一完成人，先后获得国家科学技术进步奖二等奖，国家自然科学奖三等奖，教育部科技进步奖一、二等奖等多种奖项；还曾获得全国教育系统劳动模范、全国模范教师、何梁何利基金科学与技术进步奖、第五届中国科学院/国际空间研究委员会（CAS/COSPAR）赵九章奖等荣誉。2010年，国际天文学联合会将编号为185538号小行星命名为"方成星"。

截至2021年11月，已发表学术论文330余篇。截至2017年8月，先后培养了10多名博士和硕士研究生。其中，3名博士生获得国家自然科学基金委杰出青年科学基金项目资助，2名被评为教育部"长江学者奖励计划"特聘教授，1名被评为江苏省优秀青年科学家，1名获得中国科学院优秀青年科学家一等奖。

社会任职

担任过江苏省科学技术协会第七届委员会副主席，中国天文学会理事长，国际天文学联合会副主席，中国高等科学技术中心特别成员、天文和天体物理分中心主任，国家自然科学基金委员会天文学科评审组组长，"攀登计划"项目"天体剧烈活动的多波段观测和研究"首席科学家，《中国天文与天体物理学》主编等。

何鸣元　　　石油化工专家

当选时间	1995 年当选中国科学院院士
学　　部	化学部
性　　别	男
民　　族	汉族
籍　　贯	江苏苏州
出生年月	1940 年 2 月 8 日

院士小传

　　何鸣元　　石油化工专家。华东师范大学化学与分子工程学院教授、博士生导师,上海市绿色化学与化工过程绿色化重点实验室主任。1940 年 2 月出生于上海;1961 年华东纺织工学院(现东华大学)应用化学专业毕业后进入石油化工科学研究院工作,先后担任基础研究部主任、副总工程师、总工程师;2000 年担任华东师范大学化学系教授;2001 年在华东师范大学化学系创建了中国首个离子液体化学研究中心,并担任中心主任;2003 年担任上海市绿色化学与化工过程绿色化重点实验室主任;2007 年当选国际沸石分子筛协会理事及副主席;2011 年当选中国科学院学部主席团成员;2012 年获得中国催化成就奖,同年被法国教育部授予棕榈叶骑士勋章。1995 年当选中国科学院院士。

主要成就 Zhu Yao Cheng Jiu

　　长期从事催化材料与炼油化工催化剂研究。致力于将科学认识与技术应用相结合，在炼油化工催化材料领域有多项创新和发明。发明了一系列沸石合成与改性的新方法并开发出多种炼油催化剂，为解决中国重油裂化、提高催化裂化汽油辛烷值、新标准汽油生产等技术难题做出了一定价值的贡献。其中 ZRP 系列分子筛于 1995 年被国家科学技术委员会评为中国十大科技成就之一。

　　截至 2016 年 7 月，先后获得国家发明奖二等奖、三等奖各 1 项，中国石化总公司发明奖一等奖、科技进步奖一等奖等若干项，以及原国家人事部和原国家教委联合授予的"做出突出贡献的归国留学人员"称号、何梁何利基金科学与技术进步奖、"上海市劳动模范"称号、中国催化成就奖、法国教育部授予的棕榈叶骑士勋章等荣誉。

　　截至 2013 年 2 月，在国内外刊物上发表研究论文 80 多篇。申请国内专利 96 项，已授权 45 项，其中部分获得国外专利。

社会任职 She Hui Ren Zhi

　　担任过第 15 届国际沸石分子筛大会副主席，第 16 届世界石油大会分会主席，国际催化理事会理事，国际沸石分子筛协会理事及副主席，中国科学院学部主席团成员，大连理工大学盘锦校区的学术咨询委员会委员，*Applied Catalysis A：General* 编委等。

程耿东 力学专家

当选时间 1995 年当选中国科学院院士
学　　部 技术科学部
性　　别 男
民　　族 汉族
籍　　贯 江苏苏州
出生年月 1941 年 9 月 22 日

院士小传

程耿东 力学专家。大连理工大学教授、博士生导师。1964 年北京大学固体力学专业毕业；1968 年大连理工大学研究生毕业；1980 年获丹麦技术大学博士学位；1995 至 2006 年，任大连理工大学校长；1999 年、2000 年分别荣获丹麦阿尔堡大学和比利时列日大学名誉博士学位；2011 年当选俄罗斯科学院能源与机械学部外籍院士。1995 年当选中国科学院院士。

主要成就

长期从事工程力学、计算力学和结构优化设计的研究。20 世纪 70 年代，在钟万勰教授指导下研究结构分析的群论方法并成功应用于水塔支架分析，利用只有 8K 内存的计算机完成了一批标准设计。和钟万勰、林家浩开发了用于研究汽轮机基础强迫振动的计算机程序，被多所设计院采用。参与研制了可以处理多设计变量、多工况、多约束的结构优化程序 DDDU 并深入讨论了各种优化方法的关系。对实心弹性薄板的研究表明，为了得到全局最优解，必须扩大设计空间，包括由无限细的密肋加强的板设计。该项研究工作被认为是近 40 年获得迅速发展和应用的结构拓扑优化的先驱，在国际学术界有广泛的影响。提出并实现了结构响应灵敏度分析的半解析法，和丹麦学者共同研究了误差分析和提高精度的方法。该方法被很多通用结构优化程序采用，可以在已有的有限元程序中方便地实现灵敏度分析。指出结构拓扑优化中奇异最优解的本质是约束函数不连续，并给出了可行区的正确形状，和郭旭教授合作给出求解奇异最优解的拓扑优化问题的 Epslon——放松算法。近年，所在团队为我国航天结构轻量化等提供了技术支撑和创新设计，在非线性密度过滤、结构优化的序列整数规划及多尺度结构和材料一体化优化设计等方向开展的研究工作，受到了国内外同行的广泛重视和多次正面评价。

获国家自然科学奖二等奖（3 次获得，1991 年和 2020 年为第二获奖人、2006 年为第一获奖人），国家科学技术进步奖三等奖（1985），原国家教委科学技术进步奖一等奖、二等奖，高等教育国家级教学成果一等奖（2001），国家级"有突出贡献的中青年专家"称号，"IET"大学校长奖，第八届周培源力学奖，何梁何利基金科学与技术进步奖，辽宁省最高科技奖等荣誉。

截至 2022 年 8 月，发表论文近 300 篇，出版著作 3 本、译作 2 本，指导培养硕士、博士研究生近 70 名。

社会任职

担任国际杂志《结构与多学科优化》主编，《计算机与结构》《工程优化》等国际杂志编委；曾任第九届、十届全国人民代表大会代表，中国科学院学部主席团成员，大连市科学技术协会主席，中国力学学会副主席、计算力学分委员会主任委员，国际多学科及结构优化学会主席，《力学学报》《计算力学学报》《应用数学与力学学报》《计算结构力学及其应用学报》《机械强度杂志》等国内杂志编委等。

郑厚植　　物理学家

院士小传

当选时间	1995 年当选中国科学院院士
学　　部	数学物理学部
性　　别	男
民　　族	汉族
籍　　贯	江苏常州
出生年月	1942 年 8 月 26 日

郑厚植　物理学家。中国科学院半导体研究所研究员，北京邮电大学理学院前院长、双聘院士。1965 年从清华大学无线电电子学系毕业；1979 年至 1981 年，在慕尼黑技术大学物理系从事研究工作；1986 年担任中国科学院半导体研究所研究员；1989 年至 1995 年，担任半导体超晶格国家重点实验室主任；1990 年被聘为博士生导师；1995 年至 2002 年，担任中国科学院半导体研究所所长；2007 年获得何梁何利基金科学与技术进步奖；2008 年担任北京邮电大学理学院院长。1995 年当选中国科学院院士。

主要成就

主要从事半导体低维量子结构物理及新器件研究。自 1979 年以来，长期从事半导体低维量子结构物理及新器件探索。在半导体低维量子结构中的新效应研究方面取得了多项重要成果：首次揭示了量子霍尔效应的尺寸效应和霍耳电势的空间分布特性；首次提出了用分裂栅电极实现准一维电子气的办法，揭示了准一维电子气的新奇量子特性，该方法已扩展成为制备和调控量子比特的重要方案之一；提出了空穴间多体相互作用诱导的磁阻理论并予以了实验验证；在研究采用量子效应的新型量子器件等方面做出了许多有价值的成果。

自 1986 年起，历任"七五"国家重大基金项目、"八五"和"九五"国家攀登计划项目、"十五"国家重点科技研究计划（"973 计划"）、"十一五"国家重大科学研究计划等项目的负责人和首席专家。1994 年、1995 年获中国科学院自然科学奖一等奖（排名第一）、二等奖（排名第二）；2007 年获得何梁何利基金科学与技术进步奖。

社会任职

担任过中国高等科学技术中心（CCAST）特别成员，国际纯粹与应用物理联合会（IUPAP）半导体物理分会（C8）委员，国家纳米科学技术中心顾问委员会、科技部"量子调控"研究重大科学研究计划专家组等成员，清华大学信息科学与技术国家实验室（筹）理事会、中国科学院凝聚态物理国家实验室（筹）理事会等成员，中国物理学会理事、半导体物理专业委员会主任，中国电子学会理事，英国物理学院（Institute of Physics，IOP）高级成员，*Semiconductor Science and Technology*、*Microelectronics Journal* 国际编委，《中国科学》物理学编委会等的执行副主编、编委等。

陈 竺 血液学和医学分子生物学家

院士小传 *Yuan Shi Xiao Zhuan*

当选时间 1995 年当选中国科学院院士
学　　部 生命科学和医学学部
性　　别 男
民　　族 汉族
籍　　贯 江苏镇江
出生年月 1953 年 8 月 17 日

　　陈竺 血液学和医学分子生物学家。第十三届全国人民代表大会常委会副委员长，农工党中央主席，中国红十字会会长。1970 年 4 月参加工作；1989 年获法国巴黎第七大学科学博士学位；2000 年当选发展中国家科学院院士；2003 年当选国际科学院协作组织主席、美国科学院外籍院士；2005 年当选法国科学院外籍院士；2007 年当选美国医学科学院外籍院士；2013 年当选英国皇家学会外籍会员。1995 年当选中国科学院院士。

Zhu Yao Cheng Jiu
主要成就

　　参与指导了白血病癌基因研究和全反式维甲酸／三氧化二砷诱导分化凋亡治疗急性早幼粒细胞白血病（APL）的基础与临床研究，阐明全反式维甲酸／三氧化二砷作用的细胞和分子机制，提出了肿瘤"协同靶向治疗"观点；参与中国人类基因组研究计划筹划、协调和管理工作，组建了相关的研究技术体系，并领导完成了日本血吸虫的全基因组序列分析。发现了一批受维甲酸及三氧化二砷调控的基因及其组成的信号传递网络，首次描绘了造血干／祖细胞的基因表达谱，克隆了 300 多个在造血细胞表达的新基因的全长 cDNA，为阐明血液系统发育、分化的调控机制做出了贡献。

　　获国家自然科学奖二等奖、国家科学技术进步奖二等奖、教育部"长江学者"成就奖、原国家卫生部科技进步奖一等奖，以及上海市科技进步奖等多个奖项。还曾于 2018 年获瑞典皇家科学院舍贝里奖，2016 年获美国血液学会欧尼斯特·博特勒奖，2012 年获全美癌症研究基金会圣捷尔吉癌症研究创新成就奖、法兰西共和国总统荣誉军团军官荣誉勋章，1997 年获法国全国抗癌联盟卢瓦兹奖，1996 年获何梁何利基金科学与技术进步奖等。

社会任职

　　担任过全国人民代表大会常务委员会副委员长（第十二届、十三届），中国农工民主党中央委员会主席（第十五届、十六届），中国红十字会会长（第十届、十一届），欧美同学会（中国留学人员联谊会）会长，原国家卫生部部长，中华医学会会长，中国科学院副院长，全国政协委员会委员（第十届、十一届），中华医学会遗传学会副主任委员，中国遗传学会人类遗传学专业委员会主任委员，国家人类基因组南方研究中心主任，上海系统生物医学研究中心主任，国务院学位委员会委员，上海交通大学附属瑞金医院上海血液学研究所所长等。

王德滋　　　岩石学家

Yuan Shi Xiao Zhuan
院士小传

当选时间　1997 年当选中国科学院院士

学　　部　地学部

性　　别　男

民　　族　汉族

籍　　贯　江苏泰兴

出生年月　1927 年 6 月 27 日

　　王德滋　　岩石学家。南京大学地球科学与工程学院教授、博士生导师。1950 年南京大学地质系毕业，留校任教；1955 年晋升为讲师；1957 年任南京大学地质系党总支书记；1958 年至 1961 年，历任南京大学地质系主任助理、教研室主任、副系主任；1963 年调任校教务处副处长；1978 年由讲师越级晋升为教授；历任南京大学副教务长兼科研处长、南京大学副校长、南京大学发展与政策研究委员会主任；1989 年任内生金属矿床成矿机制研究国家重点实验室主任；1991 年至 1993 年，任南京大学地球科学与工程学院院长。1997 年当选中国科学院院士。

主要成就

长期从事火山岩与花岗岩研究，为中国地质学科所属的岩石学科的发展做出了重要贡献。确认了加里东期花岗岩在华南有广泛分布，并与燕山期花岗岩有明显区别；论证了中国东南沿海 A 型花岗岩为后造山型花岗岩与伸展背景有关；划分了中国东部中生代火山岩系为橄榄安粗岩系与高钾钙碱性岩系，研究其差别与成因，提出了"次火山花岗岩"新理念，并以时、空、源一致性作为火山－侵入杂岩的判别标志；与合作者在华南发现 S 型火山岩，并研究了它们与锡、铀的成矿关系。

曾获全国科学大会奖、国家自然科学奖二等奖、原国家教委科学技术进步奖一等奖、教育部自然科学奖一等奖、江苏省科普作品一等奖等荣誉。

在国内外刊物发表论文 200 余篇，出版专著、教材、译著 14 部。

社会任职

担任过国务院学位委员会地质学与地球物理学学科评议组成员、召集人，中国地质学会副理事长，中国矿物岩石地球化学学会岩浆岩专业委员会主任，《南京大学学报》（自然科学版）、《高校地质学报》主编，《地球化学》（英文版）编委，中国科学技术大学、浙江大学、中国地质大学（武汉）、西北大学等校兼职教授，江苏省科学学与科研管理研究会副会长和荣誉理事等。

过增元　　工程热物理学家 ➤➤

当选时间　1997 年当选中国科学院院士
学　　部　技术科学部
性　　别　男
民　　族　汉族
籍　　贯　江苏无锡
出生年月　1936 年 2 月 28 日

院士小传

　　过增元　工程热物理学家。清华大学工程力学系教授、博士生导师。1959 年毕业于清华大学动力机械系；1979 年作为洪堡学者赴德国慕尼黑工业大学工作；1999 年担任清华大学机械工程学院院长；2005 年获得美国机械工程师学会微尺度传热终身成就奖；2017 年 3 月 29 日，获得亚洲热科学与工程联合会亚洲热科学杰出成就奖。1997 年当选中国科学院院士。

主要成就 *Zhu Yao Cheng Jiu*

　　长期从事热科学与技术研究，包括微尺度流动和传热、微重力条件下的流动和传热、微光机电系统中的流动和传热、传热强化技术、换热器和热网优化技术、相变过程的分子动力学模拟等。开辟了新概念热学的研究方向，为热科学的基础理论研究做出了开创性的工作。开创了场协同原理（Field Synergy）、积理论（Entransy）以及热质理论（Thermomass Theory），建立了热流体学。

　　作为第一完成人曾获国家自然科学奖二等奖（2012）、三等奖（1995）各1项，国家科学技术进步奖二等奖（2004）1项，北京市教学成果奖一等奖等奖励。2005年获ASME（美国机械工程师学会）微尺度传热终身成就奖，2017年获亚洲热科学与工程联合会亚洲热科学杰出成就奖。

　　截至2005年12月16日，共发表论文300余篇，其中70篇被SCI收录。截至2010年，共出版了6本著作。1978年至2009年期间，培养出48名博士、15名硕士。

社会任职 *She Hui Ren Zhi*

　　担任过国务院学位委员会动力工程和工程热物理学科评审组召集人，中国航天"863计划"空间站技术专家组顾问，中国力学学会理事和等离子体专业委员会副主任，中国工程热物理学会副理事长、传热传质分科学会主任，国际传热大会常务理事和中国首席代表，国际传热传质中心执行委员，国际刊物《实验热流体科学》《国际多相流杂志》《日本机械工程师协会国际刊物》《强化传热杂志》《微尺度热物理工程》编委，中文刊物《中国工程热物理学报》副主编等。

伍小平 实验力学家

当选时间 1997 年当选中国科学院院士

学　　部 技术科学部

性　　别 女

民　　族 汉族

籍　　贯 江苏武进

出生年月 1938 年 2 月 17 日

Yuan Shi Xiao Zhuan
院士小传

伍小平　实验力学家。中国科学技术大学教授、应用力学研究所所长。1938 年 2 月出生于天津；1960 年毕业于北京大学数学力学系力学专业；1960 年 9 月至今，任教于中国科学技术大学力学系。1997 年当选中国科学院院士。

主要成就

长期从事实验力学研究。对空间散斑运动规律进行了系统的研究，给出了严格的公式，发展了部分相干光散斑干涉的统计分析。在测试技术方面，研究出散斑干涉做非接触式随机振动和冲击测量的技术、水洞中船用螺旋桨在水动力作用下变形测量技术、用于细观变形场的显微全息光弹性技术、显微全息散斑技术和显微白光彩色散斑计量技术等。研制了新型电子散斑干涉仪，在理论和应用方面做出了贡献。开展了用同步辐射光进行材料内部损伤演化的研究，为认识细观层次的力学行为及其规律提供了有价值的资料。

获中国科学院科技大会重大科技成果奖一等奖，国家自然科学奖四等奖。获全国"三八红旗手"、安徽省"劳动模范"和中国科学院"优秀教师"荣誉称号。

先后在国内外学术刊物上发表论文百余篇。

社会任职

担任过国家教育部工程指导委员会委员，中国力学学会常务理事、实验力学专业委员会副主任，《实验力学》学报主编，《固体力学学报》编委等。

姚建铨

激光与光电子科学家

Yuan Shi Xiao Zhuan
院士小传

当选时间	1997 年当选中国科学院院士
学 部	信息技术科学部
性 别	男
民 族	汉族
籍 贯	江苏无锡
出生年月	1939 年 1 月 29 日

姚建铨 激光与光电子科学家。天津大学教授,激光与电子研究所所长,天津大学精密仪器与光电子工程学院名誉院长。1939年 1 月出生于上海;1965 年于天津大学硕士研究生毕业后留校任教,历任讲师、副教授、教授和博士生导师;1980 年作为国家公派的访问学者,前往美国斯坦福大学、加利福尼亚大学进修及研究激光技术,期间曾应邀在美国普林斯顿大学、宾夕法尼亚大学、南加州大学与英国、法国、德国,以及中国香港、中国台湾等地讲学及合作研究;1998 年任天津大学精密仪器学院名誉院长;2013 年受聘中国矿业大学物联网(感知矿山)研究中心主任。1997 年当选中国科学院院士。

主要成就

早年从事激光、光电子技术及非线性光学频率变换技术的研究，在激光、非线性光学频率变换领域取得了系统性、创造性的成就，在国际国内享有声誉和地位。完成了国家多项重点科技攻关项目，包括数十项"863 计划""973 计划"，以及国家自然科学基金等科研任务。提出并发展了"双轴晶体最佳相位匹配计算的理论及方法"，被国际学术界称为"姚技术""姚方法"。在国际上率先建立了双轴晶体最佳相位匹配计算 – 类高斯分布理论 – 准连续高功率倍频激光器 – 准连续激光调谐系统的技术体系。近 20 多年来，在高功率全固态激光器、周期极化晶体 – 准相位匹配技术、激光调谐技术、太赫兹技术、微纳光电子技术、物联网技术、激光 – 光电子海洋技术等领域的研究达到国际先进水平。目前正在开展太赫兹调控技术、超材料及超表面光电子学，以及智慧海洋等领域的研究，承担国家自然科学基金重点项目及科技部重点研发计划等。

获国家发明奖二等奖、原国家教委及天津市科技进步奖二等奖（4 次）、军队科技进步奖一等奖、中国科学院特等奖、国际尤里卡发明博览会金奖、一级骑士勋章、国家级"有突出贡献的中青年专家"称号、国务院政府特殊津贴待遇、全国高校先进科技工作者、全国优秀科技工作者及天津市特等劳模等荣誉。

截至 2022 年，在国内外发表论文千余篇，出版专著多部，代表作品有《非线性光学频率变换及激光调谐技术》（科学出版社，1995）、《 全固态激光及非线性光学频率变换技术》（ 科学出版社，2007）、*Nonlinear Optics and Solid–State Laser*、*Advanced Concepts*、*Tuning–Fundamentals and Applications*（ Springer，2012），及《追光——从激光到太赫兹的科学探索之路》（ 天津大学出版社，2021）等；培养 30 多名博士后、150 名博士生、200 名硕士生。

社会任职

担任中国光学学会及光电子工程学会理事，天津激光学会会长，天津市专家协会会长，天津市留学人员联谊会会长等；曾任天津市政协副主席（2 届），天津市民进党主委（2 届），全国政协委员（4 届），天津市科学技术副主席（2 届），国家教育部科技委副主任，武汉光电国家实验室（筹）副主任等。

钱逸泰　　　　无机化学家

当选时间	1997 年当选中国科学院院士
学　部	化学部
性　别	男
民　族	汉族
籍　贯	江苏无锡
出生年月	1941 年 1 月 3 日

　　钱逸泰　无机化学家。英国皇家学会会士，中国科学技术大学化学与材料科学学院教授、博士生导师，山东大学化学与化工学院前院长、教授、博士生导师。1962 年毕业于山东大学；1986 年进入中国科学技术大学任教；2005 年任山东大学胶体与界面化学教育部重点实验室学术委员会主任；2008 年当选英国皇家学会会士；2015 年获得何梁何利基金科学与技术进步奖。1997 年当选中国科学院院士。

主要成就

主要从事纳米材料化学制备和超导材料制备的研究。在纳米材料研究方面，将溶剂热合成技术发展成一种重要的固体合成方法，创造性地发展了有机相中的无机合成化学，实现了一系列新的有机相无机反应。大大降低了非氧化物纳米结晶材料的合成温度；将 γ 射线辐照法发展为制备纳米材料的新方法；发展了复合溶剂热方法，可控生长纳米结构。运用结晶化学原理设计和发现了多种新超导体，发展了超导材料的制备科学，用溶胶法降低了制备温度，制成 Hg 系新超导体。在 200℃ 以下水热合成铊系超导体。领衔的资源循环与清洁能源创新团队近年来从事锂离子电池电极材料化学制备的研究，发展了纳米硅等电极材料的简单合成技术，技术成果被全球著名期刊 *Nature Materials* 作为亮点研究报道。

获国家自然科学奖二等奖（排名第一），中国科学院自然科学奖一等奖 1 项、二等奖 1 项、三等奖 2 项，教育部高校自然科学奖一等奖（排名第一），何梁何利基金科学与技术进步奖，安徽省重大科技成就奖，安徽省自然科学奖二等奖 3 项等。

截至 2019 年 10 月，共发表文章 800 余篇，被国际重要杂志引用 5 000 余次。如 CdE 纳米线的工作发表在 *Chem. Mater.* 上，被 ISI 评为 1981—1998 年引文经典奖的中国 47 篇论文之一。截至 2017 年，培养了 150 多名博士生、90 多名硕士生，其中指导的博士生李亚栋于 2011 年当选中国科学院院士；博士生谢毅于 2013 年当选中国科学院院士；陈仙辉于 2015 年当选中国科学院院士；吴文彬是 2003 年国家杰出青年科学基金获得者；博士后崔勇是 2010 年国家杰出青年科学基金获得者；朱英杰、刘允萍、王文中、王成、莫茂松、刘兆平、沈国震 7 人入选中国科学院"百人计划"；陆军、邹贵付获得优秀青年科学基金资助；杨剑入选山东省泰山学者。

社会任职

担任过中国科学院化学部常委，中国化学会副理事长，安徽省化学会理事长，国际《固体化学杂志》编委，江苏理工学院双聘院士，安徽师范大学兼职教授，苏州大学材料与化学化工学部兼职教授等职。

许智宏　植物生理学家

当选时间　1997 年当选中国科学院院士
学　　部　生命科学和医学学部
性　　别　男
民　　族　汉族
籍　　贯　江苏无锡
出生年月　1942 年 10 月 14 日

院士小传

许智宏　植物生理学家。发展中国家科学院院士，中国科学院分子植物科学卓越创新中心研究员，北京大学生命科学学院、现代农学院教授。1965 年从北京大学毕业后，考入中国科学院上海植物生理研究所（现中国科学院上海生命科学研究院植物生理生态研究所）攻读硕士研究生学位；1969 年硕士毕业后留所工作，历任课题组组长、研究室领导小组成员、副所长、所长，植物分子遗传国家重点实验室主任；1979 年至 1981 年，作为访问学者先后在英国 John Innes 研究所和诺丁汉大学从事研究工作；1989 年至 1992 年，在新加坡国立大学做访问教授（每年 3 个月）；1992 年至 2003 年，担任中国科学院副院长；1999 年至 2008 年，担任北京大学校长；2018 年至 2020 年，担任北京大学现代农学院院长。1997 年当选中国科学院院士。

　　长期从事植物发育生物学、植物细胞培养及其遗传操作、植物生物工程的研究。和同事首次由大豆、花生、毛白杨等 15 种重要作物和林木的原生质体培养获得再生植株。在生长素作用的研究中，首次揭示了生长素的极性运输在胚胎发育和叶片两侧对称生长中的作用，利用花药培养证实了花药中存在促进雄核发育的物质，进而利用转基因植物揭示了花药绒毡层中的 IAA 代谢在花粉胚中的重要作用。1999 年薛红卫回到许智宏所里实验室工作后，在生长素信号的交叉互作方面证明油菜素甾醇（另一种重要的植物激素）可以促进生长素的极性运输，调控植物向性建成和根发育，并从细胞学水平阐明了可能机制；后续揭示生长素与磷脂信号的交叉调控机制，阐明了生长素运输和信号与磷脂信号互作调控根、子叶等发育以及蓝光介导的形态建成机制。

　　在所里，与种康一起指导博士生对春化开展系统研究，证明了接受春化的器官是幼叶，非茎端分生组织；并发现了 VER2 的蛋白磷酸化介导蛋白质糖基化控制的春化作用，不仅阐明了春化作用的分子机理，也为发育生物学研究提供了重要线索。到北京大学工作后，与白书农一起开展了黄瓜单性花发育的调控机制研究，在理解植物性别本质和性别分化机制方面取得了新突破。

　　获国家自然科学奖三等奖、中国科学院自然科学一等奖、国家级"有突出贡献的中青年专家"、全国"做出突出贡献的留学回国人员"等荣誉，以及英国诺丁汉大学、爱丁堡大学、东英吉利大学，加拿大麦吉尔大学、蒙特利尔大学，澳大利亚墨尔本大学，日本早稻田大学，香港大学等十几所大学的荣誉博士。

　　截至 2019 年 7 月，在植物发育、组织和细胞培养，以及生物工程领域，发表论文、综述、专著共 240 多篇（册）。

　　担任中国 MAB 首届专家咨询委员会主席，中国植物园联盟咨询委员会主任，中国科学院东南亚生物多样性研究中心学术委员会主任；曾任全国人民代表大会代表和常务委员会委员（第十届、十一届）、教育科学文化卫生委员会委员，中国科学院学部主席团成员、学部道德建设委员会主任（第二届、三届、五届），国家教育咨询委员会委员（第一届、二届），原国家科委高技术研究"863 计划"生物工程专家委员会委员（1994—2001），科技部重点基础研究"973 计划"专家顾问组成员（2004—2019），北京大学校友会会长、名誉会长，中国植物生理学与分子生物学会、中国细胞生物学会理事长，中国植物学会、中国生物工程学会副理事长，国际植物组织培养和生物技术协会主席（2002—2006），联合国教科文组织人与生物圈计划（MAB）中国国家委员会主席（1994—2021）等。

王志新　生物化学、生物物理学家 ≫≫

当选时间　1997 年当选中国科学院院士
学　　部　生命科学和医学学部
性　　别　男
民　　族　汉族
籍　　贯　江苏金坛
出生年月　1953 年 8 月 10 日

院士小传

　　王志新　生物化学、生物物理学家。发展中国家世界科学院院士，苏州大学基础医学与生物科学学院特聘教授、博士生导师。1953 年 8 月出生于北京；1977 年从清华大学毕业；1981 年考取中国科学院生物物理研究所研究生，先后获得硕士、博士学位；1989 年至 1993 年，先后在美国康奈尔大学和北达科他州立大学做博士后及访问学者；1993 年回国后在中国科学院生物物理研究所工作，先后担任副研究员、研究员、副所长、所长，生物大分子国家重点实验室主任；1998 年加入九三学社；1999 年当选发展中国家科学院院士；2003 年至今，担任清华大学生命科学学院教授、博士生导师；2015 年受聘为苏州大学医学部教授；2016 年筹建苏州大学分子酶学研究所；2019 年当选中国医学科学院学部委员。1997 年当选中国科学院院士。

主要成就

主要从事蛋白质物理化学、酶活性调节动力学、蛋白－配体相互作用、蛋白质结构预测方向研究。将数学和生物学研究紧密结合，系统地研究和解决了分子酶学和结构生物学中的一些重要问题；在不可逆抑制动力学，特别是酶活性不可逆抑制动力学理论和方法发展及推广应用方面做出了创造性工作；系统深入地研究了 MAPK 等信号通路中重要蛋白激酶和蛋白磷酸酶活力调控的分子机制。

获国家自然科学奖二等奖、中国科学院自然科学奖一等奖，以及第二届中国青年科学家奖、第三届中国科学院青年科学家奖（一等奖）等荣誉。

截至 2021 年 8 月，在国内外重要学术刊物上发表研究论文百余篇。

社会任职

担任中国生物化学与分子生物学会常务理事，中国计量测试学会常务理事；曾任全国政协第九届、十届、十一届委员会委员，九三学社第十一届、十二届中央委员会委员，中国生物化学与分子生物学会理事长（第九届、十届），中国生物物理学学会副理事长（第七届），北京市学位委员会委员，《中国科学》杂志编委等。

蒋有绪　　森林生态学家

当选时间	1999 年当选中国科学院院士
学　　部	生命科学和医学学部
性　　别	男
民　　族	回族
籍　　贯	江苏南京
出生年月	1932 年 5 月 21 日

　　蒋有绪　　森林生态学家。中国林业科学研究院森林生态环境与自然保护研究所研究员，博士生导师。1932 年 5 月出生于上海；1954 年从北京大学生物系植物专业毕业，加入原林业部调查设计局森林航空测量调查大队（现国家林业和草原局调查规划设计院）；1957 年 2 月，到中国林业科学研究院工作，同年被选派到苏联科学院森林研究所进修；1959 年 10 月，回到中国林业科学研究院后，一直潜心从事森林生态学研究工作。1999 年当选中国科学院院士。

主要成就

长期从事森林生态系统结构与功能、森林地理学、森林群落学、生物多样性、森林与气候变化、农林复合经营、森林可持续经营、森林生态学发展等方面的研究，是我国林型学和立地学的理论与技术发展、森林生态系统观测研究网络及其技术规范化和森林可持续发展等学科带头人。参加工作后，在原林业部综合调查队进行各主要天然林区森林植被调查，应用于林区建设规划。深刻地分析了我国亚高山针叶林与寒温带针叶林在发生上的历史联系和相对独立性，提出我国西南亚高山森林的发生在生态学上受外区成分水平辐凑、垂直分异和区域内部差异的生态隔离三过程所影响的学术假说。吸取各学派之长，以亚建群层片和生态种组相结合的二元方法，为我国复杂自然地理条件下建立了统一的森林群落分类系统，并在温带、亚高山带发展"环"的概念，以表述不同群系之间的群落发生学联系。在西南亚高山森林、海南岛尖峰岭热带林和江西亚热带人工林开展定位研究，推动和促进了森林定位研究网络的建立和发展。共同研制了国际温带及北方森林可持续经营指标体系，并指导国家、地区和经营单位的森林可持续经营的研究。

作为项目主持人和主要完成人，曾获得国家科技进步奖和原林业部科技进步奖等多项。

截至2022年，发表论文近200篇，出版专（译）著10余部，培养硕士、博士、博士后50余人。

社会任职

担任过国际生态学会委员，国际林业研究组织联盟（IUFRO）亚高山学组主席，国际科联环境问题委员会中国委员会委员，国际地圈生物圈委员会中国委员会委员，联合国粮食及农业组织亚洲林业支持项目特别工作组组长，国家农业委员会委员，国家气候变化委员会委员，国家气候变化咨询专家组成员，国家自然奖励委员会委员，中国生态学会秘书长，国家生态环境野外科学观测研究站建设平台专家委员会委员，国际生物多样性计划中国委员会科学咨询委员会委员，国家自然科学基金委员会地学部专项计划专家组成员，原国家林业局咨询专家委员会委员，《林业科学》《林业科学研究》副主编，《植物生态学报》《自然资源学报》《自然资源科学》《植物资源与环境》等刊物顾问。

王 迅　物理学家

院士小传

当选时间　1999 年当选中国科学院院士
学　　部　数学物理学部
性　　别　男
民　　族　汉族
籍　　贯　江苏无锡
出生年月　1934 年 4 月 23 日

　　王迅　物理学家。复旦大学教授、博士生导师。1934 年出生于上海；1956 年本科毕业于复旦大学物理系；1960 年复旦大学研究生毕业后留校任教，历任复旦大学半导体物理教研室副主任，微电子教研室副主任，表面物理研究室副主任、主任，应用表面物理国家重点实验室主任，校学术委员会副主任，校研究生教育指导委员会主任等。1999 年当选中国科学院院士。

主要成就

长期从事半导体物理学和表面物理学的教学、科研与学科建设工作。在半导体表面结构和电子态研究，多孔硅的发光特性和机理研究，硅基低维量子体系的材料制备、物理特性研究以及新型器件研制等方面，做出了多项创新成果。

先后获得国家自然科学二等奖 1 项，上海市科技进步奖一等奖 2 项与三等奖 1 项，原国家教委科学技术进步奖二等奖 4 项与三等奖 3 项，1996 年光华科技基金二等奖，以及中国物理学会第五届叶企孙物理奖、何梁何利基金科学与技术进步奖等荣誉。

截至 2020 年 5 月，在国内外学术刊物上发表论文 300 余篇，其中在国际 SCI 刊物上发表的有 170 余篇，论文被国际刊物他引 1 200 余次；培养了 30 名博士、20 名硕士。

社会任职

担任过国际纯粹与应用物理联合会(IUPAP)半导体委员会委员，中国物理学会理事，上海市物理学会理事长，中国微结构高等科学与技术中心理事，上海应用物理中心理事，中国物理学会半导体专业委员会副主任，中国科学院超晶格与微结构国家重点实验室学术委员会委员，中国科学院表面物理国家重点实验室学术委员会委员，中国科学院信息功能材料国家重点实验室学术委员会委员，北京正负电子对撞机国家实验室学术委员会委员，合肥国家同步辐射实验室学术委员会委员，《半导体学报》副主编，《真空科学与技术学报》《发光学报》《物理》编委，国际学术刊物 Surface Science 顾问编委等。

陆汝钤　计算机科学家

院士小传

当选时间　1999 年当选中国科学院院士
学　　部　信息技术科学部
性　　别　男
民　　族　汉族
籍　　贯　江苏苏州
出生年月　1935 年 2 月 15 日

　　陆汝钤　计算机科学家。中国科学院数学与系统科学研究院研究员，复旦大学教授、博士生导师。1935 年 2 月出生于上海；1959 年从德国耶拿大学数学系本科毕业后进入中国科学院数学研究所工作，先后担任副研究员、研究员、博士生导师；1987 年担任中国科学院数学研究所副所长；1991 年担任中国科学院数学研究所学术委员会主任；2000 年担任复旦大学计算机学院教授；2002 年担任复旦大学智能信息处理开放实验室主任；2003 年获得华罗庚数学奖；2004 年担任上海市智能信息处理重点实验室学术委员会主任；2018 年获得吴文俊人工智能最高成就奖。1999 年当选中国科学院院士。

主要成就

主要从事知识工程和基于知识的软件工程领域研究。以人工智能、知识工程和基于知识的软件工程为主要研究方向，是中国该领域研究的开拓者之一，在国际上率先研究异构型分布式人工智能（DAI），把机器辩论引进人工智能，设计并主持了基于分布式推理的城市交通管理软件等成果应用。

截至 2018 年 11 月，先后获得中国科学院重大成果奖一等奖，中国科学院科学技术进步奖一等奖，国家科学技术进步奖二等奖，以及国家级"有突出贡献的中青年专家"称号、华罗庚数学奖、中国计算机学会终身成就奖、吴文俊人工智能最高成就奖等荣誉。还获得科普创作一、二、三等奖，在第三和第四次中国科普作协代表大会上两次被评为"新中国成立以来，特别是科普作协成立以来成绩突出的科普作家"。

截至 2019 年 7 月，发表论文 200 余篇，撰写和主编出版著作 10 余部。其中两卷本《人工智能》在国内被许多高校用为教材；《计算机语言的形式语义》及其两卷扩充版《计算系统的形式语义》系统地总结了该领域的成果；*Knowware the Third Star after Hardware and Software* 在国际上介绍了知件的创新思想及研究成果；《软件移植：原理和技术》《专家系统开发环境》以及 *Domain Modeling Based Software Engineering—A Formal Approach* 和 *Automatic Generation of Computer Animation* 分别系统地总结了 XR 计划、"天马""天鹰""天鹅"四个项目及有关成果；《Algol68 导引》是国内唯一研究 Algol68 语言的专著，所有这些中英文专著中均为唯一、第一作者。截至 2017 年 7 月，在北京工业大学、中国科学院计算技术研究所、复旦大学、贵州大学、中山大学一共培养了 60 多名博士生和硕士生。

社会任职

担任过全国科学技术名词审定委员会计算机术语审定委员会主任，中国计算机学会名称审定工作委员会顾问，中国计算机学会模式识别与人工智能专业委员会副主任，北京市多媒体和智能软件重点实验室学术委员会主任，中国科学院管理、决策与信息系统重点实验室学术委员会副主任，《软件学报》执行主编，*Database Technology*、*Computer Journal* 编委，*Artificial Intelligence and Cognitive Science* 顾问委员会委员等。

薛永祺 红外和遥感技术专家

当选时间 1999 年当选中国科学院院士

学　　部 信息技术科学部

性　　别 男

民　　族 汉族

籍　　贯 江苏张家港

出生年月 1937 年 1 月 11 日

　　薛永祺 红外和遥感技术专家。中国科学院上海技术物理研究所研究员、博士生导师、总工程师。1959 年从华东师范大学物理系毕业后被分配到中国科学院上海电子学研究所工作；1962 年到中国科学院上海技术物理研究所工作，历任研究室副主任、主任、学术委员会副主任。1999 年当选中国科学院院士。

主要成就

主要从事多光谱和成像光谱技术研究，为中国建立机载实用遥感系统提供了多种先进的遥感手段，推动了中国遥感技术的应用。先后研制成功多光谱扫描仪、成像光谱仪、超光谱成像仪。在航空遥感器应用于水文、地质、考古、环境污染监测等方面取得了显著效果。开拓三维成像遥感新技术，提出将扫描光谱成像和激光扫描测距一体化，实现了无地面控制点快速生成数字地面高程模型和地学编码图像，特别适用于滩涂、沙漠、草原、岛屿等交通困难地域。

截至 2015 年 11 月，先后获得国家科学技术进步奖二等奖 4 项、三等奖 2 项，省部级科学技术进步奖一等奖和特等奖 5 项；2004 年获得何梁何利基金科学与技术进步奖；2015 年获得上海科普杰出人物奖。

社会任职

担任过宁波大学信息科学与工程学院院长，华东师范大学成像信息联合实验室主任，中国空间科学学会遥感专业委员会主任，同济大学双聘院士等。

于 渌　　　理论物理学家

当选时间　1999 年当选中国科学院院士
学　　部　数学物理学部
性　　别　男
民　　族　汉族
籍　　贯　江苏镇江
出生年月　1937 年 8 月 22 日

院士小传

于渌　理论物理学家。中国科学院物理研究所研究员。1937 年 8 月出生于江苏镇江；1961 年毕业于苏联国立哈尔科夫大学理论物理专业，同年回国到中国科学院物理研究所工作；1979 年转至中国科学院理论物理研究所；1979 年至 1981 年，在美国哈佛大学和加州大学圣巴巴拉理论物理研究所做访问学者；1986 年受聘于联合国（意大利）国际理论物理中心，任研究员、凝聚态理论部主任；1990 年当选发展中国家科学院院士；2002 年回国工作，任中国科学院交叉学科理论研究中心主任；2005 年当选美国物理学会会士。1999 年当选中国科学院院士。

主要成就

在超导理论、相变和重正化群、非平衡统计物理方法、一维有机导体理论、低维量子系统等多个领域进行了大量的研究工作，成果显著。从理论上预言了含顺磁杂质超导体中存在束缚态，推动了磁性杂质对超导体影响的理论与实验研究。参与倡导闭路格林函数研究，给出了描述平衡与非平衡统计物理的统一理论框架。合作提出了导电高分子准一维系统中孤子型元激发应满足的拓扑性边界条件。与郝柏林合作，用骨架图展开方法计算了连续相变临界指数，准到小参量 ε（$\varepsilon = 4 - d$, d 是空间维数）的 3 阶；与苏肇冰合作，发展了黄昆的晶格弛豫理论，研究了准一维导体中局域性元激发的动力学和物理效应。用规范场理论方法研究了高温超导理论。

获中国科学院科技进步奖一等奖（1987）、自然科学奖一等奖（1999），国家自然科学奖二等奖（2000），ISI 经典引文奖（2000），国家科学技术进步奖二等奖（2007）等，还于 2007 年被授予美国物理协会（AIP）泰特（John T. Tate）国际物理学领导才能奖。

截至 2022 年，发表学术论文 200 余篇，出版专著 4 部。

社会任职

担任中国物理学会第八届理事会理事、第九届理事会出版工作委员会委员，第 26 届国际低温物理大会程序委员会主席，国际纯粹和应用物理联合会凝聚态物质结构和动力学委员会委员、统计物理专业委员会委员和副主任等。

杨国桢

杨国桢　　光物理学家

当选时间　1999 年当选中国科学院院士
学　　部　数学物理学部
性　　别　男
民　　族　汉族
籍　　贯　江苏无锡
出生年月　1938 年 3 月 14 日

　　杨国桢　　光物理学家。中国科学院物理研究所研究员，博士生导师，原所长。1938 年 3 月出生于湖南湘潭；1962 年北京大学物理系毕业；1965 年北京大学理论物理研究生毕业后留校工作；1967 年进入中国科学院物理研究所工作；1978 年破格晋升为副研究员；1983 年、1984 年分别为美国劳仑兹伯克利国家实验室访问学者、美国哈佛大学应用科学系访问副教授；1985 年至 1999 年，担任中国科学院物理研究所所长；1985 年特批为光学博士生导师；1986 年晋升为研究员；1988 年被授予国家级"有突出贡献的中青年科学家"称号；2000 年被聘为中国科学技术大学理学院院长。1999 年当选中国科学院院士。

主要成就 *Zhu Yao Cheng Jiu*

长期从事理论物理、光学物理和凝聚态物理等领域研究工作。率先在国内开展光计算研究，提出了利用单个全息透镜组成的光学系统实现多种给定变换的理论，并用实验成功地实现了一些典型例证；发展了光学系统位相恢复的理论，提出了一种处理有损耗系统的相位恢复问题的新算法；发展了光脉冲在非线性介质中传播的理论，解释了光脉冲谱线的超加宽现象和超加宽的非对称性。在表面和界面非线性光学、激光分子束外延及氧化物薄膜等研究方面，也取得了开创性的重要研究成果；在我国成功获得液氮化物超导研究中，做出了重要贡献。

负责和主要参加的研究工作获得国家级科技成果奖 5 项，包括国家自然科学奖一等奖 1 项、国家自然科学二等奖 2 项；还获 2004 年何梁何利基金科学与技术进步奖，其他省部级科技成果奖 5 项。

截至 2022 年，发表学术论文 600 余篇；培养 50 余名博士研究生，其中 5 位获得国家杰出青年科学基金项目资助，本人获中国科学院优秀教师奖。

社会任职 *She Hui Ren Zhi*

担任过中国物理学会理事长（第八届、九届），中国科学院主席团执行委员会委员、数学物理学部主任、北京物质科学研究基地管理委员会主任，国家超导专家委员会第二首席专家兼国家超导中心主任，国家重点基础研究发展计划（"973 计划"）第一届、二届顾问组成员，《中国大百科全书·物理卷》（第 3 版）主编，纯粹与应用物理国际联合会（IUPAP）副主席，联合国教科文组织物理学顾问委员会委员，国际量子电子学专业委员会委员，北京大学、复旦大学、中国科学技术大学兼职教授等。

严加安　数学家

当选时间　1999 年当选中国科学院院士
学　　部　数学物理学部
性　　别　男
民　　族　汉族
籍　　贯　江苏邗江
出生年月　1941 年 12 月 6 日

院士小传

　　严加安　数学家。中国科学院数学与系统科学研究院研究员。1964 年从中国科学技术大学应用数学系毕业后进入中国科学院数学研究所工作；1973 年至 1975 年，在法国斯特拉斯堡大学高等数学研究所进修；1981年在中国科学院应用数学所工作；1981 年至1982 年，作为洪堡学者，在德国海德堡大学应用数学所访学；1985 年晋升为研究员和博士生导师；1998 年在中国科学院数学与系统科学研究院工作。1999 年当选中国科学院院士。

主要成就 Zhu Yao Cheng Jiu

主要从事随机分析和金融数学研究，包括概率论、鞅论、随机分析和白噪声分析。建立了局部鞅分解引理，为研究随机积分提供了简单途径；给出了一类可积随机变量凸集的刻画，该结果在金融数学中有重要应用；用统一简单方法获得了指数鞅一致可积性准则；提出了白噪声分析的新框架。

获中国科学院自然科学一等奖（1992），国家自然科学二等奖（1993），何梁何利基金科学与技术进步奖（2006），华罗庚数学奖（2007）等奖项，还曾于2002年应邀在第24届国际数学家大会上作45分钟报告，并于2010年当选国际数理统计学会Fellow。

截至2022年，发表论文90多篇，出版数学著作11部（其中英文著作4部）。

社会任职 She Hui Ren Zhi

担任过国际随机过程及其应用会议委员会成员，中国数学会概率统计学会理事长，国际数理统计和概率论贝努利学会理事，*Acta Mathematicae Appliatae Sinica* 主编，《应用概率统计》《数学进展》副主编，*Annals of Economics and Finance*、*Stochastic Analysis and Applications*、*Journal of Computational and Applied Mathematics* 编委等。

陈凯先   药物化学家

当选时间 1999 年当选中国科学院院士
学　　部 化学部
性　　别 男
民　　族 汉族
籍　　贯 江苏南京
出生年月 1945 年 8 月 28 日

　　陈凯先　药物化学家。中国科学院上海药物研究所研究员，上海中医药大学教授。1945 年 8 月出生于重庆；1967 年毕业于复旦大学；1982 年和 1985 年，先后在中国科学院上海药物研究所获得硕士和博士学位；1985 年至 1988 年，在法国巴黎生物物理化学研究所从事博士后研究；1988 年进入中国科学院上海药物研究所工作，先后任研究员、所长等职；2005 年至 2014 年，担任上海中医药大学校长。1999 年当选中国科学院院士。

长期从事有机化学、药物化学和药物分子设计领域的研究，在药物设计和新药研究等领域享有盛誉。提出了计算机药物和受体疏水作用力场三维分布的数学模型和药物构象研究的方法，发展了药效基因的搜寻方法，建立了利用计算机构建具有结构多样性的分子库和模拟筛选的方法，并应用于多种抗肿瘤药物与核酸相互作用的研究。开发了基于药物与受体三维结构的药物设计研究，其中一些受体三维结构模型和新药的分子设计得到了实验的验证。与同事发展和改进了多种药物设计方法和技术；运用理论计算和分子模拟方法深入研究了生物大分子的结构和功能关系、生物活性小分子的构效关系和作用机理；对一系列重要的药物作用靶点开展了大规模的虚拟筛选和药物先导化合物发现研究，对生物活性小分子的结构进行了预测和设计。

获中国科学院科技进步奖二等奖（1986）、自然科学奖二等奖（1997）、法国尼纳·舒可伦奖（1986）、何梁何利基金科学与技术进步奖、上海市十大科技精英、首届全国科技创新争先奖、国家技术发明奖二等奖等荣誉，还曾两次被国家科技部聘为国家重点基础研究发展计划（"973计划"）的首席科学家、"创新药物和中药现代化"重大专项的总体专家（2001）；自2008年起，先后被聘为国家重大科技专项"重大新药创制"的总体专家组成员和技术副总师等。

在海内外著名期刊上发表了200余篇重要论文，享有较高的学术声誉。

担任过上海市科学技术主席，国家科技重大专项"重大新药创制"总体专家组技术副总师，中国药学会监事长，中华中医药学会副会长，国家杰出青年科学基金审评委员会副主任，国务院学位委员会学科评议组（药学）召集人，国家药典委员会执行委员，《药学进展》等杂志主编，《药学学报》《中国新药杂志》《中国药学杂志》《中国药物化学杂志》《分子科学学报》等编委，多所知名大学兼职教授等。

液体火箭发动机和
工程热物理专家

庄逢辰

当选时间 2001 年当选中国科学院院士

学　部 技术科学部

性　别 男

民　族 汉族

籍　贯 江苏常州

出生年月 1932 年 1 月 28 日

院士小传

庄逢辰　液体火箭发动机和工程热物理专家。国防科技大学教授、博士生导师，装备指挥技术学院、航天工程大学教授。1954 年 9 月起，在哈尔滨工业大学参加锅炉教研室筹建工作，并任教研室教学秘书；1956 年毕业于哈尔滨工业大学动力机械系；1960 年 10 月，在苏联莫斯科动力学院动力机械系学术进修；1962 年 10 月回国，先后在哈尔滨工业大学导弹发动机系和国防科技大学航天技术系任职，历任教研室教学负责人，燃烧理论及热学教研室、火箭推进技术教研室主任等职；1970 年至 1990 年，先后在长沙工学院，国防科学技术大学应用力学系、航天技术系任职，是我国液体火箭发动机学科首批博士点的学术带头人；1991 年 1 月起，历任国防科工委指挥技术学院军事航天试验指挥专业研究生导师、飞行器测试与发射工程教研室、装备学院航天装备系教授，并兼任国防科技大学液体火箭发动机学科博士生导师；2019 年被战略支援部队航天工程大学聘为院士工作室院士。2001 年当选中国科学院院士。

主要成就

是我国航天燃烧研究的先驱之一，液体火箭发动机燃烧数值模拟方向的开创者，液体火箭发动机学科首批博士点、硕士点的学术带头人。创立了液体推进剂高压蒸发模型，研究了高压相平衡和流体热力学性质的非理想性、汽液界面运动和过程的非定常性以及推进剂的分解和离解反应，提出了自燃推进剂火箭发动机燃烧过程计算综合模型，应用于我国"331"工程 FY-20 发动机（即长征三号一级发动机），得出了该型发动机的燃烧性能变化规律；研究成功 MMH/NTO 火箭发动机燃烧声学不稳定性和声腔阻尼的数值评定技术，应用于神舟号载人飞船轨控发动机的燃烧稳定性分析和改进；对我国氢氧发动机喷注器的雾化机理和燃烧特性进行了研究，建立了雾化特性计算模型和喷雾燃烧模型，得出了该型发动机的燃烧流场内部信息，为我国氢氧火箭发动机推力室设计的方案选择和燃烧性能改进提供了新的分析工具。

获国家科学技术进步奖二等奖、三等奖各 1 项，军队和部委级奖项一等奖 4 项、二等奖 5 项等，还获中国人民解放军专业技术重大贡献奖、中国工程热物理学会杰出贡献奖，荣立二等功 1 次等荣誉。

出版的著作《液体火箭发动机喷雾燃烧的理论、模型和应用》是我国第一部系统建立和介绍液体火箭发动机喷雾燃烧的理论、模型及应用的专著，对液体火箭发动机新设计方法的应用和学科发展起到了重大推动作用。

是中国液体火箭发动机学科首批博士点和硕士点的导师和学科带头人，共培养博士生、硕士生 52 名。

社会任职

担任过国际燃烧学会中国分会副主席，中国宇航学会液体火箭推进专业委员会副主任，中国工程热物理学会常务理事，湖南省工程热物理学会理事长，航天工业总公司北京十一所发动机专业兼职博士生导师，北京航空航天大学宇航学院、西安交通大学能源和动力工程学院、河南农业大学机械工程学院等校兼职教授等。

钟大赉　　构造地质学家

Yuan Shi Xiao Zhuan　院士小传

当选时间　2001 年当选中国科学院院士
学　　部　地学部
性　　别　男
民　　族　汉族
籍　　贯　江苏无锡
出生年月　1933 年 8 月 11 日

钟大赉　构造地质学家。中国科学院地质与地球物理研究所研究员、博士生导师。1933 年 8 月出生于山东青岛；1954 年从北京地质学院（现中国地质大学）毕业后到中国科学院地质研究所工作；1959 年赴苏联列宁格勒矿业学院主攻矿田构造学；1963 年获列宁格勒矿业学院副博士学位；1986 年任中科院地质研究所构造地质研究室主任；1989 年任中国科学院岩石圈构造演化开放研究实验室主任。2001 年当选中国科学院院士。

主要成就 Zhu Yao Cheng Jiu

主要从事构造地质领域的研究，致力于不同尺度构造研究的结合，深部构造与浅部构造、深部物质运动对地壳演化关系的研究。阐明了全球古特提斯发育最好地域（中国西南）的古板块演化规律。对新生代印度与亚洲大陆碰撞前缘变形的三维调节形式和多阶段运动过程的研究，为青藏高原及其周缘新生代地质构造格局和环境演变建立了时空框架。运用中、小、微构造结合，研究了矿田构造、断裂和褶皱形成的历史分析和力学分析，提出深层不均一控制浅层构造的形成，进一步发展了断块构造理论。

获国家自然科学奖二等奖 2 项，第八次李四光地质科学荣誉奖等。

代表作有《滇川西部古特提斯造山带》《中国大地构造纲要》和《中国大地构造图 1：4000000》。

社会任职 She Hui Ren Zhi

担任第四届全国构造会议学术委员会副主任，《地质科学》编辑委员会名誉主编等。

秦国刚　半导体材料物理专家　>>

院士小传 *Yuan Shi Xiao Zhuan*

当选时间	2001 年当选中国科学院院士
学　部	信息技术科学部
性　别	男
民　族	汉族
籍　贯	江苏昆山
出生年月	1934 年 3 月 19 日

　　秦国刚　半导体材料物理专家。北京大学物理学院教授、博士生导师。1934 年 3 月出生于江苏南京；1956 年本科毕业于北京大学物理系，此后师从国际著名物理学家黄昆教授做研究生；1961 年从北京大学物理系研究生毕业后留校任教，先后担任讲师、副教授、教授、博士生导师。2018 年 11 月退休。2001 年当选中国科学院院士。

长期从事半导体材料和器件物理研究，在半导体中的杂质缺陷和深能级及肖特基势垒、纳米硅／氧化硅材料体系发光、纳米化合物半导体材料与器件物理和硅基有机半导体发光等领域取得了系统、深入和创造性的研究成果。在半导体杂质与缺陷领域研究中，最早揭示了硅中存在含氢的深中心，发现退火消失温度原本不同的各辐照缺陷在含氢硅中变得基本相同，以及氢能显著影响肖特基势垒高度。测定的硅中铜的深能级参数被国际权威性半导体数据专著采用。在多孔硅和纳米硅镶嵌氧化硅光致发光和电致发光方面的研究中，对光致发光提出量子限制－发光中心模型，得到国际广泛支持；发现 P 型硅衬底上氧化硅发光中心电致发光现象，在此基础上，设计并研制出一系列硅基电致发光新结构。所提出的电致发光机制模型被广泛引用。

获国家自然科学奖二等奖、原国家教委科学技术进步奖一等奖、北京市科学技术奖一等奖（均排名第一），以及何梁何利基金科学与技术进步奖（物理学奖）、北京大学国华杰出学者奖、叶企孙物理奖等荣誉。

截至 2020 年 4 月，发表合作 SCI 论文超过 250 篇；先后指导博士后、博士生和硕士生 60 余名，博士生中金鹰获第 21 届半导体物理国际会议最佳青年论文奖和叶企孙物理奖一等奖，林军获叶企孙物理奖二等奖，孟虎获 2012 年国家奖学金。

担任华南师范大学兼职教授等。

柳百新　材料科学家

当选时间　2001 年当选中国科学院院士
学　部　技术科学部
性　别　男
民　族　汉族
籍　贯　江苏武进
出生年月　1935 年 6 月 10 日

院士小传

　　柳百新　材料科学家。清华大学材料科学与工程系教授、博士生导师，清华大学校务委员会和校学术委员会委员。1935 年 6 月出生于上海；1961 年在清华大学工程物理系毕业后留校工作；1981 年至 1982 年，在美国加州理工学院访问研究。2001 年当选中国科学院院士。

主要成就

长期在离子束与固体相互作用及材料改性、计算材料科学、薄膜和核材料领域从事基础研究和研究生培养的工作。率先提出二元合金系统中离子束混合形成非晶态合金（即金属玻璃）的经验规则，并建立了相应的热力学模型。率先用离子束辐照研究固体薄膜中的分形生长现象。阐明了氮离子注入金属表面形成金属氮化物的规律。发展出强流金属离子注入合成金属硅化物的新技术。首先在互不相熔的二元合金系统中观察到固态反应非晶化，并提出相应的热力学和动力学判据。率先从二元/三元合金系统的原子互作用多体势出发，通过计算与模拟建立了金属玻璃形成的原子尺度理论。

以第一获奖人获国家自然科学奖二等奖和三等奖，原国家教委和北京市科技进步奖一等奖3项。获得中国物理学会叶企孙（凝聚态）物理奖，光华科技基金一等奖，以及北京市教学成果奖一等奖。此外，还曾获得北京市"优秀教师"称号和全国优秀留学回国人员荣誉证书。

在国际期刊上发表论文540多篇，包括发表在 *Advances in Physics*、*Physics Reports*、*Materials Science and Engineering：Reports* 等期刊上的7篇综述性论文。截至2015年，培养了27名博士和6名硕士，其中1995年毕业的张政军博士获得全国首届百篇优秀博士论文奖，1998年毕业的陈益钢博士名列1997年度SCI论文数全国第二名，3名博士是国家杰出青年基金获得者，7名博士获得德国洪堡博士后奖学金等。

社会任职

担任美国物理学会理事（Fellow），国际期刊 *J. Nuclear Materials* 顾问编委会委员，国际玻姆物理学会（*Bohmische Physical Society*）科学会员等。

汪承灏　　物理学家　　**>>**

当选时间	2001 年当选中国科学院院士
学　　部	数学物理学部
性　　别	男
民　　族	汉族
籍　　贯	江苏南京
出生年月	1938 年 1 月 10 日

　　汪承灏　物理学家。中国科学院声学研究所研究员、博士生导师。1954 年从南京市第一中学毕业；1958 年从北京大学物理系毕业；1986 年担任中国科学院声学所研究员。2001 年当选中国科学院院士。

主要成就

主要从事超声学、物理声学研究。建立了压电晶体表面激发的广义格林函数理论，它构成了现代声表面波技术的理论基础。给出了压电晶体表面源产生的衍射场严格分析，克服了流行的角谱理论的缺陷，得到了声表面波在表面栅阵产生散射场的准确表达。发展了一些声表面波和高频体波器件和系统。研究了压电振动系统电气负载特性，提出了压电可调频换能器的结构和压电振动阻尼原理。开展了单一空化气泡声致发光的研究，发现除光辐射外还存在电磁辐射，并证明辐射均发生在空化的闭合瞬间。

先后获得国家级奖 4 项，中国科学院重要成果奖 6 项；2013 年获北京市科学技术奖三等奖。此外，还获得国家级"有突出贡献的中青年专家"称号、第五届饶毓泰物理奖等荣誉。

总计发表论文约 150 篇，申请发明专利 19 项。

社会任职

担任中国声学学会名誉理事，中国电子学会会士，中国力学学会荣誉会员等。

夏建白　半导体物理专家

当选时间	2001 年当选中国科学院院士
学　部	信息技术科学部
性　别	男
民　族	汉族
籍　贯	江苏苏州
出生年月	1939 年 7 月 5 日

Yuan Shi Xiao Zhuan　院士小传

　　夏建白　半导体物理专家。中国科学院半导体研究所研究员。1939 年生于上海；1965 年北京大学物理系研究生毕业，留校在物理系任教；1970 年在核工业西南物理研究院从事等离子体物理研究；1978 年到中国科学院半导体研究所从事半导体和凝聚态物理等领域的研究。2001 年当选中国科学院院士。

在低维半导体微结构电子态的量子理论及其应用方面进行了系统的研究。提出了量子球空穴态的张量模型，获得重轻空穴混合的本征态，并给出了正确的光跃迁选择定则。提出了介观系统的一维量子波导理论，对任意复杂的一维介观系统给出了直观、简单的物理图像和解析结果。提出了（11N）取向衬底上生长超晶格的有效质量理论，以及计算超晶格电子态的有限平面波展开方法。用赝势理论研究长周期超晶格，提出了半导体双势垒结构的空穴隧穿理论。1987年集中于半导体超晶格理论研究，在发展半导体超晶格、微结构电子态理论方面做出了创造性的贡献。

获国家自然科学奖二等奖2项，中国科学院自然科学一等奖2项，以及何梁何利基金科学与技术进步奖。

在国际多种核心刊物上发表科学论文100多篇。其专著《半导体超晶格物理》获1998年全国优秀科技图书奖一等奖、国家图书提名奖，《现代半导体物理》获2001年全国优秀科技图书奖三等奖。

担任巴西圣保罗大学、香港科技大学、香港浸会大学、美国伊利诺伊大学、意大利国际理论物理中心访问教授等。

王志珍 生物化学与分子生物学家 >>

当选时间 2001 年当选中国科学院院士
学　　部 生命科学和医学学部
性　　别 女
民　　族 汉族
籍　　贯 原江苏吴县
出生年月 1942 年 7 月 6 日

Yuan **Shi Xiao Zhuan**
院士小传

王志珍　生物化学与分子生物学家。中国科学院生物物理研究所研究员、博士生导师。1964 年毕业于中国科学技术大学生物物理系，分配于中国科学院生物物理研究所工作，先后担任研究实习员、助理研究员、副研究员、研究员；1979 年至 1981 年，在德国羊毛研究所做访问研究；1981 年至 1982 年，在美国国立健康研究院做访问研究；1987 年至 1988 年，在美国希望城国立医学中心做访问研究；1988 年至 1991 年，在美国食品和药物管理局做访问研究；1995 年在德国哥丁根大学做访问研究；1998 年在中国香港科技大学做访问研究；2005 年当选发展中国家科学院院士。2001 年当选中国科学院院士。

主要成就

　　主要从事细胞内质网蛋白质氧化折叠系统及其调控以及与疾病和衰老关系的研究。成功地用蛋白质二硫键异构酶催化胰岛素 A、B 链的正确重组，提出胰岛素 A、B 链已经含有足够的结构信息而能相互识别和相互作用，并形成了结构最稳定的天然胰岛素分子。提出"蛋白质二硫键异构酶既是酶又是分子伴侣"的假说，为该酶固有的分子伴侣活性提供了实验证据，证实和区分了蛋白质二硫键异构酶的酶和分子伴侣两种活性在帮助含二硫键蛋白折叠中的作用，打破了两大类帮助蛋白的界限，总结出折叠酶新的作用模式。

　　获国家自然科学奖二等奖 2 次、中国科学院自然科学奖一等奖、发展中国家科学院基础科学奖、何梁何利基金科学与技术进步奖、中国科学院优秀研究生导师奖，以及国家级"有突出贡献的中青年专家"、中国科学院"十大杰出妇女"、中央国家机关"巾帼建功"先进个人、全国"三八红旗手"、中国"十大女杰"称号等荣誉。

社会任职

　　担任过全国政协第十届委员会委员（增补）、十一届委员会副主席，九三学社第十一届、十二届中央委员会副主席，中国国际交流协会第十届理事会副会长，亚洲大洋洲生物化学家和分子生物学家联合会中国代表，生物大分子国家重点实验室副主任、学术委员会主任，中国生物化学与分子生物学会蛋白质专业委员会主任，中国女科技工作者协会会长等。

程津培　　有机化学家　　➤➤

当选时间 2001 年当选中国科学院院士

学　部 化学部

性　别 男

民　族 汉族

籍　贯 江苏连云港

出生年月 1948 年 6 月 1 日

Yuan Shi Xiao Zhuan
院士小传

　　程津培　有机化学家。发展中国家科学院院士，清华大学及南开大学化学系教授、博士生导师。1948 年 6 月出生于天津；1975 年天津师范学院（现天津师范大学）化学系毕业；1981 年获得南开大学化学硕士学位后留校任教；1987 年获得美国西北大学有机化学博士学位，随后到美国杜克大学从事博士后研究工作；1988 年回到南开大学任教，历任副教授、教授、物理有机化学研究室主任、博士生导师等；1995 年至 2000 年，担任南开大学副校长；2000 年至 2008 年，担任国家科学技术部副部长；2001 年当选发展中国家科学院院士；2012 年成为清华大学双聘院士，担任清华大学基础分子科学中心创建主任。2001 年当选中国科学院院士。

主要从事物理有机化学研究。在化学键能量学的方法与应用、自由基取代基效应理论、NO（一氧化氮）亲合势和转移机理、NADH 辅酶模型反应热力学和机理、叶立德（Ylide）热力学稳定性统一标度和离子液体中酸性标度的建立等方面做出了系统性创新工作。主要研究成果如下：

（1）建立了溶液态化学键均裂键能（BDE）研究新方法和 R—H 键溶液态 BDE标度；

（2）发展了自由基取代基效应理论，提出自由基本征极性的方向及大小是影响取代基效应的方向和大小的核心要素的判断；

（3）开辟了 NO 载体分子 Y—NO 键键能的研究领域，对理解 NO 生理作用提供了量化的理论依据；

（4）通过各种 NADH 反应机理中各基元步骤能量的系统测定建立了预测机理的能量判据，通过 pK_a 的系统测定建立了 Ylide 稳定性的统一标度；

（5）建立了全球首个智能型化学键能数据库 iBonD，为国内外学界提供免费服务，并基于此提出了组合式和互补式使用多键能参数解析复杂化学转化体系的新策略。

主持完成了一项国家自然科学基金创新群体项目和多项国家自然科学基金重大、重点及面上项目。

截至 2021 年，在国内外学术刊物上发表论文 300 余篇。

担任过第十一届全国人民代表大会常务委员会委员、教育科学文化卫生委员会副主任，全国政协委员会委员（第八届）、常委（第九届、十届、十二届）、教科文卫体委员会副主任（第十二届），中国致公党中央委员会副主席（第十二届、十三届、十四届），政协天津市委员会副主席，中国致公党天津市委员会主任委员，国家教育专家咨询委员会委员，国家科技奖励委员会委员，国家科技图书文献中心理事长，欧美同学会副会长，中国科学院学部主席团成员和化学部常委等。

郑兰荪 ▷ 无机化学家 ▶▶

当选时间 2001 年当选中国科学院院士
学　　部 化学部
性　　别 男
民　　族 汉族
籍　　贯 江苏吴江
出生年月 1954 年 10 月 22 日

Yuan Shi Xiao Zhuan
院士小传

　　郑兰荪　无机化学家。厦门大学化学系教授、博士生导师。1954 年 10 月出生于福建厦门；1982 年从厦门大学化学系毕业后考取首批中美联合招收的化学类（CGP 项目）研究生，就读于美国莱斯大学；1986 年获得莱斯大学博士学位后回国进入厦门大学化学博士后流动站工作；1988 年出站后留在厦门大学化学系工作；1993 年入选国家教委首批"跨世纪人才计划"专家；1996 年入选国家"百千万人才工程"；2002 年至 2017 年，担任中国民主同盟中央委员会副主席。2001 年当选中国科学院院士。

主要成就

主要从事原子团簇科学研究。运用激光溅射、交叉离子—分子束、离子选择囚禁等技术，设计了独特的激光溅射团簇离子源，研制出多台激光产生原子团簇合成装置，发现了一系列新型团簇，研究了它们的特性和规律。建立了液相电弧、激光溅射、辉光放电、微波等离子体等多种合成方法，制备了一系列特殊构型的团簇及相关纳米结构材料。通过合成与表征一系列富勒烯形成的中间产物，研究了 C60 等碳原子团簇的生长过程，发现和总结了原子团簇的统计分布规律，建立了团簇形成的动力学方程及相关理论。

获国家自然科学奖二等奖 2 项、中国高校自然科学奖二等奖 1 项、何梁何利基金科学与技术进步奖，以及全国先进工作者、教育部直属高校留学回国人员先进个人、福建省优秀专家、福建省五一劳动奖章、首届福建省青年科技奖等荣誉。

截至 2017 年 4 月，先后在 *Science* 等刊物上发表 300 多篇论文。

社会任职

担任全国政协第十届至十三届委员会常务委员、委员，政协福建省第十届、十一届委员会副主席，民盟第八届中央委员、第九届至十一届中央副主席，民盟福建省委第九届和十届副主委、第十一届和十二届主委，民盟厦门市委第九届主委，政协厦门市第九届副主席，固体表面物理化学国家重点实验室学术委员会副主任，结构化学、分子反应动力学、原子分子物理和波谱国家重点实验室学术委员会委员，中国科学院化学所兼职研究员，复旦大学、山东大学兼职教授，"973 计划"项目首席科学家，教育部化学专业教学指导分委员会主任，无机合成与制备化学国家重点实验室学术委员会主任，固体表面物理化学国家重点实验室学术委员会副主任，《质谱学报》主编等。

田　刚　　数学家

院士小传
Yuan Shi Xiao Zhuan

当选时间 2001 年当选中国科学院院士
学　　部 数学物理学部
性　　别 男
民　　族 汉族
籍　　贯 江苏南京
出生年月 1958 年 11 月 24 日

　　田刚　数学家。美国人文与科学院外籍院士，北京大学讲席教授、校务委员会副主任、学术委员会副主任，北京国际数学研究中心主任。1982 年从南京大学数学系毕业后考取北京大学数学系研究生；1984 年从北京大学硕士毕业后赴美攻读博士；1988 年获美国哈佛大学数学博士学位，先后在普林斯顿大学、纽约州立大学石溪分校、纽约大学库朗数学科学研究所、麻省理工学院任教；1990 年应邀在国际数学家大会上作 45 分钟报告；1992 年被提升为库朗数学科学研究所正教授；1995 年担任美国麻省理工学院教授；1998 年受聘为教育部"长江学者"讲座教授；2004 年当选美国人文与科学院外籍院士；2005 年主持筹建北京国际数学研究中心，担任主任；2013 年兼任北京大学数学科学学院院长；2016 年 12 月至 2019 年 12 月，担任北京大学副校长；2018 年当选国际数学联盟执委。2001 年当选中国科学院院士。

主要成就 Zhu Yao Cheng Jiu

国际著名数学家，在复几何、几何分析及数学物理等领域做了一系列重要工作，特别是在 Kähler–Einstein 度量研究中做了开创性工作，引进了 $K-$ 稳定性的概念，率先证明了著名的 Yau–Tian–Donaldson 猜想。是 Gromov–Witten 不变量理论的奠基人之一。建立了自对偶 Yang–Mills 联络与标度几何间的深刻联系。启动了用 Ricci 流方法研究双有理几何的解析极小模型纲领，开辟了新的研究方向。

2002 年应邀在世界数学家大会上作 1 小时大会报告，是第一位获此殊荣的中国籍数学家。因学术成就突出，获得美国国家科学基金委员会第 19 届沃特曼奖（Alan T. Waterman Award）、美国数学会韦伯伦奖（Oswald Veblen Prize in Geometry）等国际学术界重要荣誉。

社会任职 She Hui Ren Zhi

担任太平洋数学研究所学术评审委员会委员，加拿大 Banff 国际数学研究所科学顾问委员会委员，国际理论物理中心（ICTP）科学委员会委员，伯克利 MSRI 几何年项目主席，第 24 届国际数学家大会程序委员会委员，第 25 届国际数学家大会特邀报告几何方面遴选委员会主席，国际数学界权威大奖阿贝尔奖（The Abel Prize）评委，美国数学会 Steele 奖评选委员会委员，国际数学联盟执委，多个国际著名数学刊物（包括国际数学顶级杂志 *Annals of Mathematics*、*Journal of the American Mathematical Society* 等）主编、编委等。

还担任全国政协委员会常务委员（第十一届、十二届）、委员和教科卫体委员会委员（第十三届），民盟中央副主席，中国数学会理事长，国家自然科学基金委天元基金学术领导小组委员、组长，中国科学技术协会、教育部实施的中学生"英才计划"专家咨询委员会委员、数学学科工作委员会主任，国务院学位委员会第七届学科评议组成员等。

黄 琳　控制科学专家

院士小传

当选时间　2003 年当选中国科学院院士

学　　部　信息技术科学部

性　　别　男

民　　族　汉族

籍　　贯　江苏扬州

出生年月　1935 年 11 月 30 日

黄 琳　控制科学专家。北京大学工学院力学与工程科学系教授。1953 年毕业于扬州中学；1957 年本科毕业于北京大学数学力学系；1961 年同系研究生毕业；1957 年 8 月至 2018 年 12 月，先后在北京大学数学力学系、力学与工程科学系工作；1984 年被特批为教授；1985 年被特批为博士生导师；2013 年当选国际自动控制联合会会士（IFAC Fellow）；2018 年退休。2003 年当选中国科学院院士。

主要成就

一直从事系统稳定性与控制理论方面的研究工作。早在 1959 年结合飞机安定性分析提出多维系统衰减时间概念并给出了估计方法，该成果作为中国的两项成果之一参加了 1963 年第二届 IFAC 学术大会；1964 年解决了现代控制理论中的一些基本问题"给出单输入系统极点配置定理，并且给出了二次型最优控制的存在性、唯一性与线性控制律与迭代计算方法"。给出了输出反馈实现二次型最优控制的充要条件，并指出在一般情况下该问题无解。1986 年当参数不确定性鲁棒控制在国际上开始研究时，与美国学者一起给出并证明了分析多项式系统族稳定性的棱边定理，有效降低了计算复杂性，被业界誉为里程碑式的结果。随后与国内学者合作给出了更为基础的边界定理，在多项式稳定性理论中相继提出了值映射、参数化等概念，建立了一系列重要定理，形成了一套系统的理论体系。进一步在鲁棒控制前沿领域、控制器与对象同时摄动问题、积分二次约束问题、模型降阶问题、非线性系统总体性质等方面指导学生开展了一系列研究工作，做出了有价值的成果。

对中国控制科学事业做出了杰出贡献，是中国控制理论专业委员会首届委员。是中国控制理论早期的开拓者之一，早在 20 世纪 60 年代，在北京大学开设了多门反映当时国际最新成果（包括他本人学术成果在内）的控制课程，为我国培养了不少早期控制科学的骨干。时隔半个世纪，当年编著的教材仍具重要学术价值，《最优控制理论讲义》于 2021 年重新修订出版，《控制系统动力学讲义》也将于 2023 年修订出版。

是北京大学控制学科和一般力学博士点的创建者，由于对北京大学学科建设和教书育人的杰出贡献，于 2013 年获得北京大学第三届蔡元培奖。

2010 年获中国控制理论专业委员会颁发的首届杰出成就奖，2011 年获中国自动化学会成立 50 周年杰出贡献奖，还曾先后两次获得国家自然科学奖及其他多项奖励。

1984 年出版的《系统与控制理论中的线性代数》，被公认为影响了我国几代控制学人的成长；1992 年出版的《稳定性理论》，将控制理论的成果引入稳定性，形成了新特色，于 1996 年获原国家教委优秀学术著作特等奖；《稳定性与鲁棒性的理论基础》将稳定性与鲁棒性结合，花费了近 10 年精力进行打造；2015 年组织与领导近百名工作在前沿的知名华人教授，共同完成并出版了《中国学科发展战略——控制科学》。

社会任职

担任过中国科学院科学出版基金技术科学组组长，国家自然科学奖、陈嘉庚奖等奖项评委，中国控制会议《关肇直奖》评委会主任（第一届至六届），多个国家重点实验室与国防专项专家委成员，北京航空航天大学、浙江大学、东北大学、南京航空航天大学、华南理工大学、中南大学、南京理工大学等多所院校兼职教授或名誉教授等。

当选时间 2003 年当选中国科学院院士

学　　部 技术科学部

性　　别 男

民　　族 汉族

籍　　贯 江苏金坛

出生年月 1938 年 7 月 16 日

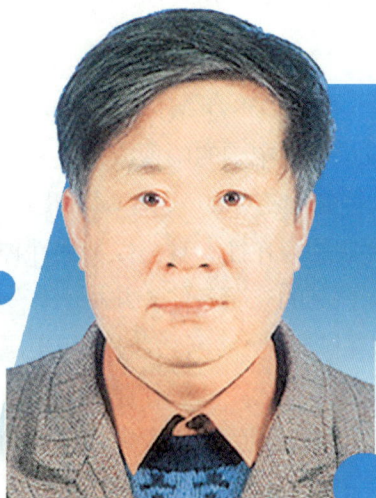

周　远　低温工程、制冷技术专家

院士小传

　　周远　低温工程、制冷技术专家。中国科学院理化技术研究所研究员，博士生导师。1961 年从清华大学热能工程系毕业后进入中国科学院物理所做实习生；1989 年获得第一届胡刚复物理奖；1989 年至 1999 年，担任低温技术实验中心主任。2003 年当选中国科学院院士。

主要成就

主要从事低温工程和微、小型制冷技术研究。20 世纪 60 年代，在国内首先采用直拉进排气阀式长活塞型膨胀机替代液氢研制成氦液化器，为中国低温物理实验和超导技术的发展打下基础；1986 年在国内首先开展脉冲管制冷机的研究工作，取得一批具有国际先进水平的科研成果；1988 年首先提出了二级脉冲管制冷；1990 年用实验验证和揭示了双向进气脉冲管的优异性能；1992 年提出创新的多路旁通流程；1998 年率先将同轴结构、多路旁通和非对称喷嘴结合用在微型高频脉冲管制冷机上。

先后获得国家级奖 3 项，部委级奖 6 项，全国科学大会奖 1 项，以及中国制冷学会先进工作者、第一届胡刚复物理奖等荣誉。

社会任职

担任中国科学院低温工程学重点实验室第一届学术委员会副主任，第一届亚洲冷链大会（First Asian Conference on Cold Chain）主席，中国制冷学会副理事长（第六届、七届）、常务理事（第八届、九届、十届）等。

吴宏鑫 控制理论与控制工程专家 >>>

当选时间 2003 年当选中国科学院院士

学　　部 信息技术科学部

性　　别 男

民　　族 汉族

籍　　贯 江苏丹徒

出生年月 1939 年 10 月 8 日

　　吴宏鑫 控制理论与控制工程专家。北京控制工程研究所研究员，中国空间技术研究院技术顾问。1965 年毕业于清华大学自动控制系；1965 年至 1968 年，在中国科学院自动化研究所工作；1968 年调至北京控制工程研究所工作。2003 年当选中国科学院院士。

主要成就

　　主要从事航天和工业领域的自适应控制及智能控制的理论与应用研究。提出了"全系数自适应控制理论和方法"，这是一套完整的系统性和实用性很强的自适应控制理论和方法，对于一类对象在参数估计未收敛到"真值"的过渡过程阶段，能保证系统闭环稳定且具有良好性能。在智能控制方面，提出了"特征建模""基于对象特征模型描述的黄金分割智能控制方法""航天器变结构变系数的智能控制方法"和"基于智能特征模型的智能控制方法"等，为降阶控制器和智能控制器的设计开拓了一条新的道路，对航天器控制和工业控制的发展具有重要理论意义和实用价值。理论方法已应用于"神舟"飞船返回控制、空间环境模拟器控制、卫星整星瞬变热流控制和铝电解过程控制等9类对象400多个控制系统。特别是在"神舟"飞船返回再入自适应控制中成功应用的方法，其控制精度达到世界先进水平。"基于智能特征模型的智能控制方法"在铝电解控制中被成功应用，该方法被鉴定为在铝行业属于国内外首创，达到国际先进水平。

　　获得了多项研究成果，其中获国家发明奖三等奖1项，部级科技进步奖一等奖1项、二等奖5项，全国优秀科技图书奖二等奖1项。2004年荣获中国航天科技集团公司"航天人才培养突出贡献奖"，多次被评为部、院人才培养先进个人。1988年获首都"五一劳动奖章"，1992年被评为航空航天部有突出贡献专家，享受国务院政府特殊津贴。

　　发表主要论文70多篇，专著1部。培养和协助培养博士、硕士40多名，协作指导博士后14人。获国家发明专利多项。

社会任职

　　担任中国自动化学会特聘顾问，南京航空航天大学名誉教授，武汉科技大学客座教授等。

洪家兴 　　数学家

当选时间	2003 年当选中国科学院院士
学　　部	数学物理学部
性　　别	男
民　　族	汉族
籍　　贯	原江苏吴县
出生年月	1942 年 11 月 5 日

洪家兴　数学家。复旦大学数学科学学院教授、博士生导师，数学研究所所长，教育部"非线性数学模型与方法"重点实验室主任。1942 年 11 月出生于上海；1965 年毕业于复旦大学数学系；1982 年取得博士学位，是新中国培养的最早一批博士之一；研究生毕业后，在复旦大学数学研究所从事教研工作，是复旦大学数学科学院首任院长。2003 年当选中国科学院院士。

主要成就

从事偏微分方程及其几何应用方面的研究。在关于二维黎曼流形在三维欧氏空间中实现的经典问题的研究方面，首次得到了单连通完备负曲率曲面在三维欧氏空间中实现的存在性定理，所得条件接近最佳。对丘成桐教授所提出的有关问题的研究做了重要的推进。关于以蜕型面为特征的多元混合型方程（包括高阶）的研究，获得了相当一般的边值问题的正则性和适定性，建立了迄今为止最一般的理论。

1986 年获原国家教委科学技术进步奖一等奖，1991 年获原国家教委和国务院学位委员会授予的"有突出贡献的中国博士学位获得者"称号，1995 年获第五届陈省身数学奖，1996 年获"求是"科学基金会颁发的"杰出青年学者奖"，2019 年获第十四届华罗庚数学奖。

社会任职

担任过上海市数学会理事长，《数学年刊》、*Asian J. of Math* 等杂志的编委等。

叶培建　空间飞行器总体、信息处理专家

院士小传

当选时间　2003 年当选中国科学院院士
学　　部　技术科学部
性　　别　男
民　　族　汉族
籍　　贯　江苏泰兴
出生年月　1945 年 1 月 29 日

　　叶培建　空间飞行器总体、信息处理专家。中国空间技术研究院研究员、博士生导师。1967 年从浙江大学无线电系毕业；1980 年赴瑞士留学；1985 年获得瑞士纳沙泰尔大学科学博士学位；1987 年担任中国空间技术研究院（航天五院）502 所研究室主任；1988 年担任中国空间技术研究院科技委常委；1996 年担任中国资源二号卫星的总师兼总指挥；2018 年受聘为南京航空航天大学航天学院院长。2003 年当选中国科学院院士。

主要成就

主要从事卫星总体设计和信息处理研究工作。主持制定中国第一代传输型对地观测卫星总体方案及各个分系统的设计，优化卫星总体方案，组织领导并参与攻克7项技术难关。主持制定了电测、力学、噪声、EMC、热平衡与热真空等大型试验方案，组织了全部工程实施，保证达成了卫星的高技术指标。主持修订了后续两颗卫星的改进方案，提高了卫星性能和水平，实现了双星组网运行。主持制定了中国月球探测卫星技术方案。在航天计算机应用领域，参与开发并基本建成了卫星与飞船设计的数据库、应用软件包和制造的计算机网络环境，在卫星研制中发挥了重要作用。

获国家科技进步奖一等奖、原国防科工委科技进步奖一等奖，以及国家级"有突出贡献的中青年专家"称号、中国航天基金奖、"人民科学家"国家荣誉称号、最美奋斗者等荣誉，享受国务院政府特殊津贴。2014年作为团队带头人获得国家科技进步创新团队奖。

截至2015年8月，先后撰写了多份重要工程技术报告，在国内外发表论文60余篇。

社会任职

担任过全国政协第十一届、十二届委员会委员，全国政协第十一届文史和学习委员会委员，中国科学院技术科学部第十三届、十四届常务委员会委员、副主任，中国宇航学会理事，中国空间科学学会理事，中国地理信息协会理事，浙江大学校友总会副会长，上海交通大学、哈尔滨工业大学、北京航空航天大学、南京航空航天大学、厦门大学兼职教授，第七届中国科学院主席团成员等。

朱邦芬　凝聚态物理学家

当选时间　2003 年当选中国科学院院士

学　　部　数学物理学部

性　　别　男

民　　族　汉族

籍　　贯　江苏宜兴

出生年月　1948 年 1 月 5 日

院士小传 *Yuan Shi Xiao Zhuan*

　　朱邦芬　凝聚态物理学家。清华大学高等研究中心教授，清华大学物理系教授。1948 年 1 月出生于上海；1970 年毕业于清华大学工程物理系；1981 年获清华大学固体物理学硕士学位；1981 年至 2000 年，先后任中国科学院半导体研究所助理研究员、副研究员、研究员；2000 年起，任清华大学物理系教授、高等研究中心教授；2003 年至 2010 年，任清华大学物理系系主任；2012 年任英国物理学会会士（Fellow）。2003 年当选中国科学院院士。

主要成就

　　主要研究低维量子系统、拓扑系统及含时系统中的电子结构、声子模式和电声子相互作用，特别是这些物质结构的光学性质和输运特性。与黄昆先生一起确立了半导体超晶格光学声子模式的理论，被国际学术界命名为"黄朱模型"，受到国际上的普遍重视，被国际学术界广泛接受，在多本国外专著及研究生教材中有整节介绍。建立了量子阱激子旋量态波理论，给出了量子阱中正确的激子光跃迁选择定则。还和黄昆等一起建立了一个系统的量子阱中拉曼散射的微观理论，解决了宏观对称性分析不能解释的疑难问题。还与学生一起预言和解释了许多令人困惑的实验现象，在半导体超快光学过程、自旋电子学、拓扑绝缘体等多个领域进行了开创性的研究工作。

　　获国家自然科学奖二等奖 2 项，中国科学院自然科学奖一等奖 1 项、二等奖 2 项，第八届全国优秀科技图书一等奖和香港"求是"科技基金会杰出青年学者奖。

　　发表研究论文 100 余篇，被他人引用 2 800 余次；著作 3 本，编书 6 本。截至 2018 年 8 月，一共培养了博士生、硕士生 12 名，17 年来一直坚持给本科生授课，担任教育部"基础学科拔尖学生培养试验计划"专家组物理学科召集人，并任清华学堂物理班首席教授。

社会任职

　　担任过中国物理学会凝聚态理论与统计物理专业委员会主任，教育部物理学与天文学教学指导委员会副主任、物理类专业教学指导分委员会主任，教育部第五届科技委学部委员，凝聚态物理国家实验室、合肥微尺度物质科学国家实验室理事会理事，中国物理学会凝聚态理论专业委员会顾问、光散射专业委员会委员，中国物理学会"胡刚复、饶毓泰、叶企孙、王淦昌物理奖基金委员会"委员、"叶企孙物理奖评审委员会"秘书，清华大学、中国科学院理论物理所、中国科学院物理所学术委员会委员，中国科学院超晶格与微结构国家重点实验室、中国科学院红外物理国家重点实验室、南京大学固体微结构物理国家重点实验室学术委员会委员，中国科学院物理所纳米物理与器件开放实验室学术委员会副主任，《中国物理快报》副主编，《半导体学报》《物理学报》《理论物理通讯》《发光学报》《光散射学报》以及 *Chinese Physics*、 *Frontier of Physics in China* 编委，全国博士后管委会第七届专家组成员，陈嘉庚科学基金会"陈嘉庚数理科学奖评奖委员会"委员。

饶子和

饶子和 分子生物物理与结构生物学家

当选时间 2003 年当选中国科学院院士
学　　部 生命科学和医学学部
性　　别 男
民　　族 汉族
籍　　贯 江苏南京
出生年月 1950 年 9 月 6 日

　　饶子和 分子生物物理与结构生物学家。清华大学教授，美国艺术与科学院院士，发展中国家科学院院士，欧洲科学院院士等。1977 年从中国科学技术大学毕业后，在中国科学院生物物理所工作；1979 年考入中国科学院研究生院，师从梁栋材院士；1982 年硕士毕业后继续在中国科学院生物物理所工作；1985 年获得澳大利亚墨尔本大学奖学金，前往墨尔本大学医学院攻读博士学位；1989 年博士毕业后前往英国牛津大学分子生物物理实验室，先后担任博士后和研究员；1996年回国，进入清华大学生物科学与技术系工作，担任教授、博士生导师、实验室主任；2000 年创建清华大学蛋白质科学教育部重点实验室并担任主任；2003 年担任中国科学院生物物理研究所所长、生物大分子国家重点实验室主任； 2006 年担任南开大学校长；2014 年至今，担任中国科学院学部主席团成员；2018 年担任中科院学部咨询评议委员会主任。2003 年当选中国科学院院士。

主要成就

长期从事新发再发传染病病原体的三维结构研究和创新药物的研究，在流感病毒、SARS 和新冠等冠状病毒、艾滋病病毒、甲型肝炎病毒、手足口病毒、疱疹病毒、非洲猪瘟病毒及结核分枝杆菌等重要病原体的机制研究方面做出了系统的创新性贡献。相关研究成果多次获"中国科学十大进展""中国生命科学十大进展""中国医学科学院重要医学进展""中国高等学校十大科技进展"等。

获陈嘉庚科学奖、发展中国家科学院最高奖"第里雅斯特科学奖"（Trieste Science Prize）、首届谈家桢生命科学成就奖、何梁何利基金科学与技术奖、香港"求是"杰出青年奖、树兰医学奖、中源协和生命医学成就奖，以及被评为国家重点基础研究发展计划（"973 计划"）先进个人等，入选教育部"长江学者奖励计划"特聘教授、中国科学年度新闻人物、"中国教育 60 年 60 人"，享受国务院政府特殊津贴。

截至 2022 年，在国际科学期刊上发表同行评审论文 400 余篇，其中包括在 *Cell*、*Nature*、*Science* 三大科学杂志的主刊上发表研究论文 23 篇，总被引逾 26 000 次；获得专利授权 38 项。

社会任职

担任中国科学院学部主席团成员（2014 年至今）、学部第七届咨询评议委员会主任（2018 年至今），全国政协委员会常务委员，政协天津市第十二届委员会副主席、党组成员，天津市科学技术协会主席（第八届），中国生物物理学会名誉理事长，中国科学技术协会生命科学学会联合体创始主席，国际生物物理联盟（IUPAB）主席，Protein & Cell 杂志创始人、主编等。

龚昌德 物理学家

当选时间 2005 年当选中国科学院院士

学　　部 数学物理学部

性　　别 男

民　　族 汉族

籍　　贯 江苏南京

出生年月 1932 年 7 月 19 日

院士小传

龚昌德 物理学家。南京大学教授、博士生导师。1953 年从复旦大学毕业后被分配至华东水利学院（现河海大学）担任助教；1955 年调入南京大学物理系，先后担任助教、讲师、副教授；1980 年晋升为教授；1981 年被国务院学位委员会批准为首批博士生导师；1986 年至 1993 年，任南京大学物理系系主任；1994 年至 2009 年，担任南京大学理学院院长、理论物理研究中心主任；2009 年任浙江师范大学数理信息学院教授。2005 年当选中国科学院院士。

早期与合作者利用反演技术求解 Eliashberg 方程，获得了较精确的强耦合超导临界温度的公式。较早提出二维层状结构引起的范霍夫奇异性对高温超导电性会有重要影响，与合作者分析了氧化物超导体的同位素效应，说明仅靠电—声子机制和范霍夫奇异性是不能解释高温超导电性的，否定了当时国际上这一错误观点。合作研究了由于准二维结构和反铁磁背景，范霍夫奇异性对高温超导体载流子色散规律、压力效应和输运性质的影响。改进了关于高温超导电性的 $t-J$ 模型的 Green 函数方法，考虑了有限关联长度的反铁磁背景，证明了 $t-J$ 模型可以导出某些非费米液体特性，还证明了 $t-J$ 模型不能较好地解释光电子能谱和中子散射的实验。与合作者较系统地研究了锰氧化合物的电—声子耦合和空穴—轨道子耦合，以及静态和动态 Jahn-Teller 效应。近年来，与合作者在国际上率先提出玻色型分数陈绝缘态、非阿贝尔型分数陈绝缘态和高陈数等奇异分数量子霍尔态。

先后获得 1978 年全国科学大会奖、1982 年国家自然科学奖、1988 年国家教委高等学校优秀教材奖一等奖、1990 年国家教委科技进步奖二等奖、1992 年国家教委科技进步奖二等奖、1997 年南京大学首届奖教金特等奖、1997 年国家级教学成果奖一等奖等。

截至 2022 年，发表学术论文 300 余篇，包括物理学顶级刊物美国物理学会《物理评论快报》论文多篇。

担任过国务院学位委员会学科评议组成员（第二届至四届），李政道中国高科技中心首批特别成员，中国物理学会常务理事，江苏省物理学会理事长（第四届），《低温物理学报》副主编，*J.Low.Temp.Phys.*、*Commun.Theor. Phys.* 及《中国物理快报》《物理学报》等期刊编委等。

张裕恒　物理学家

院士小传 *Yuan Shi Xiao Zhuan*

当选时间	2005 年当选中国科学院院士
学　　部	数学物理学部
性　　别	男
民　　族	汉族
籍　　贯	江苏宿迁
出生年月	1938 年 1 月 29 日

　　张裕恒　物理学家。中国科学技术大学教授，中国科学院强磁场科学中心首席科学家，中国科学院固体物理研究所兼职研究员，中国科学院物理研究所、北京大学人工微结构和介观物理国家重点实验室及南京大学固体微结构物理国家重点实验室学术委员会委员，国家科学技术奖评委。1938 年出生于江苏省宿迁市；1961 年毕业于南京大学物理系；1965 年中国科学院物理研究所研究生毕业后留所工作；1989 年至 1997 年，担任中国科学院结构开放实验室主任、中国科技大学结构中心主任。2005 年当选中国科学院院士。

Zhu Yao Cheng Jiu
主要成就

多年来从事超导电性、巨磁电阻效应、低维物理研究。承担了国家超导攻关和攀登项目课题；主持了中国科学院重大项目、国家自然科学基金重点项目，以及多项国家自然科学基金课题。在高温超导研究中，其判断实验澄清了国际上的争论，解决了高温超导在强电应用中的难题；解决了超导相变后负 Hall 系数长达 9 年之久的困惑；否定了国际上流行的关于高温超导体非公度调制的起因，从实验上提出了自己的模型，并为国际同行接受，该工作被国内外同行评价为"是近年来在磁通动力学中的重大成果""对高温超导研究学科领域的进展起了推动作用"。在自旋电子学研究中，澄清了 Mn 氧化物导电机制，即设计实验发现 Mn 基氧化物中是晶格极化子，而在硫属尖晶石中是磁极化子；提出和证实了不同元素之间也存在双交换作用。在多孔硅和低维材料研究中，发明了多孔硅的原位铁钝化水热制备新方法，获得发光强度强、不衰减、不蓝移的多孔硅，国际上认为该工作"可能意味着科学和技术上的一个重要成果"，并获得国家授权发明专利 3 项。

被评为中国科学院"七五"重大科研任务先进工作者（1991）、国家科技委"七五"国家高温超导攻关先进个人（1991），获光华科技基金奖（1993）、中国科学院自然科学奖一等奖（1993）、国务院"全国先进工作者"称号（1995）、安徽省科学技术奖一等奖（2007）、国家自然科学奖二等奖（2009）、中国科学院杰出科技成就奖（2017）、安徽省科技进步奖特等奖（2019）、中国科学院优秀导师及优秀教师等荣誉，享受国务院政府特殊津贴。

1992 年编著出版的《超导物理》，目前已修订至第 3 版，影响面甚广。截至 2022 年，培养出 70 名博士、46 名硕士、7 名博士后，当前在读博士生 1 人；培养的研究生中已有 30 名评上教授或研究员、博士生导师（其中 2 名现任美国和澳大利亚教授），5 名入选国家杰出青年科学基金项目资助，11 名入选中国科学院"百人计划"，10 名获"求是"研究生奖学金。

社会任职

担任过中国电子学会超导电子学专业委员会副主任,国家自然科学基金会数理学部、材料学部评委，《低温物理学报》常务副主编等。

江 明 高分子化学家

当选时间 2005 年当选中国科学院院士
学　　部 化学部
性　　别 男
民　　族 汉族
籍　　贯 江苏扬州
出生年月 1938 年 8 月 22 日

院士小传

江明 高分子化学家。复旦大学教授、博士生导师，聚合物分子工程教育部重点实验室学术委员会主任。1960 年从复旦大学化学系毕业后留校任教，历任化学系助教、讲师，材料系讲师、副教师、教授，高分子科学系教授；1979 年至 1981 年，在英国利物浦大学做访问学者；2009 年当选英国皇家化学会会士。2005 年当选中国科学院院士。

主要成就

主要从事高分子间的相互作用与多尺度相结构研究。发现了嵌段共聚物／相应均聚物相容性的链构造效应，得到了高分子共混物的密度梯度模型。在高分子间的可控氢键相互作用导致的增容和络合方面，提出了高分子共混物通过氢键相互作用可实现"不相容－相容－络合转变"的概念，并发现通过对荧光探针芘的化学改性可使其成为碳氟微区的靶向探针，可用于多种碳氟微区的研究。提出和证实了基于氢键相互作用的聚合物胶束化的新途径，获得了核－壳间由非共价键连接的聚合物胶束并进而获得空心纳米球，形成了非嵌段共聚物路线。

获国家自然科学奖二等奖2项，原国家教委科学技术进步奖一等奖1项、二等奖1项，上海市自然科学奖一等奖，第六届冯新德高分子奖，以及中国化学会－中国石油化工股份有限公司化学贡献奖等荣誉。

社会任职

担任过东华大学先进低维材料中心国际学术委员会委员，中国化学会高分子委员会副主任，《高等学校化学学报》副主编，《聚合物杂志》（*Polymer Journal*）、《高分子研究》（*Macromolecular Research*）顾问编委，《高分子学报》《功能高分子学报》《应用化学》编委等。

吴培亨　超导电子学家

院士小传 *Yuan Shi Xiao Zhuan*

当选时间	2005 年当选中国科学院院士
学　　部	信息技术科学部
性　　别	男
民　　族	汉族
籍　　贯	江苏苏州
出生年月	1939 年 11 月 12 日

　　吴培亨　超导电子学家。南京大学教授。1939 年 11 月出生于上海；1961 年南京大学物理系毕业，留校任教；1979 年至 1982 年，在英国剑桥大学卡文迪许实验室、英国国家物理实验室任高级访问学者和客座研究员；此后，先后在美国、日本、德国、丹麦、瑞典等国进行合作研究、讲学或担任教授。2005 年当选中国科学院院士。

主要成就

长期从事超导电子学研究，尤长于超导电子器件的高频（微波到太赫兹波段）应用，是我国超导电子学界公认的带头人，也是无线电物理国家重点学科的学科带头人。在探索有关物理过程的基本规律、发展新型超导电子器件、推动超导电子器件实际应用等领域不断开拓创新、引领前沿科学研究。领导的南京大学超导电子学研究所是我国培养有关专业高级人才的最重要的基地之一，并享有国际盛誉。

先后获得全国科学大会奖（1978）、江苏省科技进步奖三等奖（1985，排名第一）、原国家教委科学技术进步奖二等奖（1987，排名第一）、原国家教委科学技术进步奖一等奖（1989，排名第一）、国家自然科学奖三等奖（1989，排名第一）、原国家教委科学技术进步奖二等奖（1993，排名第三）、江苏省科学技术奖一等奖（2010，排名第一）等奖项，获评全国优秀教师（1989），以及"有突出贡献的中青年专家"称号（1990）等荣誉。

社会任职

担任过国务院学位委员会学科评议组（物理、天文）成员，中国电子学会超导电子学分会主任、名誉主任，国际超导电子学会议国际顾问委员会委员，中国超导科技专家委员会委员，江苏省电子学会副理事长，南京大学研究生院院长等。

吕达仁 ▶ 大气物理学家

当选时间 2005 年当选中国科学院院士
学　部 地学部
性　别 男
民　族 汉族
籍　贯 江苏常熟
出生年月 1940 年 1 月 14 日

Yuan Shi Xiao Zhuan
院士小传

　　吕达仁　大气物理学家。中国科学院大气物理研究所研究员。中国科学院战略先导专项、基金委重大科学仪器、科技部"973计划"等 3 项的首席科学家。1940 年 1 月出生于上海；1956 年毕业于常熟县中高中部；1962 年毕业于北京大学地球物理系；1966年在中国科学院大气物理研究所获硕士学位；1985 年晋升为研究员。2005 年当选中国科学院院士。

主要成就

主要从事大气与地球系统科学基础与高技术研究。首先提出微波主－被动联合遥感降水分布的原理及反演方法。最早提出消光－小角散射综合反演大气气溶胶粒子谱的原理。主持完成了我国首部 VHF 平流层大型相控阵雷达。对重力波频谱结构、对流风暴激发重力波机制做了系统研究。长期从事卫星与载人航天器对大气成分综合观测与反演研究。

承担了国家多部委重大项目；主持了"921"神舟三号飞船中的"地球环境监测分系统"，国家自然科学基金委重大项目"内蒙古半干旱草原气候－生态相互作用"草原中尺度综合观测，基金重大项目"内蒙古半干旱草原土壤－植被－大气相互作用"，国家基础研究重大项目前期研究专项"中国典型云型宏微观特征研究及其气候、水资源与高技术应用预先研究"，以及国家航天科学应用、大气传输相关的高技术项目。

获国家自然科学奖三等奖 1 项（1989 年，大气微波辐射与遥感原理研究），国家科学技术进步奖二等奖 1 项（1998 年，南极科学考察研究），中国科学院等部委的重大成果、自然科学奖等 8 项。

发表学术论文共 100 余篇，合作专著 3 本；已培养博士生 10 余名、硕士生 10 余名。

社会任职

担任过国家高技术计划（"863 计划"）航天领域专家委员会委员，国际辐射委员会委员，国际高层大气气象学会委员会委员，国际日地物理学会（SCOSTEP）学术委员，中国空间科学学会理事，中国气象学会大气物理委员会副主任，中国气象学会大气科学名词审定委员会副主任，国家自然科学基金委地学部咨询专家组专家等。

王家骐 　　光学仪器专家 　　≫

当选时间 2005 年当选中国科学院院士

学　　部 信息技术科学部

性　　别 男

民　　族 汉族

籍　　贯 江苏苏州

出生年月 1940 年 2 月 17 日

Yuan Shi Xiao Zhuan
院士小传

　　王家骐　光学仪器专家。中国科学院长春光学精密机械与物理研究所研究员、学术委员会主任，中国载人航天工程分系统主任设计师。1940 年 2 月出生于江苏苏州；1963 年从哈尔滨工业大学锻造工艺与设备专业本科毕业；1966 年从中国科学院长春光学精密机械研究所获得硕士学位，之后留所工作；1986 年至 1998 年，担任中国科学院长春光学精密机械研究所所长；2008 年担任北京奥运圣火吉林省长春市的首棒火炬手；2011 年担任长春中国光学科学技术馆首任馆长。2005 年当选中国科学院院士。

研究和开发了中国重大和重点工程需求的多种型号的大型、高集成度和高精密度的光学和光电仪器，突破了一系列关键技术，提高了中国有关领域的技术水平。

截至 2013 年 6 月，先后获得原国防科委科技成果奖三等奖、中国科学院科学技术成果奖一等奖、国家发明奖二等奖、国家科学技术进步奖特等奖、中国科学院科学技术进步奖一等奖、军队科技进步奖一等奖、曾宪梓载人航天基金突出贡献奖、全国五一劳动奖章、中国载人航天工程突出贡献者奖章，以及被评为第二届全国优秀科技工作者等荣誉。2008 年被授予"首批中国科学院研究生院杰出贡献教师"称号。

担任过第八届、九届、十届、十三届全国人民代表大会代表，哈尔滨工业大学共享院士，吉林省政府科学技术与工程咨询委员会咨询委员，中国空间科学学会副理事长，中国仪器仪表学会精密机械分会理事长、空间科学学会空间机械分会主任委员，吉林省光学学会理事长、荣誉理事长，吉林省科学技术协会副主席，长春市科学技术协会副主席，国际光学工程学会会员，哈尔滨工业大学航天学院信息技术科学部博士生导师，《中国光学与应用光学文摘》主编等。

褚君浩 半导体物理和器件专家

当选时间	2005 年当选中国科学院院士
学　　部	信息技术科学部
性　　别	男
民　　族	汉族
籍　　贯	江苏宜兴
出生年月	1945 年 3 月 20 日

　　褚君浩 半导体物理和器件专家。中国科学院上海技术物理研究所研究员，复旦大学教授、光电研究院院长，华东师范大学教授。1966 年毕业于上海师范学院（现上海师范大学）物理系；1981 年、1984 年先后获中国科学院上海技术物理研究所硕士和博士学位；1986 年至 1988 年，获得德国洪堡基金资助，赴德国慕尼黑理工大学物理系从事半导体二维电子气研究；历任红外物理国家重点实验室主任，红外物理国家重点实验室学术委员会主任，硅材料国家重点实验室学术委员会主任，华东师范大学信息学院院长，华东师范大学学术委员会副主任，东华大学理学院院长等。2005 年当选中国科学院院士。

Zhu Yao Cheng Jiu 主要成就

长期从事红外光电子材料和器件研究，开展用于红外探测器的窄禁带半导体碲镉汞（HgCdTe）及铁电薄膜的材料物理和器件研究。提出了 HgCdTe 的禁带宽度等关系式，被国际上称为 CXT 公式，得到广泛引用，并认为与实验结果最符合。建立了研究窄禁带半导体 MIS 器件结构二维电子气子能带结构的理论模型，发现 HgCdTe 的基本光电跃迁特性，确定了材料器件的光电判别依据。开展了铁电薄膜材料物理和非制冷红外探测器研究，研制成功 PZT 和 BST 铁电薄膜非制冷红外探测器并实现了热成像。

主要研究固体物理、窄禁带半导体物理。系统研究了窄禁带半导体的基础物理，在光学性质、电学性质、能带结构、晶格振动、杂质缺陷、二维电子气等研究方面取得了系统研究成果，HgCdTe 基础物理部分研究成果达到国际领先水平。研究成果被国内外广泛引用并写入美国、英国、荷兰、苏联等出版的科学手册和专著中，被国际著名科学手册《Landolt–Bornstein：科学技术中的数据和函数关系》特邀为 "含 Hg 化合物部分" 修订负责人。近年来从事极化材料、太阳电池、新型功能材料与器件以及交叉学科研究。

获国家自然科学奖二等奖（2005）、三等奖（1993）、四等奖（1987），中国科学院自然科学奖一等奖（1992）、二等奖 2 次（1995、1999），上海市自然科学奖一等奖（2006）等奖项，还于 2004 年获评国家 "973 计划" 先进个人和国家重点实验室计划先进个人 "金牛奖"，2013 年获上海首届科普教育创新奖 "科普杰出人物奖"，2014 年被授予第六届 "十佳全国优秀科技工作者" 称号，2017 年获首届全国创新争先奖章及 "光荣与力量" 感动上海年度人物等荣誉。

截至 2019 年 12 月，发表论文 800 余篇，获授权专利 100 余项；培养出 80 多名博士，其中获得全国百篇优秀博士论文奖 2 名、中国科学院院长特别奖 2 名及优秀奖 2 名。

She Hui Ren Zhi 社会任职

担任亚太材料科学院院士，中国光学工程学会常务理事，《红外与毫米波学报》主编，国际 *Materials Today Electronics* 杂志主编等；曾任第十届、十一届全国人民代表大会代表，上海市第十一届人民代表大会代表，上海市政府参事，九三学社上海市副主委，九三学社中国科普工作委员会主任，上海市科学技术协会副主席，上海市红外与遥感学会理事长，中国物理学会光物理专业委员会副主任，上海市科普作家协会理事长，国际光学工程学会（SPIE）理事等。

顾逸东 空间科学与应用技术专家 ▶▶▶

当选时间 2005 年当选中国科学院院士
学　　部 技术科学部
性　　别 男
民　　族 汉族
籍　　贯 江苏苏州
出生年月 1946 年 9 月 3 日

　　顾逸东 空间科学与应用技术专家。中国科学院空间应用工程与技术中心研究员、学术委员会主任，中国载人航天工程空间科学首席专家，载人航天工程空间科学与应用委员会主任。1946 年出生于江苏淮安；1970 年毕业于清华大学工程物理系；1974 年 2 月至 1994 年 4 月，在中国科学院高能物理研究所从事宇宙线和高能天体物理研究，任宇宙线研究室副主任、研究员；1994 年 4 月至 2003 年 10 月，在中国科学院空间科学中心工作，任副主任、主任，研究员；2003 年 11 月至 2010 年 12 月，任中国科学院光电研究院副院长、院长、研究员；2011 年 1 月起，在中国科学院空间应用与技术中心从事载人航天空间应用规划和任务推进、空间科学战略研究、临近空间浮空器和科学卫星任务，任慧眼卫星工程副总师、SVOM 卫星和 EP 卫星工程总师。1994 年后从事空间科学与应用研究，兼任载人航天工程应用系统总设计师（1994.4—2008.7）、载人航天工程应用系统总指挥（1999.9—2007.1）。2005 年当选中国科学院院士。

主要成就

在高能物理研究所工作期间，倡议和推动发展中国高空科学气球及科学气球的宇宙射线和高能天体物理实验研究。在气球设计研制方面，开展了长期系统的研究，研制和发放成功系列化的高空气球并投入使用；领导建成了中国高空科学气球系统，组织指挥180 余次高空气球科学探测和技术试验，促进了中国空间科学探测发展，并推动了应用浮空器发展。是中国高空科学气球的开拓者、奠基者和主要学术带头人。

1994 年后负责载人航天工程应用系统总体工作。主持了中国载人航天工程应用系统总体技术工作，领导建成了适应多任务的空间应用技术体系和天地支持系统；制定了体现科学探索特点的研制流程和技术规范；组织各领域专家完成了神舟系列飞船和天宫空间实验室上的百余项对地观测、空间生命科学、微重力科学、空间天文、地球科学、空间环境等科学与应用任务的载荷研制和在轨运行，推动了中国空间科学与应用技术的创新发展；发动领域广泛的科学家群体，领导了载人空间站空间科学与应用任务论证和系统规划；主持了中国科学院学部的中国空间科学发展战略等研究。是我国空间科学的主要学术带头人。

获国家科学技术进步奖特等奖、二等奖各 1 项，部委级科技进步奖一、二等奖 5 项，以及"求是"科学基金会杰出科技成就集体奖、全国五一劳动奖章等奖项荣誉。

截至 2022 年，发表学术论文 60 余篇，培养硕士 15 位、博士 12 位。

社会任职

担任中国空间科学学会常务理事；曾任国际空间委员会（COSPAR）科学气球组委员（1987—1996），中国空间科学学会理事长（2006—2016）、空间探测专业委员会副主任、主任，中国宇航学会理事，国际空间研究委员会中国委员会（CNCOSPAR）委员，《空间科学学报》副主编等。

王诗成　数学家

Yuan Shi Xiao Zhuan 院士小传

当选时间 2005 年当选中国科学院院士
学　　部 数学物理学部
性　　别 男
民　　族 汉族
籍　　贯 江苏盐城
出生年月 1953 年 1 月 15 日

　　王诗成　数学家。北京大学数学科学学院教授、博士生导师，北京大学数学研究所所长。1981 年从北京大学硕士毕业后留校任教；1988 年获得美国加州大学洛杉矶分校博士学位；1997 年获得国家杰出青年科学基金项目资助；1998 年获得陈省身数学奖；1999 年至 2008 年，担任北京大学数学研究所副所长；2002 年应邀在国际数学家大会上作 45 分钟报告。2005 年当选中国科学院院士。

主要成就

主要从事低维拓扑研究。与合作者一起发现了三维流形中不能提升为有限复叠空间嵌入曲面的第一个本质浸入曲面的例子。对三维流形中心问题本质 Haken 猜测的研究引人注目，为几何群论专家所称道。与他人合作，利用可几何化流形证明了 Thurstou 关于复叠度的猜测以及几个有限性定理，并给出了不可约几何三维流形自同胚的标准型，对三维流形间非零度映射的研究做了重要的推动。在纽结手术方面也有佳作。发现了卫星结上实行循环手术的障碍，与他人合作得到纽结补中本质浸入曲面边界数的有限性定理。

获国家自然科学奖二等奖、中国青年科学家奖、"求是"杰出青年奖、陈省身数学奖等。

社会任职

担任中国数学会第十一届理事会理事长，*Algebraic and Geometric Topology*、*Topology Appl.*、《中国科学》以及《数学年刊》等杂志的编委。

陈晓亚 　植物生理学家

院士小传

当选时间 2005 年当选中国科学院院士
学　　部 生命科学和医学学部
性　　别 男
民　　族 汉族
籍　　贯 江苏扬州
出生年月 1955 年 8 月 21 日

　　陈晓亚 　植物生理学家。中国科学院分子植物科学卓越创新中心研究员、博士生导师，中国科学院上海辰山植物科学研究中心主任（兼）、上海辰山植物园园长（兼）。1982 年从南京大学生物学系毕业；1985 年获得英国雷丁大学博士学位；1991 年前往德国图宾根大学植物学系进行访问研究；1992 年在美国普渡大学从事博士后研究；1994 年回国，进入中国科学院上海植物生理研究所工作；1999 年获得国家杰出青年科学基金项目资助；2008 年当选发展中国家科学院院士；历任植物分子遗传国家重点实验室主任（2002—2007）、植物生理生态研究所所长（2002—2009）、中国科学院上海生命科学研究院院长（2008—2013）。2005 年当选中国科学院院士。

主要从事植物生理和分子生物学研究，早期曾从事植物分类学研究。在植物次生代谢（特别是倍半萜生物合成）、棉纤维发育和植物抗虫新技术等方面取得了一批有价值的成果，解析了棉酚生物合成途径，发现了新的芳香化机制、分析激素和环境因子调控青蒿素等倍半萜成分合成的分子机制；鉴定了棉纤维发育过程中的关键转录调控因子和细胞壁伸展蛋白，为阐明棉纤维和表皮毛发育的分子机制做出了重要贡献；研究了植物－昆虫互作分子机制，发展了植物介导的 RNA 干扰抗虫新技术，推动了相关生物技术的发展。

获何梁何利基金科学与技术进步奖（2008）、全国优秀博士学位论文指导教师奖（2010）、国际棉花基因组协调委员会杰出贡献奖（2014）、上海科普教育创新奖"科普杰出人物奖"（2015）、上海市自然科学奖一等奖（2017）等。

截至 2022 年，在国内外发表论文 200 余篇，其中包括 *Nature Biotechnology*、*Nature Communications*、*Nature Chemical Biology*、*PNAS*、*Plant Cell*、*Molecular Plant* 等国际重要刊物；获授权申请专利 30 多项。

担任政协上海市委员会委员（第十一届、十二届），中国植物生理与植物分子生物学学会理事长（第十一届、十二届），中国农学会副会长（第十一届），棉花生物学国家重点实验室学术委员会主任，系统与进化植物学国家重点实验室学术委员会主任，*Plant Biotechnology Journal* 副主编等。

当选时间 2005 年当选中国科学院院士
学 部 化学部
性 别 男
民 族 汉族
籍 贯 江苏溧阳
出生年月 1957 年 5 月 10 日

吴云东　理论有机化学家

院士小传

　　吴云东　理论有机化学家。北京大学化学生物学与生物技术学院教授、课题组长。1981 年从兰州大学化学系毕业；1986 年获得美国匹兹堡大学化学系博士学位；1987 年在加利福尼亚大学洛杉矶分校化学系从事博士后研究工作；1988 年在德国埃尔朗根大学有机化学研究所做访问学者；1988 年至 1992 年，担任加利福尼亚大学洛杉矶分校化学系高级研究员；1992 年进入香港科技大学化学系工作，先后担任助理教授、副教授、教授；2002 年获得国家杰出青年科学基金项目资助；2007 年至 2010 年，担任香港科技大学化学系讲座教授；2010 年担任北京大学化学生物学与生物技术学院讲座教授；2016 年至 2019 年，担任北京大学深圳研究生院院长。2005 年当选中国科学院院士。

主要成就

主要从事理论与计算有机化学的研究。提出夏普莱斯（Sharpless）不对称环氧化反应的机理。用该理论方法解释了过渡金属不对称催化机理及其立体化学对钼－烷烯基催化物催化烯烃开环复分解聚合反应和炔烃复分解聚合反应的机理，并对立体化学进行了理论研究。在手性有机小分子催化，特别是在脯氨酰胺衍生物催化的不对称直接 Aldol 反应方面，与他人合作提出了 Gong-Wu 模型和 oxa- 多肽概念，并设计合成了多种结构的 oxa- 多肽，指出在溶液中存在与老年痴呆症相关的淀粉样 β－多肽单体结构的可能性，并将其稳定性与淀粉样 β－多肽聚集的速度关联起来，通过取代基对碳、硅和氧自由基中心的电荷和自旋的影响，导出诱导效应和自旋离域与自由基稳定性的定量关系。

获国家自然科学奖 2 项、安徽省自然科学奖一等奖 1 项，以及洪堡基金会科学家科研奖（Humboldt Research Award）、福井奖章（Fukui Medal）、物理有机化学成就奖、Croucher 高级研究奖等荣誉。

截至 2014 年 9 月，已在《科学》（Science）、《美国科学院院报》（PNAS）、《美国化学会志》（J. Am. Chem. Soc.）等国际学术刊物上发表 SCI 论文近 200 篇，论文总引用次数超过 8 600 次（他引 8 300 多次），H 因子为 52；先后在国际和国内学术会议上作邀请报告或大会报告 90 多次，获邀在世界 80 多所大学和研究所作了 90 多场学术报告。

社会任职

担任亚太理论与计算化学家协会（APATCC）主席、副主席，第三届深圳市科技专家委员会委员，亚太理论与计算化学家协会共同发起人之一，重庆大学文理学部主任，《理论化学报告》（Theoretical Chemistry Accounts）、《中国化学杂志》（Chinese Journal of Chemistry）、《物理化学学报》（Acta Physico-Chimica Sinica）副主编等。

任露泉 仿生科学与工程学家 >>

院士小传

当选时间	2007 年当选中国科学院院士
学　　部	技术科学部
性　　别	男
民　　族	汉族
籍　　贯	江苏铜山
出生年月	1944 年 1 月 20 日

　　任露泉　仿生科学与工程学家。吉林大学教授、博士生导师，吉林大学校务委员会副主任，吉林大学学术委员会副主任，工程仿生教育部重点实验室（吉林大学）学术委员会主任。1967 年从吉林工业大学（现吉林大学）拖拉机专业毕业；1981 年于吉林工业大学获得工学硕士学位，毕业后留校任教；1991 年晋升为教授；1993 年被遴选为博士生导师；1996 年至 2000 年，担任吉林工业大学党委书记；2000 年担任吉林大学副校长。2007 年当选中国科学院院士。

Zhu Yao Cheng Jiu 主要成就

长期从事仿生科学与工程研究。在仿生科学方面，发现了生物脱附减阻特征的规律，提出生物形态、柔性、电渗、构形和组成等多因素综合脱附减阻理论和生物非光滑理论，开拓了农业机械、地面机械仿生设计方向。在仿生工程方面，建立了农业机械、地面机械仿生设计准则；发明了多项不同于传统理念的脱附减阻仿生技术，并拓展到非土壤介质的多个工程领域；进行自洁、耐磨、抗疲劳和降噪等耦合仿生研究，研制了减粘犁壁、防粘镇压辊、减摩活塞、耐磨轧辊和钻头等多种仿生产品。

截至2017年6月，先后担任国家"跃升计划"重大专项、国家"仪器开发"重大专项首席科学家，主持了国家"973计划"预研、国家自然科学基金重大国际合作和重点基金、国家"863计划"（包括军工"863计划"）、国家科技攻关、国家科技成果重点推广、国家科技成果重点转化、原国防科工委国防基础研究、科技部国际合作、欧盟第七框架协议、英国皇家学会中英合作等科研项目30余项。

作为第一获奖人获得省部级二等奖以上奖励13项，其中国家技术发明奖二等奖2项；获得国家教学成果奖二等奖2项；省部级一等奖7项。

出版著作4部，发表学术论文500篇，其中被SCI、EI和ISTP收录300多篇。申报和授权中国、美国和欧盟发明专利50余项，转让和实施专利21项。培养博士（后）60余人，其中5人获得国家杰出青年科学基金项目资助。

She Hui Ren Zhi 社会任职

担任过中国农业机械学会副理事长、名誉理事长，全国汽车拖拉机专业指导委员会副主任，全国高等学校机电类专业教学指导委员会委员，国家自然科学基金委材料与工程学部咨询专家，国家自然科学基金委机械学科评审组专家，国家科技奖机械学科评审专家组成员，教育部科技委员会委员，国务院学位委员会第六届学科（机械）评议组成员，人事部全国博士后管理委员会第七届专家组成员，国际仿生工程学会常务副主席，国际地面车辆系统学会中国国家代表，亚洲农业工程学会副主席，中国农机学会地面机器系统分会理事长，中国现场统计学会常务理事，政协吉林省委员会委员，中国共产党吉林省委员会咨询专家，吉林省现场统计学会理事长，吉林省农业机械学会理事长，吉林省农业工程学会副理事长，吉林省农业现代化学会副理事长，吉林省生态产业协会副理事长，吉林省兵工学会副理事长，吉林省军工科技创新协会副理事长，长春理工大学双聘院士，《农业机械学报》主编，《农业工程学报》《吉林大学学报（工学版）》编委会主任，*Journal of Bionic Engineering* 主编等。

邢定钰　物理学家

当选时间	2007 年当选中国科学院院士
学　　部	数学物理学部
性　　别	男
民　　族	汉族
籍　　贯	江苏南京
出生年月	1945 年 2 月 3 日

邢定钰　物理学家。中国科学院数理学部常委，南京大学物理学院学术委员会主任、博士生导师、教授，"量子调控"国家重大科学研究计划项目首席科学家。1967 年从南京大学物理学系毕业，获学士学位；1981 年从南京大学硕士毕业后留校任教；1990 年起，成为南京大学教授；1993 年起，任博士生导师，同年任南京大学物理系副主任；1999 年被任命为南京大学固体微结构物理国家重点实验室主任。2007 年当选中国科学院院士。

Zhu Yao Cheng Jiu 主要成就

　　长期从事凝聚态理论研究，在电子输运理论、低维受限的量子系统和超导理论等方面做出了一系列有创新意义的工作。发展了非平衡统计算子理论，正确处理了半导体热电子的输运问题，修正了国际上长期沿用的理论方案的缺陷。发展了具有多谷能带结构半导体的热电子输运理论；在掺杂锰钙钛矿氧化物的庞磁电阻机理研究中，与合作者提出双交换机制和非磁无序相结合的理论模型，运用单参数标度理论计算扩散态和局域态迁移率边，解释了实验结果。发展了磁多层结构和磁颗粒系统的解析输运理论，正确计算了巨磁电阻的角度依赖性和随颗粒尺度的变化。

　　主持和参加了多项国家级科研项目，担任"攀登计划"项目"纳米结构和纳米材料"和"973计划"项目"人工带隙材料的物理机制、制备及其应用"专家组成员，国家自然科学基金委员会"理论物理专款学术领导小组"成员，国家重大科学研究项目"固体微结构的量子效应、调控及其应用"首席科学家。

　　1997年获江苏省部级科技进步奖一等奖，1999年获教育部科技进步奖二等奖，2001年获教育部中国高校自然科学奖一等奖，2002年获国家自然科学奖二等奖等。

She Hui Ren Zhi 社会任职

　　担任过第十二届全国人民代表大会代表，全国政协第十一届委员会委员，第六届科学技术委员会数理学部委员，国务院学位委员会第六届学科评议组物理学、天文学组成员，中国科学院理论物理研究所理论物理国家重点实验室学术委员会委员，中国磁学国家重点实验室第七届学术委员会委员，江苏省新能源技术工程实验室学术委员会主任，南京大学人工微结构科学与技术协同创新中心联合主任，《物理学进展》主编，《物理学报》、*Communications in Theoretical Physics*、*Chinese Physics B.* 副主编等。

祝世宁　功能材料学家

院士小传
Yuan Shi Xiao Zhuan

当选时间　2007 年当选中国科学院院士
学　　部　技术科学部
性　　别　男
民　　族　汉族
籍　　贯　江苏镇江
出生年月　1949 年 12 月 17 日

　　祝世宁　功能材料学家。南京大学教授、博士生导师、校学术委员会副主任。1949 年 12 月出生于江苏南京；1981 年从淮阴师范学院毕业后留校任教；1988 年获得南京大学硕士学位；1996 年获得南京大学博士学位；2005 年起，任南京大学物理学系主任；2009 年起，任南京大学物理学院院长；2013 年当选美国光学学会会士；2017 年当选美国物理学会会士。2007 年当选中国科学院院士。

长期从事微结构功能材料研究，发现了铌酸锂型铁电体电畴反转动力学规律，发展了图案极化技术，研制出不同功能的介电体超晶格材料；发展了非共线准相位匹配技术，并应用于光的非线性弹性散射、增强拉曼散射、非线性切仑科夫辐射和纠缠光等研究；将超晶格材料与全固态激光技术结合，研制了光学超晶格多波长激光器和可调谐激光器等；研制出全球首片铌酸锂集成光量子芯片，实现了全球首个基于无人机光量子的信息传输，为构建基于无人机量子通信网络奠定了基础。

曾获国家"863计划"项目15周年先进个人（重要贡献）、香港"求是"杰出青年学者、南京市十大科技之星等荣誉；与合作者一起完成的研究成果3次入选中国基础研究年度十大新闻，2次被评为中国高校年度科技十大进展；作为主要完成人（排名第三）所完成的"介电体超晶格的设计、制备、性能与应用"项目获2006年国家自然科学奖一等奖；还获首届中国光学科技一等奖（2018），首届江苏省基础研究重大贡献奖（2019），高等学校科学研究优秀成果奖（自然科学）一等奖（2020）等奖项。

在国际高水平学术刊物上发表论文600余篇，拥有国际、国家发明专利20余项。

担任过中国科学院技术学部常委、副主任，教育部科技委材料学部主任，"973计划"项目顾问专家，国家纳米科学技术指导协调委员会委员、专家组成员，江苏省科学技术协会第八届、九届委员会副主席，江苏省物理学会理事长等。

杨元喜　　大地测量专家

当选时间　2007 年当选中国科学院院士
学　　部　地学部
性　　别　男
民　　族　汉族
籍　　贯　江苏泰县（现江苏姜堰）
出生年月　1956 年 7 月 23 日

院士小传

杨元喜　大地测量专家。北斗全球卫星导航系统副总设计师，测绘卫星工程总设计师，西安测绘研究所研究员。1980 年从郑州测绘学院大地测量专业毕业后留校任教；1987 年获郑州测绘学院硕士学位；1991 年获中国科学院测量与地球物理研究所博士学位；1995 年作为访问学者赴美国 TEXAS 大学空间大地测量专业研修；1996 年至 1997 年，作为洪堡学者赴德国波恩大学研修；1998 年获得国家杰出青年科学基金项目资助；2011 年获何梁何利基金科学与技术进步奖；2019 年获中国航天基金会"钱学森杰出贡献奖"。2007 年当选中国科学院院士。

Zhu Yao Cheng Jiu 主要成就

长期从事大地测量与卫星导航领域的研究工作，建立了"相关观测抗差估计"理论，构建了双因子等价权模型，提出了抗差方差分量估计方法，发展了抗差贝叶斯估计和抗差拟合推估理论。创建了"动态自适应导航定位"理论体系，构建了4种自适应因子和相应的最优自适应因子，已成为非匀速运动载体精密导航定位的主要技术方法。

主持完成了"2000中国GPS大地控制网数据处理工程"和"全国天文大地网与空间网联合平差工程"，坐标框架点精度分别达到3厘米和3分米，使我国国家大地控制网及相应坐标系统步入国际先进行列；继而主持了"全球动态坐标框架建立与维持工程"，历元坐标框架点精度达到毫米量级。前瞻性地提出国家综合定位、导航与授时（PNT）体系建设构想，率先搭建了弹性PNT理论和技术框架，得到国际同行的广泛关注。2016年起，任中国北斗全球卫星导航系统副总设计师，为我国北斗卫星导航系统的建设与运行维护做出了重要贡献；2020年起，任我国测绘卫星工程总设计师，工程包括光学测绘卫星、雷达干涉测绘卫星、重力测量卫星等，促进了我国航天对地观测能力的提升。

截至2022年8月，主持完成10多项国家自然科学基金课题和科技部重点研发计划项目，2项成果获得国家科学技术进步奖二等奖，7项成果获得省部级科技进步奖一等奖。因科研成果突出，先后获得"求是"杰出青年实用工程奖、全国优秀共产党员、何梁何利基金科学与技术进步奖（地球科学奖）、做出突出贡献的中国硕士学位获得者、优秀中青年专家、中国航天基金会"钱学森杰出贡献奖"等荣誉。

截至2022年8月，共完成学术专著3部、合著5部；发表论文300余篇，其中SCI收录论文80余篇，论文被引超14 000次；2020年入选全球前1%高被引论文榜单，2021年入选全球前2%顶尖科学家榜单。

She Hui Ren Zhi 社会任职

担任全国政协第十二届、十三届委员会委员等；曾任国际大地测量协会（IAG）第四委员会秘书，中国科学技术协会科普委员会副主任，国家自然科学基金委员会咨询专家，中国大地测量专业委员会副主任，《测绘学报》、*Satellite Navigation*期刊主编等。

赵进东　植物生理学及藻类学家

院士小传　*Yuan Shi Xiao Zhuan*

当选时间　2007 年当选中国科学院院士
学　　部　生命科学和医学学部
性　　别　男
民　　族　汉族
籍　　贯　江苏武进
出生年月　1956 年 11 月 11 日

　　赵进东　植物生理学及藻类学家。北京大学生命科学学院教授，中国科学院水生生物研究所研究员、博士生导师、所长，中国致公党中央常委、中央科教文卫工作委员会副主任。1956 年 11 月出生于重庆；1982 年 2 月毕业于西南师范学院（现西南大学前身之一）；1984 年在中国科学院水生生物研究所获得硕士学位；1990 年在美国德克萨斯州立大学获博士学位；1990 年至 1994 年，留美从事相关工作；1994 年 9 月回国后至今，在北京大学生命科学学院任教；2010 年当选发展中国家科学院院士；2014 年 12 月，挂职北京市农村工作委员会副主任。2007 年当选中国科学院院士。

主要成就

长期从事藻类生物学研究，对蓝藻细胞分化和格式形成有系统研究，尤其对蓝藻异形胞分化中的信号转导和基因表达调控有深入研究。揭示了钙结合蛋白和钙离子信号在蓝藻细胞分化中起到的重要调控作用。对蓝藻藻胆体吸收光能在两个光系统间的分配与调节开展了系统研究，对揭示藻胆体吸收光能向光系统传递的途径和调控方式有重要贡献。利用蓝藻为合成生物学模型，为进行第二代生物新能源和高等次级代谢物的生产做出了重大突破。

早在美国期间，在光合作用研究领域就取得了突破性进展，应邀在国际学术会议上作报告 10 余次。先后获得美国李氏基金会奖金、青年科学家安泰奖、优秀青年教师奖等奖项，1999 年荣获"全国归侨、侨眷先进个人"称号，1995 年被评为国家自然科学基金委"杰出青年基金"获得者，2008 年获何梁何利基金科学与技术进步奖。

20 余篇论文先后被 SCI 刊物收录，并获美国技术专利 1 项。

社会任职

担任中国致公党第十三届中央常务委员会委员、中央科教文卫工作委员会副主任，全国政协第十一届委员会委员，中国植物学会常务理事，中国植物生理学会常务理事，中国中学生生物学竞赛委员会主任，西南大学淡水鱼类资源与生殖发育教育部重点实验室学术委员会主任等。

吴岳良　　理论物理学家

当选时间 2007 年当选中国科学院院士
学　　部 数学物理学部
性　　别 男
民　　族 汉族
籍　　贯 江苏宜兴
出生年月 1962 年 2 月 4 日

院士小传

　　吴岳良　理论物理学家。中国科学院理论物理研究所研究员、博士生导师，中国科学院大学学术副校长，国际欧亚科学院院士。1982 年从南京大学理论物理专业本科毕业；1987 年从中国科学院理论物理研究所博士毕业，之后前往德国多特蒙德大学、德国美茵茨大学、美国卡耐基·梅隆大学、美国俄亥俄州立大学从事研究工作；1996 年回国，进入中国科学院理论物理研究所工作，先后担任副研究员、研究员、第一研究室主任、副所长；2006 年担任中国科学院卡弗里理论物理研究所所长；2007 年担任中国科学院理论物理研究所所长（至 2012 年）；2012 年担任中国科学院大学常务副校长，兼任中国科学院大学中丹学院院长；2019 年当选国际欧亚科学院院士。2007 年当选中国科学院院士。

主要成就

　　主要从事粒子物理和量子场论研究。首次论证了一组手征代数关系并在量子手征圈图的贡献下成立，最先表明 $K-$ 介子衰变中直接 CP 破坏和 $\Delta I = 1／2$ 同位旋规则可在标准模型框架内同时得到自洽的解释，其理论预言与国际上两个重要实验结果一致。首次完整地建立了 CP 自发破缺的双黑格斯二重态模型，不仅可解释标准模型中 CP 破坏的起源，还使得每个夸克和轻子都带有一个物理的 CP 破坏位相成为新的 CP 破坏源。与合作者提出重夸克有效场理论的物理基础，并给出多个计算高阶修正的动力学方法。

　　1997 年入选原国家人事部"百千万人才工程"，2000 年入选中国科学院"百人计划"，获国家自然科学奖二等奖、留学回国人员成就奖等荣誉，享受政府特殊津贴。

社会任职

　　担任亚太理论物理中心理事会主席、董事会成员，教育部基础教育教学指导委员会副主任委员，空间引力波探测"太极计划"首席科学家，理论物理国家重点实验室（筹）主任，北京青少年科技教育协会理事长，江苏常州高新区科技发展顾问等。

陶　澍　　　　　　环境科学家　»»

院士小传

当选时间　2009 年当选中国科学院院士
学　　部　地学部
性　　别　男
民　　族　汉族
籍　　贯　江苏无锡
出生年月　1950 年 8 月 14 日

陶澍　环境科学家。北京大学城市与环境学院博雅讲席教授，南方科技大学讲席教授。1950 年 8 月出生于上海；1977 年毕业于北京大学地质地理系；1981 年美国堪萨斯大学土木系硕士毕业；1984 年美国堪萨斯大学博士毕业后回国，进入北京大学任教，先后担任讲师、副教授、教授、特聘教授等。2009 年当选中国科学院院士。

主要成就

主要研究微量有毒污染物排放、行为、归趋和效应等区域尺度环境过程。曾主持国家杰出青年科学基金、创新研究群体、重大项目、重点项目等多项国家自然科学基金项目。

2001 年获"全国模范教授"称号，2020 年 11 月入选"首届中国地理学会会士"，2021 年 1 月获 ES&T/ES&TL 杰出成就奖等。

截至 2022 年，在国外学术刊物上发表第一或通讯作者论文 200 余篇，论文被引 20 000 余次，H 因子为 89（Web of Science）。

社会任职

担任国家生态环境咨询委员会委员，国家环境与健康咨询委员会委员，*Environmental Science & Technology*（*ES&T*）副主编等。

包信和　　　　物理化学家

Yuan Shi Xiao Zhuan
院士小传

当选时间	2009 年当选中国科学院院士
学　　部	化学部
性　　别	男
民　　族	汉族
籍　　贯	江苏扬中
出生年月	1959 年 8 月 26 日

　　包信和　物理化学家。发展中国家科学院院士，英国皇家化学学会荣誉会士，中国科学院大连化学物理研究所研究员，中国科学技术大学校长。1982 年毕业于复旦大学化学系；1987 年于复旦大学获博士学位；1989 年至 1995 年，在德国马普学会 Fritz-Haber 研究所做访问学者；1995 年回国任中国科学院大连化学物理研究所研究员，中国科学院研究生院教授；2000 年 8 月至 2007 年 2 月，任中国科学院大连化学物理研究所所长；2013 年起，担任中国科学院大连化学物理研究所学术委员会主任；2015 年 7 月至 2017 年 6 月，任复旦大学常务副校长；2017 年 7 月起，任中国科学技术大学校长。2009 年当选中国科学院院士。

主要成就

主要从事表面化学与催化基础和应用研究。发现次表层氧对金属银催化选择氧化的增强效应，揭示了次表层结构对表面催化的调变规律，制备出具有独特低温活性和选择性的纳米催化剂，解决了重整氢气中微量 CO 造成燃料电池电极中毒失活的难题。发现了纳米催化体系的协同限域效应，研制成碳管限域的纳米金属铁催化剂和纳米 Rh–Mn 催化剂，使催化合成气转化的效率成倍提高。在甲烷活化方面，以分子氧为氧化剂，实现了甲烷在80℃条件下直接高效氧化为甲醇的反应；创制了 Mo/MCM–22 催化剂，使甲烷直接芳构化制苯的单程收率大幅度提高。

获得国家自然科学奖一等奖和二等奖、辽宁省自然科学奖一等奖、中国十大科学进展 2 项、国际天然气转化杰出成就奖、陈嘉庚化学科学奖、中国化学会 – 中国石油化工股份有限公司化学贡献奖、德国化学工程和生物技术协会（DECHMA）及德国催化协会催化成就奖（Alwin Mittasch Prize 2017）、中国科学院杰出科技成就奖、周光召基金会基础科学奖、何梁何利基金科学与技术进步奖等。

截至 2018 年 8 月，培养出博士生、硕士生 89 名，其中博士研究生马丁在读期间发表了多篇高水平的论文，获得中国科学院院长奖学金优秀奖。

社会任职

担任第九届、十届、十二届全国人民代表大会代表和十三届常务委员会委员，国际催化协会委员，中国化学会第二十八届和第二十九届理事会副理事长，中国化学会催化专业委员会主任，第二届高等学校科学研究优秀成果奖（科学技术）奖励委员会委员，*J. of Energy Chemistry* 期刊共同主编，《中国科学》《国家科学评论》（*NSR*）以及 *Angew. Chem. Int–Ed*、*Energy & Env. Sci.*、*Surf. Sci. Report*、*Chemical Sci.* 和 *ChemCat Chem* 等学术期刊编委和顾问编委。

江 雷　　　　无机化学家

院士小传

当选时间	2009 年当选中国科学院院士
学　部	化学部
性　别	男
民　族	汉族
籍　贯	江苏镇江
出生年月	1965 年 3 月 24 日

　　江雷　无机化学家。发展中国家科学院院士，美国工程院外籍院士，澳大利亚科学院外籍院士，中国科学院理化技术研究所研究员。1987 年毕业于吉林大学物理系固体物理专业；1990 于吉林大学化学系物理化学专业获硕士学位；1992 年至 1994 年，作为中日联合培养的博士生在日本东京大学留学，回国获博士学位；1994 年至 1996 年，在日本东京大学做博士后研究；1996 年至 1999 年，在日本神奈川科学院任研究员；1998 年入选中国科学院"百人计划"。1999 年至 2015 年，担任中国科学院化学研究所研究员；2015 年至今，担任中国科学院理化技术研究所研究员；2008 年至 2019 年，兼任北京航空航天大学化学学院院长；2012 年当选发展中国家科学院院士；2016 年当选美国工程院外籍院士；2022 年当选澳大利亚科学院外籍院士。2009 年当选中国科学院院士。

主要成就

在基础研究方面，从 1998 年起便通过研究荷叶表面的超疏水性和动物角膜的超亲水性，发现静态超浸润的基本原理是微纳米结构和表面能的协同效应控制表面界的超浸润性。通过实验确定液体亲疏本征阈值，修正了杨氏方程关于所有液体的亲疏界限，提出表面超亲超疏在纳米结构上的转变点为液体亲疏界限。在静态超浸润研究的基础上，通过研究多种生物的动态超浸润特性，例如，水黾腿、蜘蛛丝和仙人掌表面的锥形微结构以及离子通道的内锥微结构都具有对微流体的定向驱动能力，提出动态超浸润微液滴驱动基本原理是化学组成梯度、粗糙梯度、曲率梯度等调控流体输运的方向。通过学习自然，建立了包括 64 个组合方案的超浸润界面材料体系，并拓展到不同压力和温度范围的各种液体体系，引领并推动了该领域在全球的发展。目前为止，世界上共有 94 个国家、超过 1 400 个研究单位从事超浸润领域的研究；发表论文数也呈现逐年显著上升趋势，截至 2021 年，发表论文总数超过 23 000 篇。

在应用方面，10 余项超浸润界面材料体系方案应用于能源领域（浓差发电、高效传热）、健康领域（癌症检测、医用导管）、资源领域（淡水采集、石油增采）、国防领域（兵器自洁、高温抗粘附）、环境领域（油水／乳液／染料分离、农药增效）、材料领域（微加工技术及制备技术）、化工领域（高效高选择性催化体系）。

2011 年获发展中国家科学院化学奖；2013 年获何梁何利基金科学与技术奖；获 2014 年度中国科学院杰出科技成就奖；2014 年获美国材料学会奖励 "MRS Mid-Career Researcher Award"，是中国大陆首位获奖人；2016 年获联合国教科文组织纳米科学与纳米技术发展贡献奖，同年获得日经亚洲奖；2017 年获德国洪堡研究奖；2018 年获得 "求是" 杰出科学家奖、纳米研究奖；2020 年获 ACS Nano Lectureship Award；2021 年超浸润性技术入选 IUPAC 化学领域十大新兴技术。

截至 2022 年，发表 SCI 论文 800 余篇，总被引 143 000 余次，H 因子为 177；已获授权专利 70 余项，其中一些已经实现了技术转化。

社会任职

担任 *Small* 国际顾问编委会主席，*Science China Materials* 副主编，*Adv. Funct. Mater.*、*ACS Nano*、*Chemistry of Materials*、*Materials Horizons*、*Small Science*、*Adv. Mater. Interfaces* 以及《高等学校化学学报》《无机化学学报》《高分子学报》等国内外多个学术期刊的编委和顾问编委等。

王 曦　材料科学家

院士小传

当选时间 2009 年当选中国科学院院士

学　　部 技术科学部

性　　别 男

民　　族 汉族

籍　　贯 江苏南通

出生年月 1966 年 8 月 6 日

　　王曦　材料科学家。中国共产党第十九届中央委员会候补委员，广东省委常委，广东省政府副省长、党组成员，中国科学院上海微系统与信息技术研究所研究员。1966 年 8 月出生于上海；1987 年毕业于清华大学工程物理系；1990 年、1993 年先后获中国科学院上海冶金研究所（现上海微系统与信息技术研究所）硕士、博士学位；1994 年至 2001 年，在中国科学院上海冶金研究所工作，历任副研究员、研究室主任等；2001 年 7 月至 2019 年 4 月，在中国科学院上海微系统与信息技术研究所工作，历任研究员、研究室主任、所长助理、副所长、所长等；2019 年担任国家科技部副部长、党组成员；2020 年 8 月起，从科技部调往广东任职，出任广东省政府副省长、党组成员；2022 年 5 月起，担任中共广东省委常委、省政府副省长、党组成员。2009 年当选中国科学院院士。

Zhu *Yao Cheng Jiu* 主要成就

长期致力于载能离子束与固体相互作用物理现象研究，并将研究成果应用于电子材料 SOI（Silicon-on-Insulator）的开发。在对离子注入 SOI 合成过程中的物理和化学过程研究的基础上，自主开发了一系列将 SOI 材料技术产业化的关键技术，建立了中国 SOI 材料研发和生产基地。2008 年制备出中国第一片 8 英寸键合 SOI 晶片，实现了 SOI 晶片制备技术的重要突破。在载能离子束与固体相互作用以及离子束辅助薄膜沉积技术研究方面，揭示了载能离子作用下薄膜表面微结构、相组分、电子学、光学、生物学特性，实现了载能离子束薄膜生长的可控制性。

截至 2017 年，主持完成了包括国家"863 计划""超大规模集成电路配套材料"重大专项项目在内的多个国家级项目，并获得上海市科学技术进步奖一等奖、国家科学技术进步奖一等奖、中国科学院杰出科技成就奖，以及国家杰出青年科学基金。还获国务院颁发的政府特殊津贴、何梁何利基金科学与技术进步奖、第八届中国科学院杰出青年、全国创新争先奖、"十一五"国家科技计划执行突出贡献奖等荣誉。

截至 2012 年，在中国科学院上海微系统与信息技术研究所（原中国科学院上海冶金研究所）培养指导博士生 10 多名、硕士生 4 名。

She *Hui Ren Zhi* 社会任职

担任亚洲科学理事会主席，中国科学技术协会第九届全国委员会副主席，国家科技重大专项"极大规模集成电路制造装备及成套工艺"技术副总师，中国材料研究学会青年委员会委员，上海市半导体材料专业委员会主任，上海市真空学会等常务理事，复旦大学重点实验室学术委员会委员，中国科学院上海原子核研究所重点实验室学术委员会委员，中国科学院上海微系统与信息技术研究所重点实验室学术委员会委员，中国科学院上海硅酸盐研究所重点实验室学术委员会委员等。

郭华东　遥感与数字地球科学学家

院士小传

当选时间　2011 年当选中国科学院院士

学　　部　地学部

性　　别　男

民　　族　汉族

籍　　贯　江苏丰县

出生年月　1950 年 10 月 6 日

郭华东　遥感与数字地球科学学家。俄罗斯科学院外籍院士，芬兰科学与人文院外籍院士，发展中国家科学院院士，国际欧亚科学院院士，中国科学院空天信息创新研究院研究员、博士生导师、学术委员会主任。1977 年南京大学毕业；1981 年获中国科学院研究生院硕士学位；1984 年至 1985 年，在美国俄勒冈州立大学学习；1988 年至 1997 年，先后任中国科学院遥感应用研究所副所长、常务副所长；1997 年至 2002 年，担任中国科学院遥感应用研究所所长；2002 年至 2008 年，担任中国科学院副秘书长；2007 年至 2012 年，担任中国科学院对地观测与数字地球科学中心主任；2012 年至 2015 年，担任中国科学院遥感与数字地球研究所所长；2021 年起担任可持续发展大数据国际研究中心主任。期间，历任中国科学院遥感信息科学重点实验室主任、中国科学院数字地球重点实验室主任、国家遥感应用工程技术研究中心主任、遥感科学国家重点实验室学术委员会主任等。2011 年当选中国科学院院士。

主要从事空间地球信息科学研究。担任"973 计划"项目首席科学家、国家重大科技基础设施首席科学家、国家自然科学基金委重大项目负责人和中国科学院战略先导专项负责人。在遥感信息机理、雷达对地观测、数字地球科学和地球大数据等领域取得了系列成果。

系统揭示了雷达电磁波与典型地物的相互作用机理，建立了无植被沙丘雷达散射几何模型，揭示了熔岩的去极化机理与植被的多极化响应现象，证实了长波段雷达对干沙的穿透性；领导建设了新型对地观测系统，创建了中国第一个数字地球原型系统和地球大数据科学平台；主持建成了多平台多波段对地观测信息处理技术与应用系统，提出建立月基对地观测系统概念，并先后提出科学大数据和地球大数据概念；主持建立了地震灾害监测、金矿资源探测、气候变化应对、世界遗产保护、可持续发展大数据等五大应用系统和神舟飞船陆地应用系统；是国际上首颗可持续发展科学卫星的首席科学家。

领衔的地震灾害监测团队被中共中央、国务院、中央军委授予"全国抗震救灾英雄集体"称号，成果入选 2008 年度十大科技新闻。担任主任的可持续发展大数据国际研究中心成立时，收到国家主席习近平的贺信和联合国秘书长古特雷斯的视频祝贺。

获国家科学技术进步奖 4 项、省部级科技奖励 9 项，以及何梁何利基金科学与技术奖、全国创新争先奖、俄罗斯地理学会普热瓦尔斯基奖、俄罗斯宇航联合会齐奥尔科夫斯基奖、亚洲遥感协会金奖、联合国全球脉动奖等荣誉。此外，还被授予国家级"有突出贡献的中青年专家"和全国"先进工作者"称号，被澳大利亚科廷大学授予名誉科学博士学位，2021 年获国际科联可持续发展科学奖。

截至 2022 年，发表论文 500 余篇（其中 SCI 论文 270 余篇），出版专著和主编著作 25 部，培养博士、硕士 110 余名。

担任全国政协委员会委员（第十二届、十三届），国际科学理事会（ISC）中国委员会主席，国际数字地球学会（ISDE）名誉主席、中国国家委员会主席，国际灾害风险综合研究计划（IRDR）中国委员会主席，联合国教科文组织国际自然与文化遗产空间技术中心主任，"数字丝路"国际科学计划主席，《地球大数据》《中国数据科学》主编，《中国科学院院刊》副主编等；曾任国家"863 计划"信息获取与处理技术主题第四、五届专家组组长，国家"863 高技术计划"专家委员会委员，国家"973 计划"全球变化专家组成员，联合国可持续发展目标技术促进机制 10 人组成员（2018—2021），国际环境遥感委员会主席（2017—2020），国际数字地球学会主席（2015—2019），北京大学、南京大学、浙江大学、中国科学技术大学等校兼职教授或名誉教授等。

严纯华　　无机化学家

院士小传

当选时间 2011 年当选中国科学院院士

学　　部 化学部

性　　别 男

民　　族 汉族

籍　　贯 江苏如皋

出生年月 1961 年 1 月 30 日

严纯华　无机化学家。兰州大学党委副书记、校长（副部长级）。1961 年出生于上海；1982 年、1985 年和 1988 年，先后在北京大学化学系获理学学士、硕士和博士学位；1988 年 2 月起留校工作，先后任讲师、副教授、教授、长江学者特聘教授、博雅讲席教授等；2012 年当选发展中国家科学院院士；2013 年 11 月起，历任北京大学教务处副处长、研究生院常务副院长、党委组织部部长；2016 年 10 月任南开大学党委常委、副校长；2017 年 12 月任兰州大学校长（副部长级）、党委副书记。2011 年当选中国科学院院士。

主要成就

　　主要从事稀土分离理论、应用及稀土功能材料研究。发展了"串级萃取理论"，实现了中重稀土串级萃取工艺参数的准确设计以及高纯重稀土的大规模工业生产；提出了"联动萃取工艺"的设计和控制方法。建立了稀土纳米晶的可控制备方法，系统研究了"镧系收缩"效应对稀土纳米晶的结构影响规律；发现稀土晶发光主要受到表面晶格对称性破损控制，实验中率先证实了 CeO_2 对 CO 的催化活性与其外露晶面有关的理论预测；实现了不同结构与组成的稀土氟化物纳米晶的多色上转换发光。

　　获得国家自然科学奖二等奖 2 次（2011 年，第一完成人；2006 年，第二完成人）和三等奖 1 次（1987 年，第三完成人）、国家科学技术进步奖二等奖（1999 年，第一完成人）和三等奖（1991 年，第二完成人）各 1 次。此外，还获得中国青年科技奖、国家重点实验室科研"金牛奖"、何梁何利基金科学与技术进步奖（化学奖），以及"十大杰出青年"和国家级"有突出贡献的中青年专家"称号等荣誉。

　　截至 2018 年 3 月，先后发表论文 250 余篇，参加编写了《稀土》等学术专著，获国家授权专利 11 项，研究成果 2 次被收入《中国百科年鉴》（1986、1992）。截至 2016 年，培养了 40 余名博士、11 名硕士。

社会任职

　　担任全国政协第十三届委员会委员，甘肃省第十三届人民代表大会代表，中国稀土学会和有色金属学会副理事长，《中国稀土学报》和 *J. Rare Earths* 主编，*Inorganic Chemistry*（ACS，美国）、《结构化学》、*Frontiers of Chemistry in China*、 *Chemistry of Materials*（ACS，美国）、*ChemistryOpen*（Wiley）、*RSC Advances*（RSC，英国）等刊物副主编、编委或顾问编委等。

李 林　　　生物化学家

院士小传 Yuan Shi Xiao Zhuan

当选时间　2011 年当选中国科学院院士
学　　部　生命科学和医学学部
性　　别　男
民　　族　汉族
籍　　贯　江苏南京
出生年月　1961 年 5 月 9 日

　　李林　生物化学家。中国科学院上海生命科学研究院研究员、院长。1983 年毕业于南京大学；1989 年于中国科学院上海生物化学研究所获博士学位；1990 年至 1992 年，在美国纽约州立大学石溪分校做博士后研究；1992 年回国，在上海生化所（现中国科学院上海生命科学研究院前身之一）工作，先后担任副研究员、研究员、副院长、院长。2011 年当选中国科学院院士。

主要从事细胞信号转导研究，在对 Wnt 信号转导通路的研究中做出了系统性和原创性的工作，取得了既有理论意义又有潜在应用价值的重要成果，对该领域的发展做出了重要贡献。

1999 年至 2003 年，主持国家自然科学基金重大项目"蛋白质组及蛋白质结构动态变化与功能关系"；2002 年至 2008 年，作为首席科学家主持国家重点基础研究发展规划（"973 计划"）"炎症的细胞信号转导网络及其调控机制"项目；自 2010 年起，作为首席科学家主持了国家重大科学研究计划"细胞生长调控的重要蛋白质群的功能与作用机制"项目；2006 年至 2011 年，作为负责人主持了国家基金委创新群体"细胞命运决定的分子网络"项目。

1995 年获得国家杰出青年科学基金项目资助，1996 年获香港"求是"科技基金会"杰出青年学者奖"，1997 年获得中国青年科技奖等。

多年以来，在酶的催化和调节的作用机制与细胞信号转导的分子机制等方面开展研究，在国内外核心刊物上发表 60 多篇研究论文。

担任全国政协第十一届委员会委员，第十二届全国人民代表大会代表，国际期刊 *JBC*、*Cell Research*、*ABBS*、*JNCB* 以及《中国生物化学与分子生物学学报》《生命的化学》等编委、编辑或副主编等。

田 禾　　精细化工专家

当选时间 2011 年当选中国科学院院士

学　　部 化学部

性　　别 男

民　　族 汉族

籍　　贯 江苏常熟

出生年月 1962 年 7 月 22 日

院士小传

田禾　精细化工专家。发展中国家科学院院士，华东理工大学教授、博士生导师。1962 年 7 月出生于新疆乌鲁木齐；1982 年本科毕业于南京理工大学化学化工学院；1989 年从华东理工大学博士毕业后留校任教；1991 年至 1993 年，在德国锡根大学化学系从事博士后研究；1996 年获得国家杰出青年科学基金项目资助；2011 年当选中国科学院院士。2013 年当选发展中国家科学院院士。

长期从事功能染料的基础与应用研究。重点围绕"共轭 π 体系染料结构与荧光功能精细调控",探索荧光分子机器的表征、发光分子工程与调控、有机智能材料构筑和有机太阳电池敏化染料的创新等,针对功能染料新品种及其关键中间体、高性能有机颜料开发了清洁生产工艺,构筑了相关自主知识产权体系。

获国家自然科学奖二等奖(排名第一)、国家科学技术进步奖二等奖、上海市自然科学奖一等奖(排名第一)等奖项,以及 2020 年全国先进工作者、上海市科技功臣、全国五一劳动奖章、全国优秀留学回国人员成就奖、全国优秀教师等荣誉。

截至 2022 年 7 月,与合作者发表 SCI 论文 580 余篇,获得中国授权发明专利 98 项;2014 年至今,在化学领域均是国际高被引用学者"Highly Cited Researchers"(Thomson Reuters Web of Science)。

担任上海市第十五届人民代表大会代表,中国化学会第三十届理事会副理事长,国际学术期刊 *ACS Applied Materials & Interfaces* 和 *Science China Chemistry* 副主编,*Chemical Science*、*Advanced Optical Materials*、*CCS Chemistry*、*JACS Au* 等国际主流期刊编委或顾问编委等。

翟婉明　轨道交通工程动力学专家 >>>

院士小传

当选时间　2011 年当选中国科学院院士

学　　部　技术科学部

性　　别　男

民　　族　汉族

籍　　贯　江苏靖江

出生年月　1963 年 8 月 21 日

　　翟婉明　轨道交通工程动力学专家。美国国家工程院外籍院士，西南交通大学首席教授、博士生导师。1981 年考入西南交通大学，先后获得学士、硕士、博士学位；1987 年硕士毕业后留校任教；1991 年破格晋升为副教授；1993 年获得国务院政府特殊津贴，入选首批教育部"跨世纪优秀人才计划"；1994 年破格晋升为教授，同年被授予国家级"有突出贡献的中青年专家"称号，入选全国百名青年科技标兵；1995 年获得国家杰出青年科学基金项目资助（全国机械学科领域第一位）；1996 年被聘为博士生导师，同年入选国家"百千万人才工程"；1999 年受聘为教育部"长江学者奖励计划"特聘教授；2002 年被选为四川省学术技术带头人；2006 年获得何梁何利基金科学与技术创新奖；2013 年担任国家重点基础研究发展计划（"973计划"）首席科学家；2021 年当选美国国家工程院外籍院士。2011 年当选中国科学院院士。

主要成就

长期从事轨道交通工程领域动力学与振动控制研究。在经典的车辆动力学和轨道动力学基础上，创建了机车车辆—轨道耦合动力学理论体系，建立了车辆—轨道统一模型，提出了机车车辆与线路最佳匹配设计原理及方法。主持研究并建立了列车—轨道—桥梁动力相互作用理论，提出了适合于大系统动力分析的快速数值积分方法，开发了高速列车过桥动态模拟与安全评估系统。上述理论方法被成功应用于解决中国铁路提速及高速铁路重点建设工程中的一系列技术难题。

获国家科学技术进步奖一等奖、二等奖，教育部科技进步奖一等奖，四川省科技进步奖一等奖，两项成果入选"中国高校十大科技进展"。还曾获国家级"有突出贡献的中青年专家"、何梁何利基金科学与技术创新奖、"长江学者"成就奖一等奖、中国青年科学家奖（第六届，全国共 10 人）、全国铁路火车头奖章、全国五一劳动奖章、全国创新争先奖以及全国优秀共产党员等荣誉，享受国务院政府特殊津贴。2022 年，领衔的轨道交通系统动力学教师团队入选第二批全国高校黄大年式教师团队。

截至 2022 年 7 月，培养指导研究生 100 余名，许多毕业生成为中国轨道交通领域的教学与科研骨干，其中包括国家杰出青年科学基金获得者、中国青年科技奖获得者以及京沪高铁轨道设计主要负责人等。

社会任职

担任中国共产党第十九次全国代表大会代表，国务院学位委员会交通运输工程学科评议组召集人，中国力学学会副理事长（第十届），中国振动工程学会副理事长，四川省科学技术协会副主席，国际车辆系统动力学协会（IAVSD）执委、*International Journal of Rail Transportation*、*Railway Engineering Science* 主编等。

鄂维南　数学家

当选时间	2011 年当选中国科学院院士
学　　部	数学物理学部
性　　别	男
民　　族	汉族
籍　　贯	江苏靖江
出生年月	1963 年 9 月 11 日

　　鄂维南　数学家。北京大学、普林斯顿大学教授，北京大数据研究院院长，中国科学技术大学大数据学院院长。1982 年毕业于中国科学技术大学数学系；1985 年于中国科学院计算中心获硕士学位；1989 年于美国加州大学洛杉矶分校获博士学位；1999 年成为普林斯顿大学数学系和应用数学及计算数学研究所教授；2012 年当选美国数学学会会士；2014 年至 2018 年，任北京大学元培学院院长；2015 年任北京大数据研究院首任院长；2018 年任中国科学技术大学大数据学院首任院长。2011 年当选中国科学院院士。

主要成就

　　主要从事计算数学、应用数学及其在力学、物理、化学和工程等领域中的应用等方面的研究。与合作者一起把偏微分方程、随机分析及动力系统的理论结合起来，用于研究随机 Burgers 方程、随机 passive scalar 方程、随机 Navier–Stokes 方程和随机 Ginzburg–Landau 方程等，证明了不变测度的存在性和唯一性，分析了稳定解的特性，并在此基础上解决了 Burgers 湍流模型中一些存有争议的问题。与合作者一起构造和建立了稀有事件迁移路径的理论框架，并发展了一种十分有效的数值方法——弦方法，此方法已成为研究物理、生物和化学领域中稀有事件的一个重要手段。与合作者研究了弹性理论的微观基础，从量子力学和分子动力学模型出发导出了宏观层面下的非线性弹性理论，得到了经典的 Cauchy–Born 准则成立的稳定性条件。提出了设计与分析多物理模型的多尺度方法的一般框架。

　　获首届美国青年科学家与工程师总统奖、冯康科学计算奖、第五届国际工业与应用数学协会科拉兹奖（Collatz Prize）、美国工业与应用数学学会克来曼奖（Kleinman Prize）、美国工业与应用数学学会卡门奖（Theodore von Karman Prize）、2019 年度 Peter Henrici 奖（SIAM 和 ETH Zürich 联合授予）、ACM 戈登·贝尔奖（ACM Gordon Bell Prize）等奖项。

社会任职

　　担任普林斯顿大学运筹和金融工程系兼职教授，中国科学技术大学客座教授等。

周忠和　　　古生物学家

院士小传

当选时间	2011 年当选中国科学院院士
学　　部	地学部
性　　别	男
民　　族	汉族
籍　　贯	江苏扬州
出生年月	1965 年 1 月 19 日

　　周忠和　古生物学家。中国科学院古脊椎动物与古人类研究所（古脊椎所）研究员。1986 年毕业于南京大学地质系地层古生物学专业，获学士学位；1986 年 9 月在中科院研究生院和古脊椎所学习古鱼类，1989 年获得硕士学位后，留在中科院古脊椎所工作；1995 年赴美国堪萨斯大学学习古鸟类学，于 1999 年获得博士学位，同年入选中科院"百人计划"回国，继续在中科院古脊椎所工作至今；2000 年获得国家自然科学杰出青年基金项目资助；2001 年至 2010 年，担任基金委创新研究群体负责人；2008 年至 2018 年，担任中科院古脊椎所所长；2010 年当选美国科学院外籍院士；2015 年分别当选发展中国家科学院院士和巴西科学院通讯院士；2019 年当选美国鸟类学会荣誉会员；2020 年 9 月，应邀兼任中国科学技术大学人文与社会科学学院院长。2011 年当选中国科学院院士。

主要成就

长期从事中生代鸟类与热河生物群的研究，在早期鸟类的系统发育和分类、分异辐射、飞行演化、功能形态、胚胎发育、羽毛演化、繁殖行为、食性和生态习性等方面取得了若干发现和成果。此外，还在热河生物群的综合研究、陆地生物群演化与环境背景等方面有较大贡献。

获中国科学院杰出科学成就奖、全国优秀回国人员、国家自然科学奖二等奖、中国青年科技奖、国家"万人计划"首批杰出人才、全国杰出专业技术人才、何梁何利基金科学与技术进步奖、全国创新争先奖、中国出版政府奖等荣誉。

许多成果发表在 *Nature*、*Science*、*PNAS*、*Proc R Soc B*、*Current Biology* 等学术刊物上，还参与较多科学文化与科学普及等社会工作。

社会任职

担任全国政协第十三届委员会常务委员，中国科普作家协会理事长，中国科普研究所学术委员会主任，现代古生物学和地层学国家重点实验室学术委员会主任，中国科学院大学、北京大学、南京大学等校兼职教授，《知识分子》总编，《科普创作评论》《科学传播与科学教育》主编，《国家科学评论》地学副主编，*Current Biology*、*PNAS Nexus*、《中国科学：地球科学》编委等；曾任国际古生物学会副主席、主席，中国科学技术协会《全民科学素质行动计划纲要（2021—2025—2035 年）》编制工作专家组副组长，新版《十万个为什么》（古生物卷）等多个科学著作的主编或共同主编等。

孙 鑫　凝聚态物理学家

当选时间	2013 年当选中国科学院院士
学　　部	数学物理学部
性　　别	男
民　　族	汉族
籍　　贯	江苏扬州
出生年月	1938 年 7 月 15 日

　　孙鑫　凝聚态物理学家。复旦大学物理系教授、博士生导师。1960 年从复旦大学物理系毕业后留校任教，先后担任助教、副教授；1979 年至 1983 年，在美国加州大学圣地亚哥分校做访问学者；1980 年受邀在第十四届国际统计物理会议上作学术报告；2000 年当选国际合成金属会议（ICSM）第十二届主席。2013 年当选中国科学院院士。

主要成就

主要从事统计物理和凝聚态理论研究。将凝聚态物理和高分子化学相结合，对机光电功能的机理展开了研究。曾解析求得相变理论中的临界指数 δ =7，并表明它能满足全部 7 个 Scaling 等式；与合作者预言了孤子存在一类新的振动模，后来得到实验证实；发展了宽能带的 π 电子关联理论，澄清了高分子"共轭结构"产生原因的争论；提出了高分子具有"光致极化反转"、自旋载子的"光致电荷变号"等一系列独特的光电功能。

1960 年开始参加教学工作，先后教过本系普通物理、电动力学，外系大学物理、低维凝聚态物理等多门课程。所授"热力学与统计物理"被评为国家精品课程。截至 2018 年 4 月，先后指导了十几名博士研究生和二十几名硕士研究生。

社会任职

担任国际合成金属会议（ICSM）第十二届主席等。

陈 骏　地球化学家

当选时间　2013 年当选中国科学院院士
学　部　地学部
性　别　男
民　族　汉族
籍　贯　江苏扬州
出生年月　1954 年 11 月 7 日

院士小传

陈骏　地球化学家。南京大学教授、原校长。1954 年 11 月出生于上海；1985 年南京大学博士毕业后留校任教，先后担任讲师、副教授、教授、博士生导师；1988 年至 1989 年，在英国帝国理工学院从事博士后研究工作；1990 年至 1992 年，担任南京大学地球科学系副系主任；1993 年至 1997 年，担任南京大学地球科学系系主任；1997 年至 2006 年，担任南京大学副校长；2006 年至 2018 年，担任南京大学校长（副部长级）。2015 年当选江苏省科学技术协会第九届委员会主席，2021 年当选江苏省科学技术协会第十届委员会主席。2013 年当选中国科学院院士。

主要成就

　　长期从事表生地球化学和矿床地球化学研究。用矿物学和同位素地球化学方法揭示了亚洲风尘潜在源区，发现中国黄土和北太平洋深海风尘沉积物质具二源性特征。通过对中国北方沙漠和黄土风化成壤过程中元素活动性的研究，创建了指示古季风气候变化的风尘地球化学指标，明确指出亚洲季风对大陆风化过程和全球变冷的重要影响。从20世纪80年代开始，围绕华南含锡花岗岩的物源性质、演化程度、成矿能力和找矿标志开展研究，系统揭示了华南锡矿成矿地球化学过程，提出了华南最重要原生锡矿三阶段成矿模式和锡石－硫化物矿床找矿模型。

　　主持了国家基金委杰出青年科学基金、国家基金委创新研究群体科学基金、国家基金委重大项目与重大研究计划项目，以及国家科技部"863计划"项目等多项科研任务。

　　获得国家自然科学奖二等奖1项，国家级教学成果奖特等奖1项、一等奖1项，教育部科技成果奖多项。

　　先后发表论文200多篇，出版专著4部。

社会任职

　　担任第六届国务院学位委员会委员，国务院学位委员会学科评议组（地质与地球物理）召集人，江苏省科学技术协会第九届、十届委员会主席，中国高等教育学会第七届理事会副会长，中国矿物岩石地球化学学会第六届、七届、九届理事会副理事长，中国第四纪科学研究会第七届理事会副理事长，《中国科学》《科学通报》理事会理事，《中国科学》《地质学报》《地质论评》《地球化学》等编委。

周成虎 地图学与地理信息系统学家 »»

院士小传 *Yuan Shi Xiao Zhuan*

当选时间 2013 年当选中国科学院院士
学　　部 地学部
性　　别 男
民　　族 汉族
籍　　贯 江苏海安
出生年月 1964 年 8 月 18 日

　　周成虎 地图学与地理信息系统学家。国际欧亚科学院院士，中国科学院地理科学与资源研究所研究员、博士生导师。1984 年从南京大学毕业后考取了中国科学院地理研究所研究生，先后获得硕士、博士学位；1987 年硕士毕业后留所工作，先后担任助理研究员、副研究员、研究员、博士生导师；1996 年至 2015 年，担任资源与环境信息系统国家重点实验室主任；2002 年获得国家杰出青年科学基金项目资助；2008 年至 2016 年，担任中国科学院地理科学与资源研究所副所长；2014 年入选"万人计划"第一批"百千万工程"领军人才。2013 年当选中国科学院院士。

主要成就

长期从事遥感与地理信息系统及其与地理科学的交叉研究。建立了"定位、定性、定量"相统一的地貌实体遥感定量解析模型和基于"六库"的数字地貌制图技术方法，解决了地貌特征精确识别的科学难题；建立了面向椭球空间的全球离散地理格网模型和多维动态海洋现象表达的时空场数据模型，发展了海洋渔业资源分析与渔场预报等应用模型，开拓了中国"海洋渔业地理信息系统"研究新领域；建立了以遥感影像认知模型和"像元 – 基元 – 目标"综合计算模式为核心的遥感地学理解与分析计算的方法，发展了系列遥感专题信息提取模型。

截至 2015 年 12 月，主持完成了国家杰出青年科学基金等 20 余项国家级科研课题。截至 2019 年 5 月，先后获得国家与省部级科学技术成果奖 15 项，其中国家科学技术进步奖二等奖 5 项、国家自然科学奖二等奖 1 项。此外，还获得中国地理学会首届青年优秀论文奖、中国地理学会首届全国青年地理科技奖、中国科学技术协会第三届青年科技奖、中国科学院"有突出贡献的中青年专家"称号等荣誉。

截至 2019 年 5 月，发表学术论文 300 余篇，其中 SCI 收录论文 70 余篇；出版学术专著与图集 19 部。

社会任职

担任国际地理联合会地理信息科学委员会副主席，中国地理学会水文地理专业委员会主任委员，中国地理学会环境遥感分会副理事长，中国科学院遥感科学委员会委员，中国海外地理信息系统协会理事，中国 GIS 协会第一专业委员会主任，国家遥感中心专家，原国土资源部特邀名誉专员，山东矿业学院（现山东科技大学）、香港大学土木工程系、南京大学地理系、中国科学院研究生院、青岛理工大学特聘教授，*Int J. Geographical Information Sciences*、 *J. Geographical Sciences* 编委，《遥感学报》第二届编委会副主任委员等。

朱诗尧   量子光学专家

院士小传

当选时间	2015 年当选中国科学院院士
学 部	数学物理学部
性 别	男
民 族	汉族
籍 贯	江苏镇江
出生年月	1945 年 12 月 13 日

朱诗尧 量子光学专家。浙江大学物理系教授和浙江大学量子信息交叉中心首席科学家,华东师范大学荣誉教授。1945 年 12 月出生于上海;1968 年毕业于华东师范大学物理系;1981 年从山西大学硕士毕业;1986 年于上海交通大学获博士学位;1993 年在中国香港浸会大学历任副教授、教授;2010 年至 2016 年,任北京计算科学研究中心量子光学与量子信息实验室教授。2015 年当选中国科学院院士。

主要成就

长期从事量子光学领域的研究。在量子相干方面，特别是在无翻转激光和自发辐射相消相干方面做出了重要创新性贡献。目前从事量子相干特别是相位衰退的干涉效应、特殊材料中的量子相干现象，以及相干光和部分相干光传播的研究。

1984 年获得山西省科学技术奖三等奖；1999 年，"自发辐射和受激吸收中的量子干涉效应"项目获国家自然科学奖三等奖；2004 年获得由伊朗政府授予的第十七届花拉子模国际大奖（Khwarizmi International Award）二等奖；2014 年获得以诺贝尔奖获得者 Lamb 命名的量子光学"拉姆奖"。

截至 2017 年 12 月，已发表学术论文 300 余篇，其中 *Science* 1 篇，*Physical Review Letters* 9 篇，论文受到国内外同行的高度重视，论文的 Google Scholar 总被引次数超过 12 500 次，其中他引超过 70%，H 因子为 54。单篇被引超过 1 000 次的论文有 1 篇，单篇被引超过 500 次的论文 3 篇，单篇被引超过 100 次的论文 31 篇。截至 2015 年 12 月，独立培养出硕士研究生 2 名，参与培养博士研究生 6 名、硕士研究生 5 名。

社会任职

担任英国物理学会理事，美国光学学会会员，英国物理学会主办杂志 *J.of Physics B.* 编委等。

刘云圻　物理化学家

当选时间　2015 年当选中国科学院院士
学　　部　化学部
性　　别　男
民　　族　汉族
籍　　贯　江苏靖江
出生年月　1949 年 2 月 22 日

院士小传

　刘云圻　物理化学家。中国科学院化学研究所有机固体实验室研究员、博士生导师，复旦大学材料科学系教授。1975 年从南京大学化学系毕业后被分配到中国科学院化学所工作；1991 年于日本东京工业大学获博士学位。2015 年当选中国科学院院士。

主要成就 Zhu Yao Cheng Jiu

长期从事分子材料与器件的研究。总结发展了高性能分子材料的设计思想，提出了性能调控的新方法。证实了扩展 p 体系是实现高迁移率的重要途径，合成了具有优异光电性能的新型 p 共轭分子材料。首次提出了液态铜催化剂生长石墨烯的概念，获得了高质量单晶石墨烯；制备了第一个氮掺杂的石墨烯，实现了对石墨烯电学性能的调控；开拓了在介电层上直接生长石墨烯的新方法。揭示了界面对器件性能的影响规律，开发了新的溶液法加工技术，实现了器件的多功能化。

曾获国家自然科学奖二等奖等。发表论文 400 余篇，被引 7 000 余次，其中他引 4 500 次，H 因子为 45，入选全球"高被引科学家名录"。

社会任职 She Hui Ren Zhi

担任美国俄亥俄州立大学和华盛顿大学访问教授，清华大学化学系、武汉大学化学系兼职教授，日本京都大学客座教授等职。

宋微波　原生动物学家

院士小传

当选时间　2015 年当选中国科学院院士

学　　部　生命科学和医学学部

性　　别　男

民　　族　汉族

籍　　贯　江苏睢宁

出生年月　1958 年 12 月 7 日

宋微波　原生动物学家。中国海洋大学教授、博士生导师。1982 年毕业于中国海洋大学；1985 年获中国海洋大学硕士学位；1989 年获德国波恩大学博士学位。2015 年当选中国科学院院士。

主要成就

　　主要从事纤毛虫原生动物分类学、系统学和细胞学研究。领导开创了全球海洋纤毛虫多样性研究的新局面；完成了对凯毛虫等大量代表类群的个体发育模式研究，揭示了一系列细胞结构分化的新现象；主持开展了纤毛门主要类群的分子系统学探讨及海洋纤毛虫 DNA 库的构建。

　　先后主持了国家杰出青年科学基金项目、国家自然科学基金重点项目等多项课题。成果先后获国家自然科学奖二等奖 1 项，教育部自然科学奖 / 科学技术进步奖一等奖 4 项，国家海洋局科技进步奖一等奖 1 项；还曾获国际原生动物学会 Foissner 基金奖、Cravat 奖，中国青年科学家奖，全国模范教师，全国劳模等荣誉。

　　截至 2022 年，发表学术论文 400 余篇，其中包括国际主流刊物论文 300 余篇。

社会任职

　　担任过国务院学位委员会生命学科专家组成员，国际原生生物学会常务执委，亚洲原生动物学会理事长，中国动物学会副理事长、原生动物学会理事长，国际刊物 *Marine Life Sci & Techonol.* 主编，*J. Eukaryot. Microbil.*、*Europ. J. Protistol.*、*Syst. Biodivers*、《中国科学》编委等。

谢心澄   凝聚态物理学家

院士小传 *Yuan Shi Xiao Zhuan*

当选时间	2015 年当选中国科学院院士
学　　部	数学物理学部
性　　别	男
民　　族	汉族
籍　　贯	江苏常州
出生年月	1959 年 2 月 23 日

谢心澄　凝聚态物理学家。发展中国家科学院院士，国家自然科学基金委员会副主任，北京大学讲席教授。1982 年毕业于中国科学技术大学近代物理系，获理学学士学位；1988 年毕业于美国马里兰大学物理系，获博士学位；1988 年 6 月至 1991 年 7 月，在美国华盛顿大学、马里兰大学进行博士后研究工作；1991 年 8 月至 2010 年 5 月，在美国俄克拉荷马州立大学物理系，历任助理教授、副教授、教授、校董讲座教授（Regent Professor）；2002 年 5 月，加入中国科学院国际量子结构中心，任该中心主任；2005 年 10 月至 2010 年 5 月，任中国科学院物理研究所凝聚态理论与材料计算重点实验室主任、首席研究员；2010 年 5 月至今，任北京大学物理学院讲席教授，期间曾任量子材料科学中心主任（2010—2011）、物理学院院长（2011—2018）；2016 年至 2018 年，任国家自然科学基金委员会数理科学部主任；2018 年至今，任国家自然科学基金委员会副主任；2018 年当选发展中国家科学院院士。2015 年当选中国科学院院士。

Zhu Yao Cheng Jiu 主要成就

长期从事凝聚态物理理论研究，特别致力于促进理论与实验研究的深度融合。在量子霍尔效应、电荷及自旋输运、低维量子体系等领域，对新型量子现象的发现及理解做出了重要创新性贡献。

2002 年获国家杰出青年科学基金（B 类）项目资助，2008 年当选美国物理学会会士（APS Fellow），2010 年入选中国科学十大进展，2011 年获国家“特聘专家”称号和中国科学院杰出科技成就奖等。

截至 2022 年，发表 SCI 论文 300 余篇，其中包括在 *Science*、*Nature* 及子刊、*Physical Review Letters* 等国际权威学术期刊上发表文章 70 余篇；在国际学术会议、研讨会上作邀请报告百余次。

She Hui Ren Zhi 社会任职

担任《中国科学：物理学力学天文学》主编，多项国际重要学术期刊编委等；曾任两届 PRL 凝聚态物理副主编等。

张 旭　　　神经科学家

院士小传

当选时间　2015 年当选中国科学院院士
学　　部　生命科学和医学学部
性　　别　男
民　　族　汉族
籍　　贯　江苏宜兴
出生年月　1961 年 8 月 4 日

　　张旭　神经科学家。中国科学院上海高等研究院研究员，广东省智能科学与技术研究院院长。1985 年毕业于第四军医大学（即中国人民解放军空军军医大学）；1994 年获瑞典卡罗琳斯卡医学院博士学位。2015 年当选中国科学院院士。

主要成就

长期从事神经系统疾病的分子细胞生物学机理研究。系统性地研究了慢性痛的背根节和脊髓基因表达谱，发现了内源性钠钾泵激动剂等新的痛觉信息调控系统，为临床镇痛及药物研发提供了新的理论基础。发现了伤害性感受神经元中阿片受体亚型间的相互作用及其与吗啡镇痛耐受的相关性，拓展了受体复合体功能及药物研究方向。发现了成纤维细胞生长因子13（FGF13）通过稳定微管调控神经元和大脑的发育，阐明了FGF13基因缺陷造成智力障碍的机理。

获中国人民解放军科学技术进步奖一等奖（第三作者）、国家杰出青年科学基金（A类）项目资助、中国人民解放军科学技术进步奖一等奖（第一作者）、上海市科学技术进步奖二等奖、何梁何利基金科学与技术进步奖——医学药学奖、亚洲杰出青年科学家奖、第六届中国青年科技奖、创新研究群体、国家杰出青年科学基金（C类）项目资助、上海市自然科学牡丹奖等。

社会任职

担任上海脑－智工程中心主任，中国神经科学学会理事长，中国细胞生物学学会副理事长，中华医学会疼痛分会副主任委员等。

王贻芳　　实验高能物理学家

院士小传 *Yuan Shi Xiao Zhuan*

当选时间	2015 年当选中国科学院院士
学　　部	数学物理学部
性　　别	男
民　　族	汉族
籍　　贯	江苏南通
出生年月	1963 年 2 月 20 日

　　王贻芳　实验高能物理学家。发展中国家科学院院士，俄罗斯科学院外籍院士，中国科学院高能物理研究所所长、研究员、博士生导师，中国科学院大学核科学与技术学院院长。1963 年 2 月出生于江苏南京；1980 年考入南京大学物理系；1985 年前往瑞士日内瓦的欧洲核子中心，参加物理学家丁肇中领导的 L3 实验，研究高能物理；1991 年获得意大利佛罗伦萨大学博士学位，同年任意大利佛罗伦萨大学及国家核物理研究所客座研究员；1992 年进入美国麻省理工学院核物理实验室从事博士后研究；1996 年进入美国斯坦福大学物理系任研究员；2000 年入选中国科学院"百人计划"；2001 年回国，担任中国科学院高能物理研究所研究员；2002 年获得国家杰出青年科学基金项目资助，后陆续入选中科院"引进海外杰出人才"、"新世纪百千万人才工程"国家级人选、"万人计划"首批杰出人才、科技部"科学家工作室"首席科学家等。2015 年当选中国科学院院士。

我国粒子物理实验研究的主要学术带头人。成功领导了北京正负电子对撞机（BEPCII）上北京谱仪（BESIII）的设计、研制、运行和物理研究，担任 BESIII 国际合作组发言人至 2011 年，技术上达到了国际先进水平并发现了一系列新粒子和新现象，在轻强子谱和粲物理研究方面处于国际领先地位。从无到有组建了我国的中微子研究队伍，开创了我国中微子实验研究，原创性地提出了大亚湾中微子实验方案并率团队完成了实验的设计、研制、运行和物理研究。该实验也是中美之间最大的基础研究合作项目，美方实物贡献超过 1 000 万美元。于 2012 年 3 月，实验发现了一种新的中微子振荡模式，在国际上引起了强烈反响，被认为是对物质世界基本规律的新认识。该成果入选美国《科学》杂志 2012 年全球十大科学突破，获得 2016 年度国家自然科学奖一等奖。而在此前 3 年，就和同事们看到了中微子质量测序的重要性，酝酿并提出江门中微子实验（JUNO）的设想；随后领导了项目设计、预研和建设，让我国中微子实验整体步入世界领先地位。该项目获得境外 16 个国家和地区支持，实物贡献超过 3 000 万欧元，将于 2023 年完成建设投入运行。是环形正负电子对撞机（CEPC）的提出者和推动者，该设想引领了国际上研讨未来高能加速器的热潮，让中国成为国际高能物理研究主角之一。还积极推动和领导了 CEPC 项目的准备工作，组织方案设计和关键技术预研，推动建立产业促进会，实现相关企业的技术提升和突破，产生社会和经济效益。

依托大科学装置，成功组建了多个"以我为主"的大型国际合作项目，大大提升了中国在国际粒子物理研究领域的地位和影响力；积极推动自主技术研发，研制成功新型大面积光电倍增管，多项技术取得突破，企业技术能力得到极大提升。

因在粒子物理领域的突出贡献，被评为"十佳全国科技工作者"、CCTV 十大科技创新人物、中国新闻周刊"影响中国"2018 年度科技人物，获周光召基金基础科学奖、何梁何利基金科学与技术进步奖、国家自然科学奖一等奖（排名第一）、未来科学大奖－物质科学奖等；在国际上，荣获基础物理学突破奖、美国物理学会潘诺夫斯基实验粒子物理学奖、"日经亚洲奖"科学技术奖和庞蒂科夫奖等。还被授予泰国苏南纳里大学、德国波鸿大学名誉博士，以及意大利共和国指挥官勋章等。

截至 2022 年，在国际一流刊物上发表了超过 800 篇期刊论文，出版两部专著；获得授权专利 6 项，其中一项发明专利获得中、美、日、俄、欧盟等多国专利授权。

担任十三届全国人民代表大会代表、全国人民代表大会华侨委员会委员，中国物理学会高能物理分会主任，中国核学会核电子学与核探测技术分会主任，全球华人物理学会理事，国际未来加速器委员会委员，亚洲未来加速器委员会委员、主席（2014—2016）等。

陆建华　　通信与信息系统专家

院士小传

当选时间	2015 年当选中国科学院院士
学　　部	信息技术科学部
性　　别	男
民　　族	汉族
籍　　贯	江苏南通
出生年月	1963 年 7 月 14 日

　　陆建华　通信与信息系统专家。清华大学电子工程系教授，清华大学信息科学技术学院院长，北京信息科学与技术国家研究中心主任，国家自然科学基金委员会副主任。1981 年毕业于江苏省南通中学；1986 年本科毕业于清华大学电子工程系；1989 年硕士毕业于清华大学电子工程系并留校任教；1998 年于香港科技大学获得博士学位。2015年当选中国科学院院士。

主要成就

　　主要从事空间网络、宽带无线通信、信息与信号处理等研究，取得多项创新性科技成果，其成果在国家绕月探测、大容量微波接力系统等工程中获得重要应用。1990 年主持设计了中国面向地域网建设的某专用交换机研制。主持了国家"863 计划"项目"无线多媒体容错编码与传输技术研究"。作为首席科学家主持了国家"973 计划"基础研究课题"高性能多媒体通信算法及系统集成技术研究"，以及国家自然科学基金重点项目"新一代无线网络多媒体系统、理论及其应用""新一代无线通信体系框架研究"，教育部重大科研项目"多媒体无线接入技术"。此外，还主持了"用户入口节点交换机""低密度奇偶校验码（LDPC）遥测信道编码技术""无线多媒体协同通信模型及性能优化""广域宽带协同通信技术与应用"等项目。参与了某"863 计划"重大项目并取得了空间信息应用的重要创新。

　　获国家自然科学奖二等奖、国家技术发明奖二等奖、教育部科技进步奖二等奖等奖项。还获得中国卫星应用杰出贡献奖，被授予"探月工程嫦娥二号任务突出贡献者"称号，是中国教育部部属高校中唯一的获奖者。

　　发表主要学术论文 200 余篇，获国家发明专利 80 余项。受邀在多个国内外学术会议上作学术报告。

社会任职

　　担任国家自然科学基金委创新研究群体学术带头人，国务院学位委员会信息与通信工程学科评议组召集人，电气与电子工程师协会（IEEE）会士，中国电子学会副理事长，中国人工智能学会会士，*China Communications* 主编，南通先进通信技术研究院名誉院长等。

陈义汉 　　心脏病学家

院士小传

当选时间	2015 年当选中国科学院院士
学 部	生命科学和医学学部
性 别	男
民 族	汉族
籍 贯	江苏射阳
出生年月	1964 年 10 月 21 日

　　陈义汉　　心脏病学家。同济大学副校长、医学与生命科学部主任，同济大学附属东方医院院长、主任医师、博士生导师。1987 年从南通医学院（现南通大学医学院）本科毕业；1992 年于南通医学院获得硕士学位；1996 年于上海第二医科大学获得博士学位。2015 年当选中国科学院院士。

主要成就

长期从事心血管疾病临床工作和基础研究。揭示了多种心律失常的遗传学和电生理学机制；提出了心肌细胞物流系统可以广泛调控心脏电－机械功能理论；发现心肌细胞线粒体外膜转位酶复合物亚单位在慢性心力衰竭发生中的分子阀门效应的现象；鉴定出心脏氧代谢的肾上腺素能受体调控新机制。2003 年在国际上首次发现人类心房颤动致病基因，鉴定出人类心房颤动的部分遗传学和电生理学机制，成果发表于《科学》杂志。此后带领团队在心房颤动等心律失常的机制和干预研究方向上取得了一系列重要发现，为中国在国际心律失常研究领域赢得了一席之地，多种遗传性心律失常是依据他的发现而分类的。

先后承担国家自然科学基金（NSFC）创新研究群体项目、国家"863 计划"项目、国家"973 计划"项目、国家杰出青年科学基金项目、教育部创新团队计划项目、NSFC 国际重大合作项目、NSFC 重点项目、NSFC 面上项目等。先后获得国家自然科学奖二等奖、教育部自然科学奖一等奖、上海市自然科学奖一等奖、上海市自然科学牡丹奖等，以及国务院政府特殊津贴、全国五一劳动奖章、中国医师奖、中国青年科技奖、原卫生部"有突出贡献的中青年专家"、上海市劳动模范、上海市优秀专业技术人才、上海市领军人才、上海市优秀学科带头人等荣誉。

以通讯作者身份在国内发表 SCI 论文近 50 篇，被 SCI 他引 1 000 多次，单篇 SCI 他引近 500 次。其科学发现已经被写进了 50 多本国外教科书和专著，工作成果被国际诊疗指南多次引用。

社会任职

担任全国政协第十二届委员会委员，九三学社第十四届中央委员会委员，九三学社上海市第十七届委员会副主任委员，国家健康科普专家库成员，中国医学遗传学会常务委员，中国心律学会常务委员，中国青年科技工作者协会委员，上海市医学会常务委员，上海市遗传学会副理事长，上海市医学遗传学分会副主任委员，美国凯斯西储大学附属医院心脏内科客座教授，*Nature Reviews Cardiology*、 *Human Genetics & Embryology*、*American Journal of Molecular Biolology*、*Journal of Cellular and Molecular Medicine* 编委，*International Journal of Molecular Sciences* 客座编辑等。

杜江峰　物理学家

当选时间 2015 年当选中国科学院院士

学　　部 数学物理学部

性　　别 男

民　　族 汉族

籍　　贯 江苏无锡

出生年月 1969 年 6 月

　　杜江峰　物理学家。中国科学技术大学党委常委、副校长、教授、博士生导师。1985 年至 1990 年，在中国科学技术大学少年班和近代物理系学习，获学士学位；1997 年和 2000 年，分别于中国科学技术大学获理学硕士学位和理学博士学位；2004 年任中国科学技术大学教授，同年获国家杰出青年科学基金项目资助；2008 年入选教育部"长江学者奖励计划"特聘教授；2013 年入选国家"高层次人才特殊支持计划"（"万人计划"）"科技创新领军人才"。2015 年当选中国科学院院士。

主要成就

主要从事量子物理及其应用的实验研究。创新发展了自旋量子调控及动力学解耦等量子物理实验技术，结合系列高性能磁共振实验装备的成功研制，将磁共振探测的灵敏度和分辨率提升到国际领先水平，在量子精密测量和量子计算等量子物理的新颖应用领域取得了具有重要国际影响的研究成果。代表性成果包括：

（1）在国际上率先使用动力学解耦技术提升真实噪声环境下固态电子自旋量子相干时间三个数量级，被《自然》杂志评价为"朝实现量子计算迈出重要一步"；

（2）首次在室温大气环境下获取单个蛋白质分子的顺磁共振谱及动力学性质，被《科学》杂志评价为"通往活体细胞中单蛋白分子实时成像的重要里程碑"；

（3）研制成功国际首台原创型多波段脉冲单自旋磁共振谱仪和我国首台自主知识产权的高功率脉冲 X 波段顺磁共振谱仪，推动了国产高端磁共振科学仪器的产业化。

作为第一完成人获得国家自然科学奖二等奖（2012）、教育部自然科学奖一等奖（2011、2018）、安徽省重大科技成就奖（2020）、中国物理学会黄昆物理奖（2010—2011 年度）、何梁何利基金科学与技术进步奖（2019）、周光召基金会"基础科学奖"（2016）、中国分析测试协会科学技术奖特等奖（2015）等科技奖项。

截至 2022 年，在《自然》《科学》等国际权威学术杂志发表研究论文 290 余篇；成果多次入选中国十大科技进展、中国科学十大进展等；应邀在美国物理学会和化学学会、亚太顺磁共振学会等举办的重要国际会议上作特邀报告。

社会任职

担任政协安徽省第十二届委员会委员，中国科学院留学人员联谊会副会长，中国物理学会常务理事（第十一届）、波谱学专业委员会主任，安徽省物理学会理事长（第九届），亚太顺磁共振学会副主席，《物理》杂志副主编，《波谱学杂志》编委等。

邵 峰　　生物化学家

当选时间　2015 年当选中国科学院院士
学　　部　生命科学和医学学部
性　　别　男
民　　族　汉族
籍　　贯　江苏淮安
出生年月　1972 年 1 月

院士小传

　　邵峰　生物化学家。北京生命科学研究所学术副所长、资深研究员。1996 年毕业于北京大学技术物理系应用化学专业；1999 年获得中国科学院生物物理研究所硕士学位；2003 年获得美国密歇根大学医学院博士学位，之后进入加利福尼亚大学圣迭戈分校医学院进行博士后研究工作；2004 年进入哈佛大学医学院进行博士后研究；2005 年回国后进入北京生命科学研究所工作，先后担任研究员、高级研究员、资深研究员；2013 年作为首位大陆本土科学家获得国际蛋白质学会颁发的鄂文·西格青年科学家奖；2014 年入选国家"创新人才推进计划"；2016 年入选第二批国家"万人计划"领军人才，并获得何梁何利基金科学与技术奖；2019 年获得"求是"杰出科学家奖、谈家桢生命科学成就奖、未来科学大奖"生命科学奖"，并当选德国国家科学院院士；2021 年获得北京市科学技术最高奖——突出贡献中关村奖；2022 年获得陈嘉庚科学奖和基础和肿瘤免疫学大奖 William B. Coley Award。2015 年当选中国科学院院士。

主要成就

天然免疫和细胞焦亡领域最为领先和活跃的国际科学领军者之一，不仅在病原菌领域鉴定出多个具全新活性的病原菌毒力蛋白，也在天然免疫和细胞焦亡领域做出了重要贡献。鉴定了多个针对细菌的胞内免疫受体，包括识别 LPS 的 caspase-11；进一步发现并阐明了炎症小体和 caspase 蛋白通过剪切活化 Gasdermin D（GSDMD）诱导焦亡的分子机制，为败血症和炎性疾病的药物研发提供了新的靶点，Gasdermin 家族膜打孔蛋白的鉴定也重新定义了细胞焦亡，开辟了细胞死亡和免疫研究新方向。还发现 caspase-3 可以活化 GSDME 引发细胞焦亡，是化疗药物毒副作用的重要原因；细胞焦亡还是淋巴细胞毒性的关键机制，肿瘤细胞焦亡可诱发强烈的抗肿瘤免疫反应。

相关研究成果 2 次入选科技部中国科学十大进展，有关细胞焦亡的研究成果入选《自然·免疫学》杂志评选的近 20 年世界免疫学 20 项标志性进展之一。频繁担任《自然》《科学》《细胞》的特邀审稿人，为多个系列国际顶尖学术会议的特邀报告人、主旨报告人（keynote speaker）和会议的组织者。

截至 2022 年，发表学术论文 100 多篇，以通讯作者身份在《自然》《科学》《细胞》等三大国际顶级学术期刊上发表论文 18 篇，总被引 30 000 多次。

社会任职

担任第五届国家科学技术奖励委员会委员，国家自然科学基金委员会第五届监督委员会委员以及生命学部咨询委员，中国生物化学和分子生物学会副理事长，中国博士后科学基金会理事，北京市第十五届人民代表大会代表，北京市欧美同学会副会长，北京海外高层次人才协会理事，吴瑞纪念基金会理事会理事，*eLife*、*Cell Host & Microbe* 等多个国际一流学术期刊的编辑或编委会成员等。

芮筱亭   发射动力学家

当选时间 2017 年当选中国科学院院士
学　部 技术科学部
性　别 男
民　族 汉族
籍　贯 江苏镇江
出生年月 1956 年 8 月 16 日

　　芮筱亭　发射动力学家。南京理工大学校学术委员会主任，发射动力学研究所所长，工信部复杂装备系统动力学重点实验室主任，教育部复杂装备系统动力学前沿科学中心主任与首席科学家。1982 年获苏州大学学士学位；1986 年和 1994 年，分别获南京理工大学硕士学位和博士学位。曾获国防科技工业杰出人才奖、首届全国创新争先奖及全国"优秀科技工作者"称号等。2017 年当选中国科学院院士。

主要成就

从事多体系统动力学和发射动力学研究 30 余年，创立了多体系统传递矩阵法，成为国际上计算速度最快的多体系统动力学全新方法，在国内外得到 150 多项重大工程应用，在国际上被称为"芮方法"。建立了多体系统发射动力学新理论与技术体系，大幅提升了我国武器动力学性能及其设计与试验评估水平，解决了 10 多项国家高新工程等陆战、海战、空战领域约 30 型武器提升系统性能的难题，降低了研制成本，保障了发射安全的国家重大急需，全部装备于部队，大幅提升了战斗力。

获国家技术发明奖二等奖 2 项（排名第一），国家科学技术进步奖二等奖 2 项，国防科技创新团队奖 1 项，中国图书奖等图书类奖项 5 项；牵头制定并颁布国家军用标准和中国兵器行业标准 26 部。

以第一作者出版专著 7 部，发表论文 500 余篇；以第一发明人获授权发明专利 100 项，软件著作权 16 项。

社会任职

担任军委装备发展部某专业组组长，教育部兵器类专业教学指导委员会副主任，教育部科技委委员，中国兵工学会副理事长，International Conference on Mechanical System Dynamics 常设国际会议主席及其常设指导委员会主席，*International Journal of Mechanical System Dynamics* 主编；兼任中央军委科技委委员。

樊 嘉　　肝肿瘤外科学家

院士小传

当选时间　2017 年当选中国科学院院士
学　　部　生命科学和医学学部
性　　别　男
民　　族　汉族
籍　　贯　江苏江都
出生年月　1958 年 3 月

　　樊嘉　肝肿瘤外科学家。复旦大学附属中山医院院长、肝外科主任、教授、博士生导师。1958 年 3 月出生于江苏昆山；1983 年从南通医学院（现南通大学医学院）毕业；1988 年获得南京铁道医学院（现东南大学医学院）硕士学位；1995 年获得上海医科大学（现复旦大学上海医学院）医学博士学位；1997 年首批入选"上海市卫生系统百名跨世纪优秀学科带头人培养计划"；1999 年至 2000 年，以高级访问学者身份赴美国匹兹堡大学移植中心工作；2005 年入选"上海市医学领军人才培养计划"及"上海市百名领军人才培养计划"；2013 年担任复旦大学附属中山医院院长；2016 年获得何梁何利基金科学与技术进步奖和第九届谈家桢生命科学临床医学奖。2017 年当选中国科学院院士。

Zhu *Yao Cheng Jiu* 主要成就

主要从事肝胆肿瘤临床诊治及肝脏移植、肝癌转移复发机制及转化研究。首创肝癌合并门静脉癌栓多模式综合治疗技术，使合并门静脉癌栓的晚期肝癌由"不可治"变为"部分可治"。提出肝癌肝移植"上海－复旦标准"和移植后转移复发防治综合策略，明显提高了肝癌病人移植术后生存率。系统解析了肝癌转移复发微环境调控分子机制，建立了肝癌早诊及转移复发预测模型，并实现了多项临床技术转化。

截至 2017 年 11 月，先后承担"十一五"国家科技支撑计划重大项目、"十一五"国家科技重大专项、国家自然科学基金重点及面上项目、上海市科委重大科技攻关课题等国家及省部级课题 18 项。作为第一完成人获得国家科学技术进步奖二等奖 2 项、教育部自然科学奖一等奖 1 项，上海市科技进步奖一等奖 2 项等；作为主要完成人获国家科学技术进步奖一等奖等共 8 项国家及省部级奖。获 2005—2006 年度卫生部"有突出贡献的中青年专家""中国名医指南网评选的百强名医""十佳全国优秀科技工作者"称号，以及中国医学科学家奖、何梁何利基金科学与技术进步奖、第九届谈家桢生命科学临床医学奖、上海市"技术创新能手"、全国优秀教师—宝钢优秀教育奖、明治乳业生命科学奖优秀奖、励树雄教育卫生奖等荣誉。

截至 2017 年 11 月，先后发表论文 500 余篇，其中 SCI 论文 290 余篇。主编《肝移植 300 问》，作为副主编撰写了《现代肿瘤学》《外科手术并发症的预防和处理》，参与编写了《原发性肝癌（第二版）》《实用肝胆肿瘤外科学》《肝癌转移复发的基础与临床》《中国常见恶性肿瘤诊疗常规—肝癌》《手术创新及意外处理》等专著 19 部。截至 2013 年 4 月，已培养博士生、硕士生 37 名，其中学生论文 1 篇获得全国优秀博士论文，3 篇获上海市优秀博士论文。

She *Hui Ren Zhi* 社会任职

担任第四届中国抗癌协会肝癌专业委员会主任委员，第八届上海市医学会肿瘤专科委员会主任委员，第九届中华医学会肿瘤学分会候任主任委员，第五届中国抗癌协会肝癌专业委员会名誉主任委员，第十届中华医学会肿瘤学分会主任委员，第一届上海市医师协会肿瘤科医师分会委员会会长，上海市医学会器官移植专科分会委员会顾问，国家健康科普专家库成员，中华外科学会肝脏学组委员，上海市抗癌协会副理事长，上海市医学会肿瘤分会副主任委员，上海市医学会器官移植分会委员，美国临床肿瘤学会（ASCO）会员，美国临床外科学会（SSO）会员及国际肝胆胰协会委员，《中国临床医学》杂志第三届编委会主编，《中华外科杂志》等 14 种杂志副主编或编委等。

顾东风　预防心脏病学与流行病学家 »

院士小传

当选时间　2017 年当选中国科学院院士

学　　部　生命科学和医学学部

性　　别　男

民　　族　汉族

籍　　贯　江苏南通

出生年月　1958 年 11 月 30 日

顾东风　预防心脏病学与流行病学家。南方科技大学代理副校长、医学院讲席教授。1958 年 11 月出生于江苏启东；1983 年从南京医学院（现南京医科大学）卫生系卫生专业毕业；1986 年从中国协和医科大学（现北京协和医学院）硕士毕业后，在中国医学科学院阜外医院工作；1990 年至 1992 年，在美国明尼苏达大学流行病学系和内科学系做访问学者；1995 年至 2009 年，担任中国医学科学院阜外医院流行病学／群体遗传学室主任、研究员、教授；2007 年获得北京协和医学院基础医学研究所生物化学与分子生物学专业理学博士学位；2004 年入选国家级"新世纪百千万人才工程"；2009 年至 2019 年，担任中国医学科学院阜外医院副院长、流行病学部主任、研究员、教授；2015 年至 2019 年，担任国家心血管病中心副主任；2019 年担任南方科技大学医学院讲席教授；2020 年担任南方科技大学代理副校长。2017 年当选中国科学院院士。

主要成就

主要从事心血管等慢性病的流行病学、人群防治和遗传病因研究。通过长期前瞻性队列等研究，揭示了中国心血管病发病和流行趋势及重要发病因素，创建了中国国人心脑血管病风险预测模型，研发了中国国人心血管理想健康指标，提出适宜的防治策略和措施，牵头制定了中国心血管病风险评估和管理指南，应用于高血压早期预防和心血管疾病防治。构建了中国国人冠心病、高脂血症和高血压遗传特征谱，发现了系列影响血脂、血压和冠心病发病的易感基因，推进了冠心病遗传病因研究。

先后承担了国内外多个重大项目，牵头大型队列研究；先后获得国家科学技术进步奖二等奖 2 项，国家发明专利授权 16 项，国务院政府特殊津贴。此外，还获得卫生部"有突出贡献的中青年专家"、全国优秀科技工作者等荣誉。

截至 2021 年 5 月，先后发表 SCI 论文 300 余篇，研究成果被国内外防治指南和权威教科书及世界卫生组织专著等引用。

社会任职

担任中华预防医学会第六届理事会副会长，中华预防医学会心脏病预防与控制委员会全国主任委员，世界卫生组织心血管和慢性病防治专家，国际心血管流行病学与预防学会常务理事，国家心血管病中心专家委员会副主任委员，中国医学科学院学术咨询委员会执行委员会委员，中国医学科学院学术咨询委员会药学—卫生健康与环境—生物医学工程与信息学部副主任，*Chronic Disease and Translational Medicine* 以及《中华预防医学杂志》《中华流行病学杂志》《中国循环杂志》副主编等。

杨德仁　半导体材料学家

院士小传

当选时间　2017 年当选中国科学院院士
学　　部　信息技术科学部
性　　别　男
民　　族　汉族
籍　　贯　江苏扬州
出生年月　1964 年 4 月

杨德仁　半导体材料学家。浙江大学硅材料国家重点实验室（材料科学与工程学院）教授、学术委员会主任，杭州国际科创中心首席科学家，浙江大学宁波理工学院院长。1985 年毕业于浙江大学金属材料专业；1991 年获半导体材料工学博士学位；曾在日本、德国和瑞典做访问研究工作；1997 年起，担任浙江大学教授；2000 年获聘为教育部"长江学者奖励计划"特聘教授；2002 年获国家杰出青年科学基金项目资助。2017 年当选中国科学院院士。

主要成就

主要从事半导体硅材料研究。提出了掺氮控制极大规模集成电路用直拉硅单晶微缺陷的思路，系统解决了氮关缺陷的基础科学问题，促进了在国际上的广泛应用；提出了微量掺锗控制晶格畸变的思路，发明了微量掺锗硅晶体生长系列技术，系统解决了相关硅晶体的基础科学问题，实现了实际应用；研究了纳米硅等的制备、结构和性能，成功制备出纳米硅管等新型纳米半导体材料，为其器件研究和应用提供了材料基础。

先后主持和负责了国家"973 计划""863 计划"，国家科技重大专项，国家自然科学基金重大、重点项目，科技部、教育部和浙江省的重大、重点项目等科技项目。以第一获奖人获得国家自然科学奖二等奖 2 项，国家技术发明奖一等奖 1 项，何梁何利基金科学与技术进步奖 1 项，浙江省科学技术奖一等奖 4 项，省部级科学技术奖二等奖、三等奖，以及国际"PVSEC Award"等其他科技奖 7 项；以第二、第三获奖人获得省部级科学技术奖一等奖 4 项。还获得中国青年科技奖、国务院政府特殊津贴待遇、全国优秀科技工作者、全国五一劳动奖章、全国先进工作者等国家荣誉，以及浙江省"有突出贡献的中青年专家"、浙江省"十大时代先锋"、浙江省劳动模范、浙江省特级专家等省级荣誉。

截至 2022 年 8 月，在国际学术刊物上发表 SCI 检索论文 930 多篇，SCI 论文他引 20 090 多次；获得发明授权专利 160 余件。先后担任 20 多个国际学术会议（分会）主席，70 多个国际学术会议的国际顾问、程序委员会委员。

社会任职

担任中国可再生能源学会副理事长，国家重大科技专项（02）总体专家组成员，浙江省自然科学基金委副主任，*Elsevier* 的 *Micro and nanostructures* 主编，以及 *Journal of Silicon*、*Physica Solidi State* 等国际学术刊物编委等；曾任国务院学位委员会学科评审组成员，国家自然科学基金委信息学部专家评审组成员，中国光伏专业委员会副主任等。

蒋华良　　药物科学学家

院士小传

当选时间	2017 年当选中国科学院院士
学　部	生命科学和医学学部
性　别	男
民　族	汉族
籍　贯	江苏常州
出生年月	1965 年 1 月

蒋华良　药物科学学家。中国科学院上海药物研究所研究员、所长。1987 年毕业于南京大学化学系；1992 年获得华东师范大学理学硕士学位；1995 年从中国科学院上海药物研究所博士毕业后留所工作，历任副研究员、研究员、博士生导师，药物发现与设计中心主任，学术委员会副主任、副所长；1997 年获得国家杰出青年科学基金项目资助；2004 年担任华东理工大学药学院首任院长；2013 年至 2019 年，担任中国科学院上海药物研究所所长。2017 年当选中国科学院院士。

主要从事药物科学基础研究和新药发现。系统地发展了药物作用靶标发现和药物设计理论计算新方法，获得国际同行和工业界的广泛应用。设计出高效探针分子，深入阐明和确证了一系列新靶标的作用机制和药理功能。针对肺动脉高压、精神分裂症和阿尔茨海默症等国内尚无自主知识产权新药的重大疾病，与他人合作进行新药开发研究，数个候选新药进入临床研究或获得临床批件，并实现了技术转化。

获国家自然科学奖二等奖，国家技术发明奖二等奖，中国科学院自然科学奖二等奖，上海市科学技术进步奖一、二、三等奖，上海市科学技术奖一等奖，中国青年科技奖，上海市新长征突击手，第五届中国青年科学奖（生命科学），上海市第八届十大科技精英，第八届中国科学院杰出青年奖，何梁何利基金科学与技术进步奖（医学类），上海市第七届自然科学牡丹奖，药明康德生命化学研究奖（一等奖），全国抗击新冠肺炎疫情先进个人等荣誉。

截至 2017 年 12 月，以通讯作者身份在 *PNAS*、*JACS*、*JBC*、*JMB*、*Biophys. J.*、*J. Med. Chem.* 等国际刊物上发表研究论文 180 余篇，合作编写专著《计算机辅助药物设计：方法、原理及应用》，参加 8 本专著的编写，主持翻译 J. Licinio 和 M.-L. Wong 主编的《药物基因组学》，申请专利 80 多项，应邀为 *Nature Chemical Biology*、 *Drug Discovery Today* 等杂志撰写综述 10 篇。

担任全国政协第十一届委员会委员，英国诺丁汉大学药学院教授，重大科学研究计划"蛋白质研究"专家组成员，国家"863 计划"生物和医药技术领域药靶发现与药物分子设计技术项目首席专家，中国生物化学与分子生物学会第十一届理事会理事、常务理事，中国化学会第二十九届理事会理事，中国科学院上海高研院第一届学术委员会委员，中国科学院中亚药物研发中心理事会成员，中国医药创新促进会第一届医药政策专业委员会委员，中国化学会化学生物学专业委员会副主任，国家食品药品监督管理总局仿制药质量和疗效一致性评价专家委员会委员，中国民主同盟第十二届中央委员会常务委员，沈阳药科大学、南京大学兼职教授，德国 *Chem Med Chem* 国际顾问团成员，*The Journal of Biological Chemistry* 咨询顾问，*Journal of Medicinal Chemistry* 副主编，《中国药物化学杂志》编委。

陈志明 计算数学家

Yuan Shi Xiao Zhuan 院士小传

当选时间 2017 年当选中国科学院院士
学　　部 数学物理学部
性　　别 男
民　　族 汉族
籍　　贯 江苏苏州
出生年月 1965 年 7 月 23 日

　　陈志明 计算数学家。中国科学院数学与系统科学研究院研究员、博士生导师。1986 年毕业于南京大学数学系；1989 年获得中国科学院数学研究所硕士学位；1992 年从德国奥格斯堡大学博士毕业后，在德国慕尼黑工业大学从事博士后研究工作；1994 年回国后进入中国科学院数学研究所工作，历任助理研究员、副研究员、研究员；1999 年担任中国科学院数学与系统科学研究院研究员；2000 年入选中国科学院"百人计划"，同年获得国家杰出青年科学基金项目资助；2006 年应邀在国际数学家大会上作邀请报告。2017 年当选中国科学院院士。

主要成就

主要从事数值分析和科学计算研究。深入研究了无界区域完美匹配层方法的数学理论和应用，与合作者提出了亥姆霍兹方程的波源转移区域分裂算法，获得区域分裂方法的理想计算复杂性。系统研究了偏微分方程的有限元后验误差估计理论及自适应有限元方法，与人合作取得椭圆障碍问题、非线性对流扩散方程有限元后验误差估计的创新性成果。与合作者提出了非均匀多孔介质中流动问题的多尺度混合有限元方法，在工程界得到重视和应用。

获国家自然科学奖二等奖、第四届冯康科学计算奖、第七届中国科学院"杰出青年"称号、第九届中国青年科技奖、第十五届中国数学会陈省身数学奖等荣誉。

社会任职

担任国家数学与交叉科学中心副主任，*Journal of Computational Mathematics* 主编，*Numerische Mathematik* 和 *SIAM Journal on Numerical Analysis* 等学术刊物的编委等。

徐义刚 岩石学家和地球化学家 >>

当选时间 2017 年当选中国科学院院士
学　　部 地学部
性　　别 男
民　　族 汉族
籍　　贯 江苏常熟
出生年月 1966 年 10 月 19 日

Yuan Shi Xiao Zhuan
院士小传

　　徐义刚 岩石学家和地球化学家。中国科学院广州地球化学研究所研究员、博士生导师，同位素地球化学国家重点实验室主任。1987 年本科毕业于浙江大学地质系；1994 年获法国巴黎第七大学博士学位，之后在英国伦敦大学皇家霍洛威学院地质系从事博士后研究；1995 年底回国进入中国科学院广州地球化学研究所工作，历任副研究员、研究员、室副主任、主任、副所长、所长；2014 年入选首批国家级"新世纪百千万人才工程"人选；2018 年当选美国地质学会（GSA）会士；2021 年当选美国地球物理联合会（AGU）会士；2022 年当选国际地球化学学会 / 欧洲地球化学协会（GS/EAG）会士。2017 年当选中国科学院院士。

主要成就

主要从事地幔岩石学和深地科学研究。在华北克拉通破坏、峨眉山大火成岩省和地幔柱，以及东亚大地幔楔等方面取得以下创新认识：

（1）提供了中国东部岩石圈减薄的地质学、岩石学和地球化学证据，限定了岩石圈减薄的时间和机制；

（2）提出了鉴别古老地幔柱的新方法，系统阐明了峨眉山大火成岩省的地幔柱成因，为地幔柱影响下固体地球不同圈层的系统行为研究提供了范例；

（3）厘定出东亚大陆新生代板内玄武岩的源区普遍存在西太平洋俯冲板片组分，提出俯冲组分可能来源于受地幔过渡带熔体改造的深部碳酸盐化地幔，构建了大地幔楔系统中形成板内玄武岩的新机制。

先后主持了国家"973计划"项目、国家自然科学基金委创新群体、国家杰出青年科学基金项目、中国科学院B类先导专项、广东省基础与应用基础研究重大项目等。获国家自然科学奖二等奖2项、省部级科学技术奖一等奖4项，以及全国五一劳动奖章、全国优秀科技工作者、李四光地质科学奖、中国青年科技奖、孙贤鉥奖、侯德封奖、金锤奖等荣誉。

截至2022年，发表论文300余篇，其中SCI论文260余篇；主编*Lithos*和*Episodes*专辑4部；入选World's Top 2% Scientists 2020和中国Top200榜单，连续7年入选爱思唯尔"中国高被引学者"榜单。

社会任职

担任国家杰出青年科学基金评审委员会委员（第六届、七届、九届），第八届国家自然科学基金委地学部专家咨询委员会委员，中国科学院地学部第十七届常务委员会委员，中国科学院第七届科学道德委员会委员，中国科学院陈嘉庚奖评审委员会第九届地学委员会副主任，国家航天局第一届月球样品专家委员会成员，广东省科学技术协会第九届副主席，广州市欧美同学会副会长，大湾区科学论坛战略咨询委员会委员，香港大学荣誉教授，伦敦大学皇家霍洛威学院地质系、南京大学、北京大学、兰州大学客座教授，《大地构造与成矿》杂志主编，*Terra Nova*、*Frontier in Earth Sciences*、*Mineralogy and Petrology,*、*International Geology Review*、*Episodes*副主编，*Global and Planetary Changes*、《中国科学》、《科学通报》编委等；曾任国际火山学与地球内部化学协会（IAVCEI）大火成岩省委员会委员，国际地球化学学会奖励提名委员会委员，国际大地测量和地球物理联合会中国委员会（IUGG-CHN）副主席、IAVCEI中国委员会主席，中国地球科学联合会（CGU）副主席兼秘书长、中国矿物岩石地球化学学会副理事长、监事长及地球内部化学与火山专业委员会主任等。

徐红星   物理学家

当选时间 2017 年当选中国科学院院士
学　　部 数学物理学部
性　　别 男
民　　族 汉族
籍　　贯 江苏灌云
出生年月 1969 年 5 月

　　徐红星   物理学家。发展中国家科学院院士，武汉大学物理科学与技术学院教授、博士生导师，武汉大学高等研究院副院长，武汉量子技术研究院院长。1992 年从北京大学技术物理系毕业；1996 年前往瑞典留学及工作，先后获得瑞典查尔姆斯理工大学硕士、博士学位；2002 年博士毕业后在瑞典隆德大学物理系任助理教授；2005 年入选中国科学院"百人计划"，并回国担任中国科学院物理研究所研究员；2006 年获得国家杰出青年科学基金项目资助；2009 年至 2014 年，担任中国科学院纳米物理与器件重点实验室主任；2012 年进入武汉大学物理科学与技术学院工作，担任教授、纳米科学与技术中心主任；2016 年入选"万人计划"科技创新领军人才；2018 年当选发展中国家科学院院士。2017 年当选中国科学院院士。

主要成就

主要从事等离激元光子学、分子光谱和纳米光学的研究。发现成对金属纳米颗粒在光场作用下能够在其纳米间隙中产生巨大的电磁场增强效应，是单分子表面增强拉曼光谱的原因，也是其他基于纳米间隙效应研究的物理基础；提出了等离激元光学力和单分子捕获、表面增强拉曼与表面增强荧光统一的理论；发现了表面增强光谱的纳米天线效应，研发了针尖增强拉曼光谱系统，实现了等离激元催化反应；发现了纳米波导等离激元的激发、传播、发射、与激子相互作用的物理机理和调控机制；在纳米波导网络中实现了光子路由器、完备的光逻辑、半加器和光逻辑的级联。

作为项目负责人先后承担了科技部重大科学研究计划（"973 计划"）项目、基金委重点项目等。获中国科学院"百人计划"终期评估优秀、第十一届中国青年科技奖、中国科学院朱李月华优秀教师奖、中国科学院青年科学家国际合作奖、中国物理学会饶毓泰物理奖、国务院政府特殊津贴、全国五一劳动奖章、2020 年全国先进工作者、湖北省优秀共产党员等荣誉。

在包括 *Nature Communications*、*PRL*、*Nano Lett.*、*PNAS*、*JACS*、*Adv. Mater.* 等的国际科学杂志上发表论文 100 余篇，其中影响因子大于 7 的有 33 篇（其中 21 篇为通讯作者）；被邀请撰写综述性论文 10 篇。在重要国际会议上作主旨报告（keynote talk）、邀请报告（invited talk）近 40 次，作为会议主席或国际指导委员会 / 程序委员会委员组织国际学术会议 20 次。

社会任职

担任吉林大学物理学院第一届学术咨询委员会成员，中国物理学会光散射专业委员会委员，中国材料研究学会纳米材料与器件分会理事，中国科学院物理研究所第十届学术委员会委员、第十一届学术委员会常务委员，国家重大科学研究计划项目（2013CB922400）专家组成员，国家重大科学仪器设备开发专项（2011YQ030124）技术专家组专家，陕西师范大学、北京邮电大学理学院兼职教授，*Optics Express*、*Nanoscale* 副主编，*Scientific Reports*、*Nanophotonics*、*Frontiers of Physics*、*Chinese Science Bulletin* 编委等。

孙和平　大地测量和地球物理学家 ≫

当选时间　2019 年当选中国科学院院士
学　　部　地学部
性　　别　男
民　　族　汉族
籍　　贯　江苏江阴
出生年月　1955 年 8 月 4 日

Yuan *Shi Xiao Zhuan*
院士小传

　　孙和平　大地测量和地球物理学家。中国科学院精密测量科学与技术创新研究院研究员、博士生导师、学术委员会常务副主任，国际大地测量协会（IAG）会士，中国科学院大学教授。1980 年本科毕业于中国科学技术大学地球与空间科学学院地球物理专业；1995 年研究生毕业于比利时法语天主教鲁汶大学理学院，获博士学位。2019 年当选中国科学院院士。

主要从事地球动力学与微小形变的高精度重力信号检测、理论模拟和力学机制探索等相关领域研究。建立了具有先进水平的武汉国际重力潮汐基准和顾及液核动力学效应的全球重力固体潮模型；发展了大气与海洋潮汐对地球物理场影响的负荷理论；开拓了我国高精度重力在地球深内部结构与动力学的应用研究领域，发现了大地震激发的地球自由振荡及其谱峰分裂现象；在国际上首次用重力技术获得液态地核 10 年变化规律、动力学椭率和核幔边界粘滞度等重要物性参数等。相关研究成果为国家精密测绘与空间探测技术、地球圈层耦合作用与全球大尺度地球动力学研究提供了重要理论指导与背景信息。

担任国际地球动力学（GGP）合作项目中方首席科学家、中国－比利时政府科技合作项目负责人、国家基金委创新群体首席科学家、国家基金委重点项目负责人；获得国家杰出青年科学基金项目资助，入选中国科学院"百人计划"；还获得省部级科研成果奖 7 项（其中一等奖 3 项）、国务院政府特殊津贴待遇、中国科学院优秀共产党员、湖北省首届杰出人才奖，以及湖北省"有突出贡献的中青年专家"称号等荣誉。

截至 2022 年，在国内外重要核心刊物上发表学术研究论文 200 余篇。

担任"孙和平院士精密测量科普工作室"首席科学家，国家科技部"大地测量与地球动力学国家重点实验室"学术委员会副主任，中国测绘学会和中国计量测试学会副理事长，中国地震局地球观测研究所学术委员会主任，长江大学油气资源与勘探技术教育部重点实验室学术委员会副主任，国际地球动力学与固体潮委员会委员，湖北省科学技术协会委员会常委，湖北省地球物理学会理事长，武汉大学地球空间信息技术教育部协同创新中心学术委员会主任，中国科技大学、中国地质大学和中国矿业大学等校兼职教授，国际期刊 *Geodesy and Geodynamics* 主编，*Journal of Geodesy* 和 *Earth and Planetary Physics* 期刊编委，国内期刊《地球物理学报》《测绘学报》《大地测量与地球动力学》等编委等。

王怀民　分布计算领域专家

院士小传

当选时间　2019 年当选中国科学院院士
学　　部　信息技术科学部
性　　别　男
民　　族　汉族
籍　　贯　江苏淮安
出生年月　1962 年 4 月

　　王怀民　分布计算领域专家。国防科技大学副校长兼教育长、教授。1962 年 4 月出生于江苏南京；1983 年从中国人民解放军信息工程学院（现中国人民解放军战略支援部队信息工程大学前身之一）应用数学专业毕业；1988 年获得国防科学技术大学硕士学位；1992 年获得国防科学技术大学博士学位；2006 年获得国家杰出青年科学基金项目资助；2017 年担任国防科技大学副校长兼教育长。2019 年当选中国科学院院士。

主要成就

主要从事面向网络的分布计算研究。主持研制的分布计算软件平台是首批完成军品设计定型的国产软件，在重要指挥信息系统中实现了长时间可靠服务；主持研制了面向互联网的虚拟计算环境，在云间资源按需聚合的虚拟计算模型和技术上取得突破，为构建高效可信的云计算平台提供了系统性支撑；主持研制了可信的国家软件资源共享与协同生产环境，提出基于网络的软件开发群体化方法，支撑了中国开源软件开发和教育服务平台建设。

先后获得国家科学技术进步奖特等奖 1 项、二等奖 2 项，国家技术发明奖二等奖 1 项，国家教学成果奖二等奖 2 项，国家杰出青年科学基金项目资助，以及中创软件人才奖、中国计算机学会王选奖、中国计算机学会会士等荣誉。

社会任职

担任中国计算机学会常务理事，国家"十五""863 计划"计算机软硬件技术主题和专家组成员，*Journal of Computer Science and Technology* 及《科学通报》《计算机学报》编委等。

陆夕云 流体力学家

当选时间 2019 年当选中国科学院院士
学　　部 数学物理学部
性　　别 男
民　　族 汉族
籍　　贯 江苏泰州
出生年月 1963 年 4 月

Yuan Shi Xiao Zhuan
院士小传

　　陆夕云　流体力学家。中国科学技术大学教授、博士生导师。1985 年获南京航空学院（现南京航空航天大学）学士学位；1992 年获中国科学技术大学（硕博连读）博士学位后，在东京大学、休斯敦大学、田纳西大学、宾州州立大学、香港科技大学等高校从事学术研究数年；2000 年入选中国科学院"百人计划"；2001 年获国家杰出青年科学基金项目资助；2002 年入选"长江学者奖励计划"特聘教授；2004 年入选国家级"百千万人才工程"；2005 获国务院政府特殊津贴；2006 年为教育部创新研究团队学术带头人；2017 年为国家自然科学基金委创新研究群体学术带头人等。2019 年当选中国科学院院士。

长期从事湍流、旋涡动力学和生物运动力学等领域的研究，在理论和方法上取得了系统的创造性成果。这些成果也对高速飞行器和水下航行器的新型设计等具有重要的指导意义，一直受到高度关注。主要学术成就和贡献如下：

（1）提出了物体受力的有限域涡量矩理论，解决了利用近场旋涡确定物体受力的基本问题，发现了支配运动物体受力的主控旋涡和基本规律，突破了对受力物理近一个世纪的认知；

（2）构建了流动基本过程非线性耦合作用的理论和方法体系，发展了多过程耦合的气动力和气动热预测分析方法，建立了以热力学变量为特征量的声学方程；

（3）提出了复杂流动中物体减阻控制的准则，阐明了从低速到高速流动控制的一系列有效减阻机制。

在国内外流体力学领域具有重要的学术影响力，连续被国际理论与应用力学联盟（IUTAM）邀请担任第 23 届和第 25 届世界力学家大会的分会主席。也为中国科学技术大学力学学科的发展做出了支撑性贡献。

担任多个国家重点实验室和省部级重点实验室学术委员会委员或主任，《力学学报》主编，以及多个国际国内学术期刊编委等；曾任中国力学学会常务理事，中国空气动力学会常务理事，国家自然科学基金委员会学科专家评审组成员，教育部高等学校力学专业教学指导委员会副主任委员等。

施剑林　无机化学与无机材料学家 ▶▶

院士小传

当选时间 2019 年当选中国科学院院士
学　部 化学部
性　别 男
民　族 汉族
籍　贯 江苏太仓
出生年月 1963 年 12 月

施剑林　无机化学与无机材料学家。中国科学院上海硅酸盐研究所研究员，学位委员会主任，博士生导师。1983 年从南京化工学院（现南京工业大学）本科毕业；1989 年于中国科学院上海硅酸盐研究所博士毕业后留所工作；1993 年至 1994 年，在德国马普金属研究所 PML 实验室做访问学者；1996 年获得国家杰出青年科学基金项目资助；2000 年至 2004 年，担任中国科学院上海硅酸盐研究所所长；2003 年至 2013 年，担任中国科学院上海硅酸盐研究所高性能陶瓷和超微结构国家重点实验室主任；2008 年被聘为教育部"长江学者奖励计划"特聘教授；2021 年 4 月，受聘为同济大学医学院双聘院士。2019 年当选中国科学院院士。

主要成就

主要从事无机纳米与介孔材料的合成、非均相催化性能与环境能源应用研究。1983年至2005年，从事先进陶瓷材料制备科学、烧结理论、结构陶瓷高温可靠性评价透明陶瓷等研究；1998年之后，主要从事无机纳米材料、介孔材料与介孔主客体复合材料的合成、非均相催化性能与环境能源应用、介孔纳米颗粒的可控合成及其生物相容性与多功能化、药物输运和纳米诊疗剂等方面的研究。还提出了"纳米催化医学"的全新研究前沿方向，使用无毒纳米颗粒而不是传统的有毒化疗药物，通过引发瘤内原位的催化反应达到抗肿瘤目的。

先后担任国家重大基础研究计划"信息功能陶瓷若干基础问题研究"（2002—2008）和国家重点纳米专项计划"半封闭空间机动车排放污染物治理的关键纳米技术"（2013—2018）首席科学家，同时还承担并负责多项国家自然科学重点基金项目、"863计划"材料高技术和中国科学院创新方向性等多项国家与地方科研项目。以第一完成人获国家自然科学奖二等奖1项（2011年度）、上海市自然科学奖一等奖2项（2008、2014）和上海市科技进步奖一等奖1项（2009）等科技奖励；入选两院院士评选出的中国十大科技进展（2005），曾获中国青年科技奖、中国化学会青年化学奖、第二届上海市自然科学奖牡丹奖、上海市科技精英奖等荣誉。

截至2022年，发表SCI论文560余篇，SCI他引56 000余次，H因子为130；2015年起，连续入选全球"高被引科学家"名单。

社会任职

担任过中国化学会、国际介孔材料学会、上海市硅酸盐学会理事，《中国科学：材料科学》副主编，《科学通报》、*Advanced Healthcare Materials* 编委等。

朱美芳　材料科学家 ▶▶

当选时间　2019 年当选中国科学院院士
学　　部　技术科学部
性　　别　女
民　　族　汉族
籍　　贯　江苏如皋
出生年月　1965 年 8 月 1 日

朱美芳　材料科学家。东华大学教授、博士生导师，材料科学与工程学院院长，纤维材料改性国家重点实验室主任。1982 年考入中国纺织大学（现东华大学）化纤系，先后获得工学学士、硕士学位；1989 年硕士毕业后留校工作，先后担任高分子材料系助教、讲师、副教授、副系主任；1995 年至1999 年，由德国德累斯顿工业大学与东华大学联合培养，获得工学博士学位；1998 年至2005 年，先后担任东华大学材料科学与工程学院教授、系主任、院长助理、副院长、院长；2004 年至 2006 年，兼任纤维材料改性国家重点实验室主任；2005 年至 2009 年，担任东华大学副校长；2009 年获得国家杰出青年科学基金项目资助；2013 年入选教育部"长江学者奖励计划"特聘教授；2017 年获得首届全国创新争先奖；2020 年当选发展中国家科学院院士。2019 年当选中国科学院院士。

主要从事纤维材料功能化、复合化和智能化研究。率先提出了有机无机杂化构筑功能纤维的学术思路，建立了聚合物纤维全流程功能化技术体系，实现了合成纤维功能性与舒适性的统一；提出了介观诱导构建智能纤维新策略，实现了结构功能一体化智能纤维的连续化制备；推动了我国纤维质量"由低到高"、产业"由大到强"的重大进步。成果在全国多家企业实现了产业化，取得了突出的社会效益和经济效益。

主持国家重点研发计划、国家重大科研仪器研制项目、国家自然科学基金重点项目等国家及省部级科研任务40余项。以第一完成人获国家技术发明奖二等奖、国家科学技术进步奖二等奖、上海市自然科学奖一等奖、上海市技术发明奖一等奖等10多项；先后获国家级"有突出贡献的中青年专家"称号、第六届中国青年科技奖、桑麻纺织杰出青年学者奖、教育部"跨世纪优秀人才"、"新世纪百千万人才工程"国家级人选、上海市"巾帼创新奖"、上海市"三八"红旗手标兵、何梁何利基金科学与技术青年创新奖、第七届中国青年女科学家奖、第十二届上海市科技精英、宝钢优秀教师特等奖、第五届全国优秀科技工作者、国家"万人计划"科技创新领军人才、上海市"四有"好教师（教书育人楷模）、上海市先进工作者、国家教学成果二等奖等荣誉，入选教育部创新团队、科技部创新人才推进计划重点领域创新团队和首批全国高校黄大年式教师团队。

截至2022年，发表SCI论文450多篇；出版《纳米复合纤维材料》等著作10部（章）；获国家授权发明专利300余件、PCT国际专利6件；组织国际会议20余次，应邀作大会报告、主题报告和特邀报告150余次。

担任中国材料研究学会副理事长（第七届、八届），中国女科技工作者协会副会长（第四届），中国纺织工程学会副理事长（第二十六届），中国化学会高分子学科委员会副主任（第三十届），国务院学位委员会材料科学与工程学科评议组成员（第七届、八届），教育部高等学校材料类专业教学指导委员会副主任委员（2018—2022），全国工程专业学位研究生教育指导委员会委员（第四届、五届），教育部科学技术委员会材料学部副主任（第八届），国家重点研发计划"重点基础材料技术提升与产业化"重点专项总体专家组成员，国家"863计划""十五"新材料技术领域"纳米材料"专项总体专家组成员，美国纤维学会管理委员会委员（The Fiber Society Governing Council Members），上海市青年联合会委员会委员（第八届）、常委（第九届），东华大学材料科学与工程学院校友会会长，《辞海》分科主编，*Advanced Fiber Materials* 主编，*Progress in Natural Science: Materials International* 及《高分子学报》《合成纤维》《功能高分子学报》等期刊编委等。

杨金龙　物理化学家

院士小传

当选时间　2019 年当选中国科学院院士
学　　部　化学部
性　　别　男
民　　族　汉族
籍　　贯　江苏盐城
出生年月　1966 年 1 月

杨金龙　物理化学家。中国科学技术大学教授、博士生导师、副校长。1985 年从南京师范大学毕业；1991 年获得中国科学技术大学博士学位后留校任教；1996 年晋升为教授；2000 年获得国家杰出青年科学基金项目资助；2001 年被聘为教育部"长江学者奖励计划"特聘教授；2004 年担任合肥微尺度物质科学国家实验室理论与计算科学研究部主任；2006 年担任科技部重大科学研究计划首席科学家；2009 年担任中国科学技术大学化学与材料科学学院执行院长；2011 年当选美国物理学会会士；2017 年担任中国科学技术大学校长助理；2018 年出任中国科学技术大学副校长。2019 年当选中国科学院院士。

主要成就 *Zhu Yao Cheng Jiu*

研究领域为理论和计算化学，一直致力于发展与应用第一性原理计算方法与模型，研究小分子、原子团簇、固体表面与界面和纳米体系的结构及性质，注重和相关实验研究的配合与合作。在新型功能材料的设计与模拟，表面单分子量子行为的表征与调控等方面取得了一系列原创性和突破性的成果。

获首届高校青年教师奖、中国化学会青年化学奖、国务院政府特殊津贴、"973计划"项目先进个人、第九届中国青年科技奖、安徽省五四青年奖章、安徽省先进工作者、全国先进工作者等荣誉。

截至2022年，已发表学术研究论文500余篇，论文被引30 000余次，应邀在国内外学术会议上作邀请报告和大会报告150余次。

社会任职 *She Hui Ren Zhi*

担任安徽省第十三届人民代表大会常务委员会委员，中国农工民主党安徽省主委，全国中学生"英才计划"化学学科工作委员会秘书长，*The Journal of Physical Chemistry*、*WIREs Computational Molecular Science* 和《物理化学学报》副主编，*Theoretical Chemistry Accounts*、《中国科学》和《化学物理学报》编委等。

常　进　天文学家

当选时间　2019 年当选中国科学院院士
学　　部　数学物理学部
性　　别　男
民　　族　汉族
籍　　贯　江苏泰兴
出生年月　1966 年 7 月 12 日

院士小传

　　常进　天文学家。研究员、博士生导师，中国科学院国家天文台台长，中国科学院暗物质与空间天文重点实验室主任，中国科学技术大学天文与空间科学学院院长，紫金山天文台暗物质和空间天文实验室首席科学家。1992 年 7 月，毕业于中国科学技术大学并获硕士学位；2006 年 7 月，获博士学位；1992 年 8 月，到紫金山天文台进行科研工作，历任中国科学院紫金山天文台工程师、副研究员、研究员、研究部副主任、主任、副台长；2019 年 2 月起，任中国科学院紫金山天文台台长；2020 年 9 月起，任中国科学院国家天文台台长。2019 年当选中国科学院院士。

主要成就

主要从事空间伽马射线、高能带电粒子尤其是电子的探测技术方法及科学实验研究。在暗物质粒子空间探测、空间天文观测设备研制和数据分析等方面取得了重要进展。创新发展了一种高能宇宙线电子探测的新技术方法，并成功应用于美国南极长周期气球探测 ATIC 实验。作为首席科学家提出并领导实施了"悟空"号暗物质粒子探测卫星（中国科学院战略性先导科技专项——空间科学专项的首发星）项目，实现了中国天文卫星零的突破。一些关键性能指标世界领先，被《自然》杂志誉为开启了中国空间科学新时代。率领团队积极服务于国家重大战略需求，先后为神舟二号、嫦娥一号、嫦娥二号等成功研制了伽马射线谱仪。

是"暗物质探测时代"开创者，中国空间天文带头人之一，对空间伽马射线和高能带电粒子探测技术研究做出了开创性的贡献，取得了令人瞩目的成就。

曾获 2008 年度世界物理学领域重大研究进展、国家科学技术进步奖二等奖、国家自然科学奖二等奖、国家科学技术进步奖特等奖、江苏省科技进步奖二等奖、江苏省科技进步奖一等奖（2 次）、江苏省科技进步奖三等奖、北京市科技进步奖二等奖、全国五一劳动奖章、全国创新争先奖、何梁何利基金科学与技术进步奖等荣誉。

社会任职

担任江苏省科学技术协会第十届委员会副主席，南京欧美同学会（南京留学人员联谊会）第四届理事会常务副会长，中国天文学会副理事长（2018—2022），中国空间科学学会副理事长（2021—2026）等。

樊春海　分析化学与化学生物学家 ▶▶▶

当选时间 2019 年当选中国科学院院士
学　　部 化学部
性　　别 男
民　　族 汉族
籍　　贯 江苏张家港
出生年月 1974 年 3 月

Yuan Shi Xiao Zhuan
院士小传

　　樊春海　分析化学与化学生物学家。上海交通大学王宽诚讲席教授、博士生导师。1992 年进入南京大学生物化学专业学习，先后获得学士、博士学位；2000 年博士毕业后，在美国加州大学圣塔芭芭拉分校有机固体研究所和加州纳米系统研究所从事博士后研究；2004 年入选中国科学院"百人计划"后，进入中国科学院上海应用物理研究所工作，任研究员、博士生导师；2007 年获得国家杰出青年科学基金项目资助；2011 年担任科技部"973 计划"（纳米）首席科学家；2012 年获得第十一届中国科学院杰出青年奖；2017 年当选九三学社第十四届中央委员会委员；2018 年起，任上海交通大学化学化工学院教授，并担任化学化工学院院长、转化医学研究院执行院长、国家转化医学科学中心唐仲英首席科学家。2019 年当选中国科学院院士。

主要成就

主要从事核酸化学、生物传感和生物计算方面的研究。提出了框架核酸概念并引入分析化学领域，建立了"先组装、后检测"的框架核酸传感与成像新方法，突破了界面限域组装与识别的难题，对促进生物分析的发展做出了贡献。致力于将基础研究成果向临床转化，已将核酸分析检测和诊疗新方法实现临床转化，开展与医院合作，将核酸传感器用于实际临床样本的检测，为"感知生命"提供便利。

先后获得上海市自然科学奖三等奖（2007）、中国分析测试协会科学技术奖一等奖（2007、2008、2009），还获得上海市青年科技启明星、上海市科教党委系统青年科技创新人才、中国化学会青年化学奖、第二届杰出青年科技创新人才、中国青年科技奖、上海市嘉定区科技功臣奖、第十一届中国科学院杰出青年奖、2016 年度上海市青年科技杰出贡献奖、第十二届谈家桢生命科学创新奖、美国化学会测量科学进展讲座奖、何梁何利基金科学与技术创新奖、2020 年全国先进工作者等荣誉。入选美国科学促进会（AAAS）、国际电化学学会（ISE）、美国医学和生物工程院（AIMBE）和英国皇家化学会（RSC）会士。

截至 2022 年，发表论文 600 余篇，总被引 5 万余次，H 因子大于 110；自 2014 年起，连续入选全球"高被引科学家"名单；申请 8 项美国及 PCT 国际专利（2 项获授权）、50 余项中国专利（30 项获授权）。

社会任职

担任九三学社中央委员会委员（第十四届）、上海市委员会委员（第十七届）、上海市委员会常委和副主任委员（第十八届），政协上海市第十三届委员会委员，*ACS Applied Materials & Interfaces* 副主编，美国化学会 *ACS Applied Materials & Interfaces* 副主编，*ChemPlusChem* 编委会共同主席，*Angewandte Chemie*、*Accounts of Chemical Research*、*ACS Nano* 等 10 多个国际知名期刊编委等。

万宝年　　物理学家

院士小传

当选时间	2021 年当选中国科学院院士
学　部	数学物理学部
性　别	男
民　族	汉族
籍　贯	江苏海安
出生年月	1962 年 6 月

万宝年　　物理学家。中国科学院合肥物质科学研究院研究员、博士生导师，中国科学院等离子体物理研究所首席科学家。曾任中国科学院合肥物质科学研究院副院长、等离子体物理研究所所长。2021 年当选中国科学院院士。

主要成就

长期从事磁约束核聚变研究，带领团队聚焦聚变堆稳态运行的关键科学技术问题，解决了射频波加热／驱动的若干关键问题，发展了缓解边界不稳定性的新方法，揭示了提升约束与稳态维持高约束模式的若干关键机理。通过物理和技术集成，探索了托卡马克先进稳态高约束运行模式，为推动我国磁约束核聚变发展做出了重要贡献。

曾获中国科学院杰出科技成就奖、安徽省自然科学奖一等奖、国家科学技术进步奖一等奖和创新团队奖等。

截至 2022 年，发表论文超过 350 篇。

社会任职

担任全国政协第十三届委员会委员等。

朱 彤　　　　环境学家

院士小传

朱彤　环境学家。北京大学教授、环境科学与工程学院院长。1983 年、1986 年分别获得北京大学技术物理系放射化学学士和环境化学硕士学位；1991 年获得德国伍珀塔尔大学物理化学博士学位；1999 年起，任北京大学教授；2019 年当选美国地球物理联合会会士（AGU Fellow）（因"对大气化学基础研究及对超大城市空气污染的人体健康及气候影响评估的卓越贡献"）；2020 年 8 月获聘为国务院参事。2021 年当选中国科学院院士。

当选时间　2021 年当选中国科学院院士
学　　部　地学部
性　　别　男
民　　族　汉族
籍　　贯　江苏宜兴
出生年月　1962 年 9 月 1 日

主要成就

　　长期开展大气化学及环境健康研究，取得了大气污染来源甄别、成因解析及健康危害评估等系列创新成果，主要包括：突破污染物地气交换和区域输送通量测量技术，发现了大气污染新来源、新机制；揭示了大气复合污染的非均相化学反应成因，阐明华北大气污染的区域输送过程，支撑了大气污染治理；识别出黑碳是危害健康的关键大气组分之一，发现了大气污染危害生殖健康等新型不良影响。

　　致力于将基础前沿研究的突破性成果应用于解决我国重大环境问题。2005 年发起和组织了华北区域大气环境综合观测国际合作实验 CAREBEIJING，揭示了北京及华北空气污染的形成机制，在国际期刊 *JGR* 和 *ACP* 上发表 3 期专刊，进而带领北京大学团队提出《奥运会北京空气质量保障方案北京周边省区市措施》，得到国务院批准采纳，并在华北六省市实施，为保障北京奥运空气质量做出了贡献。提出和证明了京津冀冬季居民源通过区域输送对北京空气污染的重要贡献，该成果于 2016 年发表在 *PNAS* 上，据此提出控制居民散煤的建议，推动了相关政策的实施。2019 年和学院宋宇教授在 *PNAS* 上发表关于我国大气氨的环境效应论文，据此提出"我国应分区域制定精确氨减排计划"的政策建议，为我国打赢蓝天保卫战提供了科学支撑。

　　自 2000 年起，一直致力于推动环境健康领域的学科交叉研究和学科建设。通过开展大气化学与流行病学的交叉研究，揭示了大气污染危害心肺健康的氧化应激和促炎等分子机制，识别出黑碳等多种危害组分，发现大气污染对精神、生殖健康等的新型不良影响，提出以健康驱动空气污染与气候变化的协同治理。

　　致力于发展环境健康交叉学科，于 2007 年创建了北京大学环境与健康研究中心。2015 年在环境科学与工程一级学科下建成了完整的环境健康二级学科；2021 年在北京大学建立了中国高校环境学院首个环境健康系。

　　在 *Science*、美国科学院院刊 *PNAS*、美国医学会会刊 *JAMA* 等期刊上发表 SCI 论文 340 余篇，入选科睿唯安"交叉领域""高被引科学家"名单、爱思唯尔环境科学"中国高被引学者"榜单。

社会任职

　　担任国务院参事，国家自然科学基金委重大项目负责人，美国地球物理联合会会士（AGU Fellow）等。

顾 宁　　纳米医学材料学家

当选时间 2021 年当选中国科学院院士

学　部 技术科学部

性　别 男

民　族 汉族

籍　贯 江苏南京

出生年月 1964 年 5 月

院士小传

顾宁 纳米医学材料专家。南京大学医学院教授、博士生导师。1986 年南京工学院（现东南大学）无线电工程系微波技术专业本科毕业；1990 年东南大学生物医学工程系硕士毕业；1996 年东南大学生物电子学专业博士毕业；1998 年至 1999 年，先后在日本山梨大学无机材料研究所、日本通产省工业技术院物质工学工业技术研究所（筑波）任特别研究员；2002 年在日本冈崎国立研究机构分子科学研究所做访问教授。曾任东南大学生物科学与医学工程学院院长，江苏省生物材料与器件重点实验室主任。2021 年当选中国科学院院士。

Zhu Yao Cheng Jiu 主要成就

　　长期从事纳米医学材料研究，在医用高性能铁基纳米材料和磷脂材料制备、表征与生物效应等创新研究中做出系统性贡献。在国际上率先提出以铁基纳米材料和磷脂分子为两大基础材料，构建以磁性微泡为代表的诊疗一体化材料体系。研制并获批医用纳米氧化铁弛豫率国家标准物质和类酶活性测定的国家标准。研发出的高性能医用磁性微纳米材料，已广泛应用于核酸转染与蛋白分离、化学发光检测等新品研发与临床诊断；研发的多聚糖超顺磁氧化铁静脉注射液，临床研究除补铁治疗外可用于磁共振影像增强，为新一代磁共振对比剂奠定了基础；创新了合成磷脂制备与递药技术，支撑建成国内目前唯一可生产并提供合成磷脂的企业。

　　国家纳米研究重大科学研究计划项目首席科学家、国家重点研发计划项目负责人、国家自然科学基金创新研究群体项目主持人，全国"百篇优博"指导教师。

　　获国家自然科学奖二等奖、国家科学技术进步奖二等奖、教育部高等学校自然科学奖一等奖、江苏省科学技术奖一等奖、第46届"日内瓦国际发明展"特许金奖、全国优秀科技工作者、国务院政府特殊津贴等荣誉。

　　发表SCI期刊论文500余篇，正面他引万余次；编著3部；获授权发明专利百余件。

She Hui Ren Zhi 社会任职

　　担任过国家中长期科学和技术发展规划"战略高技术与高新技术产业化研究"专题骨干研究人员，中美纳米科技合作联合委员会中方组成员，中美纳米医学与纳米生物技术学会咨询组成员，第七届、八届教育部科技委学部委员，国家科技部纳米科技重大专项专家委员会成员，美国医学与生物工程院会士，国家自然科学基金委员会信息科学部第五届、六届咨询专家组成员，国家"863计划"新材料技术领域"纳米材料"专项总体专家组成员，中国生物医学工程学会常务理事、纳米医学与工程分会首任主任委员，中国真空学会副秘书长，中国微米纳米技术学会理事、会士，中国生物材料学会纳米生物材料分会副主任委员等。

朱鲁华　网络空间安全专家 ➤➤

院士小传

当选时间　2021 年当选中国科学院院士
学　　部　信息技术科学部
性　　别　男
民　　族　汉族
籍　　贯　江苏盐城
出生年月　1964 年 12 月

　　朱鲁华　网络空间安全专家。总参某研究所研究室主任、高级工程师,上海交通大学兼职教授,上海交通大学信息与网络安全体系结构联合实验室副主任。1964 年 12 月出生于江苏盐城。2021 年当选中国科学院院士。

主要成就 Zhu Yao Cheng Jiu

从事信息与网络安全研究。

曾获国家科学技术进步奖一等奖和多项省部级科技进步成果奖。

在国内外学术刊物上发表论文 20 余篇；出版专著 1 部。

社会任职 She Hui Ren Zhi

担任国家"973"项目"信息与网络安全体系结构"课题和国家"863"项目"网络安全积极防御技术"课题主要成员等。

史生才

射电天文学家、
太赫兹超导探测器研究专家

院士小传
Yuan Shi Xiao Zhuan

当选时间 2021 年当选中国科学院院士
学　　部 数学物理学部
性　　别 男
民　　族 汉族
籍　　贯 江苏南京
出生年月 1964 年 12 月

　　史生才　射电天文学家、太赫兹超导探测器研究专家。中国科学院紫金山天文台研究员、博士生导师，中国科学院射电天文重点实验室主任，紫金山天文台学术委员会主任，毫米波和亚毫米波技术实验室首席科学家。1985 年毕业于南京工学院（现东南大学）无线电工程系；1988 年获中国科学院研究生院硕士学位；1996 年获日本综合研究大学院大学天文系博士学位；1998 年起，任紫金山天文台研究员，同年获得国家杰出青年科学基金资助；1999 年入选中国科学院"百人计划"引进国外杰出人才。2021 年当选中国科学院院士。

主要成就

主要从事基于低温超导器件的太赫兹高灵敏度微弱信号探测技术研究及应用系统研究，是太赫兹超导探测器研究领域的国际知名专家，我国太赫兹天文探测技术的主要开创者。在太赫兹超导探测器物理机理、芯片技术和系统应用等方面做出多项有国际影响力的原创性研究成果。

主持研制了我国第一台 100-GHz 频段超导 SIS 接收机；主持研制了我国第一台 500-GHz 频段的低耗电小型化超导 SIS 接收系统，在我国首次观测到亚毫米波段的星际分子谱线；率领其团队与日本 NiCT 研究所合作，成功研制了基于 NbN 超导隧道结的 500-GHz 频段高性能超导混频器；在国际上首次将 NbN 超导混频技术应用于天文观测研究等。

获国家科学技术进步奖二等奖、中国科学院科技进步奖二等奖、江苏省科技进步奖一等奖、青海省科技进步奖一等奖、2019 年度何梁何利基金科学与技术进步奖等；入选 1998 年度国家基金委杰出青年科学基金项目资助、1999 年度财政部"国外杰出人才引进计划"、2007 年江苏省"333 高层次人才培养工程"中青年首席科学家。

发表高水平（SCI 收录）学术论文多篇。

社会任职

担任过中国电子学会微波分会学术委员会委员，东南大学毫米波国家重点实验室学术委员会委员，中国电子学会射电天文分会副主任，中国天文学会射电天文专业委员会主任等。

谈哲敏　　大气动力学家

院士小传

当选时间　2021 年当选中国科学院院士
学　　部　地学部
性　　别　男
民　　族　汉族
籍　　贯　江苏宜兴
出生年月　1965 年 1 月

谈哲敏　大气动力学家。南京大学党委常委、常务副校长、大气科学学院教授、博士导师。1986 年、1989 年、2000 年在南京大学先后获天气动力学专业学士学位、硕士学位、气象学博士学位。1989 年起在南京大学大气科学系任教，历任助教、讲师、副教授、教授；1998 年任南京大学大气科学系系主任；2000 年任南京大学中尺度灾害性天气教育部重点实验室主任；2003 年获国家杰出青年科学基金项目资助；2006 年入选教育部"长江学者奖励计划"特聘教授，同年任南京大学校长助理；2009 年任校党委常委、副校长；2019 年任校党委常委、常务副校长。2021 年当选中国科学院院士。

主要成就

长期致力于大气动力学、台风动力学与大气可预报性等领域的基础性理论研究。围绕台风、暴雨等灾害性天气的动力学及预测等重大国际科学前沿，在大气边界层动力学、台风动力学和灾害性预测理论等方面取得了系统性研究成果。此外，在高等教育研究领域也有着深厚造诣与突出成绩，主持推进实施南京大学"三三制"本科人才培养体系改革，相关成果获第七届高等教育国家级教学成果奖特等奖，并在国内产生重要影响。

先后主持承担科技部、教育部、国家自然科学基金委员会等国家级重大、重点研究项目 40 多项。先后获教育部、省科技进步奖（自然科学奖）一等奖 2 项、二等奖 4 项，高等教育国家级教学成果奖特等奖 1 项、二等奖 1 项，江苏省高等教育优秀教学成果奖特等奖 2 项、二等奖 3 项，全国普通高等学校优秀教材奖一等奖，第四届中国青年科技奖，第三届江苏省青年科技奖，江苏省青年科技标兵，赵九章优秀中青年科学工作奖，第四届高校青年教师奖，全国优秀博士学位论文等荣誉，并入选"新世纪百千万人才工程"国家级人选。

截至 2022 年，发表论文 150 多篇，出版专著教材 5 部。

社会任职

担任世界天气研究计划（WWRP）中国委员会主席，国际气象学和大气科学协会（IAMAS）中国委员会副主席，国家气候变化专家委员会委员，教育部大气科学教学指导委员会主任，教育部高等学校专业设置与教学指导委员会委员，灾害性天气国家重点实验室学术委员会主任等；曾任中国气象学会副理事长（第二十六、二十七届），国际动力气象委员会（ICDM）委员，国际 THOPREX 中国国家委员会副主席，国务院学位委员会学科评议组共同召集人，国家自然科学基金委员会地学部咨询委员会委员，教育部高等学校创业教育指导委员会副主任，江苏省气象学会副理事长等。

朱 敏　　　　古生物学家

Yuan *Shi Xiao Zhuan*
院士小传

当选时间 2021 年当选中国科学院院士
学　部 地学部
性　别 男
民　族 汉族
籍　贯 江苏张家港
出生年月 1965 年 10 月

　　朱敏　古生物学家。中国科学院古脊椎动物与古人类研究所研究员。1984 年获南京大学地质系古生物地层专业学士学位；1987 年获中国地质科学院研究生部古生物地层专业硕士学位；1990 年获中国科学院古脊椎动物与古人类研究所古生物地层专业博士学位；1999 年获国家杰出青年科学基金项目资助；2004 年入选首批新世纪"百千万人才工程"国家级人选；2013 年成为瑞典皇家科学院第三期阿特迪讲座的主讲嘉宾；2016 年入选国家"万人计划"领军人才、科技部重点领域创新团队负责人；先后在中国地质博物馆、法国巴黎自然历史博物馆、德国柏林自然博物馆和中国科学院古脊椎动物与古人类研究所从事研究工作，曾任中国科学院古脊椎动物与古人类研究所第七任、八任所长。2021 年当选中科院院士。

主要成就

主要从事古鱼类学和鱼类演化生物学研究。在解决生命演化中的若干重大难题方面做出了系统性的创新性成果，其中包括颌起源、硬骨鱼纲起源与演化、鱼类登陆等。带领团队让早期脊椎动物研究水平居于国际前列，相关内容被引入国外权威教科书；领衔研制的多套 CT 装置在古生物学研究新技术应用中发挥了引领作用；主持创建的"深骨"全球数据库已成为古脊椎动物领域物种数最全的平台。

领衔主办国际早期／低等脊椎动物研讨会若干；获中国科学院青年科学家奖二等奖（1999）、中国科学院"优秀青年"称号（1999）、中央国家机关"杰出青年"称号（2000）、国务院政府特殊津贴待遇（2000）、中国高校科学技术奖自然科学奖一等奖（第五完成人，2001）、第六届中国青年五四奖章（2002）、中国青年科技奖（2004）、中国青年科学家奖（2006）、国家自然科学奖二等奖（第一完成人，2013）、何梁何利基金科学与技术进步奖（2014）等荣誉。

截至 2022 年，在 *Nature*、*Science* 和 *Cell* 上发表论文 20 篇（含第一或通讯作者 15 篇），其他论著 150 余篇（部）。

社会任职

担任中国科学院脊椎动物演化与人类起源重点实验室主任，《古脊椎动物学报》主编，*Zoological Letters* 和 *Palaeoworld* 副主编，*eLife*、*Geodiversitas* 等期刊编委；曾任中国古生物学会副理事长，国际地质对比计划 IGCP491 项目主席，国际地层委员会泥盆系分会投票委员等。

贾金锋　材料物理学家

院士小传

当选时间	2021 年当选中国科学院院士
学　　部	技术科学部
性　　别	男
民　　族	汉族
籍　　贯	江苏淮安
出生年月	1966 年 3 月

　　贾金锋　材料物理学家。上海交通大学物理与天文学院副院长、讲席教授，凝聚态研究所所长，李政道研究所拓扑超导量子计算实验平台负责人。1987 年北京大学物理系毕业；1992 年北京大学物理系博士毕业；2000 年入选中国科学院"百人计划"；2003 年获得国家杰出青年科学基金项目资助；2009 年被聘为教育部"长江学者奖励计划"特聘教授；2018 年入选国家"万人计划领军人才"；曾先后在美国和日本工作 5 年。2021 年当选中国科学院院士。

主要成就

主要研究方向为拓扑超导及马约拉纳费米子、新型量子材料的制备与表征、低维纳米结构的生长、量子效应对低维纳米结构电子态和物性的影响，以及材料科学中的基本物理问题等。发展了薄膜材料原子级精度控制生长的新方法，实现了薄膜厚度单个原子层变化的精确控制，定量建立了金属薄膜体系量子效应和材料性能间的内在联系；提出了利用衬底的超导近邻效应实现拓扑超导的新思路，解决了界面反应和界面难以探测、表征的难题，制备出具有原子级平整界面的三维拓扑绝缘体／超导体异质结，并在其中发现了拓扑超导和马约拉纳涡旋态存在的实验证据，率先在国际上探测到马约拉纳零能模自旋的可靠信号。

1997 年获国家教委科技进步奖一等奖，2001—2002 年获中国科学院"重大创新贡献团队"奖，2003 年获北京市科学技术奖一等奖，2004 年获国家自然科学奖二等奖（第三获奖人），2005 年获中国科学院杰出科技成就奖集体奖，2011 年获国家自然科学奖二等奖（第一获奖人）、香港"求是"科技基金会杰出科技成就奖集体奖，2013 年获全球华人物理学会亚洲成就奖，2016 年获教育部自然科学奖一等奖（第一获奖人），2019 年获国家自然科学奖二等奖（第一获奖人）等荣誉。

截至 2022 年，在 SCI 收录的期刊上发表文章 290 多篇，其中包括 *Science* 5 篇、*Nature Mater.* 3 篇、*Nature Phys.* 3 篇、*Adv. Mater.* 6 篇、*Phys. Rev. Lett.* 29 篇、*APL／PRB* 50 多篇，综述文章 5 篇；文章被引 17 000 多次，入选 2018—2021 年度全球"高被引科学家"名单；在重要的国际会议上作邀请报告 60 余次。

社会任职

担任 *Quantum Frontiers* 副主编，*Advanced Quantum Technologies*、*2D Materials*、*Npj quantum materials* 等多份国际知名期刊编委等。

张 平　数学家

当选时间　2021 年当选中国科学院院士
学　部　数学物理学部
性　别　男
民　族　汉族
籍　贯　江苏高淳
出生年月　1969 年

张平　数学家。中国科学院数学与系统科学研究院首席研究员、副院长。1997 年博士毕业于南京大学；1997 年 5 月至 1999 年 6 月，在中国科学院数学研究所从事博士后研究；1999 年 6 月起，在中国科学院数学与系统科学研究院工作；2005 年获国家杰出青年科学基金项目资助；2006 年入选"新世纪百千万人才工程"国家级人选；2014 年被中国科学院大学聘为教育部"长江学者奖励计划"特聘教授；2019 年获中国数学会陈省身奖；主要从事流体力学方程组的整体解以及非线性薛定谔方程组的半经典极限方面的研究，曾经在美国、法国、奥地利、捷克、香港等学术机构，如 Courant 研究所交流访问。2021 年当选中国科学院院士。

从事微局部分析和非线性偏微分方程方面的研究，取得了以下国际领先的成果：

（1）证明了一维 Schrodinger-Poisson 方程的半经典极限，引入调谐能量泛函并证明了高维非线性 Schrodinger 方程和外区域上 Gross-Pitaevskii 方程的半经典极限，推进了该方面的研究工作；

（2）给出了三维不可压缩 Navier-Stokes 方程的一个最佳单分量正则性准则，并且在初始速度一个方向导数充分小的条件下，证明了该方程的整体光滑解，是该研究领域十分重要的进展；

（3）证明了潜水波方程及相关波动变分方程的整体弱解，并且在对称情形下极大地改进了 Fields 奖获得者 P. L. Lions 关于"等熵可压缩 Navier-Stokes 方程"整体弱解的工作。

此外，还在 P.L. Lions 提出的"非均匀不可压缩流体的密度块问题"以及"磁流体力学方程组的整体解"方面取得重要进展。

获第十届中国青年科技奖（2007）、国家自然科学奖二等奖（2011）、国家科技部青年领军人才（2013）、中国数学会陈省身奖（2019）等荣誉。

She Hui Ren Zhi 社会任职

担任 *Acta Applicandae Mathematicae* 副主编，*Czechoslovak Math. J.*、《中国科学》、*artial Differential Equations*、《数学进展》、*J. Éc. polytech. Math.* 编委等。

封东来 凝聚态物理学家

当选时间 2021 年当选中国科学院院士

学　部 数学物理学部

性　别 男

民　族 汉族

籍　贯 江苏盐城

出生年月 1972 年 10 月 8 日

封东来 凝聚态物理学家。中国科学技术大学国家同步辐射实验室主任、核科学技术学院执行院长、物理学院"严济慈"讲席教授，合肥微尺度物质科学国家研究中心教授。1994 年、1996 年先后在中国科学技术大学近代物理系获学士和硕士学位；2001 年获美国斯坦福大学物理系博士学位；2002 年获得国家杰出青年科学基金项目资助；2005 年入选教育部"长江学者奖励计划"特聘教授；先后在加拿大不列颠哥伦比亚大学物理和天文系、复旦大学物理系、中国科学技术大学从事科研和教学工作。2021 年当选中国科学院院士。

Zhu *Yao Cheng Jiu*
主要成就

长期从事凝聚态体系微观机理的实验研究。发展了电子结构测量方法和氧化物分子束外延技术，并拓展了同步辐射共振弹性与非弹性散射的应用，在高温超导、界面超导、电荷密度波、重费米子体系、莫特绝缘体和拓扑材料的机理研究和物性观测方面取得了系列成果。领导的研究组通过对 $K_xFe_2Se_2$ 超导机理的研究，指出了存在第二类的铁基超导材料，改变了人们对铁基超导的认识，为建立当前铁基超导理论提供了系统的实验依据；发现了电声子耦合与电子关联协同增强超导的新机制，拓展了现有物理图像；解决了二硫族体系电荷密度波的微观机理问题；加深了对重费米子和莫特相变体系的理解；给出了新型拓扑近藤绝缘体、外尔半金属和拓扑超导体中马约拉纳零能模的证据等。

成果多次被国际主要学术刊物评述和报道，并因"阐明量子材料电子结构的开创性贡献，特别是在铁基超导体的材料和界面超导研究中的贡献"当选美国物理学会会士，相关成果获国家自然科学奖二等奖等。

截至 2022 年，在《科学》《自然》《物理评论快报》等国际学术期刊上发表论文180 余篇，他引总计 15 000 余次，H 因子为 55；在重要会议上作邀请或大会报告 150 余次。

She *Hui Ren Zhi*
社会任职

担任过中国科学技术大学欧美同学会副会长，上海市第十五届人民代表大学代表（2018—2021），*Physical Review Letters* 凝聚态物理部、《中国物理快报》、*Science Bulletin* 副主编，*Journal of Electron Spectroscopy and Related Phenomena* 编委等。

江苏院士名录

中国工程院江苏籍院士

下 册

江苏省科学技术协会 编

孙春雷 主编

南京大学出版社

图书在版编目（CIP）数据

江苏院士名录.下册,中国工程院江苏籍院士/江苏省科学技术协会编.-- 南京:南京大学出版社,2022.11
ISBN 978-7-305-26436-8

Ⅰ.①江… Ⅱ.①江… Ⅲ.①院士－人名录－江苏 Ⅳ.①K826.1-61

中国版本图书馆CIP数据核字(2022)第238551号

出版发行　南京大学出版社
社　　　址　南京市汉口路22号　　　　　邮编210093
出 版 人　金鑫荣

书　　　名　**江苏院士名录（下册）：中国工程院江苏籍院士**
编　　者　江苏省科学技术协会
主　　编　孙春雷
责任编辑　苗庆松　　　　　　　　编辑热线　025-83592655
装帧设计　赵　庆
照　　排　南京开卷文化传媒有限公司
印　　刷　徐州绪权印刷有限公司
开　　本　787 mm×1092 mm　1/16　　印张 56.25　字数 1126 千
版　　次　2022 年 11 月第 1 版　2022 年 11 月第 1 次印刷
ISBN　978-7-305-26436-8
定　　价　698.00 元（全 3 册）
网　　址：http://www.njupco.com
官方微博：http://weibo.com/njupco
微信服务号：njuyuexue
销售咨询热线：（025）83594756

《江苏院士名录》编委会

目　录

CONTENTS

04　中国工程院江苏籍院士

（142人，按院士当选年份、年龄排序）

王振义——医药卫生学部 .... / 532

周　镜——土木、水利与建筑工程学部 .... / 534

侯云德——医药卫生学部 .... / 536

金怡濂——信息与电子工程学部 · .... / 538

顾诵芬——工程院机械与运载工程学部　中科院技术科学部 .... / 540

丁衡高——机械与运载工程学部 .... / 542

常印佛——工程院能源与矿业工程学部　中科院地学部 .... / 544

王　越——工程院信息与电子工程学部　中科院信息技术科学部 ... / 546

秦伯益——医药卫生学部 .... / 548

谢友柏——机械与运载工程学部 .... / 550

殷瑞钰——化工、冶金与材料工程学部　工程管理学部 .... / 552

钱　易——环境与轻纺工程学部 .... / 554

钱七虎——土木、水利与建筑工程学部　工程管理学部 .... / 556

李德仁——工程院信息与电子工程学部　中科院地学部 .... / 558

吴良镛——工程院土木、水利与建筑工程学部　中科院技术科学部 ... / 560

周君亮——土木、水利与建筑工程学部 .... / 562

李庆忠——能源与矿业工程学部 .... / 564

陈厚群——土木、水利与建筑工程学部 .... / 566

杨裕生——能源与矿业工程学部 .... / 568

唐孝炎——环境与轻纺工程学部 .... / 570

李泽椿——环境与轻纺工程学部 .... / 572

周邦新——能源与矿业工程学部 .... / 574

丁传贤——化工、冶金与材料工程学部 .... / 576

范滇元——信息与电子工程学部 .... / 578

朱能鸿——机械与运载工程学部 .... / 580

张钟华——信息与电子工程学部 .... / 582

庄松林——信息与电子工程学部 .... / 584

薛禹胜——能源与矿业工程学部 .... / 586

王震西——化工、冶金与材料工程学部 .... / 588

程天民——医药卫生学部　工程管理学部 .... / 590

赵　铠——医药卫生学部 .... / 592

杨启业——化工、冶金与材料工程学部 .... / 594

潘　垣——能源与矿业工程学部 .... / 596

黄崇祺——机械与运载工程学部 .... / 598

金翔龙——环境与轻纺工程学部 .... / 600

蔡吉人——信息与电子工程学部 .... / 602

钱清泉——机械与运载工程学部 .... / 604

顾真安——化工、冶金与材料工程学部 .... / 606

唐西生——能源与矿业工程学部 .... / 608

吴中如——土木、水利与建筑工程学部 .... / 610

杨胜利——医药卫生学部 .... / 612

沈倍奋——医药卫生学部 .... / 614

潘君骅——信息与电子工程学部 .... / 616

吴慰祖——化工、冶金与材料工程学部 .... / 618

柳百成——机械与运载工程学部 .... / 620

周世宁——能源与矿业工程学部 .... / 622

刘守仁——农业学部 .... / 624

蒋士成——环境与轻纺工程学部　工程管理学部 .... / 626

黄先祥——机械与运载工程学部 .... / 628

宋湛谦——农业学部 .... / 630

李德毅——信息与电子工程学部 .... / 632

曹湘洪——化工、冶金与材料工程学部 .... / 634

孙家广——信息与电子工程学部 .... / 636

卢锡城——信息与电子工程学部 .... / 638

沈国荣——能源与矿业工程学部 .... / 640

姚　穆——环境与轻纺工程学部 / 642

李猷嘉——土木、水利与建筑工程学部 / 644

秦裕琨——能源与矿业工程学部 / 646

盖钧镒——农业学部 / 648

孙九林——农业学部 / 650

宫先仪——信息与电子工程学部 / 652

张耀明——化工、冶金与材料工程学部 / 654

马伟明——机械与运载工程学部 / 656

茆　智——土木、水利与建筑工程学部 / 658

陆佑楣——工程管理学部 / 660

龚知本——信息与电子工程学部 / 662

张祖勋——土木、水利与建筑工程学部 / 664

赵连城——化工、冶金与材料工程学部 / 666

黄瑞松——机械与运载工程学部 / 668

王礼恒——工程管理学部 / 670

夏咸柱——农业学部 / 672

孙承纬——能源与矿业工程学部 / 674

刘怡昕——机械与运载工程学部 / 676

程泰宁——土木、水利与建筑工程学部 / 678

陈丙珍——化工、冶金与材料工程学部 / 680

程顺和——农业学部 / 682

刘秀梵——农业学部 / 684

尹泽勇——机械与运载工程学部 / 686

戴　浩——信息与电子工程学部 / 688

袁士义——能源与矿业工程学部 / 690

许庆瑞——工程管理学部 / 692

臧克茂——机械与运载工程学部 / 694

张全兴——环境与轻纺工程学部 / 696

李立涅——能源与矿业工程学部 / 698

邱贵兴——医药卫生学部 / 700

陈志南——医药卫生学部 / 702

黄　卫——土木、水利与建筑工程学部 / 704

万元熙——能源与矿业工程学部 / 706

翁宇庆——化工、冶金与材料工程学部 / 708

于俊崇——能源与矿业工程学部 / 710

丁 健——医药卫生学部 / 712

张建云——土木、水利与建筑工程学部 / 714

侯立安——环境与轻纺工程学部 / 716

任南琪——土木、水利与建筑工程学部 / 718

邓中翰——信息与电子工程学部 / 720

徐 铼——能源与矿业工程学部 / 722

王学浩——医药卫生学部 / 724

陈祥宝——化工、冶金与材料工程学部 / 726

缪昌文——土木、水利与建筑工程学部 / 728

王 超——土木、水利与建筑工程学部 / 730

谢剑平——环境与轻纺工程学部 / 732

丁荣军——机械与运载工程学部 / 734

钱旭红——化工、冶金与材料工程学部 / 736

蔡美峰——能源与矿业工程学部 / 738

陈学庚——农业学部 / 740

王广基——医药卫生学部 / 742

刘文清——环境与轻纺工程学部 / 744

夏照帆——医药卫生学部 / 746

费爱国——信息与电子工程学部 / 748

郭仁忠——土木、水利与建筑工程学部 / 750

朱蓓薇——环境与轻纺工程学部 / 752

尤 政——机械与运载工程学部 / 754

张洪程——农业学部 / 756

张志愿——医药卫生学部 / 758

顾晓松——医药卫生学部 / 760

王建国——土木、水利与建筑工程学部 / 762

曹福亮——农业学部 / 764

顾大钊——能源与矿业工程学部 / 766

万建民——农业学部 / 768

钱 锋——化工、冶金与材料工程学部 / 770

蒋剑春——农业学部 / 772

董家鸿——医药卫生学部 / 774

陈　坚——环境与轻纺工程学部 / 776

戴厚良——化工、冶金与材料工程学部 / 778

陆　军——信息与电子工程学部 / 780

唐　立——能源与矿业工程学部 / 782

王　琦——医药卫生学部 / 784

张佳宝——农业学部 / 786

沈洪兵——医药卫生学部 / 788

陈　卫——环境与轻纺工程学部 / 790

邵新宇——机械与运载工程学部 / 792

黄殿中——工程管理学部 / 794

贾伟平——工程管理学部 / 796

沈其荣——农业学部 / 798

林　鸣——工程管理学部 / 800

蒋建东——医药卫生学部 / 802

沈政昌——化工、冶金与材料工程学部 / 804

高宗余——土木、水利与建筑工程学部 / 806

孙友宏——能源与矿业工程学部 / 808

吴剑旗——信息与电子工程学部 / 810

唐洪武——土木、水利与建筑工程学部 / 812

刘加平——土木、水利与建筑工程学部 / 814

05　附　录

（19人，按院士当选年份、年龄排序）

孙　钧——中科院技术科学部 / 818

汪　耕——中科院技术科学部 / 820

张弥曼——中科院地学部 / 822

刘永坦——中科院信息技术科学部　工程院信息与电子工程学部 / 824

齐　康——中科院技术科学部 / 826

周国治——中科院技术科学部 / 828

邱中建——工程院能源与矿业工程学部 / 830

郑南宁——工程院工程管理学部　信息与电子工程学部 ...... / 832

彭堃墀——中科院信息技术科学部 ...... / 834

陈　旭——中科院地学部 ...... / 836

陈　勇——工程院能源与矿业工程学部 ...... / 838

尹　浩——中科院信息技术科学部 ...... / 840

吕　建——中科院信息技术科学部 ...... / 842

孟建民——工程院土木、水利与建筑工程学部 ...... / 844

黄　如——中科院信息技术科学部 ...... / 846

孔宪京——工程院土木、水利与建筑工程学部 ...... / 848

段　进——中科院技术科学部 ...... / 850

李献华——中科院地学部 ...... / 852

肖　伟——工程院医药卫生学部 ...... / 854

姓名音序索引

C

蔡吉人·····602
蔡美峰·····738
曹福亮·····764
曹湘洪·····634
常印佛·····544
陈丙珍·····680
陈厚群·····566
陈　坚·····776
陈　卫·····790
陈祥宝·····726
陈　旭·····836
陈学庚·····740
陈　勇·····838
陈志南·····702
程顺和·····682
程泰宁·····678
程天民·····590

D

戴　浩·····688
戴厚良·····778
邓中翰·····720
丁传贤·····576
丁衡高·····542
丁　健·····712
丁荣军·····734
董家鸿·····774
段　进·····850

F

范滇元·····578
费爱国·····748

G

盖钧镒·····648
高宗余·····806
宫先仪·····652
龚知本·····662
顾大钊·····766
顾诵芬·····540
顾晓松·····760
顾真安·····606
郭仁忠·····750

H

侯立安·····716
侯云德·····536
黄崇祺·····598
黄殿中·····794
黄　如·····846
黄瑞松·····668
黄　卫·····704
黄先祥·····628

J

贾伟平·····796
蒋建东·····802
蒋剑春·····772

蒋士成· · · · · · · · · · · · · · · ·626

金翔龙· · · · · · · · · · · · · · · ·600

金怡濂· · · · · · · · · · · · · · · ·538

K

孔宪京· · · · · · · · · · · · · · · ·848

L

李德仁· · · · · · · · · · · · · · · ·558

李德毅· · · · · · · · · · · · · · · ·632

李立浧· · · · · · · · · · · · · · · ·698

李庆忠· · · · · · · · · · · · · · · ·564

李献华· · · · · · · · · · · · · · · ·852

李猷嘉· · · · · · · · · · · · · · · ·644

李泽椿· · · · · · · · · · · · · · · ·572

林　鸣· · · · · · · · · · · · · · · ·800

刘加平· · · · · · · · · · · · · · · ·814

刘守仁· · · · · · · · · · · · · · · ·624

刘文清· · · · · · · · · · · · · · · ·744

刘秀梵· · · · · · · · · · · · · · · ·684

刘怡昕· · · · · · · · · · · · · · · ·676

刘永坦· · · · · · · · · · · · · · · ·824

柳百成· · · · · · · · · · · · · · · ·620

卢锡城· · · · · · · · · · · · · · · ·638

陆　军· · · · · · · · · · · · · · · ·780

陆佑楣· · · · · · · · · · · · · · · ·660

吕　建· · · · · · · · · · · · · · · ·842

M

马伟明· · · · · · · · · · · · · · · ·656

茆　智· · · · · · · · · · · · · · · ·658

孟建民· · · · · · · · · · · · · · · ·844

缪昌文· · · · · · · · · · · · · · · ·728

P

潘君骅· · · · · · · · · · · · · · · ·616

潘　垣· · · · · · · · · · · · · · · ·596

彭堃墀· · · · · · · · · · · · · · · ·834

Q

齐　康· · · · · · · · · · · · · · · ·826

钱　锋· · · · · · · · · · · · · · · ·770

钱七虎· · · · · · · · · · · · · · · ·556

钱清泉· · · · · · · · · · · · · · · ·604

钱旭红· · · · · · · · · · · · · · · ·736

钱　易· · · · · · · · · · · · · · · ·554

秦伯益· · · · · · · · · · · · · · · ·548

秦裕琨· · · · · · · · · · · · · · · ·646

邱贵兴· · · · · · · · · · · · · · · ·700

邱中建· · · · · · · · · · · · · · · ·830

R

任南琪· · · · · · · · · · · · · · · ·718

S

邵新宇· · · · · · · · · · · · · · · ·792

沈倍奋· · · · · · · · · · · · · · · ·614

沈国荣· · · · · · · · · · · · · · · ·640

沈洪兵· · · · · · · · · · · · · · · ·788

沈其荣· · · · · · · · · · · · · · · ·798

沈政昌· · · · · · · · · · · · · · · ·804

宋湛谦· · · · · · · · · · · · · · · ·630

孙承纬· · · · · · · · · · · · · · · ·674

孙家广· · · · · · · · · · · · · · · ·636

孙九林· · · · · · · · · · · · · · · ·650

孙　钧· · · · · · · · · · · · · · · ·818

孙友宏· · · · · · · · · · · · · · · ·808

T

唐洪武·····812
唐　立·····782
唐西生·····608
唐孝炎·····570

W

万建民·····768
万元熙·····706
汪　耕·····820
王　超·····730
王广基·····742
王建国·····762
王礼恒·····670
王　琦·····784
王学浩·····724
王　越·····546
王振义·····532
王震西·····588
翁宇庆·····708
吴剑旗·····810
吴良镛·····560
吴慰祖·····618
吴中如·····610

X

夏咸柱·····672
夏照帆·····746
肖　伟·····854
谢剑平·····732
谢友柏·····550
徐　铼·····722
许庆瑞·····692
薛禹胜·····586

Y

杨启业·····594
杨胜利·····612
杨裕生·····568
姚　穆·····642
殷瑞钰·····552
尹　浩·····840
尹泽勇·····686
尤　政·····754
于俊崇·····710
袁士义·····690

Z

臧克茂·····694
张洪程·····756
张佳宝·····786
张建云·····714
张弥曼·····822
张全兴·····696
张耀明·····654
张志愿·····758
张钟华·····582
张祖勋·····664
赵　铠·····592
赵连城·····666
郑南宁·····832
周邦新·····574
周国治·····828
周　镜·····534
周君亮·····562
周世宁·····622
朱蓓薇·····752
朱能鸿·····580
庄松林·····584

中国工程院
江苏籍院士

王振义　内科血液学专家

院士小传 *Yuan Shi Xiao Zhuan*

当选时间　1994 年当选中国工程院院士

学　　部　医药卫生学部

性　　别　男

民　　族　汉族

籍　　贯　江苏兴化

出生年月　1924 年 11 月 30 日

　　王振义　内科血液学专家。上海交通大学医学院及附属瑞金医院终身教授，上海血液学研究所名誉所长。1948 年毕业于上海震旦大学医学院（现上海交通大学医学院），获博士学位；2000 年美国哥伦比亚大学授予荣誉科学博士学位；历任上海第二医学院病理生理教研室副主任、主任（1960—1982），上海第二医科大学（原上海第二医学院，现上海交通大学医学院）院长、校长（1984—1988），上海血液学研究所所长（1987—1996）。1992 年当选法国科学院外籍通讯院士。1994 年当选中国工程院院士。

Z_{hu} Yao Cheng Jiu
主要成就

1954 年起，研究血栓和止血；1956 年在国内首先建立血友病 A 与 B 以及轻型血友病的诊断方法；1980 年起，研究癌肿的分化疗法；1985 年在国际上首创应用全反式维甲酸诱导分化治疗急性早幼粒细胞白血病，获得很高的缓解率。成果获得国际肿瘤研究最高奖——凯特琳奖，及包括香港"求是"杰出科学家奖在内的 4 项大奖。

获 2010 年度国家最高科学技术奖。2012 年 3 月 6 日，与中国科学院陈竺院士共获第七届圣捷尔吉癌症研究创新成就奖。

截至 2022 年，发表论文 330 余篇，出版专著 5 本，培养博士 21 人、硕士 34 人。

S_{he} Hui Ren Zhi
社会任职

担任过中华血液学会副主任委员，《中华血液学杂志》副总编等。

周 镜 　　岩土工程专家

院士小传

当选时间	1994 年当选中国工程院院士
学　　部	土木、水利与建筑工程学部
性　　别	男
民　　族	汉族
籍　　贯	江苏无锡
出生年月	1925 年 12 月 21 日

　　周镜 　岩土工程专家。中国铁道科学研究院研究员。1925 年 12 月出生于江西南昌；1947 年毕业于上海交通大学；1949 年毕业于美国俄亥俄州大学，获硕士学位；曾任铁科院铁道建筑研究所所长等。1994 年当选中国工程院院士。

主要成就

长期从事铁路路基建设和科研工作，为路基土工理论和技术的提高和发展做出了较系统和突出的贡献。提出了按黄土结构力学性质确定边坡的成果；提出了第二破裂面计算衡重式挡土墙土压力的原理和判别墙后滑动面出现范围的公式；最早采用桩排架支挡、短密砂井和生石灰桩处理软土路基并取得成功，为贵昆铁路、塘沽新港铁路大面积软土路基的修筑做出了贡献；提出了静力触探确定桩承载力的综合修正系数法，并较系统地组织解决了静力触探应用中的技术问题，获国家科学技术进步奖二等奖；是国家科学技术进步奖特等奖"成昆铁路新技术"项目的主要参加者之一。结合工程指导研究生研究软土连续加荷固结试验技术，土工织物加固软土的破坏机理，实用的软土沉降计算方法等。

社会任职

担任过国务院学位委员会第二届学科评议组成员，国家科学技术发明奖评审委员会工程组成员，中国土木工程学会土力学及基础工程学会理事长，《土木工程学报》主编，国务院参事，中国土木工程学会顾问，中国铁道学会常务理事等。

侯云德 医学病毒学专家

院士小传

当选时间	1994 年当选中国工程院院士
学　　部	医药卫生学部
性　　别	男
民　　族	汉族
籍　　贯	江苏常州
出生年月	1929 年 7 月 13 日

　　侯云德　医学病毒学专家。中国疾病预防控制中心病毒病预防控制所院士实验室主任，传染病国家重大专项技术总师。1955 年 3 月于武汉同济医学院（现华中科技大学同济医学院）本科毕业；1962 年就读于苏联莫斯科苏联医学科学院病毒学研究所，同时获得副博士和医学博士学位；曾任中国工程院副院长等。1994 年当选中国工程院院士。

主要成就

从事医学病毒学研究已有半个多世纪，在分子病毒学、基因工程干扰素等基因药物的研究和开发以及新发传染病控制等方面具有突出建树。在我国医学分子病毒学、基因工程学科和生物技术的产业化以及传染病控制方面做出了重要贡献。2009 年新型 H1N1 流感大流行期间，作为联防联控机制专家委员会主任，与全国著名科学家一起，举国体制，协同创新，在人类历史上首次对流感大流行的人为干预获得成功，并获得国际公认。

获国家科学技术进步奖一等奖 2 项、二等奖 7 项，国家自然科学奖二等奖 2 项，国家发明奖三等奖 1 项，原卫生部科技成果奖一等奖 10 项，以及何梁何利基金科学与技术奖和中国医学科学奖等荣誉。获国家新药证书 7 个。

截至 2022 年，在国内外共发表论文 400 余篇，出版主要著作 9 部。

社会任职

担任过世界卫生组织病毒研究中心主任，国际风险管理委员会科技委员会中国成员，国际干扰素和其他细胞素研究协会中国理事，"艾滋病和病毒性肝炎等重大传染病防治"科技重大专项技术总师，中华医学会医学病毒学分会主席，中国微生物学会副主席，西安医学院客座教授，温州医科大学病毒研究院名誉院长，中国微生物学会《病毒学报》主编等。

金怡濂　高性能计算机专家 ➤➤

当选时间　1994 年当选中国工程院院士
学　　部　信息与电子工程学部
性　　别　男
民　　族　汉族
籍　　贯　江苏常州
出生年月　1929 年 9 月 5 日

Yuan Shi Xiao Zhuan
院士小传

金怡濂　高性能计算机专家。中国巨型计算机事业开拓者，"神威"超级计算机总设计师。1951 年毕业于清华大学电机系；1956 年至 1958 年，在苏联科学院精密机械与计算机技术研究所进修电子计算机技术；2003 年作为第三届"国家最高科学技术奖"唯一获奖者，荣获 2002 年度国家最高科学技术奖；2010 年 5 月，国际永久编号第 100434 号小行星被命名为"金怡濂星"。1994 年当选中国工程院院士。

主要成就

中国高性能计算机领域著名专家，有"中国巨型计算机之父"美誉。作为运控部分负责人之一，参加了中国第一台通用大型电子计算机的研制，后长期致力于电子计算机体系结构、高速信号传输技术、计算机组装技术等方面的研究与实践，先后主持研制成功多种当时居国内领先地位的大型计算机系统。期间，提出了具体设计方案，做出过很多关键性决策，解决了许多复杂的理论问题和技术难题，对中国计算机事业尤其是并行计算机技术的发展贡献卓著。

社会任职

担任国家并行计算机工程技术研究中心主任，中国计算机学会名誉理事等。

顾诵芬　飞机空气动力学家

院士小传

当选时间 1994 年当选中国工程院院士
1991 年当选中国科学院院士

学　　部 中国工程院机械与运载工程学部
中国科学院技术科学部

性　　别 男

民　　族 汉族

籍　　贯 江苏苏州

出生年月 1930 年 2 月 4 日

顾诵芬　飞机空气动力学家。美国宇航学会会员，中国航空工业集团公司科技委研究员，中国航空研究院名誉院长。1951 年毕业于上海交通大学航空工程系，毕业后进入航空工业管理局工作；1961 年进入沈阳飞机设计研究所工作；1984 年任沈阳飞机设计研究所所长；1986 年任航空航天部科技委员会副主任；1987 年被任命为首届"863 计划"航天高技术领域专家委员会委员；1988 年任航空航天研究院副院长、名誉院长；2010 年任中国航空工业集团有限公司科学技术委员会副主任。1991 年当选中国科学院学部委员（院士）；1994 年当选中国工程院院士。

Zhu *Yao Cheng Jiu* 主要成就

是中国自行设计、制造的高空高速歼击机的主要技术负责人之一，为歼 8 系列飞机做出了重大贡献，被誉为"歼 8 之父"。直接组织领导和参与了低、中、高三代飞机中的多种飞机气动布局和全机的设计，利用国内条件创立了超音速飞机气动设计程序和计算方法。1954 年起，先后承担歼教 1 型和歼教 6 型喷气式教练机的气动设计工作，在国内首创两侧进气方案，抓住初级教练机失速尾旋的特点，通过计算机翼环量分布，从优选择了机翼布局。1964 年开始领导歼 8 飞机的气动设计工作，并解决了方向安定性和排除抖振等重大技术关键，确保了飞机定型。1976 年开始参与歼 8 Ⅰ 型飞机的设计工作，1985 年正式定型。1981 年任歼 8 Ⅱ 飞机的总设计师，利用系统工程管理方法，把飞机各专业系统技术融合在一个总体优化的机型内。1984 年 6 月，歼 8 Ⅱ 飞机试飞成功，不久投入生产。1988 年起，领导飞机主动控制技术研究，在国内首次实现静不稳定飞机的飞行。1990 年起，领导高性能远景飞机的概念研究。

获国家科学技术进步奖一等奖、二等奖、特等奖，以及何梁何利基金科学与技术成就奖、航空航天部航空金奖等。

截至 2018 年 1 月，已出版 6 个系列、100 多种图书，其中数十种涉及通用航空、轰炸机、轻型多用途战斗机等多机种的研究报告、咨询报告和建议书。曾发表《设计超音速高性能飞机中的一些气动力问题》《关于航天飞机研制和发展的综述》《2000 年前后歼击机的发展趋向》等论文。

She *Hui Ren Zhi* 社会任职

担任过第六届至九届全国人民代表大会代表，中国航空学会第二届常务理事、第三届理事，中国空气动力学研究会理事，美国宇航学会会员等。

丁衡高 惯性技术和精密仪器专家 **》》**

院士小传

当选时间 1994 年当选中国工程院院士

学　　部 机械与运载工程学部

性　　别 男

民　　族 汉族

籍　　贯 江苏南京

出生年月 1931 年 2 月 3 日

　　丁衡高　惯性技术和精密仪器专家。原中国人民解放军总装备部研究员，清华大学兼职教授、博士生导师，北京大学、东南大学、哈尔滨工业大学等学校名誉教授，上海交通大学微纳米科学技术研究院名誉院长。1952年毕业于南京大学；1961 年毕业于苏联列宁格勒精密机械光学学院获副博士学位。1994年当选中国工程院院士。

主要成就 *Zhu Yao Cheng Jiu*

我国战略导弹惯性制导技术奠基人之一，我国惯性技术学科发展的主要推动者，国家微米纳米技术倡导人。长期从事制导武器的陀螺仪、加速度计、惯性平台系统等的研制工作。突破气浮轴承及惯性器件的关键技术，成功地应用于几种战略导弹、运载工具及多种测试设备。负责潜地固体战略导弹的液浮惯导系统的研制与生产及微米／纳米技术、微机电系统的研究工作等。

由于在我国战略武器发展等方面的突出成就，以及在我国国防科技发展与武器装备建设、国家高技术发展等方面的重要贡献，先后获得全国科技大会奖、国防科技重大成果奖一等奖、国防科技重大成果奖二等奖、国家科学技术进步奖特等奖、国家"863计划"特殊贡献奖以及何梁何利基金年度科学与技术进步奖等荣誉。

社会任职 *She Hui Ren Zhi*

担任过中国惯性技术学会理事长，原总装备部微米／纳米技术专家组顾问，上海交通大学微米／纳米技术研究院名誉院长，国家"863计划"微机电技术发展战略研究专家组组长，中国宇航学会名誉理事长等。

常印佛　　矿床地质学家 ≫≫

当选时间 1994 年当选中国工程院院士
　　　　　 1991 年当选中国科学院院士

学　　部 中国工程院能源与矿业工程学部
　　　　　 中国科学院地学部

性　　别 男

民　　族 汉族

籍　　贯 江苏泰兴

出生年月 1931 年 7 月 6 日

　　常印佛　矿床地质学家。矿床地质学家和矿产地质勘查专家，合肥工业大学资源与环境工程学院教授、博士生导师。安徽省地质矿产勘查局总工程师、高级监察员。1952 年毕业于清华大学地质系；1964 年以前主要从事矿产勘查工作；1965 年被地质部先后派往越南和阿尔巴尼亚从事援外地质技术工作；1978 年以后供职于安徽省地质局（现地质矿产勘查局）；2000 年获得何梁何利科学与技术进步奖；2002 年担任中国科学技术大学地球和空间科学学院首任院长；2010 年被聘任为合肥工业大学资源与环境工程学院教授。1991 年当选中国科学院学部委员（院士）；1994 年当选中国工程院院士。

Zhu Yao Cheng Jiu
主要成就

长期从事矿产地质勘查和研究工作，对目前世界上不同成矿环境中的几个主要铜矿类型有深入了解和研究。在区域成矿学领域，发现了铜陵近东西向隐蔽基底断裂带，提出了一个有关陆内成矿带的构造背景、地质环境、成矿特征和富集规律的系统理论认识，丰富了陆内成矿理论，指导了找矿预测。在矿床学领域，提出了"层控（式）矽卡岩型"矿床的建议和分类，建立了相应成矿模式，发展了矽卡岩成矿理论，指导了找寻矽卡岩型铜矿的找矿实践。在找矿勘探学领域，将我国固体矿产普查划分为三个历史演变阶段，提出了第二轮普查、深部探测和立体填图的建议，并获得一批成果。在直接指导找矿方面，为铜陵有色冶炼基地的发展提供了丰富的后备资源。

在 40 多年的业务实践中，先后主持过多项大型地质勘查、科研和援外项目，具有深厚的学术造诣，取得了突出成就，做出过重大贡献，特别是保证了铜陵冶金基地发展的需要，产生了重要的经济效益和社会效益。

1979 年被国务院授予"全国劳动模范"称号，1980 年出席了地矿系统评功授奖大会，1988 年先后被安徽省政府授予省级"有突出贡献的中青年专家"和国家人事部授予国家级"有突出贡献的中青年专家"称号。获国家科学技术进步奖特等奖、原地质矿产部科技成果奖一等奖、何梁何利基金科学与技术成就奖、全国地质系统"劳动模范"称号、安徽省首届重大科技成就奖，以及中共中央授予的"全国优秀共产党员"称号、越南政府授予的二级劳动勋章、阿尔巴尼亚政府授予的一级劳动勋章等荣誉。

She Hui Ren Zhi
社会任职

担任过中国地质学会理事，安徽省地质学会理事长，安徽省科学技术协会副主席，安徽理工大学兼职教授等。

王 越　雷达系统、通信与
信息系统专家

当选时间	1994年当选中国工程院院士
	1991年当选中国科学院院士
学　　部	中国工程院信息与电子工程学部
	中国科学院信息技术科学部
性　　别	男
民　　族	汉族
籍　　贯	江苏镇江
出生年月	1932年4月1日

Yuan Shi Xiao Zhuan
院士小传

　　王越　雷达系统、通信与信息系统专家。北京理工大学教授、博士生导师、名誉校长。1956年毕业于中国人民解放军军事电信工程学院（现西安电子科技大学），后进入第二机械工业部（时称"三机部"）十局俄训班；1968年进入兵器工业部，先后担任研究所所长、研究员级高工；1977年加入中国共产党；1993年担任北京理工大学校长；1999年担任北京理工大学名誉校长；2008年担任国防科技工业局科技委员会委员，西安电子科技大学北京校友会名誉会长。1991年当选中国科学院学部委员（院士）；1994年当选中国工程院院士。

主要成就

长期从事火控雷达系统、信息系统以及安全对抗领域、电子学与通信领域的研究工作，主要研究方向为复杂信息系统理论等。直接推动了我国相关国防科技领域的发展，提出并建立了我国电子工程对抗系统的理论体系。承担国家自然科学基金重点项目、国防基础科研项目、总装预研项目等 10 多项。曾任许多大型火控雷达系统的总设计师和行政指挥，主持完成了多部高性能火控雷达等电子系统的研制。

曾获全国科学大会奖、原机械电子工业部科技进步奖特等奖、国家科学技术进步奖一等奖、国防科技进步奖一等奖、高等教育国家级教学成果奖一等奖、光华基金一等奖、北京市教育教学成果奖一等奖、何梁何利基金科学与技术进步奖、北京理工大学"懋恂终身成就奖"，以及国家级"有突出贡献的中青年专家"、全国教育系统"劳动模范"、全国兵器工业"先进工作者"称号等荣誉。

发表学术论文百余篇，著有《网络对抗》《信息系统及安全对抗导论》等。

社会任职

担任过国务院学位委员会学科评议组召集人，中国兵工学会副理事长，"863 计划"国家安全领域专家组顾问，原总装备部科技委顾问，信息类研究生教育委员会主任，国防科技工业局专家咨询委员会委员，中国电子学会顾问、副理事长、会士，中国质量奖评选委员会主任委员（首届）、评选表彰委员会副主任委员（第二届）等。

秦伯益 药理学家

当选时间	1994 年当选中国工程院院士
学　部	医药卫生学部
性　别	男
民　族	汉族
籍　贯	江苏无锡
出生年月	1932 年 11 月 6 日

院士小传 Yuan Shi Xiao Zhuan

　　秦伯益　药理学家。军事医学科学院毒物药物研究所研究员。1955 年于上海第一医学院（现上海医科大学）本科毕业；1959 年获苏联医学副博士学位；曾任军事医学科学院院长等。1994 年当选中国工程院院士。

主要成就

参加过研究火箭推进剂和除莠剂等毒性的工作，主持研究成功神经性毒剂预防片（85号），获军队科技进步奖一等奖和国家科学技术进步奖二等奖；主持研制的盐酸二氢埃托啡，是我国研制成功并获批准生产的第一个麻醉性镇痛药，获国家科学技术进步奖二等奖；进行了华南马尾杉活性单体新药福定碱的药理研究，发现了其选择性真性胆碱酯酶抑制作用，获国家发明奖二等奖。主持"八五"国家科技攻关专题阿片类戒毒药物的研究，研制成防复吸药国产纳曲酮。

2000年获军队科技进步奖二等奖，1998年荣获总后勤部科学技术"一代名师"称号。

主编《新药评价概论》（1989年初版，1998年再版）。著有《漫说科教》（2004）、《美兮 九州景》（2009年初版，2011年再版）、《壮哉，中华魂》（2012）、《百年纠结》（2016）。

社会任职

担任过军事医学科学院学术委员会主任委员，国务院学位评定委员会学科评议组成员，中国医学基金会副会长，北京大学医学部学术委员会委员，原总后勤部卫生部专家组成员，原总后勤部卫生部医学科学技术委员会常务委员，中国药理学会副理事长，国家科学技术进步奖评审委员会委员兼医药组副组长，国家发明奖评审委员会医药组副组长，国家重点基础研究发展规划首届专家顾问组成员，国家新药研究与开发专家委员会委员，国家博士后管理委员会专家组成员，原国家卫生部药典委员会委员，原国家卫生部药品审评委员会委员，原国家卫生部麻醉品专家委员会委员，北京市人民政府专业顾问，全军药品审评委员会主任委员以及《中国药理学报》和《中国药理学与毒理学杂志》编委等。

谢友柏　设计科学与摩擦学专家 ▶▶▶

当选时间	1994 年当选中国工程院院士
学　部	机械与运载工程学部
性　别	男
民　族	汉族
籍　贯	江苏高邮
出生年月	1933 年 9 月 23 日

Yuan Shi Xiao Zhuan
院士小传

　　谢友柏　设计科学与摩擦学专家。上海交通大学教授（2002 年起），西安交通大学教授（1986 年起），博士生导师（1984 年起），清华大学摩擦学国家重点实验室学术委员会名誉主任。1955 年毕业于交通大学；曾任西安交通大学润滑理论及轴承研究所所长（1986—1997），润滑理论及转子轴承系统国家教委开放研究实验室主任（1994—1999），清华大学摩擦学国家重点实验室学术委员会主任（1992—2004）。1994 年当选中国工程院院士。

主要成就

长期从事设计科学和摩擦学研究。与团队一起在国际上首先通过理论和实验证明了可倾瓦轴承不是天然稳定的；在国内首先实现了流体动力润滑滑动轴承油膜刚度阻尼测量。发展了国外建立在简单系统上的摩擦学系统研究，构造了摩擦学系统工程理论和方法的框架，提出了摩擦学的三个公理，并在大型汽轮发电机组、内燃机、工程机械等的摩擦学设计和安全运行上得到丰硕的理论和应用成果。提出了设计科学的四个基本定律，及设计本质上是一个知识流动、集成、竞争和进化过程的论点，研究了设计知识供给与设计竞争力之间的决定性关系，成为推动分布式资源环境建设和基于互联网的设计知识服务的理论基础。

作为第一完成人获全国科学大会奖（1978）、陕西省科技成果奖一等奖（1979）、陕西省个人科学成果奖（1979）、西安交通大学科技成果奖一等奖（1981）、国家自然科学奖四等奖（1982）、第一机械工业部科技成果奖二等奖（1982）、机电部科技进步奖三等奖（1991）、国家教委科技进步奖一等奖（1991、1995、1997）和二等奖（1987）、国家科学技术进步奖二等奖（1997）、首届"孺子牛金球奖"荣誉奖（1995）、中国机械工程学会科技成就奖（1996）、何梁何利基金科学与技术进步奖（1999）、摩擦学最高成就奖（2009）等10多项荣誉。

45年来，开设过的课程有机械原理、机械零件、振动理论、流体动力润滑理论、弹性流体动力润滑理论、轴承技术、摩擦学、现代设计等。

社会任职

担任过国务院学位委员会学科评议组成员，原国家教委面向21世纪教改顾问组成员，机械科学研究院AMTRC现代设计技术首席专家，中国机械工程学会摩擦学学会第一届至三届副理事长(1979—1992)、第四届理事长（1992—1997）、第五届常委（1997—2002），10多所大学的兼职教授，《中国机械工程》编委会主任，《摩擦学学报》编委会副主任，《机械工程学报》《工程设计》以及英国 *Proc IMechE*（*Part J.*）*Journal of Engineering Tribology* 等编委。

殷瑞钰   冶金学家、钢铁冶金专家、
工程哲学开拓者 **»**

当选时间 1994 年当选中国工程院院士
学　　部 化工、冶金与材料工程学部
　　　　　工程管理学部
性　　别 男
民　　族 汉族
籍　　贯 江苏苏州
出生年月 1935 年 7 月 28 日

院士小传 *Yuan Shi Xiao Zhuan*

　　殷瑞钰　冶金学家、钢铁冶金专家、工程哲学开拓者。1957 年毕业于北京钢铁工业学院（现北京科技大学）冶金系；历任唐山钢铁公司总工程师、副经理，河北省冶金厅厅长，冶金工业部总工程师、副部长，钢铁研究总院院长，以及中国工程院化工、冶金与材料工程学部主任，工程管理学部主任，主席团成员等职。1994 年当选中国工程院首批院士。

　　工作生涯兼涉学术界和产业界，长期从事并主持冶金科技和发展战略研究。作为钢铁冶金专家，对20世纪90年代中国钢铁工业技术进步的战略研究、选择、有序推动和实施，做了大量工程技术和理论研究工作，是钢铁工业技术进步的战略思考者和实践推动者。大力推动了连续铸钢技术的突破、全连铸钢厂的结构性升级和全国性普及，推动不同容积高炉喷吹煤粉强化冶炼和棒、线材连轧等6项关键共性技术实现突破，组织消化吸收了薄板坯连铸－连轧技术，体现了中国特色，使中国钢铁工业的技术水平上了一个新台阶。

　　作为冶金学家，在理论上指出冶金制造流程中存在着基础科学、技术科学和工程科学三个层次的科学问题，并从工程科学的层次上开拓了冶金流程工程学学科新分支，研究了钢铁制造流程动态运行的物理本质、本构特征和钢铁制造流程宏观运行动力学等理论问题；研究了钢厂模式优化，提出了新一代钢铁制造流程的概念和理论框架，前瞻性地提出钢厂应具有"三个功能"的新理念：优质钢铁产品高效率低成本制造功能、能源高效转换和及时回收利用功能、社会大宗废弃物处理－消纳和再资源化功能。为新一代钢厂的建设提供了新概念、顶层设计方案和若干关键技术的支撑。其理论框架和"三个功能"的新概念，在首钢搬迁曹妃甸的工程中得以成功应用，建成了新一代绿色钢铁工厂，得到国内外好评。作为冶金流程工程学理论的创立者，引领了冶金学科新分支的发展，代表性的著作有《冶金流程工程学》《冶金流程集成理论与方法》。

　　作为中国工程哲学研究的先驱和开拓者之一，2000年以来，致力于工程哲学的开拓性研究，组建了中国自然辩证法研究会工程哲学专业委员会，对工程哲学理论进行了系统研究，著有《工程哲学（一至四版）》《工程演化论》《工程方法论》《工程知识论》等专著，推动了工程哲学中国学派的形成和发展壮大。

　　曾获国家科学技术进步奖二等奖1项、原冶金部科技进步奖一等奖3项、工程科技光华奖、何梁何利基金科学与技术进步奖、魏寿昆冶金奖、中国金属学会冶金科技终身成就奖；2002年当选日本钢铁学会名誉会员。

　　担任过中国金属学会常务理事、副理事长（第五届至七届）、名誉理事长，中国自然辩证法研究会副理事长兼工程哲学专业委员会理事长，多金属共生矿生态化冶金教育部重点实验室学术委员会主任（首届），北京科技大学和东北大学兼职教授、博士生导师，中国科学院大学跨学科工程研究中心学术委员会主任，华北理工大学特聘教授、双聘院士等。

钱 易　环境工程专家

院士小传

当选时间　1994 年当选中国工程院院士

学　　部　环境与轻纺工程学部

性　　别　女

民　　族　汉族

籍　　贯　江苏苏州

出生年月　1935 年 12 月 27 日

钱易　环境工程专家。清华大学环境学院教授。曾任中国科学技术协会副主席，全国人民代表大会环境与资源保护委员会副主任委员，世界工程组织联合会副主席，世界资源研究所理事会成员，清华大学学术委员会主任等。1994 年当选中国工程院院士。

Zhu Yao Cheng Jiu 主要成就

数十年来致力于研究开发适合我国国情的高效、低耗废水处理新技术，对难降解有机物生物降解特性、处理机理及技术的研究进行了卓有成效的工作。近年来致力于推行清洁生产、污染预防和循环经济，积极对国家环境决策献计献策并参与环境立法工作。

曾获国家科学技术进步奖二等奖 3 次、三等奖 1 次，国家科技发明奖三等奖 1 次，部级科学技术进步奖一等奖 2 次、二等奖 2 次，中国科学院自然科学一等奖 1 次。

主编或与他人合编著作 7 种，主要有《工业性污染的防治》《城市可持续发展与水污染防治对策》《环境工程手册：水污染防治卷》《环境保护与可持续发展》等。累计培养硕士生 31 名、博士生 47 名，他们在我国的环境保护管理、教学、科研、产业等方面发挥着重要的作用。曾应邀赴美国、荷兰、英国、中国香港的多所大学进行讲学；2000 年曾被选为富尔布赖特杰出学者访问美国 7 个城市并作了 12 次学术演讲，积极参与环境保护的国际合作与交流。

She Hui Ren Zhi 社会任职

1988 年 3 月至 1993 年，担任第七届全国人民代表大会代表；1993 年 1 月至 1998 年 1 月，担任政协北京市第八届委员会副主席；1993 年 3 月至 1998 年 3 月，担任第八届全国人民代表大会代表；1993 年，担任中国国家环境与发展国际合作委员会成员；1993 年 3 月至 1998 年 3 月，担任全国人民代表大会环境与资源保护委员会第八届委员会委员；1996 年，担任国际科学联盟执行委员会委员；1997 年担任世界工程组织联合会副主席；1998 年 1 月至 2003 年 1 月，担任政协北京市第九届委员会副主席；1998 年 3 月至 2003 年 3 月，担任第九届全国人民代表大会代表；1998 年 3 月至 2003 年 3 月，担任全国人民代表大会环境与资源保护委员会第九届委员会成员；1998 年 9 月至 2003 年 8 月，担任中华全国妇女联合会第八届执委会副主席；2001 年 6 月至 2006 年 5 月，担任中国科学技术协会副主席；2003 年 3 月至 2008 年 3 月，担任第十届全国人民代表大会代表；2003 年 3 月至 2008 年 3 月，担任全国人民代表大会环境与资源保护委员会第十届委员会副主任委员；2003 年至 2008 年 7 月，担任清华大学学术委员会主任（第八届）；2008 年 7 月至 2014 年 12 月，担任清华大学学术委员会主任（第九届）、世界资源研究所理事会成员等。

钱七虎 防护工程学家、军事工程专家、教育家

当选时间	1994 年当选中国工程院院士
学　　部	土木、水利与建筑工程学部
	工程管理学部
性　　别	男
民　　族	汉族
籍　　贯	江苏昆山
出生年月	1937 年 10 月 26 日

院士小传

　　钱七虎　防护工程学家、军事工程专家、教育家。中国人民解放军陆军工程大学教授、博士生导师。原南京工程兵工程学院（现中国人民解放军陆军工程大学）院长，原总参科技委副主任，国际岩石力学学会原主席，中国岩石力学与工程学会原理事长，中国土木工程学会防护工程分会原理事长。1994 年当选中国工程院首届院士。

主要成就

长期从事防护工程及地下工程的教学与科研工作。是我国现代工程防护理论与防护工程学科的奠基人与开拓者。建成了国家重点学科、重点实验室和创新研究群体。建立了从浅埋工程到深埋工程防护，从单体工程到工程体系防护，从常规抗力到超高抗力防护等理论与技术体系；解决了空中核爆、触地核爆、钻地核爆以及高技术常规武器侵彻爆炸等一系列工程防护技术难题。提出的防护工程建设转型、建设超高抗力深地下防护工程、战略通道桥隧并举、能源地下储备等多项发展战略建议，被军委和国家部委采纳实施。

1978年获全国科学大会重大科技成果奖，1987年获国家人防科技进步奖一等奖，1990年获国家科技进步奖三等奖，1998年获国家科学技术进步奖二等奖，2011年获国家科学技术进步奖一等奖，1990年获评全国高校"先进科技工作者"、国家级"有突出贡献的中青年专家"称号，1999年获中国人民解放军专业技术重大贡献奖，2013年获何梁何利基金科学与技术进步奖，2013年荣立军委一等功，2018年获国家最高科学技术奖等荣誉。

社会任职

担任过原总参科技委常委，国际岩石力学学会副主席，国际城市地下空间联合研究中心亚洲区主任，中国岩石力学与工程学会理事长，中国土木工程学会常务理事、防护工程分会理事长，东华理工大学等院校名誉校长，东北大学深部金属矿山安全开采教育部重点实验室学术委员会主任，中国矿业大学（徐州）深部岩土力学与地下工程国家重点实验室学术委员会名誉主任，清华大学、同济大学等高校兼职教授等。

李德仁　摄影测量与遥感学家 »

当选时间　1994 年当选中国工程院院士
　　　　　　1991 年当选中国科学院院士

学　　部　中国工程院信息与电子工程学部
　　　　　　中国科学院地学部

性　　别　男

民　　族　汉族

籍　　贯　江苏镇江

出生年月　1939 年 12 月 31 日

李德仁　摄影测量与遥感学家。国际欧亚科学院院士，武汉大学学术委员会主任、测绘遥感信息工程国家重点实验室学术委员会主任，武汉市科学技术协会主席，武汉·中国光谷首席科学家。1939 年 12 月出生于江苏泰县（现江苏姜堰）；1963 年毕业于原武汉测绘学院航测系，获得学士学位；1981 年获得武汉测绘学院摄影测量与遥感专业硕士学位；1985 年获德国斯图加特大学博士学位，同年返回武汉测绘学院任教；1986 年被破格晋升为教授；1997 年担任武汉测绘科技大学（原武汉测绘学院，后合并组建为新"武汉大学"）校长；1999 年当选国际欧亚科学院院士；2000 年担任测绘遥感信息工程国家重点实验室主任；2012 年获得国际摄影测量与遥感学会"荣誉会员"称号；2013 年被聘为北京大学工学院教授。2017 年获得第八届"中国地理科学成就奖"。1991 年当选中国科学院学部委员（院士）；1994 年当选中国工程院院士。

主要成就

长期从事以遥感、全球卫星定位和地理信息系统为代表的地球空间信息学的教学与研究，提出了处理测量误差的可靠性和可区分理论以及空间数据挖掘理论。

20世纪80年代，首创从验后方差估计导出粗差定位的选权迭代法，被命名为"李德仁方法"。1985年提出包括误差可发现性和可区分性在内的基于两个多维备选假设的扩展的可靠性理论，解决了测量学的一个百年难题。

20世纪90年代以来，提出地球空间信息科学的概念和理论体系，推进了遥感、卫星导航定位系统和地理信息系统（3S）的集成与应用。

进入21世纪后，倡导和推进了中国高分辨率对地观测技术的发展和商业化运营，提出广义和狭义空间信息网格的概念与理论，推进了数字地球和智慧地球的建设。

1999年获何梁何利基金科学与技术进步奖；2008年获瑞士苏黎世联邦理工学院名誉博士学位；2012年获得国际摄影测量与遥感学会"荣誉会员"称号，这是国际上该领域的最高荣誉，全世界仅有10人享此殊荣。还曾获国家科学技术进步奖（创新团队）1项，国家科学技术进步奖二等奖5项，国家教学成果奖二等奖2项，国家测绘局测绘科技进步奖一等奖3项、二等奖5项，原国家信息产业部信息产业重大技术发明奖1项，原总装备部科技进步奖二等奖1项等荣誉。

截至2018年，共发表论文800余篇，出版专著11部，译著1部，主编著作8部。1989年至2018年，培养了10多位博士后、164位博士研究生、80多位硕士研究生，其中包括1名中国科学院院士、3名"长江学者"，其中5名博士生论文获评全国百篇优秀博士学位论文。

社会任职

担任过国家重大科技攻关项目"高分辨对地观测系统"专家组副组长，国家"973计划"专家顾问组成员，国家航天专家组成员，国家遥感中心专家组成员，教育部第六届科技委委员兼战略研究委员会委员，中国博士后管委会专家委员会成员，原总参谋部科技顾问，中国科学院地学部常委，中国图象图形学学会、中国测绘学会副理事长，中国GIS协会专家顾问，中国全球定位系统技术应用协会高级顾问，湖北省科学技术协会副主席，武汉市科学技术协会主席，欧美同学会常务理事，武汉欧美同学会会长，亚洲GIS协会创会会长，国际摄影测量与遥感学会第Ⅲ、第Ⅵ委员会主席，国内清华大学、北京大学、浙江大学以及国外瑞士苏黎世联邦理工学院、澳大利亚昆士兰理工大学、加拿大卡尔加里大学等50多所大学顾问或名誉教授。

吴良镛 建筑学与城市规划专家 »

当选时间 1995 年当选中国工程院院士
1980 年当选中国科学院院士

学　　部 中国工程院土木、水利与建筑
工程学部
中国科学院技术科学部

性　　别 男

民　　族 汉族

籍　　贯 江苏南京

出生年月 1922 年 5 月 7 日

院士小传

吴良镛 建筑学与城市规划专家。1944 年毕业于中央大学（重庆）建筑系，获工学学士学位；1946 年协助梁思成创建清华大学建筑系；1948 年 9 月，入美国匡溪艺术学院建筑与城市设计系，师从沙里宁；1950 年毕业于美国匡溪艺术学院建筑与城市设计系，并获硕士学位，同年回国后在清华大学建筑系任教；1978 年任清华大学建筑系系主任；历任清华大学建筑与城市研究所所长、人居环境研究中心主任等。1980 年当选中国科学院学部委员（院士）；1995 年当选中国工程院院士。

长期从事建筑与城乡规划基础理论、工程实践和学科发展研究。针对我国城镇化进程中建设规模大、速度快、涉及面广等特点，创立了人居环境科学及其理论框架，成功开展了从区域、城市到建筑、园林等多尺度和多类型的规划设计研究与实践。该理论以有序空间和宜居环境为目标，提出了以人为核心的人居环境建设原则、层次和系统，发展了区域协调论、有机更新论、地域建筑论等创新理论；以整体论的融贯综合思想，提出了面向复杂问题、建立科学共同体、形成共同纲领的技术路线，突破了原有的专业分割和局限，建立了一套以人居环境建设为核心的空间规划设计方法和实践模式。该理论发展了整合人居环境核心学科——建筑学、城乡规划学、风景园林学的科学方法，受到国际建筑界的普遍认可，并在 1999 年国际建筑师协会通过的《北京宪章》中得到了充分体现。作为对该宪章的诠释，同时发表了《世纪之交的凝思：建筑学的未来》。

先后承担了北京菊儿胡同危旧房改建工程和新四合院住宅体系的规划设计，研究成果获国家和原建设部的优秀设计奖，亚洲建筑师协会建筑设计金牌奖和在联合国总部颁发的世界人居奖。

2012 年 2 月 14 日，获 2011 年度国家最高科学技术奖；2018 年 12 月 18 日，获党中央、国务院授予的"改革先锋"称号，颁授改革先锋奖章，并获评"人居环境科学的创建者"称号。还曾获国际建筑师协会屈米奖、何梁何利基金科学与技术奖、首届梁思成建筑奖、荷兰克劳斯亲王奖、陈嘉庚科学奖等重要奖项，以及全国先进工作者、当代中国百名建筑师、法国文化艺术骑士勋章等多个国家授予的多项荣誉。

发表学术文章 200 多篇，出版著作 16 部，还参与编纂图书多套，其中专著《广义建筑学》和主持编撰的《北京奥林匹克建设规划研究》分获原国家教委科技进步奖一等奖。是 20 世纪 50 年代初指导建筑学专业的第一批研究生导师，1981 年国务院批准的第一批博士生导师，1984 年为中国城市规划与设计专业培养出第一位博士学位获得者。

担任过国际建筑师协会副主席，世界人居学会主席，中国城市规划学会理事长，中国建筑学会副理事长，中国城市科学研究会副理事长等。

周君亮　水工建筑物设计专家

当选时间	1995 年当选中国工程院院士
学　部	土木、水利与建筑工程学部
性　别	男
民　族	汉族
籍　贯	江苏无锡
出生年月	1925 年 2 月 14 日

院士小传

　　周君亮　水工建筑物设计专家。江苏省水利厅高级工程师、专家委员会顾问，水利部淮河水利委员会科技委顾问，水利部科技委委员、顾问。1949 年毕业于复旦大学土木工程系，同年 9 月参加江苏水利和治淮工程建设；1951 年至 1955 年，任江苏治淮总指挥部金属结构组组长；1956 年至 1962 年，先后任江苏省水利勘测设计院水工结构室副主任、主任；1963 年至 1969 年，任江苏省水利勘测设计院设计室主任；1969 年至 1978 年，任江苏省治淮指挥部设计组组长；1978 年至 1980 年，任江苏省水利勘测设计院设计室主任；1984 年至 1988 年，任江苏省京杭运河续建工程指挥部总工程师；1989 年被评为中国工程设计大师。1995 年当选中国工程院院士。

Zhu *Yao Cheng Jiu*
主要成就

长期工作在工程设计第一线。工作 40 多年来，为江苏淮河洪水治理、淮水北调、分淮入沂、江水北调、京杭运河江苏段船闸的设计和建设做出了不懈努力。主持或参加过 80 余座大、中型水利工程和航运建筑物的设计和审查；设计的工程项目中有 3 项获国家优秀设计奖、10 余项技术创新，有的是原创或首次设计，大部分获得好评和推广。参加水利部、原交通部多项设计规范和工程设计审查、研究。在工程设计理论和施工方法上颇有建树。

设计了武定门抽水站，原创双向流道设计，集抽灌、抽排、自引、自排功能于一体，双向流道已推广到多座大型泵站。负责设计江都抽水站三站、四站，在国内首次采用半堤后式结构，效率高、单位流量造价低，1980 年江都抽水站获 20 世纪 70 年代国家优秀设计奖（集体奖）。皂河第一抽水站采用当今最大的斜流泵，原创在高比转数泵站采用快速门断流工作装置，1989 年获国家优秀设计金质奖（排名第一）。新沭河蒋庄漫水闸改建，首创设计水力自动翻倒门，实现了自动泄洪、自动蓄水，成为一种新闸型向全国推广。"反拱底板、正拱桥"和底板、闸墩分开浇筑后再合成整体结构设计的沭新闸，充分利用土重置换坞工，该闸型和施工方法获得了推广。首次采用提高底板与地基土摩擦系数，在高良涧闸和三河闸的加固设计中获得成功，该方法被写入《水闸设计规范》。犊山水利枢纽为配合太湖景观，首次设计不碍航的下沉式圆弧升降拱板门和带变频机双馈机变速电轴同步拖动的启闭系统，1994 年获国家优秀设计银质奖（排名第一）。京杭运河徐扬段续建的 11 座复线船闸中有 8 座获 1989 年和 1992 年江苏省优秀设计奖，1 座获国家优秀设计银奖。1972 年应原交通部特邀参加葛洲坝船闸设计会议，主持闸门方案研究，得出了可以采用单级船闸的结论，为合理选定葛洲坝船闸设计做出了贡献。

She *Hui Ren Zhi*
社会任职

担任河海大学教授，江苏大学、四川工业学院（现西华大学）兼职教授等。

李庆忠 石油地球物理勘探专家 》》

当选时间	1995 年当选中国工程院院士
学 部	能源与矿业工程学部
性 别	男
民 族	汉族
籍 贯	江苏昆山
出生年月	1930 年 10 月 10 日

院士小传

李庆忠 石油地球物理勘探专家。中国石油天然气集团公司地球物理勘探局高级工程师。1952 年毕业于清华大学物理系。1995 年当选中国工程院院士。

长期从事地震勘探研究工作。所提出的理论和方法不仅解决了勘探中的技术难题，而且对物探技术的发展有很深远的影响。对克拉玛依、胜利、华北等油田的发现以及新疆塔里木盆地的勘探起到了重要作用，取得了显著的经济效益，为中国石油物探技术和生产的发展做出了重大贡献。

系统地阐明了地震波的波动理论。1972年与国外同时提出了"积分法绕射波叠加"成像技术，使地震勘探技术从几何地震学进入了波动地震学时代。1975年采用该技术进行数字处理，迅速查明商河西油田地下构造形态，两年内探明石油储量5 400万吨，并顺利投入开发。1966年首次提出三维地震勘探方法及原理，并在东辛油田上绘制出三维归位构造图，取得了良好的地质效果。1974年又在新立村地区组织了世界上第一次束状三维地震勘探，发现新立村油田，此方法现已成为陆上三维勘探的主要方法。1974年首创两步法三维偏移，论文的发表比国外早5年。1985年作为主要参加者完成的"渤海湾盆地复式油气聚集带勘探理论及实践"项目获国家科学技术进步奖特等奖。系统研究了提高地震勘探精度的各个环节，1993年发表了专著《走向精确勘探的道路》，全面评述了高分辨率地震勘探的理论及发展方向。

1991年被国务院批准为国家级"有突出贡献的中青年专家"，并享受国务院政府特殊津贴，1995年被石油天然气总公司评为"石油工业杰出科技工作者"。

先后出版学术专著2部——《走向精确勘探的道路》《地震波的基本性质》；曾发表有影响的学术论文25篇。

担任过中国海洋大学海洋地球科学学院名誉院长（2001年9月至今），《石油地球物理勘探》杂志编委等。

陈厚群 水工结构抗震专家

当选时间	1995 年当选中国工程院院士
学　　部	土木、水利与建筑工程学部
性　　别	男
民　　族	汉族
籍　　贯	江苏无锡
出生年月	1932 年 5 月 3 日

院士小传

　　陈厚群 水工结构抗震专家。南水北调后续工程专家咨询委员会顾问及南水北调工程专家委员会主任。1958 年毕业于莫斯科动力学院。曾任中国水利水电科学研究院工程抗震研究中心主任、国家地震安全性评定委员会常务委员、全国地震标准化技术委员会副主任、国务院三峡枢纽工程质量检查专家组组长等。 1995 年当选中国工程院院士。

Zhu Yao Cheng Jiu
主要成就

在混凝土坝的抗震加固理论和解决重大水利水电工程的抗震关键问题方面做出了创造性贡献，解决了三峡、溪洛渡、新丰江、二滩、小浪底等重大水利水电工程的抗震安全问题。主持编制和修编了我国《水工建筑物抗震设计规范》等多本规范，负责建置了我国第一座大型三向六自由度模拟地震振动台。

获 1992 年建设部全国抗震防灾先进工作者，2001 年度何梁何利基金科学与技术进步奖，2007 年中国地震局、科技部、国防科工委、中国科学院、国家自然科学基金委联合颁发的全国地震科技工作先进个人奖，2010 年第八届光华工程科技奖，2011 年国际大坝委员会荣誉奖，2019 年水利部"最美水利人"称号，2020 年中共中央宣传部、中国科学技术协会、科技部、中国科学院、中国工程院、国防科工委联合颁发的"最美科技工作者"称号；还曾获国家级"有突出贡献的中青年专家"称号、全国水电系统和水利系统特等劳动模范、全国先进生产者、全国五一劳动奖章、多项国家科学技术进步奖等荣誉。

She Hui Ren Zhi
社会任职

1987 年 1 月，担任中国振动工程学会理事、常务理事；1999 年当选中国水利学会副理事长；1998 年 3 月至 2003 年 3 月，担任全国政协第九届委员会委员；1999 年担任西安理工大学特聘教授；2000 年 1 月，担任中国水力发电工程学会常务理事；2004 年 1 月，担任中国水利学会名誉理事、国际大坝委员会地震专业委员会副主席；2007 年 1 月，担任中国建筑学会抗震防灾协会理事长；2016 年 12 月 8 日，担任同济大学顾问教授。

还担任过国际大坝委员会和国际混凝土及预应力混凝土学会地震委员会委员，中国建筑学会与中国地震学会的地震工程学术委员会副主任委员，中国振动工程学会理事兼结构动力学学会副主任委员，河海大学土木工程学院结构工程双聘院士，国家地震烈度评定委员会常委，中国工程院土木、水利与建筑学部常委，水利部技术委员会常委，张光斗科技教育基金管理委员会主任，《中国水利水电科学研究院学报》主编，《世界地震工程》《地震工程与工程振动》《水利水电技术》《工程地震》编委等。

杨裕生　分析化学专家 >>

当选时间 1995 年当选中国工程院院士
学　　部 能源与矿业工程学部
性　　别 男
民　　族 汉族
籍　　贯 江苏如皋
出生年月 1932 年 10 月 5 日

Yuan Shi Xiao Zhuan
院士小传

　　杨裕生　分析化学专家。中国人民解放军防化研究院第一研究所研究员，北京化工大学教授。1952 年毕业于浙江大学；1958 年中国科学院化学研究所分析化学专业研究生毕业；1960 年在苏联科学院地球化学与分析化学研究所进修放射分析化学；曾任中国核试验基地科技委主任等。1995 年当选中国工程院院士。

创建了我国核试验烟云取样和核武器威力与性能的放化分析诊断技术。提出裂变燃耗、铀同位素全谱、锂燃耗、铀钚分威力等测试原理并指导研究成功。主持完成了20多次核试验的取样分析任务，提供的大量测试结果成为验证和改进这些武器设计的直接依据。"地下试验弹外活化确定中子弹中子剂量的放化法"和"裂变燃耗的放射化学诊断方法"分别获国家发明奖二等奖。1996年发起"中国士兵系统"及其电源的研究，创建了"军用化学电源研究与发展中心"，研究锂－硫电池、超级电容器、液流电池、铅炭电池等新型电源，参与推动我国的氢能与燃料电池、电动汽车增程技术的发展。

获得1978年全国科学大会奖三等奖，1984年国家技术发明奖二等奖，1985年国家科学技术进步奖三等奖，1989年国家技术发明奖二等奖，2009年何梁何利基金科学与技术成就奖等奖项。

担任过原国防科工委科技委兼职委员，中国化学会理事，中国核学会理事，防化研究院研究员，西北核技术研究所研究员，电化学专业委员会荣誉委员等。

唐孝炎   环境科学专家

当选时间 1995 年当选中国工程院院士

学　　部 环境与轻纺工程学部

性　　别 女

民　　族 汉族

籍　　贯 江苏太仓

出生年月 1932 年 10 月 16 日

唐孝炎   环境科学专家。北京大学环境科学系教授。1932 年 10 月出生于上海；1954 年毕业于北京大学化学系。1995 年当选中国工程院院士。

主要成就

1972 年在我国首先开创了大气环境的研究，创建了环境化学专业，在大气环境和大气环境化学领域方面有显著贡献。在环境化学前沿领域大气臭氧、酸雨和大气细颗粒物（气溶胶）化学方面做过许多具有开拓性和创造性的系统工作，是我国大气环境和大气环境化学领域的学术带头人。在国内首次设计组织了光化学烟雾大规模综合观测研究，证实了光化学烟雾在我国存在并发现不同于国外的成因，由此制定的防治措施，让兰州夏季严重的光化学污染得以显著缓解。经过 10 多年系统研究，在酸雨输送成因和致酸氧化剂方面取得的成果，为确定我国酸雨区域性研究和防治方向起到了主导作用。针对我国城市大气污染的特点，在大气细颗粒物的来源、形成及对城市大气污染的作用方面有深入研究，积极参与全球关注的臭氧层保护工作，主持编写的《中国消耗臭氧层物质逐步淘汰国家方案》获得国际组织的高度评价。

作为全球 16 位专家之一获得联合国环境署和世界气象组织维也纳公约 20 周年纪念奖，还曾获国家科学技术进步奖一等奖和二等奖、何梁何利基金科学与技术进步奖、原国家环保总局臭氧层保护个人特别金奖、美国国家环境保护局平流层臭氧保护奖、原国家环保部及北京市环保局北京奥运会残奥会环境质量保障工作先进个人、第十一届全国环境大会"环境化学终身成就奖"等奖项荣誉。

出版的教科书《大气环境化学》（2006 年再版）获得教育部、原国家环保局优秀教材一等奖，主持的"环境问题"课程荣获首批国家级线下一流本科课程等。

She *Hui Ren Zhi* 社会任职

1979 年 3 月至 1990 年 12 月，担任中国环境学会理事会理事（第一届、二届）；1988 年至 1996 年，担任国际纯粹与应用化学联合会（IUPAC）的大气化学委员会衔称委员（类似于"常务委员"）；1990 年 12 月至 2006 年 6 月，担任中国环境学会理事会副理事长、常务理事（第三届至五届）；1993 年担任联合国环境规划署（UNEP）臭氧层损耗环境影响评估组共同主席；2006 年 6 月，担任中国环境学会理事会顾问（第六届至八届）。2017 年 11 月起，担任第五届经济快速发展地区空气质量改善国际学术研讨会顾问委员会委员，国际全球大气化学计划（IGAC）学术指导委员会委员，国际全球大气化学计划化学亚太地区环境研究委员会（APARE）委员，教育部高等学校教学指导委员会（环境科学类专业教学指导分委员会）主任，国家环境咨询委员会委员，北京市国际生态经济协会首席顾问等。

李泽椿　　数值预报专家

当选时间	1995 年当选中国工程院院士
学　　部	环境与轻纺工程学部
性　　别	男
民　　族	汉族
籍　　贯	江苏南京
出生年月	1935 年 6 月 1 日

李泽椿　数值预报专家。国务院应急办专家组成员，原国家环保部两委委员，国家民政部减灾委专家组成员，南京信息工程大学及中国气象科学研究院硕士、博士生导师。1965 年北京大学研究生毕业；曾任国家气象中心主任等。1995 年当选中国工程院院士。

主要成就

长期从事大气科学工程化的天气预报和数值天气预报业务系统工程建设和科研工作。1951 年参加中国人民解放军。1952 年建立汉中军分区陕西略阳气象站并从事天气预报与观测一线工作。1978 年开始与北大、中国科学院大气所合作，研制并建立了我国短期数值天气预报业务系统，于 1981 年投入使用。"七五"期间研制并建立了我国第一个中期数值天气预报业务系统，于 1993 年投入使用。1992 年到 1994 年，相继组织安装了我国最大的巨型计算机银河 –II、Cray C90，并设计构成两个互为备份的计算机体系，保证了预报业务的发展与稳定运行。"八五"期间研制并建立了我国的台风与暴雨数值预报系统，于 1996 年投入业务应用。"九五"期间主持了"并行计算在数值天气预报（NWP）中应用"科研项目，完成后极大地提升了我国气象业务的预报水平。

主持的项目共获得国家科学技术进步奖一等奖 1 次、二等奖 3 次，获 2001 年何梁何利基金科学与技术进步奖、2004 年中国气象局科学技术贡献奖等。

社会任职

担任过北京气象学会理事长，江西信息应用职业技术学院名誉院长等。

周邦新 核燃料元件专家

当选时间 1995 年当选中国工程院院士

学　部 能源与矿业工程学部

性　别 男

民　族 汉族

籍　贯 江苏苏州

出生年月 1935 年 12 月 29 日

院士小传

周邦新　核燃料元件专家。上海大学材料研究所研究员。1952 年毕业于苏州市一中；1956 年毕业于北京钢铁学院（现北京科技大学）金相及热处理专业；1965 年至 1967 年，在英国 Newcastle、Cambridge 大学冶金系做访问学者；1956 年至 1970 年，在中国科学院物理研究所和金属研究所工作；1970 年至 1998 年，在中国核动力研究设计院工作。1995 年当选中国工程院院士。

主要成就

我国核材料和核燃料元件领域著名的科学家和学科带头人之一。长期从事核反应堆用关键材料（锆合金、镍基高温合金、压力壳钢和核燃料等）的研究，是新中国自己培养出的优秀科学家。

多年从事核材料及核燃料元件的研究和开发工作，解决了核工程中有关材料方面的不少关键性难题和生产中的质量问题，提出了自己创造性的见解。20世纪80年代末至90年代初，组织领导参与了研究堆用低浓铀板型燃料元件的研究和国内首批生产，满足了当时反应堆中核燃料由高富集度铀转化成低富集度铀的需求，该项目于2000年获国家科学技术进步奖一等奖；近30多年来，一直对核燃料包壳锆合金及其腐蚀性能进行了系统研究，为锆合金的国产化打下了良好的基础，该项目于2012年获得了国家科学技术进步奖二等奖。20世纪90年代初，在核动力研究设计院工作期间组建了我国唯一的核燃料及材料国家重点实验室，为我国核燃料及核材料科学的发展开创了新局面。

2020年获中国核工业集团有限公司颁发的"核工业功勋人物"荣誉称号，还曾先后10多次获国家及省部级颁发的各种奖项荣誉。

社会任职

担任过中国核学会理事，中国核材料学会副理事长，中国材料研究学会理事，国务院学位委员会第四届学科评议组成员，国家自然科学基金委员会工程与材料学部评委，四川省电子显微镜学会、上海市显微学学会理事长等。

丁传贤 无机涂层材料专家

当选时间	1995 年当选中国工程院院士
学　部	化工、冶金与材料工程学部
性　别	男
民　族	汉族
籍　贯	江苏海门
出生年月	1936 年 2 月 11 日

院士小传

　　丁传贤 无机涂层材料专家。中国科学院上海硅酸盐研究所研究员。1959 年毕业于复旦大学。1995 年当选中国工程院院士。

主要成就

长期从事等离子喷涂涂层材料配方、工艺、性能、结构、应用和相关应用基础科学的研究。研制成功可供实用的电弧等离子喷涂设备和高温防热、耐磨、生物相容、红外辐射、电介催化等系列涂层，在我国国防和民用工业中得到较好应用。

截至 2022 年，16 项科研成果获国家及省部级多项奖励。

截至 2022 年，发表学术论文 200 余篇；指导博士、硕士研究生多名，学生毕业论文曾获全国百篇优秀博士论文。

社会任职

担任过全国政协第九届、十届委员会委员，中国农工民主党第十一届、十二届中央委员，中国材料研究学会理事，《无机材料学报》《硅酸盐学报》和《摩擦学学报》等期刊编委等。

范滇元 光电子学专家

当选时间	1995 年当选中国工程院院士
学　　部	信息与电子工程学部
性　　别	男
民　　族	汉族
籍　　贯	江苏常熟
出生年月	1939 年 2 月 18 日

　　范滇元　光电子学专家。中国科学院上海光学精密机械研究所科学技术委员会主任，深圳大学二维材料光电科技国际合作联合实验室主任，上海交通大学讲席教授。1939 年 2 月出生于云南昆明；1962 年本科毕业于北京大学无线电电子学系；1966 年研究生毕业于中国科学院上海光学精密机械研究所。1995 年当选中国工程院院士。

Zhu Yao Cheng Jiu
主要成就

从事"神光"系列高功率激光系统的研制及应用 40 多年。在高能激光和超短超强激光系统的总体设计与工程研制、光场调控与光束传输基础研究、强光与物质相互作用等方面取得了一系列国际先进水平成果，为我国高功率激光工程技术的开拓和发展做出了重要贡献。

先后获得陈嘉庚奖、光华工程科技奖、国家科学技术进步奖一等奖和二等奖等科技奖励，以及国家级"有突出贡献的中青年专家""全国先进科技工作者"等荣誉称号。

She Hui Ren Zhi
社会任职

担任过国家"863 计划"惯性约束聚变主题专家组专家，"神光Ⅲ"项目总工程师，中国光学学会激光专业委员会主任，中国电子学会量子电子学与光电子学分会副主任，原国防科工委科技委兼职委员，九三学社中央委员，国家"863 计划"第八领域专家委员会委员、"804"和"416"主题专家组成员，原总装备部科技委兼职委员，上海市光电子行业协会理事长，政协上海市第八届委员会委员、第九届常委、第十届委员，中国科技大学、国防科技大学等 6 所院校兼职教授等。

朱能鸿 天文光学望远镜专家 ≫

当选时间 1995 年当选中国工程院院士
学　　部 机械与运载工程学部
性　　别 男
民　　族 汉族
籍　　贯 江苏苏州
出生年月 1939 年 11 月 10 日

院士小传

　　朱能鸿 天文光学望远镜专家。中国科学院上海天文台研究员、总工程师。1939 年11 月出生于上海；1960 年毕业于同济大学。曾任中国科学院上海天文台高级工程师、副总工程师、副台长，上海市科学技术协会副主席等。1995 年当选中国工程院院士。

Zhu *Yao Cheng Jiu*
主要成就

20 世纪 60 年代至 70 年代，研制成功使月球及其定标星同时被拍摄在一张底片上的月球双速照相机。70 年代至 80 年代，研制成功用于测定恒星赤经和赤纬的真空照相天顶筒，该项目于 1979 年获得中国科学院科学技术成果奖一等奖。1989 年主持设计并采用了当时的先进技术研制成功我国口径最大的 1.56 米天体测量望远镜，望远镜工作稳定、性能优良、定位精度高，在 1994 年 7 月彗星木星相撞中拍摄了 600 多张极具科学价值的照片。该项目获得了 1990 年度的中国科学院科学技术进步奖一等奖和 1991 年度的国家科学技术进步奖一等奖。1991 年至 1993 年，被国际上规模最大的属于欧共体的欧洲南方天文台雇为高级工程师，设计了光干涉合成望远镜方案。

1985 年被上海市政府评为"有突出贡献的中青年专家"，1990 年被评为中国科学院"有突出贡献的中青年专家"，1993 年被评为上海市十大科技精英，2002 年获何梁何利基金科学与技术进步奖。

2007 年至 2011 年，设计的口径为 1 米的一架激光测距望远镜和一架激光通信望远镜均已投入使用。前者获 2013 年军队科技进步奖一等奖。前些年在领导一支年轻的研究团组从事口径为 1.2 米和 1.8 米的光学望远镜的研制和天文光学干涉仪的研究。

She *Hui Ren Zhi*
社会任职

2001 年 5 月，担任上海反邪教协会第一届理事会理事长；2001 年 10 月，担任上海市科学技术协会副主席；2005 年 2 月，担任上海市科普基金会理事长；2007 年担任上海市徐汇区科学技术协会第七届主席；2008 年担任中国科学院上海天文台学术委员会委员等。

张钟华

张钟华 电磁计量专家

当选时间 1995 年当选中国工程院院士

学　　部 信息与电子工程学部

性　　别 男

民　　族 汉族

籍　　贯 江苏苏州

出生年月 1940 年 7 月 2 日

院士小传

　　张钟华 电磁计量专家。中国计量科学研究院一级研究员。1962 年毕业于清华大学电机系高电压技术专业，后又考入清华大学研究生院，在电机系电工基础教研组进行研究生学习；1967 年被分配到中国计量科学研究院电磁处工作；2019 年从中国计量科学研究院退休。1995 年当选中国工程院院士。

长期从事电磁计量国家基准的研究设计工作。20 世纪 60 年代中后期，主持了国家电容基准的设计、试验以及运行工作。1997 年参加由国际计量局（BIPM）组织的 10pF 电容国际比对，与国际平均值的差别仅为 4×10^{-8}，成为当时国际上最好的结果之一。1983 年至 1988 年，负责用低温核磁共振法建立了国家强磁场标准（2 ~ 12 特斯拉），不确定度为 6×10^{-5}，此标准至今仍为国际上最好的同类标准之一。1987 年至 2002 年，研究建立了量子化霍尔效应国家电阻标准。在国际比对中，我国给出的数据为不确定度最小。近年提出了一种能量天平的方案，对普朗克常数进行测量，为探索建立我国独立自主的量子质量基准贡献了自己的智慧和力量。

1992 年超导强磁场标准获国家科学技术进步奖二等奖（排名第一），2007 年量子化霍尔电阻基准获国家科学技术进步奖一等奖（排名第一），2003 年获何梁何利基金科学与技术进步奖，1989 年被授予"全国先进工作者"称号，1991 年起获国务院政府特殊津贴，1997 年被评选为全国优秀科技工作者。

截至 2022 年，在国内外重要技术刊物上发表论文 50 多篇；曾任《中国大百科全书电工卷电磁测量分卷》以及《电磁测量及仪表》丛书的副主编。

担任《计量学报》编辑委员会主任委员，《仪器仪表学报》编辑委员会主任委员等；曾任中国计量学会副理事长，中国仪器仪表学会副理事长等。

庄松林　光学专家

当选时间	1995 年当选中国工程院院士
学　　部	信息与电子工程学部
性　　别	男
民　　族	汉族
籍　　贯	江苏溧阳
出生年月	1940 年 8 月 14 日

院士小传

庄松林　光学专家。上海理工大学光电信息与计算机工程学院院长、博士生导师，中国兵器工业集团有限公司科技委委员，中国兵器北方光电集团有限公司研究员，华太极光光电技术有限公司董事长。1962 年毕业于上海复旦大学；1979 年赴美访问研究；1982 年在美国宾夕法尼亚州立大学电子工程系获得博士学位；1984 年被评为国家级"有突出贡献的中青年专家"；1985 年、1987 年被评为上海市劳动模范；1989 年获得第一届上海市科技精英提名奖；1990 年获国务院政府特殊津贴；1991 年获优秀突出贡献回国人员荣誉证书。1995 年当选中国工程院院士。

长期从事应用光学、光学工程和光电子学的研究，设计了百余种光学系统及仪器，多次获部级科技进步奖及多项荣誉奖，是国内率先开展光学系统 CAD 的研究者。主持完成了我国光学仪器设计软件系统；在光学像心理物理实验研究方面开展了工作；对非相干光学信息处理及彩虹全息技术做了全面系统的研究，被誉为"现代白光信息处理的主要贡献者之一"；在复物体的位相恢复研究中提出了多种光学方法，开创了该领域研究的新方向；所研制的 CdSe（硒化镉）液晶光阀达到了当时国际先进水平。

承担了国家"973 计划"重点基础研究项目、多项国家自然科学基金及上海市重点基金项目，包括"人眼视觉修复""光学成像矢量场理论""波导光存储"及"光频左手材料"等基础研究。近年来，领导的重点实验室在太赫兹技术、光学超分辨成像、微纳光学工程及医用光学工程等国际前沿领域的研究及产业化中做出了突出的贡献。

先后在国内外重要刊物 *Nature Photonics*、*Nature Communication*、*PRL*、*Opt.Lett.*、*Opt.Exp* 等发表论文 300 余篇，著有《光学传递函数》一书。

在教学和人才培养方面，为学生开设了多门有关光学的课程并进行论文指导工作。1998 年作为学科带头人的上海理工大学光学工程博士点获得批准，多年来亲自指导的硕士生和博士生有 40 多名，指导的博士论文曾获选 2009 年全国百篇优秀博士论文和2013 年全国百篇优秀博士论文提名，毕业生在国内外光学工程领域做出了很多贡献。所主持的"光信息技术"课程获评 2008 年国家精品课程，在教学上以身作则、教书育人、治学严谨，受到学生和各级领导的赞誉，2018 年被评为上海市教育功臣。

担任国际光学工程学会和美国光学学会资深会员，中国仪器仪表学会名誉理事长，中国光学学会荣誉理事，同济大学教授，上海交通大学、复旦大学、浙江大学兼职教授等。

薛禹胜 | 稳定性理论及电力系统自动化专家 »

Yuan *Shi Xiao Zhuan*
院士小传

薛禹胜 稳定性理论及电力系统自动化专家。国网电力科学研究院名誉院长。1963年山东工学院（现山东大学）毕业；1981年获电力科学院硕士学位；1987年获比利时列日大学博士学位；曾任国网电力科学研究院总工程师等。1995年当选中国工程院院士。

当选时间 1995 年当选中国工程院院士
学 部 能源与矿业工程学部
性 别 男
民 族 汉族
籍 贯 江苏无锡
出生年月 1941 年 2 月 7 日

Zhu Yao Cheng Jiu
主要成就

在电气工程领域取得了卓越的学术成就,对中国的电力事业发展做出了杰出的贡献。发明了扩展等面积准则（EEAC）方法,突破了高维非自治非线性动态系统稳定性理论的世界性难题,迄今仍是国际上唯一得到理论证明并实现工程应用的暂态稳定量化分析方法。提出了时空协调的大停电防御理念,主持研发的 WARMAP 系统已覆盖我国 90% 的省级以上电网,保障了中国电网从未发生系统范围的大停电。提出了能源的信息物理社会系统研究框架,开创了多学科交叉融合的能源安全研究新范式。提出了电网主动支撑能源转型的整体解决方案,正致力于为中国"双碳"目标的实现提供科技支撑。

获全国科学大会奖 1 项、国家科学技术进步奖一等奖 1 项、国家科学技术进步奖二等奖 3 项、国家技术发明奖二等奖 1 项,以及江苏省首届科学技术突出贡献奖、何梁何利基金科学与技术进步奖、国家级"有突出贡献的中青年专家"称号、全国先进工作者等荣誉。

截至 2021 年,发表国际论文 350 篇、国内论文 400 篇;出版著作 5 部,学术专著《运动稳定性量化理论》曾获全国优秀科技图书奖一等奖、2001 年国家图书奖提名奖;获发明专利授权 62 项,包括中国专利金奖 1 项、中国专利优秀奖 1 项。

社会任职

担任中国内地电力与能源领域第一份 SCI 学术期刊《现代电力系统与清洁能源》（MPCE）创刊及现任主编等;曾任第十届、十一届全国人民代表大会代表,国际大电网组织（CIGRE）中国国家委员会技术委员会主席,国际大电网组织中国委员,中国电机工程学会理事,中国电机工程学会学术委员会委员,电力系统计算理事会（PSCC）理事,著名中文学术期刊《电力系统自动化杂志》主编,英国工程技术学会会刊 *IET GTD* 编委,澳大利亚昆士兰大学、纽卡斯尔大学名誉教授,浙江大学、山东大学、东南大学、南京理工大学、南京航空航天大学等 14 所大学的兼职教授。

王震西　非晶态材料专家

当选时间	1995 年当选中国工程院院士
学　　部	化工、冶金与材料工程学部
性　　别	男
民　　族	汉族
籍　　贯	江苏海门
出生年月	1942 年 9 月 3 日

院士小传

　　王震西　非晶态材料专家。中国科学院物理所研究员，北京中科三环高技术股份有限公司董事长。1964 年毕业于中国科技大学。1995 年当选中国工程院院士。

主要成就

长期从事稀土和非晶态材料的磁性研究及产业化。参与研制成功我国第一代国防用多种微波铁氧体材料和器件。在诺贝尔物理学奖获得者路易·奈尔教授主持的法国格勒诺布尔磁学实验室做访问学者，和国外科学家合作发现了非晶态稀土－过渡金属合金中的磁矩空间有序排列的新型磁结构，命名为"磁矩空间有序（散磁性）"。研制成功具有中国特色的"低纯度钕稀土铁硼永磁合金"，性能达到国际上用高纯钕制备的钕铁硼合金的先进水平。组建了北京三环新材料高技术公司，开创了一条科技成果产业化的新路，由三环公司发起设立的北京中科三环高技术股份有限公司已发展成为全球第二大，国内最大的稀土永磁材料研究、开发、生产企业。

多次获得国家及省部级奖励，其中"低纯度钕稀土铁硼永磁合金"获 1988 年国家科学技术进步奖一等奖。

截至 2022 年，发表学术论文 70 余篇。

社会任职

担任过中国物理学会理事，中国稀土学会理事、常务理事，中国材料学会理事、常务理事、副理事长，中国科学技术协会常委等。

程天民　防原医学与病理学家

Yuan Shi Xiao Zhuan
院士小传

当选时间　1996 年当选中国工程院院士

学　　部　医药卫生学部

　　　　　　工程管理学部

性　　别　男

民　　族　汉族

籍　　贯　江苏宜兴

出生年月　1927 年 12 月 27 日

程天民　防原医学与病理学家。1927 年出生于江苏省宜兴市周铁镇；1945 年毕业于江苏省立苏州中学；1949 年参军；1953 年入党；1951 年于第六军医大学（现中国人民解放军陆军军医大学）毕业后留校任教，历任教研室研究室主任、系主任、副校长；1986 年任第三军医大学（现中国人民解放军陆军军医大学）党委书记、校长；2000 年成立工程管理学部时，被选为首批跨学部院士；2021 年入选中国医学科学院始任学部委员。2018 年 91 岁时，已在军医大学从事医学教育科学研究 70 余年，中央军委主席习近平签署命令，批准他离休，并授予"中国人民解放军胜利功勋荣誉章"。1996 年当选中国工程院院士。

Zhu Yao Cheng Jiu
主要成就

1951 年大学毕业留校从事病理学专业教研工作，将病理学与防原医学（核伤害防护医学）密切结合，形成"防原病理""创伤病理学"等专业特色；培养了大批人才，不少毕业研究生成为新一代学术带头人、领军人；主持多项国家和军队重大项目研究。14 次参加我国核试验，克服戈壁滩极度恶劣的自然环境，历经核试验多重艰险，掌握了大量真实核武器所致真实核损伤的无比珍贵的资料和标本，系统深入研究后阐明了核武器的杀伤作用与防护原则，主持编著了首部以本国核试验资料为基本依据的《核武器损伤及其防护》著作（战士出版社，1978 年第一版，1980 年第二版）；进而于 1986 年主编了首部《防原医学》（上海科学技术出版社），初步实现了建立我国自己的防原医学的任务。随后，长期专注研究发生多、伤情重、救治难的核损伤"头号杀手"复合伤，现场与实验室研究相结合，提出了创新的发病理论和有效的救治技术。经过数十年潜心研究，为铸造我国的"医学核盾"做出了重要贡献；开创了"贫铀伤害及其医学防护"研究，填补了国家空白；创建了"军事预防医学"新学科，促进了军队卫生防疫预防医学事业的发展。

获国家科学技术进步奖一等奖 2 项、二等奖 1 项，国家级教学成果奖一等奖 1 项、二等奖 2 项，军队科教一等奖 7 项。还获何梁何利基金科学与技术进步奖、光华工程科技奖、吴阶平医学奖、全军专业技术重大贡献奖、重庆市首届科技突出贡献奖，以及中华医学会创伤学会、烧伤学会和医学教育学会终身成就奖等。当选全国优秀教师、全国优秀共产党员、建军 80 周年全军英模，中央军委授记一等功。

2009 年，据国务院领导批示，由中国科学技术协会牵头，会同 11 个市委开展"老科学家学术成长资料采集工程"，被重庆市科协推选为全市首位、当时唯一的采集对象。2014 年采集工程完成后，出版了《求索军事医学之路：程天民传》（中国科学技术出版社）。2016 年人民出版社出版了《程天民传》（中国工程院院士传记系列丛书）。为庆祝建党百年，国家卫健委直属单位于 2021 年编著了一部巨著《卫生百年，红色传承》，集中选取了百年来我国卫生系统做出重大贡献的 116 位杰出人士，载述他们的经历、成就、奉献，程天民被选列其中，也是"防原医学"学科领域唯一的入选者。

She Hui Ren Zhi
社会任职

担任过国务院学位委员会公共卫生预防医学学科评议组召集人，解放军和四川省第一届学位委员会委员，重庆市学位委员会与科学技术协会副主席，原总后勤部卫生部专家组成员、科技咨询委员会和全军医学科学技术委员会副主任委员，中华医学会创伤学会主任委员，《中华放射医学与防护杂志》与《中华烧伤杂志》编委会顾问等。

赵 铠　　医学病毒学专家

当选时间　1997 年当选中国工程院院士
学　　部　医药卫生学部
性　　别　男
民　　族　汉族
籍　　贯　江苏苏州
出生年月　1930 年 12 月 6 日

院士小传

赵铠　医学病毒学专家。国药中生生物技术研究院顾问。1954 年毕业于复旦大学；曾任北京生物制品研究所所长等。1997 年当选中国工程院院士。

主要成就

主要从事病毒疫苗的研究开发工作。自 20 世纪 60 年代起，先后主持研究并开发了细胞培养天花疫苗、风疹减毒活疫苗和血源乙型肝炎疫苗。与中国科学院上海生物化学研究所合作研究开发了重组痘苗病毒乙型肝炎疫苗，后又负责从美国默克公司引进重组酵母乙型肝炎疫苗工业化生产技术，使疫苗质量、产量不断提高，满足了新生儿乙肝免疫接种需求。进入 21 世纪，参加并完成了抗原－抗体复合物免疫治疗乙肝病毒感染的机理研究和我国首次对甲型 H1N1 流感大流行有效防控及集成创新性研究。

获国家科学技术进步奖一等奖 3 项，部委级科学技术进步奖一等奖 3 项，部委级自然科学一等奖 1 项，新药证书 3 件。

主编专著 4 册，参编 10 册。

社会任职

担任第十一届国家药典委员会顾问委员，中国医药生物技术协会第二届、三届理事会副理事长等。

杨启业　　炼油工艺专家

当选时间	1997 年当选中国工程院院士
学　　部	化工、冶金与材料工程学部
性　　别	男
民　　族	汉族
籍　　贯	江苏镇江
出生年月	1932 年 1 月 2 日

　　杨启业　炼油工艺专家。中国石化工程建设有限公司高级工程师。1957 年毕业于北京石油学院（现北京石油大学）。1997 年当选中国工程院院士。

主要成就 Zhu Yao Cheng Jiu

长期从事炼油设计工作。先后设计、审核了102套催化裂化装置，经济效益显著；参加了提升管催化裂化及大庆常压渣油和减压渣油催化裂化、催化裂解等攻关工作；在催化裂化装置上不断采用新技术、新工艺、新设备，为我国催化裂化技术的提高和发展做出了贡献。

多次获得国家及省部级奖励，获得国家发明奖一等奖1项，国家科学技术进步奖一等奖2项、二等奖2项。发表学术论文多篇。

社会任职 She Hui Ren Zhi

担任2014年石油化工技术年会顾问委员会委员等。

潘 垣 高功率脉冲电源技术专家 >>

院士小传 *Yuan Shi Xiao Zhuan*

当选时间	1997 年当选中国工程院院士
学　部	能源与矿业工程学部
性　别	男
民　族	汉族
籍　贯	江苏扬州
出生年月	1933 年 8 月 8 日

　　潘垣　高功率脉冲电源技术专家。华中科技大学教授、博士生导师、电气与电子工程学院名誉院长，国防科学技术委员会主任。1933 年 8 月出生于湖北宜昌；1955 年毕业于华中工学院（现华中科技大学）。曾任华中科技大学学术委员会副主任等。1997 年当选中国工程院院士。

主要成就

是我国最早从事核聚变研究的主要人员之一，也是磁约束聚变技术和大型脉冲电源技术的主要开拓者。现任华中科技大学国防科学技术委员会主任、电气与电子工程学院名誉院长，惯性约束聚变点火装置（ICFIF）国家重大专项专家委员会委员，国家磁约束聚变（MCF）专家委员会科学顾问，中国电力科学研究院学术委员会副主任。主持和参与主持过3套聚变装置研制和1套装置升级改造。在中国环流一号研制中负责工程方案设计、总体电磁工程、脉冲电源及总控系统等，创造性地解决了多项重大技术难题。还将聚变电磁工程技术成功应用于国民经济和国防建设，取得多项成果。调入华中科技大学以来，发展了一些新的学科点，如超导电力、脉冲功率及应用、等离子体生物医学、电场催化人工降雨（雪）、脉冲强磁场、磁约束聚变、新一代高压断路器等。其中脉冲强磁场已批准为"国家脉冲强磁场科学中心"，成为当今世界四大脉冲强磁场实验室之一，为华中科技大学的学科发展做出了重要贡献。虽已年过八旬，但仍活跃在科研教学第一线。

曾获国家科学技术进步奖一等奖、中国科学院和原核工业部科学技术进步奖一、二等奖多项以及教育部科技进步奖一等奖等荣誉。

社会任职

担任国际热核实验反应堆（ITER）中国专家委员会委员等。

黄崇祺 金属导体专家

当选时间	1997 年当选中国工程院院士
学　　部	机械与运载工程学部
性　　别	男
民　　族	汉族
籍　　贯	江苏常熟
出生年月	1934 年 11 月 7 日

　　黄崇祺　金属导体专家。特种电缆国家重点实验室专家委员会主任委员，国家科技部"高性能合金导电材料"专项技术总指导，联合国工业发展组织全球创新网络专家委员会委员。1957 年 8 月毕业于东北工学院（现东北大学），同年 8 月进入国家机械工业部上海电缆研究所工作至今，研究员级高级工程师。曾任副总工程师等。1997 年当选中国工程院院士。

主要成就 *Zhu Yao Cheng Jiu*

主要从事电工铜和铝及其合金、双金属和再生铜压力加工制品的研究、开发和应用，涉及架空导线及其试验、电气化铁路用接触导线、电工铝导体及其稀土优化综合处理技术、电工铜合金和铝合金导体、双金属导线、铝连续挤压、超导电缆、废杂铜直接再生制杆和高性能合金导电材料等。利用非电工级高硅铝实现技术创新，为我国电工铝导体和稀土电工铝导体提高了导电率，解决了量大面广的国产材料来源，并达到了工业化稳定生产，使我国电工铝导体生产达到国际先进水平；创新开发了镁铜合金接触线，在我国电气化高速铁路上获得广泛的应用，创国际先进水平；为我国开创铝包钢线、超高压扩径架空导线、高速电气化铁路用接触导线、废杂铜直接再生制杆以及以铝节铜的研究、生产和发展做出了贡献。

获省部级科技进步奖一等奖 3 项、国家科学技术进步奖二等奖 2 项、全国科学大会奖 2 项和第四届上海科技博览会金奖 1 项。

发表论文 90 余篇，出版著作 7 本。

社会任职 *She Hui Ren Zhi*

担任过上海市第九届人民代表大会代表，中国电工技术学会理事，中国机械工程学会理事，中国机械工业联合会第三届专家委员会特邀委员等。

金翔龙 海底科学专家

院士小传 Yuan Shi Xiao Zhuan

当选时间	1997 年当选中国工程院院士
学　部	环境与轻纺工程学部
性　别	男
民　族	汉族
籍　贯	江苏南京
出生年月	1934 年 11 月 29 日

金翔龙 海底科学专家。1956 年毕业于中国地质大学。1957 年至 1985 年，在中国科学院海洋研究所工作；1985 年起，在国家海洋局第二海洋研究所工作。1997 年当选中国工程院院士。

我国海底科学的奠基人之一，对学科的创建和发展做出了重要的开拓性贡献。长期致力于我国边缘海的海底勘察与研究，开辟了学科的新方向和研究的新领域，推动了我国浅海海底油气勘探的起步。率先开展了我国渤海、黄海、东海的地球物理探测，对中国海的构造格局、地壳性质与演化以及边缘海的演化模式等提出过重要论述，在国内外有重要影响。主持研究的大陆架及邻近海域勘察攻关项目对维护海洋权益有重要贡献，受到国家表彰。在大洋海底勘探开发方面，代表我国在联合国争得东太平洋理想矿区，并主持与负责国家海洋局承担的"大洋多金属结核资源勘探开发"重大专项，勘探工程达到国际先进水平，为按联合国要求完成区域放弃和实施洋底开采工程奠定了基础，为我国进入大洋勘探开发的国际先进行列做出了重大贡献。

获得中国科学院科学技术进步奖一、二等奖各 1 项，国家海洋局科学技术进步奖一等奖 2 项和二等奖 1 项等。

截至 2016 年，出版学术专著、科普著作 10 多部。

担任过中国地质学会理事，中国地球物理学会理事，中国海洋地质学会副理事长，中国大洋矿产资源研究开发协会理事，中国岩石圈委员会委员，中国大洋钻探科学委员会委员，联合国海底管理局与海洋法庭筹委会培训专家委员会委员，联合国教科文组织政府间海洋委员会（IOC，UNESCO）、联合国海洋法公约顾问委员会（ABLOS）中方代表，国际地球深部取样联合海洋机构地球内部动力学科学指导与评估委员会委员，浙江大学博士生导师，山东理工大学资源与环境工程学院名誉院长，"上海海洋科学技术奖"奖励委员会副主任等。

蔡吉人 信息处理技术专家

当选时间 1997 年当选中国工程院院士
学　　部 信息与电子工程学部
性　　别 男
民　　族 汉族
籍　　贯 江苏苏州
出生年月 1935 年 7 月 15 日

院士小传

蔡吉人 信息处理技术专家。北京信息科学技术研究院研究员。1956 年毕业于复旦大学。1997 年当选中国工程院院士。

主要成就

长期从事信息安全、信息处理和信息传输研究工作，在信息的压缩、转换、传输等方面做出了卓著贡献。担任过两届国家重点基础研究发展计划（"973 计划"）项目首席科学家，主持过 10 多个重大科研项目的研究工作，主持审查过 30 多个设计方案。

曾获得国家科学技术进步奖一等奖 1 项、二等奖 5 项、三等奖 2 项，省部级科学技术进步奖 10 余项。

社会任职

担任国家信息化专家咨询委员会委员，"十五"和"十一五"期间国家重点基础研究发展计划（"973 计划"）"信息与网络安全"项目首席科学家等。

钱清泉　铁道电气化自动化专家 >>

当选时间　1997 年当选中国工程院院士
学　　部　机械与运载工程学部
性　　别　男
民　　族　汉族
籍　　贯　江苏丹阳
出生年月　1936 年 5 月 7 日

　　钱清泉　铁道电气化自动化专家。西南交通大学教授，国家轨道交通电气化与自动化工程技术研究中心主任。1960 年毕业于唐山铁道学院（现西南交通大学）。1997 年当选中国工程院院士。

长期从事轨道交通电气化与自动化领域的科研与教学工作。首次提出了采用冗余备用流动群方式的环状通道结构，提出了控制中心采用局域网加双机冗余备用方式，提出并研制成功了多级防雷、防高压、防强电磁场干扰以及 RTU 地线浮空、外壳屏蔽等技术设备。主持研制成功了我国第一套电气化铁道多微机远动监控系统，并于 1987 年实现产业化，在 20 多项国家和省部级重点工程中推广应用，在此基础上发展形成的高速铁路 SCADA 系统装备了我国所有的高铁线路。参与组织和筹建了牵引动力国家重点实验室，并达到世界先进水平。牵头组织建设的国家轨道交通电气化与自动化工程技术研究中心是国内该领域唯一的国家级平台。在轨道交通电气化与自动化领域取得了丰硕成果。

获 10 项以上国家及省部级科学技术进步奖和全国五一劳动奖章等荣誉。

出版专著和教材 3 部，发表论文百余篇，培养硕士、博士研究生和博士后 50 多名。

担任过轨道交通国家实验室（筹）技术委员会副主任，高速铁路系统试验国家工程实验室技术委员会副主任，深圳中国工程院院士活动基地主任，暨南大学电气信息学院荣誉院长，暨南大学电气信息学院电气自动化研究所所长等。

顾真安　无机非金属材料专家 »

当选时间	1997 年当选中国工程院院士
学　　部	化工、冶金与材料工程学部
性　　别	男
民　　族	汉族
籍　　贯	江苏无锡
出生年月	1936 年 11 月 16 日

院士小传 *Yuan Shi Xiao Zhuan*

　　顾真安　无机非金属材料专家。中国建筑材料科学研究总院高级工程师、博士生导师。1958 年毕业于华东化工学院（现华东理工大学）。1997 年当选中国工程院院士。

主要成就

长期从事特种玻璃和光导纤维研究。研究稀土族元素在石英玻璃和光导纤维中的光谱和非线性光学特性，获得多种元素的 D-F 电子宽带跃迁具有紫外强吸收和可见荧光转换特性，以及上转换荧光、倍频和光放大性质；研究了化学气相掺杂沉积、溶液掺杂和氢氧焰熔制 - 电熔成型两步法工艺技术，解决了难熔玻璃制备技术难题；研制成功超低膨胀石英玻璃和稀土石英光纤等一批新材料。

8 次获得国家及省部级奖励，其中"激光技术用石英玻璃" 获 1985 年国家科学技术进步奖二等奖，"耐辐照石英玻璃" 获 1996 年国家科学技术进步奖二等奖。参与我国矿产资源战略咨询研究，负责"建材非金属矿产资源战略研究"以及"中国绿色建材发展战略研究"等课题。获得国家级"有突出贡献的中青年专家""国防军工协作配套先进工作者"以及"全国劳动模范"等荣誉称号。

发表学术论文 70 余篇。指导硕士、博士和博士后研究生 30 余名。

社会任职

担任过第 17 届国际玻璃大会技术委员会委员，国家高技术（"863 计划"）新材料领域功能材料专家组成员等。

唐西生　核技术应用专家

当选时间	1997 年当选中国工程院院士
学　部	能源与矿业工程学部
性　别	男
民　族	汉族
籍　贯	江苏宜兴
出生年月	1938 年 1 月 20 日

Yuan Shi Xiao Zhuan
院士小传

　　唐西生　核技术应用专家。中国人民解放军火箭军研究院研究员，博士生导师，技术一级，文职特级。1961 年毕业于北京航空学院（现北京航空航天大学）空气动力学专业；1961 年至 1988 年，在中国工程物理研究院从事核武器理论研究工作；1988 年被特招到火箭军（原第二炮兵），从事核武器装备发展论证和核武器应用技术研究工作。1997 年当选中国工程院院士。

中国人民解放军火箭军核科学技术学科带头人，长期从事核装置理论设计、某装备发展论证和核军备控制研究工作，为我国核武器事业的建设与发展做出了突出贡献。参加了我国第一颗原子弹的理论设计、氢弹原理的探索及先进核武器的攻关工作；作为负责人之一完成了多次国家核试验核装置理论设计方案，并多次参加核试验核装置的研制、生产与试验工作；组建和发展了火箭军某装备发展论证专业，负责完成了多个型号某装备发展论证工作，并担任多个型号技术总师；负责火箭军军备控制对策和核查技术研究工作，以国防部专家身份参加联合国组织的全面禁止核试验谈判；指导并参与了火箭军某装备安全性与可靠性的研究论证、立项和有关技术工作；培养了一批我军核武器研究领域专业技术人才。

1990年获国家级"有突出贡献的中青年专家"称号，1991年享受国务院政府特殊津贴，1996年获首届中国人民解放军专业技术重大贡献奖，2010年作为团队带头人获军队科技创新群体奖，2018年12月被火箭军授予"科技砺剑元勋"证书，还获得国家科学技术进步奖一等奖1项、二等奖2项，军队科技进步奖一等奖7项、二等奖11项等荣誉。

担任过中国军控与裁军协会理事、高级顾问，国务院中央军委军工产品定型委员会委员，全军武器装备科技奖评审委员会委员，军队核安全领导小组专家咨询组成员，原总装备部科学技术委员会兼职委员，原总装备部核武器技术、抗辐射加固技术和军控核查技术等专业组成员、高级顾问，火箭军专家咨询委员会委员、弹头专家组组长、型号总师和研究院核技术研究中心主任，清华大学、西安交通大学和火箭军工程大学等院校兼职教授、博士生导师等。

吴中如　水工结构专家 ▶▶

院士小传

当选时间　1997 年当选中国工程院院士
学　　部　土木、水利与建筑工程学部
性　　别　男
民　　族　汉族
籍　　贯　江苏宜兴
出生年月　1939 年 9 月 9 日

吴中如　水工结构专家。河海大学教授。1963 年华东水利学院（现河海大学）毕业，进入水利水电科学研究院水文所豫北试验站工作；1969 年至 1975 年，在河南省济源市铁山河水库、新乡地区电业局工作；1975 年至 1979 年，在江苏省徐州电厂工程建设指挥部工作；1979 年起，在河海大学任教，曾任校学术委员会主任。1997 年当选中国工程院院士。

长期从事水工结构及安全监测等研究与工程实践工作。先后主持了国家重点科技攻关项目子课题 6 项，国家三峡重大基金课题、重点基金和"973 计划"等项目 8 项，三峡临时船闸、升船机和二滩等工程项目 5 项，龙羊峡和佛子岭等科研项目 60 多项。首创了变形监控指标拟定的理论和方法、大坝安全综合评价专家系统，建立了完整的监控模型体系，发展和完善了反分析理论，并将成果应用于实际工程，获得了显著的社会和经济效益。

先后获得国家及省部级科技奖 16 项，其中国家级二等奖 3 项、三等奖 1 项，省部级特等奖 1 项、一等奖 3 项、二等奖 4 项、三等奖 4 项。

在国内外学术刊物上发表学术论文 220 多篇，撰写科研报告 60 多份，出版专著 8 部，先后指导培养出博士后 3 名、博士研究生 30 多名、硕士研究生 40 多名。

担任过全国政协第十届委员会委员，中国大坝工程学会常务理事，中国水力发电工程学会理事，中国水利学会理事，江苏省水力发电工程学会理事长等。

杨胜利　　生物技术专家

院士小传

当选时间　1997 年当选中国工程院院士
学　　部　医药卫生学部
性　　别　男
民　　族　汉族
籍　　贯　江苏太仓
出生年月　1941 年 1 月 5 日

　　杨胜利　　生物技术专家。中国科学院上海生命科学研究院研究员。1962 年毕业于华东化工学院(现华东理工大学);1962 年 9 月,到中国科学院上海药物研究所工作;1980 年至 1982 年,在美国加州大学从事博士后研究;1992 年至 1996 年,担任中国科学院上海生物工程研究中心主任、党委书记。1997 年当选中国工程院院士。

在所主持的青霉素酰化酶基因工程研究中建立了基因克隆、定位表达系统，并采用DNA体内重组提高了质粒的稳定性，优化了宿主和表达的条件，构建了高稳定性、高表达性的基因工程菌，主要技术指标优于国际同类基因工程菌。发展了基因工程菌膜反应器，已于1990年用于工业生产。致力于将微生物血红蛋白、热休克蛋白、分子伴侣等基因用于工业生产菌株的优化，推动了基因工程和代谢工程在医药和工业生物技术产业中的应用。

长期从事医药生物技术、生物化学与分子生物学、系统生物学科研以及教学工作，主要从事肝癌功能基因组学和系统生物学研究工作。是中国最早开展系统生物学研究的科学家之一，为医药生物技术领域做出了重要贡献。先后开展了新抗生素及细菌耐药性的研究，以及大肠杆菌表达质粒及宿主工程、血红蛋白能量代谢工程、枯草杆菌蛋白酶蛋白质工程、分子伴侣等研究。所研制的青霉素酰化酶工程，表达量高，稳定性好，超过了当时的国际先进水平。近几年来，在分子药理学、微生物血红蛋白和蛇毒基因工程、蛋白酶蛋白质工程、分子伴侣等方面进行了开拓性的创新研究，取得了一系列成果。

先后承担国家科研项目13项，已获奖4项，其中获省部级一等奖2项。1988年获中国科学院科技进步奖一等奖，1989年获中国科学院第二届亿利达科技奖。

在国内外重要科技刊物上发表论文90余篇，获中国发明专利26项。

担任过中国工程院医药卫生学部常委会主任，上海交通大学系统生物学研究所所长，系统生物医学研究中心学委会主任，中国科学院工业生物技术专家委员会主任，国家"973计划"专家顾问委员会专家，大连化学物理研究所研究员、生物技术部主任等。

沈倍奋　　免疫学家

当选时间　1997 年当选中国工程院院士

学　　部　医药卫生学部

性　　别　女

民　　族　汉族

籍　　贯　江苏昆山

出生年月　1943 年 5 月 1 日

院士小传

　　沈倍奋　免疫学家。军事医学科学院基础医学研究所研究员、博士生导师。1965 年毕业于复旦大学生物系生物物理专业；1965 年至 1968 年，为中国人民解放军军事医学科学院放射医学研究所研究生；1980 年至 1982 年，获洪堡奖学金，在西柏林技术大学生物化学研究所做博士后研究；1988 年 1 月至 9 月，在美国 NIH 做访问学者。1997 年当选中国工程院院士。

多年来，从事生物化学和免疫学方面的工作，在国内最早利用生物化学方法鉴定单克隆抗体识别的抗原表位，用免疫沉淀法分析特发性血小板减少性紫癜的自身抗原，用单抗免疫亲和柱纯化蛋白质。在抗 CD5、CD8、CD9、CD10 等单克隆抗体上交联蓖麻毒素制备白血病导向药物－免疫毒素，抗 T 细胞免疫毒素和抗普通型急性淋巴细胞白血病（C-ALL）抗原的免疫毒素是我国单克隆抗体衍生物最早通过新药审评进入临床的制品，主要用于防治骨髓移植时移植物抗宿主病（GVHD）以及白血病复发。

20 世纪 80 年代末，将分子生物学技术引入免疫学，研究了一系列人白细胞分化抗原结构与功能、细胞因子及其受体的信号转导与疾病的关系。从中国人外周血单个核细胞中克隆出粒细胞／巨噬细胞集落刺激因子（GM-CSF）基因，并解决了该基因在大肠杆菌中不易表达的难题，得到能产业化的工程菌株及其蛋白，获国家发明专利，并在 1997 年获得我国药监部门颁发的新药证书。

20 世纪 90 年代末，组织不同专业的研究人员在国内率先利用生物信息学、计算机辅助设计、分子生物学、细胞生物学等技术建立了抗体人源化改造技术平台和抗体高效表达系统，成功研制出一系列具有自主知识产权的人源化抗体，如抗血小板糖蛋白 IIb/IIIa、CD20、TNF、CD3、EGFR、VEGF、C5a、Her2、蓖麻毒素、天花糖蛋白抗体等，其中多个抗体已经成功转让，并进入临床试验，推动了我国抗体药物的发展。与团队利用计算生物学技术，建立了"基于受体－配体、抗原－抗体相互作用的立体结构信息设计新功能分子"技术平台，利用该平台成功地设计和研制了一系列抗体模拟物、全人抗体等新功能分子，如抗 Her2 的全人抗体 HF、抗 PD-1 的全人抗体 FV78 等，该技术开辟了全人抗体制备的新思路。

上述各项研究曾获国家"863 计划""973 计划"、国家自然科学基金重大项目和军队重大项目资助。还曾获国家科学技术进步奖二等奖 2 项，军队科技进步奖一等奖 2 项、二等奖 8 项。

截至 2022 年，发表论文 600 余篇，出版专著 5 部，获国家授权发明专利 20 余项。

担任过国家"七五""八五""九五"期间"863 计划"生物技术领域专家委员会委员兼抗体工程专题负责人，"十一五"期间"重大新药创制"科技重大专项总体专家组成员，中华医学会副会长，中国免疫学会副理事长，中国人民解放军医学科学技术委员会常务委员，北京发明协会副理事长等。

潘君骅　应用光学专家

当选时间　1999 年当选中国工程院院士
学　　部　信息与电子工程学部
性　　别　男
民　　族　汉族
籍　　贯　江苏常州
出生年月　1930 年 10 月 14 日

　　潘君骅　应用光学专家。中国科学院南京天文光学技术研究所研究员，苏州大学现代光学研究所研究员，原南京天文仪器厂副厂长。1952 年清华大学机械工程系毕业；1952 年至 1980 年，在中国科学院长春光学精密机械与物理研究所工作；1960 年苏联科学院列宁格勒普尔科沃天文台研究生毕业，获副博士学位；1980 年至 2000 年，在中国科学院南京天文仪器研制中心工作；2000 年成为苏州大学现代光学研究所研究员。1999 年当选中国工程院院士。

长期从事光学仪器研制、光学元件及系统的加工和测试。积极倡导和实施我国光学系统采用非球面技术，为我国研制大型光学设备发明了一套重要的光学加工和检测技术，解决了各种光学非球面加工的关键技术难题。建立了我国大型靶场光学测试仪器的光学技术基础，将非球面技术"绝活"向学生和同行们倾囊相授，推动了我国光学加工和测试迈向世界先进行列。

1960 年至 1966 年，为长春光学精密机械与物理研究所建立了大口径光学仪器制造的技术基础，推进了非球面在光学系统中的应用；1972 年至 1974 年，研制出激光球面干涉仪，获 1978 年全国科学大会奖；1989 年完成了 2.16 米天文望远镜及其专用附属仪器——阶梯光栅分光仪，分别获 1998 年国家科学技术进步奖一等奖、1999 年国家科学技术进步奖三等奖；还为航天 508 所、原总参二部、中国科学院成都光电技术研究所、上海技术物理研究所、西安光学精密机械研究所等单位研制了多种非球面光学元件和光学系统。

1994 年出版了《光学非球面的设计、加工及检验》，2004 年再版。

担任过中国光学学会理事，中国天文学会常务理事，中国光学测试专业委员会主任、名誉主任等。

吴慰祖　　　　精细化工专家　　≫≫

当选时间　1999 年当选中国工程院院士
学　　部　化工、冶金与材料工程学部
性　　别　男
民　　族　汉族
籍　　贯　江苏南通
出生年月　1932 年 11 月 13 日

院士小传

　　吴慰祖　精细化工专家。某部研究所研究员。1953 年毕业于北京大学。1999 年当选中国工程院院士。

主要成就

长期从事精细化工技术的研究。开创并建立了一门与物理、生物、微电子等学科紧密相关的、新的精细化工学科理论体系；紧密跟踪和汲取国内外相关学科的最新理论和研究成果，创造性地解决了许多关键性技术难题；科研成果达到国际先进水平，得到大量应用，并获得重大效益；治学严谨、道德高尚，重视科研队伍建设和年轻人才的培养，为我国国防现代化建设做出了卓越贡献。

在科研工作中取得了 40 多项重要成果。发表了许多具有指导意义的重要论文、专著和研究报告。

社会任职

担任中国化工学会精细化工专业委员会高级顾问等。

柳百成　　铸造及材料工程专家 ❯❯

当选时间	1999 年当选中国工程院院士
学　　部	机械与运载工程学部
性　　别	男
民　　族	汉族
籍　　贯	江苏常州
出生年月	1933 年 2 月 11 日

Yuan Shi Xiao Zhuan
院士小传

　　柳百成　铸造及材料工程专家。清华大学机械工程学院及材料科学与工程学院教授，制造强国建设战略咨询委员会委员。1933 年 2 月出生于上海；1955 年毕业于清华大学机械工程系；1978 年至 1981 年，以访问学者身份在美国威斯康星大学及麻省理工学院进修。1999 年当选中国工程院院士。

主要成就

长期从事用信息技术提升传统铸造行业技术水平及提高铸造合金性能的研究。在多尺度、多学科宏观及微观铸造及凝固过程建模与仿真，铸造合金凝固过程基础理论及提高性能应用研究等方面做出了重要贡献。近年来，在中国工程院领导下，致力于振兴我国制造业及推广先进制造技术等战略研究，积极参与"制造强国战略研究"及"工业强基战略研究"等咨询项目。在实施《中国制造2025》中发挥了重要战略咨询作用。

主持及参加了多项国家重大科技项目、"973计划"项目，以及中－美、中－美－加等国际科技合作项目。应邀赴美、英、德、日等国30余所大学讲学，先后主持了多个国际学术会议，作大会主题报告，在国际学术界享有声誉。先后获部委级科技进步奖一等奖、二等奖等10余项奖励，国外奖励2项及发明专利2项。2002年获光华工程科技奖，2011年及2015年先后获中国机械工程学会中国铸造杰出贡献奖及中国铸造终身成就奖。

发表论文300余篇，已培养博士50余名。

社会任职

担任过清华大学"汽车安全与节能国家重点实验室"学术委员会主任，"先进成型制造"教育部重点实验室学术委员会副主任，中国工程科技发展战略研究院学术委员会委员，教育部科学技术委员会战略研究指导委员会副主任委员，《铸造金属研究国际期刊》（*International Journal of Cast Metals Research*）和《金属铸造国际期刊》（*International Journal of Metal Casting*）中国编委，《金属学报》《中国机械工程》等杂志编委等。

周世宁

矿山瓦斯防治专家、
安全工程专家

当选时间	1999 年当选中国工程院院士
学　　部	能源与矿业工程学部
性　　别	男
民　　族	汉族
籍　　贯	江苏扬州
出生年月	1934 年 1 月 12 日

Yuan Shi Xiao Zhuan
院士小传

　　周世宁　矿山瓦斯防治专家、安全工程专家。中国矿业大学教授、博士生导师。1950 年考入复旦大学化学系学习，后转入天津的中国矿业大学学习；1953 年中国矿业大学（天津）采矿工程系毕业，留校任教，一直在中国矿业大学工作。1999 年当选中国工程院院士。

主要成就

长期从事矿井瓦斯防治的科学研究工作，在瓦斯流动理论、煤层瓦斯压力和透气系数等参数测定技术、实验研究和生产应用等方面都有许多发明和创造。创建了以 Darcy 定律为基础的对煤层有强吸附作用的瓦斯流动微分方程，开创性地建立了中国煤层瓦斯地质、流动理论、瓦斯预测与抽放以及煤和瓦斯突出防治的学术体系，阐明了煤矿中的瓦斯来源及赋存条件，并将瓦斯流动理论推进到了固、气耦合的新阶段。首次提出了煤矿瓦斯地质的八项基本因素；提出了"煤层瓦斯应力场"的概念；首次提出了煤层是由煤粒和裂隙组成；创造性地提出了"煤和瓦斯突出的流变假说"；发明的"胶圈－压力黏液封孔测定煤层瓦斯压力的装置"结束了全世界因漏气测定瓦斯压力不准的历史。

创立的"煤层透气系数测定方法"和"预抽煤层瓦斯防治突出"两项技术，均获得 1983 年煤炭工业部科技进步奖一等奖。

"胶圈－压力黏液封孔测定煤层瓦斯压力技术及装置"项目获得 1986 年国家发明奖三等奖，"煤层瓦斯流动规律研究"项目获得 1993 年国家自然科学奖四等奖。

社会任职

担任过中国煤炭工业技术委员会常务委员，全国高等学校地矿学科第一届教学指导委员会主任，第十八届国际采矿安全大会执行副主席，亚洲和太平洋煤炭开采技术国际讨论会（日本东京）执行主席，华北科技学院安全工程学院名誉院长，华北科技学院第七届学术委员会名誉主任，潍坊工程职业学院特聘教授，安徽理工大学兼职教授，澳大利亚新南威尔士大学、澳大利亚伍伦贡大学客座教授，《中国矿业大学学报》编委会名誉主任。

刘守仁　　　　绵羊育种专家　　》》

当选时间	1999 年当选中国工程院院士
学　　部	农业学部
性　　别	男
民　　族	汉族
籍　　贯	江苏靖江
出生年月	1934 年 3 月 21 日

Yuan Shi Xiao Zhuan
院士小传

　　刘守仁　绵羊育种专家。新疆农垦科学院名誉院长、研究员。1934 年 3 月出生于江苏苏州；1955 年毕业于南京农学院（现南京农业大学）。1999 年当选中国工程院院士。

主要成就

长期从事绵羊育种和牧业工程科技研究。创立绵羊血亲级进育种法，打破了传统育种方法中血亲近交的禁区，培育出适应性强、体大、毛产量高的军垦细毛羊。

提出建系新理论，率先采用了血清转蛋白、基因定位和两月龄羔羊特殊培育等方法，育成5个获部级奖的新品系。独创了品种品系齐育共进的育种配套技术，育成国际先进水平的中国美利奴（军垦型）细毛羊。2次主持了国家重点工业性试验项目——中美羊和U系羊繁育与基地建设，创建了独具我国特色的科、教、牧结合，育种、繁育、商品生产一体化的繁育工程体系。组建了28个团场联合的产业化绵羊胚胎公司，为25个省区提供种羊12万余只。主持了国家北羊南移工程，在浙、滇、川、鄂、赣五省山区建立了细毛羊生产模式示范区，攻克了国毛净毛率低、纤维匀度差等北方无法解决的难题，促进了区域生态改善、资源利用和农民致富。

获国家科学技术进步奖一等奖2项，以及省部级成果奖励多项。

社会任职

担任过中国共产党第十二次、十三次全国代表大会代表，第九届、十届全国人民代表大会代表，原农业部科学技术委员会委员，中国畜牧兽医学会常委、养殖分会名誉会长，新疆维吾尔自治区科学技术协会名誉主席，山东农科院高级顾问，南京农业大学、新疆农业大学、石河子大学博士生导师等。

蒋士成 化纤工程设计与技术管理专家 ❯❯

当选时间 1999 年当选中国工程院院士

学 部 环境与轻纺工程学部
工程管理学部

性 别 男

民 族 汉族

籍 贯 江苏常州

出生年月 1934 年 9 月 23 日

Yuan Shi Xiao Zhuan
院士小传

　　蒋士成 化纤工程设计与技术管理专家。中国聚酯工业的主要开拓者之一，中国石化仪征化纤股份有限公司教授级高级工程师、顾问。1957 年华东化工学院（现华东理工大学）毕业，先后在化工部第四设计院、化工部第九设计院、化工部第九化建设计所、纺织工业部设计院、仪征化纤工业联合公司、仪征化纤股份有限公司工作；1998 年起，任中国石化仪征化纤股份有限公司顾问。1999 年当选中国工程院院士。

主要成就

长期从事化工、化纤工程设计及技术开发、技术管理工作。作为主要设计总负责人，规划了我国最大的化纤基地，全面负责设计、施工、安装、生产等方面的技术管理工作，为仪化一、二、三、四期工程的建成投产以及生产、技术管理与消化吸收引进技术和国产化工作做出了突出贡献。主持了聚酯八单元 30% 增容技术改造，开发出具有自主知识产权的国产化大容量聚酯技术，打破了国外技术垄断，开创了聚酯装置建设国产化的道路。主持仪化公司贯标工作，推动了仪化公司质量及技术管理水平不断提高。

获原建设部设计金奖和特等奖各 1 项、中国纺织总会科技进步奖一等奖 1 项、中国石化集团科技进步奖一等奖 1 项、国家科学技术进步奖二等奖 1 项，获 2006 年第六届光华工程科技奖工程奖、2014 年中国化学纤维工业协会特别贡献奖、2021 年中国化纤工业协会终身成就奖和中国石化集团第六届感动石化人物等奖项荣誉。

社会任职

担任中国石化集团科学技术委员会委员，中国化纤协会副理事长，中国纺织工程学会常务理事，中国国际工程咨询公司专家委员会顾问，中国纺织工业协会科技顾问，东华大学顾问教授，天津工业大学特聘专家等。

黄先祥　导弹发射与运用技术专家 ▶▶

当选时间 1999 年当选中国工程院院士

学　　部 机械与运载工程学部

性　　别 男

民　　族 汉族

籍　　贯 江苏如东

出生年月 1940 年 4 月 20 日

Yuan *Shi Xiao Zhuan*
院士小传

　　黄先祥　导弹发射与运用技术专家。1965 年毕业于北京理工大学；历任第二炮兵工程大学（现火箭军工程大学）教授、校科学技术委员会主任和学位委员会副主席等。1999 年当选中国工程院院士。

Zhu Yao Cheng Jiu
主要成就

长期从事国防科技与教育事业，突破了导弹发射技术领域多项关键性工程技术难题。在我国首次提出战略导弹新的作战思想，并研制出特种装备；研制出多种型号地地导弹大型综合性模拟系统；建立了我国第一套战略导弹测试发射设备自动检定系统；研制出新型高精度定向瞄准系统。创建了军队兵器发射理论与技术学科，使该学科成为国家重点学科、军队和陕西省重点学科。设立了兵器科学与技术博士后科研流动站，获得一级学科博士学位授予权。

研究成果被应用于多种型号导弹武器和卫星发射系统，取得了显著的军事经济效益。获国家和军队奖 27 项，其中，国家科学技术进步奖一等奖 2 项、二等奖 4 项，国家技术发明奖二等奖 1 项，军队科技进步奖一等奖 6 项，国家发明专利 26 项。此外，还获得何梁何利基金科学与技术进步奖，中国人民解放军专业技术重大贡献奖、科技创新群体奖。获得全国优秀教师、国家级"有突出贡献的中青年专家"荣誉称号。出席了全国劳动模范与先进工作者表彰大会，中央军委主席签发通令荣记一等功。

发表学术论文 260 余篇，其中被 SCI、EI 收录百余篇；出版教材著作 13 部；培养指导博士后、博士和硕士研究生百余名。

She Hui Ren Zhi
社会任职

担任过国家科技奖专家评审委员会委员，军队奖专家评审委员会副主任，中国系统仿真学会荣誉副理事长，原总装备部科技委（兼职）委员，陕西省学位委员会委员，国务院学位委员会学科评议组召集人，军队学位委员会委员，中国共产党第十四次代表大会代表，全国政协第十届、十一届委员会委员等。

宋湛谦 林业工程与林产化学加工专家 ▶▶▶

Yuan Shi Xiao Zhuan
院士小传

当选时间 1999 年当选中国工程院院士

学　部 农业学部

性　别 男

民　族 汉族

籍　贯 江苏　苏州

出生年月 1942 年 7 月 22 日

　　宋湛谦 林业工程与林产化学加工专家。中国林业科学研究院首席科学家，国家林草局林产化学工程重点实验室学术委员会主任，中国林业科学研究院林产化学工业研究所研究员、博士生导师。1964 年从中国科学技术大学毕业，进入中国林业科学研究院林产化学工业研究所工作；1978 年至 2006 年，担任松脂化学研究室副主任、主任；1983 年至 1985 年，在美国加利福尼亚大学伯克利分校林产品研究室做访问学者；1988 年起，任中国林科院学术委员会委员、副主任；1993 年被国务院学位委员会聘为博士生导师；1996 年在美国农业部林产品研究所做高级访问学者。1999 年当选中国工程院院士。

主要成就

长期从事林产化学加工研究和工程化开发工作，是我国松脂化学利用及其工程化开发的主要开拓者。率先进行了松脂化学深加工及系列化的研制和工程化开发，先后制成聚合松香和氢化松香等 30 多种产品。提出了松脂深加工与精细化工相结合的新思路，创制了 10 种精细化学品以代替石油原料。应用性成果转化率为 90%，产生了显著的社会效益和经济效益，并实现了技术出口。首次系统研究了松属松脂化学特性，从中国松脂分离、鉴定 Lambertianicacid 等组分，研究松香化学反应机理，为松树化学分类和松脂资源利用提供了重要依据。

主持完成了国家攻关、国家自然科学基金、"863 计划"项目及省部级科研项目 40 余项。获全国科学大会奖、国家科学技术进步奖 4 项，其中二等奖 3 项、三等奖 1 项；获省部级科技进步奖一、二等奖多项。

发表学术论文 400 多篇，出版专著 1 部、参编 2 部，获授权国内外发明专利 50 余件，培养出毕业出站博士后 11 名、博士研究生 39 名、硕士研究生 25 名。

社会任职

担任过全国政协第十一届委员会委员，中国共产党江苏省第十次、十一次代表大会代表，国务院学位委员会学科评议组成员，国家自然科学基金委员会林学组成员，国家林业局专家咨询委员会委员，原林业部林化专业指导委员会委员，全国表面活性剂协作组副理事长，生物基材料产业技术创新战略联盟顾问组成员，中国化工学会理事，中国林学会林产化学化工分会第八届理事长，林产化学化工学会常务理事，*Frontiers of Agricultural Science and Engineering* 编委等。

李德毅　指挥自动化和人工智能专家 ▶▶

当选时间 1999 年当选中国工程院院士
学　部 信息与电子工程学部
性　别 男
民　族 汉族
籍　贯 江苏镇江
出生年月 1944 年 11 月 28 日

Yuan Shi Xiao Zhuan
院士小传

　　李德毅　指挥自动化和人工智能专家。1967 年毕业于南京工学院（现东南大学），1983 年获英国爱丁堡海里奥特·瓦特大学博士学位。历任原总参第 61 研究所研究员、副所长等。1999 年当选中国工程院院士。

主要成就

在国际上最早提出"控制流－数据流"图对理论，描述时间与空间的关联性，给出了基本图元、图对、连接法则、触发机制、设计语言等一整套实现方法，用于复杂系统的结构优化。提出的图对理论在伦敦获得 1985 年 IEEE 主席授予的计算机和控制类年度期刊最佳学术论文奖。把关系数据模型映射成为谓词演算，证明了关系代数运算与逻辑推理中符号问题求解的对等性，用逻辑程序设计语言 PROLOG 进行开发，实现了一个关系数据库管理系统，并出版了专著 *A Prolog Database System*；进而又把这一成果扩展到模糊关系数据库领域，并出版了专著 *A Fuzzy Prolog Database*。这两部专著被世界许多大学图书馆收藏，并被广泛引用。

提出了不确定性知识的表示和推理理论，用自己创造的云模型表示概念的随机性、模糊性以及随机性和模糊性之间的关联性，用期望、熵和超熵作为数字特征实现概念的定性定量转换，给出了云模型构成的多条定性规则同时激活的推理策略和计算方法，成功实现了三级倒立摆的各类动平衡姿态的灵活切换。用云控制倒立摆的论文在 1999 年第 14 届世界自动控制联合会上获得杰出论文奖。这是世界自动控制联合会成立 42 年来中国学者首次获得此奖项。2002 年云发生器获得国家发明专利。2005 年出版专著《不确定性人工智能》，并于 2007 年由 CRC 出版英文版本 *Artificial Intelligence with Uncertainty*。

长期致力于指挥自动化系统工程和军队信息化工作，先后获得国家科技进步奖二等奖 2 项、三等奖 2 项，军队科技进步奖一等奖 3 项、二等奖 4 项，培养出博士、硕士研究生 40 余名。1990 年被人事部授予"有突出贡献的回国留学人员"称号，1991 年享受国务院政府特殊津贴，1992 年获国家级"有突出贡献的中青年专家"称号，2005 年获得军队专业技术重大贡献奖、何梁何利基金科学与技术进步奖。

发表论文 140 多篇，出版中文专著 3 本、英文专著 2 本，主编技术丛书 7 种。

社会任职

担任过全国政协第十届委员会委员，全军信息化工作办公室副主任，全军信息化专家咨询委员会副主任，中国电子学会和中国人工智能学会副理事长等。

曹湘洪　石油化工专家

当选时间　1999 年当选中国工程院院士

学　　部　化工、冶金与材料工程学部

性　　别　男

民　　族　汉族

籍　　贯　江苏江阴

出生年月　1945 年 6 月 28 日

院士小传

　　曹湘洪　石油化工专家。中国石化集团有限公司科技委资深委员。曾任中国石化股份公司董事及高级副总裁、中国石化集团公司总工程师及科技委主任等职。2009 年当选美国工程院外籍院士。1999 年当选中国工程院院士。

主要成就

长期从事石油化工企业技术开发与管理工作，组织实施过 30 多项石油化工装置的重大技术攻关和改造。参加了顺丁橡胶技术攻关，开发出顺丁聚合装置长周期运行和稳定产品质量的核心技术；负责、参加并完成了我国第一套溶聚丁苯橡胶装置的工业化；决策引进实验室技术，组织、参加并完成了我国第一套丁基橡胶的工业化；指导了稀土顺丁胶和稀土异戊胶的工业技术开发；推动了我国合成橡胶工业的发展。提出并决策采用未经工业验证的新技术，组织乙烯、裂解汽油加氢、异丙苯、乙二醇等石油化工装置的技术改造，形成了工业化新技术；提出、组织、参加并完成了低压聚乙烯装置工艺与关键设备、高压聚乙烯装置超高压反应器、合成树脂大型挤压造粒机组等的国产化技术攻关；开拓了我国石化工业技术创新与内涵发展相结合的模式及工艺技术与重大装备国产化之路。提出、组织并参加了减压渣油催化裂化、多产乙烯原料的蜡油中压加氢裂化等炼油新技术开发；主持并参与完成了我国国二至国六汽柴油标准的研究与制定。

为我国炼油与石油化工技术的进步做出了杰出贡献。获国家科学技术进步奖特等奖、一等奖、二等奖各 1 项及三等奖 2 项，省部级科技进步奖 10 项。

社会任职

担任全国石油产品和润滑剂标准化技术委员会主任，国务院安全生产委员会危化品安全专委会专家组组长等；曾任中国化工学会理事长，中国石油学会副理事长，中国石油大学（北京）化学科学与工程学院名誉院长等。

孙家广 软件及应用领域专家 >>>

当选时间	1999年当选中国工程院院士
学　部	信息与电子工程学部
性　别	男
民　族	汉族
籍　贯	江苏镇江
出生年月	1946年1月4日

　　孙家广 软件及应用领域专家。清华大学教授。1970年毕业于清华大学自控系。历任国家自然科学基金委副主任，清华信息科学与技术国家实验室（筹）主任，清华大学信息学院院长，清华大学学术委员会副主任，教育部软件工程专业教指委主任，国家企业信息化应用支撑软件工程技术研究中心主任，大数据系统软件国家工程实验室主任等。1999年当选中国工程院院士。

长期从事计算机图形学，计算机辅助设计，软件系统建模、分析与验证，以及软件工程与系统的教学、研究、开发等工作。负责研制了具有我国自主知识产权的二维CAD系统、三维产品造型核心平台、产品数据全生命周期管理系统及企业信息化集成系统（EIS）等大型软件，并在数百家大中型企业中得到应用，为推动我国制造业信息化、工业化与信息化深度融合，提升我国软件产业化能力做出了贡献。

在教育教学工作中，积极推进高校办学体制机制改革与教育教学模式创新，倡议成立了国家示范性软件学院，并在清华大学软件学院的教育教学中提出了"学中练、练中学、练中闯、练中创"的实践教学理念。

担任过国家自然科学基金委副主任，第十二届全国人民代表大会代表、教科文卫委员会委员，中国图学学会理事长等。

卢锡城　　计算机专家

院士小传

当选时间	1999 年当选中国工程院院士
学　　部	信息与电子工程学部
性　　别	男
民　　族	汉族
籍　　贯	江苏靖江
出生年月	1946 年 11 月 13 日

　　卢锡城　计算机专家。1970 年毕业于原中国人民解放军军事工程学院（时称"哈军工"）；1982 年至 1984 年，在美国麻省大学进修计算机专业。曾任国防科学技术大学副校长，原总装备部科技委副主任兼秘书长等职。1999 年当选中国工程院院士。

Zhu Yao Cheng Jiu
主要成就

　　长期从事高性能计算和分布处理领域的研究工作。20 世纪 70 年代，参加了远望一号测量船中心计算机研制，两次赴太平洋参加发射测量任务；1992 年负责研制成功银河－Ⅱ巨型机高速网络软件系统；1994 年负责研制成功"银河仿真Ⅱ计算机"系统软件，设计出集成化仿真软件环境，提出直接映象优化技术，解决了系统前端机和仿真主机间的强实时通信问题；1997 年主持研制成功"银河－Ⅲ并行巨型计算机系统"，组织攻克了可扩展大规模并行体系结构、高速互联网络、巨型机操作系统等关键技术；2000 年主持研制成功银河超级并行计算机系统，组织攻克了基于超节点的分布共享存储（CC-NUMA）体系结构、高可扩展拓扑互联结构、层次式并行编程环境等关键技术；2004 年主持研制成功国家"863 计划"重点攻关项目"高性能核心路由器"。此外，担任 2 项国家"973 计划"项目首席科学家，均评估为优秀。

　　获国家科学技术进步奖一等奖 4 项，2 项为第一完成人；国家科学技术进步奖二等奖 2 项，1 项为第一完成人。1996 年获光华科技基金一等奖，1999 年获军队重大专业技术贡献奖，2000 年获何梁何利基金科学与技术进步奖，2005 年获湖南省首届科学技术杰出贡献奖等。荣立一等功 1 次，三等功 3 次。

社会任职

　　担任过全国政协第十届、十一届委员会委员，原中国人民解放军总装备部科学技术委员会副主任，中国计算机学会副理事长等。

沈国荣　电力系统自动化专家

院士小传

当选时间	1999 年当选中国工程院院士
学　　部	能源与矿业工程学部
性　　别	男
民　　族	汉族
籍　　贯	江苏武进
出生年月	1949 年 7 月 17 日

沈国荣　电力系统自动化专家。南京南瑞继保电气有限公司董事长，国网电力科学研究院名誉院长、教授级高级工程师。1978年本科毕业于华北电力学院（现华北电力大学）；1982年于电力工业部电力科学研究院获电力系统及其自动化专业工学硕士学位。1999年当选中国工程院院士。

主要成就

长期从事电力系统自动化研究，在电力系统继电保护、大电网安全稳定控制、特高压交直流输电和柔性交直流输电等多个领域取得了杰出成就。自 20 世纪 80 年代起，先后原创性地提出了"工频变化量继电保护原理""振荡闭锁开放原理"和"循序阻抗判别原理"，解决了继电保护安全可靠和快速动作难以兼顾，以及电网失步和系统振荡难以区分的历史性难题；提出并组织构建了以"三道防线"为基础的电网安全稳定架构，为保证电网暂态稳定、防止大面积电网崩溃起到关键作用；带领团队开发的系列化电力控制保护，以及特高压直流输电、柔性直流输电、统一潮流控制系统（UPFC）等高端智能电力装备得到了广泛应用；建立了电力保护控制及智能电力装备领域世界知名的科研和产业化基地，以技术创新带动产业发展，以产业化促进科技发展，真正实现了科研和产业化的高度融合，奠定了我国电力保护控制的国际领先地位，为推动重大电力装备国产化、国家电力科技进步做出了实质性的卓越贡献。

获国家发明二等奖 2 项，国家科学技术进步奖一等奖 1 项、二等奖 1 项。还曾获王丹萍科学奖、首届中国青年科学奖、国家级"有突出贡献的中青年专家"称号、全国优秀科技工作者、江苏省劳动模范、江苏省科研院所创新创业优秀代表及中国能源装备终身成就人物等多项荣誉。

发表论文 30 余篇；获得授权专利 30 多项，2 项专利获国家优秀专利奖。

社会任职

担任过全国政协第十届委员会委员，中国电机工程学会理事会理事，中国电机工程学会继电保护专委会副主任委员、主任委员、名誉主任委员，中国电工技术学会常务理事，电力行业继电保护标准化技术委员会主任委员、名誉主任委员，全国量度继电器和保护设备标准化技术委员会静态继电保护装置分技术委员会主任委员，国家电力监管委员会电力系统安全专家委员会二次组组长，国家电网科学技术委员会委员，江苏省电机工程学会常务理事，东南大学、武汉水利电力大学（现武汉大学）、华北电力大学等 6 所高校兼职教授。

姚 穆 纺织材料专家

院士小传

当选时间	2001 年当选中国工程院院士
学 部	环境与轻纺工程学部
性 别	男
民 族	汉族
籍 贯	江苏南通
出生年月	1930 年 5 月 13 日

姚穆 纺织材料专家。西安工程大学(原西北纺织工学院)名誉校长、教授、博士生导师。1952 年毕业于西北工学院(现西北工业大学)。2001 年当选中国工程院院士。

主要成就

长期从事纺织材料领域的科研和教学工作。曾提出基于中国人体皮肤感觉神经系统特点，综合反映皮肤生理学、心理学、物理学、工程学的着装舒适性模型和透过织物的能量流与物质流的接触界面阻抗理论，开拓了人体着装舒适性研究新领域，为特种功能服装的研制奠定了理论基础。开展了纯化纤仿真技术理论研究和工程技术攻关，参与设计并研制出新型化纤多异多重复合变形长丝——军港纶及其加工技术。主持和指导了中长绒陆地棉品种筛选及其加工技术研究，有利于巩固我国棉纺产品在国际市场上的地位。

先后研制出纺织仪器 16 种，主持起草了多项国家标准和军用标准。获国家科学技术进步奖一等奖、三等奖各 1 项，省部级奖多项。

主编、参编及翻译出版著作 18 部；主编了《纺织材料学》高校教科书，3 版共 25 次印刷，发行 20 余万册；发表学术论文百余篇；为国家培养出博士 18 名、硕士 43 名及大批科技骨干。

社会任职

担任过国务院第二届学位委员会学科评议组成员，原解放军总后勤部军需装备研究所特邀顾问，陕西省科学技术协会副主席，天津工业大学纺织学院纺织科学与工程专业兼职博士生导师，中国纺织工程学会常务理事，中国标准化协会纤维分会副会长，中国畜产品流通协会及绒毛专业委员会荣誉委员，第二届全国家用纺织品标准化技术委员会（SAC/TC302）顾问，英国纺织学会（FTI）成员等。

当选时间　2001 年当选中国工程院院士
学　　部　土木、水利与建筑工程学部
性　　别　男
民　　族　汉族
籍　　贯　江苏常州
出生年月　1932 年 11 月 21 日

李猷嘉　　燃气供应专家

院士小传

　　李猷嘉　燃气供应专家。1956 年哈尔滨工业大学研究生毕业。历任中国市政工程华北设计研究院副总工，顾问总工等。2001 年当选中国工程院院士。

主要成就

从事城市燃气工作 50 余年。在哈尔滨工业大学任教期间，筹建了我国第一个燃气工程专业，以及承担了最早的实验室建设工作。调入中国市政工程华北设计研究院后，完成获奖的研究课题数项；作为总工完成了筹建"国家燃气用具质量监督检测中心"，这是我国燃气行业唯一的国家级检测中心；负责完成了国内外合作项目 10 余项；前后完成百余项工程项目的可行性研究和初步设计审核工作，并发表论文著作数十篇，积极从事大型燃气工程项目的评审和国际学术交流活动。

社会任职

担任过国际燃气联盟（IGU）理事，中国城市燃气协会副理事长，中国土木工程学会城市燃气分科学会理事长，原建设部城市建设防灾、减灾专家委员会委员，原建设部科技委顾问，中国建筑工业出版社顾问，中国房地产及住宅设施委员会专家委员会副主任委员，沈阳沿海经济发展顾问，沈阳市人民政府咨询顾问等。

秦裕琨　热能工程、燃烧学专家 >>

Yuan Shi Xiao Zhuan
院士小传

当选时间	2001 年当选中国工程院院士
学　　部	能源与矿业工程学部
性　　别	男
民　　族	汉族
籍　　贯	江苏扬州
出生年月	1933 年 5 月 30 日

　　秦裕琨　热能工程、燃烧学专家。哈尔滨工业大学教授。1956 年毕业于哈尔滨工业大学，获研究生学位。历任哈尔滨工业大学副校长、燃烧工程研究所所长、博士生导师等。2001 年当选中国工程院院士。

主要成就 *Zhu Yao Cheng Jiu*

发明了用于火力发电厂的风控浓淡煤粉燃烧技术。提出了使煤粉相对集中在火焰中部，而炉壁四周则空气相对过剩的思想。研制出高效、低阻的煤粉浓缩器，强化了浓淡燃烧的作用。将风包粉和浓淡燃烧的思想相结合，达到高效、稳燃、低污染、防结渣和防高温腐蚀的综合效果，覆盖了电站锅炉的主要燃烧方式和煤种，除用于改造已有设备外，我国各大锅炉厂均已采用设计的新产品。现继续在哈尔滨工业大学燃烧工程研究所工作，并担任燃煤污染物减排国家工程实验室技术委员会主任，从事煤的高效清洁利用和燃煤污染物减排方面的研究工作。

获得 2000 年国家技术发明奖二等奖、黑龙江省科技进步奖一等奖。在"六五"期间，解决了 130t/h 矸石流化床锅炉存在的严重问题，获国家科学技术进步奖三等奖，原航天工业部科技进步奖一等奖。

出版著作 6 本，发表论文百余篇。

社会任职 *She Hui Ren Zhi*

担任过中国动力工程学会常务理事，山东大学兼职特聘教授，上海交通大学兼职教授等。

盖钧镒　作物遗传育种专家

院士小传 Yuan Shi Xiao Zhuan

当选时间	2001 年当选中国工程院院士
学　　部	农业学部
性　　别	男
民　　族	汉族
籍　　贯	江苏无锡
出生年月	1936 年 6 月 5 日

　　盖钧镒　作物遗传育种专家。南京农业大学作物遗传育种学教授、博士生导师，国家大豆改良中心荣誉主任。1957 年南京农学院（现南京农业大学）农学专业毕业后，留校任助教；1968 年南京农学院作物遗传育种硕士研究生毕业；1980 年至 1982 年，在美国艾奥瓦州立大学进修；1988 年至 1989 年，在美国北卡罗林纳州立大学进修；历任南京农业大学研究院副院长、副校长，南京农业大学校长。2001 年当选中国工程院院士。

主要成就

长期从事作物遗传育种、生物统计与数量遗传学教学科研工作，主持开展了若干重要学术研究并取得突破与推广。搜集、研究以中国南方大豆地方品种为主的资源 1.2 万份，揭示了该群体主要经济性状的遗传潜势，创造出一批优异种质。将种质研究推广到基因组学领域，建立了中国大豆育成品种系谱图。提出了中国大豆品种熟期组划分方法和品种生态区划。针对大豆黄河中下游起源假设，提出了支持栽培大豆起源于南方野生群体的分子遗传学论据。主持国家大豆育种攻关，主持或参加育成南农 73-935、南农 88-31 等 50 多个大豆新品种。建立了种质资源群体基因体系的关联分析和设计育种方法。

曾获国家教学成果奖一等奖、国家科学技术进步奖二等奖、中华农业英才奖、新中国成立 60 周年"三农"模范人物和世界大豆研究终身成就奖等奖项荣誉。

先后组织编写和修订了《试验统计方法》《作物育种学各论》等本科生教材和《植物数量性状遗传体系》研究生教材，入选"九五""十五""十一五"国家级重点教材、面向 21 世纪课程教材、教育部精品教材和全国高等农业院校优秀教材；2021 年荣获"全国教材建设先进个人"称号。

截至 2021 年，发表论著 600 余篇（册）；培养、合作培养了 150 名以上博士后和博士、硕士研究生，为国家输送了一批优秀人才。

社会任职

担任过第八届全国人民代表大会代表，世界大豆研究会（WSRC，第五届）延续委员会委员，国务院学位委员会学科评议组第三届、四届成员、召集人，中国作物学会第五届和六届副理事长、常务委员、大豆专业委员会第七届理事长，江苏省遗传学会第四届、五届理事长，江苏省科学技术协会第五届、六届常务委员等。

孙九林 **资源学家、地球与农业信息科学技术工程专家** >>

当选时间	2001 年当选中国工程院院士
学　　部	农业学部
性　　别	男
民　　族	汉族
籍　　贯	江苏盐城
出生年月	1937 年 8 月 10 日

院士小传

孙九林 资源学家、地球与农业信息科学技术工程专家。1937 年 8 月出生于上海；1959 年从江苏省盐城中学考入西安交通大学电机工程系；1964 年分配至中国科学院综合考察委员会（现中国科学院地理科学与资源研究所）从事能源动力研究工作；曾任国家减灾委专家委员会委员、国家科技报告制度建设咨询专家组副组长等。1993 年获国家级"有突出贡献的中青年专家"称号；2013 年获中国自然资源学会颁发的中国自然资源科学成就奖；2016 年获中央国家机关"优秀共产党员"及中国科学院"优秀共产党员"称号；2018 年获中国地理学会颁发的中国地理科学成就奖；2019 年获中共中央、国务院、中央军委颁发的庆祝中华人民共和国成立 70 周年纪念章；2019 年获中国测绘学会颁发的测绘地理信息杰出成就奖；2020 年获中国地理学会名誉会士；2020 年被全国高校人工智能与大数据创新联盟评为十位"2020 赋能中国大数据科技产业发展的院士"之一。2001 年当选中国工程院院士。

长期站在开拓者的位置，从事能源经济、信息科学与资源及农业科学交叉领域的研究和实践，是著名的"国土资源及农业信息"工程研究与应用的学科带头人，取得多项开拓性的理论与应用成果，为创立"国土资源及农业信息"工程科学、国家经济建设及国家科学数据共享做出了突出的贡献。是我国资源环境信息科学与技术、农业信息科学、旅游信息科学的开拓者和奠基人，以及国家科学数据共享的开拓者和奠基人之一。

长期从事信息科学在地理资源生态及农业领域的应用研究。20世纪80年代，主持国土资源信息系统研究，建成首个国家西南地区国土资源数据库和洛阳地区信息系统，进而提出建设"全国国土资源信息系统总体方案"，成为当时国家提出要建设的24个经济信息系统之一。20世纪90年代初，率先建成国内第一个突破多项关键技术的多品种大面积遥感估产实用系统，为全国遥感估产系统的建立做出了开拓性贡献。90年代中期，主持完成了"面向应用"的中国农业资源信息系统，编著了《信息化农业总论》，是我国最早全面系统阐述信息化农业相关内容的专著，为我国农业信息化做出了重大贡献。21世纪，进入国家科学数据开放共享研究，主持完成国家科学数据共享工程规划，率先建成我国首个"国家地球系统科学数据共享服务平台"，形成多项国家标准，自主研发的软件平台填补了国内外空白，为我国科学数据开放共享做出了突出贡献。近年来的最新研究成果将数据共享模式推向知识共享模式的新高度，该成果荣获2022年地理信息科技进步奖特等奖。在国际合作方面，2014年首次提出科技支撑"一带一路"建设的理念并倡导成立了"一带一路"国际科学家联盟，开创了新时期国际综合科学考察的新模式。

22项重大成果获21项国家级、省部级奖励，其中获国家科学技术进步奖二等奖5项。截至2022年，出版专著22部；发表论文100余篇；培养硕士、博士及博士后100多名。

担任自然资源部国土空间大数据工程技术创新中心技术委员会主任，地质调查局地质信息技术创新中心专家委员会主任，国家农业信息化标准化委员会副主任，国家减灾委专家委员会名誉顾问，"一带一路"国际科学家联盟主席，中国新一代人工智能战略研究院学术委员会委员，中国科学院科学数据中心学术委员会主任，中国科学院大学大数据研发中心首席科学家，中国科学院地理科学与资源研究所科技条件平台技术委员会主任、研究员、博导，西安交通大学人居环境与建筑工程学院院长、教授、博导，河南大学地理科学与资源学院名誉院长兼教授博导，南京师范大学等国内9所高校兼职教授、博导，《农业大数据学报》主编等。

宫先仪　水声工程专家

当选时间 2001 年当选中国工程院院士
学　部 信息与电子工程学部
性　别 男
民　族 汉族
籍　贯 江苏南京
出生年月 1938 年 2 月 11 日

Yuan Shi Xiao Zhuan
院士小传

　　宫先仪　水声工程专家。中国船舶重工集团第 715 研究所研究员，浙江大学教授、博士生导师。1962 年毕业于原中国人民解放军军事工程学院（时称"哈军工"）。曾任中国船舶工业总公司第七研究院第 715 研究所研究员、总工程师，海洋声学国家重点实验室主任等。2001 年当选中国工程院院士。

主要成就 Zhu Yao Cheng Jiu

作为总设计师主持完成了第一代核潜艇某型噪声测向声呐的研制，该声呐是中国第一代自行设计、研制的大型潜艇声呐，它的研制成功填补了国内空白。主持完成了某两型综合声呐的研制，该两型声呐达到发达国家现代声呐装备的先进水平，成为海军第二代常规动力潜艇和核潜艇主要声呐装备，具有重大军用价值和经济效益，对中国声呐技术的发展产生了较深远影响。主持完成了某型常规动力潜艇声呐系统研制，该系统是中国第一个实现集中显示和综合控制的声呐系统。主持了新一代核潜艇某型舷侧阵声呐研制。主持或参与主持了被动定位、目标识别、匹配场处理、南海重点海域水声综合考察、潜艇综合声呐系统技术、海洋声信息处理新原理和新方法等多项国防重点和国家安全重大基础研究课题，并有效地将研究成果应用于工程研制中。

1998年获浙江省"劳动模范"称号和全国五一劳动奖章，2000年获"全国先进工作者"称号等荣誉。

多年来，除撰写了大量工程研制方案论证、技术设计等报告外，在国内学术刊物或国内外学术会议上发表或指导研究生发表论文50余篇。培养30余名硕士研究生或博士研究生。

社会任职 She Hui Ren Zhi

担任杭州应用声学研究所声呐技术国防科技重点实验室主任等。

张耀明　无机非金属材料专家

院士小传

当选时间	2001 年当选中国工程院院士
学　　部	化工、冶金与材料工程学部
性　　别	男
民　　族	汉族
籍　　贯	江苏无锡
出生年月	1943 年 12 月 9 日

　　张耀明　无机非金属材料专家。东南大学能源与环境学院教授、博士生导师，东南大学太阳能技术研究中心主任，南京中材天成新能源有限公司董事长。1965 年上海同济大学毕业，被分配到南京玻璃纤维研究设计院，担任副主任；1984 年起，任南京玻璃纤维研究设计院第三研究所代所长，之后担任所长；1993 年起，先后任南京玻璃纤维研究设计院副院长、院长（任期至 2001 年）；2002 年起，任南京市科学技术协会主席（任期至 2012 年）；2007 年被聘为东南大学能源与环境学院全职教授。2001 年当选中国工程院院士。

主要成就

我国太阳能发电的奠基人。2005 年在南京市江宁区建成全国首座"70kW 塔式太阳能热发电站"，开启了我国太阳能热发电的事业；带领团队开发出全国首支"槽式太阳能热发电高温真空集热管"，在太阳能聚光光伏方面起到了引领作用，为我国光伏事业的发展做出了重大贡献。

早期从事非通信光纤和特种玻纤领域的研究，后拓展到太阳能采光、太阳热发电、太阳能跟踪聚光光伏发电技术、光伏光热综合利用技术领域。首创了 20 孔双坩埚拉丝工艺技术和特大双机头拉丝机、多排多孔共挤塑料光纤工艺等。研究的多组分玻璃光纤、塑料光纤、传像束等非通信光纤制造技术均达世界先进水平，部分技术处于国际领先地位，推动了我国非通信光纤领域的发展，形成了我国 10 多亿元的非通信光纤的产业规模。首创了代铂炉拉制高强度玻璃纤维及丝根针管风冷技术，主抓了国防四大重点工程"31 工程"防热材料用立体织物和"10 号工程"天线罩用玻璃纤维仿形织物的配套研制工作，为我国玻纤事业和国防军工做出了重要贡献。

先后主持和承担了国家、省部级重大科技攻关项目 20 多项。获得国家科技奖 6 项，其中，国家科技发明奖二等奖 1 项，国家科学技术进步奖二等奖 3 项、三等奖 1 项；获省部级科技进步奖二等奖 5 项、光华奖 1 项、杜邦奖 1 项；荣获原人事部、国家建材局授予的建材系统"劳动模范"等 10 多项荣誉称号；1995 年获王丹萍科学奖金。

发表著作和论文 30 余篇。申请专利 100 多项，其中发明专利 50 余项，获授权专利 50 多项；围绕太阳能的利用先后申请国家专利 60 余项，已获授权 30 余项。

社会任职

担任中国玻璃工业协会会长，中国硅酸盐学会副理事长、玻纤分会理事长，江苏省硅酸盐学会理事长，南京春辉科技实业有限公司董事长，南京市科学技术协会主席等。

马伟明 — 动力领域专家

当选时间 2001 年当选中国工程院院士

学　　部 机械与运载工程学部

性　　别 男

民　　族 汉族

籍　　贯 江苏扬中

出生年月 1960 年 4 月 6 日

院士小传

　　马伟明 动力领域专家。中国人民解放军海军工程大学舰船综合电力技术国防科技重点实验室主任，教授、博士生导师，专业技术少将，专业技术一级。1996 年博士毕业于清华大学电机专业。曾当选第十八届、十九届中央委员会候补委员，第九届、十一届、十二届、十三届全国人民代表大会代表，中国科学技术协会全国委员会第八届常委、九届副主席，国务院学位委员会第五届电气工程学科评议组成员、第六届和七届学科评议组召集人等。2001 年当选中国工程院院士。

长期致力于电气领域研究。瞄准国际科技发展前沿和武器装备发展需求，带领科研创新团队在"舰船能源与动力""电磁发射技术"和"新能源接入技术"等领域开展了一系列应用基础理论研究、关键技术攻关和重大装备研制。取得了一批具有革命性意义的原创性成果，引领了舰船综合电力和电磁发射两大颠覆性技术的发展，推进了军民通用新能源技术领域的进步，为国防装备现代化建设和高层次人才培养做出了突出贡献。

领衔团队获国家科学技术进步奖创新团队奖 1 项，国家科学技术进步奖一等奖 3 项、二等奖 2 项，国家技术发明奖三等奖 2 项，军队科技进步奖一等奖 17 项、二等奖 9 项。团队获首届全国创新争先奖，被海军授予"创新强军马伟明模范团队"荣誉称号，荣立集体一等功 2 次。曾获首届"十佳全国优秀科技工作者"称号、何梁何利基金科学与技术成就奖等荣誉。作为心系强军、锐意创新的科研先锋，2017 年获军队最高荣誉——"八一勋章"。

担任第五届国务院学科评议组成员，国家自然科学基金委员会学科评审组成员，中国造船学会理事，武汉市科学技术协会副主席，武汉造船学会副理事长等。

茆 智　农田水利专家

院士小传

当选时间　2003 年当选中国工程院院士
学　　部　土木、水利与建筑工程学部
性　　别　男
民　　族　汉族
籍　　贯　江苏南京
出生年月　1932 年 9 月 20 日

　　茆智　农田水利专家。武汉大学水利水电学院教授、博士生导师，水利部科学技术委员会顾问，国家节水灌溉工程技术中心（北京）工程技术委员会主任。1953 年毕业于华东水利学院（现河海大学）；1953 年至 1955 年，全脱产在天津大学随苏联专家进修农田水利。2003 年当选中国工程院院士。

长期从事农田水利的教学、科研与生产工作，专长于节水灌溉、农田水资源高效利用与农业面源水污染防治。20 世纪 80 年代以来，主持了 10 余项国际与国家农业节水重大研究项目。提出了被联合国粮农业组织（FAO）确认为理论较完备、实施简易的作物需水量与灌溉实时预报方法，各类气候、土壤、品种条件下的水稻节水灌溉模式，作物受旱再复水后"生长反弹"理论，水稻节水、高产、提高肥效、减低水污染的灌溉与施肥综合调控技术，以及建立与运用该技术、生态排水沟、小型湿地联合系统以大幅度削减灌区农业面源水污染的理论与技术。

作为第一获奖人，获 1996 年国家科学技术进步奖二等奖、2002 年教育部科技进步奖一等奖各 1 项；1995 年至 2002 年，获省部级科技进步奖二等奖 3 项；2000 年作为全球唯一获奖人获国际灌溉排水委员会（ICID）授予的国际农业节水技术杰出成就奖。作为主要获奖人，获 2016 年国家科学技术进步奖一等奖、2017 年教育部科技进步奖二等奖各 1 项。

担任过中国农业现代化研究委员会委员，国家节水灌溉北京工程技术研究中心技术委员会主任，水利部科学技术委员会委员，中国水利学会名誉理事，中国农业节水和农村供水技术协会副会长，河海大学兼职教授，《中国农村水利水电》主编等。

陆佑楣   水利水电工程专家 >>

Yuan Shi Xiao Zhuan
院士小传

当选时间	2003 年当选中国工程院院士
学　　部	工程管理学部
性　　别	男
民　　族	汉族
籍　　贯	江苏太仓
出生年月	1934 年 1 月 7 日

　　陆佑楣　水利水电工程专家。清华大学、河海大学教授。1934 年 1 月出生于上海；1956 年毕业于华东水利学院（现河海大学）河川结构与水力发电专业。曾任原水电部副部长、原能源部副部长、国务院三峡工程建设委员会副主任委员、中国长江三峡工程开发总公司总经理、中国大坝委员会主席等。2003 年当选中国工程院院士。

主要成就

长期从事水利水电工程建设的技术和管理工作。先后参与、组织了刘家峡、盐锅峡、石泉、安康、龙羊峡等水电工程的建设。1984 年至 1988 年，在水电部、能源部工作期间，推进了水电建设体制改革，参加了三峡工程的论证并担任论证领导小组副组长。

1993 年至 2003 年，主持了长江三峡工程建设，研究和决策了一系列重大工程技术和管理问题，如工程施工的总体布局、交通运输方案、导流围堰工程、大坝快速施工以及大型水轮发电机组选型采购等；实行分项目招标、分项目管理，建立了完整的质量控制、投资控制体系及多元化筹资方案；提出了"双零"建设管理目标，实现了工程与环境同步建设。

主要论著有《长江三峡工程（技术篇）》《三峡大坝混凝土施工》《长江三峡工程建设管理的实践》《长江三峡工程的哲学分析》《将核电站反应堆置于地下的设想》和 *The Environmental Impact of the Three Gorges Project and Countermeasures* 等。

社会任职

担任中国水力发电工程学会名誉理事长，中国大坝委员会主席，河海大学、清华大学水利水电工程系兼职教授等。

龚知本 　大气光学专家

院士小传 *Yuan Shi Xiao Zhuan*

当选时间	2003 年当选中国工程院院士
学　　部	信息与电子工程学部
性　　别	男
民　　族	汉族
籍　　贯	江苏太仓
出生年月	1935 年 11 月 28 日

龚知本 　大气光学专家。中国科学院安徽光学精密机械研究所研究员，国家"863计划"大气光学重点实验室主任。1960 年毕业于北京大学地球物理系。曾任中国科学院安徽光学精密机械研究所所长等。2003 年当选中国工程院院士。

40多年来，一直从事大气光学及其工程应用研究。在激光大气传输及其相位校正、高分辨率大气吸收光谱、大气气溶胶光学特性、大气光学参数探测及其设备研制等研究领域做了大量开拓性的工作。主持建成了激光大气传输及其相位校正实验系统，对激光大气传输湍流效应及其校正进行了系统的研究，获得了相位校正效率与湍流强度关系的定量实验结果等原创性成果；负责建成的我国最大的公里级控温高分辨率、高灵敏度大气分子吸收光谱实验系统达到了国际先进水平，并获得了大量的高分辨率大气分子吸收光谱定量实验数据；主持研制并完成了我国最大的平流层气溶胶探测激光雷达、第一台可移动双波长米散射激光雷达、紫外差分吸收激光雷达和车载测污激光雷达等一大批大气光学参数测量设备；系统地开展了大气光学参数测量研究，为我国大气光学学科及其工程应用的发展做出了杰出贡献。

先后获得国家科学技术进步奖二等奖3项，中国科学院等部委级科技进步奖一等奖4项、二等奖2项，国家"863计划"重要贡献奖，光华科技基金二等奖，以及国家级"有突出贡献的中青年专家"和"全国优秀科技工作者"称号等荣誉。

担任国家"863计划"大气光学重点实验室主任等。

张祖勋　摄影测量与遥感专家

院士小传

当选时间	2003 年当选中国工程院院士
学　　部	土木、水利与建筑工程学部
性　　别	男
民　　族	汉族
籍　　贯	江苏无锡
出生年月	1937 年 6 月 5 日

　　张祖勋　摄影测量与遥感专家。武汉大学遥感信息工程学院教授。1968 年 7 月研究生毕业于武汉测绘学院。曾任武汉测绘科技大学（原武汉测绘学院，后合并组建为新的"武汉大学"）副校长、测绘遥感信息工程国家重点实验室主任等。2003 年当选中国工程院院士。

主要成就

在数字摄影测量方面有很深的造诣，在理论研究和开发中取得了国际一流的研究成果。曾获国家自然科学奖二等奖、国家科学技术进步奖二等奖。实现了由研究成果向生产力转化，推出了"数字摄影测量工作站 VirtuoZo"，使我国摄影测量生产实现了跨越式发展，受到国内外同行专家的高度评价。

学风正派、治学严谨、一丝不苟，理论基础扎实，勤于探索与创新。提出了数字摄影测量的两个基本关系，即解析关系与对应关系；多基线影像测绘、广义点摄影测量等理论；提出并实现了新影像匹配算法。这些理论与算法解决了一些利用传统摄影测量方法难以解决的问题，必将推动数字摄影测量发展到一个更高的平台。

撰写论文、著作 100 余篇，被 SCI、EI 等检索的有 20 余篇；培养研究生 50 余名，在读博士生 10 余名。

社会任职

担任过中国测绘学会理事，湖北省测绘学会副理事长，湖北省科学技术委员会常委，中南大学名誉教授等。

赵连城　　光电信息科学与工程专家 ≫

当选时间　2003 年当选中国工程院院士

学　　部　化工、冶金与材料工程学部

性　　别　男

民　　族　汉族

籍　　贯　江苏阜宁

出生年月　1938 年 2 月 18 日

Yuan Shi Xiao Zhuan
院士小传

　　赵连城　光电信息科学与工程专家。哈尔滨工业大学博士生导师，"光电信息科学与工程"博士点学科和本科专业的创始人，光电信息与量子器件实验室的奠基者。毕业于上海交通大学原子物理与核材料专业。2003 年当选中国工程院院士。

主要成就

长期从事半导体异质结、量子阱和超晶格、共格量子点岛、双波段激发和多波段调谐等光电薄膜材料和器件及各种红外彩色成像监控系统研究。此外，还研究发光材料、光电转换材料、光导纤维和器件、信息存储材料、绿色荧光蛋白和分子荧光探针，以及能带结构分析和断带隙超晶格的工程技术应用等，包括远程通信全光网络工程的宽带光纤和器件，腔道癌症 3D 内窥观察和光量子治疗光纤系统，夜视彩色红外相机和红外监控摄像机系统，战场目标探测、识别和监控红外成像系统，人造和天然石墨烯制取与高灵敏传感器及快速充电长寿命电池、人造金刚石、非制冷红外彩色成像监控系统等。

承担光电信息科学与工程方面的研究任务多项。1994 年获国务院颁发的有特殊贡献专家政府津贴，2001 年获国家科学技术进步奖二等奖 1 项，先后获省部级科技进步奖 7 项。2005 年曾任国际马氏体相变会议三主席之一兼秘书长。

出版《信息功能材料学》等专著 6 本；发表论文 400 余篇，被国外他引 250 余篇次，部分研究成果被收入国际权威著作；培养博士研究生 50 名、硕士研究生 42 名，接收博士后 8 人。

社会任职

担任国际马氏体相变顾问委员会委员，国际形状记忆与超弹性技术顾问委员会委员，国家自然科学委员会金属学科评审组组长，原总装备部科技委员会兼职委员，中国材料研究学会理事，中国金属学会材料科学学会常务理事，太原理工大学双聘院士等。

黄瑞松 飞航技术专家

当选时间 2003 年当选中国工程院院士
学　　部 机械与运载工程学部
性　　别 男
民　　族 汉族
籍　　贯 江苏宜兴
出生年月 1938 年 7 月 18 日

院士小传

黄瑞松　飞航技术专家。中国航天科工集团公司科技委、中国航天科工飞航技术研究院科技委顾问，型号系列技术顾问，国家重大科技工程专家委员会成员，中国宇航学会无人飞行器学会高级顾问。1963 年 3 月毕业于原中国人民解放军军事工程学院（时称"哈军工"）。曾任中国航天三院预先研究总研究师、技术副院长，多个型号的副总设计师、总设计师、总指挥，院科技委主任，集团公司科技委副主任。2003 年当选中国工程院院士。

主要成就

长期从事飞航装备的设计、试验和制造的研究工作，在制导、控制、仿真、总体设计等方面有重大成就，为我国飞航技术发展和国防现代化建设做出了突出贡献。

曾5次获得国家科学技术进步奖，其中一等奖3次。1990年被授予国家级"有突出贡献的中青年专家"称号；自1991年起，享受国务院政府特殊津贴；2006年获何梁何利基金科学与技术进步奖；2006年10月，获中国航天事业50周年杰出贡献奖；2007年获党中央、国务院和中央军委颁发的高技术武器装备发展建设工程重大贡献奖。还曾获原航空航天部劳动模范、原国防科工委一等功和航天奖等众多荣誉。

截至2022年，发表了数十篇学术论文，出版了《飞航导弹工程》等多部论著。

社会任职

担任中国宇航学会理事，中国自动化学会常务理事，中国造船工程学会水面兵器学术委员会副主任委员，中国系统仿真学会理事等。

导弹动力技术和航天工程管理专家

王礼恒

当选时间	2003 年当选中国工程院院士
学　部	工程管理学部
性　别	男
民　族	汉族
籍　贯	江苏镇江
出生年月	1938 年 12 月 26 日

院士小传

王礼恒　导弹动力技术和航天工程管理专家。中国航天科技集团公司高级技术顾问，国际宇航科学院院士，欧亚科学院院士，原中国工程院工程管理学部主任。1962 年毕业于上海交通大学。曾任原航空航天部总工程师、副部长，中国航天科技集团公司总经理、科技委主任等。2003 年当选中国工程院院士。

主要成就

长期从事导弹动力研究和航天工程管理。主持我国第一个海防导弹固体发动机的研制，成功用于反舰导弹，取得重大技术跨越。任原航空航天部"五星工作组"组长期间，保障了五型新型卫星发射全部成功。任我国载人航天工程副总指挥期间，领导和组织了试验飞船、运载火箭的研制与试验，完成了神舟一号、二号的发射和回收。同时还曾任集团公司新型武器装备研制第一责任人，实现了国防重点武器装备首飞及试验连续成功，完成了新型号立项及重要阶段研制任务。

领导和组织完成了多项国家重大航天工程的立项与实施，积极推进了航天工程管理创新，为我国航天事业的持续发展以及建设航天强国做出了重大贡献。

获国家科学技术进步奖特等奖 2 项等荣誉。

社会任职

担任全国政协第九届、十届委员会委员，国家有关咨询专家委员会委员、主任等。

夏咸柱 　　动物病毒学家

院士小传

当选时间 2003 年当选中国工程院院士

学　　部 农业学部

性　　别 男

民　　族 汉族

籍　　贯 江苏建湖

出生年月 1939 年 1 月 10 日

　　夏咸柱　动物病毒学家。军事医学科学院生物工程研究所研究员、博士生导师，军事医学科学院专家组成员，技术一级，文职特一级。1965 年毕业于南京农学院（现南京农业大学），同年参军入伍。历任中国工程院农业学部副主任等。2003 年当选中国工程院院士。

长期从事军用动物、野生动物重要疫病与人畜共患病的防治研究。先后承担50余项国家、军队和省部级科研课题。分离获得了严重危害野生动物、经济动物和军警犬的犬瘟热病毒、轮状病毒、细小病毒、冠状病毒、传染性肝炎病毒等10余种动物病毒，首次从病原水平上证明了这些疫病在我国的存在。在世界上首次发现并证实了犬瘟热病毒、细小病毒和冠状病毒对大熊猫的致死性感染；高致病性禽流感病毒对大型猫科动物虎与犬科动物犬和狐狸的感染；犬瘟热病毒和细小病毒对猴的致死性感染。系统开展了军用动物重要疫病的防治研究，成功地研制出"犬五联弱毒疫苗"等系列犬及经济动物、濒危野生动物病毒病预防用生物制剂。利用新技术手段进行狂犬病、禽流感、埃博拉等重要人兽共患病的诊断及防治研究。

先后获国家科学技术进步奖二等奖3项、三等奖1项，军队（省部级）科技进步奖一等奖2项、二等奖8项。3次荣立三等功，获全军专业技术重大贡献奖、新中国60年畜牧兽医科技贡献奖（杰出人物）和公共卫生与预防医学发展贡献奖等奖励，以及全军"优秀教师"、国家级"有突出贡献的中青年专家"、原总后勤部"优秀共产党员"、原总后勤部"一代名师"、原总后勤部"抗震救灾先进个人"等荣誉称号。

发表研究论文400余篇；主编并出版了《养犬大全》《野生动物疫病学》等编著9部；申报专利27项，其中10项已获授权。

担任国家技术发明奖、科学技术进步奖评审委员会委员，军事医学科学院专家组成员，全军应急专家，中国农业科学院第五届学术委员会委员，解放军医学会常务理事，中国畜牧兽医学会常务理事中国工作犬管理协会常务理事，原农业部第五届兽药评审专家等。

孙承纬　爆炸力学专家

Yuan Shi Xiao Zhuan
院士小传

当选时间	2003 年当选中国工程院院士
学　　部	能源与矿业工程学部
性　　别	男
民　　族	汉族
籍　　贯	江苏常州
出生年月	1939 年 12 月 12 日

　　孙承纬　爆炸力学专家。中国工程物理研究院流体物理研究所科技委员会主任，国家"863 计划"专家委员会委员。1939 年 12 月出生于上海；1963 年毕业于北京大学数学力学系。2003 年当选中国工程院院士。

主要成就

长期从事炸药爆轰、激光辐照效应、应用脉冲功率技术等研究，并从事材料动态响应和高能量密度动力学等基础研究。在爆轰物理方面所做的系统且创造性工作，为我国核武器的发展做出了重大贡献。提出了激光辐照效应新模式，为激光应用技术的发展做出重要贡献。倡导了我国的电磁发射、高电压爆磁发生器和电磁内爆研究，并做了开拓性工作。

获国家发明奖三等奖 1 项，国家科学技术进步奖二等奖 1 项，军队科技进步奖 40多项。是四川省科学技术带头人，获国家级"有突出贡献的中青年专家"称号，全国"五一劳动奖章"获得者。

出版专著 2 部、译著 1 部，撰写并发表技术报告和论文 300 余篇，国防发明专利 1 项，培养出博士生、硕士生 30 余名。

社会任职

担任国家"863 计划"激光技术主题专家组成员，中国物理学会常务理事，第八届《爆炸与冲击》编委会编委等。

刘怡昕　武器系统与运用工程专家 **》》**

当选时间	2003 年当选中国工程院院士
学　　部	机械与运载工程学部
性　　别	男
民　　族	汉族
籍　　贯	江苏南京
出生年月	1941 年 3 月 29 日

　　刘怡昕　武器系统与运用工程专家。陆军炮兵防空兵学院南京校区教授、博士生导师，少将军衔，专业技术一级。南京理工大学特聘教授、博士生导师。1959 年进入原中国人民解放军军事工程学院(时称"哈军工")主修火箭设计专业；1964 年毕业，先后在国防系统研究所与院校从事国防教育和科研工作，在武器系统研制与运用和人才培养方面取得突出成就，特别是在武器系统研制与运用结合中做出开创性贡献；1996 年被授予专业技术少将军衔，是全军初级指挥院校第一位将军教授。2003 年当选中国工程院院士，是全军指挥院校第一位工程院院士。

主要成就

长期从事国防教育和科研工作，是武器系统与运用工程学科的开拓者与奠基者，我国兵器学科与作战指挥学科的带头人。在武器系统研制与运用和人才培养方面做出了突出贡献，特别是在武器研制与运用结合中做出了开创性贡献。

24 项成果获国家级和军队科技进步奖、技术发明奖及教学成果奖，被评为国家级"有突出贡献的中青年专家"、全国优秀科技工作者、全国优秀教师、全军教书育人优秀教员、全军优秀共产党员，享受国务院政府特殊津贴；获全军育才金奖、专业技术重大贡献奖、人梯奖、国防科技创新团队奖等；荣立二等功 4 次，三等功 4 次；获庆祝中华人民共和国成立 70 周年纪念章和光荣在党 50 年纪念章等。是全军"创业在军营"英模报告团成员和中国共产党第十四次全国代表大会代表。

出版专著 24 部，主编教材 12 部，发表学术论文 360 余篇，获授权专利 10 余项，指导并培养出硕士、博士、博士后、领军人才和首席科学家等 100 余人。

社会任职

担任过原总装科技委兼职委员，中国工程院第四届、五届机械与运载工程学部常委和教育委员会委员，中国军事科学学会理事，中国兵工学会理事，中国发射动力学学会监事长、顾问，《兵工学报》顾问，国家科技奖评委，复杂装备系统动力学前沿科学中心战略咨询委员会委员，复杂装备系统动力学工信部重点实验室学术委员会主任，智能弹药技术国防重点学科实验室学术委员会名誉主任，特种能源材料教育部重点实验室学术委员会主任等。

程泰宁 建筑学专家

院士小传 *Yuan Shi Xiao Zhuan*

当选时间 2005 年当选中国工程院院士
学　　部 土木、水利与建筑工程学部
性　　别 男
民　　族 汉族
籍　　贯 江苏南京
出生年月 1935 年 12 月 9 日

程泰宁 建筑学专家。全国工程勘察设计大师，筑境设计主持人。被新浪网评为中国第三代建筑大师的代表人物之一，被亚洲建筑师协会官网评为当代中国建筑学领域的领军人物之一。1956 年 7 月，毕业于南京工学院（现东南大学）；1956 年 7 月起，在中国科学院土建研究所工作；1956 年 1 月起，在中华人民共和国建设委员会建筑科学院筹备处工作；1958 年 2 月起，在中华人民共和国建筑工程部建筑科学研究院工作；1968 年 1 月起，在中华人民共和国建筑工程部标准设计研究院工作；1971 年 2 月起，在山西省临汾地区设计院工作；1981 年 2 月起，任杭州市建筑设计研究院室主任、院长兼总建筑师；2003 年起，任中联·程泰宁建筑设计研究院（现筑境设计）主持人；2008 年 9 月起，任东南大学教授、博士生导师，东南大学建筑设计与理论研究中心主任。2005 年当选中国工程院院士。

Zhu *Yao Cheng Jiu*
主要成就

一直致力于中国建筑设计理论的研究，提出在中国哲学、美学的基础上，建构中国建筑理论的框架体系。实现了中国建筑理论的创新性发展，承担了多项中国工程院咨询研究课题。成果得到中央领导的高度重视，也引发了专业领域内部相关研究的持续深入，对推动中国建设事业健康可持续发展起到重要作用。

参加过北京人民大会堂等重大工程的方案设计，主持设计了南京博物院、浙江美术馆、加纳国家大剧院等国内外重要工程 150 余项。

获国家、省部级奖励数十项。1991 年获国家级"有突出贡献的中青年专家"称号，2000 年被评为"中国工程设计大师"，2004 年获中国建筑师最高奖——梁思成建筑奖；3 项作品获国际建筑师协会第 20 届大会当代中国建筑艺术展艺术创作成就奖，2 项入选"中华百年建筑经典"，2 项入选国际建协（UIA）《廿世纪世界建筑精品选》（该选集选出了全球 100 年中的 1 000 件优秀作品）；2018 年作品被收入国际知名出版机构——澳大利亚 IMAGE 出版集团的《世界建筑大师系列》丛书，成为入选该丛书的第一位，也是目前唯一的中国建筑师。

发表论文近百篇，出版学术专著 13 本、《程泰宁建筑作品选》等作品集 5 本。截至 2022 年，指导并培养出博士后研究生 2 人、博士研究生 21 人、硕士研究生 55 人。

She *Hui Ren Zhi*
社会任职

担任中国建筑文化研究会名誉副会长，浙江大学等校兼职教授等。

陈丙珍 **化工系统工程专家**

院士小传

当选时间 2005 年当选中国工程院院士
学　　部 化工、冶金与材料工程学部
性　　别 女
民　　族 汉族
籍　　贯 江苏无锡
出生年月 1936 年 5 月 5 日

　　陈丙珍　化工系统工程专家。清华大学化工系教授、博士生导师。1962 年毕业于莫斯科门捷列夫化工学院，获副博士学位。2005 年当选中国工程院院士。

主要成就

20 世纪 70 年代后期，即致力于化工系统工程新学科的建设和工业应用，创建了教学科研基地。主要的研究领域是化工系统工程，研究方向为石化企业能源和资源系统的优化综合、化工过程非线性分析、化工过程本质安全设计、复杂过程系统多尺度建模与优化以及生物质燃料供应链优化等。代表性的成果有：解决了大型石化装置在线优化的关键问题，实现了从离线优化到在线优化的技术跨越；开发出具有自主知识产权的乙烯工业裂解炉模拟优化工程化软件；为复杂工程系统的故障诊断等发展了具有逻辑推理、定性决策和定量计算功能的化工智能系统；提出了考虑灵敏度要求的换热网络优化综合方法以及全厂能量系统集成的数学模型和求解策略，在炼油厂节能改造中效益明显；提出了基于过程稳定性和可控性分析的全参数可行域操作子区域的划分策略，使得所设计的过程在本质上具有维持稳定运行的系统特性，从源头上降低了不稳定生产的概率或避免事故的发生。

曾获全国科技大会重大科技成果奖 1 项，国家科学技术进步奖三等奖 1 项，省部级奖 13 项等荣誉。

1985 年以来，发表论文 250 余篇。

社会任职

担任第八届过程系统工程会议（2003）国际组委会主席，国际学术期刊 *Computers & Chemical Engineering* 编委，《中国化学工程学报》（英文）副主编等。

程顺和 作物遗传育种专家

当选时间 2005 年当选中国工程院院士

学　　部 农业学部

性　　别 男

民　　族 汉族

籍　　贯 江苏扬州

出生年月 1939 年 9 月 2 日

院士小传

　　程顺和 作物遗传育种专家。江苏里下河地区农业科学研究所研究员，扬州大学博士生导师。1962 年毕业于南京农学院（现南京农业大学）；1962 年至 1966 年，在泰兴稻麦良种场从事小麦育种和稻麦良种繁育工作；1966 至 1972 年，调入扬州农业学校（现扬州环境资源职业技术学院）任教；1972 年调入江苏里下河地区农科所从事小麦育种与栽培研究。2005 年当选中国工程院院士。

主要成就

从事小麦育种工作40余年，参与育成扬麦3号、扬麦4号，主持育成扬麦5号、扬麦158号、扬麦9号至扬麦40号、扬糯麦1号和扬糯麦2号等。扬麦5号、扬麦158初步解决了温暖湿润生态区小麦育种中广适高产与抗赤霉病相结合的世界难题，分别是我国20世纪80年代和90年代种植面积最大的小麦品种，分别于1991年和1998年获国家科学技术进步奖一等奖。扬麦10号至扬麦12号、扬麦21号等抗白粉病系列品种的育成和应用，实现了"滚动回交与遗传标记相结合的聚合育种体系"的构建。扬麦13号适应了中国小麦品质结构性调整的需求，是中国累计推广面积最大的弱筋小麦品种，促使长江下游发展成为中国最大的弱筋小麦生产基地。扬麦16号填补了生产上耐迟播、灌浆快、脱水快、成熟早的大面积小麦品种的空白，实现了迟播早熟高产，保障了稻麦周年增产，连续8年被列为全国小麦主导品种。扬麦33赤霉病抗性突出同时兼抗白粉病等，综合性状优良，实现了抗赤霉病与高产协同遗传改良的重大突破，育成品种累计种植6亿亩以上，增产粮食200亿千克，是中华人民共和国成立以来长江下游小麦品种第四、第五、第六次大面积更换的主体品种。

1997年被江苏省政府记一等功，2009年获新中国成立60周年江苏省十大杰出科技人物，2012年获江苏省科学技术突出贡献奖，2014年被评为中国种业十大功勋人物等，还曾获中华农业科教基金奖、何梁何利基金科学与技术进步奖、王丹萍科学奖、大北农科技奖、刘永龄科技奖、国家级"有突出贡献的中青年专家"称号、国家"八五"科技攻关先进个人、国家"863计划"十五周年先进个人、江苏省劳动模范、江苏省农业科技功臣等荣誉。

发表学术论文40余篇，出版《中国南方小麦》等著作。

社会任职

担任江苏省第五届自然科学基金委员会委员，南京农业大学作物遗传与种质创新国家重点实验室第二届学术委员会委员，中国作物学会第八届理事会常务理事，中国农业科学院第六届学术委员会委员等。

刘秀梵　动物传染病学专家

院士小传

当选时间	2005 年当选中国工程院院士
学　　部	农业学部
性　　别	男
民　　族	汉族
籍　　贯	江苏靖江
出生年月	1941 年 5 月 19 日

　　刘秀梵　动物传染病学专家。扬州大学兽医学院教授、博士生导师。1965 年毕业于苏北农学院（现扬州大学）兽医专业；1965 年至 1980 年，在江苏农学院（现扬州大学）工作；1980 年至 1982 年，作为访问学者到美国密西根州立大学学习兽医（生物技术）；1980 年至 1986 年，在江苏农学院工作；1990 年至 2007 年，任扬州大学农业部重点开放实验室主任；1993 年至 2001 年，任扬州大学江苏省生物工程重点实验室学术委员会主任；1995 年至 1998 年，任扬州大学动物医学系主任；1998 年至 2004 年，任扬州大学兽医学院副院长；2004 年起，在扬州大学兽医学院工作；2015 年入选世界兽医家禽协会荣誉堂。2005 年当选中国工程院院士。

主要成就 *Zhu Yao Cheng Jiu*

主要从事畜禽传染病流行病学与发病机理研究。在禽流感、新城疫等重要动物传染病的流行病学与致病机理方面开展了系统的研究工作，先后研制出用于禽流感（H9N2亚型）、鸡传染性法氏囊病、马立克氏病和新城疫等疫病预防的8种新型疫苗，取得了新兽药证书（其中2个为一类新兽药证书），并在全国范围内得到了推广应用，产生了显著的社会效益与经济效益。

先后获国家技术发明奖二等奖1项，国家科学技术进步奖二等奖1项，江苏省科技进步奖一等奖2项、二等奖2项，原农业部科技进步奖二等奖1项；还获中国农业英才奖和何梁何利基金科学与技术成就奖等奖项。

在国内外学术刊物上发表论文400余篇，其中SCI收录100余篇；主编了《新城疫》《兽医流行病学》和《单克隆抗体在农业上的应用》；获国家发明专利8项；培养出博士、硕士研究生180多名，指导的1篇博士论文被评为全国百篇优秀博士学位论文。

社会任职 *She Hui Ren Zhi*

担任过全国政协第十一届委员会委员，第八届、九届、十届全国人民代表大会代表，政协江苏省委员会常务委员，中国畜牧兽医学会传染病分会副理事长、生物技术分会副理事长，国务院学位委员会兽医学科评议组成员，第五届国际马立克病研讨会国际科学咨询委员会成员，农业部第五届科技委员会委员，农业部兽药审评委员会委员，农业部生物技术专家顾问组成员，农业部教学（教材）指导委员会兽医学科组委员、副组长，中国畜牧兽医学会理事（江苏分会副理事长），江苏省生物技术协会副理事长等。

尹泽勇　航空发动机专家 ▶▶

当选时间 2005 年当选中国工程院院士
学　　部 机械与运载工程学部
性　　别 男
民　　族 汉族
籍　　贯 江苏宝应
出生年月 1945 年 2 月 14 日

院士小传

　　尹泽勇　航空发动机专家。中国航空发动机集团科技委主任，国家"航空发动机及燃气轮机"重大科技专项发动机工程总师，厦门大学航空航天学院院长（兼）。1945 年出生于重庆；1967 年毕业于西北工业大学飞行器结构力学专业；1985 年至 1987 年，在美国俄克拉荷马大学机械与航空工程系做访问学者；1990 年获北京航空航天大学航空发动机工学博士学位。曾任中国航空动力机械研究所总设计师，中国航空工业集团副总工程师及科技委副主任。2005 年当选中国工程院院士。

主要成就

长期从事航空发动机及直升机传动系统研发工作。主持研制了我国第一型设计定型并交付使用的涡扇发动机、第一型自主研制定型并交付使用的先进涡轴发动机、第一型自主研制的大飞机用先进大涵道比发动机验证机、第一型自主研制并交付使用的先进直升机传动系统及最大吨位直升机主减速器等多种型号。致力于航空发动机先进组合结构及循环对称接触结构分析，先进各向异性单晶高温材料构件、发动机总体及部件气 / 固 / 热多学科设计优化，通用化、高速化、智能化等未来航空动力技术的创新研究及工程应用工作，对我国航空发动机及直升机传动系统的技术发展做出了重大贡献。

获国家科学技术进步奖一等奖 1 项、二等奖 2 项。还获得国家级"有突出贡献的中青年专家"称号、全国优秀科技工作者、新中国航空工业创建 60 周年航空报国特等金奖、湖南省科学技术杰出贡献奖、航空航天"月桂奖"终身奉献奖等荣誉及奖项，享受国务院政府特殊津贴待遇。

截至 2022 年，发表论文 60 余篇，出版专著 6 部、译著 6 本。

社会任职

担任某先进动力专家组组长、首席科学家，北京航空航天大学等校教授、博士生导师等；曾任国务院、中央军委军工产品定型委员会咨委会委员，全国政协第十一届委员会委员，政协湖南省第十届委员会委员，原国防科工委航空动力项目专家委员会委员，中国航空学会理事、动力分会副主任、动力传输专业委员会主任，全国高等学校航空航天类专业教学指导委员会委员等。

戴 浩 指挥与控制领域专家 »

当选时间	2005 年当选中国工程院院士
学　　部	信息与电子工程学部
性　　别	男
民　　族	汉族
籍　　贯	江苏阜宁
出生年月	1945 年 8 月 3 日

　　戴浩　指挥与控制领域专家。1968 年本科毕业于清华大学计算数学专业；1982 年研究生毕业于清华大学计算机软件专业；两次在国外做访问学者，曾任原总参谋部某研究所副总工程师、总工程师，解放军理工大学（现中国人民解放军陆军工程大学）博士生导师，军事科学院系统工程研究院某研究所研究员等；2020 年退休。2005 年当选中国工程院院士。

主要成就

长期从事指挥与控制理论研究、指挥信息系统总体设计与工程建设工作。先后主持完成了指挥自动化网和指挥所工程的研制与开发，组织指导了不同类型的指挥自动化系统建设。承担过全军指挥自动化系统发展战略研究、军事需求研究与体制总体论证。

获国家科学技术进步奖一等奖、国防科技进步奖一等奖、全国优秀科技工作者、全军优秀共产党员等荣誉；荣立一等功。

截至 2022 年，发表论文数十篇，出版专著、译著 5 部，完成重大研究报告 20 余份。

社会任职

担任过中国指挥与控制学会创会理事长、监事长，中国计算机学会传感器网络专委会主任等。

袁士义　油气田开发工程专家

院士小传

当选时间	2005 年当选中国工程院院士
学　　部	能源与矿业工程学部
性　　别	男
民　　族	汉族
籍　　贯	江苏丰县
出生年月	1956 年 10 月 21 日

　　袁士义　油气田开发工程专家。中国石油咨询中心专家，提高石油采收率国家重点实验室学术委员会主任，教授级高级工程师、博士生导师。1956 年 10 月出生于山东曹县；1986 年毕业于法国巴黎居里大学／法国石油研究院，获博士学位，并于当年回国；曾任中国石油勘探开发研究院总工程师／副院长，中国石油天然气集团公司科技管理部总经理，国家科技重大专项"大型油气田及煤层气开发"实施管理办公室主任及专项技术副总师等。2005 年当选中国工程院院士。

主要成就

多年从事油气田开发科研工作，主要包括不同类型复杂油气田开发、调整技术研究及应用、三次采油提高采收率研究、油气田开发规划研究等，研究成果在多个油田获成功应用。作为国家"973 计划"项目首席科学家，先后主持完成"化学驱和微生物驱提高石油采收率的基础研究"和"二氧化碳减排、储存和资源化利用的基础研究"项目，取得了重要的创新性成果，使我国油田提高采收率理论与技术水平均处于国际前列。被评为首批中石油集团公司油气田开发高级技术专家，为我国油气田开发技术的创新发展和人才培养做出了突出贡献。

获国家科学技术进步奖一等奖 1 项、二等奖 3 项，省部级一等奖 5 项，以及国家留学回国人员成就奖、孙越琦能源大奖等奖项荣誉。

截至 2022 年，在国内外期刊发表论文 30 余篇，出版《凝析气藏高效开发理论与实践》《裂缝性油田开发技术》著作 2 部、译著 1 部，撰写重要研究报告 20 余部，培养硕士、博士、博士后 30 余名。

社会任职

担任中国石油学会石油工程专业委员会主任，《石油学报》编委，《石油勘探与开发》编委会副主任等。

许庆瑞　技术创新与管理学专家　≫≫

当选时间　2007 年当选中国工程院院士

学　　部　工程管理学部

性　　别　男

民　　族　汉族

籍　　贯　江苏常州

出生年月　1930 年 1 月 29 日

许庆瑞　技术创新与管理学专家。浙江大学教授、博士生导师。1951 年上海交通大学本科毕业；1955 年中国人民大学研究生毕业。2007 年当选中国工程院院士。

主要成就

长期研究技术创新与管理。1980年赴美国MIT与斯坦福大学访问两年，进修"研究、发展与技术创新管理"。回国后，开拓了我国技术创新管理新领域，提出以企业为主体，"二次创新—组合创新—全面创新"的理论体系，得到国际创新专家及企业的验证与应用。倡导并参与了国家技术创新工程和企业创新实践，在海尔、杭氧等企业取得效益。

应邀赴30多个国家和地区讲学。获省部级二等以上奖励9项。

出版专著、教材12部；发表学术论文250余篇；指导博士生30多人，培养了一支优秀的创新研究团队和一批实业界杰出人才。

社会任职

担任国务院学位委员会与自然科学基金会管理学科评议组成员，浙江省人民代表大会委员等。

臧克茂   坦克电气自动化专家

当选时间　2007 年当选中国工程院院士
学　　部　机械与运载工程学部
性　　别　男
民　　族　汉族
籍　　贯　江苏常州
出生年月　1932 年 1 月 28 日

　　臧克茂　坦克电气自动化专家。中国人民解放军陆军装甲兵学院教授。1955 年浙江大学电机系毕业。2007 年当选中国工程院院士。

通过自主创新，提出了现代坦克炮控系统的体系结构和控制方法，跨越了国外炮控系统的两个发展阶段；研制出中国第一台坦克电驱动系统原理样车，并率先开展了全电战斗车辆技术的研究。

20世纪80年代，中国军队主战坦克炮控系统大大落后于世界主要国家，决心攻克进一步缩短火力反应时间、提高首发命中率和远距离打击能力这一难题。

1995年，主持研究的"某炮塔电传控制装置"进入装车试验阶段。1997年，该装置正式列装，一举使中国军队主战坦克火炮瞄准时间显著缩短，射击命中率大幅提高，信心大增后带领团队一鼓作气，先后跨越坦克炮控系统直流到交流控制、液压到全电控制、模拟到数字控制、小功率到大功率控制等重重难关，研制出中国第一台"交流全电式炮控系统"和"数字式大功率交流全电炮控系统"，广泛应用于中国第二、第三代主战坦克，使中国坦克炮控系统性能跃升至世界前列。

获国家科学技术进步奖二等奖2项，军队科技进步奖一等奖2项、二等奖3项；被评为全国优秀科技工作者、全国优秀教师，获军队杰出专业技术人才奖，中央军委批准荣立一等功2次、二等功1次，被树为教书育人、科技创新的典型。

在国内外发表论文100余篇；撰写并出版专著3部，编写教材8种；获授权发明专利7项。

担任中国兵工学会理事等。

张全兴 环境工程和高分子材料专家 >>

当选时间　2007 年当选中国工程院院士
学　　部　环境与轻纺工程学部
性　　别　男
民　　族　汉族
籍　　贯　江苏常州
出生年月　1938 年 12 月 10 日

张全兴　环境工程和高分子材料专家。南京大学环境学院教授、博士生导师。1957年考入南开大学化学系；1960 年提前毕业后留在南开大学化学系和高分子化学研究所工作；1985 年进入江苏石油化工学院（现常州大学）设计研究所任所长；1993 年进入南京大学环境学院任教；2009 年荣获"全国模范教师"称号。2007 年当选中国工程院院士。

主要成就

中国离子交换与吸附技术的主要开拓者之一，树脂吸附法治理有毒有机工业废水及其资源化领域的开创者。在国内率先开展了大孔离子交换与吸附树脂的合成与应用研究，研制成功系列大孔离子交换树脂和超高交联吸附树脂，广泛应用于工业水处理、有机催化等领域。在水污染防治方向从事的复合功能等特种树脂的合成与性能研究，以及树脂吸附理论、吸附新技术和新工艺的研究及其工程应用，引领和推动了我国高浓度难降解有机工业废水治理与资源化，为工业水污染治理与节能减排和重点流域水环境安全做出了突出贡献。2010 年以来，针对我国"白色污染"控制的难题，组织团队开展绿色聚乳酸系列环境友好材料的研发与产业化，取得了重要进展。

长期致力于水污染控制理论和应用研究，在有机污染物分子与树脂结构耦合关联分离理论、树脂法用于高浓度难降解有毒有机化工废水治理与资源化新领域取得了系列开拓性创新成果，为工业水污染治理与节能减排和长江、淮河、太湖等流域水环境安全做出了重要贡献。主持（或参与）了国家、省部级科技项目 40 余项。

先后获 1987 年国家自然科学奖二等奖，2001 年国家科学技术进步奖二等奖，2006 年何梁何利基金科学与技术创新奖，以及 2007 年、2015 年国家技术发明奖二等奖等奖项。

截至 2022 年，发表研究论文 381 篇；获国家授权发明专利 95 项，美国、日本、英国等国专利 14 项。

社会任职

担任南京大学国家有机毒物污染控制与资源化工程技术研究中心名誉主任，江苏省太湖污染控制与蓝藻治理专家委员会副主任，《离子交换与吸附》期刊主编等；曾任南京大学环境工程教研室主任、环科所副所长，国家和省部级工程技术研究中心主任，教育部第三届、六届科技委地学与资源环境学部委员，国家环境咨询委员会委员等职。

李立涅　电力系统、直流输电专家 ❯❯

当选时间　2007 年当选中国工程院院士
学　部　能源与矿业工程学部
性　别　男
民　族　汉族
籍　贯　江苏建湖
出生年月　1941 年 7 月 8 日

院士小传

　　李立涅　电力系统、直流输电专家。中国南方电网公司专家委员会主任委员，华南理工大学电力学院名誉院长，清华大学、重庆大学、西安交通大学、上海交通大学、华北电力大学等多所高校兼职教授。1967 年毕业于清华大学电机工程系。2007 年当选中国工程院院士。

主要成就 *Zhu Yao Cheng Jiu*

长期从事电网建设，在电网工程、直流输电和交直流并联电网运行技术领域做出了成绩和贡献。参加和组织建设了我国第一条 330 千伏交流输电工程、第一条 500 千伏交流输电工程、第一条 ±500 千伏直流输电工程；参加和组织了世界上第一条 ±800 千伏直流输电工程的技术研究、关键项目攻关和工程建设。倡导并主持研发了我国柔性直流输电技术，主持研发了特高压多端柔性直流输电技术，组织了世界上第一条 ±800 千伏特高压多端柔性直流工程的技术研究、关键项目攻关和工程建设。提出了透明电网的理念和技术理论系统，将现代传感技术、信息技术、数字技术、智能技术等融入电力系统，将实现电力系统全面可见、可知、可控，为我国和世界的电网技术发展做出了贡献。

出色的成果和杰出的贡献获多项荣誉及奖项。2016 年获第十一届光华工程科技奖工程奖，2017 年以"特高压 ±800 千伏直流输电工程"项目第一完成人获国家科学技术进步奖特等奖，2018 年获何梁何利基金科学与技术进步奖和广东省科学技术突出贡献奖；还获得第五届全国优秀科技工作者，CCTV2018 年度"全国十大科技创新人物"称号，国家科学技术进步奖一等奖 1 项、二等奖 1 项，省部级科技进步奖等多项荣誉。

截至 2022 年，发表学术论文 200 余篇，出版学术专著 3 部，获授权专利 20 余项。

社会任职 *She Hui Ren Zhi*

担任中国电机工程学会直流输电与电力电子专委会主任委员、电力防灾减灾专委会主任委员，广东电机工程学会常务理事、直流输变电专委会主任委员，广东省能源研究会理事长等。

邱贵兴　骨科专家

当选时间	2007 年当选中国工程院院士
学　部	医药卫生学部
性　别	男
民　族	汉族
籍　贯	江苏无锡
出生年月	1942 年 3 月 13 日

　　邱贵兴　骨科专家。北京协和医院教授、博士生导师。1968 年毕业于中国协和医科大学（八年制）。2007 年当选中国工程院院士。

主要成就

长期从事骨科临床、科研和教学工作，尤其在脊柱畸形方面做出了重要贡献。在国际上提出特发性脊柱侧凸的分型——"协和分型"，并在国际脊柱外科权威杂志 Spine 上发表；另外，在国际上首次发现了先天性脊柱侧凸患者最重要的致病基因，2015 年在世界顶级医学刊物《新英格兰医学杂志》(影响因子＝54.42 分) 以原创性论著 (Original Article) 形式发表；研制出自主知识产权的通用型脊柱内固定系统（GSS）等。

获国家科学技术进步奖二等奖 2 项、教育部自然科学奖一等奖、北京市科学技术奖二等奖、中华医学科技奖二等奖、华夏医学科技奖二等奖、国家科学技术进步奖三等奖、原国家教委科技进步奖三等奖、原卫生部科技进步奖二等奖、中华护理学会科技奖一等奖、妇幼健康研究会自然科学奖一等奖、中国生物材料学会科学技术奖二等奖，以及院内医疗成果奖与科技成果奖多次；享受国务院政府特殊津贴待遇。

截至 2022 年，在国内外刊物发表论文、评述 600 余篇，主编《骨科手术学》等专著 41 部、主译《骨科学》等 14 部，获授权发明专利 3 项、实用新型专利 9 项。

社会任职

担任白求恩公益基金会理事长，华夏医学科技奖理事会副理事长，骨骼畸形遗传研究北京市重点实验室主任，中国医学装备协会医用耗材装备技术专委会主委及医用增材制造专委会主委，北京医师协会常务理事及骨科分会会长，医学参考报社副理事长兼副总编辑，国际华人脊柱学会（ICSS）主席，香港骨科医学院荣誉院士，《中华骨与关节外科》杂志主编等；曾任全国政协第十一届委员会委员，第六届教育部科学技术委员会、学风建设委员会副主任，中国工程院医药卫生学部常委、副主任，中华医学会常务理事、骨科分会主委，国际矫形与创伤外科学会（SICOT）副主席、中国部主席，北京医学会监事长、常务理事、骨科分会主委，中国医师协会骨科分会副会长，《中华关节外科杂志》（电子版）总编辑等。

陈志南　细胞生物学与生物技术药物专家

当选时间　2007 年当选中国工程院院士

学　　部　医药卫生学部

性　　别　男

民　　族　汉族

籍　　贯　江苏宜兴

出生年月　1952 年 6 月 2 日

院士小传

　　陈志南　细胞生物学与生物技术药物专家。空军军医大学（第四军医大学）细胞生物学国家重点学科主任，转化医学国家重大基础设施（西安）——国家分子医学转化科学中心主任。2007 年当选中国工程院院士。

长期从事炎 – 癌相关分子 CD147 系列研究。先后承担了国家"973 计划"首席科学家项目、国家科技重大专项、国家自然科学基金重点项目、国家"863 计划"项目等重点、重大项目 16 项。对肿瘤相关分子 CD147 在癌进展中的多时相、多阶段和多节点的分子调控机制的原创性研究和转化应用研究处于国际领先地位。2007 年成功上市了新靶点肝癌抗体药物、国家生物制品 1.1 类新药"利卡汀"（国药准字 S20060064）。近 5 年来，成功研发了 6 种不同临床适应证的人源化抗体药物，获国家 1.1 类新抗体药物临床批件 1 项（2015L00327），三类医疗器械证书 1 项〔国食药监械（准）字 2013 第 3401266 号〕。

获国家科学技术进步奖二等奖和省部级科技奖一等奖 10 项。先后被评为全国优秀科技工作者、全国优秀骨干教师、原总后勤部科技金星、国家"863 计划"十五周年先进个人，以及获解放军杰出专业技术人才奖等荣誉。

发表 SCI 论文 155 篇，其中影响因子为 10 以上的一区论文 6 篇，他引 2 555 次；获国际专利（德国、美国）授权 4 项，国家发明专利授权 28 项。

担任"重大新药创制"国家科技重大专项技术副总师，国家"973 计划"项目首席科学家，中国转化医学与生物技术创新联盟理事长，中国药学会副理事长兼生化与生物技术药物专业委员会主任委员，中国医药生物技术协会单克隆抗体专业委员会主任委员，中国抗癌协会常务理事兼肿瘤分子医学专业委员会主任委员，《中国科学 C 辑——生命科学》和 *J. Biol Chem*、*Hepatology* 杂志编委等。

黄 卫　道路、桥梁及交通工程专家 ≫

当选时间　2007 年当选中国工程院院士
学　　部　土木、水利与建筑工程学部
性　　别　男
民　　族　汉族
籍　　贯　江苏南通
出生年月　1961 年 4 月 13 日

Yuan Shi Xiao Zhuan
院士小传

　　黄卫　道路、桥梁及交通工程专家。工学博士、教授、博士生导师。1982 年 7 月毕业于南京工学院（现东南大学）。曾任东南大学交通学院院长及校常务副校长，江苏省建设厅厅长，江苏省政府副省长，国家建设部副部长，住房与城乡建设部副部长，北京市副市长，新疆维吾尔自治区党委常委及政府常务副主席，国家科技部党组成员及副部长等。2007 年当选中国工程院院士。

主要成就

长期从事道路、桥梁及智能交通研究，是我国大跨径桥梁钢桥面铺装与智能运输系统领域的主要开拓者之一，是我国多组分环氧沥青新型材料的发明者，组织领导了多项桥梁、道路交通基础设施重大工程建设及智能化运维实施应用。

1996 年起，享受国务院政府特殊津贴，入选教育部"跨世纪人才计划"；1997 年被授予国家级"有突出贡献的中青年专家"称号，入选国家"百千万人才计划"第一、第二层次；1999 年受聘为教育部"长江学者奖励计划"特聘教授；2004 年因履职优秀，被教育部授予"荣誉长江学者"称号。作为主要获奖人获国家和省部级科技奖 26 项，其中国家科学技术进步奖 4 项，省部级科技进步奖特等奖、自然科学奖、技术发明奖、科技进步奖一等奖等 8 项。

截至 2022 年，出版著作 18 部，获授权专利 30 余项。

社会任职

担任中国共产党第十八次全国代表大会代表，第十二届全国人民代表大会代表，国家教材委员会部门委员，欧美同学会（中国留学人员联谊会）第八届理事会副会长，国家智能运输系统专家组成员，江苏省青年联合会副主席等。

万元熙　磁约束核聚变专家

当选时间 2009 年当选中国工程院院士
学　　部 能源与矿业工程学部
性　　别 男
民　　族 汉族
籍　　贯 江苏南京
出生年月 1939 年 12 月 9 日

Yuan Shi Xiao Zhuan
院士小传

　　万元熙　磁约束核聚变专家。中国科学院等离子体物理研究所研究员。1939 年 12 月出生于四川绵竹；1968 年毕业于北京大学物理系研究生班。曾任中国科学院等离子体物理研究所所长，中国科学技术大学核学院院长等。2009 年当选中国工程院院士。

长期从事等离子体物理领域的研究工作，是等离子体物理学科知名科学家。特别是作为国家重大科学工程 EAST 全超导托卡马克项目总负责人，将聚变物理实验装置重要要求和超导关键技术成功集成，提出并主持完成了总体设计；带领整个团队用近 10 年时间，完全自主设计、研发、加工制造了所有关键部件；自主完成难度和风险极大的全系统总装、调试并达到工程设计指标，工程调试一次成功，在国际上率先在全超导托卡马克装置上获得稳定、重复和可控的高温等离子体放电，为磁约束聚变研究做出了重要贡献。

在磁约束核聚变研究领域勤奋工作 36 年，参与创建了中国科学院等离子体物理所，在使该所成为国内外著名的重要核聚变研究基地的过程中做出重大贡献；领导和直接参与了多个托卡马克包括超导托卡马克 HT-7 的建设和实验，使中国核聚变研究取得和能够不断取得突破性进展。率先在世界上建成具有非圆截面的全超导托卡马克聚变实验装置，显著地提升了中国磁约束聚变研究水平，使中国核聚变研究进入国际先进行列。

30 多年来，在核聚变领域取得的成就得到了国际同行的高度认可和赞赏。连续 8 年 4 次担任国际聚变能大会组委会成员；9 次在各种国际会议上作邀请报告和主旨报告；在最重要的 IAEA 聚变能国际会议上被推选作总结报告，提出和组织了数个延续至今的系列国际会议，且被国际合作项目——国际热核聚变实验堆 ITER 理事会推选为科学技术顾问委员会副主席。参与领导了由世界著名核聚变专家组成的委员会，直接为 ITER 的重大科技决策做出贡献，也为中国在 ITER 的科技决策中争取到重要发言权。

EAST 入选 2006 年"十大科技进展""十大重大技术与工程进展"，获 2008 年国家科学技术进步奖一等奖。

先后发表论文和文章 29 篇，编辑英文会议专著 1 本。

担任过中国共产党第十七次全国代表大会代表，国际热核聚变实验堆 ITER 科学技术顾问委员会副主席和总体协调中国代表，亚洲等离子体协会执行理事，国际核聚变期刊（*Nuclear Fusion*）中国编委，中国核学会理事，中国等离子体物理学会常务理事等。

翁宇庆　钢铁材料专家

院士小传

当选时间	2009 年当选中国工程院院士
学　　部	化工、冶金与材料工程学部
性　　别	男
民　　族	汉族
籍　　贯	江苏常熟
出生年月	1940 年 1 月 1 日

翁宇庆　钢铁材料专家。中国金属学会名誉理事长，钢铁研究总院名誉院长，国家"973 计划"项目顾问组成员和国防科工局技术委员会委员。1940 年出生于四川西昌；1963 年毕业于清华大学；获美国宾夕法尼亚大学材料科学和工程博士学位；曾任钢铁研究总院院长、冶金部副部长；当选俄罗斯工程院院士。2009 年当选中国工程院院士。

Zhu Yao Cheng Jiu
主要成就

从事钢铁结构材料研究 40 多年，担任过 10 多项国家和部级科研项目负责人，连续 3 次担任国家攀登项目和国家 "973 计划" 项目有关钢铁材料的首席科学家（1996—2009）。在超细晶钢研发方面做出了贡献，运用该技术已生产应用新钢类 2 亿吨以上。

获国家科学技术进步奖一等奖和中国冶金科技奖特等奖（均为第一获奖人）、国家发明奖二等奖（第二获奖人）、国家发明奖三等奖（第一获奖人），3 项省部级科技进步奖一等奖，香港 "求是" 科学基金 "杰出科学家奖" 和先进材料制造加工国际大会（2009，柏林）"杰出贡献奖"。连续 3 届担任中、日、韩等国召开的先进钢铁材料国际会议主席或副主席。

出版的专著《超细晶钢》获中国图书奖及中国政府出版奖提名奖。

社会任职

担任全国政协第十届委员会委员，中国金属学会理事长（第七届、八届），中国核学会同位素分离分会理事，中国钎具钻具协会理事长，中国材料研究会理事、常务理事，清华大学材料系教授，《钢铁》期刊主编等。

于俊崇　核动力专家

院士小传

当选时间	2009 年当选中国工程院院士
学　　部	能源与矿业工程学部
性　　别	男
民　　族	汉族
籍　　贯	江苏滨海
出生年月	1940 年 12 月 5 日

　　于俊崇　核动力专家。国防重点工程两型号副总设计师。1965 年毕业于南京工学院（现东南大学）。曾任中国核动力研究设计院某工程研制总设计师等。2009 年当选中国工程院院士。

Zhu Yao Cheng Jiu 主要成就

作为核动力专家，在反应堆热工水力与核安全、核动力总体等专业领域有很深造诣。早年参加了我国第一座压水型核动力反应堆、第一座脉冲反应堆、乏燃料研究堆等工程研制；参加了秦山二期核电站、新型核反应堆方案研究和立项论证工作。近些年来，参与、组织并领导了国家某重点工程研制与建设等工作。

2004年、2005年、2009年分别获国防科技进步奖一等奖，2006年获全国五一劳动奖章，2006年、2010年2次获国家科学技术进步奖二等奖，2007年获全军科技进步奖一等奖、国家重大贡献奖及金质奖章，2010年获核工业集团首届"钱三强奖"。

She Hui Ren Zhi 社会任职

担任西南交通大学名誉教授，河北科技大学客座教授等。

丁 健　肿瘤药理学家

当选时间　2009 年当选中国工程院院士
学　部　医药卫生学部
性　别　男
民　族　汉族
籍　贯　江苏无锡
出生年月　1953 年 2 月 20 日

Yuan Shi Xiao Zhuan　院士小传

　　丁健　肿瘤药理学家。中国科学院大学药学院院长，中国科学院学术委员会生命与健康专门委员会委员，中国科学院上海药物研究所学术委员会主任。1992 年于日本国立九州大学获博士学位。曾任中国科学院上海药物研究所所长等。2009 年当选中国工程院院士。

Zhu *Yao Cheng Jiu* 主要成就

重点围绕抗肿瘤新靶向分子发现、新作用机制探明、新生物标志物确证这一系统研究目标，在分子靶向抗肿瘤药物的研究中取得了重要进展。在抗肿瘤新药研发创制方面，作为主要发明者之一研发的具有自主知识产权的 8 个候选新药在国内外处于临床 I~III 期临床研究阶段，2 个新药正在申报临床，另外有一批候选新药正在进行系统临床前研究。

在药物作用机制探索和生物标志物研究方面，系统阐明了一系列抗肿瘤化合物或候选新药的作用机制，发现了数个重要的肿瘤生物标志物。获国家自然科学奖二等奖 2 项、国家科学技术进步奖二等奖、上海市自然科学奖一等奖 2 项、上海市科技进步奖一等奖、何梁何利基金科学与技术进步奖、吴阶平医学研究奖－保罗·杨森药学研究奖一等奖、谈家桢生命科学成就奖、中国科学院杰出科技成就奖等各类奖项 10 余项。

在 SCI 学术杂志上发表 270 多篇论文，他引 5 700 多次；相关研究成果申请国内外专利 180 余项，其中获国内外专利授权 70 余项。

She *Hui Ren Zhi* 社会任职

担任新药研究国家重点实验室主任、研究组长，中国抗癌协会抗癌药物专业委员会和中国药理学会肿瘤药理专业委员会主任委员，《中国药理学报》（*Acta Pharmacol Sin*）主编和 *J. Biol Chem*、*Eur J. Pharmacol* 等 4 本国际学术杂志编委等。

张建云 水文水资源专家

当选时间 2009 年当选中国工程院院士

学　　部 土木、水利与建筑工程学部

性　　别 男

民　　族 汉族

籍　　贯 江苏沛县

出生年月 1957 年 8 月 1 日

院士小传

张建云　水文水资源专家。南京水利科学研究院名誉院长，水利部应对气候变化研究中心主任、教授级高级工程师、博士生导师。1982 年毕业于华东水利学院（现河海大学）水文系，同年进入原水电部水利调度中心担任工程师；1987 年获得河海大学水文水资源专业工学硕士学位；1987 年至 1996 年，担任水利部南京水文水资源研究所研究室主任；1992 年获得爱尔兰国立大学水文专业一等荣誉理学硕士学位；1996 年获得爱尔兰国立大学土木及环境工程专业博士学位；1996 年至 2006 年，担任水利部水文局总工程师、副局长，国家防汛指挥系统工程副总设计师、总设计师，国家防汛指挥系统工程建设办公室副主任；2006 年至 2019 年，担任南京水利科学研究院院长、党委书记；2014 年当选英国皇家工程院外籍院士；2019 年起，担任长江保护与绿色发展研究院院长。2009 年当选中国工程院院士。

主要成就 *Zhu Yao Cheng Jiu*

长期从事水文水资源、防汛抗旱减灾、气候变化影响、水生态治理与保护等方面的科研工作。作为总设计师，全过程主持了国家防汛抗旱指挥系统工程设计及一期工程建设，创新设计了全国防汛信息传输系统，研发了中国洪水预报系统，为国家防汛减灾做出了突出贡献；研发了大坝安全管理技术和信息系统，全面提升了国家水库大坝安全保障能力和管理水平；引领了水利应对气候变化领域的研究，构建了全国尺度分布式气候变化影响评价系统，为应对气候变化做出了重要贡献。

先后主持完成国家重点研发计划项目、国家科技攻关（科技支撑计划）、"863 计划"项目、"973 计划"项目、国家自然科学基金重点基金等重大科研项目 30 余项。

获国家科学技术进步奖一等奖 2 项、二等奖 5 项，省部级特等奖 4 项、一等奖 6 项，以及国家级"有突出贡献的中青年专家"称号、全国先进工作者、全国优秀留学回国人员、全国杰出专业技术人才、何梁何利基金科学与技术进步奖、江苏省首批中青年首席科学家、国务院政府特殊津贴等荣誉。

截至 2022 年，发表论文 300 余篇，出版专著 7 部、译著 1 部。

社会任职 *She Hui Ren Zhi*

担任水利部应对气候变化研究中心主任，国际水文科学协会中国国家委员会主席，《水科学进展》《水利水运工程学报》杂志主编等职。

侯立安　　　　环境工程专家 ≫

当选时间　2009 年当选中国工程院院士
学　　部　环境与轻纺工程学部
性　　别　男
民　　族　汉族
籍　　贯　江苏丰县
出生年月　1957 年 8 月 24 日

Yuan Shi Xiao Zhuan
院士小传

　　侯立安　环境工程专家。中国人民解放军火箭军工程设计研究院正高级工程师，兼任国家生态环保专家委员会委员、教育部高等学校环境科学与工程类专业教学指导委员会副主任委员、全国分离膜标准化技术委员会副主任委员。2006 年毕业于防化研究院，获博士学位。曾任第二炮兵工程设计研究院副总工程师，第二炮兵后勤科学技术研究所所长等。2009 年当选中国工程院院士。

主要成就

长期致力于环境工程领域的科学研究、工程设计和技术管理工作。在饮用水安全保障、分散点源生活污水处理和人居环境空气净化等方面，率先提出并成功研发了具有自主知识产权的水处理及空气净化技术和系列装备，取得多项突破性成果和富有创造性的成就。

获国家科学技术进步奖一等奖 1 项、二等奖 4 项、三等奖 2 项，军队及省部级科技奖励和教学成果奖一等奖 7 项、二等奖 12 项，环境保护科学技术奖科普类奖 1 项，何梁何利基金科学技术进步奖，中国科学技术协会"求是"杰出青年奖，全国科普工作先进工作者，全国优秀科技工作者，中国发明协会首届发明创业奖，全军首届杰出专业技术人才奖和全军环保模范等奖项及荣誉；此外，还荣立一等功 1 次、三等功 4 次。

截至 2022 年，发表学术论文 400 余篇，出版专著 14 部，获国家授权专利 50 余项。

社会任职

担任国家生态环保专家委员会委员，教育部高等学校环境科学与工程类专业教学指导委员会副主任委员，全国分离膜标准化技术委员会副主任委员等；曾任中国未来研究会副理事长，中国建筑装饰协会副会长，中国膜工业协会名誉理事长，北京发明协会副理事长等。

任南琪 市政工程、环境工程专家 ≫≫

Yuan Shi Xiao Zhuan
院士小传

当选时间	2009 年当选中国工程院院士
学　　部	土木、水利与建筑工程学部
性　　别	男
民　　族	汉族
籍　　贯	江苏宜兴
出生年月	1959 年 3 月 4 日

　　任南琪　市政工程、环境工程专家。哈尔滨工业大学教授。1959 年 3 月出生于黑龙江哈尔滨；1982 年 3 月，本科毕业于哈尔滨建筑工程学院（现哈尔滨工业大学）；历任哈尔滨工业大学党委常委、副校长，城市水资源与水环境国家重点实验室主任，"城市水质转化规律与保障技术"国家创新研究群体带头人等。2009 年当选中国工程院院士。

主要成就

长期从事城市水资源与水环境改善对策，污水生物处理工艺、技术与设备，废物资源化及能源化理论与技术，环境微生物系统生物学与生态学等方面的研究。率先完成了世界首例生物制氢中试（1999年）和生产规模试验（2005年），推进了生物制氢技术的工业化进程；开发出针对高浓度难降解工业有机废水集成化处理理论、技术与装备；主持开展了大尺度环境中持久性有毒物质环境风险及生态安全研究，组织建立了"国际持久性有毒物质联合研究中心"；提出了符合我国国情并具有生态功能导向的城市水循环系统4.0及海绵城市建设路径与技术措施。

获国家技术发明奖二等奖1项，国家科学技术进步奖二等奖2项，全国创新争先奖，省部级奖12项，何梁何利基金科学与技术进步奖1项；曾入选国家"百千万人才工程"第一、第二层次，教育部"跨世纪优秀人才培养计划基金"获得者，香港裘槎基金获得者，享受国务院政府特殊津贴。

出版著作12部，发表的论文被SCI收录500余篇，获授权国家发明专利60余项。

社会任职

担任国务院住房城乡建设部海绵城市建设技术指导专家委员会主任委员，国务院学位委员会环境科学与工程学科评议组召集人，教育部资源环境与地球科学部委员，教育部环境类专业指导委员会副主任委员，中国环境科学学会副理事长，中国能源学会副会长，中国土木工程学会常务理事，国际水协会（IWA）会员等。

邓中翰　微电子学、数字多媒体芯片专家

当选时间 2009 年当选中国工程院院士
学　　部 信息与电子工程学部
性　　别 男
民　　族 汉族
籍　　贯 江苏南京
出生年月 1968 年 9 月 5 日

院士小传

邓中翰　微电子学、数字多媒体芯片专家。星光中国芯工程总指挥，中星微电子集团创建人、首席科学家。1992 年毕业于中国科学技术大学；1997 年获美国伯克利加州大学电子工程与计算机科学博士、物理学硕士、经济学硕士学位。历任数字多媒体芯片技术国家重点实验室主任，北京工业大学副校长（挂职）等；2020 年当选美国国家工程院外籍院士。2009 年当选中国工程院院士。

主要成就

我国大规模集成电路及系统技术主要开拓者之一。1999 年受邀回国启动并主持了星光中国芯工程，随后组建了中星微电子公司负责实施。"星光"系列数字多媒体芯片达到世界领先水平，在国内外实现大规模产业化，应用于计算机、手机及监控等领域，被三星、苹果、索尼、惠普、联想等采用，占全球计算机图像输入芯片市场份额第一，结束了"中国无芯"历史。

带领团队先后两次荣获国家科学技术进步奖一等奖，并当选全国劳动模范。

社会任职

担任第十一届、十二届全国人民代表大会代表，全国政协第十三届委员会委员，中国科学技术协会副主席，中华全国青年联合会副主席，欧美同学会副会长，北京党外高级知识分子联谊会副会长，中国旅美科技协会常任理事、硅谷分会会长，清华大学客座教授等。

徐銤　快堆技术专家

当选时间　2011 年当选中国工程院院士
学　　部　能源与矿业工程学部
性　　别　男
民　　族　汉族
籍　　贯　江苏扬州
出生年月　1937 年 4 月 7 日

院士小传

　　徐銤　快堆技术专家。中国快堆事业的奠基人之一，中国核工业集团公司快堆首席专家，中国原子能科学研究院快堆工程部总工程师，国家能源工程快堆工程研发（实验）中心学术委员会副主任。1961 年毕业于清华大学工程物理系核反应堆工程专业，当年 9 月参加工作，先后在北京原子能所和北京 194 所从事核反应堆零功率装置物理实验研究和快堆技术基础研究；1971 年在核工业一院从事快堆发展战略、快堆设计研究和快堆科研；1987 年 7 月，在中国原子能科学研究院从事国家高技术研究发展计划（"863 计划"）；2017 年获得全国创新争先奖。2011 年当选中国工程院院士。

主要成就

主持制定了中国快堆发展规划和主要技术选择。从与快堆结缘到主持制定中国快堆发展规划和领导设计建造中国第一座钠冷快堆——6.5 万千瓦（65MW）核功率、2 万千瓦（20MW）电功率的中国实验快堆，始终如一地为中国快堆事业的发展而奋斗。

20 世纪 70 年代，快堆研究遭遇低谷，在四川夹江的山沟里整整积蓄了 16 年力量。当快堆项目进入国家"863 计划"时，担任快堆设计研究项目负责人，以百倍的斗志和超乎常人的毅力投身于中国的快堆事业。中国实验快堆项目正式立项后，作为总工程师，坚持实验快堆固有安全性和非能动安全设计等先进反应堆设计理念，并融入中国实验快堆设计建造中，同时提出了快堆发展"三步走"蓝图。几十年来，带领自己的团队完成了国家的嘱托，建成了中国第一座实验快堆；建设了中国第一个快堆设计和安全分析软件系统平台；建立了中国第一套快堆设计标准规范；形成了实验快堆规模的工程建设能力，实现了设备国产化率 70% 和自主建造、自主管理、自主运行，使中国成为世界上少数几个拥有快堆技术的国家。

社会任职

担任中国核工业集团公司中国原子能科学研究院快堆工程部顾问，中国实验快堆工程指挥部总工程师，中国核工业集团公司快堆核电站技术领域首席专家等。

王学浩　肝胆外科、肝脏移植学专家 »

院士小传

当选时间　2011 年当选中国工程院院士
学　　部　医药卫生学部
性　　别　男
民　　族　汉族
籍　　贯　江苏南京
出生年月　1942 年 1 月 29 日

王学浩　肝胆外科、肝脏移植学专家。江苏省人民医院（南京医科大学第一附属医院）肝脏移植中心主任。1965 年毕业于南京医科大学医疗系，获学士学位，同年进入南京医科大学第一附属医院工作；1982 年毕业于南京医科大学，获硕士学位；1983 年 9 月至 1985 年 10 月，在美国匹兹堡大学 Dr.Starzl 研究所研修肝脏外科和肝脏移植外科；1992 年起，任南京医科大学第一附属医院肝移植中心主任。2011 年当选中国工程院院士。

主要成就

是国际上开展肝癌介入治疗的先行者和开创者之一，也是江苏自主培养的第一位医卫界院士。在美国匹兹堡大学研修期间，主持肝癌现代外科手术治疗万余例，总体疗效国际领先。1986年在国际上率先报道了碘化油肝动脉造影诊断肝癌，为当代肝癌现代介入治疗奠定了基础。1995年1月，开展了国内首例活体肝移植，创造了国内多项第一，并向全国推广，对我国活体肝移植的深入发展起到引领和推动作用。近年来，在国际上首次采用调节性T细胞诱导移植免疫耐受并率先应用于活体肝移植临床，已取得初步疗效，在该领域的研究起到了引领作用。

2020年12月19日，入选国家健康科普专家库第一批成员名单。获国家科学技术进步奖及省部级奖项多项，以及先后获全国卫生系统先进工作者、江苏省白求恩式卫生工作者、江苏省劳动模范、江苏省优秀共产党员标兵、南京市科技功臣、全国先进工作者、中国好医生、中国医学科学家等多项荣誉。

以通讯作者或第一作者身份在 *Science Translational Medicine*、*Hepatology*、*Journal of Hepatology*、*Signal Transduction and Targeted Therapy* 等SCI期刊上发表论文400余篇。

社会任职

担任中国医学科学院学部委员，南京医科大学第一附属医院肝胆中心主任，国家卫健委器官移植临床重点专科主任，国家卫健委肝脏移植重点实验室主任，中国医学科学院肝脏移植重点实验室主任，中国研究型医院学会消化外科专业委员会主任委员，中国人体器官捐献和移植委员会委员，中国肝癌精准治疗联盟主席，中华微免分会移植免疫学组组长，江苏省医师学会肝癌专业委员会主任委员，江苏省医学会副会长，南京市科学技术协会副主席，*Annals of Translational Medicine*（SCI）主编等。

陈祥宝　　复合材料专家

院士小传

当选时间	2011 年当选中国工程院院士
学　　部	化工、冶金与材料工程学部
性　　别	男
民　　族	汉族
籍　　贯	江苏常熟
出生年月	1956 年 4 月 25 日

　　陈祥宝　复合材料专家。中国航空工业集团公司北京航空材料研究院研究员、博士生导师。1978 年 3 月至 1984 年 7 月，就读于北京航空航天大学材料系，获学士和硕士学位；1991 年毕业于鲁汶大学，获工学博士学位；兼任结构性碳纤维先进复合材料国防科技重点国家工程实验室主任等。2011 年当选中国工程院院士。

主要成就

长期从事先进复合材料的研究工作，科技成果获得多项国家奖励。其中"低温固化高性能复合材料技术"项目获得国家技术发明奖二等奖，"先进树脂基复合材料制造过程模拟与优化技术"项目获得国家科学技术进步奖二等奖，"结构隐身复合材料技术"项目获国防科技进步奖二等奖，"通用型高性能双马复合材料技术""国产碳纤维增强高性能环氧复合材料及其应用"和"不含MDA低成本聚酰亚胺复合材料技术"项目获部级科技进步奖二等奖，"高韧性BMI复合材料技术"项目获部级科技进步奖三等奖。

申请国家发明专利32项，其中18项已经获得授权；出版《高性能树脂基体》《先进复合材料制造技术》《复合材料制造模拟与优化技术》等著作10部，在国内外学术刊物和会议上发表论文100多篇，其中50多篇被SCI和EI收录。

社会任职

担任原总装备部先进材料技术专业组副组长，国家高技术研究发展计划（"863"计划）航空航天领域专家，中国复合材料学会常务理事，北京航空航天大学、西北工业大学和大连理工大学兼职教授，《复合材料学报》《材料工程》副主编，化学工业出版社化工科技图书编审委员会委员等。

缪昌文　建筑材料专家

当选时间	2011 年当选中国工程院院士
学　部	土木、水利与建筑工程学部
性　别	男
民　族	汉族
籍　贯	江苏姜堰
出生年月	1957 年 8 月 19 日

　　缪昌文　建筑材料专家。东南大学材料科学与工程学院教授、博士生导师、校学术委员会主任，江苏省建筑科学研究院有限公司董事长。1982 年毕业于南京工学院（现东南大学），毕业后进入中国水利水电科学研究院工作；1984 年 7 月，到江苏省建筑科学研究院工作，先后任副所长、副院长、院长；1986 年至 1987 年，赴丹麦技术大学做访问学者；2002 年起，任江苏省建筑科学研究院有限公司董事长；2011 年调入东南大学工作。2011 年当选中国工程院院士。

主要成就

长期从事土木工程材料理论研究与工程技术应用研究，40 多年来，一直活跃在我国重大工程建设项目的第一线。研究出生态型高与超高性能结构混凝土材料，研究成果被鉴定为达到国际领先水平；发明了混凝土早期自身变形测试方法及装置，首次建立了早龄期毛细管负压的自动测试系统，同时发展了毛细管张力理论。在高性能混凝土的理论研究、性能设计和制备技术方面，利用现代科学测试手段对混凝土的微结构形成及发展进行了较系统的研究；在混凝土耐久性提升技术方面，运用分子裁剪理论和接枝共聚技术，发明了中国第一代接枝共聚型混凝土外加剂。

先后承担了国家、省部级科研项目 30 余项。在混凝土基础理论的研究、多功能土木工程材料的研发等方面取得了多项成果，并成功通过了重大工程项目建设的检验，为我国工程建设事业做出了重大贡献。

先后获国家技术发明奖二等奖 1 项、国家科学技术进步奖二等奖 3 项、省部级科技进步奖一等奖 6 项、何梁何利基金科学与技术创新奖、全国杰出专业技术人才奖、江苏省首届创新创业人才奖、江苏省十大杰出专利发明人、江苏省劳动模范、江苏省留学回国先进个人、南京市科技功臣等荣誉。

发表论文 200 余篇，其中 SCI、EI 或 ISTP 共收录 150 多篇，在国际上享有较高的声誉；出版专著 4 部；获国家发明专利 83 项。

社会任职

担任第九届、十届、十一届全国人民代表大会代表，江苏省人民政府参事，中国硅酸盐学会第九届理事会副理事长，中国土木工程学会理事兼外加剂专业委员会主任委员，国际材料与结构实验研究联合会（RELEM）管理与决策委员会委员，江苏省科学技术协会第九届、十届委员会副主席，江苏省土木建筑学会第八届和九届理事会常务副理事长、第十届理事会理事长，江苏省硅酸盐学会第七届理事会副理事长、第八届理事会理事长等。

王 超　　水资源保护专家 ▶▶▶

当选时间 2011 年当选中国工程院院士
学　部 土木、水利与建筑工程学部
性　别 男
民　族 汉族
籍　贯 江苏滨海
出生年月 1958 年 7 月 19 日

Yuan Shi Xiao Zhuan
院士小传

　　王超　水资源保护专家。河海大学教授。
1984 年毕业于河海大学农业水利工程系；
1995 年获河海大学水力学及河流动力学专业
博士学位；历任河海大学环境学院院长，河
海大学党委常委、副校长等。2011 年当选中
国工程院院士。

主要成就

长期从事水环境保护与治理科技研究及工程实践工作。在全国水资源保护与水功能区划、城市水生态建设、河流综合治理、太湖流域河网及湖泊水质改善、水利工程的生态效应等方面做出了突出贡献。

获国家自然科学奖二等奖 1 项、国家科学技术进步奖一等奖 1 项、国家技术发明奖二等奖 2 项、国家科学技术进步奖二等奖 2 项、大禹水利科学技术特等奖 1 项等科技奖励 18 项，以及何梁何利基金科学与技术进步奖、中国第六届发明创业特等奖、全国优秀科技工作者、国家教学成果奖二等奖和江苏省教学成果奖特等奖等荣誉，入选国家"万人计划"教学名师。

截至 2022 年，发表论文 500 余篇，其中被 SCI 收录论文 350 余篇，EI 收录论文 380 余篇；出版著作 6 部；主编国家水利行业标准 1 部；获授权国家发明专利 150 余项，国际发明专利 5 项。

社会任职

担任第十三届全国人民代表大会代表，全国政协第十二届委员会委员，国务院学位委员会第七届学科评议组委员，第八届教育部科学技术委员会环境学部委员、副主任，科技部战略咨询与综合评审委员会特邀专家，国家环境咨询委员会委员，水利部科技委员会委员等。

谢剑平　轻工化学工程专家

当选时间	2011 年当选中国工程院院士
学　部	环境与轻纺工程学部
性　别	男
民　族	汉族
籍　贯	江苏武进
出生年月	1959 年 8 月 11 日

院士小传

谢剑平　轻工化学工程专家。国家烟草专卖局、中国烟草总公司首席科学家，研究员、博士生导师。1985 年毕业于轻工业部科学研究院，获工学硕士学位。2011 年当选中国工程院院士。

Zhu Yao Cheng Jiu 主要成就

长期致力于轻工化学工程研究，根据行业发展需求开拓了中式卷烟降焦减害、烟草风味科学等多项研究领域；主持国家科技支撑计划、国家"863计划"、国家自然科学基金委、中国工程院和国家烟草专卖局资助的科研项目30余项。

获国家科学技术进步奖二等奖3项，中国烟草总公司科学技术杰出贡献奖1项，省部级科技进步奖特等奖1项、一等奖4项、二等奖5项，国际烟草科研合作中心（CORESTA）银牌奖和铜牌奖各1项。

截至2022年，发表学术论文100余篇，主编出版专著10部，主持制定行业标准23项，获授权专利62项，指导培养硕士、博士研究生及青年托举人才30余名。

She Hui Ren Zhi 社会任职

担任国际烟草科研合作中心（CORESTA）理事会中国烟草总公司代表，中国烟草学会副理事长，国家科学技术奖评审专家，《中国烟草学报》主编等。

丁荣军 电力电子及控制技术专家

丁荣军

当选时间	2011 年当选中国工程院院士
学　部	机械与运载工程学部
性　别	男
民　族	汉族
籍　贯	江苏宜兴
出生年月	1961 年 11 月 12 日

院士小传

　　丁荣军　电力电子及控制技术专家。株洲电力机车研究所所长，变流技术国家工程研究中心主任，教授级高级工程师。1984 年毕业于西南交通大学电力机车专业；2008 年获中南大学工学博士学位。2011 年当选中国工程院院士。

长期致力于轨道交通牵引控制、牵引变流和网络控制技术的创新研究和成果转化，为中国铁路从普载到重载、从常速到高速的突破发展做出了重大贡献。

主持了交流传动系统及高性能控制技术的研究与应用，创建了适合我国国情的标准体系并与国际接轨的技术模式，获 2005 年国家科学技术进步奖二等奖。主持了特大功率半导体器件技术的研究与应用，构建了我国自主品牌电力电子器件技术体系，获 2010 年国家科学技术进步奖二等奖。已主持了 7 项国家级科研项目，先后获"詹天佑科技成就奖""茅以升科学技术奖""新世纪百千万人才工程国家级人选"和"全国劳动模范"等荣誉。

担任中国共产党第十八次、十九次全国代表大会代表，第十三届全国人民代表大会代表，中国共产党湖南省第十一届委员会委员，全国牵引电气设备与系统标准化技术委员会常务副主任委员，湖南省科学技术协会副主席，大功率交流传动电力机车系统集成国家重点实验室学术委员会委员，中国南车专家委员会委员，西南交通大学电气工程学院、同济大学兼职教授，中南大学特聘教授等。

钱旭红　有机化工专家

当选时间	2011 年当选中国工程院院士
学　　部	化工、冶金与材料工程学部
性　　别	男
民　　族	汉族
籍　　贯	江苏宝应
出生年月	1962 年 2 月 19 日

　　钱旭红　有机化工专家。华东师范大学校长、教授。1982 年毕业于华东化工学院（现华东理工大学），获得工学学士学位；1985 年、1988 年分别于该校获得硕士和博士学位；后在美国、德国从事博士后研究。2011 年当选中国工程院院士。

在有机化工领域的应用基础与工程技术研究和开发工作方面做出了成绩。长期从事应用化学研究，主要聚焦在农药化学和染料化学方面。以氟化和芳杂化为主线，深入开展了含特殊官能团、活性功能团有机化学品的分子设计、合成制备、功能性能评价、构效关系分析及产业化应用。

开发出多氟芳酸等制备的绿色高效关键技术；创制出新机制、性能独特的顺硝烯杂环类和含氟类绿色化学农药，以及分子识别传感和检测分离一体化的萘酰亚胺等芳杂环类荧光功能染料。若干技术实现了产业化或工业化应用，并取得显著的社会效益和经济效益。

研究成果（第一完成人）获得国家科学技术进步奖二等奖 1 项、上海市自然科学奖一等奖 1 项、教育部科技进步奖一等奖 3 项。

发表 SCI 论文 275 篇，EI 论文 64 篇；获得中国授权发明专利 19 项，国际 PCT 专利和美国、欧洲、日本专利共 12 项。

担任大连理工大学"长江学者奖励计划"特聘教授，国家"973 计划"项目首席科学家，中国化工学会副理事长，国家自然科学基金会咨询委员会委员（化学部），英国皇家化学会会士，英国女王大学荣誉博士，亚洲及太平洋化工联盟主席，德国洪堡基金会学术大使等。

蔡美峰　岩石力学与采矿工程专家 ▶▶

院士小传

　　蔡美峰　岩石力学与采矿工程专家。北京科技大学教授，国务院学位委员会矿业工程学科评议组召集人。1967年毕业于上海交通大学；1990年获新南威尔士大学采矿岩石力学博士学位。2013年当选中国工程院院士。

当选时间	2013年当选中国工程院院士
学　　部	能源与矿业工程学部
性　　别	男
民　　族	汉族
籍　　贯	江苏如东
出生年月	1943年5月18日

主要成就

建立了符合工程岩体特性的地应力测量分析理论，发明了一种高精度的地应力测量方法和装置。截至 2021 年 5 月，完成了 15 个矿山和地下工程的地应力现场。针对金属矿床的形成过程和开采稳定性均受地应力控制的特点，提出了以地应力为切入点，根据矿山的实际工程地质和开采技术条件，通过科学的定量计算和分析，选择最合理的采矿方法，确定最佳的开采总体布置、采场结构参数、开采顺序和支护加固措施的金属矿采矿优化理论，并在实际工程中得到成功应用。

获国家科学技术进步奖二等奖 3 项、三等奖 1 项，国家技术发明奖三等奖 1 项。

截至 2014 年 8 月 8 日，发表学术论文 200 余篇，出版学术专著 4 部，其中《地应力测量原理和技术》是国内外第一部系统介绍地应力测量方法和实践的专著。相关成果在相关领域国际刊物上发表论文多篇，得到国际专家的高度评价，并被他们多次引用和介绍。

社会任职

担任国务院学位委员会学科评议组成员，矿业工程学科评议组召集人，中国金属学会常务理事兼采矿分会理事长，中国岩石力学与工程学会副理事长，国务院学位委员会地矿油学科评议组成员，国际岩石力学学会教育委员会主席，吉林大学、西安科技大学双聘院士等。

陈学庚　农业机械设计制造专家

当选时间　2013 年当选中国工程院院士

学　　部　农业学部

性　　别　男

民　　族　汉族

籍　　贯　江苏泰兴

出生年月　1947 年 4 月 29 日

院士小传

陈学庚　农业机械设计制造专家。江苏大学教授。1968 年从新疆兵团奎屯农校（现石河子大学）毕业后被分配到新疆兵团农七师 130 团机械厂工作；1991 年享受国务院政府特殊津贴；1996 年担任新疆农垦科学院农机所所长；2017 年进入石河子大学机械电气工程学院工作；2021 年 5 月，任农业农村部农作物生产全程机械化专家指导组副组长。2013 年当选中国工程院院士。

主要成就

截至 2022 年，已扎根边疆基层一线连续从事农业机械研究与推广工作 55 年。突破了地膜植棉机械化技术关键，攻克了滴灌技术大规模应用农机装备难题，研发了多项棉花生产机械化关键技术与装备，为促成新疆棉花生产的两次飞跃提供了有力的农机装备支撑，为新疆棉花生产全程机械化技术研究和大面积推广应用做出了重大贡献。

获国家及省部级科技进步奖 24 项，其中 1995 年作为第二完成人获国家科学技术进步奖一等奖 1 项，2008 年、2016 年作为第一完成人获国家科学技术进步奖二等奖 2 项，1992 年作为第三完成人获国家星火奖二等奖 1 项，作为第一完成人获省部级科技进步奖一等奖 5 项。

撰写专著 4 部，在《农业机械学报》等国内学术刊物上发表论文 40 余篇；获国家专利 80 余项，专利实施后形成的新产品中有 9 项获"国家重点新产品"。

社会任职

担任中国农业机械学会第十一届理事会名誉理事长，华东交通大学客座教授、机电学院名誉院长，青岛农业大学特聘教授等。

王广基　药物代谢动力学专家 >>

当选时间　2013 年当选中国工程院院士
学　　部　医药卫生学部
性　　别　男
民　　族　汉族
籍　　贯　江苏扬州
出生年月　1953 年 4 月 26 日

院士小传

　　王广基　药物代谢动力学专家。中国药科大学教授、博士生导师，中国药科大学学术委员会主任委员。1977 年从中国药科大学毕业后留校工作；1995 年获新西兰奥塔哥大学博士学位；1997 年至 2013 年，任中国药科大学副校长；2019 年被聘为中国医学科学院学部委员。2013 年当选中国工程院院士。

"863 计划"项目重大专项"临床前药代动力学关键技术及平台研究"的全国牵头人。在国内建立了具有国际先进水平的临床前药代动力学技术平台体系，成为我国创新药物研发的重要支撑，促进了我国创新药的研发及产业化；创建了"靶细胞药代动力学 – 药效学结合研究"新理论及新模型，为靶点在细胞内药物及高端靶向制剂的评价与研究提供了新方法；开拓了中药多成分药代动力学研究的新理论与方法，解决了多个关键技术难题，推动了我国中药新药研发现代化与中药国际化进程。

教育部药物代谢动力学博士学位授权点学科带头人（全国唯一）。获国家科学技术进步奖二等奖 4 项、省部级科技进步奖一等奖 5 项，以及 2012 年何梁何利基金科学与技术进步奖等荣誉。

以第一和通讯作者身份发表 SCI 论文 342 篇，SCI 他引 5 423 次；主编出版的《药物代谢动力学》被教育部推荐为全国研究生用教材。

担任第十一届、十二届全国人民代表大会代表，国家中医药管理局中药复方药代动力学重点实验室主任，中国药学会应用药理专业委员会主任委员，中国药理学会制药工业专业委员会主任委员，江苏省科学技术协会第九届、十届委员会副主席，江苏省药物代谢动力学重点实验室主任，江苏省药理学会理事长等。

刘文清 环境监测技术专家 ➤➤

院士小传 Yuan Shi Xiao Zhuan

当选时间 2013 年当选中国工程院院士
学　　部 环境与轻纺工程学部
性　　别 男
民　　族 汉族
籍　　贯 江苏徐州
出生年月 1954 年 1 月 9 日

　　刘文清 环境监测技术专家。中国科学院合肥物质科学研究院研究员。1954 年 1 月出生于安徽蚌埠；1978 年毕业于中国科学技术大学物理系；1995 年在希腊克里特大学健康科学学院获博士学位。历任安徽光学精密机械研究所所长，国家环境光学监测仪器工程技术研究中心主任等。2013 年当选中国工程院院士。

主要从事环境监测技术和应用研究，发展了环境光学监测新方法，研发了系列环境监测技术与设备并实现了产业化，集成了大气污染综合立体监测系统并进行应用示范。开拓形成了我国环境光学监测技术新领域。

研究成果获国家科学技术进步奖二等奖2项（2007年"空气质量和污染源环境光学监测技术系统与应用"，2011年"大气环境综合立体监测技术研发、系统应用及设备产业化"），省部级科技进步奖一等奖4项；获2012年安徽省重大科技成就奖。

在国内外学术期刊上发表SCI收录论文160余篇，获42项发明专利授权。

担任中国环保产业协会检测仪器委员会副主任，中国海洋物理学会、安徽光学学会理事等。

夏照帆 烧伤外科专家 »»

院士小传

当选时间	2013 年当选中国工程院院士
学　　部	医药卫生学部
性　　别	女
民　　族	汉族
籍　　贯	江苏泰兴
出生年月	1954 年 3 月 16 日

　　夏照帆 烧伤外科专家。第二军医大学上海长海医院烧伤外科主任，全军烧伤研究所所长，中华医学会烧伤外科学分会原主任委员。1954 年 3 月出生于福建福州；1988 年毕业于第二军医大学，获医学博士学位。2013 年当选中国工程院院士。

主要成就

从医执教38年，致力于烧伤疾病的临床诊疗、教学和基础研究工作。20世纪80年代，首次证明了烧伤休克细胞能量代谢障碍假说；率先发现了皮肤成纤维细胞释放 IL-6 在烧伤后全身炎症反应中的重要作用；最早提出了烧伤休克延迟复苏造成重要脏器损伤的三条病理途径；构建的真皮替代模式突破了传统植皮手术瓶颈，减少了供皮区损害，提高了瘢痕性关节功能不全恢复率；建立了肺损伤系统控制技术，烧伤复合肺损伤的救治成功率处于国际领先水平。

先后主持了国际合作重大课题、国家科技支撑计划课题等 20 余项；获国家科学技术进步奖一等奖 1 项、二等奖 2 项、三等奖 1 项，国家发明专利授权 8 项。近年来，带领团队参与了 30 余次重大事故和灾难性事件的烧创伤救治任务，其高尚医德和精湛医术受到社会各界的高度赞扬。

社会任职

担任中华医学会烧伤外科分会主任委员，全军烧伤整形学术委员会副主任委员，上海医学会烧伤外科专业委员会主任委员，上海市医学会常务理事，国际烧伤学会执行委员等。

费爱国

费爱国 指挥信息系统专家

当选时间 2013 年当选中国工程院院士

学　　部 信息与电子工程学部

性　　别 男

民　　族 汉族

籍　　贯 江苏涟水

出生年月 1955 年 7 月 7 日

院士小传 *Yuan Shi Xiao Zhuan*

　　费爱国 指挥信息系统专家。空军研究院某所研究员，中国指挥与控制学会理事长，中国工程院信息与电子工程学部主任，军委科技委网信领域专家组顾问，空军网信首席专家，博士生导师。1981 年于北京邮电学院（现北京邮电大学）获硕士学位；2004 年于北京科技大学获工学博士学位。2013 年当选中国工程院院士。

主要成就

长期从事数据链和指挥信息系统技术研究和工程建设工作。20 世纪 80 年代末，研制了我国首套出口型国家防空指挥信息系统；90 年代，主持了空军首套网络化区域指挥信息系统等多个军队重大科研项目研制。主持完成了我军第一代航空数据链系统论证、关键技术攻关、装备研制、系统试验和考核定型工作，并装备部队使用。

获国家科学技术进步奖一等奖 1 项、二等奖 2 项，军队科技进步一等奖 6 项，何梁何利基金科学与技术进步奖，国务院政府特殊津贴，中国科学技术协会"求是"杰出青年实用工程奖，以及获评全国优秀科技工作者、军队科技领军人才等。

编著出版著作 8 部。

社会任职

担任中国指挥与控制学会第二届理事会理事长等。

郭仁忠　地理信息工程专家

院士小传

当选时间　2013 年当选中国工程院院士
学　　部　土木、水利与建筑工程学部
性　　别　男
民　　族　汉族
籍　　贯　江苏盐城
出生年月　1956 年 8 月 24 日

郭仁忠　地理信息工程专家。深圳大学智慧城市研究院院长、教授、博士生导师，国际欧亚科学院院士。1991 年毕业于法国弗朗什 – 孔泰大学，获地理学博士学位；曾任深圳市规划和国土资源委员会副主任，深圳市规划与国土资源局党组成员、副局长，深圳市国土资源和房产管理局党组成员、副局长，深圳市规划和国土资源委员会（市海洋局）巡视员；兼任武汉大学博士生导师，原国土资源部城市土地资源监测与仿真重点实验室主任，中国城市科学研究会副理事长，原国土资源部科技专家咨询委员会委员，原国家测绘地理信息局科技委员会委员。2013 年当选中国工程院院士。

长期从事地理信息技术理论研究和工程应用工作。20 世纪 90 年代初，在国内最早进行了地理信息空间分析研究，出版了该领域国内最早的理论专著《空间分析》；90年代后期，在深圳主持建成了我国最早的基于 GIS 技术的大型分布式国土资源管理信息系统，引领了我国国土资源管理的信息化进程。

21 世纪初，带领团队进行地图自动综合技术攻关，成果跻身国际先进行列，也是国内第一个投入工程化应用的地图自动综合技术。2000 年获国家科学技术进步奖二等奖。2003 年提出开放式空间信息平台的建设思想，推进了地理信息服务从离线到在线的转变，相应的工程应用成果于 2005 年获国家科学技术进步奖二等奖，并获得 2013 年世界地理空间论坛最佳应用奖。自 2006 年起，开展了三维地籍技术研究，成功解决了三维拓扑关系自动构建等核心技术难题，在国际上率先研发成功三维地籍实用系统，确立了我国在三维地籍研究领域的国际前沿地位。近年来，带领团队聚焦于基于虚拟城市环境的智慧城市大数据平台技术研发，是地理信息技术支撑城市发展的最新前沿领域。

担任原国土资源部城市土地资源监测与仿真重点实验室（筹）主任，原国土资源部科技专家咨询委员会委员，原国家测绘地理信息局科技委员会委员，中国城市科学研究会副理事长，国际测量师协会（FIG）三维地籍工作组成员，《测绘学报》编委等。

朱蓓薇　食品工程领域专家　》》

当选时间　2013 年当选中国工程院院士
学　　部　环境与轻纺工程学部
性　　别　女
民　　族　汉族
籍　　贯　江苏宜兴
出生年月　1957 年 3 月 23 日

Yuan Shi Xiao Zhuan
院士小传

　　朱蓓薇　食品工程领域专家。大连工业大学国家海洋食品工程技术研究中心主任。1957 年 3 月出生于陕西咸阳；1982 年毕业于大连轻工业学院（现大连工业大学）食品工程系；2004 年获日本冈山大学博士学位；兼任第七届国务院学位委员会食品科学与工程学科评议组召集人，中国科学技术协会第九届全国委员会常务委员，中国食品科学技术学会副理事长，中国营养学会副理事长等。2013 年当选中国工程院院士。

主要成就

长期致力于水产品及农产品精深加工的基础理论和应用研究。主持了国家"973 计划"前期研究专项、"十一五"科技支撑计划、"十二五""863 计划"项目、"十三五"重点研发计划专项、国际合作重大项目、国家农转资金计划项目、国家自然科学基金项目等 30 余项。解决了多项食品加工领域的技术难题，创造了显著的社会效益和经济效益。在海洋食品的深加工技术方面取得了一系列创新性成果。

作为第一完成人获 2005 年国家技术发明奖二等奖、2010 年国家科学技术进步奖二等奖、2008 年何梁何利基金科学与技术创新奖、2009 年大连市科学技术功勋奖等。

发表学术论文 200 余篇，出版《海珍品加工理论与技术的研究》等学术著作 10 部，获国际、国内授权发明专利 70 余件。

社会任职

担任中国食品学科教学指导委员会委员，中国食品科学技术学会第六届理事会副理事长，国家高技术研究发展计划（"863 计划"）海洋技术领域主题专家，中国焙烤食品与冷冻食品协会理事，海洋食品教育部工程中心主任，辽宁省食品科学技术学会理事长，辽宁省营养学会副会长，辽宁省食品饮料协会理事，辽宁省海洋食品科学与技术重点实验室主任，辽宁省水产品深加工工程技术研究中心主任，辽宁省食品工程技术研究中心主任，大连市农（水）产品深加工技术研发中心主任，江苏大学食品与生物工程学院博士生导师，陕西理工大学"汉江学者计划"特聘教授、双聘院士，浙江海洋大学、郑州轻工业学院、浙江工商大学、吉林农业大学双聘院士，白银市科技顾问，《轻工学报》学术顾问等。

尤 政 机械电子专家 》》

当选时间 2013 年当选中国工程院院士
学　　部 机械与运载工程学部
性　　别 男
民　　族 汉族
籍　　贯 江苏扬州
出生年月 1963 年 12 月 2 日

Yuan Shi Xiao Zhuan
院士小传

尤政 机械电子专家。华中科技大学党委副书记、校长。1985 年、1987 年、1990 年分别于华中科技大学获工学学士、硕士、博士学位；1990 年至 1992 年，在清华大学从事博士后研究；1992 年晋升为清华大学副教授，同年获国务院学位委员会、教育部授予的"做出突出贡献的中国博士学位获得者"称号；1994 年晋升为清华大学教授；1999 年获聘为教育部"长江学者奖励计划"特聘教授，享受国务院特殊津贴；2005 年获人事部授予的"全国优秀博士后"称号，并入选国家"新世纪百千万人才工程"；2017 年获首届"全国创新争先奖"；2015 年 8 月，任清华大学党委常委、副校长；2021 年 10 月，任华中科技大学党委副书记、校长。2013 年当选中国工程院院士。

主要成就

主要学术方向为智能微系统及其在空间上的应用。在我国率先开展了微纳航天器的技术创新及其工程实践，作为总负责人主持设计、建造、发射和在轨运行"TH-1""NS-1""NS-2"等多颗微纳卫星，其中"NS-1"卫星是当时世界上在轨飞行的最小"轮控三轴稳定卫星"，为我国空间微系统与微卫星的科技进步做出了重要贡献；突破了多项核心技术，研制了微型 MEMS 储能器件及能源微系统、MEMS 太阳敏感器、微／纳型星敏感器、MEMS 开关／继电器、MEMS 扫描镜及探测微系统等一系列具有国际先进水平的器件与微系统，且多种产品已经在航空、航天等领域实现应用。

获国家技术发明奖二等奖 3 项、国家科学技术进步奖二等奖 2 项、国家级奖励不重复的省部级科技奖励 10 余项等。

截至 2022 年，发表 SCI/EI 论文 400 余篇，出版专著 4 部、译著 2 部，获国家授权发明专利 90 余项。

社会任职

担任中国科学技术协会副主席，教育部科技委常务副主任、国防学部主任，国务院学位委员会仪器学科评议组召集人，国家科技部"863 计划"对地观测与导航领域专家组成员，中国仪器仪表学会理事长，中国微米纳米技术学会名誉理事长，中国机械工程学会副理事长，国家产业基础专家委员会副主任，国家制造强国建设战略咨询委员会委员等。

张洪程　作物栽培学与耕作专家 »

当选时间 2015 年当选中国工程院院士
学　部 农业学部
性　别 男
民　族 汉族
籍　贯 江苏南通
出生年月 1951 年 2 月 24 日

Yuan Shi Xiao Zhuan 院士小传

　　张洪程　作物栽培学与耕作学家。扬州大学教授，扬州大学水稻产业工程技术研究院首席科学家。1975 年从江苏农学院（现扬州大学）农学专业毕业后留校任教；1976 年至 1978 年，参加中国科学院青藏高原综合科学考察队工作；1979 年参加江苏省农业区划工作；2007 年被评为江苏省"333 人才工程"首席中青年科学家。2015 年当选中国工程院院士。

是国家重点学科作物栽培学与耕作学学科带头人，长期从事作物栽培学与耕作学教学、科研及推广工作。在新型耕作栽培技术及其应用研究方面，以少免深轮耕与防早衰栽培技术突破，创建了南方稻区以少免耕与抛秧为主体的轻简化耕作栽培技术体系，替代了传统精耕细作，实现了轻简化栽培与稳产增产的统一。在水稻丰产精确定量栽培理论与技术方面，以生育进程、群体动态、关键栽培措施精确定量理论与方法的突破，创建了水稻丰产定量化栽培技术，推动了我国水稻栽培由定性为主向定量化的跨越。在超级稻高产栽培关键技术及区域化集成应用方面，研究提出了超级稻增产瓶颈的破解理论，创建了以标准化育秧、精确化机插、模式化调控为新内涵的机械化高产栽培技术，对我国水稻机械化栽培起了重要引领作用。以上三方面成果相继被原农业部列为全国水稻主推技术，应用后取得了巨大社会效益和经济效益。

先后承担国家科技支撑计划、国家自然科学基金以及省部级重大或重点课题 30 多项，在作物栽培耕作轻简化、精确化、机械化等方面做出了一系列开拓性工作。先后获国家科学技术进步奖二等奖 4 项（其中第一完成人 3 项、第二完成人 1 项）、三等奖 1 项（第三完成人），以第一完成人获得省部级科技进步奖一等奖、二等奖 8 项。

截至 2022 年，发表论文 379 篇，出版著作 18 本，先后获授权发明专利 9 项，培养博士研究生 46 人、硕士研究生 83 人。

担任农业农村部水稻专家指导组副组长，中国作物学会栽培专业委员会主任，农业农村部长江流域稻作技术创新中心主任，《中国农业科学》编委会编委等。

张志愿　　口腔颌面外科学专家

当选时间　2015 年当选中国工程院院士

学　　部　医药卫生学部

性　　别　男

民　　族　汉族

籍　　贯　江苏吴江

出生年月　1951 年 5 月 2 日

院士小传

　　张志愿　口腔颌面外科学专家。中国医学科学院学部委员，上海交通大学光启讲席教授及附属第九人民医院主任医师、博士生导师，国家级重点学科——口腔医学学科带头人，国家口腔医学中心主任，科技部国家口腔疾病临床医学研究中心主任，上海市口腔医学重点实验室主任，中华口腔医学会名誉会长。1975 年毕业于上海第二医学院口腔系；1986 年通过硕士研究生入学考试；1988 年以优异成绩直接攻读博士；1991 年获医学博士学位；曾任上海交通大学医学院附属第九人民医院院长。2015 年当选中国工程院院士。

主要成就

擅长口腔颌面部与头颈部肿瘤的诊治，尤其是口腔颌面部晚期恶性肿瘤侵犯颅底的颅颌面联合切除术、侵犯颈动脉的颈动脉移植术以及口腔颌面头颈部大型血管畸形的临床诊疗和转化医学研究，首创动脉栓塞术 + 手术治疗大型动静脉畸形，翻瓣激光治疗腮腺区静脉畸形。本领域首先完成前瞻性口腔癌化疗药物的临床研究，成果发表于 *Journal Clincal Oncology* 国际顶级杂志。

以第一完成人获得国家科学技术进步奖二等奖 2 项、教育部提名国家科学技术奖自然科学奖二等奖 1 项，全国创新争先奖等；被卫生部评为"有突出贡献的中青年专家"，主编《口腔颌面外科学》（第 8 版）获评首届全国优秀教材（高等教育）一等奖；还曾获上海市十大科技精英，何梁何利基金科学技术进步奖，全国优秀科技工作者，国家教学成果奖二等奖等 10 多项。

截至 2022 年，已发表论文 368 篇，并连续七年入选"高被引学者"；培养硕士、博士 85 名，博士后 5 名。其中获国家杰出青年科学基金项目资助 1 人、长江学者 1 人、国家科技部重大研发项目首席科学家 2 人、国家青年长江学者 1 人、国家海外青年长江学者 1 人、国家级"万人计划"1 人、科技部自然基金会创新群体 1 个、中国科学技术协会 "托举计划"1 人、上海市领军人才 2 人、上海市优秀学科带头人 4 人、上海市青年科技英才 1 人、上海市银蛇奖一等奖与二等奖各 1 人，另有 14 人已晋升上海交通大学医学院博士生导师。

社会任职

担任上海市老专家协会会长，国家医师资格考试命题委员会委员，国际牙医学院院士，日本大阪齿科大学、原中国人民解放军第四军医大学客座教授，香港大学牙医学院、英国爱丁堡皇家牙医学院院士，全国高等医药院校教材《口腔颌面外科学》和五年制临床医学专业教材《口腔科学》主编，《上海口腔医学》主编，《中华口腔医学》《中国口腔颌面外科》《口腔颌面外科》《中国口腔医学年鉴》副主编，多本专业期刊编委和特邀编委等；曾任上海市第四届、五届人民代表大会代表及主席团成员，中华口腔医学会、中国医师协会口腔医师分会副会长，中国抗癌协会头颈肿瘤外科专业委员会主任委员，中华口腔医学会口腔颌面外科专业委员会主任委员、名誉主任委员，国务院学位委员会第五届学科评议组（口腔医学评议组）成员，国家自然科学基金二审专家，上海口腔医学会会长、名誉会长，上海市生物医学学会口腔生物医学工程专业委员会主任委员，上海市高级职称评审委员会委员及口腔专业组组长，亚洲口腔颌面外科医师协会理事等。

顾晓松

医学组织工程学与
神经再生专家

当选时间 2015 年当选中国工程院院士
学 部 医药卫生学部
性 别 男
民 族 汉族
籍 贯 江苏南通
出生年月 1953 年 12 月 2 日

Yuan Shi Xiao Zhuan
院士小传

　　顾晓松 医学组织工程学与神经再生专家。南通大学教授、博士生导师，教育部·江苏省神经再生重点实验室主任，国家药品监督管理局组织工程技术产品研究与评价重点实验室主任。1980 年毕业于南通医学院（现南通大学医学院）；1998 年任南通大学江苏省神经再生重点实验室主任；1999 年至 2004 年，任南通大学医学院院长；2004 年任南通大学校长；2008 年起，任南通大学党委书记；2018 年 4 月 14 日，受聘为天津大学医学部首任主任；2019 年当选中国医学科学院首批学部委员，担任生物医学工程与信息学部委员。2015 年当选中国工程院院士。

主要成就

30 多年来，带领学术团队在组织工程与神经再生研究方面取得了突出的创新性研究成果。提出了"构建生物可降解组织工程神经"的学术观点，被作为新的理念载入英国剑桥大学新版教科书；发明了生物可降解人工神经移植物，在国际上率先将壳聚糖人工神经移植物应用于临床，该产品于 2020 年 11 月获国家药品监督管理局批准注册上市（国械标准 20203130898），入选"中国 2020 年度重要医学进展"；创建了自体骨髓间充质干细胞组织工程神经修复长距离神经缺损的新技术方法，成功修复人正中神经干 8 厘米缺损，术后患者功能恢复良好，获中国发明专利及美国、欧亚、澳大利亚等国际发明专利，为我国组织工程神经的创新与转化应用进入国际领先地位发挥了重要作用。多次应邀在世界再生医学峰会、材料科学大会、香山会议、战略性新兴产业培育与发展、医疗器械创新与产业发展等论坛上作特邀报告。

主持了国家"863 计划"项目、"973 计划"项目课题和国家自然科学基金重点项目，以及面向 2035 我国再生医学创新与产业发展战略研究重点咨询项目。获国家技术发明奖二等奖（排名第一），省部级一、二等成果奖 5 项；获首届国家杰出青年科学基金项目资助，2014 年何梁何利科学与技术进步奖，2017 年全国创新争先奖，2020 年度华夏医学科技奖一等奖；入选 2020 年全球前 2% 顶尖科学家"年度影响力"榜单（神经科学领域）和爱思唯尔 2020 年"中国高被引学者"名单。

主编／副主编专著与教材 8 部；发表 SCI 学术论文 260 余篇，学术论文被 *Cell*、*Science*、*Nature*、*Nature Materials*、*Nature Medicine* 等权威期刊引用和评述，他引 6 000 多次；研究成果被载入 90 多部国际英文专著与教材；获中国发明专利 12 项，国际发明专利 5 项。担任人体解剖学国家精品课程主持人，人体解剖学国家教学团队学术带头人，培育了一支能参与国际竞争的组织工程与神经再生创新团队。

社会任职

担任中国生物医学工程学会副理事长，中国解剖学会名誉理事长，中国医院协会临床新技术应用专业委员会主任委员，世界重建显微外科学会创会会员，国际英文杂志 *Curr Stem Cell Res Ther.* 副主编等。

王建国 建筑学家、建筑教育家 >>

院士小传 *Yuan Shi Xiao Zhuan*

当选时间 2015 年当选中国工程院院士
学　　部 土木、水利与建筑工程学部
性　　别 男
民　　族 汉族
籍　　贯 江苏镇江
出生年月 1957 年 7 月 23 日

　　王建国 建筑学家、建筑教育家。东南大学建筑学院教授、博士生导师，东南大学城市设计研究中心主任，兼任东南大学教学委员会主任、东南大学铸牢中华民族共同体视觉研究基地主任。1978 年进入南京工学院（现东南大学）建筑系学习；1989 年获工学博士学位，先后在东南大学建筑研究所、建筑系和建筑学院任教，历任副所长、副系主任、系主任、学院院长；2001 年受聘为国家级"人才计划"教授并获国家杰出青年科学基金项目资助；2016 年入选"万人计划"领军人才。2015 年当选中国工程院院士。

主要成就

长期从事建筑学、城市设计、建筑遗产保护等领域的前沿研究和工程实践工作，并取得了突出成就。在中国首次较为系统、完整地构建了现代城市设计理论和方法体系，创立了基于人机互动的数字化城市设计范型；从技术层面揭示了城市空间形态"一果多因"的建构机理，初步破解了城市建设中有关高度、密度、风貌优化和管控等方面的城市设计难题，并在城镇建筑遗产多尺度保护领域取得国际领先的重要成就。

主持和作为项目负责人，完成广州总体城市设计、北京老城总体城市设计、南京总体城市设计、沈阳总体城市设计、郑州中心城区总体城市设计、中国国学中心、中国科学院量子信息与量子科技创新研究院、第十届江苏园博园主展馆、牛首山游客中心等100余项重要城市设计及建筑设计。

先后获中国建筑学会设计大奖1项、金银奖各1项，中勘协全国优秀建筑设计和中国城市规划协会全国优秀规划设计一等奖7项、二等奖7项，省部级优秀设计和规划一等奖20余项；多项作品入选国际建协（UIA）展览，获亚建协建筑奖等国际奖多项。科研成果获国家科学技术进步奖一等奖1项，教育部自然科学奖一等奖1项，教育部科技进步奖一等奖1项、二等奖4项，住建部华夏建设科学技术奖一等奖2项；教学成果获国家级教学成果奖一等奖1项、二等奖1项，中国学位与研究生教育学会研究生教育成果奖一等奖，全国百篇优秀博士学位论文奖（导师），国际建协（UIA）优秀教案提名奖，宝钢优秀教师奖特等奖，全国"模范教师"称号等。

截至2022年，发表论文250余篇，出版论著8部。

社会任职

担任世界人居环境学会（WSE）会员，英国皇家建筑学会（RIBA）会员，教育部科技委委员，教育部高等学校建筑类专业教学指导委员会主任，中国建筑学会副理事长，中国城市规划学会副理事长，住建部科学技术委员会城市设计专家委员会主任，中国勘察设计协会城市设计分会会长，雄安新区规划评议专家组专家，中国美术家协会建筑艺术委员会副主任，*Frontiers of Architectural Research* 主编，*Engineering* 编委等。

曹福亮　森立培育学家

当选时间　2015 年当选中国工程院院士
学　　部　农业学部
性　　别　男
民　　族　汉族
籍　　贯　江苏姜堰
出生年月　1957 年 11 月 17 日

曹福亮　森林培育学家。南京林业大学教授，南方现代林业省部共建协同创新中心主任。1982 年毕业于南京林业工业学院（现南京林业大学），获林学专业学士学位；1989 年获森林培育学硕士学位；2004 年获加拿大英属哥伦比亚大学（UBC）森林生态学博士学位；曾任南京林业大学副校长、校长。2015 年当选中国工程院院士。

主要成就

长期从事森林培育、森林生态和森林文化等方面的教学科研和教育教学管理工作。重点对银杏、毛竹、杨树、落羽杉等树种的良种选育、培育技术及加工利用等领域开展了系统和全面的研究，特别是银杏研究在国内外有较大的影响，研究成果得到广泛的推广和应用，为我国银杏产业发展和现代林业建设做出了积极的贡献。

先后获国家科学技术进步奖二等奖 4 项、三等奖 1 项，省部级科技进步奖 20 多项，何梁何利基金科学与技术进步奖 1 项，江苏省教学成果奖特等奖 1 项等；领衔的南京林业大学林木资源高效培育教师团队入选全国高校黄大年式教师团队。

截至 2022 年，发表学术论文 400 余篇，出版《听伯伯讲银杏的故事》《中国银杏》及 *Silvia of China* 等著作 15 部。

社会任职

担任中国林学会副理事长，中国经济林协会副会长，江苏欧美同学会副会长，南京市科学技术协会副主席，中国生态学会顾问，中南林业科技大学名誉校长，《南京林业大学学报》主编等；曾任中国科学技术协会第八届全国委员会委员，江苏省第十二届和十三届人民代表大会代表，江苏省人民代表大会常委会农业和农村工作委员会副主任等。

顾大钊　矿山工程与水文地质专家 ▶▶▶

当选时间　2015 年当选中国工程院院士
学　　部　能源与矿业工程学部
性　　别　男
民　　族　汉族
籍　　贯　江苏滨海
出生年月　1958 年 5 月 1 日

　　顾大钊　矿山工程与水文地质专家。国家能源集团科技委副主任，煤炭开采水资源保护与利用国家重点实验室主任。1982 年毕业于山东科技大学；1988 年在中国矿业大学获博士学位，是我国煤矿建设井巷特殊工程领域的第一位博士；1990 年至 1991 年，在澳大利亚新南威尔士大学从事博士后研究；1993 年在中国矿业大学破格晋升为教授；1995 年作为科技带头人被调入神华集团（现国家能源集团）工作。2015 年当选中国工程院院士。

主要成就

长期从事西部煤炭开采的水资源保护与利用技术研发及工程实践，提出了煤矿地下水库储用矿井水的技术思想，建立了煤矿地下水库理论框架和技术体系，奠定了我国在此技术领域的国际领先地位。煤矿地下水库技术首先在神东矿区全面应用，年供水量超过 7 000 万立方米，提供了该矿区用水量的 95% 以上，为干旱缺水的神东矿区建成世界上唯一 2 亿吨级超大型煤炭基地提供了水资源保障。目前煤矿地下水库技术已在西部其他矿区推广应用，为保护利用我国煤炭开采每年损失的 50 亿吨矿井水开辟了新路径。

获国家科学技术进步奖一等奖 1 项、二等奖 4 项，中国专利金奖 2 项，孙越崎能源大奖等。

截至 2022 年，发表论文 30 多篇，出版专著 5 部，获授权发明专利 30 多项。

社会任职

担任 *Clean Energy* 期刊（ESCI 收录）副主编（2017 年 11 月起），中国煤炭学会副理事长（2018 年 11 月起），中国环境科学学会副理事长（2022 年 2 月起）等。

万建民 水稻分子遗传与育种专家

院士小传

当选时间 2015 年当选中国工程院院士

学　　部 农业学部

性　　别 男

民　　族 汉族

籍　　贯 江苏泰州

出生年月 1960 年 6 月 20 日

　　万建民 水稻分子遗传与育种专家。九三学社中央委员、农林委主任，中国农科院副院长。1982 年毕业于南京农学院（现南京农业大学）农学系；1995 年获日本京都大学农学博士学位。2015 年当选中国工程院院士。

主要成就

长期从事水稻优异基因挖掘和分子育种研究。在国内较早提出和初步实践了作物分子设计育种。在水稻籼粳交杂种优势利用基础研究、品质优异基因挖掘、抗病虫新基因挖掘和优质高产多抗粳稻新品种选育等方面取得了重要进展。

获 2010 年国家科学技术进步奖一等奖，2014 年国家技术发明奖二等奖，2012 年何梁何利基金科学与技术进步奖。

在 *Nature* 等杂志上发表 SCI 论文 180 余篇，出版专著 3 部。培育新品种 13 个，获新品种权 16 项，发明专利 36 项。

社会任职

担任中国作物学会常务副理事长，中国农业生物技术学会理事长，国家转基因生物新品种培育科技重大专项技术总师，国家发改委生物技术产业咨询委员会副秘书长，国家重点研发计划专家组组长等。

钱 锋 自动控制和过程系统工程专家 ▷▷▷

当选时间 2015 年当选中国工程院院士
学　　部 化工、冶金与材料工程学部
性　　别 男
民　　族 汉族
籍　　贯 江苏镇江
出生年月 1961 年 4 月 9 日

院士小传 *Yuan Shi Xiao Zhuan*

　　钱锋　自动控制和过程系统工程专家。华东理工大学教授、博士导师、副校长，化工过程先进控制与优化技术教育部重点实验室主任，过程系统工程教育部工程研究中心主任，国家"973 计划"项目首席科学家，国务院学位委员会控制科学与工程学科评议组成员，中国石油和化工自动化应用协会副理事长。1982 年毕业于南京化工学院（现南京工业大学）；1988 年获华东化工学院（现华东理工大学）工学硕士学位；1995 年获华东理工大学工学博士学位。2015 年当选中国工程院院士。

主要成就

长期从事化工过程资源与能源高效利用的系统运行智能控制和实时集成优化理论方法及关键技术的研究。创新研发了乙烯装置智能控制与优化运行技术和软件，在国内乙烯行业全面推广应用，成效显著；突破了精对苯二甲酸装置全流程优化运行关键技术，实现了工业装置大幅度节能降耗；发明的汽油管道调合优化控制技术，实现了调合过程实时优化系统长周期高效运行。研究成果已在数十套大型石油化工装置上成功应用，取得了显著的经济和社会效益。

先后获得国家科学技术进步奖二等奖4项（3项排名第一，1项排名第二）、省部级科技进步奖一等奖7项（6项排名第一，1项排名第二），于2007年获得何梁何利基金科学与技术创新奖。

发表的论文被SCI/EI收录250余篇，出版专著1部，获授权国家发明专利29项（排名第一），登记国家计算机软件著作权61项。

社会任职

担任九三学社上海市第十七届委员会副主任委员，政协上海市第十三届委员会副主席等。

蒋剑春 林产化工专家

当选时间 2017 年当选中国工程院院士

学　　部 农业学部

性　　别 男

民　　族 汉族

籍　　贯 江苏溧阳

出生年月 1955 年 2 月 9 日

院士小传

　　蒋剑春 林产化工专家。1980 年毕业于华东理工大学；2003 年获得中国林业科学研究院林产化学加工工程专业博士学位；曾任中国林业科学研究院林产化学工业研究所所长兼党委书记。2017 年当选中国工程院院士。

Zhu *Yao Cheng Jiu*
主要成就

长期从事农林生物质热化学转化研究工作。20 世纪 80 年代初，开始潜心研究生物质能源与材料技术，创新了农林生物质热化学定向转化的基础理论与方法，突破了热化学转化制备高品质液体燃料、生物燃气与活性炭材料关键技术，构建了生物质多途径全质利用工程化技术体系，有力地推动了我国农林生物质产业的快速发展。

研究成果被推广应用到全国 15 个省、自治区，主要产品市场占有率在 30% 以上。成套技术和装备出口日本、意大利等 10 多个国家。创建了生物质化学利用国家工程实验室、国家生物基材料产业技术创新战略联盟，在农林生物质热化学转化技术领域做出了突出贡献。

2006 年，作为第五完成人获国家科学技术进步奖一等奖；2009 年、2013 年、2016 年，作为第一完成人获得国家科学技术进步奖二等奖 3 项；2013 年作为第一完成人获得中国专利优秀奖；2005 年至 2019 年，作为第一完成人获得省部级科技奖励 8 项，联合国工业发展组织等机构联合颁发的全球可再生能源最具投资价值领先技术"蓝天奖"1 项。

She *Hui Ren Zhi*
社会任职

担任中国林学会林产化学分会理事长，生物基材料产业技术创新战略联盟理事长，生物质能源产业技术创新战略联盟副理事长，中国林产工业协会副会长，国家林产化学工程技术研究中心主任等。

董家鸿 肝胆外科、肝脏移植专家 ▶▶

当选时间 2017 年当选中国工程院院士
学　　部 医药卫生学部
性　　别 男
民　　族 汉族
籍　　贯 江苏灌云
出生年月 1960 年 3 月 8 日

院士小传

　　董家鸿　肝胆外科、肝脏移植专家。清华大学临床医学院院长，清华大学精准医学研究院院长，清华大学附属北京清华长庚医院执行院长。1993 年毕业于中国人民解放军第三军医大学（现中国人民解放军陆军军医大学）普通外科专业，获博士学位。2017 年当选中国工程院院士。

主要成就

长期从事肝胆胰外科临床与实验研究，学术造诣深厚，外科技艺精湛，临床经验丰富。在肝胆胰外科伤病发病机制及治疗方法的研究中取得了一系列达到国内外先进水平的成果，为改进复杂肝胆胰伤病的外科治疗效果做出了突出的贡献。作为主研人完成的"肝胆管结石及其并发症的外科治疗和实验研究"项目获得 2001 年度国家科学技术进步奖一等奖，填补了国家科学技术进步奖一等奖医药方面连续 8 年的空白。2012 年获得中国名医指南网评选的"百强名医"称号。

先后主持完成了 15 项全军医学重点课题和国家自然科学基金课题。先后获国家科学技术进步奖一等奖 1 项、军队科技进步奖一等奖 1 项、军队医疗成果奖一等奖 1 项、军队科技进步奖二等奖 3 项、军队医疗成果奖二等奖 3 项、重庆市科技进步奖一等奖 1 项，以及吴孟超肝胆外科医学奖和振兴重庆争光贡献奖。此外，2012 年度还荣获"中国名医百强榜"肝脏外科上榜名医（同一科室上榜的名医还有王学浩、杨广顺、严律南、陈孝平、陈规划、吴孟超、郑树森、樊嘉）。

以第一或通讯作者发表文章 135 篇，SCI 论文 20 篇，主编专著 2 部，参编专著 10 余部。

社会任职

担任国际消化外科学会执行委员，原国家卫生部人体器官移植专家委员会委员，中华外科学会常务委员，中华器官移植学会常务委员，中华外科学会胆道外科学组组长，国家科学技术进步奖评审委员会委员，全军医学科学技术委员会委员，军队科技进步奖及医疗成果奖评审委员会委员，全军肝胆外科专业委员会主任委员，齐鲁医院肝胆外科主任，南开大学教授、博士生导师，山东大学博士生导师、特聘教授，《中华消化外科杂志》主编，《中国现代普通外科进展》《中国医学前沿杂志》（电子版）副主编，《中华外科杂志》《中华普通外科杂志》《中华肝脏病杂志》《国际肝胆胰疾病杂志》（英文版）《中国实用外科杂志》《中国现代手术学杂志》《肝胆外科杂志》编委，《第三军医大学学报》常务编委等。

陈 坚 发酵与轻工生物技术专家 ➤➤

当选时间 2017 年当选中国工程院院士
学　部 环境与轻纺工程学部
性　别 男
民　族 汉族
籍　贯 江苏无锡
出生年月 1962 年 5 月 1 日

Yuan Shi Xiao Zhuan
院士小传

　　陈坚　发酵与轻工生物技术专家。江南大学生物工程学院教授、博士生导师。1984年毕业于清华大学环境工程系；后进入无锡轻工业学院（现江南大学）学习，先后获得发酵工程硕士学位（1986）、博士学位（1990）；1999 年入选教育部"跨世纪优秀人才培养计划"；2001 年获得教育部第二届青年教师奖和"全国优秀教师"称号；2004年入选首批"新世纪百千万人才工程"国家级人选；2005 年至 2020 年，任江南大学校长；2021 年获全国五一劳动奖章；2022 年领衔的教师团队入选第二批全国高校黄大年式教师团队。2017 年当选中国工程院院士。

主要成就

针对发酵工业中高产量、高转化率、高生产强度三大关键工程技术难题，创新开发出一系列工程技术，应用于典型发酵产品的工业生产。改进发酵微生物筛选技术，发展代谢调控方法，提升了发酵工程的理论水平。突破重组酶大规模发酵瓶颈，支撑酶技术改造传统行业，实现了节能减排。创新酮酸和柠檬酸发酵模式，保障了重要有机酸发酵技术的国际领先地位。

以第一完成人获国家技术发明奖二等奖 2 项、国家科学技术进步奖二等奖 1 项，获省部级自然科学奖、技术发明奖、科技进步奖 6 项，获何梁何利基金科学与技术创新奖、中国专利金奖、国家杰出青年科学基金项目资助等；担任国家"973 计划"项目首席科学家，负责完成国家科技攻关项目和国家自然科学基金项目等 20 项，科技转让项目 61 项，其中 19 项成果经鉴定达到国际先进或国内领先水平。

主编的《发酵工程原理与技术》获评"十二五"普通高等教育本科国家级规划教材和国家精品课程教材，并获首届全国教材建设奖二等奖；以第一完成人获国家教学成果奖二等奖 1 项；牵头的教学团队获评为全国第一个"发酵工程课程国家级教学团队"，并被评为江苏省高等学校优秀教学团队和江苏省首届十佳研究生导师团队。

指导和培养的研究生中，1 人当选中国工程院院士，8 人次获选"国家杰青"或"长江学者"，5 人次获选"国家优青"或"青年长江学者"，2 名博士生的毕业论文被评为全国百篇优秀博士学位论文。

社会任职

担任国务院学位委员会轻工技术与工程学科评议组召集人，教育部科技委农林学部副主任，中国食品科学技术学会副理事长，中国生物工程学会副理事长，*Food Bioscience* 主编，国际食品科学院（IAFoST）、国际生物过程学会（IBA）会士等。

戴厚良　　石油化工专家

当选时间 2017 年当选中国工程院院士
学　　部 化工、冶金与材料工程学部
性　　别 男
民　　族 汉族
籍　　贯 江苏扬州
出生年月 1963 年 8 月 20 日

　　戴厚良　石油化工专家。中国共产党第十九届中央委员会候补委员，中国石油天然气集团有限公司董事长、党组书记。1985 年毕业于江苏化工学院（现常州大学）；2006 年获南京工业大学化学工程专业博士学位。2017 年当选中国工程院院士。

主要成就

长期从事石油化工生产和技术研发工作，为我国芳烃成套技术国产化做出了重大贡献。主持芳烃成套技术开发，并取得对二甲苯吸附分离技术的关键突破与产业化，使我国成为世界上极少数拥有芳烃成套技术的国家。

获国家科学技术进步奖特等奖1项（第一完成人）、二等奖1项，省部级科技进步奖特等奖1项、一等奖6项等。

主编出版专著《芳烃技术》。

社会任职

担任中国化工学会第四十届理事会理事长，中国科学技术协会第十届全国委员会委员等。

陆 军 预警机信息系统专家

当选时间	2017 年当选中国工程院院士
学 部	信息与电子工程学部
性 别	男
民 族	汉族
籍 贯	江苏苏州
出生年月	1964 年 11 月 5 日

院士小传

陆军 预警机信息系统专家。中国电子科技集团公司首席科学家。1988 年 6 月毕业于中国科技大学无线电系通讯与电子系统专业，获硕士学位。2017 年当选中国工程院院士。

主要成就

是我国预警机信息系统领域学术带头人。建立了我国预警机信息系统技术体制，突破了综合效能、空地协同两项关键技术，主持完成首型国产预警机、出口预警机及空地协同系统的研制，实现了我国预警机技术跨越式发展，为我国预警机信息系统的建立和发展做出了突出贡献。

获国家科学技术进步奖特等奖、五一劳动奖章、国资委优秀党员、光华工程科技奖、CCTV 创新人物等荣誉。团队获国家科技部"创新团队"称号。

获授权发明专利 13 项，出版论著 22 部。

社会任职

担任中国电科电子科学研究院预警机领域首席科学家、预警机总师等。

唐 立　武器物理研究和设计专家 ▶▶

当选时间　2017 年当选中国工程院院士
学　　部　能源与矿业工程学部
性　　别　男
民　　族　汉族
籍　　贯　江苏宜兴
出生年月　1965 年 12 月 5 日

Yuan *Shi Xiao Zhuan*
院士小传

　　唐立　武器物理研究和设计专家。北京应用物理与计算数学研究所总工程师。1988年毕业于北京航空航天大学。历任北京应用物理与计算数学研究所第三研究室助理研究员、应用物理部副主任兼室主任、副总师、副所长、型号总师、总工程师等。2017 年当选中国工程院院士。

主要成就

我国武器物理研究与设计领域优秀学术带头人之一。作为物理研究与设计的主要参加者或负责人，在我国武器初级设计技术突破及其系列试验、武器型号研制、国家重大实验任务等工作中，做出了一系列应用和集成创新研究工作。

获国家科学技术进步奖一等奖 3 项、省部级科技进步奖一等奖 6 项，以及全国杰出专业技术人才、全国优秀科技工作者、何梁何利基金科学与技术进步奖等荣誉。

社会任职

担任原总装备部武器技术专业组成员，四川大学电气信息学院学科发展咨询理事会名誉理事长等。

王 琦　　中医学家

当选时间 2019 年当选中国工程院院士
学　　部 医药卫生学部
性　　别 男
民　　族 汉族
籍　　贯 江苏高邮
出生年月 1943 年 2 月 12 日

院士小传

王琦　中医学家。国医大师，教授，北京中医药大学国家中医体质与治未病研究院院长。1980 年毕业于中国中医科学院（原中医研究院），获硕士学位。2019 年当选中国工程院院士。

主要成就

坚持临床 50 多年，在代谢性疾病、过敏性疾病及男性生殖疾病诊疗上卓有建树，于 2014 年被评为国医大师。从事中医体质研究 40 多年，发现了中国人的 9 种体质类型及体质和疾病的相关性。创立了中医体质学新学科，制定了我国首部体质分类行业标准，创建了体质辨识法，为中医科学创新成果进入国家公共卫生体系的历史性突破。开创了中医男科学，首创调整体质治疗男性不育等疾病，研发出国家三类新药 2 项。

任 "973 计划" 项目首席科学家，主持国家级课题 15 项。以第一完成人获国家科学技术进步奖二等奖 1 项、省部级一等奖 9 项，还获何梁何利基金科学与技术进步奖等。

以第一或通信作者发表中英文论文 430 余篇，获国家发明专利 18 项，研发国家新药 2 项。

社会任职

担任中国医学科学院学部委员等。

张佳宝　　土壤学家

院士小传

张佳宝　土壤学家。中国科学院南京土壤研究所研究员、博士生导师、土壤养分管理国家工程实验室主任，中国科学院大学教授、南京学院资源环境与地球科学学院院长，浙江大学"求是"讲座教授。1982 年南京农业大学土壤农业化学本科毕业；1985 年中国科学院南京土壤研究所理学硕士；1990 年国际水稻研究所／菲律宾大学土壤学博士。两任国家"973 计划"项目首席科学家，"十三五"国家重点研发计划"粮丰"专项项目负责人，"十四五"国家重点研发计划"黑土地保护与利用"专项专家组组长，中国科学院先导科技专项（A 类）"黑土粮仓"科技攻关总科学顾问，第三次全国土壤普查建议人及专家技术指导组组长。2019 年当选中国工程院院士。

当选时间	2019 年当选中国工程院院士
学　　部	农业学部
性　　别	男
民　　族	汉族
籍　　贯	江苏高邮
出生年月	1957 年 9 月 1 日

主要成就

矢志不渝地从事土壤物质循环规律、土壤信息快速获取、土壤改良及地力提升方面的研究工作 40 年。近年来，针对我国中低产田土壤障碍多、地力水平低两大难题进行突破，创建了土壤障碍分类消减、富养型激发式快速培肥地力、易涝渍农田水土联治等理论与技术体系，创新了土壤参数探测技术与设备，牵头建立了我国农田试验站联网研究平台和土壤养分管理国家工程实验室，形成了新一代国际先进水平的土壤改良、利用和保育的理论基础、关键核心技术、现代支撑设备和一流研发平台体系。以科技支撑国家中低产田治理、高标准农田建设和地力提升行动，推动全国第三次土壤普查以及国家黑土地保护利用研究和工程专项的实施，为我国耕地的保护和质量提升做出了突出贡献。

先后获得国家科技进步奖二等奖 3 项、国家科技进步奖一等奖 1 项等奖项。

截至 2022 年，发表学术论文 478 篇，其中 SCI 收录论文 186 篇；出版中文专著 6 部、英文编著 1 部；获国家授权专利 47 件、软件著作权 22 件。

社会任职

担任国际土壤学联合会副主席，国际土壤学联合会土壤工程与技术委员会主席，中国土壤学会理事长，中国生态研究网络科学委员会副主任，中国科学院合肥智能机械研究所学术所长，山西农业大学资源环境学院学术院长等。

沈洪兵 流行病学家

当选时间 2019 年当选中国工程院院士
学　部 医药卫生学部
性　别 男
民　族 汉族
籍　贯 江苏启东
出生年月 1964 年 5 月 29 日

Yuan Shi Xiao Zhuan 院士小传

沈洪兵 流行病学家。国家疾病预防控制局副局长，中国疾病预防控制中心主任，南京医科大学流行病学教授。1981 年至 1986 年，在南京医学院（现南京医科大学）卫生系卫生专业学习，获学士学位；1986 年至 1989 年，在南京医学院卫生系流行病学专业学习，获硕士学位，同年进入南京医科大学流行病学系任教；1996 年至 1999 年，在上海医科大学（现复旦大学）公共卫生学院流行病学专业学习，获博士学位；2011 年 10 月起，任南京医科大学副校长、党委常委；2014 年 4 月起，任南京医科大学校长、党委副书记；2021 年 4 月起，任国家疾病预防控制局副局长；2022 年 7 月起，任中国疾病预防控制中心主任。2019 年当选中国工程院院士。

主要成就

长期从事流行病与卫生统计学（预防医学）方向的人才培养、科学研究和社会服务工作。从事肿瘤分子流行病学研究 30 余年，在肺癌易感基因和驱动基因发现以及高危人群防治策略等方面开展了系统性、创新性研究。在胚系遗传层面新发现 21 个中国人群肺癌易感基因，建立了中国人群肺癌分子遗传图谱，并创建了多遗传风险评分（PRS）；在体细胞基因组层面首次揭示了中国人群肺癌关键驱动基因及其分子机制，不仅为研究肺癌发生发展机制提供了新靶点，而且成功应用于肺癌发病风险预测，为肿瘤基因预测和精准预防做出了重要贡献，推动了我国肿瘤分子流行病学学科跻身国际前列。

作为第一完成人获国家自然科学奖二等奖、何梁何利基金科学与技术进步奖、国家教学成果奖二等奖等多项奖励。

截至 2022 年，在国内外刊物上发表论文 600 余篇，SCI 论文 559 篇，SCI 他引 32 664 次，单篇最高他引 780 次；2014 年至 2021 年，连续 8 年入选爱思唯尔"中国高被引学者"名单，H 指数为 57；获国家发明专利授权 14 件。

社会任职

担任中国抗癌协会肿瘤流行病学专业委员会主任委员，教育部科学技术委员会生物与医学学部委员，英国皇家内科医学院公共卫生学院院士等。

陈 卫　食品微生物科学与工程专家 ▶▶▶

当选时间	2019 年当选中国工程院院士
学　　部	环境与轻纺工程学部
性　　别	男
民　　族	汉族
籍　　贯	江苏江都
出生年月	1966 年 5 月 27 日

Yuan Shi Xiao Zhuan 院士小传

　　陈卫　食品微生物科学与工程专家。江南大学党委副书记、校长。1988 年获无锡轻工业学院（现江南大学）食品科学专业学士学位；1995 年获无锡轻工大学（现江南大学）食品工程专业硕士学位；2003 年毕业于江南大学食品学院，获博士学位；2010 年至 2017 年，任江南大学食品学院院长；2017 年至 2020 年，任江南大学副校长；2020 年起，任江南大学校长。2019 年当选中国工程院院士。

主要成就

长期从事功能性食品微生物的研究与开发。主要工作包括构建益生菌选育体系和菌种库，突破菌种高密度培养和高效制备关键技术，创新开发了益生菌营养功能食品。

以第一完成人获国家技术发明奖二等奖、国家科学技术进步奖二等奖、中国专利奖金奖各1项，省部级一等奖5项；作为首席专家主持"十二五"国家"863计划"重点项目、国家自然科学基金重点项目等科研项目；领导团队入选教育部创新团队和科技部重点领域创新团队；获批"长江学者奖励计划"特聘教授和国家"万人计划"科技创新领军人才；获国家杰出青年科学基金项目资助。

发表科研论文400余篇，其中SCI论文300余篇；获授权发明专利90件，其中国际发明专利13件。

社会任职

担任国务院学位委员会第七届、八届学科评议组（食品科学与工程）成员，中国食品科学技术学会第六届理事会常务理事，中国营养学会营养与保健食品分会第四届委员会副主任委员等。

邵新宇　　机械制造自动化专家

院士小传

当选时间 2019 年当选中国工程院院士
学　　部 机械与运载工程学部
性　　别 男
民　　族 汉族
籍　　贯 江苏靖江
出生年月 1968 年 11 月 28 日

　　邵新宇　机械制造自动化专家。科技部副部长、党组成员，制造装备数字化国家工程研究中心主任，国务院学位委员会机械工程学科评议组成员，教育部科技委先进制造学部常务副主任。1990 年、1998 年分别获华中理工大学学士、博士学位（1995 年 1 月至 1998 年 8 月，在美国密西根大学－迪尔波恩联合培养）。2019 年当选中国工程院院士。

Zhu *Yao Cheng Jiu* 主要成就

长期致力于汽车制造关键工艺与装备的理论研究、技术开发和工程应用。主持研发了多种工艺技术创新的车身大功率激光加工装备与生产线以及整车与发动机制造执行优化数字化平台，在一汽、东风、上汽等成功应用，并推广至航空、船舶等领域，取得了显著的社会和经济效益。

获国家科学技术进步奖一等奖 1 项（排名一）、二等奖 3 项（排名第一、第二、第五），省部级一等奖 2 项，何梁何利基金科学与科技进步奖等。教育部"长江学者奖励计划"特聘教授，国家杰出青年科学基金获得者，"973 计划"项目首席科学家，基金委创新群体牵头人。

发表论文 300 余篇，出版专著 3 部，获授权发明专利 60 余项。

She *Hui Ren Zhi* 社会任职

担任国家"863 计划"科技部先进制造领域"重大装备与工艺技术"主题专家组召集人，国家自然科学基金委"高性能数字制造装备的基础研究"创新研究群体负责人，国务院学位委员会机械工程学科评议组成员，教育部"数字化设计与制造"创新团队负责人，教育部科学技术委员会先进制造学部常务副主任，支撑计划"数控一代机械产品创新应用示范工程"专家组组长，国家自然科学基金委员会材料与工程学部专家评审组成员，制造装备数字化国家工程研究中心主任，中国机械工程学会高级会员，湖北省机械工程学会理事，湖北省机械工程学会机械工业自动化专业委员会理事，武汉市科技局专家委员会现代制造组组长等。

黄殿中　信息与电子工程管理专家 »

当选时间	2021 年当选中国工程院院士
学　　部	工程管理学部
性　　别	男
民　　族	汉族
籍　　贯	江苏新沂
出生年月	1952 年 1 月 14 日

人物小传

　　黄殿中　信息与电子工程管理专家。中国信息安全测评中心专家委员会副主任，中国科学院信息安全国家重点实验室学术委员会副主任。1976 年毕业于南京化工学院（现南京工业大学）无机化工专业。2021 年当选中国工程院院士。

Zhu Yao Cheng Jiu 主要成就

　　长期从事专用通信与网络空间安全技术、管理的研究与实践。先后主持并承担了国家"863 计划"重点项目、国家重大科技工程等，创造性地解决了多项关键性技术难题，部分成果填补了我国相关技术领域的空白。致力于运用系统工程理论解决大型工程管理难题，提出了信息安全工程协同创新管理模式，构建了全周期、多维度的工程管理体系。

　　先后获国家科学技术进步奖一等奖 2 项，国家技术发明奖二等奖 1 项；培养出多名中青年创新领军人才和 2 个国家科技创新团队，为我国网络空间安全等领域的科技发展做出了突出贡献。

She Hui Ren Zhi 社会任职

　　担任第十七届、十八届中央纪律检查委员会委员等。

贾伟平　内分泌病学与代谢病学家 ▶▶

当选时间　2021 年当选中国工程院院士
学　　部　工程管理学部
性　　别　女
民　　族　汉族
籍　　贯　江苏镇江
出生年月　1956 年 11 月 20 日

Yuan Shi Xiao Zhuan
院士小传

　　贾伟平　内分泌病学与代谢病学家。上海交通大学特聘教授、博士生导师、主任医师。1978 年从西安医学院（现西安交通大学医学部）毕业后，担任陕西省农垦局职工医院住院医师；1981 年至 1993 年，担任青岛经贸部疗养院住院医师、主治医师；1993 年获得西安医科大学（现西安交通大学医学部）硕士学位，后进入上海市第六人民医院工作；1999 年至 2005 年，担任上海第二医科大学（现上海交通大学医学院）市第六临床医学院副院长；1999 年后，历任上海市糖尿病研究所常务副所长、所长；2001 年至 2006 年，担任上海市糖尿病临床医学中心副主任；2003 年获得上海第二医科大学博士学位；2007 年担任上海市糖尿病临床中心主任；2008 年担任上海市糖尿病重点实验室主任；2020 年被聘为中国医学科学院学部委员。2021 年当选中国工程院院士。

长期致力于糖尿病精准诊疗、预警筛查、发病机制的研究及防治工程管理。揭示了国人糖尿病的遗传特征，构建了中国 2 型糖尿病遗传预警模型和降糖药物疗效的遗传预测模型，指导个体化用药。建立了适合国人的腹型肥胖的诊断标准；创建了国际首个持续葡萄糖监测正常参考值和评价临床疗效的判断标准，揭示了血糖波动与糖尿病发生发展的关系；创建了医院－社区一体化糖尿病防控新模式，提高了糖尿病患者血糖控制达标率；发现 FGF21 是非酒精性脂肪肝的新标志物，揭示了它在肝脏及脂肪组织中糖脂代谢的调控机制。

先后主持国家重点基础研究发展计划（"973 计划"）及国家重点研究发展计划等项目。获得国家科学技术进步奖二等奖 2 项（分别排名第一、第二）、省部级科学技术进步奖一等奖 5 项（排名第一）以及何梁何利基金科学与技术进步奖、吴阶平－保罗·杨森医学药学奖、谈家桢临床医学奖、亚洲糖尿病流行病学杰出研究奖（ Distinguished Research Award for Epidemiology of Diabetes in Asia ）。是国务院政府特殊津贴专家，获得"全国先进工作者""全国优秀科技工作者""上海市科技精英"等荣誉称号。

先后以通讯（含共同通讯）作者身份在 *BMJ*、 *Diabetes Care*、 *Lancet Diabetes Endocrinol* 等国际权威期刊上发表论文 299 篇，主编了国际首部持续葡萄糖监测中英文专著。

担任第十一届、十二届全国人民代表大会代表，国家基层糖尿病防治管理办公室主任，国家心血管病专家委员会第二届委员会委员，国务院健康中国行动推进委员会专家咨询委员会委员，国际糖尿病联盟西太平洋地区执委、亚洲糖尿病协会理事、中国医学科学院学术咨询委员会临床医学部委员，中华医学会糖尿病学分会主任委员，中国医院协会常务理事，疾病预防控制专家咨询委员会专家，九三学社第十三届、十四届中央委员会委员，九三学社上海市第十四届至十七届委员会常委，政协上海市第九届、十届委员会委员，上海市医学会内科专科分会主任委员，上海市医院协会副会长，上海市政府参事，《中华内科杂志》总编辑， *Journal of Molecular Cell Biology* 副主编， *The Lancet Diabetes Endocrinology* 编委等。

沈其荣 土壤肥料学家

院士小传

当选时间 2021 年当选中国工程院院士

学　　部 农业学部

性　　别 男

民　　族 汉族

籍　　贯 江苏无锡

出生年月 1957 年 8 月 22 日

　　沈其荣 土壤肥料学家。南京农业大学资源与环境科学学院教授，南京农业大学学术委员会主任，国家有机（类）肥料产业技术创新战略联盟理事长。1987 年 12 月，获南京农业大学博士学位；1994 年 6 月至 1995 年 6 月，任英国伦敦大学高级访问学者；1995 年 11 月起，任南京农业大学资源与环境系系主任；1995 年 12 月起，任南京农业大学教授、博士生导师；1996 年 5 月起，任南京农业大学资源与环境科学学院院长；1998 年 4 月至 1998 年 7 月，任英国雷丁大学高级访问学者；2001 年 7 月至 2001 年 10 月，任德国基尔大学高级访问学者；2006 年 1 月起，任南京农业大学副校长；2018 年 5 月起，任南京农业大学学术委员会主任。2021 年当选中国工程院院士。

主要成就

长期从事有机（类）肥料和土壤微生物研究与推广工作，为有机肥产业化高质量发展提供了强有力的技术支撑，为中国土壤生物肥力提升和有机（类）肥料产业的发展做出了重大贡献。

以第一完成人获国家技术发明奖二等奖（2011）、国家科学技术进步奖二等奖（2015）、国家专利金奖（2010）、国家教学成果奖二等奖（2009）各1项，省部级一等奖6项，以及获光华工程科技奖、全国创新争先奖、中华农业英才奖、国家教学名师、江苏省十大杰出专利发明人等荣誉。

以第一或通讯作者身份发表SCI论文130多篇，H指数为65；2014年以来，入选爱思唯尔"中国高被引学者"名单；2019年以来，入选科睿唯安"全球高被引科学家"名单。以第一和第二完成人共获中国发明专利90多件、国际PCT专利6件，其中50多件专利技术在企业转化应用。

社会任职

担任过国家"973计划"项目首席科学家，国家"863计划"项目现代农业领域主题专家，国家自然科学基金委生命学部专家咨询委员会委员，国务院学位委员会农业资源与环境学科评议组召集人，农业部耕地质量建设与管理专家组组长，江苏省自然科学基金委农业学科组组长等。

林 鸣　　桥梁隧道工程专家

当选时间　2021 年当选中国工程院院士
学　部　工程管理学部
性　别　男
民　族　汉族
籍　贯　江苏南京
出生年月　1957 年 10 月 4 日

院士小传

　　林鸣　桥梁隧道工程专家。中国交通建设集团有限公司总工程师。1978 年就读于南京交通高等专科学校（2000 年并入东南大学）；2010 年 12 月起，担任港珠澳大桥岛隧工程项目总经理、总工程师；2015 年 4 月 28 日，被中共中央、国务院授予 2015 年"全国劳动模范"荣誉称号。2021 年当选中国工程院院士。

主要成就

在桥隧工程一线工作40年，主持港珠澳大桥岛隧工程等多项国家重大工程建设，主持建成我国首条、世界最长跨海公路沉管隧道，主持攻克多座国家重点公路桥梁工程关键难题，是我国公路桥隧领域施工技术与工程管理的带头人之一。在岛隧技术自主创新上取得了重大突破，创建了"模式、技术、方法"深度融合的工程管理体系，为我国公路沉管隧道跨入世界领先国家行列做出了重大贡献。

获国家科学技术进步奖二等奖2项，中国优秀专利奖2项，省部级科技进步奖特等奖5项、一等奖11项；还获中国质量奖（个人）、全国企业管理现代化创新成果一等奖（主创人）等奖项；被授予首届"央企楷模""全国劳动模范""全国优秀共产党员"等荣誉称号。

发表论文38篇，出版专著8部，获授权发明专利67项（国外9项）。

社会任职

担任长沙理工大学客座教授等。

蒋建东　　药理学专家

当选时间	2021 年当选中国工程院院士
学　　部	医药卫生学部
性　　别	男
民　　族	汉族
籍　　贯	江苏南京
出生年月	1958 年 11 月 8 日

　　蒋建东　药理学专家。中国医学科学院医药生物技术研究所研究员。1988 年于复旦大学上海医学院获医学博士学位；1989 年至 1999 年，在美国纽约大学西奈山医学中心学习、工作，回国前任肿瘤系临床免疫实验室主任；1999 年至 2010 年，在中国医学科学院医药生物技术研究所工作，先后任研究员、病毒研究室主任、所长助理、副所长、所长；2010 年 10 月至 2021 年 1 月，任中国医学科学院药物研究所所长。2021 年当选中国工程院院士。

主要从事的工作包括病毒（HIV、HBV、HCV）抗肿瘤药物的研究、基因与药物效果的研究以及 AIDS 人体分子遗传学的研究。同时还致力于医药生物技术的整体发展与规划，希望将医药生物技术变成我国 21 世纪的经济支柱。主要从事抗感染、抗癌和糖脂代谢紊乱的新药研究。

1999 年获国家自然科学基金杰出青年奖和香港"求是"科学基金优秀青年学者奖，2003 年获卫生部"有突出贡献的中青年专家"称号，牵头的抗感染药物研究团队 2009 年获"全国杰出专业技术人才先进集体"奖，2011 年获国家科学技术进步奖二等奖；2005 年成为"全球重大卫生挑战计划"（GCGH，美国 NIH/ 比尔·盖茨基金会）第十主题项目首席专家（GCGH-#577 项目）。

在 *Nature Medicine*、*Cancer Cell*、*Hepatology*、*PNAS*、*Cancer Research* 等国际著名 SCI 杂志上发表论文 90 余篇，获得中美专利 10 余项，被临床运用的药物研究 2 项。

担任农工党中央委员会常委，北京市委员会副主任委员，全国政协第十三届委员会委员，《药学学报》（英文版）主编，国务院学位委员会委员等。

沈政昌 矿物加工专家

院士小传

当选时间	2021 年当选中国工程院院士
学　　部	化工、冶金与材料工程学部
性　　别	男
民　　族	汉族
籍　　贯	江苏常熟
出生年月	1960 年 5 月 15 日

　　沈政昌　矿物加工专家。矿冶科技集团有限公司首席科学家，博士生导师。1982 年获得北京钢铁学院（现北京科技大学）学士学位；2008 年获得北京科技大学博士学位。2021 年当选中国工程院院士。

主要成就

我国浮选装备学术带头人，一直从事选冶过程技术研究及工程转化研究，对我国浮选装备大型化、高效化、专属化，创建和完善新的浮选装备体系，以及矿产资源的高效开发发挥了关键作用。提出了浮选过程动力学新观点，丰富和发展了浮选装备研究的基础理论，攻克了一批核心关键技术，开发了具有自主知识产权的系列大型浮选装备，使我国成为全球浮选装备技术三大强国之一。开发了世界上最大容积的 680 立方米智能高效浮选装备，实现了我国浮选机大型化技术从赶超先进到引领发展的跨越。创建和完善了我国新的浮选装备体系，27 个系列、400 余种规格，可满足不同矿物、规模选矿厂的需求，大幅提高了我国矿产资源的综合利用率，推动了矿物加工工艺的变革与进步。开发的浮选装备联合机组配置技术，解决了选矿厂浮选装备和流程技术升级的重大难题。形成的系列专属浮选装备，保障了战略矿产资源的高效开发。

先后获得国家科学技术进步奖二等奖 2 项，国家发明奖三等奖 2 项、四等奖 1 项。获部级科学技术进步奖四等奖 1 项，获部级科技进步奖三等奖 3 项，获部级科技进步二等奖 5 项。获第四届中国优秀青年科技创新奖，中国发明协会颁发的"发明创新杯"，茅以升科学技术奖北京青年科技奖，北京市"有突出贡献的科学、技术、管理专家"，国家产学研联合先进个人。入选"跨世纪优秀人才工程"一、二层次培养人选，"新世纪百千万人才工程"培养人选；享受国务院政府特殊津贴，担任科技部重点学科带头人。"十一五"期间主持研发 200 米大型充气机械搅拌式浮选机，并被授予"'十一五'国家科技计划执行突出贡献奖"；2019 年 9 月 4 日，被公示为"中央企业劳动模范"（公示期为 2019 年 9 月 4 日至 10 日）；2019 年 11 月 18 日，获得 2019 年度何梁何利基金科学与技术创新奖（产业创新奖）；2021 年 6 月，被国资委党委授予"中央企业优秀共产党员"称号。

先后在国内外学术刊物和专业学术会议上发表论文 40 余篇。

社会任职

担任中国有色金属学会第八届理事会特邀副理事长等。

高宗余 | 桥梁工程设计专家 >>>

当选时间 2021 年当选中国工程院院士
学　　部 土木、水利与建筑工程学部
性　　别 男
民　　族 汉族
籍　　贯 江苏南京
出生年月 1964 年 1 月 25 日

院士小传

　　高宗余　桥梁工程设计专家。教授级高级工程师，全国工程勘察设计大师，中铁大桥勘测设计院集团有限公司总工程师，中铁大桥局高级技术专家，桥梁结构健康与安全国家重点实验室副主任、学术带头人。1985年毕业于西南交通大学。2021 年当选中国工程院院士。

Zhu Yao Cheng Jiu 主要成就

长期坚守在桥梁科研、设计、施工一线，从事桥梁工程设计和研究工作，在高速铁路大跨度桥梁、多塔缆索承重桥梁、跨海大桥设计方面取得了突出成绩。

先后荣获国家科学技术进步奖6项（其中，特等奖1项，一等奖1项，二等奖4项），全国工程设计金奖、银奖各1项，省部级奖项8项。曾获"全国优秀科技工作者""中央企业劳动模范""全国杰出专业技术人才""FIDIC中国优秀青年咨询工程师"等荣誉称号，以及詹天佑铁道科学技术大奖、首届全国创新争先奖章。

发表论文47篇，出版专著2部，获授权发明专利23项。

She Hui Ren Zhi 社会任职

担任湖北省第十届、十一届人民代表大会常务委员会委员等。

孙友宏　地质资源与地质工程专家 ▶▶▶

当选时间 2021 年当选中国工程院院士
学　　部 能源与矿业工程学部
性　　别 男
民　　族 汉族
籍　　贯 江苏如皋
出生年月 1965 年 7 月 31 日

院士小传

　　孙友宏　地质资源与地质工程专家。中国地质大学（北京）党委副书记、校长。1987 年 9 月，在长春地质学院探矿工程系钻探工程专业本科获学士学位；1990 年 7 月，在长春地质学院探矿工程系钻探工程专业获硕士学位并留校任探矿工程系教师；1995 年 4 月，任长春地质学院勘察工程系副主任；2001 年 5 月，任吉林大学建设工程学院副院长；2008 年 12 月，任吉林大学建设工程学院院长；2015 年 8 月，任吉林大学党委常委、副校长；2019 年 3 月，任中国地质大学（北京）党委副书记、校长。2021 年当选中国工程院院士。

主要成就

长期从事潜在油气资源钻采、科学钻探和仿生机具等领域研究。一直在高效耐磨仿生金刚石钻头材料、仿生钻探机具、大陆深部科学钻探装备技术和潜在油气资源钻采技术等研究领域从事复杂条件钻采技术研究；致力于探矿工程理论研究、技术创新和装备研发，围绕天然气水合物和地球深部探测等国家重大战略需求，开展探矿工程前沿技术攻关，并用于生产实践；主持研发了中国"地壳一号"万米大陆科学钻探钻机、高性能全液压地质系列钻机、陆地冻土带天然气水合物冷钻热采技术、高效耐磨仿生金刚石钻头、油页岩地下原位裂解技术等。

是中国地质工程（探矿工程领域）学科带头人之一，主持创建了"复杂条件钻采技术自然资源部重点实验室"和"油页岩地下原位转化与钻采技术国家地方联合工程实验室"。

截至 2020 年 11 月，主持承担科技部、原国土资源部、教育部和国家自然科学基金委等各类科研项目 40 余项。获国家技术发明奖二等奖 2 项（均排名第一）、省部级科学技术奖一等奖 5 项（均排名第一）以及原国土资源部"百名跨世纪科技人才"称号、国务院政府特殊津贴、第三届教育部高校青年教师奖、第十三届光华工程科技奖等荣誉。

以第一作者（通讯作者）身份公开发表论文 112 篇，出版著作 3 部；以第一发明人授权发明专利 59 件，相关成果被选入教育部"中国高等学校十大科技进展"。

社会任职

担任第七届、八届国务院学位委员会学科评议组成员（地质资源与地质工程），第七届、八届教育部科学技术委员会地学与资源学部副主任，教育部高校地质类专业教学指导委员会副主任委员，中国地质学会探矿工程专业委员会副主任，高校资源环境扶贫联盟理事长等。

吴剑旗

吴剑旗 雷达领域专家

当选时间	2021 年当选中国工程院院士
学　　部	信息与电子工程学部
性　　别	男
民　　族	汉族
籍　　贯	江苏无锡
出生年月	1966 年 7 月 23 日

人物小传 *Ren Wu Xiao Zhuan*

　　吴剑旗 雷达领域专家。中国电子科技集团公司首席科学家，集团公司第三十八研究所科学技术委员会主任。1966 年 7 月出生于四川宜宾；1987 年毕业于北京航空航天大学，获学士学位；1990 年、2018 年分别于电子科技大学获硕士、博士学位。2021 年当选中国工程院院士。

长期专注于米波反隐身雷达理论研究、关键技术攻关和工程研制工作。提出米波反多径干涉理论模型和方法等，攻克米波雷达盲区大、不能测高、分辨力低和测距精度差等世界性难题，主持研制成功我国首型米波三坐标（3D）雷达、世界首部米波稀布阵4D雷达和米波搜索制导雷达等反隐身装备。增强了我国土防空反隐身能力，形成大范围对隐身飞机的警戒和引导打击能力。

获国家科学技术进步奖一等奖1项、二等奖3项，国防科技奖一等奖、二等奖多项，中国电子科技集团特等奖、一等奖等多项科技奖项，以及"全国先进工作者"、首届"全国创新争先奖""全国优秀科技工作者""信息产业科技创新先进工作者"等多项荣誉称号；还曾获第三届杰出工程师奖、中国电子科技集团最高科技成就奖，入选"万人计划"领军人才等。

截至2022年，在国内外刊物发表论文30多篇，出版中英文专著《综合脉冲孔径雷达》（国防工业出版社）、*SyntheticImpulse and Aperture Radar（SIAR）:A Novel Multi-Frequency MIMO Radar*（美国Wiley出版公司）、《先进米波雷达》（国防工业出版社）、*AdvancedMetric Wave Radar*（德国Springer出版公司）等，获国家授权国防发明专利19项。

担任中国电子学会雷达分会主任委员，国防科工局科技委某领域专业组组长，中央军委科技委某领域专家委员会委员，中央军委某反导领导小组咨询专家组副组长等。

唐洪武 平原水动力学与河湖治理工程专家 ▶▶▶

院士小传

当选时间	2021 年当选中国工程院院士
学　　部	土木、水利与建筑工程学部
性　　别	男
民　　族	汉族
籍　　贯	江苏建湖
出生年月	1966 年 9 月 3 日

　　唐洪武　平原水动力学与河湖治理工程专家。河海大学教授、博士生导师、党委书记。1984 年考入河海大学，先后获得学士、硕士、博士学位；1991 年留校任教至今；2000 年至 2009 年，担任河海大学水利水电工程学院副院长、院长；2009 年至 2016 年，担任河海大学党委常委、副校长；2011 年获得国家杰出青年科学基金资助；2017 年起，担任河海大学党委书记；2018 年起，担任政协江苏省委员会常委，兼任农业和农村委员会副主任。2021 年当选中国工程院院士。

Zhu *Yao Cheng Jiu* 主要成就

　　长期致力于平原水动力学与河湖治理工程研究与实践。创建了平原弱动力区多尺度水动力重构的理论方法，建立了平原河网水动力重构的工程技术体系，构建了平原区以水动力重构为核心的河网多目标水力智能调控平台。研究成果广泛应用于长三角、淮河、珠三角、鄱阳湖等平原地区150多项重大河湖治理工程的规划、设计、运行中。

　　截至2022年1月，先后主持和承担过国家杰出青年科学基金、自然科学重点基金、国家科技攻关、省部级科技攻关课题及重点（大）工程项目150余项。

　　先后获得国家科学技术进步奖二等奖4项、省部级科技进步奖5项（一等奖以上）、首届全国创新争先奖、全国优秀科技工作者、钱宁泥沙科学技术奖、全国水利青年科技英才、第九届江苏省青年科技奖等荣誉；入选"新世纪优秀人才支持计划"、国家级"百千万人才工程"、江苏省"333高层次人才培养工程"领军人才（第一层次）等。

　　截至2022年，发表学术论文260余篇（其中SCI、EI收录130余篇），出版学术论著4部，获授权发明专利45项，培养博士后9名、博士及硕士研究生共90余名。

She *Hui Ren Zhi* 社会任职

　　担任政协江苏省委员会常委，农业和农村委员会副主任，中国水利学会副理事长，中国水利学会水利量测技术专委会主任、泥沙专委会副主任，江苏省力学学会理事长，国际水利与环境工程学会中国分会副理事长，*Journal of Hydro-environment Research* 等7个国际国内期刊副主编、编委等。

刘加平　土木工程材料专家

当选时间　2021 年当选中国工程院院士
学　　部　土木、水利与建筑工程学部
性　　别　男
民　　族　汉族
籍　　贯　江苏海安
出生年月　1967 年 1 月 1 日

　　刘加平　土木工程材料专家。东南大学首席教授、博士生导师，江苏苏博特新材料股份有限公司董事。1990 年重庆建筑工程学院（现重庆大学）建筑材料及制品专业毕业；1995 年获得东南大学硕士学位；2007 年入选"新世纪百千万人才工程"国家级人选；2008 年获得南京工业大学材料学专业博士学位；2012 年获得国家杰出青年科学基金项目资助；2014 年入选国家"万人计划"科技创新领军人才。2021 年当选中国工程院院士。

主要成就

混凝土收缩裂缝控制和超高性能化领域的学术带头人。长期致力于"收缩裂缝控制""超高性能化"两个核心领域的深入研究，发明了系列功能性土木工程材料，创建了减缩抗裂、力学性能提升和流变性能调控三个关键技术群，成果应用于港珠澳大桥、太湖隧道等 110 余项重大工程，为科技进步和经济社会发展做出了重要贡献。

率先提出了复杂胶凝体系的活化能计算方法，解决了室内与实际工程的性能无法对应、材料收缩与结构应力计算脱节等的难题，创建了混凝土水化—温度—湿度—约束耦合作用模型。突破了开裂风险量化评估的理论瓶颈，填补了收缩裂缝专项设计的空白。成果应用于无锡太湖隧道、兰新高铁和上海地铁 14 号线地下车站等 50 多项重大工程，实现了地下空间、隧道、长大结构等无可见裂缝，推动了收缩裂缝由被动修复转向为主动防治。从本源上提高混凝土宏观性能，解决了高强混凝土黏度大、韧性差，以及常温养护早期强度低、刚度不足等难题，实现了高流动性、超高强度和超高韧性的统一。成果应用于南海岛礁防护和南京长江五桥等 60 多项重大工程，提升了构筑物的抗侵彻爆炸和承载能力。

获国家技术发明奖二等奖 1 项、国家科学技术进步奖二等奖 4 项，以及中国青年科技奖、全国五一劳动奖章、全国第二届杰出工程师奖等奖项荣誉，入选江苏省"333 高层次人才培养工程"培养对象（第一层次）等人才计划，享受国务院政府特殊津贴。

截至 2022 年，发表 SCI、EI 收录论文 258 篇，出版专著 1 部；主编、参编标准或规程共 22 项；获软件著作权 11 项；以第一发明人获授权发明专利 91 件，获国际专利 14 件，中国专利银奖 1 件、优秀奖 5 件。

社会任职

担任中国工程建设标准化协会副理事长，中国混凝土与水泥制品协会副会长，全国混凝土标准化技术委员会副主任委员，美国混凝土学会（ACI）中国分会副会长，江苏省土木建筑学会常务理事等。

附录

出生在江苏
非江苏籍院士

孙　钧　　隧道与地下建筑工程专家

Yuan Shi Xiao Zhuan
院士小传

当选时间　1991 年当选中国科学院院士
学　　部　技术科学部
性　　别　男
民　　族　汉族
出 生 地　江苏苏州
出生年月　1926 年 10 月 23 日

　　孙钧　隧道与地下建筑工程专家。同济大学土木工程学院岩土与隧道工程研究所荣誉一级教授、博士生导师。1926 年 10 月出生于江苏苏州，原籍浙江绍兴；1949 年从上海交通大学土木工程系毕业，先后在上海华东航空处和公共房屋管理处从事技术工作；1951 年至 1952 年，担任上海交通大学助教；1952 年至 1980 年，担任同济大学讲师、副教授、地下工程系副主任、教务处处长；1954 年至 1956 年，攻读钢桥结构副博士学位；1980 年至 1981 年，担任美国北卡罗来纳州立大学土木工程系访问教授；1980 年担任同济大学教授、结构工程系系主任、地下建筑工程系名誉系主任、校务委员会委员、校学术委员会副主任委员；1981 年被聘任为中国首批博士研究生导师；1986 年被聘任为中国首批博士后导师。1991 年当选中国科学院学部委员（院士）。

主要成就

长期从事高校地下建筑工程专业教学，进行地下结构理论研究，对发展地下结构流变力学、粘弹塑性理论和防护工程抗爆动力学等学科有重大贡献。20 世纪 60 年代（1963—1965 年），在国际学界建立了新的学科分支——地下结构工程力学，在岩土材料工程流变学、地下结构粘弹塑性理论、地下工程施工变形的智能预测与控制以及城市环境土工学和地下结构防腐耐久性研究等领域均有深厚学术造诣。许多科研成果应用于国家重大建设与生产实践。

自 20 世纪 80 年代初起，先后承担并完成了国家各个五年计划重点科技攻关项目以及国家自然科学重大、重点和面上基金课题 20 余项；负责并承担了国家重大工程建设项目的科研、试验、勘察与设计任务约 40 项。先后获得国家级奖励 4 项、省部（市）级奖励 17 项，其中一等奖 4 项，连同其他各种奖励合计 26 项。

先后在国内外发表学术论文 390 余篇；自 1978 年起，先后出版学术专著 11 部、参编 3 部，合计 1 680 万字。

社会任职

担任过中国岩石力学与工程学会第三届理事长、名誉理事长，国际岩石力学学会副主席暨中国国家小组主席，中国科学技术协会全国委员会委员，中国土木工程学会副理事长、顾问、名誉理事，国务院学位委员会土建学科评议组召集人，国家自然科学基金委员会土木、建筑、水利、环境、测绘等学科综合评议组召集人，全国博士后管委会专家委员会土建学科评议组组长，中国自然科学奖评委，上海建筑科学研究院结构新技术开放实验室学术委员会主任委员，清华大学结构与振动开放实验室学术委员会委员，上海交通大学、西安交通大学、西南交通大学、北京交通大学、浙江大学、四川大学兼职教授等。

汪 耕　　电机设计专家

院士小传

当选时间　1991 年当选中国科学院院士
学　　部　技术科学部
性　　别　男
民　　族　汉族
出 生 地　江苏南京
出生年月　1927 年 10 月 11 日

　　汪耕　电机设计专家。曾用名汪积威，1927 年 10 月出生于江苏南京，原籍安徽休宁；1949 年从上海交通大学电机工程系毕业，进入上海电机厂工作，先后担任设计科长、副总工程师、副厂长兼副总工程师；1990 年获得英国剑桥国际人物传记中心颁发的"世界著名人士证书"，并被列为《国际有成就著名人士录》（1991 年版）。1991 年当选中国科学院学部委员（院士）。

主要成就

长期主持 50MW、125MW、300MW 双水内冷汽轮发电机的创制和完善设计工作。自 1958 年起，组织并具体参加制定了世界上第一台 12MW 双水内冷汽轮发电机的设计方案和各关键部件的研制。在以后的 20 多年中，长期主持 50MW、125MW、300MW 双水内冷汽轮发电机的创制和完善设计工作。至 1998 年年底，中国已制造出 450 台 50MW~300MW、总容量共约 45 000MW 的双水内冷汽轮发电机，并在电站中投入运行。作为中方设计负责人，于 1983 年、1985 年两次赴美国与西屋公司联合开发 300MW 水氢冷汽轮发电机，1987 年与哈尔滨电机厂副总师分别带领二厂设计组去美国西屋公司进行 600MW 水氢冷汽轮发电机的优化设计。这两种发电机试验性能良好，并批量生产。2000 年 12 月，与丁舜年院士共同负责完成了 1 000MW 级大型汽轮发电机的开发设计研究课题。

获首届国家科学技术进步奖一等奖、上海市新产品成果奖一等奖以及国家级"有突出贡献的中青年专家"称号、世界著名人士证书、入选《国际有成就著名人士录》（1991 年版）、上海交通大学杰出校友奖等荣誉。

著有《双水内冷汽轮发电机的创制与发展（技术总结）》《秦山 310 兆瓦核发电机国产化设想》《美国西屋公司与上海电机厂联合开发的 300 兆瓦水氢冷汽轮发电机》《双水内冷汽轮发电机近年来的发展》等。

社会任职

担任过上海交通大学电气工程系客座教授，上海市突出贡献专家协会副会长，上海交通大学兼职教授等。

张弥曼　　　古脊椎动物学家　　≫

当选时间　1991 年当选中国科学院院士
学　　部　地学部
性　　别　女
民　　族　汉族
出 生 地　江苏南京
出生年月　1936 年 4 月 17 日

Yuan Shi Xiao Zhuan
院 士 小 传

　　张弥曼　古脊椎动物学家。瑞典皇家科学院外籍院士，中国科学院古脊椎动物与古人类研究所研究员、博士生导师。1936 年 4 月出生于江苏南京，原籍浙江嵊县（现嵊州市）；1953 年考入北京地质学院（现中国地质大学）；1960 年从苏联莫斯科大学地质系毕业后回国，进入中国科学院古脊椎动物与古人类研究所从事古生物研究；1983 年出任中国科学院古脊椎动物与古人类研究所所长；2011 年当选瑞典皇家科学院外籍院士；2016 年 10 月，获得罗美尔－辛普森终身成就奖；2018 年 3 月 23 日，获得年度世界杰出女科学家奖；2018 年 11 月 6 日，获颁何梁何利基金科学与技术成就奖；2019 年 1 月，被评为"2018 年度十大女性新闻人物"；2019 年 11 月 18 日，获得中国古生物学会终身成就荣誉。1991 年当选中国科学院学部委员（院士）。

Zhu Yao Cheng Jiu 主要成就

主要从事比较形态学、古鱼类学、中生代晚期及新生代地层、古地理学、古生态学及生物进化论的研究。对泥盆纪总鳍鱼类、肺鱼和陆生脊椎动物间关系研究的结果，对传统看法提出了疑问，受到国际同行的重视。在中新生代含油地层鱼化石研究中，探明了这一地质时期东亚鱼类区系演替规律，为探讨东亚真骨鱼类的起源、演化和动物地理学提供了化石证据。提出了对中国东部油田地层时代及沉积环境的看法，在学术上和实际应用中都有一定的价值。

获国家自然科学奖二等奖（第一完成人）、中国科学院自然科学奖一等奖、中国科学院重大科技成果奖一等奖、最美科技工作者、何梁何利基金科学与技术进步奖、何梁何利基金科学与技术成就奖、2018年度十大女性新闻人物、中国古生物学会授予终身成就荣誉，以及英国林奈学会的荣誉会员、北美古脊椎动物学会名誉会员、芝加哥大学荣誉博士、美国自然博物馆吉尔德研究生院荣誉博士、罗美尔－辛普森终身成就奖（古脊椎动物学会的最高荣誉）、世界杰出女科学家成就奖等荣誉。

She Hui Ren Zhi 社会任职

担任过中国古生物学会理事长，国际古生物协会主席，纽约美国自然历史博物馆客座研究员，芝加哥菲氏自然历史博物馆客座研究员，英国伦敦大学医学院解剖系客座教授，中国《古脊椎动物》学报编委及主编，北美《古脊椎动物学》杂志编委，英国《古生物学》杂志国外联络人等。

刘永坦 　电子工程专家、
雷达与信号处理技术专家 ≫

院士小传

当选时间 1991 年当选中国科学院院士
　　　　　 1994 年当选中国工程院院士

学　　部 中国科学院信息技术科学部
　　　　　 中国工程院信息与电子工程学部

性　　别 男

民　　族 汉族

出生地 江苏南京

出生年月 1936 年 12 月 1 日

　　刘永坦 　电子工程专家、雷达与信号处理技术专家。哈尔滨工业大学教授。1936 年 12 月出生于江苏南京，原籍湖北武汉；1953 年 9 月至 1960 年 3 月，先后就读于哈尔滨工业大学电机系、清华大学无线电系、成都电讯工程学院（现电子科技大学）二系；1979 年 1 月至 1981 年 1 月，就读于英国伯明翰大学；1981 年 1 月至 1987 年 1 月，任哈尔滨工业大学电子工程教研室主任；1987 年 1 月至 1990 年 1 月，任哈尔滨工业大学无线电系系主任；1987 年 1 月至 2001 年 1 月，任哈尔滨工业大学电子研究所所长；2004 年 1 月至 2008 年 1 月，任中国科学院主席团、信息技术科学部副主任；2019 年 12 月，入选"中国海归 70 年 70 人"榜单；2021 年 9 月，被授予"时代楷模"称号。1991 年当选中国科学院学部委员（院士），1994 年当选中国工程院院士。

主要成就

主要从事高频超视距雷达系统设计技术、微弱信号检测与处理技术、雷达成像及信号处理技术研究。在雷达系统与信号处理技术领域有着一定层次的造诣，取得了一系列科研成果。截至 2019 年 1 月，研制的新体制对海探测雷达突破了 11 项关键技术，解决了在强海杂波、电台干扰及大气噪声背景下信号处理和目标检测的问题，并建成了中国第一个新体制雷达站。

20 世纪 90 年代，承担了国家 "863 计划" 中 "逆合成孔径实验雷达"（即 ISAR）重大研究项目，发展了运动补偿理论，并针对大带宽信号与系统提出了新的补偿理论；率领攻关团队与航天工业总公司的有关研究所联合成功研制了中国第一台实验 ISAR，为中国 ISAR 技术的进一步发展奠定了基础。该项目达到 20 世纪 90 年代国际先进水平。成功研制出中国唯一具备全天时、全天候、超视距、海空兼容对海探测能力的雷达装备。

获国家最高科学技术奖 1 项、国家科学技术进步奖一等奖 2 项和二等奖 1 项、航空航天部科技进步奖二等奖 3 项、国家航天局科技进步奖二等奖 1 项、国防科技进步奖特等奖 1 项，以及何梁何利基金科学与技术进步奖、哈尔滨工业大学 "伯乐奖"、香港柏宁顿教育基金会 "孺子牛金球奖"。此外，还被评为全国教育系统劳动模范并获人民教师奖章，被原国家人事部批准为 "有突出贡献的中青年专家"，被中共中央授予 "全国优秀共产党员" 称号，被授予航天部 "人才培养先进个人" "最美奋斗者" "时代楷模" 称号等荣誉。

截至 2019 年 1 月，发表学术论文、著作 70 多篇。已培养研究生共 70 余人，培养出两院院士、大学校长等一批科技英才，如付强、邓维波、于长军。

社会任职

担任过全国政协第八届至十一届委员会委员，中国国际雷达会议名誉顾问，国家 "863 计划" 高技术信息获取与实时处理技术专家组成员，国防科工委航天专家咨询组成员，国家自然科学奖励委员会信息科学学科评议组召集人，国家自然科学基金委员会电子二组组长，国务院学位委员会学科评议组成员召集人，国家学位委员会学科评议组成员，中国宇航学会理事，中国电子学会学术工作委员会委员，电气和电子工程师协会（IEEE）高级会员，国家自然科学基金委员会学科评议组成员，空军科技发展和人才建设顾问等。

齐 康　建筑学家、城乡规划学家、建筑教育家

院士小传　Yuan Shi Xiao Zhuan

当选时间　1993 年当选中国科学院院士
学　部　技术科学部
性　别　男
民　族　汉族
出生地　江苏南京
出生年月　1931 年 10 月 28 日

齐康　建筑学家、城乡规划学家、建筑教育家。法国建筑科学院外籍院士，东南大学建筑研究所所长、教授、博士生导师，国家建筑设计大师，东南大学建筑设计研究院总顾问。1931 年 10 月出生于江苏南京，原籍浙江杭州，祖籍浙江天台；1952 年南京大学建筑系毕业；历任南京工学院（现东南大学）讲师、副教授、教授、副院长；1976 年与老师杨廷宝在北京参与毛主席纪念堂方案设计；1989 年被列入《美国名人传记录》和《世界名人传记录》；1997 年当选法国建筑科学院外籍院士。1993 年当选中国科学院院士。

　　长期从事建筑和城市规划领域的科研、设计和教学工作。最早参与中国发达地区城市化的研究及相关的城市化与城市体系的研究。在建筑设计中，十分重视中国国情，注重整体环境，吸取并运用中西建筑传统经验和手法，如五台山体育馆就以洗练凝重见长，既有所发展，又表现得更为灵活。再如济公院，从重建后的济公院的多功能性和六个不同高程的台地的实际情况出发，顺应地形而建，具有浓郁的乡土特色。建成后，深受国内外游客和专家赞誉。该设计在国际建筑艺术研讨会上受到了好评，1993 年荣获全国"建筑师杯"优秀奖。论文《天台济公院的设计构思》获建筑设计优秀论文大奖。

　　获得首届中国建筑界的最高奖——梁思成建筑奖，以及首届建筑教育奖、2014 年度江苏省科学技术突出贡献奖、2015 年中国民族建筑事业终身成就奖；"较发达地区城市化途径和小城镇技术经济政策"项目获建设部科技进步奖二等奖，武夷山庄、南京梅园周恩来纪念馆和南京雨花台纪念馆分别获国家优秀工程设计金质奖 2 项、银质奖 1 项、铜质奖 2 项，"乡镇综合规划设计方法""城镇建筑环境规划设计理论与方法""城镇环境设计"项目分别获得教育部科技进步奖一、二、三等奖，2003 年"现代城市设计理论及其方法"项目获得教育部自然科学奖一等奖等。

　　发表论文 200 余篇，著有专著近 50 本。截至 2017 年，已经培养不下 56 名博士、100 余名硕士，其中 2 名学生当选中国科学院院士、2 名学生当选中国工程院院士、1 名学生获普利兹克奖。

　　担任国务院学位委员会第二届、三届学科评议组成员，中国建筑学会常务理事，大连理工大学建筑系名誉系主任，华南理工大学、浙江大学、武汉大学、青岛大学、南京林业大学、南京工业大学、南京工程学院、江南大学等校名誉教授，以及若干大、中、小城市的规划建设顾问等。

周国治　冶金材料物理化学家 »

当选时间　1995 年当选中国科学院院士
学　　部　技术科学部
性　　别　男
民　　族　汉族
出 生 地　江苏南京
出生年月　1937 年 3 月 25 日

院士小传

周国治　冶金材料物理化学家。北京科技大学教授。1937 年 3 月出生于江苏南京，原籍广东潮阳；1960 年毕业于北京钢铁学院（现北京科技大学）冶金系，并提前留校在理化系任教；1964 年发表自己的第一篇学术论文《θ 函数法在 Gibbs−Duhem 关系式中的应用》；1979 年赴美国麻省理工学院研修；1984 年被破格提升为教授、博士生导师，并获首批国家级"有突出贡献的中青年专家"称号；此后，多次出国讲学和合作科研，曾在美国麻省理工学院、波士顿大学等多所大学任客座教授。1995 年当选中国科学院院士。

主要成就

主要从事熔体热力学和冶金过程理论领域研究。主要工作在于熔体热力学和冶金过程理论两个方面。导出了一系列各类体系的熔体热力学性质计算公式，概括出一些原理。提出的新一代溶液几何模型解决了 30 多年来几何模型存在的固有缺陷，为实现模型选择和计算全计算机化开辟了道路。系统地研究了氧离子在电解质中的迁移，为描述和模拟各类冶炼过程打下了基础。其工作已被国内外专家学者引用到合金、熔盐、炉渣、半导体材料等各种体系，处理热力学和动力学问题，并被同行系统地编入多本高校教科书中。

截至 2017 年，获得国家自然科学奖三等奖 1 项、原国家教委科技进步奖一等奖 1 项、原冶金部科技进步奖一等奖 1 项、上海市科学技术一等奖 1 项、原国家教委科技进步奖二等奖 2 项以及首批国家级"有突出贡献的中青年专家"称号、日本铁钢协会名誉会员、魏寿昆冶金奖（金奖）等荣誉。

先后发表论文 150 余篇；获得中国专利 2 项，获得美国专利 3 项。截至 2013 年，指导的 3 名博士生获得全国百篇优秀博士论文奖，占全国冶金学科获得此奖的 50%。

社会任职

担任过全国政协第十届委员会委员，中国金属学会理事，国际《矿业冶金》杂志编委，上海大学、上海交通大学、安徽工业大学、重庆大学等多所大学兼职教授等。

邱中建　　　石油地质专家

当选时间　1999 年当选中国工程院院士
学　　部　能源与矿业工程学部
性　　别　男
民　　族　汉族
出 生 地　江苏南京
出生年月　1933 年 6 月 9 日

　　邱中建　石油地质专家。中国石油天然气集团公司教授级高级工程师，中石油天然气重点实验室学术委员会主任。1933 年 6 月出生于江苏南京，原籍四川广安；1950 年考入重庆大学；1953 年因国家建设急需人才，提前一年毕业并被分配到燃料工业部西安地质局工作；1953 年至 1967 年，在西北野外队、松辽平原综合研究队任队长，在松辽石油勘探局、石油部勘探司任地质师，在胜利油田任地质师、室主任，在四川气田任副总地质师；1973 年至 1987 年，任北京石油规划院副室主任、石油科学研究院总地质师，任南海西部油田总地质师、中国海洋石油总公司总地质师；1987 年至 1996 年，任石油工业部勘探司司长、总公司勘探局局长和副总地质师，任塔里木石油勘探开发指挥部指挥和工委书记，任中国石油天然气总公司副总经理；1999 年起，任中国石油天然气集团公司咨询中心主任。1999 年当选中国工程院院士。

Zhu Yao Cheng Jiu 主要成就

是石油系统最早进入松辽盆地进行综合研究的人，提出改进油气勘探程序的专论，推动了中国石油天然气勘探程序的科学化进程。是大庆油田的重要发现人之一，参加的"大庆发现过程中的地球科学工作"项目获国家自然科学奖一等奖。是胜坨油田的发现者之一。作为主要参加者完成的科研成果"渤海湾盆地复式油气集聚（区）带的形成理论与实践研究"项目获国家科学技术进步奖特等奖。负责的海洋石油勘探工作以及主持的塔里木油田的勘探开发会战，奠定了"西气东输"的资源基础。

获 1982 年国家自然科学奖一等奖，1985 年国家科学技术进步奖特等奖，1988 年国家科学技术进步奖二等奖，2000 年国家科学技术进步奖一等奖等。

She Hui Ren Zhi 社会任职

担任过全国政协第九届委员会委员，中国石油学会理事长等。

郑南宁　模式识别与智能系统专家 »

院士小传

郑南宁　模式识别与智能系统专家。西安交通大学教授。1952 年 12 月出生于江苏南京，原籍陕西西安。1975 年毕业于西安交通大学电机工程系；1981 年获西安交通大学工学硕士学位；1985 年获日本庆应大学工学博士学位；1994 年在日本九州大学、东京大学工作；1994 年至 1995 年，在日本理光公司、日本庆应大学工作；1994 年至 1996 年，在西安交通大学电子与信息工程学院担任副院长；1995 年至 2003 年，担任西安交通大学副校长；2003 年至 2014 年，任西安交通大学校长，兼研究生院院长；2006 年当选国际欧亚科学院院士。1999 年当选中国工程院院士。

当选时间	1999 年当选中国工程院院士
学　　部	信息与电子工程学部
	工程管理学部
性　　别	男
民　　族	汉族
出 生 地	江苏南京
出生年月	1952 年 12 月 19 日

主要成就

长期从事人工智能与模式识别、计算机视觉及其先进计算架构的应用基础理论与工程技术的研究，建立的视觉场景理解的立体对应计算模型与视觉注意力统计学习方法成为该领域代表性工作，为构造计算机视觉系统和基于图像信息的智能控制系统，提供了理论指导和关键技术。提出图像分析和视觉知识描述新方法，为构造计算机视觉系统和基于图像信息的智能控制系统，提供了理论指导和关键技术。完成了"精密装配机器人机器视觉系统"研究。发明了一种图像边缘曲线拟合的新方法。完成了"高性能机器视觉及车型与牌照自动识别系统"研究。提出了在线交互式立体测深方法，研制出"X线数字减影血管造影系统"及"DSA1250数字减影血管造影系统"，以及具有自主知识产权的数字电视扫描制式转换及视频处理芯片。

先后获国家科学技术进步奖二等奖（1991、1996）、国家技术发明奖二等奖（2007）、国家自然科学奖二等奖（2016）。曾获得"做出突出贡献的留学回国人员"（1991）、国家级"有突出贡献的中青年专家"（1992）、"全国优秀教师"（1993）、"中国青年科学家奖"（1996）等荣誉称号。入选首批国家"百千万人才工程"（1995），1995年获国家杰出青年科学基金项目资助，2001年获何梁何利基金科学与技术成就奖。

社会任职

担任过中国共产党第十八次全国代表大会代表，中国共产党第十八届中央委员会委员，中国自动化学会理事长，中国人工智能学会副理事长，国家高技术研究发展计划（"863计划"）信息领域首席科学家，国家信息化第一届专家咨询委员会委员，陕西省科学技术协会主席（2002—2014），国际模式识别协会理事会中国代表，美国电气和电子工程师协会会员等。

彭堃墀　　　　光学专家

当选时间	2003 年当选中国科学院院士
学　　部	信息技术科学部
性　　别	男
民　　族	汉族
出 生 地	江苏镇江
出生年月	1936 年 8 月 25 日

　　彭堃墀　光学专家。山西大学教授、博士生导师、原校长，山西大学光电研究所原所长。1936 年 8 月出生于江苏镇江，原籍四川广元；1961 年从四川大学物理系毕业后分配到山西大学任教；1982 年至 1984 年，在美国德克萨斯大学进修；1984 年回国后建立了山西大学光电研究所；1985 年主持了建立量子光学实验室；1988 年至 1989 年，在美国加州理工学院工作；1991 年至 2000 年，担任山西大学校长；2003 年获得何梁何利基金科学与技术进步奖；2005 年当选美国光学学会会士；2015 年当选中国光学学会首批会士；2021 年被授予"全国优秀共产党员"称号。2003 年当选中国科学院院士。

主要成就

　　主要从事量子光学、光量子器件等领域的基础与应用研究。带领科研团队研制了系列全固态连续单模单频激光器、压缩源和纠缠源等光量子器件并已形成产品；利用纠缠态光场完成了连续变量量子密集编码、三组份纠缠态光场产生及通道容量受控量子通信等量子信息领域的重要基础实验；设计了易于实现的连续变量量子纠缠交换与量子通信网络实验系统，为量子信息处理提供了可行的实验方法。

　　获 2002 年度国家技术发明奖二等奖（排名第一）、2006 年度国家自然科学奖二等奖（排名第五）、山西省科技功臣、山西省科技杰出贡献奖及山西省相关科技奖励多项，还曾获全国五一劳动奖章、国家级"有突出贡献的中青年专家"、国务院政府特殊津贴（首批）、国家级教学成果奖二等奖、何梁何利基金科学与技术进步奖、全国优秀教育工作者、全国杰出专业技术人才、美国光学学会会士（OSA FELLOW）、中国光学学会首批会士等荣誉。

　　截至 2022 年，在国内外重要学术刊物上发表论文 200 余篇，多次被 SCI、EI 收录。

社会任职

　　担任中国物理学会量子光学专业委员会副主任，山西省物理学会理事长、名誉理事长，山西省科学技术协会副主席，国家自然科学基金委信息科学部第一届专家咨询委员会委员，量子光学与光量子器件国家重点实验室（山西大学）学术委员会副主任（第一届至三届），中央联系的高级专家，国家科学技术奖评审专家，《量子光学学报》主编等。

陈 旭　　古生物与地层学家 >>

当选时间　2003 年当选中国科学院院士
学　　部　地学部
性　　别　男
民　　族　汉族
出 生 地　江苏南京
出生年月　1936 年 9 月 17 日

院士小传

　　陈旭　古生物与地层学家。中国科学院南京地质古生物研究所研究员、博士生导师、学位委员会主任。1936 年 9 月出生于江苏南京，原籍浙江湖州；1959 年北京地质学院地质调查及找矿系毕业，任职于中国科学院南京地质古生物研究所；1981 年至 1983 年，在加拿大西安大略大学地质系做访问学者；1987 年起，历任国际笔石工作组副主席、主席，国际奥陶系分会选举委员、副主席、主席；1988 年至 2012 年，任中国科学院南京地质古生物研究所研究员。2003 年当选中国科学院院士。

Zhu Yao Cheng Jiu 主要成就

长期从事中国奥陶纪和志留纪地层学及笔石动物群的古生物学研究。主持了多个研究项目，系统地研究了中国西南地区志留纪早期的笔石，在国内外发表了较多的论著。研究了新疆奥陶纪的笔石，特别是系统地研究了中国奥陶纪末期（赫南特期）及志早纪留期的笔石，论述了该时期全球最完整的笔石动物群。同时借助扫描电镜进行笔石孤立标本的研究，在 20 世纪 80 年代填补了中国在此领域的长期空白。2016 年以来，以生物地层学的方法，指导了四川盆地层周缘的含页岩气地层对比，为页岩气的勘探与开发做出了贡献。

获得国家自然科学奖二等奖（排名第二）、中国科学院自然科学奖一等奖 1 项（排名第五）、中国科学院自然科学奖二等奖 2 项、*Journal of Paleontology* 杂志年度最佳论文奖一等奖、江苏省人民政府自然科学奖一等奖（排名第二）等奖项，还获得李四光地质科学奖地质科技研究者奖（1999）、捷克查尔斯大学地球科学金质奖章（1999）、中国古生物学会终身成就荣誉（2019）等。

在国内外发表论著 238 篇（册），被 SCI 收入 51 篇（第一著者 25 篇）。

She Hui Ren Zhi 社会任职

担任过国际笔石工作组副主席、主席，国际奥陶系分会选举委员、副主席、主席，中国古生物学会荣誉理事，国家页岩气中心高级咨询专家等。

陈勇 能源与环境工程技术专家 >>>

当选时间	2013 年当选中国工程院院士
学　　部	能源与矿业工程学部
性　　别	男
民　　族	汉族
出 生 地	江苏南京
出生年月	1957 年 6 月 13 日

Yuan Shi Xiao Zhuan
院士小传

　　陈勇　能源与环境工程技术专家。中国科学院广州分院、广州能源研究所研究员，国家能源投资集团有限公司新能源与环保领域首席科学家，常州大学城乡矿山研究院首席科学家。1957 年 6 月出生于江苏南京，原籍浙江宁波；1981 年从南京化工学院（现南京工业大学）毕业；1988 年获得日本爱知工业大学硕士学位后进入江苏化工学院（现常州大学）工作；1993 年获得日本名古屋大学博士学位；1996 年进入中国科学院广州能源研究所工作；1998 年担任中国科学院广州能源研究所所长（任期至 2006 年）；2001 年担任中国科学院广州分院院长（任期至 2012 年）；2003 年担任中国科学院华南植物园主任（任期至 2006 年）；2006 年当选国际欧亚科学院院士。2013 年当选中国工程院院士。

主要成就

长期从事有机固体废物能源化与资源化利用技术、生物质能利用技术的研究与开发，以热化学转化、物理转化、化学转化、生化转化系列技术及集成为手段，实现了生活垃圾、畜禽粪便、农林废物的能源化与资源化高值利用。在长期研究积累的基础上，提出了"城乡矿山"和"城乡矿山云"理念，建立了"农村代谢共生产业"新模式，并创建了"副产物控制的清洁生产机制"和"基于能量流、物质流、环境流、经济流的全生命周期分析方法（4F-LCA）"。参与了能源战略和生态文明建设战略咨询研究。

1995年入选中国科学院"百人计划"，2008年、2011年分别获国家科学技术进步奖二等奖，2012年获何梁何利基金科学与技术进步奖，还获得4项省部级科技奖励、第四届全国优秀环境科技工作者、广东省劳动模范等荣誉。

主编《固体废弃物能源利用》《中国至2050年能源发展路线图》等著作7部，参编著作11部。

社会任职

担任第十届、十一届全国人民代表大会代表，"十五"国家"863计划"能源领域专家委员会副主任、委员，中国科学技术协会常委，广东省科学技术协会副主席，煤燃烧国家重点实验室、能源清洁利用国家重点实验室、多相流国家重点实验室学术委员会委员等。

尹 浩　　通信网络领域专家 ≫

当选时间	2013 年当选中国科学院院士
学　　部	信息技术科学部
性　　别	男
民　　族	汉族
出 生 地	江苏南京
出生年月	1959 年 8 月 27 日

Yuan Shi Xiao Zhuan
院士小传

尹浩　通信网络领域专家。工学博士，中国人民解放军军事科学院系统工程研究院系统总体所所长，西安电子科技大学名誉教授、科技委委员，南京邮电大学教授、双聘院士。1959 年 8 月出生于江苏南京，原籍山东日照；1982 年毕业于南京邮电学院（今南京邮电大学）并留校任教；1987 年硕士毕业于南京邮电学院；1999 年博士毕业于北京理工大学。2013 年当选中国科学院院士。

主要成就

主要从事通信网络技术研究。在复杂环境通信网络理论方法研究、体系结构设计和技术应用等方面取得了多项创新性成果。作为总设计师研发的中国人民解放军新一代某型通信系统装备的总体设计与工程实施使中国成为世界上第二个具备独立研发该型号装备能力的国家。提出了中国人民解放军的通信网络信息传送技术体制，创新性地提出网络"适变元"概念，构建了基于"适变元"的通信网络体系结构模型，支撑了中国人民解放军第三代通信网络建设。

截至 2017 年 10 月，主持完成了 20 多项国家和国防重大科研项目，获得国家科学技术进步奖一等奖 1 项、二等奖 3 项，军队科技进步奖一等奖 6 项、二等奖 5 项。还荣立中国人民解放军一等功，被评为全国优秀科技工作者，入选国家"新世纪百千万人才工程"国家级人选，获得国务院政府特殊津贴、中国人民解放军全军杰出科技人才奖等荣誉。

截至 2018 年 9 月，发表 SCI、EI 论文 10 余篇，出版学术著作 2 部，获授权国防发明专利 7 项。

社会任职

担任工业和信息化部通信科学技术委员会常委，中国通信学会常务理事，中国电子学会常务理事，中国通信学会国防通信技术委员会副主任委员，国家科技重大专项"新一代宽带无线移动通信网"总体组专家，江苏省无线通信重点实验室学术委员会副主任，南京邮电大学兼职教授、信息与通信工程学科博士生导师，西安电子科技大学名誉教授、科技委委员等。

吕建　计算机软件专家

院士小传

吕建　计算机软件专家。全国人民代表大会常务委员会委员，南京大学校长、教授、博士生导师。1960 年 3 月出生于江苏南京，原籍山东荣成；1982 年毕业于南京大学计算机系本科；1984 年 11 月起，在南京大学任教；2010 年 4 月至 2016 年 4 月，任南京大学副校长；2016 年 4 月至 2018 年 1 月，任南京大学常务副校长；2018 年 1 月起，任南京大学校长。2013 年当选中国科学院院士。

当选时间	2013 年当选中国科学院院士
学　　部	信息技术科学部
性　　别	男
民　　族	汉族
出 生 地	江苏南京
出生年月	1960 年 3 月 31 日

主要成就 Zhu Yao Cheng Jiu

主要从事软件新技术和软件方法学研究，在软件基础理论与方法、网构软件范型方法学、可成长软件方法与技术体系、新型软件平台及其应用方面取得系统性和创新性成果，得到了国内外同行的广泛认可。带领的"面向 Internet 的软件方法与技术"团队于 2005 年和 2007 年分别入选"教育部创新团队"和"国家自然科学基金委创新研究群体"，并获国家自然科学基金委连续 3 期滚动支持。担任计算机软件新技术国家重点实验室主任，并于 2007 年、2012 年、2017 年连续 3 次被评为信息领域优秀实验室，为中国软件事业发展做出了重要贡献。

先后承担了国家科技攻关计划项目、"863 计划"项目、"973 计划"项目、国家杰出青年基金项目、国家自然科学基金重大研究计划集成项目、国家自然科学基金委创新群体项目、国家重点研发计划项目等，担任一系列国际和国内学术会议的大会共同主席、程序委员会共同主席和委员等。

先后获"做出突出贡献的中国博士学位获得者"、原国家教委"跨世纪优秀人才"、教育部"长江学者奖励计划"特聘教授等称号，以及国家杰出青年科学基金、中国青年科技奖、教育部自然科学奖一等奖、教育部技术发明奖一等奖、国家科学技术进步奖二等奖、何梁何利基金科学与技术进步奖、教育部优秀教材一等奖、国家级优秀教学成果奖二等奖等奖项荣誉。

在国内外重要学术刊物和会议上发表论文百余篇，合著中文学术专著 2 部和英文学术著作 1 部；获得多项授权发明专利；担任多个国内外学术刊物编委。

社会任职 She Hui Ren Zhi

担任国务院学位委员会委员，国务院学位会员会软件工程学科评议组召集人，科技部新一代人工智能战略咨询委员会成员，发改委"互联网＋"行动专家咨询委员会委员，工信部工业互联网战略咨询专家委员会成员等；曾任国家"863 计划"信息领域主题专家组成员，国家"973 计划"咨询专家组成员，国家"核高基"科技重大专项总体专家组专家，国家自然科学基金委信息学部专家咨询委员会委员，中国计算机学会副理事长、系统软件和软件工程专业委员会主任，联合国大学澳门国际软件研究所 Board Member 等。

建筑学专家

当选时间	2015 年当选中国工程院院士
学　　部	土木、水利与建筑工程学部
性　　别	男
民　　族	汉族
出 生 地	江苏徐州
出生年月	1958 年 2 月 7 日

孟建民

院士小传

孟建民　建筑学专家。深圳市建筑设计研究总院有限公司首席总建筑师，深圳大学特聘教授及本原设计研究中心主任。1958 年 2 月出生于江苏徐州，籍贯山东章丘；1990 年毕业于东南大学，获博士学位。2015 年当选中国工程院院士。

主要成就

长期从事建筑设计及其理论研究工作。主持设计了渡江战役纪念馆、玉树地震遗址纪念馆、深圳前海国际会议中心、香港大学深圳医院、深港西部通道口岸旅检大楼、昆明云天化集团总部等各类工程项目 200 余项，获得各类专业奖项 80 余项。

担任国家重点研发计划专项项目"目标和效果导向的绿色建筑设计新方法及工具"的项目负责人。被授予"全国工程勘察设计大师"称号，获得梁思成建筑奖、光华龙腾奖中国设计贡献奖金奖、南粤百杰人才奖等荣誉。

出版《本原设计》《新医疗建筑的创作与实践》《失重》等多部论著，提出了"本原设计"的创作理论，倡导了"全方位人文关怀"理念和"三全方法论"，为工程实践提供了具有可操作性的系统方法与路径。

社会任职

担任中国建筑学会副理事长，深圳市专家人才联合会会长，澳门科技大学特聘教授等。

黄 如　微电子器件专家 »»

当选时间	2015 年当选中国科学院院士
学　部	信息技术科学部
性　别	女
民　族	回族
出生地	江苏南京
出生年月	1969 年 11 月

　　黄如　微电子器件专家。东南大学党委副书记、校长（副部长级），北京大学教授，美国电气和电子工程师协会会士，发展中国家科学院院士。1969 年 11 月出生于江苏南京，原籍福建南安；1991 年和 1994 年毕业于东南大学，分获本科和硕士学位；1997 年毕业于北京大学，获博士学位；同年，留任北京大学，历任信息科学技术学院副院长、院长，信息与工程科学部主任，人工智能研究院院长，校长助理，副校长，校党委常委等；2022 年 1 月起，任东南大学校长（副部长级）、党委副书记。担任国家基金委创新研究群体学术带头人，入选教育部"长江学者奖励计划"特聘教授、国家杰出青年科学基金项目资助、国家"百千万人才工程"国家级人选等。2015 年当选中国科学院院士。

主要成就

长期从事集成电路科学与工程研究，在新型低功耗逻辑与存储器件、神经形态器件及类脑计算、边缘智能计算芯片、可靠性及 EDA 等共性技术方面取得了系统创新成果，具体包括：

（1）面向不同电路系统要求和不同集成电路技术代，提出并研制了准 SOI 新结构器件、BOI FinFET 新结构器件、肖特基 – 隧穿混合控制新机理器件以及逻辑 – 存储可融合兼容的新型器件；

（2）提出了可大规模集成的围栅（GAA）纳米线器件新工艺方法，系统揭示了器件关键特性的新变化及其物理根源；

（3）提出并研制了离子栅控型时敏突触、非线性调制脉冲神经元等新原理神经形态器件，构建了基于忆阻器的暂态混沌优化器、深度储备池与高效准确的不确定性量化系统；

（4）提出了异步事件驱动型芯片架构及电路、动态电荷域模拟信号链架构及电路、异步脉冲神经网络芯片架构及电路，显著提高了数据感知与计算能效；

（5）建立了纳米尺度器件特性表征体系，提出了新的涨落性 / 可靠性分析表征方法、模型与 EDA 仿真方法，实现了纳米尺度可靠性设计的关键解决方案。

研究成果连续被列入多个版本的国际半导体技术发展路线图 ITRS，在国际上产生重要影响，相关成果转移到国内外知名 IC 制造、设计和 EDA 公司。

获国家技术发明奖二等奖、国家科学技术进步奖二等奖、教育部自然科学奖一等奖、教育部科技进步奖一等奖、北京市科学技术一等奖（2 次）、中国青年科技奖、教育部杰出教育奖、中国青年女科学家奖等多项国家和省部级奖励。

截至 2022 年，合作出版著作 5 部；在微电子器件领域标志性国际会议 IEDM、VLSI 和标志性期刊 EDL、TED 上发表 100 余篇论文（2007 年起，已连续 15 年在 IEDM 上发表论文共 56 篇），2 篇 ISSCC 论文被遴选为大会 Highlight 亮点论文，1 项成果荣获 ISSCC 最佳展示奖；应邀作国际会议大会和特邀报告 50 余次；被选为 IEEE EDS 副主席（VP），IEEE EDS Elected BOG、IEEE EDS Fellows Evaluation Committee、TWAS、IEDM EDT Subcommittee、"集成电路设计国际奥林匹克会议" ISSCC TPC 委员等；任国际会议主席 20 余次、国际会议 TPC 委员数十次。

社会任职

担任国务院学位委员会学科评议组召集人，第八届教育部科技委副主任委员，中国仪器仪表学会副理事长，中国电子学会常务理事，科技部基础研究战略咨询委员会委员，国家集成电路产业发展咨询委员会委员，科技部重点研发计划专家组成员，《中国科学：信息科学》副主编，《国家科学评论》评审组长（Section Editor）等。

孔宪京　土石坝抗震专家

当选时间	2017 年当选中国工程院院士
学　　部	土木、水利与建筑工程学部
性　　别	男
民　　族	汉族
出 生 地	江苏南京
出生年月	1952 年 1 月 4 日

　　孔宪京　土石坝抗震专家。大连理工大学教授、博士生导师。1952 年 1 月出生于江苏南京，原籍山东济宁；1977 年至 1980 年，就读于大连工学院（现大连理工大学）水利工程建筑专业，并获学士学位；1983 年于大连工学院获水工结构工程专业硕士学位；1990 年于大连理工大学获博士学位；曾任大连理工大学副校长、副书记、常务副书记等。2017 年当选中国工程院院士。

主要成就

30 多年来，致力于土石坝抗震领域的研究与工程实践。在土石坝地震破坏机理与抗震对策，筑坝材料静 – 动力特性与本构模型，土石坝三维弹塑性数值分析方法，核电厂海域工程地震安全性评价方法、标准与应用，以及大型试验设备研制和计算软件研发等方面做出了创新性贡献。研究成果应用于近 50 项水利水电、核电、水运等工程。

1996 年入选国家教委"跨世纪优秀人才培养计划"，1997 年被人事部、国家教委授予"全国优秀留学回国人员"荣誉称号，1998 年起享受国务院政府特殊津贴，还获国家科学技术进步奖二等奖 2 项（均排名第一），省部级科技进步奖一等奖 6 项（4 项排名第一）等。

发表 SCI、EI 收录论文 150 余篇次；出版土石坝抗震专著 3 部，参编国家及行业规范 6 部；获授权国家发明专利 5 项，软件著作权 12 项；培养硕士、博士近 70 名。

社会任职

担任教育部科技委能源与土木建筑水利学部副主任，中国大坝协会常务理事，中国水利学会水工结构专业委员会副主任委员，中国水利学会岩土力学专业委员会常务委员，中国水利发电工程学会抗震防灾委员会副主任委员，中国工程振动工程学会土动力学专业委员会副主任委员，中国水利学会理事，大连市水务学会理事长，亚洲地区岩土防灾委员会（ATC3）委员，《水利学报》等多家杂志编委等。

段 进　　城乡规划学家

当选时间　2019 年当选中国科学院院士
学　部　技术科学部
性　别　男
民　族　汉族
出生地　江苏南京
出生年月　1960 年 12 月 25 日

院士小传

　　段进　城乡规划学家。东南大学教授、博士生导师，城乡规划学科学术带头人，城市空间研究院院长，教育部首批国家级虚拟教研室主任。1960 年 12 月出生于江苏南京，原籍浙江建德；本硕就读于天津大学建筑系；1992 年 10 月，获东南大学建筑研究所工学博士学位；1985 年 7 月至 1990 年 9 月，在南京工学院（现东南大学）建筑研究所工作，历任教师、讲师；1990 年 9 月至 1992 年 1 月，在比利时鲁汶大学任访问学者；1992 年 1 月至 1997 年 3 月，在东南大学建筑研究所工作，历任讲师、副教授；1997 年 4 月起，任东南大学建筑学院教授；2005 年 6 月起，兼任东南大学城市规划设计研究院常务副院长、总规划师；2010 年成为城乡规划学科首位全国优秀科技工作者；2016 年被住建部授予详细规划与城市设计领域第一位"全国工程勘察设计大师"。2019 年当选中国科学院院士。

Zhu Yao Cheng Jiu
主要成就

从事城市规划设计与理论研究。创建了城市空间发展理论体系，提出"空间基因"并建构了解析与传承技术，解决了当代城市建设中自然环境破坏和历史文化断裂的技术难题。

截至 2022 年 6 月，以第一获奖人获国际和国家级规划设计奖 28 项，其中包括全国优秀规划设计一等奖 5 项、国际城市与区域规划师学会（ISOCARP）卓越设计奖 1 项（2018年）、欧洲杰出建筑师论坛（LEAF）最佳城市设计奖 1 项等；获省部级科技进步奖一等奖 2 项、二等奖 2 项；获国际设计竞赛优胜奖 17 项，3 项作品入选国际百年城市设计巡展；获中国城市规划学会科技奖首届"领军人才奖"（2019 年）。

主持了雄安新区起步区核心区——方城、苏州古城、长三角一体化发展示范区水乡客厅等重大工程及百余城市设计；主持编制了我国城市设计领域首部行业标准《国土空间规划城市设计指南》以及《雄安新区规划技术指南》等重要地方标准、团体标准 6 项。

截至 2022 年 6 月，先后培养出博士、硕士研究生共 110 多人。

社会任职

担任国务院学位委员会城乡规划学科评议组首届成员，中国城市规划学会副理事长、标准化工作委员会主任委员，城市设计学术委员会副主任委员，住建部高等教育城乡规划专业评估委员会委员，住建部城市设计专家委员会副主任委员，全国自然资源与国土空间规划标准化技术委员会国土空间规划分技术委员会副主任委员，国际空间句法学术指导委员会（SSS）委员，《城市规划》《现代城市研究》《规划师》等核心期刊编委。

李献华　同位素地球化学家 >>

当选时间 2019 年当选中国科学院院士
学　　部 地学部
性　　别 男
民　　族 汉族
出 生 地 江苏南京
出生年月 1961 年 7 月 30 日

Yuan Shi Xiao Zhuan 院士小传

　　李献华　同位素地球化学家。中国科学院地质与地球物理研究所研究员，中国科学院大学地球与行星科学学院地球化学教研室主任，博士生导师。1961 年 7 月出生于江苏南京，籍贯浙江温州；1983 年从中国科学技术大学地球和空间科学系地球化学专业毕业，并考取中国科学院地球化学研究所研究生；1988 年博士研究生毕业，获博士学位；1988 年至 2005 年，在中国科学院广州地球化学研究所工作，历任助理研究员、副研究员、研究员；1997 年获国家杰出青年科学基金项目资助；2004 年获得国家基金委创新群体项目资助；2005 年担任中国科学院地质与地球物理研究所研究员；2007 年当选美国地质学会会士（GSA Fellow）。2019 年当选中国科学院院士。

主要从事大陆形成和演化的同位素年代学和地球化学理论研究以及微区同位素分析新技术研发与应用。领导的团队在国际上首次实现了用激光 ICP-MS 精确测定中生代锆石 U-Pb 年龄以及同时测定锆石 U-Pb 年龄与 25 种微量元素，同时还在离子探针微区原位同位素地球化学分析技术研发中开展了一系列开拓性工作。和团队在国际上首次实现了用离子探针精确测定新生代年轻斜锆石 U-Pb 年龄；建立了离子探针微区原位氧、碳、硫、锂、硅等稳定同位素分析方法，研制出一系列微区同位素定年和稳定同位素分析标样。

1989 年，李献华等用高精度单颗锆石 U-Pb 定年方法最早在华南古生代花岗岩中发现了 25 亿年残留锆石，证实了华夏陆块存在太古代地壳物质，同时发现了古元古代 Nd 同位素正异常，据此提出了华南前寒武纪地壳增生演化的年代框架。通过系统研究华南元古代地质和岩浆作用，提出了华夏与扬子陆块在 9 亿年前拼贴形成华南大陆，标志着 Rodinia 超大陆的最终聚合，修正了以往认为 Rodinia 在 10 亿年前聚合的认识。李献华等还提出了华南存在新元古地幔柱的模式，为了验证该模式，对华南新元古代岩浆岩进行了系统研究，发现了地幔柱活动的关键地质记录，提出地幔柱活动导致 Rodinia 超大陆裂解，结束了 Rodinia 超大陆裂解机制的争论，提出了地幔柱成因的花岗岩组合类型，指出了地幔柱活动导致华南及其他 Rodinia 陆块大规模的新元古代裂谷作用和非造山岩浆活动，使 Rodinia 超大陆在 750Ma 最终裂解。

曾获国家自然科学奖二等奖、广东省科学技术奖一等奖、广东省自然科学奖二等奖、中国科学院青年科学家奖（二等奖）、第四届侯德封奖、广东省丁颖科技奖、第三届黄汲清青年地质科学技术奖、何梁何利基金科学与技术进步奖（地球科学奖），被评为广东省"十大杰出青年"、2021 年中国科学院"年度创新人物"和 2022 年北京市"最美科技工作者"等荣誉。

截至 2022 年，共表论文 450 余篇，SCI 他引 >35 000 次，H 因子为 103；入选科睿唯安"全球高被引科学家"、ESI 全球地学"高被引学者"和爱思唯尔"中国高被引学者"名单。

担任中国矿物岩石地球化学学会第十届理事会副理事长，中国计量测试学会第八届理事会副理事长，《原子光谱》（*Atomic Spectroscopy*）主编，《美国科学》（*American Journal of Science*）、《地质学》（*Geological Magazine*）、《前寒武纪研究》（*Precambrian Research*）、《固体地球科学》（*Solid Earth Science*）副主编等；曾任《岩石学》（*Lithos*）主编等。

肖 伟　　制药工程学专家　　**》》**

Yuan Shi Xiao Zhuan
院士小传

当选时间	2021 年当选中国工程院院士
学　　部	医药卫生学部
性　　别	男
民　　族	汉族
出 生 地	江苏南京
出生年月	1959 年 10 月 20 日

　　肖伟　　制药工程学专家。中药学博士、研究员级高级工程师，江苏康缘药业股份有限公司董事长。1959 年 10 月出生于江苏南京，原籍山东潍坊；1981 年南京中医药大学毕业；2004 年获博士学位；担任中药制药过程新技术国家重点实验室主任，中成药智能制造技术国家地方联合工程研究中心主任。2021 年当选中国工程院院士。

主要成就

作为我国制药工程学科有影响力的学术带头人，长期致力于中药新药创制、生产过程质控、智能制造领域的研究。发明了银杏二萜内酯功效成分群及制备关键技术，研制上市首个以 PAF 受体为靶点的创新药，为基于靶点的中药新药创制提供了示范。首创以功效成分群为核心的制药全过程质控体系，显著提高了中药质量均一性，为中药标准化和国际化做出了贡献。创建了以功效成分群为关键质量目标的智能制造技术体系，设计建成了我国第一个中药智能生产工厂，实现了中药智能制造零的突破，有力促进了我国中医药传承与创新发展。

先后主持国家"973 计划"项目、"863 计划"项目及重大新药创制等项目 10 余项，以第一完成人获国家技术发明奖二等奖 1 项、国家科学技术进步奖二等奖 1 项、省部级科技进步奖一等奖 5 项，获何梁何利基金科学与技术创新奖、光华工程科技奖、全国创新争先奖、全国抗击新冠肺炎疫情先进个人等荣誉。

社会任职

担任第十一届、十二届、十三届全国人民代表大会代表，国家药典委员会执行委员，中华中医药学会副会长，中国中西医结合学会常务理事等。

ISBN 978-7-305-26436-8

9 787305 264368 >